인공지능(AI)에 관한 철학적 성찰

송영진 지음

인공지능(AI)에 관한 철학적 성찰

송영진 지음

철학과현실사

Philosophical Meditations on Artificial Intelligence

※ 이 저작은 2022년 대전광역시 대전문화재단 문화예술분야 연구 창작 활동 지원 보조금에 의해 출판되었음.

서언

그리스 자연철학은 '우주 안에서 발생하여 생성-소멸하며 생명체로서 존재하는 인간 실존'에 대한 탐구였다. 그리고 그리스 자연철학은 원자론으로 귀결된다. 이러한 원자론이 나타나게 된 것은 자연 사물들의 생성-소멸을 파르메니데스의 존재론적 이성과 결합한 피타고라스학파의 수학-기하학적인 사유 때문이었다. 더 나아가 화이트헤드의 말마따나 모든 서양철학적 사유의 기원이 된 플라톤 철학은 정신과 물질에 관하여서 수학-기하학적인 사고에 기초하여 합리적으로 설명하려는 데에서 성립하나, 물질에 관해서는 원자론에, 정신에 관해서는 이데아론이라고 알려진 관념론(rationalism)의 동일자-타자의 변증법에 기초하고 있다. 이 때문에 그리스 자연철학의 결정체인 원자론과 인간 영혼에 관한 플라톤의 관념론을 이해하려면, 이 양자의 사유의 전제가 된 파르메니데스의 존재론의 모순율에 따르는 논리적 사유와 이러한 논리적 사유를 현실에서는 기하학적으로 설명하려는 피타고라스학파의 수학적 사유를 플라톤의 동일자-타자의 변증법과 관련하여 방법론적 측면에서 살펴보지 않으면 안 된다. 그리고 파르메니데스의 존재론적 사유를 전제하는 원자론적 사유와 영혼에 관한 관념론적 사유, 이 양자가 결합되어 물질과 영혼으로 구성된 인간의 모든 경험을 동일자-타자의 변증법으로 설명하려는 플라톤의 합리적이고도 이성적인 사유가 『파이돈』에 나타나 있듯이 현대에서는 과학적 방법으로 알려져 있는 가설-연역적 방법과 어떠한 관련성이 있는가를 탐구해야만 한다.

플라톤의 철학을 이어받았으나 파르메니데스의 존재론의 '일자 존재' 개념에 기초한 플라톤의 동일자-타자의 변증법에 따르는 이데아론을 아리스토텔레스는 그의 『형이상학』 1권에서 비판하고, 『자연학』에서 생물체적 존재자로서의 개체와 이들로 구성된 자연 존재자들의 생성-소멸을 인간의 제작 활동에 유비한 형상인, 질료인, 운동인, 목적인이라는 존재론적으로 4개의 원인론에 기초하여 설명하고 있다. 이 때문에 파르메니데스의 일자 존재를 형상과 질료로 구성된 개체(individual)의 개념으로 대치하려고 한 그의 형상-질료설은 무기물에 식물이 기초하고 식물에 동물이 기초하여 존재하는 현상과 동물에 기초하고 있는 인간의 존재 방식을 이성적으로 성찰하는 사유하는 정신(이성)을 설정하였다. 그리고 이 모든 존재자들의 운동 목적이 이러한 이성이 지향하는 자기-사유하는 불멸하는 신을 목표로 목적론적인 운동을 하는 것으로서의 자연을 통일적으로 설명하는 것으로 나타난다.

플라톤과 아리스토텔레스의 철학을 이어받아 이를 기초로 한 감관-지각적 경험이나 정신적 세계를 합리적으로 설명하려는 철학이 근대 데카르트의 대륙 합리론과 영국 경험론으로 나타난다. 그리고 이러한 대륙 합리론과 경험론의 기초에는 감관-지각적 경험에 관한 지각 발생 이론인 표상론(representative theory)과 이를 감성과 이성으로 분리하여 인식론적으로 정리한 원자론의 변형인 소체론(particle theory)에 기초한 뉴턴 역학이라는 자연과학이 있었다. 그리고 이러한 대륙 합리론과 영국 경험론을 종합한 것이 칸트이다.

칸트의 철학은 『순수이성비판』에 나타나 있듯이 감관-지각의 발생 현상을 원자론에 기초한 표상론으로 설명하고, 이러한 감관-지각적 경험의 표상을 플라톤의 이데아론과 같이 인식 이론으로 설명한 과학철학이다. 사실 자연과학은 근대 뉴턴 역학 이후 귀납법(induction)이라 불리는 가설-연역적 방법을 타성적인 물질로 이루어진 자연 사물들의 운동에 적용하여 자연 사물의 운동 법칙을 발견하는 데에서 성립한다. 그런데 이러한 가설-연역적 방법은 소크라테스가 『파이돈』에서 파르메니데스의 존재론적 사유에 기초하여 인간 경험에 대한 진리를 탐구하는 방법으로 설명한 것이다. 즉 소크라테스의 이러한 가설-연역적 방법은 한편으로 인간이 감관-지각적 경험을 귀납하고 분석하는 과정과 이를 통하여 형성한 언어에 기초하여 사유하는 인간의 추론적인 사유 방법인 연역법을 결합한 것이다. 이러한 소크라테스의 산파술이라 불리는 가설-연역법은, 현대에서 일반 논리학을 구성한 연역법과 자연과학의 방법이라고 불리는 가설-연역적 방법의 귀납법적 측면을 인간 영혼의 자발적인 기능(능동자: poioun)을 매개로 하여 결합한 것으로서, 소크라테스-플라톤은 이를 통하여 생성-소멸하는 자연 존재자들의 진상과 운동 법칙을 파악하려고 하였다.

칸트는 이러한 소크라테스-플라톤의 파르메니데스의 존재론과 동일자-타자의 변증법으로 결합한 가설-연역적 방법을, 뉴턴의 역학과 관련하여 자연과학의 실험적 방법(experimental method)으로 변용한다. 그는 인간의 인식 능력을 감성과 지성(오성)으로 나누고, "직관 없는 사유는 공허하고 사유 없는 직관은 맹목"이라는 말로 표명하였듯이, 이들 두 인식 능력의 상호 협동 아래 가설-연역적 방법에 따른 실험적 방법으로 과학적 인식을 나타내는 선험적 종합판단이 성립한다고 주장한다. 즉 칸트는 현상으로 주어진 경험적 자료(data)인 감관-지각적 경험을 판단하는 사유가 범주적으로(존재론적으로) 구성하는 데에서 과학의 합리적 판단인 '선험적 종합 판단'이 성립하는 것이라고 말한다. 그리고 이는 플라톤이 『테아이테토스』에서 원자론에 기초한 밀납 기억과 영혼의 자발성에 기초한 새장 기억이라는 두 기억을 파르메니데스 존재론과 관련하여 동일자-타자의 변증법으로 설명한 것과 동일하다.

이 저서는 컴퓨터의 전자 칩 위에서 실현된 인공지능(AI: artificial intelligence)의 유래를, 파르메니데스 존재론에 기초하여 사물들의 생성-소멸을 합리적으로 설명하려고 한 그리스 자연철학의 원자론과, 이에 바탕하여 플라톤 철학을 가능하게 한 피타고라스학파의 수학-기하학적 사유에서 기원하는 것으로 판정한다. 그리고 피타고라스학파의 전체와 부분에 관한 수학적이자 논리적인 사유와 관계하는 원자론은 이를 보완한 양자 역학의 집합론적 사유를 가능하게 하였는데, 이러한 집합론의 계산 가능성의 논리에 따라 전자 칩으로 구성된 컴퓨터라는 물질 위에 기술적으로 실현한 인공지능은 디지털 언어로 구성된 알고리즘(algorithm)의 기계적 사유로서 철학의 변증법적 사유와는, 기계와 유기체의 동일성과 차이성에서 볼 수 있듯이, 서로 동일한 측면이 있으면서도 본질적으로 서로 다른 성격임을 규명하고자 한다. 즉 이 저서는 현대 수학자나 과학자들이 만들어낸 컴퓨터와 그 구성 원리, 이를 작동하게 하는 인공지능의 알고리즘을 플라톤과 아리스토텔레스의 철학적 관점에서 밝혀본다. 이는 인간 지능과 컴퓨터의 결합에 의해 성립한 인공지능의 본성과, 인터넷을 기반으로 하여 현대의 정보사회를 구성하고 있는 '거대 기계 지식'에 의한 제4차 산업혁명은 물론 현대의 정신문화를 철학적으로 개관하고, 이러한 인공지능의 본질이나 그 기능의 한계에 대한 무지에서 일어나는 많은 문제들을 해소하기 위한 것이다.

이 저서는 본문에서 인공지능과 관계하는 철학이나 과학들의 내용들을 비트겐슈타인의 『논리철학논고』에 나타나 있는 서술 방식을 취하여 기술하였으며, 여기에 이미 발표한 여러 논문들의 오류를 수정-보완하거나 새롭게 작성한 논문들을 첨가함으로써 유기적으로 구성한 것이다. 이러한 저서를 쓸 수 있게 동기를 촉발한 충남대 이만호 교수(컴퓨터공학과)와 김광태 교수(천문기상학과)는 물론, 통섭 포럼의 한복룡 교수(법학과), 카이스트 명상과학연구소 미산(김완두) 스님과 이만섭 교수(물리학과)에게도 감사하며, 이러한 저서를 출판할 수 있도록 재정적으로 도움을 준 대전문화재단에 심심한 감사를 드린다.

2022년 5월, 보문산 기슭, 서재에서
礪石 송영진 씀

차례

제 2 장 근대 철학과 뉴턴 역학 · 107

제 3 장 이성과 자유, 그리고 정의론과 윤리 · 209

제 1 장

철학의 의미

1. 그리스 자연철학: 우주 안에서 인간 존재의 탐구와 이해

헤시오도스 『신통기(*Theogony*)』에 따르면, 카오스(chaos)는 우주의 원초적인 운동 방식이자 존재 방식이다. 이 카오스에서 사랑의 신 에로스(eros)와 가이아(gaia), 그리고 타르타로스(tartaros)가 분화되어 나타나, 이들이 단독으로 혹은 서로 결합하여 그리스 신화에서 말하는 자연사물에서부터 인간의 정신을 상징하는 여러 신들이 탄생한다. 말하자면 헤시오도스 『신통기』는 지구의 탄생과 자연환경을 신들의 탄생과 이들이 생성한 결과물들로써 설명하려고 한 신화적 형식으로 표명된 지구과학으로서 자연철학이었다.[1] 이와 달리 탈레스에서 기원한다고 말해지는 그리스의 자연철학은 만물을 생성하고 소멸시키는 원인을 물질

1) 헤시오도스, 천병희 옮김, 『신통기』(한길사, 2004) 참조. 그리스 신화는 카오스로부터 분화되는 자연을 설명함에 있어서 카오스에서 분화되어 나온 신들인 가이아와 에로스와 타르타로스를 말하는 한, 정신과 몸과 우주를 말하는 이원론적인 전통을 마련하는 계기가 된다.

(物活論)에 둔 것이다. 그리고 이 양자는 우주와 물질 사이에 존재하는 중간자로서의 인간에 대한 탐구, 즉 우주 안에서의 만물은 물론 생명체로서의 생성-소멸하는 인간 존재와 그 존재 방식의 탐구에서 기원하는 것이다.

탈레스에서 기원하는 그리스 자연철학에서의 우주 안의 인간에 대한 탐구는, 감관-지각적 직관에 기초해 사색한 헤라클레이토스의 만물은 생성-소멸하면서도 운동한다는 것(panta rhei)을 말로서 표명한 것으로 나타나나, 존재와 무의 관계를 인간의 언어(말)의 의미에 기초해 철학한 파르메니데스라는 철학자가, 존재하는 것은 불변하는 일자라고 주장함으로써 만물이 변화한다(panta rhei)는 철학에 쐐기를 박는다. 파르메니데스는 주어+술어로 된 인간의 언어가 지니는 모순율에 따라 사유할 수밖에 없는 필연성에 따라 '존재의 의미'를 구성하고, 이러한 존재의 의미로 구성된 전체로서의 일자인 우주를 생각한다. 즉 그의 존재론은 "허무로부터는 아무것도 나오지 않는다(ex nihilo nihil fit)"는 존재론의 모순율과 "[모든 것은] 있거나 없거나이다(to be, or not to be)"라고 판정하는 존재론의 배중률에 따라 구성된 것이다. 역으로 우리가 이 두 원리로부터 모든 존재자들 전체인 우주를 생각하면, 우주는 생성-소멸도 없고 나누어지지도 않으며, 운동도 하지 않는 사방으로 고르게 펴진 구와 같은 일자(一者)이다.[2] 따라서 헤라클레이토스와 파르메니데스, 이 양자의 철학은 각각 생성-소멸하는 존재자들의 세계에 대한 감관-지각적 직관과 모순율에 따르는 사유(이성)의 원리에 따라 표상하는 것으로서의 우주가 서로 다른 것임을 나타낸다. 이 때문에 이 양자는 인간의 감관-지각과 사유의 기능관계를 인식론적으로 조정하거나 성찰하지 않으면 서로 독립적이거나 서로 다른 것처럼 보인다.

---

2) 송영진, 『그리스 자연철학과 현대과학』, I권(충남대 출판문화원, 2014), 2장, 2.5. '엘레아학파' 참조.

한편, 그리스 자연철학적 전통의 초기에 파르메니데스와 같은 지역인 이탈리아 시실리 지방에서 활동한 피타고라스학파는 '만물의 본질은 수'라고 주장하면서 기하학과 관계하는 해석학적 수학을, 우주나 그 안에서 존재하는 존재자들과 그 생성-소멸하는 운동을 해석하는 수단으로 개발한다. 그런데 이러한 피타고라스학파의 존재론적인 수학, 즉 기하학적 수학은 후에 유클리드에 의해 공리 체계로 정리되는 기하학이다. 즉 유클리드 기하학은 공간 삼차원을 공리들(stoixeia)로 분석하고, 이를 토대로 정리한 공리 체계(axiomatic system)이다. 그리고 피타고라스학파의 수학은 십진법을 기초로 한 자연수에 의해 사칙 연산을 할 수 있는 것으로서 이를 기초로 하여 삼차원적인 공간적 존재를 해석하는 존재론이었다.[3)]

'우주 안에서 생명체로서의 인간의 실존'을 밝히려는 철학자들인 엠페도클레스나 아낙사고라스와 같은 다원론자들은 파르메니데스 존재론의 합리적 측면을 인정하였기에 파르메니데스의 존재론의 원리(ex nihilo nihil fit)에 따르는 우주와 그 안에서 생성-소멸하며 존재하는 존재자들의 구조와 운동을 설명하기 위하여 우주 영혼이나 우주 정신을 설정한다. 즉 그들의 다원론적인 철학은 우주 안에서 발생하여 존재하는 존재자들의 구조와 생성-소멸을 파르메니데스의 우주적인 존재 개념과 그들이 운동 원인으로서 설정한 사랑과 미움, 혹은 이를 종합한 우주 영혼(psyche)이나 우주 정신(nous)의 조합으로 설명하려는 것으로 나타나며, 그 결과 그리스 자연철학은 최종적으로 만물의 생성-소멸을 파르메니데스의 존재론적 원리에 따라 무한한 공허(kenon) 안에서 운동 능력을 지닌 수학-기하학적으로 구성된 원자들로 설명하려는 레우키포스-데모크리토스의 유물론적인 원자론으로 나타난다.

---

3) 같은 책, 2장, 2.3. '피타고라스학파' 참조.

그런데 레우키포스-데모크리토스의 원자론은 우주 영혼이나 정신을 전제하지 않고 무한한 우주(공허: kenon)와 이를 채우는 기하학적인 형태들의 무한 수의 원자들과, 이들의 원초적 운동 방식인 소용돌이 운동을 가지고 공간 안에서 우연-필연성에 따라 기계적인 방식으로 만물의 생성-소멸을 설명하려 한다. 우주와 이를 구성하는 존재자들을 수학적, 해석학적으로 설명하려고 한 피타고라스학파의 사고가 파르메니데스의 존재론과 결합하여 데모크리토스의 원자론으로 나타난 것이다.[4] 이 때문에 이들의 원자론에서, 무한 수의 원자들이 기하학적인 형태를 띠고 있고 무한한 공허(kenon) 속에서 그 운동 방식은 다원론자들이 운동 원인으로 설정한 사랑과 미움이나 정신이 발현한 정성적인 운동 방식이 아닌, 기하학적으로 구성된 원자들의 공허 안에서의 원초적인 소용돌이 운동으로서 정량화될 수 있는 필연적인 방식으로 이루어지는 것이다.

이러한 데모크리토스의 원자론에서 우선 가장 문제되는 것은 무한한 공허로서의 우주이다. 이러한 공허(kenon)는 진정 파르메니데스가 말하는 절대적 허무(ouk on)는 아니다. 왜냐하면 그것은 존재하기는 하나 원자들에 아무런 영향력은 미치지 않는 한에서 허무(me on)와 같은 것으로서 어쨌든 원자와 관계하는 유물론의 일원론적 전통을 이루는 것이다. 사실 원자론자들이 설정한 이러한 무한한 공허는 인류의 지성이 공간을 생각할 때 필연적으로 나타나는 존재(가상)로서 지성의 공간 표상에 근본적인 것이며, 제논의 운동 역설에 나타나듯이 논리적으로 많은 딜레마들을 일으키는 것이다.[5]

---

4) 같은 책, 2장, 2.7. '원자론자들의 철학' 참조.

5) 모순율에 따라 사고하는 존재론적 지성에 근본적으로 나타나는 것이 파르메니데스의 일자(一者)와 운동을 설명하기 위해 원자론자들이 설정한 무한한 공허(kenon)이다. 즉 일자와 무한한 공허는 영혼의 매개 없이는 설명이 불가능한 존재와 허무의 배중률을 전제하는 모순율에 따르는 존재론적 사고의 원리들이다. 다원론자나 다음에 나오는 플라톤의 철학은 이러한 존재론적 사

다음으로 데모크리토스 원자론에서 문제되는 것은 원자들이 본래적으로 지닌 원초적 운동이 소용돌이라는 것이다. 어떻게 혼란된 운동 방식인 소용돌이 운동에서 원자들의 형태에 따른 필연적인 운동이 만물의 존재를 기계적으로 형성하고 운동할 수 있게 하는가이다. 이 때문에 데모크리토스가 설정한 소용돌이라는 기계적인 운동 방식은, 플라톤이 말하듯이 우연-필연적인 것으로서 이러한 우연-필연적인 기계적인 방식이 분화되어, 헬레니즘 시대에 원자의 무게를 설정하는 에피쿠로스에 의해 무한한 공허 안에서 (직선적인 운동 방식(linear)으로 표상되는) 무게에 의해 필연적으로 하강하는 원자의 운동과 이에서 빗나가는 '경사운동'을 하는 자유원자의 (원운동으로 표상되는) 운동으로 분화된다.[6] 그러한 의미에서 에피쿠로스는 이원론자이다. 즉 데모크리토스의 원자론에서는 카오스적인 우연-필연적인 기계적 운동은 플라톤이 말하는 기계적 필연성을 상징하는 직선운동과 에피쿠로스의 신적 자유를 상징하는 경사운동인 영혼의 자동운동을 의미하는 원운동으로 분화되어 있지 않다. 사실 데모크리토스는 신을 인정하지 않지만, 헬레니즘 시대에 에피쿠로스는 경사운동하는 미세한 구형의 입자들로 구성된 신의 존재를 인정한다.[7]

고의 원리들을 인식론적으로 자발성을 지닌 영혼의 기능을 통하여 통합하려는 데에서 성립한다.

6) 에피쿠로스의 이러한 직선운동에 대비된 경사운동이 후에 플라톤에 의해 자발성을 지닌 영혼의 자기 귀환의 자동운동을 상징하는 원운동으로 변모한다.

7) 에피쿠로스의 원전에는 신이 이러한 미세한 구형의 입자들로 되어 있다는 언명은 없지만, 우리는 운동 원인인 사랑이나 정신을 파르메니데스의 일자 존재로부터 분리하는 엠페도클레스나 아낙사고라스와 같은 다원론자나 신을 인정하는 에피쿠로스의 철학으로부터 이를 유추할 수 있다. 송영진, 『그리스 자연철학과 현대과학』, I권; 송영진, 「에피쿠로스의 원자론과 신의 문제」, 『동서철학연구』 65호(한국동서철학회, 2012년 9월) 참조.

2. 플라톤의 철학

플라톤은 이러한 데모크리토스의 유물론적 철학에 반발하여 피타고라스학파가 믿었던 오르페우스 종교에서 말하는 자발성(자유)을 지닌 불멸하는 영혼의 존재가 물질에서 독립적으로 존재한다고 하는 이원론적인 전통의 관념론(idealism)을 창시한다.[8] 플라톤의 이러한 관념론은 정신이란 파르메니데스의 존재론적 사유를 본질로 하고, 이러한 존재론적 사유를 본질로 하는 정신(nous)은 인간의 영혼이 내외로 경험하는 지각 현상과 감정에 관계하는 심리 현상에서 독립적으로 존재한다(초월론적으로 관계한다)는 사상으로 나타난다.[9] 이러한 플라톤의 관념론의 이면에 있는 생성-소멸하는 현실적 존재, 특히 인간 존재(실존)에 대한 플라톤의 진리 탐구 방식은, 『파이돈』에 나타나 있듯이 현대에서는

---

8) 인류의 종교 발달사는 토테미즘(totemism)과 애니미즘(animism)을 거쳐 신체에서 영혼이 분리되는 존재론적으로 이원론인 샤머니즘(shamanism)에 도달하는데, 이러한 인류에 보편적으로 나타나는 샤머니즘에 기초하고 있는 오르페우스교의 사상을 이어받아 소크라테스-플라톤의 철학은 이원론이 된다. F. M. 콘퍼드, 남경희 옮김, 『종교에서 철학으로』(이화여대 출판부, 1995) 참조.
그런데 샤머니즘이 나타나는 것을 진화론적으로 설명하자면, 인간의 언어에 의한 사고가 발달하여 본능적 신체에서 지성이 독립하는 데 따라, 동물적인 본능적 주체성에서 사유하는 지능적(이성적) 주체성이 분화되어(이원화되어) 나타나는 현상이다. 송영진, 『미와 비평』(충남대 출판문화원, 2014), 1장 참조.

9) 주석 5에서 언급한 바와 같이 플라톤의 철학에서 모순율에 따라 사유하는 정신에 나타나는 존재론의 원리들인 일자와 공허는 인식론적으로 자발성을 지닌 영혼의 기능을 매개로 하여 이들을 통합하는 데에서 성립한다. 그리고 일자와 공허는 상호 제약하는 하나와 여럿의 변증법적 관계로 변형되어 일자는 동일자로, 공허는 정신에 제약된 타자로서 장소(chora)로 나타나며, 플라톤 이후의 철학자들에게서 이 양자는 구체적으로 영혼(정신)과 물질로 환원된다.

과학적 방법으로 알려져 있는 가설-연역적 방법[10]이며, 이러한 탐구를 통하여 생성-소멸하는 자연 존재자들의 구조와 함께, 생성-소멸의 운동의 원인인 영혼의 궁극적 목적을 선미(kalo-kagathos)에 관계하여 가치론적으로 탐구하려는 것으로 나타난다.

이러한 플라톤의 진리 탐구의 결과는 후기 대화록들에서 인간 실존의 구조가 우주와 관련되어 있는 것으로 나타난다. 즉 플라톤의 우주론이 나타나 있는 『티마이오스』에 따르면, 인간의 신체를 구성하는 물질은 원자론자들의 무한한 공허(kenon)와 관계하여 한계가 있는 공간인 현실적인 장소(chora)로 변모하고, 이 장소에는 우연-필연적인 힘(dynamis)이 진동(flux) 상태에서 켜질하고 있는 것으로 나타난다. 즉 데모크리토스가 말하는 소용돌이 운동은 우연-필연성의 힘이 공간(chora: 장) 안에서 무규정한 운동을 하는 것으로 나타나고, 여기에 우주 영혼을 상징하는 자발성을 지닌 우주신 (자동운동하는) 데미우르고스가 무규정한 유동(flux) 상태에 있는 장소에 형상을 부여하는 것으로 묘사한다. 플라톤의 이러한 데미우르고스와 장소가 서로 변증법적으로 관계 맺어 '한계를 가진 영혼'의 기능(poioun)과 자기 귀환하는 자동운동의 결과인 형상(eidos)으로 나타나며, 마찬가지로 한계를 가진 타자로서의 장소(chora) 안에서 우연-필연적인 확산하는 운동을 하는 존재인 물질이 물체(soma)들로서 나타난다.

따라서 이 우주는 물론 이 우주 안에 있는 존재자들은 형상과 플럭스(flux) 상태에 있는 물질이 결합된 존재로서 철학의 역사에서 나타나는 정신과 물질 관념의 매개체로서의 능동인과 형상을 가진 신체를 데

10) 플라톤은 소크라테스의 입을 빌려, 자신의 진리 탐구의 방법이 산파술(『테아이테토스』, 149a)이며, 이 산파술이 현대에서는 과학적 방법이라 불리는 가설-연역적 방법임을 천명한다(『파이돈』, 100a-101d). 이 책 1장에 첨부된 필자의 논문, 「소크라테스의 산파술과 플라톤의 변증법의 관계」 참조.

모크리토스처럼 일원론적으로 보느냐, 아니면 플라톤처럼 이원론적으로 해석하느냐에 따라, 달리 말하자면, 물질과 정신, 이 양자의 매개물인 신체의 기능과 형상을 분리하는가, 분리하지 않는가에 따라, 이 양자들이 조합된 4개의 경우나 이들이 매개된 제3의 경우와 함께 융복합되어 근대의 뉴턴 역학과 함께 데카르트의 다양한 심신관계론이 나타난다. 그중 하나가 아리스토텔레스의 형상-질료설에 따르는 개체들과 이 개체들로 형성된 우주로 나타난다. 이 때문에 플라톤의 이데아(형상)론으로 알려져 있는 관념론(관념적 원자론)은, 물질에 관해서는 헤라클레이토스의 만물 유전론에 따른 '흐른다'고 번역되는 진동하는(flux) 상태의 무한정자(apeiron) 때문에 확산하는 운동을 하는 것으로 생각하고, 정신에 관해서는 존재론적으로 파르메니데스의 일자(一者)를 동일자로 변형하여 사유하는 것을, 즉 플라톤의 말로는 영혼이 형상(eidos: idea)들을 사유하는 것을 본질로 하는 것으로 생각하게 된다.

그런데 인간의 존재론적 사유는 파르메니데스의 존재론의 원리에 따르면서도 우주와 우주 안에 있는 존재자들의 구성에서는 피타고라스학파의 (유클리드 기하학으로 정리되는) 기하학적 수학(삼차원을 전제하는 공간에 관한 해석학)을 기초로 하는 것으로서, 우리의 존재론적 사유가 (직선운동에 유비된 운동을 하는) 물질에 관해서는 전체-부분의 필연적인 양적 논리에 따르고, 영혼에 관해서는 정신의 자발성에 따르는 운동에 기인하는 회귀적인 (원운동에 유비된 것으로서) 동일자-타자의 변증법에 따르는 것임을 보여준다.[11]

---

11) 『파르메니데스』 후반부에 나타난 「변증법의 연습」에서는 파르메니데스의 일자와 제논의 역설에 나타난 무한자를 원리적으로 조합한 경우의 수들로 구성된, 따라서 벤다이어그램에서 전체 집합으로 감쌀 수 없는 동일자-타자의 변증법이나, 플라톤의 『티마이오스』에 나타난 동일자-타자의 변증법은 벤다이어그램에서 전체 집합으로 감쌀 수 있는 우주론을 논하는 변증법이다. 송영진, 『플라톤의 변증법에 따른 진리와 인식』(충남대 출판문화원, 2019),

그런데 인간은 정신과 신체로 이루어져 있다. 인간 실존을 정신과 신체, 이 양자를 결합하여 통일된 것으로 설명하려는 데에서, 혹은 자연적 개체의 유기체를 양적 측면과 질적 측면의 운동을 결합하여 설명하려는 데에서 여러 가지 변증법이 나타난다. 고대에서는 유물론자로 알려져 있는 데모크리토스처럼 개체의 구성에서부터 그것의 운동을 우연-필연성에 따라 일원론적으로 생각하느냐, 아니면 에피쿠로스처럼 필연성의 직선운동(하강운동)에 빗겨가는 경사운동을 설정하여 이원론적으로 생각하느냐에 따른 원자론의 변증법이 나타난다. 한편 관념론자인 플라톤은, 정신은 원운동을 하는 것으로, 물질은 직선운동을 하는 것으로 생각하였다. 그리고 이 양자를 결합하는 데 따른 운동의 양상들이 다양하게 나타나는데, 유기체의 운동을 상징하는 동일자-타자가 결합된 기하학적, 수학적 변증법이 후에 황금률로 말해지는 최적화(적도)의 변증법으로 나타난다.[12)]

3.6. '플라톤의 변증법적 존재론의 총체적 의미' 참조.

12) 플라톤 이후 변증법은 중세 기독교의 유일신에 의한 창조론이 나타나기 이전에 아리스토텔레스의 신을 인정하는 형상-질료의 결합으로 개체를 생각하고 이 개체들이 자기 사유하는 초월적인 신이라는 목적으로 향하여 운동하는 우주의 형상과 질료의 위계적 중층으로 표현되는 변증법이나 플로티노스의 정신적인 일자 중심의 변증법이 나타난다. 근대 뉴턴 역학 이후에 나타나는 정신과 신체, 이 양자에 관계하는 영혼과 유기체(생명체)의 변증법은 데카르트의 이원론에서 나타나는 네 가지(유물론, 유심론, 부수현상론, 심신관계의 상호작용설)뿐만 아니라, 이 양자가 아리스토텔레스처럼 매개된 제삼자와 관계에서 융복합되는 심신관계론으로 나타나나, 최종적으로는 기독교의 신 중심의 창조론에 기초한 변증법을 헤겔은 신을 향한 정-반-합의 변증법으로 표명되기도 한다. 이러한 심신관계론의 문제는 현대에서 베르그송의 이원론적인 정신(생명체)의 창조적 진화의 변증법, 자크 모노나 다니엘 데넷과 같은 현대 과학자들의 생명체의 우연-필연성에 기초한 유물론적, 진화론적 변증법 등이 있다. 이러한 모든 변증법적 사유 속에는 박홍규가 말하였듯이 "유기체의 기능적 현상에서 볼 수 있듯이, 전체가 부분 속에 가능적으로 들어오는 기능적 사고"가 전제되어 있다. 박홍규, 『베르그송의 창조적 진화 강

플라톤이 생각하는 영혼은 불멸하는 존재로서, 우연-필연적인 직선 운동을 하는 유동(flux) 상태에 있는 물질세계에 만물의 생성-소멸의 운동의 시초를 일으키고, 그러면서도 우주 안에서 동일자-타자의 변증법에 따른 자기 충족적인 자동운동을 하는 것으로 생각한다. 그런데 동일자와 타자의 운동 방식은, 전자는 자기 자신으로 회귀하는 원운동을 하고, 후자는 무한으로 확산하는 직선운동을 하는 것으로서, 이 양자의 결합으로 나타나는 생물체적 존재나 인간 존재는 조화(cosmos)와 적도에 따르는 최적화의 방식으로써 황금률에 따르는 운동을 하는 것으로 (회귀에 의한 반복과 전진하는 유기체의 운동을 조합한 것을 상징하는 것으로) 표명되며, 플라톤의 관념론 이면에 있는 피타고라스학파의 존재론적인 수학-기하학적 사고방식은 물질의 운동과 관련하여서는 현대 수학의 집합론적 사고와 결합하여 컴퓨터상에서 실현된 만능 튜링 기계와 같은 운동을 하는 인공지능(AI)의 데이터를 최적화하는 것으로서 환원될 수 있는 성격을 지닌 것이다.

서로 다른 운동 방식을 지닌 정신과 물질로 구성된 인간 존재를 설명하기 위해서 필연적으로 나타나는 것이 근대의 데카르트의 심신관계론이다. 이러한 심신관계론의 출발은 감관-지각의 발생을 원자론적으로 설명한 플라톤의 대화편『메논』이나『테아이테토스』에서 기원한다. 그런데 플라톤은 현실적 공간인 장소(chora)와 관계하는 신체와 존재론적 사유를 본질로 하는 정신(nous)이 만나는 곳을 감관-지각 기관이라고 생각한다.[13] 감각과 지각이 발생하는 것을 설명하고자 하는 플라톤의

의』(민음사, 2007), 28쪽 참조.

13)『메논』, 76d;『테아이테토스』, 185e. 감각이나 지각의 발생을 플라톤은 데모크리토스의 원자론에서 가져왔다. 근대에서 정리되는 감관-지각의 발생에 대한 표상론(representative theory)의 기원이다. 근대 표상론에서 물질에 관해서는 질량-에너지 보존법칙 아래에서의 뉴턴 역학의 운동의 3법칙이 전제되어 있고, 영혼 즉 정신에 관해서는 영혼의 능동성으로서 자발성이 전제되어

감관-지각적 경험의 형상에 대한 환원론적 이해는 근대에서 표상론으로 정리되는 외적 경험과 내적 경험으로 분화되어 나타나는데, 외적 경험에 현상하는 물질의 운동에 관해서는 원자론에 따르는 필연적(기계적) 운동을 하는 것(직선운동)으로서 유물론적으로 설명하고, 내적 경험에 의해 형성된 의식이나 정신의 운동에 관해서는 (원운동으로 표상되는 자동운동을 하는) 자발성을 지닌 사유(nous)와 심적인 것(psche)의 결합으로 형성된 유와 종으로 계층화된 관념들(형상들)로 설명하는 것이다. 그 결과 인간은 정신(nous)과 영혼(psyche)과 신체(soma)로 구성된 3층집을 이루는 존재로 표현된다.

플라톤은 『티마이오스』에서 무한정자(아페이론)의 성격이 있는 우연-필연성의 힘(dynamis)으로 가득 찬 장소(물질로서 아리스토텔레스의 질료)에 우주신 데미우르고스(Demiourgos)가 형상(eidos: idea)들을 부여하되, 정사면체로 분석되는 4개의 정다면체로서 정사면체는 불의 원소로, 정육면체는 땅의 원소로, 정팔면체는 물의 원소로, 정20면체는 풍(風)의 원소로, 정사면체로 분석되지 않는 정12면체를 천상의 아에테르(aeter)로서 별들의 구성 원소로 제작하고, 이들로 구성된 동일자-타자의 변증법적 논리에 따르는 유기체로서의 단 하나의 아름다운 우주(Cosmos)를 제작 구현하고 있다고 말한다. 그리고 이러한 우주 안에서 지구가 중심을 차지하고 있고, 그 밖에 항성들과 행성(planet)들이 존재하는데, 항성들은 천구에 붙어 원운동을 하고, 행성들은 이 항성들과 유사하게 원운동하면서도 이에서 벗어나 방황하는(planere) 운동을 하고 있으며, 이 행성들(태양(Apolon), 수성(Mercurios), 금성(Venus), 화

있다. 이 양자가 만나는 곳이 감관-지각기관이고, 여기에서 데카르트의 심신관계의 문제가 근대에서는 뉴턴 역학과의 관계에서 나타난다. 화이트헤드의 "서양철학의 역사는 플라톤 철학의 주석에 불과하다."는 발언은, 바로 감관-지각의 발생을 최초로 원자론에 기초하여 표상론적으로 설명한 플라톤의 이러한 천재성에 기대고 있다.

성(Mars), 목성(Jupiter), 토성(Saturnus))은 몸을 지닌 신들로서 지구에 동식물들을 생성하는(제작하는) 기본적인 운동을 하는 것으로 설명한다.

우주신이 제작하는 존재자들 중에 인간만은 우주 영혼이 들어와 있다. 그리고 그 영혼은 형상을 지니고 있으며 동시에 물질과 관계하기에 소우주(小宇宙)와 같은 존재이다. 반면에 그 신체는 기하학적인 원소들로 이루어져 있으며, 동일자-타자의 변증법에 따른 유기적으로 구성된 존재(유기체)로서 나타난다.[14] 그런데 플라톤의 정신과 물질의 이원론에 기초한 관념론(근대에서는 합리론(rationalism)으로 나타난다)의 가장 큰 문제점은, 플라톤의 인식론이 표명된 대화편『테아이테토스』에 나타나 있듯이, 사유가 파악한 형상(eidos: idea)과 기능적인 영혼(psyche)을 동일시하는 데에 있다.[15] 이러한 형상과 영혼을 동일시하는 것은 플라톤의 철학에서 우주의 모든 것을 인식할 수 있는 불멸하는 영혼의 존재 문제로 나타나며, 아리스토텔레스의 철학에서는 자기 사유하는 신의 초월적인 존재 문제로 나타난다.[16]

3. 아리스토텔레스의 철학

아리스토텔레스는 개체와 이들로 구성된 자연 존재자들의 생성-소멸

---

14) 근대 뉴턴 역학 이후, 데카르트가 영혼을 송과선 위에 안치한 결과로 인해, 신체는 라 메트리(La Mettrie)가 생각하듯이 동일자-타자의 변증법이 없는 일종의 자동기계로 설명되었다. 역으로, 이러한 정신적 사유(nous)를 본질로 하는 인간이 감관-지각적 경험을 지성에 의해 정리하여 우주를 구상하게 되면 그 결과가 플라톤의 우주로 나타날 것이다.

15)『테아이테토스』, 184d-185a.

16) 송영진,『소크라테스의 산파술에 따른 진리와 인식』(충남대 출판문화원, 2019), 2장 참조.

을, 그가 『자연학』에서 자연적인 생식을 인위적인 제작에 유비하여 설정한 형상인, 질료인, 운동인, 목적인이라는 존재론적으로 4개의 원인론에 기초하여 설명하고 있다.[17] 그리고 이러한 형상-질료설은 존재론적으로는 무기물에 식물이 기초하고 식물에 동물이 기초하여 존재하며, 동물 가운데 사유하는 정신(이성)을 가진 인간의 존재나 행위(praxsis)도 먹이사슬로 표현된 목적과 수단이라는 형상-질료의 위계적 관계로 나타내며,[18] 이들의 운동 목적이 불멸하는 자기 사유하는 신을 목표로 하는 목적론적인 운동을 하는 것으로서 아리스토텔레스는 자연 존재자들이 수단-목적의 위계를 이루고 있는 것으로 파악한다. 이 때문에 아리스토텔레스는 영혼의 운동과 물질의 운동을 구별한다. 영혼의 운동은 현실태와 잠세태(energeia-dynamis)로 표현된 능동-수동성이 함께 있는 능동인으로서의 운동(원인)이나, 능동과 수동이 중화된 타성적인 것으로서의 운동(kinesis)은 질료의 운동에 해당하는 것으로 표현될 수도 있다.[19]

---

17) 아리스토텔레스의 형상-질료, 운동-목적의 4원인론은 자연적인 생식의 생성활동을 인간의 제작 활동에 유비한 것으로서 개체나 이의 활동까지 목적론적으로 설명하려는 형상-질료설로 요약된다. 송영진, 『그리스 자연철학과 현대과학』, II권, 1장 참조.

18) 실천철학에서 수단-목적인 형상-질료의 관계는 주인-노예의 관계로 나타난다. 아리스토텔레스, 천병희 옮김, 『정치학』, 1권 참조.

19) 아리스토텔레스는 잠세태(dynamis)와 현실태(energeia)가 무엇인지는 모든 존재자에게 공통적이므로 정의를 통하여 밝혀질 수 없기 때문에 유비적으로 파악한다(*Metaphysica*, 1048a). 그리고 잠세태에 대한 현실태의 관계는 "건축 기술을 갖고 있는 자에 대한 현재 건축하는 자, … 재료에 대한 그 재료로부터 형성된 것"의 연속적인 시간적 관계와 같다. 결국 이 관계는 (1) 능력에 대한 운동의 관계, (2) 질료에 대한 형상의 관계와 같다. 달리 말하면, 질료와 형상은 존재자의 정적 관점에서, 가능태(dynamis)와 현실태(energeia)는 동적 관점에서 포착된 것이다. 그런데 가능태와 현실태가 존재론적으로 이해되는 한에서 이들에서 동적 요소가 제거되지 않으면 현실적인 운동이 어떻게 두 가지 양상을 갖게 되는가는 구분될 수 없다. 그래서 가령 가능태

'인간은 이성적 동물'이라는 말을 탄생케 한 아리스토텔레스의 철학은 생성-소멸하는 자연에서 초월적인 '자기 사유하는 신'의 존재를 설정하고, 자연을 형상과 질료의 목적론적 관계에서 통일적으로 바라보려는 것이다. 그런데 이러한 자연 존재자들의 생성-소멸의 운동을 설명하려는 형상-질료설에는 '최후의 질료는 형상(eschatos hyle, eidos)'[20]이라는 말에 나타나 있듯이 형상과 질료 사이에 차이나 거리가 소실되어 동일시되는 임계점[21]이 존재하는데, 바로 이 소실-임계점은 플라톤이 사유가 파악한 형상과 영혼의 능동적 기능을 동일시하는 동일자-타자의 변증법에서 기원하는 것으로서, 아리스토텔레스의 철학에서는 형상과 질료의 유비(analogy)에 따른 추상적인 유사성의 변증법과 함께 물질과 영혼을 수단-목적의 위계적 관계에서 나아가 최종적으로는 목적

를 운동할 수 있는 능력으로 볼 때, 현실태는 두 측면에서 운동에 관계된다. (1) 현실태는 현재 실현 중인 운동 자체를 의미하거나, (2) 이미 실현되어 버린 운동의 끝(entelexeia)을 의미한다. 이 두 번째의 의미는 자신 안에 목적을 가지지 않은 과정으로서의 운동인 'kinesis'와 대립된다. 결국 아리스토텔레스에게 있어서 잠세태와 현실태는 양자의 중간적인(중화된 필연성에 따르는 기계적인) 과정(process)으로서의 운동(kinesis)을 안에 둔 존재자의 양 끝을 표현하는 것으로 양 끝은 각각 한계를 지닌 질료와 형상에 관계하게 된다. 이러한 형상과 질료의 관계가 다시 목적론적으로 조정되어 중첩되는 데에서 아리스토텔레스의 양상론은 아인슈타인의 사차원적인 것으로 이해되지 않으면 현실태나 잠세태가 이중적인 의미를 지니고 있어서 논리적으로 애매성에 따르는 많은 문제가 발생한다. 이러한 아리스토텔레스의 양상론을 칸트는 논리적 관점에서 현실성을 중심으로 하는 필연성-우연성과 가능성-불가능성의 모순-반대의 대당관계에 있는 것으로 정리한다. 문제는 베르그송에 따르면, 잠세태와 현실태를 매개하는 유기체의 자발성에 따르는 능력 개념인 가능성-불가능성이 논리적 관계로 해소될 수 있는가이다. 박홍규, 「베르그송에 있어서 근원적 자유」, 『희랍 철학 논고』, 박홍규 전집 I, 183-197쪽 참조.

20) 아리스토텔레스, 『형이상학』, viii, 6, 1045b.

21) 형상과 질료 사이의 소실-임계점은 형상과 질료 사이는 우연성이 개입되는 거리와 차이가 있기 때문이다.

론적으로 신적 영혼의 자기 사유하는 존재와 동일시하는(통일) 문제로까지 나타난다.

아리스토텔레스 철학에서 형상과 질료가 목적론적으로 그래서 위계적으로 중첩되어 있고 형상과 질료가 관계하는 접촉으로 표현되는 임계점에서, 형상의 측면에서는 능동성에 따르는 필연성이 성립하나 질료의 측면에서는 우연성에 따르는 유사성만 있다. 이 양자가 결합되어 중화된 곳에 기계적 필연성에 따르는 운동(kinesis)이 있다. 따라서 아리스토텔레스의 질료는 플라톤이 말하는 장소의 우연-필연성을 띠며, 형상을 목적으로 하여 '모방하는' 잠세적 기능만을 발휘한다. 근대 뉴턴 역학 이후 질료 위에 정신적 작용을 상징하는 형상의 작용은 형상과 질료가 중화된 과정(kinesis)으로서의 필연성을 띠는 기계적인 것으로 나타나 질적인 형상과 동일하지 않고 유기적인 형상(유기체)에 대한 유사성에 따르는 모방으로서의 기계적 작용을 수행할 수 있을 뿐이다. 그 결과 뉴턴 물리학 이후에 근대 데카르트에 의해서 논의되는 심신관계의 문제는 질량이나 에너지 보존법칙과 관계하는 인과율에 따르는 물리적 세계와 자발성을 지닌 정신과의 관계 문제로 나타나며, 현대에서 논의되는 김재권의 수반이론은 물리적 세계의 에너지 보존과 관련하여 유물론적인 부수 현상론이 창발성 이론으로 변형되어 나타난 것으로서, 창발된 자발성이 역으로 물리적 현상에 영향을 미치는 정신의 기능론으로 연장된다.[22] 이러한 심신관계의 문제는 근대 이후 나타나는 영구

---

22) 근대의 데카르트에 의해서는 심신 상호작용설로 나타나나, 현대 물리학에서의 물체 운동의 필연성에 우연성은 양면으로 존재한다. 하나는 아인슈타인의 $E = MC^2$이 상징하듯이 에너지가 물질로 화하는 지점이요, 다른 하나는 물질에서 물체가, 물체에서 정신이 위계를 지니고 창발적으로 나타나는 임계점이다. 이 문제에서 나타나는 것이 물질의 에너지와 정신의 에너지가 동질이냐 아니냐의 문제이다. 즉 물질의 에너지와 정신의 에너지가 전혀 다른 것이냐 아니냐의 문제가 그것이다.

운동기관인 자동기계의 존재 문제와 함께 현대에서는 자동기계의 피드백에 의한 작동 기능의 측면에서 이를 조종하는 기계적인 것에서 진화한 지능은 컴퓨터의 인공지능(AI)의 문제에서도 동일하게 나타난다. 그리고 이러한 인공지능이 조종하는 자동기계로서 로봇은 인간 행위와의 관계에서는 인간이 행하는 정신적 노동과 신체적 노동에 영향을 미쳐, 인간의 행위나 노동이 정신적으로 기계적 노동과 다르면서도 동일시되는 것으로서, 정치철학에서는 국가의 정체론과 더불어 이러한 정체를 작동케 하는 전체주의나 민주주의의 원리와의 관련성은 물론, 사회학적으로는 인간 소외론으로까지 나타나는 많은 문제가 존재하고 있다.[23)]

아리스토텔레스의 우주는 플라톤의 우주론에 기초하면서도 생성-소멸하는 운동을 하는 자연에서 독립적인 '자기 사유하는 일자로서의 신'을 지향하는 목적론적 체계에 맞게 천체, 특히 행성(planet)들에 관한 관찰-지각적 체험을 천동설로 합리화한다. 그것이 중세에 프톨레마이오스의 천동설의 우주론에서 나타나는 행성들, 특히 달의 운동을 주전원에 의해 설명하려고 하는 것으로 나타난다.

4. 철학적 방법론으로서 분석과 추상의 관계

플라톤의 철학적 방법론은 그의 영혼 불멸에 대한 증명에 나타나 있듯이 상기설과 파르메니데스의 존재론을 전제하는 분석(analysis)을 위주로 하는 가설-연역적인 것이다.[24)] 이러한 분석을 전제하는 가설-연역

23) 송영진, 『혼합정체와 법의 정신』, 1, 2권(충남대 출판문화원, 2016) 참조.

24) 그리스어에서 유래한 분석을 뜻하는 단어 'analysis'는 "'위로', '되돌려서'(ana) 풀어놓는다(lysis)"는 의미로서 아리스토텔레스의 논리학(『분석론 전서』)에서 나오는 말이다. 박홍규에 따르면, 이 말의 형이상학적 의미는 '풀어서 돌려준다' 혹은 '자기 본성대로 놓는다'는 것으로 "운동에 있어서는 우리 인식의 대상인 질이 전부 묶여서 무엇이 무엇인지 모르는데, 즉 시간이

적 방법은 한편으로는 원자론적 체계로서 공리 체계를 이루는 유클리드 기하학에서와 같이 삼차원 공간을 여러 가지 도형으로 분할하여 이 분할된 도형들로써 현실의 공간을 구성하는 문제로 나타나고, 다른 한편으로는 우주를 구성하는 운동 원인으로서 자동운동을 하는 자기 충

공간과 관계를 맺고 있는데 거기서 운동을 빼버리자는 것"이라고 플라톤의 존재론의 범주 아래에서의 '분석-종합적 방법'을 잘 언급하고 있다. 박홍규, 『형이상학 강의』 1(민음사, 1995), 21쪽 참조. 그런데 분석은 종합을 전제한다. 그리고 종합은 관계 맺게 하는 정신의 기능을 전제한다. 이 때문에 분석을 전제하는 정신은 한편으로 분석의 최종 결과로 얻어지는 단순자를 전제하며, 다른 한편, 이를 토대로 종합하는 정신은 이러한 단순자들(여럿)이 상호적으로 관계 맺게 하는 장으로서의 공간을 필요로 한다. 결국 경험과 관계하는 이성은 한편으로 귀납의 측면에서는 특수자(particular)와 추상적인 일반자(general)라는 관념을 얻게 되고, 분석을 전제하는 연역의 측면에서는 단순자(individual)와 보편자(universal)라는 개념을 얻게 되어, 이들의 조합과 중첩에 의해 경험 현상을 설명하게 됨에 따라 여러 가지 경우의 수들에 해당하는 철학이 나타나게 된다.

우선 이러한 단순자와 공간은 한편으로 제논의 하나와 여럿의 관계(여럿에의 논증)에서나 운동 역설에서 나타난 바와 같이 모순율에 따라 사유하는 이성에 이율배반의 딜레마를 이루는 근거가 된다. 마찬가지로 운동 원인을 원자에서 분리하지 않은 원자론자들에게서는, 즉 원자의 원초적인 운동량으로서 소용돌이라고 말한 데모크리토스에서는 무한 공간의 역설 때문에 원자들의 운동이 우연-필연적인 성격을 지니며, 운동 원인을 정신(영혼)으로 설정한 플라톤 철학에서는 영혼에 대응하는 동적 요인은 허무 대신 들어온 원자론자들이 설정한 무한정자(apeiron)로서 변화의 요인으로 나타난다. 그런데 플라톤의 철학은 경험과의 관계에서 나타나는 이러한 무한정자에서 시간성에 따르는 변화의 요인을 제거하고 공간적이고 기하학적인 불변하는 요소를 찾는 일에서 시작했음을 지적하는 말이다. 아리스토텔레스는 이러한 플라톤의 철학을 계승하여 자연을 일상 언어에 기초해서 목적론적 체계로 정리하고, 이를 이어받은 칸트는 이를 뉴턴 자연과학을 변호하는 것으로서 자신의 『순수이성비판』에서 인식론을 전개한다. 반면에 현대에서는 플라톤의 이데아론 철학에 대응하는 베르그송의 영혼 우위의 동적 일변도의 철학을 전개한다. 베르그송의 철학을 가장 잘 정리한 논문으로 박홍규, 「베르그송에 있어서 근원적 자유」를 참조.

족적인 (불멸하는) 영혼을 설정하고, 이러한 운동 원인을 통해 물질과 관계하는 자연 존재자들의 생성-소멸을 설명하려는 것으로 나타난다. 그런데 현실의 여러 도형들은 다시 유클리드 기하학에서는 공리 체계로 구성할 수 있다. 역으로 이러한 공리 체계를 통하여 현실적 공간을 구성하는 데에서 여러 가지 문제가 나타나는데, 이를 해결하려는 수학자들의 가설-연역적 방법은 (해답이 있을 경우) 플라톤의 대화편『메논』에 나타나 있듯이 기하학의 연역적 추론 체계로 환원할 수 있다.

감관-지각에 기초한 경험을 통해서 현실의 자연 존재자들의 생성-소멸을 설명하려는 데에서 사용되는 귀납법은 플라톤에서는 이데아(형상)를 선험적으로(a priori) 전제하는 원자론과 똑같은 가설-연역적 방법이다. 플라톤은 플럭스(flux) 상태의 물질에 작용하는 운동 원인으로서 자동-운동하는 영혼을 설정한다. 이러한 자동-운동하는 영혼은 선험적으로 이데아들을 지니고 있고, 이러한 이데아들이 궁극적으로는 영혼의 단일한 기능으로 환원된다. 결국 플라톤의『파이돈』에 나타난 소크라테스가 사용할 법한 가설-연역적 방법은 선험적으로 전제된 (우주적) 형상을 지향하는 일종의 귀납적 추론법[25]이다. 이에 반해 아리스토텔

---

25) 귀납적 추론법의 준말인 귀추법, 가설적 추론법의 준말인 가추법은 인디언들이 짐승들의 흔적을 통해 그 행위를 추리하는 방법, 즉 이미 이루어진 일을 거꾸로 역추적하는 방법으로 연역법과 가설-연역적 방법으로서의 귀납법을 결합한 것이다. 전통적으로 연역법은 법칙처럼 보편적이거나 일반적인 명제에서 경험적이거나 구체적인 개별적 사례에 관한 명제를 끌어내는 것(top-down의 하향의 방법)으로 알려져 왔다. 한편 귀납법은 개별적인 사례들이나 경험적인 명제들에서 일반명제나 보편적 법칙과 같은 보편명제들을 이끌어내는 것(down-top의 상향의 방법)으로 정의되었다. 이와 달리 귀추법은 개별적 사례에서 그 원인이 되는 개별적인 사례를 추리하거나, 일반적인 명제(이데아)에서 일반적인 명제(이데아)를 추리하거나 추론하는 것으로 알려져 있다. 이러한 귀추법은 영국의 추리 소설가 코난 도일의 소설에 나오는 주인공 셜록 홈즈가 추리하는 방법으로서, 미국 실용주의 전통의 효시인 퍼스와 그 후계자들에 의해 많이 연구되었다. C. S. Peirce, ed. by K. L.

레스의 철학적 방법은 일상 언어를 형성한 귀납과 귀납에 의해 형성된 일반적 개념을 통하여 개별자를 연역하거나, 개별자를 추상(abstraction)하여 보편자를 사유하는 하는 것으로서, 이러한 추상이 가능한 것은 일상 언어가 전제하는 분석을 토대로 하여 그의 형상과 질료의 목적론에 따른 철학이 형식적 사유의 것이기 때문이다.[26] 즉 아리스토텔레스가 사용한 철학적 방법인 추상은 경험에 관해서는 귀납법을 사용하면서도, 이를 통해 형성된 인간의 언어의 분석적 의미를 통해 파르메니데스처럼 존재론을 구성하기 때문이다. 사실 한 개념의 의미는 역으로 형식(외연)과 내용(내포)으로 분석될 수 있고, 이들이 존재론적으로 반비례 관계에 있는데,[27] 이러한 반비례 관계는 우리가 일상 경험을 아리스토텔레스의 형상-질료설에 따라 목적론적으로 류와 종으로 분류하고 추상적으로(형식적으로) 사유하기 때문에 나타나는 것이다. 간단히 말하자면 추상은 분석을 전제한 형식적 사유로서 '일상 언어'에 의한 사고 방법이다.

5. 일상 언어와 일반 논리학

일반 논리학에는 세 가지 법칙이 있다. 동일률, 모순율(모순 배제율), 배중률이 그것이다. 배중률은 서구에서는 파르메니데스의 존재론에 따

Kenneth Laine, *Reasoning and the Logic of Things*(The Conferences Lectures, 1898)(Harvard University Press, 1993)

26) 인간의 사유법으로서 분석(analysis)과 추상(abstraction)은 현대 철학에서는 언어에 대한 존재론적 사유를 논리적으로 분석하는 영미 분석철학과 경험에 대한 종적 이념을 지향하는 반성적 추상을 수행하는 대륙의 현상학으로 분파되어 수행되고 있다. 분석의 방법에 관해서는 주석 24를 참조. 보편적이거나 종적 이념을 지향하는 형식적 사유로서 추상에 관해서는 윤명로, 『현상학과 현대 철학』(문학과지성사, 1987), 2장 '의미와 추상' 참조.

27) 송영진, 『철학과 논리』(충남대 출판문화원, 2010), 285-286쪽.

르는 전체가 부분들의 합보다 항상 크거나(holon) 같다(panta)는 양화 논리에 따른다. 인간의 사고, 특히 진리 판단은 이러한 3법칙을 토대로 하여 하나의 통일적인 체계(system: 기관)를 이루려고 한다. 즉 하나의 체계는 전체성과 완전성, 그리고 무모순성의 원칙을 지녀야 한다. 이러한 체계에서 중요한 것이 모순율이다.[28] 이러한 체계 중 하나가 현실의 삼차원의 공간을 공리 체계로 설명하는 피타고라스학파에서 기원하는 유클리드 기하학이다.[29] 아리스토텔레스의 일반 논리학은 파르메니데스의 존재론을 전제하는 것으로서 연역적 체계로 정리된다. 현대의 기호 논리학은 아리스토텔레스의 일반 논리학을 파르메니데스의 존재론을 전제하지 않는 하나의 공리 체계로 정리하며, 그 가운데 가장 유명한 것이 러셀-힐베르트(Russell-Hilbert)의 공리 체계이다.

고대에서 유물론인 원자론이 탄생하고 이에 걸맞게 불멸하는 영혼[30]을 전제한 플라톤의 이원론인 이데아론이 나타나면서 신체와 영혼의 조합으로 구성된 '인간 존재'에 대한 해명은 물질과 정신 이 양자를 조화시키거나 자발적인 운동을 하는 영혼의 능력에 의해 물질의 운동을 제어 조정하지 않으면 안 되었다. 플라톤은 물질을 유동(flux) 상태에

28) 이러한 모순율에는 배중률이 전제되어 있다. 배중률은 현실과의 관계에서 반대와 모순이 분화된다. 반대와 모순은 아리스토텔레스의 일상 언어에 기초한 연역법으로서의 형식논리학에서 양, 질, 관계, 양상들의 판단들의 반대와 모순의 대당관계로 나타난다.

29) 현대에서 현실과의 관계에서 평행선 공리와 관계하여 여러 가지 비유클리드(리만, 로바체프스키 등) 기하학이 가능하다는 것이 밝혀져 있다.

30) 플라톤의 영혼 불멸 논증은 두 측면에서 이루어진다. 하나는 인식론적으로 상기설에 의한 증명이며, 다른 하나는 영혼이 자발성을 지녔으면서도 자연 가운데에서는 (원운동으로 비유되는) 자동운동하는 것으로서 그리고 생성-소멸하는 자연사물의 운동의 시초로서 만물의 운동 원인이라는 관점이다. 자동운동하는 불멸하는 영혼의 개념이나 신의 관념은 자유를 극대화하며 '모든 것을 알 수 있다'는 합리주의(rationalism)의 전통을 이루는 것이다.

있는 장소(chora)로서의 한계가 있는 아페이론(apeiron)으로 설정한다.[31] 이러한 아페이론은 우연-필연적인 힘으로 가득 차 있는데, 여기에 우주신 데미우르고스가 형상들을 부여하여 우주와 우주 안에 있는 사물들을 제작한다. 이 때문에 플라톤의 이데아나 형상들은 질료에 조화나 황금률로 표현되는 최적화하는 방식으로 작동하는 동일자-타자의 변증법적인 것이다.[32] 반면에 아리스토텔레스의 철학은 자기 목적과 수단을 의미하는 형상-질료의 통일체로 되어 있는 개체와 이 개체들로 이루어진 우주와 이에서 초월한, 만물의 운동 원인이 되는, 그러나 자신은 운동하지 않고 자기 관조의 사유(theorein)만 하는 신 중심의 목적론적 체계로 구성된 사상이다. 아리스토텔레스 이후에 플로티노스의 신비적 일자론이 나타나는데, 이는 히브리 사상인 유일신에 의한 창조론을 합리화하기 위한 것으로서 중세에서 아우구스티누스의 사상으로 나타난다. 토마스 아퀴나스는 아리스토텔레스의 신 중심의 목적론적 사상으로 기독교의 창조론을 합리화한다.

31) 이러한 플라톤의 아페이론(apeiron)은 아리스토텔레스에게서는 형상이 있는 질료로서 나타나는 것이다.

32) 플라톤의 동일자-타자의 변증법에 따르는 이데아나 형상들은 동일자와 타자가 질적으로 다른 운동을 하는 가운데, 이들을 결합하는 데에서 나타나는 조화나 최적화의 운동을 하는 존재로서, 바둑판처럼 일정한 한계 안에서 작동하는 현대의 컴퓨터에서 실현된 인공지능이나 그 결과와 같은 존재들이다.

첨부논문 1

에피쿠로스의 원자론과 신의 문제

1. 서론

그리스어에서 원래 신이라는 개념은 형용사 'theios'에서 유래하여 나타났다. 즉 신은 명사가 아닌 신비한 현상에 대한 서술적 지칭어였다.[1] 그래서 자연철학들의 '자연(physis)'이나 생명의 원리인 '아르케(arche)'로서의 물, 불, 공기, 아페이론(apeiron)들도 '신적인 것'으로 표현되었을 뿐만 아니라 이러한 신적인 것의 작용 방식으로서, 우리의 이성에 포착되는 로고스도 신적인 것이며, 따라서 플라톤의 이데아도 신적인 것이었다. 그리스 신화나 오르페우스 종교에서 말하는 신은 보통 인간보다 뛰어난 능력의 소유자로서 불멸이며 영적인 존재자이다. 그래

* 송영진, 「에피쿠로스의 원자론과 신의 문제」, 『동서철학연구』 65호(한국동서철학회, 2012년 9월)를 수정 보완함.

1) 장 피에르 베르낭, 김재홍 옮김, 『그리스 사유의 기원』(자유사상사, 1994), 161쪽.

서 이러한 신의 존재는 감관-지각에 의해 확인할 수 없고, 물리계에는 존재하지 않는 것으로 알려져 있다.

그런데 이러한 신의 문제가 존재론적으로 플라톤의 대화편 『소피스테스』(247e)에서 에이도스인 이데아와 물질을 매개하는 '능력(dynamis)을 지닌 존재' 개념으로 나타난다. 그리고 이어 이 능력은 만물의 생성-소멸의 운동 원인이자 능동 원인으로서 『티마이오스』에서는 우주 영혼인 데미우르고스(Demiourgos)로 변모되어 나타난다. 이 우주 영혼은 감관-지각에는 나타나지 않으나 현상의 배후에서 (우주의 내부에 숨어서) 작용하는 존재로 표현되고, 그 본질인 능력(dynamis)은 동일성 자체인 이데아와 타자성 자체인 장소(chora)로서의 물질(아리스토텔레스의 질료와 같은 공간적으로 개념으로 표현된 존재)을 결합하는데 설득과 강제하는 힘(bia)으로 나타난다.[2] 즉 신은 운동 원인으로서 만물 생성과 구성의 한 주요 요인인 것이다.[3]

그러나 다른 한편, 인간이 종교적 관습이나 관념적으로 생각하는 신의 존재는 우리의 존재보다 능력이 우월한 존재로서 그의 현존은 우리의 존재 밖에서도 작용하고 존재하는 것으로 나타나야 한다. 우리는 일상생활에서 대중과 함께 이런 신을 찾고 관념적으로는 신의 존재를 믿고 이에 대한 믿음을 통하여 현실의 다양한 현상을 해석하며 신앙생활을 수행한다. 이 때문에 관념적이거나 믿음이 아닌 지식과 관련된 탐구의 영역에서 신의 작용은 우주적인 차원으로 확대되고 우주나 우주 존재의 근거로까지 나아가며, 이와 관련된 온갖 문제는 곧바로 삶의 문제

---

2) 플라톤, 박종현 · 김영균 역주, 『티마이오스』(서울: 서광사, 2000), 26d-30d. 참조.

3) W. D. 로스, 김진성 옮김, 『플라톤의 이데아론』(누멘, 2011), 142-143쪽; 『테아이테토스』, 185c에서 영혼의 기능과 에이도스로서의 이데아는 동일시된다.

에 대한 관심과 관련되는 것으로 나타난다.

그러나 문제는 과연 우리 존재의 밖으로 나아가서 신의 존재를 찾을 수 있을 것인가? 이러한 예를, 우리는 유리피데스의 "자연은 불멸이며 신적인 것"이라는 언명에서, 그리고 고대 자연철학에서는 '자연(physis)' 개념이 불멸하는 신적인 것으로 나타난 데에서 발견하며, 이는 근대에서는 스피노자의 "자연이 곧 신이다"라는 사상에도 나타난다. 고대 그리스 자연철학 전통에서 파르메니데스 이후 자연을 '존재'로 바꾼 일원론자나 다원론자들에서는 신은 만물의 생성-소멸의 운동 원인으로 나타나며, 원자론자들, 특히 에피쿠로스에서는 '자유원자'와 함께 나타나고 있음을 발견한다.

사실, 인간의 능력을 초월하는 능력자로서의 신의 관념은 우선 역사적으로 볼 때 그리스 신화에서 나타나나, "너 자신을 알라."라는 것을 화두로 철학을 시작한 소크라테스에서 최초로 신은 우리 자신의 내부(정신)로 들어가 우리 자신과 우리 자신의 존재 근거와 원인을 찾는 데에서 형성된 것을 나타낸다. 그러나 이러한 신 개념의 존재론적인 문제는 플라톤의 『파르메니데스』 전반부에서는 존재론적으로나 인식론적으로 모순된 존재로서 알 수 없는 존재로 나타난다.[4]

물론 『구약성서』에서 신은, 모세가 시내 산에서 불꽃으로 나타난 현상을 통하여 신의 말씀을 듣는 것으로 묘사된 것으로, 혹은 현실세계에서 기적을 행하는 존재로 나타나는 것으로 표현되지만, 이러한 문서에 의한 신의 계시적 존재는 보통 사람들에게서는 나타나지 않으며, 신의 존재나 이의 인식에 대한 증거는 계시보다는 내심이나 양심에서 실천적인 말씀(예언)의 올바름을 인지하거나, 이 말씀에 따른 행위에 의한 외부세계에서 결과를 확인함에 의해 추측할 수 있을 뿐이며, 플로티노

---

4) 『파르메니데스』, 134-135; 송영진, 『플라톤의 변증법에 따른 진리와 인식』, 78-79쪽 참조.

스를 거쳐 아우구스티누스에서 정립된 이러한 마음(내심)에 대한 탐구(내관법: introspection)를 통해 신을 만날 수 있다고 생각될 뿐이다. 이 때문에 중세에서의 내관법은 영혼이나 신의 탐구에 대한 철학적 방법론이 된다. 이러한 사실은 신의 문제에 관심을 가지려면 감관-지각에 의해 우리 자신의 존재 밖으로 나아갈 것이 아니라 자신의 존재 내부로 들어와 자신의 존재에 대한 관심에서 이의 생성이나 원인으로 말해지는 영혼이나 능력 개념을 분석함으로써 혹은 인간이 지향해야 할 실천 원리로서 탐구하지 않으면 안 된다는 것을 상징한다.

이러한 신의 존재, 특히 중세 기독교에서 말하는 신은 전지전능하고 전선한 무한한 존재로서 그 능력과 지혜와 선의는 인간 지능으로서는 잘 알 수 없는, 감관-지각이나 인간 지능에 초월적인 존재로 알려져 있다. 이 때문에 기독교 신학에서 삼위일체적인 신은 인간의 인지로는 알 수 없는, 부정 신학적으로만 언급되는 존재이다. 그런데 현대의 신 관념은 기독교적, 초월적인 신 관념이다. 이러한 신은 근대에서는 뉴턴의 이신론(deism)과 비슷하면서도 다르다. 왜냐하면 뉴턴의 신은 기독교적인 신으로서 만물을 허무에서 창조하고 또 이 피조된 우주나 세계 속으로 개입(계시)하는 존재가 아닌 초월적 존재로서만 나타나기 때문이다. 인간의 관점에서 보면 기독교 유일신은 우주에서도 초월한 존재이나, 그러면서도 피조물 속으로 개입하는 전능의 존재이기 때문이다. 결국 플라톤의 『파르메니데스』(135a)에서 인식론적으로도 합리적인 사고에서 성립될 수 없는 모순된 신 개념을 역전시킨 이러한 신 개념이 어떻게 가능할까?

이러한 불합리한 신 개념을 가능하게 한 것은 아무래도 그리스 자연철학에서 기원한 합리적인 사유 개념에서, 더 나아가 그 능력 개념이 지니는 성격에서 비롯된 것으로서 인간에 의해 이념적으로 창안된 것이지 않을까?[5] 마찬가지로 그리스 자연철학의 최종 결실로 여겨지는 원자론에서는 어떻게 신을 사유하게 되었는지를 우리는 에피쿠로스의 철학을 살펴봄으로써 알아보고자 한다. 에피쿠로스의 신은 자연주의적인 관점에서는 만물의 생성-소멸의 운동 원인이라는 점에서는 만물의 한 요소이지만 운동 원인이나 원리로서만 말할 수 있는 존재이기 때문이다. 우리는 이러한 신관이 에피쿠로스에서 어떻게 가능한가를 그의 자연의 운동 방식을 고려하는 원자론의 체계 안에서 살펴보고자 한다.

2. 에피쿠로스의 원자론

에피쿠로스의 철학은 짧은 세 문장으로 요약된다. (1) 우주는 원자와 공허로 되어 있다. (2) 이 진리에 대한 인식과 그 인식에서 유래하는 것은 행복에 필수 불가결하다. (3) "생명체는 태어나자마자 쾌락을 즐거워하며 자연적(본성적)으로 그리고 이성의 개입 없이(choris logou) 고통에 저항한다."[6] 에피쿠로스주의자[7]들에 따르면, 철학은 단지 자연학과 윤리학으로만 환원되는 것이 아니다. 철학은 세 부분으로 되어 있고,

---

5) F. M. 콘퍼드, 『종교에서 철학으로』, 17쪽. 그리스 신화의 신들의 이러한 한계를 지닌 힘으로서의 능력은 배중률에서 기원하는 절대 불가능성에 대한 명료한 개념(모순)이 결여되어 있는 것이다. 이 때문에 아이러니가 발생한다. 즉 어느 신도 전능하지 않으므로 심지어 인간이 신의 능력도 넘어선다는 역설이 성립한다. 이러한 맥락에서 현대의 리처드 도킨스는 '만들어진 신' 개념을 말한다.

6) 디오게네스 라에르티우스(Diogenes Laertius), 『유명한 철학자들의 생애와 사상』, X, 137.

7) 에피쿠로스주의란 에피쿠로스와 루크레티우스를 총칭하기 위한 개념이다. 루크레티우스는 에피쿠로스의 사상을 이어 받아 원자론을 직접적 경험에서 증거를 제시하면서 상세하게 합리적 설명을 한 로마의 시인이다. 루크레티우스(Lucretius), 『사물의 본성에 관하여(*De rerum narura*)』, 참조.

바로 논리학, 또는 그들이 흔히 말하는 규준론이 세 번째 부분이다. 현대에서 보면 이 세 번째 부분이 오히려 첫 번째 부분이다. 왜냐하면 에피쿠로스는 그가 감각이라 칭한 감관-지각적 경험에서 어떠한 비약도 없이 경험에 대한 귀납법적 추론으로 원자론이라는 합리적인 사유에 이르렀기 때문이다. 그리고 감각 중에서도 접촉 감각이 으뜸의 인식 능력이 된다. 그리고 이 감각에 쾌가 있다. 이것은 후대의 모든 원자론에 근본적인 원리이다.

에피쿠로스의 이러한 감각적 경험에서 귀납적 비약이라는 과오 없이 직접적으로 원자론을 추론할 수 있는 사유가 가능하기 위해서는 존재는 일자(一者)이어야 한다는 파르메니데스와 제논의 하나와 여럿의 역설이 결정적인 영향을 끼쳤다. 제논에 따르면, 존재자는 연장성이 필수적인 요건인데 이 연장성은 우리 사유에서는 무한 분할이 가능한 것으로 생각되는 것이다. 그러나 이러한 공간적인 속성인 연장성의 무한 분할은 현실에서는 분할이 어디에서인가는 멈추어야 생성-소멸하는 존재자들을 설명할 수 있다고 다원론자들이 주장하면서 아톰(atom)을 설정한다. 그리고 이러한 원자론은 물리 현상을 설명하는 데 가장 합리적인 사고로서 뉴턴 역학의 전제가 되었음은 물론, 근대 자연과학의 성립을 가능하게 하였으며, 현대에서도 물리학의 기본적인 가설로서 현실적으로 전자 현미경에 의해 실증되고 있다.[8)]

디오게네스 라에르티우스(Diogenes Laertius)에 따르면, 에피쿠로스의 진리의 4기준이 있다. 에피쿠로스는 『규준』에서 "진리의 기준은 감각(aisthesis)과 선험적 개념(prolepsis)과 감정(pathos)이라고 말하곤 했으며, 여기에 사유의 직접적인 이해를 추가한다."[9)] 자연학의 관점에서 감관-지각적 경험인 감각은 늘 원자들의 이동과 결과적으로 다양한 물

8) 리처드 파인만, 박병철 옮김, 『물리학 강의』(승산, 2004), 1장 참조.
9) 디오게네스 라에르티우스, 『유명한 철학자들의 생애와 사상』, X, 31.

질적 실체들 사이의 접촉으로 귀결된다. 진리의 나머지 세 규준도 결국 이 규준으로 환원되거나 귀결된다. 감각에는 감정들 중 하나(쾌)나 다른 하나(고)가 이에 수반된다. 감정은 감각이 자연학의 틀 안에서 하는 역할을 윤리학의 영역에서 수행한다. 감정은 사물 자체의 특성을 우리에게 드러내 보인다. 마찬가지로 눈의 감각 작용은 사물들이 상들(phantasta)을 발생시키는 한에서 사물의 본성을 볼 수 있게 해준다. 감각에 대한 사유의 직접적인 이해는 파르메니데스의 일자에 대한 선험적 개념을 매개로 하여 성립하며, 이 때문에 자연의 존재자들의 생성-소멸에 대한 감관-지각적 경험의 내용은 어떤 진리나 실재에 대한 정신적 시각에 곧바로 상응하는 것처럼 나타나 보인다. 즉 에피쿠로스에게 있어서 감관-지각과 사유는 헤라클레이토스의 로고스에 대한 인식처럼 통합적으로 작용한다.

에피쿠로스는 데모크리토스와 마찬가지로 "허무로부터는 어떤 것도 생겨나지 않는다(ex nihilo nihil fit)"는 파르메니데스에 의해 정립된 존재론의 모순율로부터 출발했으나, 데모크리토스와는 달리 이 원리를 하나의 공리(公理)로 받아들이는 대신 논증에 의하여 뒷받침하고자 했다. 철저히 논리에 의해 증명하는 이성적 사유만을 철학에 적용한 것이다. 그래서 그는 "왜냐하면 만일 그렇지 않다면, 모든 것으로부터 모든 것이 어떤 씨앗의 필요도 없이 생겨나는 사태가 벌어질 것이기에"[10]라고 설명하고 있다. 사실 존재론의 모순율은 허무로부터의 새로운 것의 창조를 부정하는 파르메니데스 이후 그리스인들의 합리적인 사고를 기초지우는 원리로서 전적으로 허무가 아닌 카오스(chaos)로부터 태어나기는 하나 불멸하는 그리스인들의 자연(physis)이나 신관에서부터 나타나

---

10) 에피쿠로스(Epikuros), 『헤로도투스에게 보내는 편지(*Epikuros Herodotoi xalein*)』, §38. 이러한 전체론적(holism) 사고는 사실 아낙사고라스에서 볼 수 있다.

있다.

우리는 이 논증 안에 두 가지 의미가 포함되어 있는 것을 발견할 수 있다. 그 첫째로 만물은 물질적인 것으로 형성되어 있고, 둘째로 만물은 결코 새로운 부가에 의해서 증가하지 않는다는 것이다. 그것은 역으로 “만일 사라지는 것이 허무로 파괴된다면 모든 사물은 소멸되어 버렸을 것이다. 왜냐하면 그들이 허무로 해체되는 바의 것은 존재하지 않을 것이기 때문이다”[11]라고 표현되고 있는바, 즉 “어떤 것도 허무로 파괴되는 것은 없다(ex nihilo nihil fit)”는 원리에 따른다. 루크레티우스는 이 원리를 보다 명확하게 다음과 같은 말로 서술하고 있다. “자연은 그 자신의 입자로 해체시키고, 사물을 허무로는 파괴시키지 않는다.”[12] 다시 말하자면, 사물의 총체에 아무것도 덧붙여지지 않는 것과 같이 어떤 것도 그 총체로부터 감소되는 것이 없다는 것이다.

만일 사물들이 완전히 허무화한다면, 최초의 원리에 의하여 새로운 어떤 것도 첨가되지 않으므로 우주의 총체는 점차로 감소되고 결국에는 모두가 허무화할 것이다. 여기에도 또한 두 가지 의미가 함축되어 있다. 첫째는 물질의 총체가 결코 절대적인 소멸에 의해 감소되지 않는다는 것이고, 둘째는 어떤 개체도 완전히 파괴되는 것이 아니라, 단지 그것을 구성하는 원자로 해체된다는 것이다. 여기에 “사물의 총체는 항상 지금과 같았고 앞으로도 같을 것이다”[13]라는 제3의 원리가 뒤따른다. 이 원리는 앞선 두 원리로부터 직접적으로 도출될 수 있다.

물론 에피쿠로스의 이 세 가지 기본 원리 자체에는 이전의 데모크리토스의 원자론에 아무런 새로운 것을 첨부한 것이 없다. 이 원리들은 사실상 파르메니데스의 존재론의 개념 안에도 이미 내포되어 있고 그

---

11) 같은 책,

12) 루크레티우스, 『사물의 본성에 관하여』, i, 255.

13) 에피쿠로스, 『헤로도투스에게 보내는 편지』, §39.

후의 다원론자들의 사상 속에도 언급되어 있기 때문이다. 그렇다고 해서 에피쿠로스가 단지 이 원리들을 채택하는 데 그쳤다고 보아서는 안 된다. 왜냐하면 그는 이 원리들을 정신 현상이나 생물체를 설명하는 데 적용함으로써 전체와 부분의 관점에서 자연의 구조와 존재자들을 분화시키고 이에 대해 논증을 가했을 뿐만 아니라, 그의 전 체계의 초석이 되는 존재 원리, 즉 원자와 공허들에 그것들을 직접적으로 연관시켰기 때문이다.

3. 원자(atom)와 공간(kenon) 개념

에피쿠로스는 원자(atom)의 불가분성에 대해서 "모든 것이 존재하지 않는 것으로 파괴되어 버리지 않고 복합체의 해체 후에도 어떤 항구적인 것이 남아 있기 위해서"[14]라는 말로 논증하고 있다. 이 논증 뒤에는 사실 우리가 제논의 '여럿에의 논증'에서 볼 수 있듯이 연장이 무한 가분하다면 나중에 연장은 소멸되어 버린다는 가정이 숨어 있다.[15] 우리는 원자의 불가분성에 대한 보다 놀랍고 흥미로운 논증을 스승인 에피쿠로스의 사상을 그대로 충실하게 아름다운 라틴어 각운의 시 속에 담아 놓은 루크레티우스에서 볼 수 있다. 즉 "만일 최소한의 것(minimum)이 존재하지 않고 물체의 무한한 분할이 가능하다면 그때는 우리가 현상계에서 볼 수 있는 바와 같이 해체의 과정이 생성 과정보다 훨씬 빠르므로 감관-지각의 대상이 되는 모든 사물은 이미 오래전에 소멸해 버리고 없을 것이다."[16] 예를 들어 해체의 과정이 생성의 과정보

14) 같은 책, §41.

15) 송영진, 『플라톤 변증법』(철학과지성사, 2000), 2.1. '제논의 여럿에의 논증과 역설들', 69쪽.

16) 루크레티우스, 『사물의 본성에 관하여』, i, 551-564.

다 두 배가 빠르다고 가정한다면, 그리고 하나의 생명체가 생성되어 성년에 이르기까지 10년이 걸린다고 가정하면, 5년 동안에 그 생명체는 원래 그것을 형성했던 당시의 분자의 크기로 해체될 것이고, 10년이 지나면 가분성의 한계가 없다고 할 때, 그 분자들은 그만큼 더 적어질 것이다. 그래서 더 적어진 이 분자들로부터 앞에서 말한 생명체가 다시 생성된다면 그때는 20년이 걸리게 되고, 다음에는 40년 … 이렇게 계속될 것이다. 따라서 세계가 창조된 이래 흘러간 그 많은 세월 동안 파괴는 완전히 생성을 억누르고 압도해 버려서 지금은 어떤 가시적 사물도 존재하지 않게 되어 버렸을 것이라는 것이다. 현상의 생성-소멸을 파르메니데스의 존재론적 사고의 원리에 따라 합리적으로 추측을 통하여 원자를 설정하는 루크레티우스의 사고는 과학이라는 학문이 추측과 논박을 통하여 이루어진다고 말한 현대의 칼 포퍼의 비판적 합리주의를 연상하게 한다.

불가분의 존재로서의 원자의 정의로부터 직접적으로 원자에 관한 몇 가지 성질이 도출된다. 원자는 완전히 '단단한(stereon) 것'이어야 하고, 완전히 '충만한 것'이어야 하며, 전혀 '공허가 배제된 것'이어야 한다. 다시 말하자면 어떤 공허도 가지지 않는 단일체여야 한다. 여기에서부터 또한 원자가 '불변하는 것'이므로 '불멸의 것'이라는 성질이 나타난다. 왜냐하면 변화는 부분들의 위치의 변동에 의한 것이며, 이것은 그 안에 공허가 섞여 있는 복합체에서만 이루어질 수 있기 때문이다. 그러면 이 불가분하며 불변하는 원자가 가지고 있는 고유한 특성은 도대체 어떤 것인가? 에피쿠로스에 의하면, 원자는 '형체(schema)'와 '무게(baros)'와 '크기(megethos)' 이외의 감각 대상에 속하는 어떤 특성도 가지고 있지 않다.[17]

---

17) 에피쿠로스, 『헤로도투스에게 보내는 편지』, §57.

원자의 크기에 관해서는 에피쿠로스 이전의 원자론의 역사에서 이미 누차에 걸쳐 논란이 있었다. 레우키포스는 부분을 지닌 것은 나누어질 수 있음을 상정하기 때문에 원자의 불가분성을 주장하기 위하여 원자들은 부분들을 가지고 있지 않는 것이라고 주장했고, 데모크리토스는 레우키포스의 주장대로라면 원자들이 체적, 즉 물질적인 존재를 상실하게 된다는 것을 감안하여, 원자들은 수에 있어서 무제한 할 뿐 아니라 크기에 있어서도 무제한하다고 이야기했다.[18] 아에티우스(Aetius)에 의하면 데모크리토스는 지구만큼 큰 원자도 있다고 말했다고 한다. 이에 반해 에피쿠로스에 있어서 원자의 크기는 "분별될 수는 있으나 그 자체로서는 감각되지 않는 것"[19]이다. 즉 에피쿠로스는 원자의 크기에 대해서 가시적인 최소한의 부분들인 물질점(akron)에 이르게 되는데 이것은 현실적으로 가시적인 최소의 것이며, 따라서 크기를 지니고 있다. 그래서 만일 우리가 이보다 더 작은 것을 보고자 한다면 우리는 감각의 범위를 넘어서야 한다.

원자가 현실적으로 크기를 가지고 있다는 사실로 보아 사물의 한계로서 '형태'도 가지고 있으리라는 것은 의심할 여지없는 사실이다. 그것은 원자의 형태의 상이성은 원자가 지니고 있는 이 '최소한의 부분'들의 수와 배열에 따라 결정되기 때문이다. 그러나 이 형태의 다양성은 헤아릴 수 없이 많기는 하지만 데모크리토스가 주장하듯이 기하학적인 것으로서 유한하다.[20] 그러면 이 원자의 형태의 다양성에 대해서 어떻게 그 한계가 있다는 것이 증명될 수 있는가? 이에 대하여 루크레티우

---

18) 김인곤 외 옮김, 『소크라테스 이전 철학자들의 단편선집』(아카넷, 2005), 549쪽.

19) 같은 책, 같은 곳.

20) 원자의 형태를 기하학적인 형태로 말하는 것은 피타고라스학파의 삼각수나 사각수 사상에서 유래하는 것으로 추측할 수 있다.

스는 두 가지로 논증하고 있다. 첫째, 형체의 다양성은 앞에서 본 바와 같이 최소한의 부분들의 수적 증가를 상정함으로써, 즉 다시 말하면 원자의 체적의 증가를 상정함으로써 얻어질 수 있다. 그런데 만일 이 부분들의 증가가 무한히 계속된다면 우리는 다시 감각의 범위 안에 들어오는 원자들을 갖게 될 것이다. 둘째, 사물들이 가지고 있는 성질의 다양성은 원자들의 형체의 다양성으로부터 기인하는바, 우리가 현상계를 볼 때, 이러한 사물들의 다양성에도 명백히 한계가 있다. 만일 원자들의 형체가 무한히 다양하다면, 사물들의 성질의 다양성에도 한계가 없을 것이다.[21] 또한 루크레티우스는 각각의 형체를 가진 원자들의 수가 무한하다는 데 대해서 다음과 같이 논증하고 있다. "왜냐하면 형태의 다양성이 유한할 때, 같은 형태를 가진 원자들의 수는 무한해야지 그렇지 않으면 물질의 총체가 유한해질 것이기 때문이다. 그런데 사실은 그렇지 않다."[22]

우리는 에피쿠로스의 저서 속에서 무게에 대한 논증을 찾아볼 수 없다. 그는 단지 무게를 형체와 크기와 마찬가지로 원자에 속하는 고유의 특성이라고만 언급하고 있을 뿐이다. 에피쿠로스는 원자가 공간이 섞이지 않은 단단한 것인 만큼 직관적으로 원자의 크기에 따라 다양한 것으로 나타난다고 생각한 것일 수 있다. 단 그가 "그들 자체의 무게에 의

---

21) 루크레티우스, 『사물의 본성에 관하여』, ii, 481-521.

22) 같은 책, 525-528. 원자론자들은 논리의 일관성을 지니기에 원자에는 한계를 공허에는 비한계를 계속 부여한다. 이 때문에 원자는 한계로서의 형태를 지니지만 무한한 공간과의 관계를 위하여 수에 있어서는 비한계를 지닐 수 있다. 이 논증은 감각에 나타나는 현상계를 설명하기 위해 원자의 수에 있어서는 무한하나 현상계에 나타나는 형태의 유한성을 설명하기 위한 것으로 보인다. 즉 감관-지각에 나타나는 현상의 실재를 인정하는 데에서 역으로 이를 합리적으로 설명하는 원리로 설정한 지적 원리로서 무한한 공허와 이를 채우고 있는 원자의 수와 구조를 제한하는 무한한 공허와 유한성을 지닌 원자 사이의 변증법적인 논리를 사용하는 것이다.

한 원자들의 하강운동"[23]이라고 말한 것을 감안해 볼 때, 원자의 무게에 의하여 운동을 설명하려고 한 것 같다.

원자의 성질 중에 무게의 개념이 최초로 나타나는 것은 데모크리토스에 의해서이지만 데모크리토스 사상에서는 원자의 원초적인 진동이나 소용돌이 운동과 구별되어 있지 않다.[24] 그리고 데모크리토스에서는 만물의 운동의 원인으로서 정신이나 지성은 원자의 진동이나 소용돌이에서 기원하는 것으로 주어져 있다.[25] 이러한 소용돌이 운동의 소용돌이가 지니는 직선과 원운동의 혼합은 아마도 아낙사고라스가 만물의 운동 원인으로서 누스(nous)를 설정하고 이의 운동을 원운동에 비유한 것에서 기원하는 것으로 볼 수 있다.[26] 이 때문에 우리는 원자들의 운동에 의한 자연현상의 생성-소멸을 설명하기 위해서 레우키포스-데모크리토스가 원자에 무게 이외에 원초적 운동량으로서 직선과 원운동이 혼합된 소용돌이 운동이라는 회전운동을 부여한 것으로 알고 있다.

그러나 에피쿠로스에 따르면, 이러한 원자의 회전운동량은 사라지고 오직 무게만이 운동의 원인이 되는 것처럼 나타나고 있다. 그러나 무게에 의한 설명만으로는 만물의 생성-소멸의 원인이 된 아낙사고라스의 정신을 설명할 수 없기 때문에 자유원자의 '경사운동'을 말하게 된 것이라 생각할 수 있다.[27] 말하자면 데모크리토스의 소용돌이 회전 개념

---

23) 에피쿠로스, 『헤로도투스에게 보내는 편지』, §61. 이 하강운동은 플라톤이 직선에 유비한 것이다.

24) 김인곤 외 옮김, 『소크라테스 이전 철학자들의 단편선집』, 548-550쪽.

25) 같은 책, 549쪽; 아리스토텔레스, 『영혼에 관하여』, I.2. 405a11.

26) 플라톤은 『티마이오스』(36b, 44b, 58a)에서 영혼은 자기귀환운동을 하는 것이므로 원운동으로 표현하고, 이와 달리 공간 물질(chora)은 확산운동을 하는 것으로서 '타자와 다르고 자기 자신에마저 다른 타자화하는 운동'을 직선에 유비하고 있다.

27) 경사운동이 함축하는 것은 직선에서 빗나가는 것으로서 수학자들에게서나 플라톤에게서는 기하학적으로는 원을 직선에 의해 구성하는 문제로 나타나

에 함축된 직선과 원의 개념이 직선은 무게 개념으로 경사는 이 무게 개념에서 미소하게 빗나가는 것으로 분화되어 이해되어야 한다. 즉 원운동은 아낙사고라스의 영혼의 운동을 상징하는 것으로서 자발성을 지닌 정신이나 사유의 운동으로 분화되어 이해될 수 있기 때문에, 에피쿠로스의 제자 루크레티우스는 만물의 운동 원인을 설명하기 위해서 원자의 원초적인 운동 원인이 직선으로 상징되는 무게에 의한 무한한 공간 속에서의 하강운동을 말하고, 이에서 더 나아가 편만하게 펼쳐져 있는 따라서 접촉의 기회가 없는 원자들로 만물의 생성-소멸을 설명하기 위해서는, 원자들이 결합하고 분리되기 위한 최초의 계기가 되는 자유원자의 경사운동을 설정한 것이다.28) 즉 무게는 물질의 필연성을 상징하는 운동이나, 만물의 생성-소멸은 아낙사고라스에서 만물의 운동 원인으로서 설정된 영혼이나 정신을 상징하는 것으로서 자유원자의 경사운동에서 기원하는 것으로 무게에서 분화되어 설명되고 있다고 보아야 한다.

그런데 무게에 의한 하강운동은 무한한 공간에서는 한 존재자를 설정하지 않으면, 전후좌우나 위아래가 없기에 불가능하다. 그는 이러한 모순을 자각하지 못했을까? 그의 충실한 후계자인 루크레티우스에게서도 무한한 공간에서의 하강운동과 자유원자의 경사운동이 자연스럽게 설명되고 있다. 원자의 무게에 의한 하강의 직선운동과 자유원자의 경사운동은 전자가 물질의 운동으로 후자가 영혼이나 정신의 원운동으로 상징되는 것이지만, 원자론자들이 최초에 받아들인 무한한 공허 자체가

는 것이다. 실천철학적으로는 운동 원인으로서 경사운동은 자유운동의 시초로서 '선택'의 문제로 나타난다.

28) 경사운동은 만물의 생성-소멸의 발생을 설명하는 운동 원인의 의미를 지니고 이러한 생성-소멸의 운동 원인으로서 다원론자들의 우주적인 영혼이나 정신, 혹은 플라톤에 의해서는 우주 영혼 데미우르고스로 나타난다.

모순이기 때문에 공허에 관계된 하강이나 경사운동의 설명에도 모순이 나타나는 것이 자연스럽다고 생각한 것일까? 모든 것을 증명하려고 하는 에피쿠로스의 합리주의적 정신은 이 점에서 침묵을 하고 있다.

이상에서 우리는 원자가 지니고 있는 고유의 특성이라는 것이 어떤 것인지 간단히 살펴보았는데, 원자들은 '크기', '형태', 그리고 부차적으로 생기는 '무게', 이 세 가지 특성 이외에 색채라든가 냄새, 음향, 기온의 변화 등 우리가 감각할 수 있는 여타의 모든 다른 성질들을 지니고 있지 않다. 이 감각적인 성질들은 '원자들의 위치의 변화와 결합과 분리에 의해' 일어나는 이차적인 특성들이다. 왜냐하면 "원자는 불변하는데 반하여 모든 이러한 성질들은 변화하기 때문이다." 원자들은 이와 같은 변화하는 성질들을 가지고 있지 않을 뿐만 아니라 "감각을 가지고 있지 않다."[29] 그런데 어떻게 이러한 원자들이 질적 성질들을 지니게 되는 것일까? 그것은 에피쿠로스에 따르면, 우리가 가지고 있는 의식이라든가 감각은 영혼이라는 미세한 원자들의 운동에 의해 일어난, 필연성에 따르는 하강하는 직선운동에 반하는, 특수한 결합의 특수 부문에서 일어나는 특수한 운동에 기인한다. 그리고 질적 차이가 나타나는 것은 이러한 특수한 운동 효과인 것이다. 즉 에피쿠로스에서 감각에 나타난 성질이란 특수한 원자의 형태와 그것의 운동 효과인 것이다.[30]

원자들이 앞에서 언급한 세 가지 고유한 특성 이외의 어떤 이차적인 특성도 지니고 있지 않다는 에피쿠로스의 학설에 대해 비평가들은 이차적인 어떤 성질도 지니고 있지 않은 원자들이 단지 결합에 의해서 어떻게 그와 같은 성질들을 가진 사물들을 만들어낼 수 있는가에 대해서 의문을 제기하고, 에피쿠로스가 결과적으로 이차적인 특성들의 존재를 부인한 것이라고 비판했다.[31] 만일 이러한 성질들이 단지 그것만이 참

---

29) 에피쿠로스, 『헤로도투스에게 보내는 편지』, §63.

30) H. Bergson, *L'évolution créatrice*(Paris: P.U.F., 1969), pp.217-252 참조.

된 물질적인 존재들인 원자들에 속하지 않는다면 사물들에 있는 이러한 성질들은 영혼에서 일어나는 '환각(phantasia)'이라는 것이다. 그들은 이 성질들이 단지 외면적으로 존재할 뿐이며 이들을 사물에 귀속시키는 것은 감각의 오류라고 말한 점에 있어 데모크리토스를 두둔하고 나섰다.

그러나 이러한 비판도 환각을 만드는 영혼이 존재한다는 것을 전제한다. 에피쿠로스에 있어서 복합체란 원자들의 단순한 집합체가 아니라 새로운 개체이며, '영혼을 지닌 유기적 조직체'이기까지 하다. 역으로 "영혼은 모든 집적체에 즉 모든 유기체에 퍼져 있는 미세한 입자로 구성된 물체"[32]라고 에피쿠로스는 적고 있기 때문이다. 복합체라는 유기적 조직체 내에서 원자들은 그들이 분리된 개체들로 존재할 때는 결코 가질 수 없었던 이차적인 성질들을 집합적으로 획득한다. 그에 있어서 영혼은 플라톤에서처럼 단순한 것이 아니라 복합된 것이기 때문이다. 뿐만 아니라 이 전체는 환각이 아니고 하나의 실제이자 존재이다. 이차적인 특성들은 원자들이 사고에 의해서 파악되는 것과 마찬가지로 감관-지각에 의해서 직접적으로 파악되는 존재이다. 이렇게 에피쿠로스는 감각의 원자론을 제안한다. 사실 한 사물의 존재가 알려지는 것은 그 사물의 성질들을 지각함으로써 이루어진다. 이러한 의미에서 사고에 의해 알려지는 세계와 감각에 의해 알려지는 세계는 둘 다 존재하며, 이

31) 원자론은 사실 감관-지각에 나타나는 질적 차이를 지닌 생성-소멸하는 현상을 모순율에 따르는 파르메니데스의 존재론의 원리에 의해 설명하려는 것에서 나타난 설명 원리이다. 달리 말하자면 어떻게 다양한 것을 하나의 불변하고 불멸하는 원리에 의해 설명하는 것이 가능한가 하는 변증법적인 것이다. 그러므로 역설적으로 원자론은 동일한 본질의 것들 여럿이 모여서 하나의 새롭고 통일적이며 질적으로 다양한 것이 나타나는가를 설명하기 위한 변증법적인 것이다. 원자론은 양과 질의 관계를 지성이 단순함과 복잡함의 양적 관계로 환원하는 환원론이다.

32) 에피쿠로스, 『헤로도투스에게 보내는 편지』, §48.

양자의 관계는 비록 변증법적인 것이기는 하나 뫼비우스 띠처럼 혹은 아인슈타인의 시공 사차원적인 것처럼 연속적이기까지 하다. 그래서 전자에서 후자로 옮아감으로써 원자들은 새로운 성질들을 획득하게 되는 것이라고 말할 수 있다.

에피쿠로스 철학의 전체적인 틀에서 보자면, 만물의 생성-소멸의 원인은 하강운동의 필연적인 직선운동과 플라톤이 말하는 원운동하려는 자유원자의 경사운동의 결합의 산물이다. 그런데 에피쿠로스는 영혼 또한 "모든 집적체에 즉 모든 유기체에 퍼져 있는 미세한 입자들로 구성된 물체"[33]라고 말하고 있다. 그러면 이러한 미세한 입자의 형태는 어떠한가? 단일한 영혼을 구성하기 위해서는 이 미세한 입자들은 똑같은 형태를 지니고 있어야 하며 또 만물에 침투할 수 있어야 하기 때문에 둥근 형태를 지녀야 한다. 결국 영혼을 구성하는 원자는 기하학적인 모습을 지니고 있는 여타의 모든 원자들과 접촉하기 위해서 질적으로 달라야 하며, 그 운동 방식 또한 다른 원자들과 질적으로 달라야 한다. 그것이 형식적으로는 원운동이나 경사운동 방식이다.

이제까지 우리는 에피쿠로스의 원자에 대한 개념들을 살펴보았다. 그러면 에피쿠로스의 공허(kenon) 개념은 어떤 것인가? 에피쿠로스는 공간을 '접촉 불가능한 존재(anaphes physis)'[34]라고 정의하고 있다. 에피쿠로스에 의하면 공간은 원자와 마찬가지로 하나의 '실재(physis)'이며, 단순한 연장만은 아니다. 그것은 하나의 물질적인 것이다. 이 점은 에피쿠로스가 그의 저서에서 사용하는 '장소(chora)'와 '위치(topos)'라는 어휘가 이를 증명한다.[35] 에피쿠로스가 말하는 '장소'나 '위치'는 공

---

33) 같은 책, §63.

34) 같은 책, §40.

35) 같은 책, §39; 에피쿠로스, 『퓌토클레스에게 보낸 편지(*Epikouros Phuthoklei Kalein*)』, 'chora'(98, 103, 105, 108, 112, 113, 115), 'topos'(40). 사실 용기

허와는 다른 물질적인 것으로서 플라톤에서처럼 자연적 존재의 원인이 되는 것이지 아직 운동의 전제가 되는 공허는 아니다. 나중에 이야기되는 운동의 전제가 되는 공허의 유일한 고유의 특성은 그것이 감각에 접촉되거나 지각되지 않는다는 것이다. 반면에 장소와 위치는 감각에 접촉되거나 지각되는 것이다. 이러한 공허로서의 공간은 그래서 원자에게 어떤 저항도 하지 않는다. 더 나아가, 에피쿠로스의 장소로서의 공간은 한편으로는 연장으로서의 수학적 공간 개념과는 차이가 있다. 에피쿠로스는 원자로부터 그것이 갖는 고유의 특성들을 배제함으로써 이끌어내어진 '접촉 불가능 존재'라는 추상적이 아닌 구체적인 공간 개념을 설정함으로써, 공간이 '허무(ouk on: kenon)'냐 아니면 '비존재(me on)'냐 하는 초기 원자론자들의 논쟁에 확실한 해답을 준 것이다.[36] 결국 그에 있어서 공허나 장소로서의 공간은 여러 가지로 분화되어 있으면서 이들 개념들은 원자들의 운동과의 사이에 변증법적인 관계가 존재한다.

그럼에도 불구하고 에피쿠로스는 근본적으로 물체들의 부분들 사이에 공허(kenon)가 존재할 뿐만 아니라 물체들의 운동과 존재를 위해서도 공허는 필수적인 전제조건이라고 주장한다. 즉 "만일 물체들이 존재할 장소도 없고 그들이 그것들을 통하여 운동하게 되는 어떤 것도 없게 될 것이다."[37]라고 하면서 데모크리토스와 같은 공허 개념을 사용하고

(receptacle)로서의 장소(chora)는 플라톤의 『티마이오스』에서도 나오는 것으로서 우연-필연적인 힘이 실재하는 존재이다.

36) 아인슈타인은 공간에 두 가지 관념이 있다고 한다. 하나는 사물들의 성질로서 즉 사물들의 관계로서 위상(topos)을 지니는 공간 개념이며, 다른 하나는 이러한 물체들을 담는 그릇으로서 공간 즉 장소(chora)이다. 이 두 번째 것이 보다 근원적인 실재이다. 막스 야머, 이경직 옮김, 『공간 개념』(서울: 나남, 2008), '아인슈타인의 서문', 19-20쪽.

37) 에피쿠로스, 『헤로도투스에게 보내는 편지』, §40, 41, 42, 44, 46b, 67; 『퓌토클레스에게 보내는 편지』, §89, 90.

있다. 공허는 분명 어떠한 것에도 점유되지 않는 공간을 지칭하면서도 복합체 내에 있는 빈 공간을 지칭하거나 구성 원자들 사이에 있는 '간격(diastema)'을 지칭하는 말이다. 이런 점에서 에피쿠로스가 물체에 의해 점유된 '장소(chora)'나 '위치(topos)'를 말했을 때에도 그가 생각한 것은 공허가 되기를 완전히 그친 어떤 것이 아니고 일시적으로 점유된 빈 공간으로서의 무규정성인 한에서 무한한 공허를 닮은 잠재적인 공허라고 말할 수 있다.

에피쿠로스에 있어서 공허는 한계(peras)를 지니지 않는다는 점에서 한계를 지니는 '장소'보다 더 근본적인 것이다. 이 때문에 원자론 체계에서는 공간에 관하여 서로 다른 두 의미가 존재하며 이 두 의미 사이의 연관성에 관한 난점이, 마치 우리가 앞에서 살펴본 원자의 크기나 형태와 관련하여 지성과 감성 사이의 간격이나 차이의 문제와 같이, 존재하는 것이다. 원자의 크기와 관련된 감각과 사유 사이에 관련된 난점처럼 공간에 관한 공허와 장소라는 두 의미나 개념 사이의 난점은 사실상 근원적 실재(원자와 공허)와 원자의 운동을 연결하는 데에서 일어난 것이다. 그래서 가령 원자론자에게서처럼 실재에서 원자가 분별되었다면 공간이란 이 원자 개념에서 대비되거나 대립된 개념으로서, 이성의 배중률에 따르는 존재론적 판단(to be or not to be)에 따라 자연적으로 이끌려 나오는 개념이거나, 아니면 이 양자를 관계 맺게 하는 사유의 변증법이 작용하는 반대의 관념에 불과한 것이라고 생각할 수도 있다. 따라서 우리가 "원자들은 영속적으로 운동하고 있다"[38]는 운동 개념을 염두에 둔다면, 공간을 공허와 간격으로 보는 견해와 장소와 위치로 보는 견해 사이의 외견상의 문제는 이 양자를 통합하는 '현실적으로 존재하는 인간 존재(실존)'의 감관-지각적인 인식론적 관점을 대입함으로써

38) 에피쿠로스, 『헤로도투스에게 보내는 편지』, §43.

해소될 수 있다고 볼 수 있다.

그러면 이 빈 공간의 존재는 어떻게 증명되는가? 에피쿠로스의 현존하는 저서 안에서는 발견되지 않으나 루크레티우스의 시 안에서 에피쿠로스 사상의 발전이라고 여겨지는 세 가지 논증을 발견할 수 있다. 첫째는 한 물체가 움직이기 위해서는 그것이 움직여 들어갈 수 있는 공간이 있어야 한다는 상식적인 견해이다.[39] 둘째 논증은 경험적 사실로부터 도출된 것으로 우리가 두 개의 판자를 맞부딪쳤다가 재빨리 떼었을 때, 그들 사이에 있는 공간을 채우기 위하여 곧 공기가 밀려들어 가지만, 공기가 채워지기 전의 짧은 순간 동안은 그 사이 공간이 공허로 남아 있다는 것이다.[40] 셋째는 스토아학파에서 말하는 제1의 실체가 가지고 있는 농축하고 희박화하는 능력인 신축성 자체가 공간의 존재를 시사해 준다는 것이다[41]. 결국 공간은 근본적으로 무한한 공간이고 이 점은 에피쿠로스의 다음 말에서 인정된다. "우주는 무한하다. 왜냐하면 한정되어 있는 것은 한계점을 가지고 있으며, 한계점은 다른 어떤 것에 대치되어 보여지기 때문이다. 따라서 우주는 한계점을 가지고 있지 않기 때문에, 어떤 한계도 가지고 있지 않다. 그리고 그것이 어떤 한계도 가지고 있지 않기 때문에 그것은 무한해야 하며 한정되지 않은 것이어야 한다."[42]

루크레티우스는 우주 밖에는 아무것도 없으므로 우주는 한계점을 가지고 있지 않으며 따라서 우주에는 한계가 없다는 것을 창을 던질 때의 예를 들어 논증함으로써, 에피쿠로스의 논증을 한층 분명히 해주고 있다. "만일 어떤 사람이 우주의 끝에 있는 한계에까지 가서 힘껏 창을

39) 루크레티우스, 『사물의 본성에 관하여』, i, 370-397.

40) 같은 책, 384.

41) 같은 책, 396-397.

42) 에피쿠로스, 『헤로도투스에게 보내는 편지』, §41.

던지게 된다면, 그 창은 도중에서 멈추거나 아니면 계속해서 나아가게 될 것이다. 만일 멈춘다면, 멈추는 곳에 창의 전진을 방해하는 다른 물체가 그 한계 밖에 있다는 것을 의미하며, 계속해서 전진한다면, 한계 밖에 빈 공간이 계속된다는 것을 의미한다."[43] 따라서 우주에는 한계가 없는 것이다. 뿐만 아니라 우주는 그의 구성요소인 원자의 수와 공간의 연장에 있어서도 무한하다.

에피쿠로스는 원자의 수의 무한성과 공간의 연장의 무한성을 각각 분리시켜 다루고 있다. 원자의 수는 무한하다. "만일 공간이 무한하고 원자들이 그 수에 있어서 유한하다면, 원자들은 어디에도 머물러 있을 수 없고, 그들을 결합에 의해서 받쳐 주고 유지해 주는 다른 원자들을 갖지 못하기 때문에 사방으로 이끌려져서 무한한 공간 속으로 흩어져 버릴 것이다."[44] 에피쿠로스의 이 문장은 간결하기는 하나 의미 깊은 사상을 함축하고 있다. 사물들의 생성 조건은 원자들의 끊임없는 결합과 복합체라는 연결된 존재를 만들 수 있을 만큼 많은 원자들이 함께 모이는 것이다. 한편 이 복합체는 다른 헤아릴 수 없을 만큼 많은 외부에 있는 원자들의 충돌에 의해 함께 뭉쳐서 흩어지지 않고 원형 그대로 머물러 있게 된다. 이와 같은 일이 무한한 우주에서 일어나기 위해서는 원자들의 무한한 공급이 필요하다. 그렇지 않으면 생성 가능한 비교적 얼마 안 되는 결합체들은 곧 개개의 원자들을 무한한 공간에 유실하게 될 것이고, 이 방출된 원자들은 무한한 공간에서 다른 원자를 만날 기회를 거의 갖지 못하게 될 것이다.

마찬가지로 공간은 연장에 있어서 무한하다. 왜냐하면 "만일 공간이 한정되어 있다면 무한한 원자들은 그들이 있을 장소를 갖지 못하게 될 것"[45]이기 때문이다. 이 공간의 무한성은 다시 에피쿠로스의 공간 개념

43) 루크레티우스, 『사물의 본성에 관하여』, i. 969-979.

44) 에피쿠로스, 『헤로도투스에게 보내는 편지』, §41.

에 대해서 하나의 문제를 제기한다. 그것은 무한한 수의 원자들의 존재가 그들 자신 빈 공간이 아닌 만큼, 공간에 제한적 요소가 되는 것이 아닌가 하는 문제이다. 원자에 의한 어떤 일부 공간의 순간적인 점유는 연속적이고 무한한 장소로서의 공간 개념과 상치하지 않는다. 만일 이것이 에피쿠로스의 공간 개념이라면, 공간 자체는 우주와 연장성에 있어서 동일한 것이 될 것이다. 그러나 에피쿠로스는 항상 우주가 원자들과 공간으로 이루어져 있다고 말하고 있다. 즉 무한한 우주의 총체를 만들기 위해서는, 무한한 공간에, 그것이 아무리 무한히 작은 것이며 끊임없는 운동 중에 있을지라도, 원자의 총체가 덧붙여지지 않으면 안 된다. 그러나 우리는 에피쿠로스가 이 공간의 무한성을 이야기하는 장에서 공간을 늘 '공허'라고 부르고 있는 것을 주목할 필요가 있다. 어쨌든 공간은 한편으로 허무는 아닌 실재하는 것(chora)이나 그 실재성은 감관-지각의 연장에 의해 확인할 수 있는 것이다. 다른 한편, 공허로서의 공간(kenon)은 원리적인 것으로서 인간의 지능이 원자와 대립하여 구성한 것이자 라이프니츠가 말했듯이 관계의 체계이며 감관-지각이 아닌 사유에 의해 이해되는 것이다. 이러한 공허가 과연 실재하는 것이냐 하는 것은 영원히 증명되지 못할 것이다. 인간 지능은 스스로 형성한 이러한 관념에 대해 그 기원과 근거를 말하지 못하고 있으며 에피쿠로스는 '선험적 개념(prolepsis)'으로 이해하고 있다.

이러한 공간의 무한성 개념은 사실 인간의 사유의 산물로서, 무한성이 운동이나 기능과 관계하는 개념이 아니라면, 혹은 이성의 한계나 무지를 전제하는 것을 의미하는 것이 아니고 존재의 절대성을 의미하는 것이라면, 그것은 모순된 개념이기 때문에 베르그송이 말하듯이 지성이 창안한 허구(fiction)이고, 따라서 존재할 수 없는 선험적 개념일 뿐이

45) 같은 책, §41.

다. 에피쿠로스의 "죽음은 존재하지 않는다. 살아 있는 동안 죽음은 없고 죽어버리면 죽음은 없다."라는 언명에 나타난 죽음처럼 공허 개념은 장소에 상대적인 선험적 한계 개념(prolepsis)으로서 존재(me on)하는 것이지 실제적으로는 존재하지 않는 무(ouk on)이다. 그것은 현대의 실험적으로 관찰 가능한 힘이나 장(場)의 개념으로서의 공간 개념과 질적으로 다르다.

4. 사물의 생성 원리로서의 원자의 자유운동

에피쿠로스가 데모크리토스의 영향으로부터 완전히 벗어나 그의 사상을 전개한 것은 원자의 운동에 관한 이론으로부터 비롯된다. 빈 공간에 위치해 있는 원자가 정지 상태에 있는지 혹은 운동을 하고 있는지, 만일 운동을 하고 있다면 그 운동의 궁극적인 원인은 어디에 있으며 운동의 특성은 어떤 것인지에 대해, 에피쿠로스는 앞에서 본 바와 같이 원자들은 "영속적으로 운동하고 있으며", 그들의 운동은 "수직으로 하향적이고, 운동의 최초 원인은 원자의 무게 때문"[46]이라고 대답하고 있다. 에피쿠로스는 데모크리토스가 원자에 부여한 원초적인 소용돌이 운동과는 달리, 무게를 원자의 일차적인 고유의 특성이라고 주장했기 때문에, 이것을 운동의 원인으로 사용하는 데 자유로울 수 있었다.

에피쿠로스주의자들은 원자들의 운동을 주재하는 세 가지 원인을 받아들였다. (1) 무게, (2) 원자들의 궤도를 변경하는 충돌(plege), 그리고 (3) 편위, 즉 경사운동(pareklisis: clinamen)이 그것이다. 에피쿠로스는 원자의 하강운동을, 모든 물체가 위로부터 아래로 필연적으로 떨어지는 현상계의 직접적인 관찰을 통하여 유추하고 있다. 감관에 지각될 수 있

---

46) 루크레티우스, 『사물의 본성에 관하여』, ii, 217.

는 모든 물체가 그 자신의 고유한 무게에 의해 아래로 떨어지는 것으로 보아, 지각할 수 없는 물체인 원자들도 꼭 같은 운동을 할 것이 틀림없으리라는 생각이다. 그러나 여기에 하나의 큰 문제가 있다. 앞에서 언급했듯이, 그것은 도대체 무한한 공간에 있어서 '하강운동'이란 무엇을 의미하는가 하는 문제이다.

플라톤은 『티마이오스』에서, 무한한 공간에 관련하여 상하를 이야기하는 것은 어리석은 일이라고 말하고 있다.[47] 에피쿠로스 자신도 이 난점에 대해서 분명히, 그리고 날카롭게 의식하고 있었다. 그래서 그는 『헤로도투스에게 보내는 편지』에서 "무한한 것에 있어서는 상향이나 하강으로 상하를 규정해서는 안 된다."라고 밝히고 있다. 그러나 에피쿠로스에 따르면 우리는 공간에 위치해 있는 대상들에 관련하여 상향이나 하향이라는 일정한 방향으로의 운동을 이야기할 수 있다. 예를 들어, "비록 우리로부터 우리 머리 위쪽을 향하여 지나가는 것이 끊임없이 위에 있는 것들의 발에 이르게 되고, 우리의 아래쪽을 향하는 것이 아래쪽에 있는 것의 머리 위에 도달하기는 하지만" 우리는 우리 자신의 머리로부터 발을 향한 방향으로의 운동을 '하향'이라고 이야기할 수 있고, 그 반대 방향을 '상향'이라고 이야기할 수 있다.[48] 즉 현실적으로 인간의 존재를 변증법적 인식론의 핵으로 인정하고 있다.

그러나 이 대답은 많은 비평가들로부터 심각한 난점으로부터의 유치한 회피라는 비난을 야기하였는데, 사실 이와 같은 비판은 만일 에피쿠로스의 공간 개념이 데모크리토스의 원자의 원초적(자체적) 진동이나 소용돌이 운동량에서 기인하는 순환성과 관계하는 존재 구성의 주체나, 현대 수학의 입체가 지니는 사차원 공간 개념과 같은 것이었다면 충분히 근거가 있다. 사실 상향과 하향은 왼쪽과 오른쪽의 구별이 그러하듯

---

47) Platon, *Timaeus*, 62d.

48) 에피쿠로스, 『헤로도투스에게 보내는 편지』, §60.

이 중심이 전제되어 있어야 한다. 그러나 현대 수학에서는 무한공간에 있어서 일정한 방향으로의 운동이란 생각할 수 없다. 왜냐하면 무한공간에서는 두 점 간의 상대적 위치뿐만 아니라 단일한 것의 절대적인 위치까지도 생각할 수 없기 때문이다. 만일 무한공간이 추상 속에서의 중심이 없는 무한한 연장일 경우에는 관계를 포함하는 어떤 용어도 그것에 관련해서 사용될 수 없다. 마찬가지로 위치의 상대성이나 방향의 상대성은 존재자나 주체를 전제하지 않으면 아무런 의미를 지니지 못한다. 마치 아인슈타인의 상대성이론이 빛의 빠르기의 절대성을 가정하지 않으면 아무런 의미를 지니지 못하는 것과도 같다.[49)]

그러나 앞의 인용문에서 에피쿠로스가 상향과 하향을 우리의 신체 중심으로 구체적으로 말하고 있는 것을 보면, 에피쿠로스가 말하는 감관-지각적 체험에는 바로 인식론적으로 주체성이 신체적으로 묘사되어 있고, 더 나아가서 에피쿠로스의 공간 개념 중 장소는 한편으로 물질적인 것이었고 더욱 구체적으로 말하자면 지구 중심적인 것이었다. 그리고 그것이 회전하는 것이라면 이와 같은 공간 개념에 있어서는 무게(중력)와 관계하여 상대적인 위치, 방향 운동의 결정이 가능하며, 우리는 에피쿠로스의 말대로 우리의 세계 내에서 하나의 점을 택하여, 그것을 기점으로 한 운동을 상하로 나누어 이야기할 수 있다. 그의 생각대로 원자들의 무게는 항상 일정한 한 방향으로 운동을 유발시키는 것이 틀림없고, 그 방향은 '우리 자신'에 관련해서 '하향'으로 기술될 수 있다. 이처럼 원자들은 장소 속에서는 그들 자신의 무게에 의해 '마치 빗방울처럼'[50)] 필연적으로 수직으로 하강운동을 한다.

그러므로 상향이나 하향과 같은 이러한 운동이 무한한 공허 속에서

49) 알베르트 아인슈타인, 고중숙 옮김, 『상대성이란 무엇인가』(김영사, 2011), '브라이언 그린 서문'과 '고중숙의 해설 논문', 289쪽 참조.

50) 루크레티우스, 『사물의 본성에 관하여』, ii, 222.

일어나는 것으로 말해서는 안 될 것이다. 따라서 루크레티우스가 말한 무한한 공허 속에서의 하강운동은 일종의 비유적 표현이며, 무한한 공허 속에서는 데모크리토스와 같이 원초적인 소용돌이 운동을 상징하는 것으로 이해하고, 이 원운동이 무게(중력)와 관련하여 경사운동을 일으키는 것으로 생각한다면, 그래서 현대 물리학에서처럼 직선과 원운동이 결합될 수 있는 사차원 공간을 생각할 수 있는 경우에만 에피쿠로스의 말이 의미가 있을 것이다.[51] 그럼에도 불구하고 루크레티우스의 시에서는 이러한 원운동과 직선운동이 역으로 결합되어, 마치 무한한 공허에 원자들이 무게(중력)에 의해 무한 하강운동을 하는 것으로 이해해 왔다. 이 때문에 이 하강운동도 직선운동과 경사운동으로 분화되지 않으면 안 된다.

더 나아가서 놀랍게도 에피쿠로스의 철학에서는 지각될 수 있는 세계에 있어서 속도의 감소 원인은, 외부 주변에 있는 원자들의 대치에 의해서 운동하는 원자들에 주어지는, 또 복합체의 경우에 있어서는 복합체 자체를 이루고 있는 내부 원자들의 진동에 의한 장애가 있다. 다시 말하자면, 물체들이 공기나 물을 통해서 떨어질 때, 비교적 유연한

51) 공허에서의 하강운동을 직선운동으로 보고 이 문제를 해결하기 위해서 데모크리토스가 끌어들인 원자의 자체적인 원초적 회전운동과 관계시키면, 이 문제는 뉴턴 역학 체계에서 운동 법칙과 중력 법칙의 결합에 의해서도 해소될 수 없고, 아인슈타인의 사차원 공간에서나 해소될 문제이다. 원자론자에서 나타나는 이러한 불합리한 점은 나중에 창조적으로 발전하는 과학의 역사에서 끊임없이 나타나는 문제이다. 사실 영혼의 운동은 원운동이고 물질의 운동은 사방으로 확산운동한다는 관념은 플라톤의 『티마이오스』에서 최초로 나타나는데, 베르그송에 따르면, 원운동은 '플라톤과 아리스토텔레스의 이데아와 형상' 개념을 공격하면서 나타난 지성의 회고적 관점이 지니는 순환의 변증법의 측면이고, 지속은 상하의 직선적 관념으로서 생성이나 진화의 의미를 말하는 곳(375-403)에서 나타난다. 지속은 원과 직선이 결합된 사차원적인 표상으로 이들의 결합에서 나타난 표상이 『물질과 기억』에 나타난 유명한 시간 사차원적인 원추 꼴이다.

이 매체들은 무거운 물체들의 하강을 완전히 중지시킬 수 없지만, 장애를 형성하고, 떨어지는 물체가 가벼우면 가벼울수록 이 장애가 효과적으로 작용하게 되어 그 물체의 속도는 점점 느려진다. 또한 복합체의 경우에 있어서 외부로부터의 충돌에 의해 시작된 운동도, 복합체를 구성하고 있는 원자들의 제각기 반대되는 모든 방향으로 향한 내적인 운동에 의해 방해를 받고, 결국에는 그 운동이 중지될 수 있다. 여기에서 무게가 생긴다. 그러나 빈 공간을 통해 떨어지는 원자들의 경우에 있어서는 이 두 조건의 어느 것도 해당되지 않는다. 달리 말하면 원자들은 연속적으로 영원히 운동하고 자유로운 원자들은 무한한 공허 안에서 움직일 뿐만 아니라 심지어는 복합체 안에 붙들려 있다 하더라도 그 안에서 끊임없이 진동한다. 이 때문에 우리는 언제나 고대 원자론자들의 우주를 그 운동 원인인 영혼이나 아낙사고라스의 정신의 운동과 관계하여 비유적으로 혹은 변증법적으로 역동적인 방식으로 묘사할 필요가 있다.

우리가 루크레티우스의 직선운동을 하는 무한한 공허 중의 원자에 부여한다면, 공허는 어떤 저항도 할 수 없으며, 원자 자체의 구조는 완전히 단단한 단일체이므로, 원자를 이루고 있는 최소한의 부분들도 내적으로 전체로서의 원자로부터 분리되어 제각기 독립된 운동을 할 수 없다. 이렇게 볼 때, 무거운 원자나 가벼운 원자나 할 것 없이 모든 원자들이 똑같은 속도로 아무 저항도 하지 않는 공허를 통하여 하강운동을 하게 될 것이므로 무게의 상이성이 원자들의 결합의 원인은 될 수 없다. 이상에서 이야기한 것이 원자들의 운동의 모두라면 원자들은 영원히 공허 속에서 원자적 속도로 수직의 평행운동을 할 것이므로, 결합이란 있을 수 없고, 또한 이 원자들에 대한 외부에서의 충돌도 있을 수 없기 때문에 어떤 것도 생성되지 못한 것이다. 에피쿠로스는 초기 원자론자들처럼 지각 가능한 세계로부터의 거짓된(?) 유추를 이끌어 들이는 것을 단호히 거부하지 못하고 그의 체계를 혼돈 상태에 빠트린 것으로 보인다. 그러나 이 문제에 대해서 에피쿠로스는, 비록 그것이 유치한 실수라는 비난의 화살을 집중적으로 끌어들인 것이기는 하지만, 현실적인 관찰 경험의 현상을 중시한 점에서, 그리고 회전운동과의 관계에서가 아닌 그 나름의 독특한 해결 방법을 가지고 있었다. 그것이 원자론자들이 자주 사용한 단순한 것의 복잡화에 의한 양적인 것이 질적인 것을 창조한다는 논리이다.

공허를 통한 원자들의 운동은 전혀 방해를 받지 않기 때문에, 우리가 생각할 수 없을 정도로 빠른 속력을 가지고 있다. "그들의 공허를 통과하는 거리는 그들과 결합하는 물체들이 없는 장소를 택하게 될 때, 생각이 미치는 최대한의 거리에 이른다."[52] 태양 광선은 믿을 수 없을 만큼 빠른 속도로 운동하지만 그 자체 소립자들의 복합체(광자)라는 점에서 또한 그것이 운동하는 동안 다른 원자나 원자들의 복합체, 예컨대 공기와 같은 것에 의해 저항을 받는다는 점에서, 내외적 장애를 받게 됨으로써, 원자의 공허에서의 운동 속도에 비하면 그 속도는 생각할 수 없을 만큼 느린 속도이다.[53] 다른 하나는 루크레티우스에서 나타나는 원자의 편위운동, 즉 '경사운동'이다. 이 '경사운동'에 관한 언급이 에피쿠로스의 『헤로도투스에게 보내는 편지』 가운데서 빠진 것은 이상한 일이기는 하나, 우리는 디오게네스(Diogenes of Oenoanda)의 에피쿠로스에 대한 언급에서, 또 루크레티우스가 이 문제에 대해 상세히 다루었다는 점으로 보아, 그리고 플루타르크와 키케로의 아이러니한 비판 속에서 이 '경사운동'이 에피쿠로스 자신의 용어였다는 것뿐 아니라 그 말이 내포하고 있는 의미까지도 미루어 알 수 있다. 원자의 경사운동에 대한 기본 개념은 간단명료하다. "원자들이 그들 고유의 무게에 의하여

52) 에피쿠로스, 『헤로도투스에게 보내는 편지』, §46b.

53) 루크레티우스, 『사물의 본성에 관하여』, ii, 142-164.

공허 중에 수직으로 하강운동을 할 때, 그들은 극히 불확정한 시간에 불확정한 장소에서 방향의 변화라고 불릴 만큼 약간 본궤도에서 이탈한다."[54]

이 경사운동이 한 원자의 다른 원자들과의 결합의 원인이 되며, 이와 같은 결합의 결과, 운동의 방향은 다시 변하게 되고, 여기에서 당장에 다른 원자들과의 충돌과 반동에 의하여 모든 방향으로 움직이는 원자들의 다양한 운동을 초래하게 되어, 이 다양한 운동 중에 있는 원자들이 복합체를 구성하고 지각될 수 있는 사물들의 세계를 창조하는 원인이 된다. 다시 말하면, 직선의 필연성이라는 숙명에서 벗어난 능력, 즉 자유운동으로서 이 원자의 경사운동은 현상세계를 형성하는 만물들의 생성-소멸의 제일원리가 되는 것이다. 그런데 소멸은 소극적인 것이다. 이 소멸은 에피쿠로스의 "죽음은 산 사람이나 죽은 사람 모두와 아무런 상관이 없다. 산 사람에게는 죽음은 없고 죽은 사람은 이미 존재하지 않기 때문이다."[55]라는 언명에 나타난 죽음처럼 혹은 공허의 개념처럼 선험적이자 한계 개념으로서 존재하지 실제적으로는 존재하지 않는 무(ouk on)이다.

5. 신에 대한 변증

그러면 에피쿠로스가 불멸하며 축복받는 생명체라 했던 신들은 어떠한 존재인가? 자연의 모든 존재와 마찬가지로 에피쿠로스주의자들이 말하는 이 신들은 일종의 경사운동하는 만물의 생성-소멸의 운동 원인인 자유원자들로 구성된 원자들로 구성되어 있다. 에피쿠로스의 신도 원자가 공간과 이중적 관계를 매개하는 경사운동의 직선운동과의 이중

54) 루크레티우스, 『사물의 본성에 관하여』, ii, 217-220.

55) 에피쿠로스, 『메노이케우스에게 보내는 편지』, §126.

적 관계를 전제하기에, 그 신들은 인간 영혼과 같이 경사운동하는 자유원자들로서 구성되어 있으면서 부패하지도 않고, 소멸하지도 않으며, 불멸한다. 에피쿠로스의 신들의 삶은 아리스토텔레스의 신이 그러하듯이 우리가 상상할 수 있는 것 중에 최고로 행복하다.[56] 에피쿠로스에 따르면, 신들은 인간사를 걱정하지 않는다. 루크레티우스가 적고 있듯이 "모든 고통에서 벗어나 있고 모든 위험에서 벗어나 있는, 스스로 그 자신의 원천에 의해 강력하며 우리 인간을 전혀 필요로 하지 않는 신들의 본성은 호의에도 사로잡히지 않고 분노에 의해 자극받지도 않는다. 축복받았으며 불멸하는 것은 그 스스로 어떠한 고통도 모르며, 다른 것들에 고통도 주지 않는다."[57] 왜냐하면 이러한 것들은 약한 것들에게만 존재하기 때문이다. 결국 신들의 이러한 초월적 행복은 신들의 존재가 인간 영혼의 원자들과도 같은 미세한 자유원자들로만 구성된 존재들이라고 말해야 한다. 물론 이러한 신 개념에서는 신 존재의 단일성 개념이나 복수적인 다신론 개념이 뒤따라 나올 수 있는 가능성이 있어서 이들 사이의 관계나 위계가 또 문제가 되어 신들에 관한 복잡한 변증법이 성립할 수 있다.

그런데 대중 종교는 플라톤의 대화편『유티프론』에 나타나듯이 결국 신도들과 신들 사이의 환상 계약, 즉 "내가 주기에 네가 준다(do ut des)." 식의 계약에 기초하고 있다. 따라서 대중 종교는 쾌락의 신들을 희생을 통해 숭배되어야 하는 것으로 만들고, 철저히 코드화된 의례들, 신들을 기쁘게 하며 그들에게 우호적으로 간주되는 의례들을 시작하여 숭배와 경건은 상거래가 되어 버렸다. 이는 신들이 우리에 의해 타락할

---

56) 키케로,『신들의 본성에 관하여』, I, XIX, 51 참조. 이하, 키케로는 장 살렘,『고대 원자론』에서 재인용.

57) 루크레티우스,『사물의 본성에 관하여』, iii 19-20. 기독교의 신은 역설적으로 인간사에 사랑으로 개입하며 이 때문에 고통 받는 신이다.

수 있다고 믿는 것이나 다름없이 되어 버렸다. 그러나 에피쿠로스 철학에서 신들의 조건은 인간처럼 할까 말까 하는 것들에 대한 걱정이나 불안이 아니라 완전한 아타락시아(ataraksia)일 뿐이다. 결국 에피쿠로스는 이러한 종교관을 통하여 전통 종교에 대해서는 프로타고라스와 같은 상대주의적 관점에 서 있으면서도 신들이 원자로 구성되어 있기 때문에 신들을 구성하는 원자들이 따로 있다고 말하는 점에서 절대적인 셈이다. 그러면 이러한 신적인 원자들은 어디에 존재하는가?

에피쿠로스 자신은 신들이 머무는 공간을, 원자들과 함께 곁에 존재하는 '간 세계(metakosmia)' 혹은 후에 '초월 세계'라고 불렀다.[58] 마치 헤시오도스의 『신통기』 신화에서 우라노스가 대지에서 떨어져 나가 멀리 타르타로스로 가거나 크로노스가 타르타로스로 쫓겨났다가 신들이 사는 축복받은 섬 엘뤼시아(Elysia)로 가서 그곳에서 거주하는 것과도 같다.[59] 또한 신들의 평온한 거주는 바람에 의해서조차 동요되는 법이 없다.[60] 달리 말하면 신들은 '우연이 만들어낸 가장 아름다운 산물'이다. 왜냐하면 신들의 신체는 불가피하게 마모되지만, 물질적 실체가 항상 재공급됨으로써 보충되기 때문이다.[61] 그럼에도 불구하고 신들의 신체는 정확히 인간의 모습을 하고 있다. 신들이 인간의 모습을 하고 있는 이유는 그것이 "모든 것들 중에서 가장 아름다운 형태"이기 때문이라고 에피쿠로스주의자들은 주장한다.[62]

---

58) 히폴뤼토스, 『모든 이교적 학설들에 대한 논박』, 22-3 참조. 그리스어 'meta'는 이중적 의미를 지니고 있다. 하나는 '함께'라는 의미이고 다른 하나는 '나중에'의 의미이며 이 양자가 결합하여 후에 '초월'을 의미하는 것으로 된다. 장 살렘, 『고대 원자론』에서 재인용.

59) R. Graves, *The Greek Myths*(Penguins Books, 1973), pp.35-44 참조.

60) 루크레티우스, 『사물의 본성에 관하여』, iii, 19-22.

61) 이 공급(suppeditatio)은, 곧 신들의 '보충해서 채우는 과정(antanaplērōsis)'이다. 루크레티우스, 『사물의 본성에 관하여』, v, 1175-1176; 키케로, 『신들의 본성에 관하여』, I, XXXIX, 109 참조.

신들은 감각에 의해서보다는 정신에 의해서 지각될 수 있는 일종의 일관성을 지니고 있다. 마찬가지로 신들은 피, 그리고 '신체와 유사한 어떤 것'을 가지고 있다.[63] 달리 말하자면 신들은 순전히 허깨비에 불과한 것이 아니다. 신들이 보내는 시뮬라크르(복사상)들은 신체의 미세 구멍을 통과해서(엄격한 의미에서) 영혼에 인상을 남기게 된다. "신들은 존재한다. 왜냐하면 신에 대한 우리의 앎이 분명하므로."[64] 고로 신들의 존재를 부정하는 것은 분명한 것을 부정하는 것이다. 에피쿠로스는 모든 주관적인 토대로부터 객관적인 신학적 확실성을 빼내기 위해 애쓰면서, 불멸하고 축복받은 존재가 있다는 인간들의 믿음의 보편성을 주장한 최초의 철학자였던 것으로 보인다.[65]

원자론자들의 사고는 모순율에 따르는 이성적 사고로서 이 현상세계를 합리적으로 설명하려는 사고이다. 그런데 이성적 사고는 분석에 기초하고 있으며, 이러한 사고는 만물의 현상과 생성-소멸을 원인과 원리로 소급하여 설명하려는 환원론자(reductionist)들의 사고이다. 이 때문에 그들의 세계나 우주에 대한 설명은 실질적이고 실증적으로 기초적인 것들로써 즉 필수적 요인들(necessary causes)에 의해 설명함으로써 현상을 축소시킨다. 결국 루크레티우스의 자연에 관한 시에서 나타나듯이 신들은 별로 필요 없을 법한 존재 체계에서 이 독특한 신들이 할 수 있는 기능은 무엇인지 물을 수 있을 것이다. 왜 에피쿠로스는 이런 '아무것도 하지 않는' 신들, 우리 세계의 조직을 전혀 주재하지 않는 신들, 이 점에서 인간사와는 무관한 신들의 존재를 긍정했을까?[66] 대답은 바

62) 키케로, 『신들의 본성에 관하여』, I, XVIII, 48.

63) 같은 책, 49: "quasi corpus, quasi sanguis."

64) 에피쿠로스, 『메노이케우스에게 보내는 편지』, §123.

65) 에피쿠로스가 주장하는 신에 대한 선험적 개념과 관련해서는 키케로, 『신들의 본성에 관하여』, I, XVI, 43-33 참조.

66) 원자론은 뉴턴 운동의 3법칙과 중력 법칙에 의해 만물의 운동을 설명할 수

로 신들이 인간들에게 필수불가결한 행복의 모델을 제공한다는 데 있다.

에피쿠로스의 원리를 따르면, 우리는 이미 존재하는 것에 대해서만 개념(prolepsis: 선험적 개념)을 가질 수 있다. 그것은 에피쿠로스주의의 기본 원리이다. 신들의 모델(exemplum)을 갖고 있지 않은데, 어찌 우리의 세계를 창조할 수 있었겠는가?[67] 우리에게 행복의 이미지를 제공할 수 있는 현재 행복한 존재가 없다면, 어떻게 우리가 행복을 파악할 수 있겠는가? 이처럼 행복은 이미 존재하며, 그것은 신들의 행복이다. 신들의 이미지들은 선험적 개념의 질료가 되며, 선험적 개념 없이 우리는 최고선을 생각조차 할 수 없을 것이다. 이와 같이 신들을 모델로 삼는 것은 그들과 유사하게 되기를 바라는 것이며, 어떤 의미에서 그것은 그들의 사회에 받아들여지기를 바라는 것이다.

어쨌든 에피쿠로스에 따르면, 대중 종교는 천체 현상들을 신들에 의존하는 것으로 만든다는 점에서 잘못된 것이다. 왜냐하면 별들을 관찰

있다고 하는 역학 체계에서 신을 인정할 때 나타나는 이신론(deism)의 원형이다. 사실 뉴턴의 운동 법칙에서 관성의 법칙이 제일 문제시된다. 원자론자들에게서 나타나는 만물의 운동의 법칙인 필연성(anannke)은 능동과 수동이 타협한 중성화된 타성적인 것이다. 양상 개념에 필연성 이외에 가능성과 현실성 그리고 우연성이 있는 것을 생각하면 우리는 원자론자들이 운동의 양상을 하나로 통일하려는 과도한 사고의 산물임을 알 수 있다.

67) 루크레티우스, 『사물의 본성의 관하여』, v, 181과 여기저기. 에피쿠로스주의에 따르면, 무언가를 만들려면 그의 정신 안에 만들고자 하는 대상에 대한 개념, 즉 칸트적인 의미의 선험적(a priori) 개념이 있어야 한다. 그러나 자연이 신에게 창조의 본보기를 보여주지 않았다면, 신은 사물의 창조에 대한 모델이나 인간에 대한 선험적 개념을 가질 수도 없으며, 원자들이 가진 힘과 그 원자들이 자리를 바꿈으로 보여주는 가능성들에 대해서도 알지 못한다. 요컨대 신보다 앞선 자연은 이미 항상 존재하는 것이다. 이런 생각은 모델에 따라 '세계를 창조하는' 데미우르고스(플라톤, 『티마이오스』, 29a-c)보다 신의 존재나 기능이 축소된 것이다.

하는 것은 놀라움과 경탄을 자아냄으로써 우리의 영혼을 동요시키기 딱 좋기 때문이다. 그리고 "대중들의 신을 거부하는 사람이 아니라, 신들에게 대중들의 견해를 귀속시키는 사람이 불경한 것이다."[68] 진정한 경건은 우리가 어느 것에도 혼란되지 않는 정신을 가지고 모든 것을 바라볼 수 있는 현명함과 다르지 않다.[69] 자연이란 어떠한 사전 목적도 없이, 모든 존재들, 세계들, 비유기적인 집적체들, 생명체들, 인간들을 그 효과로서 생산해 내는 과정과 다르지 않다. 인간을 탄생시킨 존재는 인간의 삶의 모델이 된다.

에피쿠로스주의자들에 따르면, 임시로 이 세계 안에 모이고 조직된 원자들의 운동 형태로도 이 천구에서 우리가 관찰하는 현상들을 해명하기에 충분하다. 행성들이 회전하는 유일한 원인은 루크레티우스가 '자연법칙(foedera naturae)'이라고 부르는 것에 있다. 지나가듯 말하자면, 오로지 목적론자들과 신학자들만이 이 자연법칙을 가장 절대적인 우연과 동일시할 수 있다. 정확히 말해 천체들과 관련해서, "우리는 그것들의 운동과 지(至), 식(蝕), 천체가 뜨고 지는 현상 그리고 이와 유사한 것들이 [천체의 운동을] 담당하고, 조정하며, 조정했던 동시에, 불멸과 더불어 완전한 축복을 누리는 누군가 때문에 일어난다고 생각하면 안 된다."[70]라고 에피쿠로스는 가르치곤 했다. 왜냐하면 한 번 더 말하거니와, 노고와 근심, 성냄과 호의 등은 "축복과 양립 불가능하며, 오히려 약함과 두려움, 이웃에 대한 의존이 있는 곳에서 생겨나기 때문이다. 또한 우리는 불이 모여서 형성된 것이 축복을 받고 있으며, 자신의 의지에 따라 그러한 운동들을 실행한다고 생각해서도 안 된다."[71]

68) 에피쿠로스, 『메노이케우스에게 보내는 편지』, §123.

69) 루크레티우스, 『사물의 본성에 관하여』, V, 1203: "(경건함이란) 평온한 정신으로 모든 것을 바라볼 수 있는 것이다(pacata posse omnia mente tueri)."

70) 에피쿠로스, 『메노이케우스에게 보내는 편지』, §76.

데모크리토스는 이미 종교가 "세계에서 일어나는 경이로운 것들로부터" 나왔다고 주장한 바 있다.[72] 하늘이라는 극장에서 천둥, 번개, 낙뢰, 행성들의 합(合), 일식과 월식과 같은 사건들이 발생했을 때, 고대인들은 두려움 때문에 신들이 그런 사건들의 원인이라고 생각하게 되었다고 데모크리토스는 주장했다.[73] 반대로 플라톤은 대중을 사로잡는 경탄의 느낌을 이용하면서, 행성 운동의 규칙성을 탐구할 때 다음과 같이 주장했다. "땅, 하늘, 모든 별들, 이것들을 구성하는 덩어리들은, 영혼이 이것들 각각과 연결되거나 그것들 각각 안에 존재하지 않고서는, 연월일을 따라 그렇게 정확하게 움직일 수도 없고, 일어나는 모든 것들이 우리 모두에게 이로운 것들이 될 수도 없다."[74] 그리고 플라톤은 별들을 불타는 돌덩어리 수준으로 깎아내리는 불경에 대해 분개했다.[75]

유물론적 신학에는 역설이 존재한다. 탈무드 전통에서 에피쿠로스란 말은 전통적으로 모든 섭리를 부정하고 신을 필요로 하지 않는다는 무신론을 지칭한다. 그런데도 불구하고 에피쿠로스의 제자 필로데모스(Philodemos)에 따르면, "적어도 우리는 합당한 날에 정갈하게 희생물을 바치자. 그리고 가장 훌륭하게 가장 존엄한 존재들에 대한 우리 자신의 의견을 뒤흔들지 않으면서 관습에 따라 다른 모든 것을 행하자."라고 말했으며, "현자가 신들에게 경애의 징표를 준다"고 말한다. "단

71) 같은 책, §77.

72) H. Diels ed. *Die Fragmente der Vorsokratiker*. Zuerich: Weidemann, 1985, 데모크리토스, A75.

73) 같은 책, 같은 곳.

74) 플라톤, 『에피노미스』, 983b-c. 또한 플라톤의 『티마이오스』(91d-92b)에 따르면 눈은 천체 현상들을 보기 위해 인간에게 주어졌고, 인간과 동물의 근본적인 차이는 전자만이 그들의 신체의 직립 자세와 그들의 영혼의 지성을 결합함으로써 하늘을 이성적으로 바라볼 수 있다는 데 있다.

75) 플라톤, 『법률』, X, 886d. 또한 『티마이오스』, 47c와 특히 『법률』, VII, 818b 이하 참조. 플라톤은 신의 선함을 주장한 점에서 휴머니즘적이다.

지 법률 때문만이 아니라 자연적인 이유 때문에 공적인 행사들에 참여할 것을 권유했다. 왜냐하면 인간은 탁월한 본성의 존재에게 호혜적 관계없이 자발적으로 경의를 표하는 이성적 숭배를 바치면서 자신의 가사적 조건을 잊고 탁월한 본성의 존재와 동일한 기쁨에 도달하기 때문이다."[76]

6. 결어

로이키포스-데모크리토스 이후 원자론자들은 모순율에 따르는 사유에 의해서 형성된 파르메니데스의 존재론에 따르면서도, 생성-소멸이 있는 존재자들의 운동과 이들이 일으키는 현실을 설명하려는 합리적 지성이 전제하거나 갖추어야 할 원리들을 원자와 공허로써 물질세계는 물론 정신세계에까지 설명하려는 야심을 지니고 있다. 이 때문에 이들이 전제하는 지성의 원리들과 감관-지각에 드러난 현실세계 사이에는 인간의 인식론을 전제하지 않으면 갭(gap)이 존재한다. 원자론자들의 이 갭은 감관-지각적 현실의 경험을 지성이 지니는 원리들에 따라 추측과 환원론적인 사고방식을 통하여 조정하는 데에서 성립한다. 역으로 이러한 지성의 모순율에 따르는 사고방식은 원자론을 탄생케 하고 이에 기초하여 플라톤에게서는 동일자-타자에 기초한 변증법적 사고를 가능하게 하였다.

또한 인류에게서 최초이자 지구상 유일한 그리스라는 지역에서 탄생한 고대 원자론자의 사고방식은 근대에서는 과학적 사고의 원형으로서 뉴턴 역학을 탄생하게 하였고, 이를 토대로 아인슈타인의 $E=MC^2$이라는 상대성이론을 가능하게 하였으며, 이러한 원자론적 사고를 보충하는

76) 장 살렘, 『고대 원자론』, 115쪽. 오이노안다의 비문에서 차용한 정식.

사고로 현대에서는 에너지에 관한 학문인 열역학을 토대로 하는 양자역학을 가능하게 하였다. 그리고 현대 첨단 과학을 부흥하게 하는 모순율에 따르는 지성의 존재론적 사고의 원형이었다는 점에서 더 나아가 현대에서는 컴퓨터를 발명하고 인공지능을 가능하게 한 것은 물론 현대의 고전이 될 수 있는 모든 인문-사회과학적 서적이나 문화는 이를 토대로 하여 형성되고 있기 때문에, 서구인들에 의해서 '그리스의 기적'이라고 불리기에 합당한 사유의 원형이었다.

참고문헌

Aristoteles. *Metaphysica. Physica*. The Loeb Classical Library. London: Harvard University Press, 1957.

Henri Bergson. *Oeuvres*. Textes annotés par André Robinet. Paris: P.U.F., 1959.

Diogenes Laertius. *Doctrines et sentences des philosophes illustres*. par Robert Genaille. Paris: Garnier Frere, 1965.

H. Diels ed. *Die Fragmente der Vorsokratiker*. Zuerich: Weidemann, 1985. 김인곤 외 옮김. 『소크라테스 이전 철학자들의 단편 선집』. 아카넷, 2005.

Epicuros. *The Text Remains*. ed. C. Bailey. Oxford, 1926.

Léon Lobin. *La Pensée grecque et les origines de l'esprit scientifique*. Paris, 1923.

T. C. Lucretius. *De Rerum Natura*. ed. Diels. Heine, 1923.

Platon. Ioannes Burnet. *Platonis Opera*. Oxonii E Typographeo Clalendiano, 1967. 박종현 · 김영균 옮김. 『티마이오스』. 서광사, 2000.

Herman Usener. *Epicurea*. Leipzig, 1887.

W. D. 로스. 김진성 옮김. 『플라톤의 이데아론』. 누멘, 2011.

송영진. 『도덕현상과 윤리의 변증법』. 충남대 출판문화원, 2009.
막스 야머. 이경직 옮김. 『공간개념』. 나남, 2008.
장 살렘. 양창렬 옮김. 『고대 원지론』. 난장, 2009.
리처드 파인만. 박병철 옮김. 『물리학 강의』. 승산, 2004.

첨부논문 2

소크라테스의 산파술과 플라톤의 변증법의 관계

1. 서론

초기 대화편들에 나타나는 소크라테스의 산파술은 파르메니데스의 일자 존재를 전제한 제논의 논박법과 정의 내리기(chorismos)의 방법을 종합해서 가지고 있는 진리 탐구의 방법으로 나타난다. 이러한 산파술은 중기 대화편들에서는 정의 내리기에서 기원하는 이데아, 즉 형상의 상기를 전제하는 것으로서 가설-연역적 방법으로 되어 있는 이성적 성찰(contemplation)의 대화법이다. 즉 소크라테스의 산파술은 파르메니데스의 일자를 지향하는 것으로 현대에서 말하는 과학적 방법으로서 귀납법의 가설-연역적 방법과 아리스토텔레스의 일반 논리학의 연역법을 결합한 것으로 되어 있다. 이 때문에 형상의 상기를 전제하는 귀납법과 연역법을 결합하는 소크라테스의 산파술의 본질인 상기에 기초한 명상을 알기 위해서는 귀납법과 연역법을 연결하고 있는 플라톤의 기능적 변증법을 알아야 한다.

플라톤의 기능적 변증법은 『파르메니데스』의 후반부 「변증법의 연습」에 나타나 있듯이 파르메니데스 존재론의 일자를 전제하는 동일자-타자의 변증법이다. 즉 파르메니데스의 일자를 전제하는 플라톤의 동일자-타자의 변증법은 주어+술어의 술어적 언어에 전제되는 전체-부분의 모순율에 따르는 양화논리에서 나타나는 모순과 반대를 극복하는 능동자로서 영혼의 동일자-타자의 기능적 변증법이다. 이러한 플라톤의 영혼의 기능적 변증법은 영혼의 능동성에서 기인하는 일자로 수렴하는 동일성과 물질의 확산운동에 따르는 타자성-무한성의 결합으로 이 양자가 존재론의 모순율(ex nihilo nihil fit)에 따라 상호 제약하는 것으로서 『티마이오스』에서 우주 구성의 동일자-타자의 변증법으로 나타난다.

소크라테스의 산파술에 전제된 형상론을 전제하는 플라톤의 동일자-타자의 변증법은 『테아이테토스』에 나타나 있듯이, 한편으로 운동과 변화의 닮음/닮지 않음의 유사성의 논리에 기초하고 있는 관찰-지각적 경험을 귀납한 것과 이러한 프로타고라스의 상대론적 성격의 경험을 파르메니데스의 일자 존재론의 모순율로 합리화(체계화)하는 것으로서 나타난다. 이 점은 살피기 위해 플라톤은 『테아이테토스』에서 감관-지각적 경험과 이를 판단하는 사유 간의 관계를 기억에 관한 인식론으로 살피고 있다.

우리의 사유는 현재적인 감관-지각에 드러난 현상들의 생성-소멸을 귀납하여 법칙으로 일반화하나, 이러한 감관-지각적 경험의 현상을 분석하는 우리의 사유의 판단 작용은 파르메니데스의 일자 존재론을 전제하는 모순율에 따르는 것으로서 밀납 기억과 새장 기억에 기초한 재인과 이를 토대로 이러한 경험 현상들을 영화적으로(cinematographic) 재구성하는 작업을 하는 것으로 드러난다. 즉 플라톤의 인식론은 감관-지각의 발생을 원자론자들이 말하는 표상론(representative theory)으로 설명하고, 이러한 표상들을 분석하여 경험의 법칙들을 귀납하는 우리의 모순율에 따르는 판단하는 사유는 파르메니데스의 일자를 지향하면서도 변화하는 물질의 타자성에 기초한 동일자-타자의 변증법에 기초하고 있는 것으로 드러난다.

이러한 플라톤의 인식론은 뉴턴 역학의 소체론(particle: 고대 원자론의 변형)을 토대로 한 근대 영국 경험론과 대륙의 합리론으로 양분되어 탐구되는 것으로서, 이러한 경험론이나 합리론은 플라톤의 인식론에서와 같이 감관-지각의 발생을 표상론으로 설명하는 점에서는 공통적이다. 결국 경험론과 합리론을 종합했다고 하는 칸트의 인식론은 과학적 사고가 전제하는 인식론으로서 주지하는 바와 같이 '선험적 종합판단' 이라는 명제 형식으로 정리되는 진리 구성설로 나타나는 것이다. 이러한 칸트의 선험적 종합판단이라는 과학적 명제의 확실성에 대한 탐구는 논리실증주의 이후 현상학과 분석철학으로 나뉘어 탐구되나, 이러한 탐구의 배후에는 현대 과학, 특히 물리학은 뉴턴 역학에 기초한 아인슈타인의 상대성이론과 열역학에 기초한 양자 역학으로 양분되어 탐구되는 것에 기초하고 있다.

2. 가설-연역적 방법과 형상의 요구

플라톤의 초기 대화편들에 나타난 윤리적인 덕을 표명하는 한 관념(경건, 정의, 용기, 절제 등)에 대한 소크라테스의 정의 내리기(chorismos)에서 기원하는 형상론에서 형상, 즉 이데아(idea)는 경험의 귀납과 함께 경험을 분석(analysis)하고 추상(abstraction)하는 과정에서 나타난다. 즉 소크라테스의 덕의 한 관념에 대한 정의 내리기 사상은 진리 대응설(correspondence theory)이 요구하는 귀납법의 성격을 지녔으면서도, '하나'만의 형상(eidos)을 요구한다는 점에서 경험적으로는 결코 도달할 수 없는 것으로 여겨지는 형상을 전제한다. 그리고 이러한 형상은 『메논』에서는 상기(anamnesis)에 의해 주어진다고 말하는 소크라테스의 명상(contemplation)과 관계한다.

명상(contemplation)은 그리스어의 temenos(temein: 나누다) + platus (broad, flat)에서 기원하는 temple과 접두어 con-의 결합으로 점-예언(augur)을 하기 위한 희생물의 '관찰을 위한 성스러운 공간'에서 유래하는 것으로서 사원(temple)과 같은 '신들의 임재(거주) 공간'으로 전화된다. 그리고 플라톤 철학에서 신은 정신적 존재로서 영혼과 동일시되는 이데아와 관계한다.[1] 이 때문에 소크라테스의 산파술에 함축된 명상은 그리스 신화와 결부된 오르페우스교의 불멸하는 영혼이 생사를 윤회하는 우주 구조와 관련된 실존을 자각하는 것으로서 『파이돈』의 영혼불멸 논증에 나타나 있듯이 이데아의 임재로서의 상기(anmamnesis)와 관련된다. 즉 소크라테스에 있어서 명상은 (형상들의 임재로서) 형상들을 상기하는 것과 관련되어 있으나 현대에서는 과학의 합리적 사고와 결합된 가설-연역적 방법에 따르는 귀추법적 사고[2]를 닮아 있다.

논리학에서 직접 추론은 모든 전제로부터 결론에 이르는 모든 추론 형식을 의미한다. 좁은 의미로는 삼단논법 중 전제 하나가 다른 전제에 함축되어 있거나 생략된 형식의 추론 방법을 지칭한다. 그래서 직접 추론은 전제와 결론의 관계가 인과나 이유를 대는 축약된 문장으로 되어

---

1) 『테아이테토스』, 184d-185e. 기독교와 관계하는 명상(신비 체험)에 관해서는 앙리 베르그송, 송영진 옮김, 『도덕과 종교의 두 원천』(서광사, 1998), 인도 불교의 명상에 관해서는 대니얼 골먼 · 리처드 데이비드슨, 김완두 · 김은미 옮김, 『명상하는 뇌』(김영사, 2022) 참조.

2) 귀추법(귀납적 추론법: retroduction)은 가추법(가설적 추론법)이라고도 불리는 것으로서, 코난 도일의 탐정 소설에서 셜록 홈즈가 사용하는 방법으로, 이미 이루어진 사건을 역추적하여 결과를 연역적으로 추론하는 방법이다. 미국 철학자 퍼스에 의해서 많이 연구된 것이다. C. S. Peirce, ed. by K. L. Kenneth Laine, *Reasoning and the Logic of Things*(The Conferences Lectures, 1898)(Harvard University Press, 1993) 참조.

있다. 예를 들면, "이씨는 알코올 중독자이므로 정서가 불안하다." 등이다. 이에 반해 간접 추론 중 가장 유명한 것은 귀류법이라는 것으로서 모순율을 이용한 논증 방법이다. 즉 증명하고자 하는 명제에 모순되는 명제를 전제하고서 이 명제를 분석하거나 연역하는 과정에서 이 명제와 모순되거나 모순된 사실이나 거짓된 사실이 나타나면 이 모순명제가 거짓임을 통하여 원 명제의 진실성을 논증하는 방식이다. 문제는 이 간접 증명에서 모순되는 명제의 설정이다. 즉 원 명제와 모순되는 명제가 원 명제와 모순되므로 관련성이 없는 것이 설정될 수 있다는 것이다(모순의 한 내포에는 무관련성이 있다). 이렇게 되면 원 명제의 진리성이 이와 모순되는 명제의 부정에 의해 확보될 수 있는가 하는 문제가 발생한다. 여기에서 이성적 사유의 한계가 나타난다.

간접 추론의 원리에 따르면 경험에 관한 모든 긍정 판단은 불가능한 것으로 드러난다. 일반적으로 귀납법에 따르는 경험적 명제는 절대적으로 자기 긍정성만을 지니고 있지 않다. 이 때문에 경험적 명제는 결코 완전한 진리가 아니다. 파르메니데스의 철학적 전통을 따르는 플라톤은 이 때문에 귀납법에 따르는 경험적 진리를 경시했다. 즉 모순이나 반대 명제를 포함하는 명제는 자기 부정되므로 성립할 수 없다. 다른 한편, 플라톤의 수염으로 알려진 역설에서는 경험에 관한 모든 부정 판단은 불가능하다. 왜냐하면 부정 판단을 수행하는 사람은 먼저 그가 부정하고 있는 사태의 존재를 인정하여야 하기 때문이다. 그런데 자신이 부정하려는 사태나 명제를 자신의 문장 속에서 사용한다는 것은 이 사태를 먼저 긍정하는 것이다. 이 때문에 부정을 수행하는 사람은 모순을 범한다. 결국 진정한 부정은 소크라테스의 정의 내리기에서도 그러하듯이 그가 부정하는 사태를 언급하거나 사용하지 말아야 한다(선결문제 오류). 결국 형식적인 것만이 절대적이고 경험적 진리는 상대적임을 알 수 있다. 이러한 변화하고 상대적인 진리를 논리적인 것을 통하여 역설적으로(반성적으로) 인식하려는 것이 파르메니데스의 존재론과 다르면서도 이에 기초한 플라톤의 존재론에 나타나는 동일자-타자의 변증법이다.

플라톤은 앞에서 언급하였듯이 『테아이테토스』에서 형상과 기능하는 영혼을 동일시한다. 이 때문에 소크라테스의 영혼불멸에 나타나 있듯이 그의 영혼불멸 논증은 상기설을 전제한다. 역으로 '철학이 죽음의 연습'이라는 말이 표명하듯이 죽음 앞에서도 불멸하는 영혼이라는 자아 정체성의 인지에 따른 실존의 평안과 안심을 자각하는 정신이다. 이러한 명상(contemplation)은 한편으로는 다이몬의 소리를 듣는 것으로서, 다른 한편으로는 소크라테스의 산파술인 상기설을 전제한 제논의 논박법적 변증법과 분석(analysis)[3]을 전제한 가설-연역적 방법으로 되어 있는 인간 자신의 정체성(자아)에 대한 반성적이면서도 근대에서 데카르트가 성찰(meditationes)이라고 말한 이성적 성찰의 대화법으로 나타난다.

소크라테스의 정의 내리기에서 이러한 하나만의 형상에 대한 요구는 한편으로 이러한 상기설에 따르는 것으로서, 『메논』에서는 공리 체계로 알려진 유클리드 기하학에서 빌려온 가설-연역적 방법을 따르는 것으로 말하고 있다. 다른 한편, 『파이돈』에서의 가설-연역적 방법은 자연 사물의 생성-소멸의 법칙을 탐구하는 것으로서, 현대 과학적 관점에

---

3) 분석(analysis)은 간단히 말하자면 제논 운동 역설에 나타나 있듯이 감관-지각적 경험 현상을 표상론(representative theory)으로 구성하는 감관-지각에 관한 현상론(감관-지각의 직관론)을 전제하는 원자론자들의 방법을 나타낸다. 여기에서 중요한 것은 직관적으로 주어진 경험적 사례를 경우의 수들로서 표명하고 이를 전체적 관점에서(holistic view) 구성하는 문제이다. 분석의 방법은 플라톤의 후기 대화편(『소피스테스』, 『폴리티코스』, 『필레보스』)에서는 '나누기의 방법(dihairesis: 경우들에서 연역되는 결과들을 종합하는 방법)'으로 나타난다. 나누기의 방법은 송영진, 『플라톤의 변증법에 따른 진리와 인식』, 서문 참조.

서 보면 기계적 인과율을 전제하는 귀납법이어야 함에도 불구하고, 소크라테스는 생성-소멸의 운동 원인으로서 영혼의 자발성에서 기원하는 자동-운동적 기능을 자연의 생성-소멸의 충분조건으로 전제하는 것이다. 그리고 여기에서 영혼의 자동-운동적 기능은 형상을 지향하는 것으로서 전제되어 있다.

따라서 두 대화편에서 말하는 가설-연역적 방법은, 하나는 수학-기하학과 같은 공리 체계 안에서 문제 해결 방법으로서 유클리드 기하학의 연역적 성격을 지녔고, 다른 하나는 경험 세계에서의 인과율을 토대로 한 자연 사물들의 생성-소멸의 법칙을 탐구하기 위한 것으로서 귀납법(down-top method)을 따르는 것이다. 즉 전자는 형상을 전제하고 연역적 추론(top-down method)에 따르는 것이고, 후자는 형상을 지향하는 자동-운동적 기능을 하는 영혼을 전제하는 것이다. 그럼에도 불구하고 『파이돈』(99e)에 나타나 있듯이, 이들이 하나의 방법으로 언급되면서 상호 연결되어 있는 것으로 간주한다는 것이다.[4] 그리고 소크라테스가 이를 하나의 방법으로 연결되어 있다고 하는 이유는, 만물의 생성-소멸의 원인으로서 영혼을 설정하는 소크라테스가 자신은 자연 탐구를 감관-지각에 의한 탐구가 아니라 언어에 의해 수행한다는 말로 표명한다.[5]

---

4) 이러한 형상론의 문제점은 『테아이테토스』(185c)에서는 형상과 영혼을 동일시하는 데에서 극적으로 표명되고 있다. 이러한 형상과 영혼의 동일시에서 심신관계를 비롯한 철학적인 많은 문제들은 물론, 『파르메니데스』 전반부에서 '신'의 개념이나 '인식이라는 형상'이 존재할 수 없는 모순된 것으로 나타난다.

5) 소크라테스가 『파이돈』에서 자신은 "만물의 생성-소멸의 원인을 감관-지각에 의해 탐구하지 않고, 언어를 통해서 탐구한다."라고 말하는 데에서 나타나듯이, 그의 원인 개념은 주어+술어로 된 술어적 명제에서 주어와 술어의 관계가 필요충분조건의 관계로 말해질 수 있는 것이다. 그런데 술어적 판단에서 의미적 관계는 모순율에 지배된다. 현대 역학에서 관계하는 인과적 필

인간의 언어는 일반적으로 주어+술어의 형식으로 된 술어적 언어이다. 이 때문에 우리의 판단에서 성립하는 언어적 명제에서 주어와 술어 사이의 관계는 경험과 관계없이 필요충분조건의 관계로 말해질 수 있는 것이다. 즉 경험과 관계없이 주어는 술어에 대한 충분조건이고 술어는 주어에 대한 필요조건으로 나타난다. 다른 한편, 이러한 언어적 명제의 진위는 경험에 조회해야 한다. 이 때문에 언어적 명제의 진위는 두 가지 측면에서 그 진위가 결정된다. 하나는 경험에 관계함이 없이 이루어지는 측면으로서 주어와 술어의 관계가 논리적으로 타당성(validity)이라는 연역적 절차에 의해 이루어지는 것이고, 다른 하나는 경험과 관계하는 진리성(truth)의 측면에서 현대에서는 과학적 방법이라 말해지는 가설-연역적 방법에 의해 귀납적으로 이루어지는 것이다. 즉 전자는 아리스토텔레스의 일반 논리학이 연구하는 것으로서 필요충분조건에 의해 이루어지는 타당성만이 문제되는 연역법이다. 그리고 이러한 연역법이 관계하는 존재론은 플라톤의 동일자-타자의 존재론적 변증법이나 아리스토텔레스의 형상-질료의 생물학적, 목적론적 체계로서 생물학적으로 존재론적으로 종류로 분류되는 생물체들을 정의 내리기의 진리로서 간주할 때이다.[6)]

연성 개념과 언어적 판단에 있어서 의미적 관계로 말해지는 동일률에 따르는 논리적 필연성의 의미는 서로 다르다. 현대 논리학은 논리적 필연성에 따르는 연역법을 공리 체계로 말하며, 귀납법은 원자론을 토대로 한 뉴턴 역학과 열역학의 엔트로피 법칙이 타당한 현실에서의 기계적인 인과적 필연성을 전제로 한 가설-연역적 방법으로 구성된다. 이 때문에 논리학의 연역법과 귀납법을 연결하는 소크라테스의 형상론을 주장하는 데에서 여러 가지 문제가 나타나는데, 이러한 문제들을 『파르메니데스』 전반부에서 다루고 있다. 그리고 이러한 문제들을 지닌 형상론의 기초에 파르메니데스의 존재론과 제논의 운동 역설들이 관계하고 있는 것으로 드러난다.

6) 아리스토텔레스의 존재론은 개체의 구성에서부터 이들의 운동 방식(운동인-목적인)까지 형상과 질료의 목적론적이자 위계적인 관계로 형성되어 있어서

사실 현대 논리학은 연역법과 귀납법으로 구성되어 있으며, 연역법은 아리스토텔레스의 일반 논리학으로 정리되고, 귀납법은 자연과학에서의 인과율을 토대로 한 가설-연역적 방법으로 되어 있다. 이러한 논리학에서 연역법은 그 논리 법칙이 동일률, 모순율(모순 배제율), 배중률로 되어 있고, 이때 배중률은 파르메니데스의 존재론적 사유가 전제되어 있다. 이 때문에 아리스토텔레스의 일반 논리학의 연역적 체계는 존재론적으로나 인식론적으로 인간 경험과 관련된 것으로 판정되는데, 이러한 경험과 관련된 이성적 사고의 기원이 되는 존재론의 모순율 "허무로부터는 아무것도 나오지 않는다(ex nihilo nihil fit)"는 파르메니데스의 존재와 허무의 배중률에 따르는 존재론에서 기원한다.[7]

그런데 소크라테스의 산파술에서 이러한 귀납법과 연역법이 하나의 형상 개념이나 영혼의 자기 충족적인 자동-운동 개념을 토대로 하여 연결되어 있다는 데에서 문제가 있다는 것이다. 즉 『파이돈』에서는 만물의 원인 탐구로서 가설-연역적 방법을 말하지만, 소크라테스가 말하는 가설-연역적 방법은 한편으로는 만물의 운동, 특히 생성-소멸에 대한 물리적 사태에 대해서는 필요조건적 원인을 설정한 가설-연역적 방법이고, 다른 한편으로 정신적 사태에 대해서는 충분조건으로서의 형상-영혼을 전제한 가설-연역적 방법으로, 이 둘이 서로 다른데도 불구하고 하나로 연결된다고 하나 실제로는 복합된 것이다.[8] 그리고 이러한 가

현대에서는 자연 존재자(생명체)들의 분류(종(species), 속(genus), 과(family), 목(order), 강(class), 문(phylum), 계(kingdom))에 이용되기도 한다.

7) 송영진, 『소크라테스의 산파술에 따른 진리와 인식』(충남대 출판문화원, 2019)과 『그리스 자연철학과 현대과학』, I권(충남대 출판문화원, 2014) 참조.

8) 두 방법, 즉 귀납법과 연역법을 연결하고 동일시하는 것은 일반적으로는 기하학적 체계와 술어적 언어의 필요충분조건을 동일시할 수 있는 조건이 만족되어야 한다. 이러한 사태는 가설-연역적 방법에 의한 탐구의 결과가 아리스토텔레스의 일반 논리학에서처럼 전제하는 목적론적 체계와 동일시하거나, 아니면 동적 세계의 탐구에 있어서 인과론과 유클리드 기하학적 체계와

설-연역적 방법의 배후에는 소크라테스에 의해 인식론적으로 상기를 전제한 영혼이 자연계에서는 만물의 생성-소멸의 운동 원인으로서도 나타난다는 것이다. 이러한 소크라테스의 영혼이나 형상을 동일시하고 전제하는 가설-연역적 방법의 체계는 플라톤 대화편들에서는 오르페우스(Orphic) 종교의 이원론적 관념과 함께 윤회론에 의해 합리화되고 있다. 이 때문에 형상을 전제한 소크라테스의 산파술이 말하는 가설-연역적 방법에 따르면, 사물의 생성-소멸의 원인으로서 영혼(형상)은 오르페우스 종교에서처럼 윤회론에 따르는 불멸하는 것으로서 말하지 않을 수 없다는 것이다.

그런데 윤회론을 전제한 소크라테스의 영혼불멸 논증에서 나타난 반대에 의한 논증이나 상기에 의한 논증은 물론 이들을 조합한 영혼의 본성이나 주인-노예의 논증은 존재론의 모순율(ex nihilo nihil fit)을 전제하는 것으로서 제논의 전형적인 4개의 운동 역설에서 나타난 것과 같은 딜레마적 구조를 지니고 있다. 그리고 이러한 딜레마적 구조는 윤회론으로써는 합리화할 수 없는 것으로서 심미아스나 케베스의 죽음을 현실로 체험하는 실존의 입장에서는 납득할 수 없는 현실적인 문제를 일으킨다.[9] 이 때문에 소크라테스는 마지막으로 이데아를 가설로 설정

동일시하는 데 있다. 후자는 고대에서는 원자론이, 근대에서는 뉴턴 물리학이 수행하는 방법이다. 사실 이 두 체계는 현대에서는 하나는 생물학에서, 다른 하나는 물리학에서 타당한 것으로서 서로 다른 것이다. 그러나 플라톤은 이 두 방법을 통합하기 위해 전자에서는 생물체의 자동운동적 기능을 만물의 동적 원인으로 설정하고, 후자는 뉴턴 물리학에서 말해지는 타성적인 에너지의 기계적 인과론과 기하학적 체계와 동일시하고 이를 동일자-타자의 변증법으로 합리화한다.

9) 하나의 생명체에서 종 다양화를 통하여 불멸하는 것처럼 지속하는 생명체는 종의 입장에서는 죽음이 존재하지 않으나 개체의 입장에서 죽음이 현실로 등장하는 죽음에 관한 이 문제는 현대에서는 우주에서 발생한 생명체가 섹스를 토대로 하는 진화론적 관점에서 설명될 수 있다. 린 마굴리스 · 도리언

하고 논증을 수행하는데, 이 마지막 논증이 분석한 바에 따르면, 눈(雪)의 성질('차가움'의 형상)[10]을 설명하는 가설-연역적 방법이 전제한 형상이 개별 사물(현상)들에 참여에 의한 상승과 임재에 의한 하강의 순환논증으로 나타난다는 것이다. 즉 형상과 경험적 개체(현상들)가 한편으로 『소피스테스』(253c-d)에서 말해지듯이 하나와 여럿의 관계로 말해지고, 다른 한편으로는 『파르메니데스』나 『티마이오스』에 나타나듯이 파르메니데스의 일자 존재를 전제하는 존재론적 사유에서 한 개념의 내포와 외연의 동일성-타자성에 기초하고 있는 하나와 여럿의 변증법적 관계로 말해지는 것이다.[11] 이 때문에 소크라테스의 영혼불멸 논증들은 이러한 가설-연역적 방법의 상기설에 기초한 변증법(순환론)을 종합적으로 전제하고 있다는 것을 밝혔다.

3. 형상과 현상들의 관계: 하나와 여럿을 매개하는 영혼의 동일성-타자성에 따르는 변증법적 기능

형상론에 관계하는 이러한 가설-연역적 방법의 문제는 『파르메니데스』 전반부에서 형상론의 문제로 나타난다. 즉 이 대화편에서 소크라테스는 형상의 경험 사물과의 관계(하나와 여럿의 관계)를 참여(metechein)와 임재(parousia)라는 영혼의 변증법적 기능을 전제하는 것

세이건, 홍욱희 옮김, 『마이크로코스모스』(김영사, 2011); 린 마굴리스 · 도리언 세이건, 홍욱희 옮김, 『섹스란 무엇인가?』(지호, 1999); 송영진, 「성과 사랑의 철학적 의미」, 『동서철학연구』 66호(2012) 참조.

10) 베르그송에 따르면, 이 '성질'은 직관된 것으로서 지속(durée)하는 것이다.

11) 내포와 외연의 동일성-차이성의 변증법은 한 대상이나 주체의 존재를 전제하는 것이다. 이러한 주체와 대상의 존재론적 요소는 『티마이오스』에 따르면, 존재론적으로 동일자-타자로 표명된 영혼의 능력과 질료로서의 장소의 혼합과 조화에 따르는 존재론의 변증법적 관계로 나타나고 있다.

으로 설명하려고 하나, 이러한 영혼의 기능에 따르는 동일자-타자(차이-무한)의 변증법은 이 대화편의 파르메니데스의 전체-부분의 비판에 대응하지 못하고 제삼자 논법의 무한 소급이나 신적 인식이 인간의 인식보다 못하다는 모순으로 드러난다. 이 때문에 파르메니데스는 이러한 소크라테스의 영혼의 변증법적 기능에 기초한 형상론의 문제를 해결하는 데 있어서 변증법에 대한 이해가 부족한 것으로 진단하고 변증법의 본성을 살펴보고자 변증법의 연습을 제안하고 있다.

『파르메니데스』 후반부에 나타나는 「변증법의 연습」은 자연철학자 파르메니데스의 일자를 전제로 한 존재론적, 술어적 판단의 조합으로 나타나는 8개의 가정을 살피는 것으로 이루어지는데, 이러한 변증법에서 제1가정은 일자를 무한과 연결하는 제논의 무한성에 관계하는 (하나와) '여럿의 역설'에 나타나는 변증법에 기초하고 있다. 그러나 제2가정의 일자는 존재론적으로는 동일성-타자성의 변증법에 따르는 것으로서 플라톤의 추론 방식은 아리스토텔레스의 일반 논리학에 기초한 것이다. 이러한 점을 밝히기 위해 『플라톤의 변증법』에서는 플라톤의 변증법이 아리스토텔레스의 전칭-특칭-긍정-부정이라는 네 가지 판단간의 대당 관계를 나타내는 벤다이어그램을 통해 이루어지고 있음을 밝히고, 이러한 벤다이어그램의 이면에는 존재론적으로 동일자-타자의 변증법이 작동하고 있다는 것을 밝혔다.[12)]

그리고 변증법의 연습을 해명하는 이러한 벤다이어그램의 특징은 원형들로 이루어진 벤다이어그램들을 전체 집합을 상징하는 대당 사각형 안에서 이루어지는 것으로 제한하지 않고 있으나, 인간에서 성립하는 진리는 이러한 인간의 변증법적 사고가 인간의 경험적 직관에 의해 제약되어야 한다는 것이다. 즉 무한과 관계하는 인간의 변증법적 사고가

12) 송영진, 『플라톤의 변증법』(철학과현실사, 2000) 참조.

정신에 대해서나 물질에 대해서, 즉 영혼의 기능으로 표현되는 동일자에게나 이와는 다른 물질의 공간적 개념(장소: chora)으로 나타나는 타자에게도 이러한 경험적 직관에 의한 제한이 이루어져야 한다는 것이다. 달리 말하자면, 인간이 영혼이나 이와는 다른 물질에 대한 진리 인식은 모두가 파르메니데스의 존재론의 원리(ex nihilo nihil fit)에 제약되고 있다는 것이다. 이러한 점은 『소피스트』(247d)에서는 영혼이 능동성 이외에 수동성이 있다는 것(영혼의 기능에 한계가 있다는 것을 그 기능(dynamis)이 '미소하다'는 것으로 표명한 것)으로 나타나고, 『티마이오스』(52b)에서는 한편으로 우주의 구성에서 타자의 원을 동일의 원 안에 설치하는 것으로 나타나고 있고, 다른 한편으로는 우연-필연성이 존재하는 제삼자적 존재인 장소(chora)를 존재론의 모순율에 따른 원리(ex nihilo nihil fit)로 제약하여 물질계가 한계를 지닌 것으로 나타나고 있다.

4. 파르메니데스의 전체-부분의 이원론적인 존재론적 논리에 대응한 플라톤의 변증법 사유란 무엇인가?

『파르메니데스』에서 소크라테스가 형상론을 주장하면서 이를 자연적인 영역에서는 제한적으로 사용하면서도 인간의 행위의 영역에서까지 사용하려 한다는 것을 알 수 있다. 이는 현대의 자연과학적 관점과 도치되어 있다. 다른 한편, 이 대화편에서 파르메니데스는 소크라테스의 형상론을 인간의 행위의 영역에서는 물론 자연의 영역에서까지 사용하려 한다는 것을 알 수 있다.[13] 이들은 자연의 영역과 행위의 영역

13) 한국 과학자들 사이에서 논쟁이 된 '과학적 합리성'이 무엇인가에 대한 설명은 필자의 『그리스 자연철학과 현대과학』은 물론 이의 기초가 된 『플라톤의 변증법에 따른 진리와 인식』에 나와 있다. 또한 이러한 합리성이 실천철학

에서 서로 다른 태도를 취하면서 소크라테스는 신성을 향하고 파르메니데스는 인간의 길까지도 고려하려고 한다는 점에서 이들 진리 탐구의 태도는 서로 상반되어 있으나, 그럼에도 불구하고 형상의 존재를 가정하는 형상론에 대한 지향점이 공통적(상보적)이라는 것을 알 수 있으며, 이러한 상보성의 원리는 인간 실존의 주체성이라 불리는 영혼의 존재에도 적용되어야 하는 것이다. 이러한 통찰이 옳다는 것은 『파이돈』에서 영혼불멸 논증이 제논의 여럿에의 논증이나 운동 역설들과 형식적으로 동일하다는 사실에 있다.

다른 한편, 소크라테스의 산파술이 전제하는 기능적 변증법과 파르메니데스의 전체-부분의 기하학적 변증법, 이 양자가 일치하는 점이 또 하나 숨겨져 있다. 그것은 『파르메니데스』에서 소크라테스의 산파술과 파르메니데스의 변증법이 전제하는 제논류의 논박법이다. 원래 제논의 정량적 논박법은 자연철학자 파르메니데스의 일자를 옹호하기 위한 것이다. 그리고 소크라테스의 정량적 논박법도 영혼의 존재를 옹호하기 위한 것이다. 이 때문에 제논의 논박법이 전제하는 파르메니데스의 일자와 소크라테스의 형상을 동일시하면, 제논의 논박법은 양자 어느 쪽에 대해서도 논리적으로 딜레마 형식을 취하고 있다는 것을 알 수 있다.[14] 그렇다면 소크라테스의 산파술이 함축하는 정량적 논박법이 어떻게 형상이라는 존재를 옹호하는지를 살펴보아야 한다. 왜냐하면 형상은 정량적으로 생각되는 것이 아니라 영혼의 기능적 존재를 전제하는 정성적인 것이기 때문이다. 결국 이 딜레마를 해결하는 문제는 소크라테스의 산파술이 함축하는 정의 내리기에 함축된 것으로서 제논의 정

적인 측면에서까지 나타날 수 있는가에 대한 논의는 필자의 『혼합정체와 법의 정신』에 나와 있다.

14) 제논의 논박법적 변증법은 동일자-타자의 전체성의 변증법의 이면에 있는 타자-무한성에 기초하고 있다.

량적 논박법이 전제하는 전체-부분의 딜레마를 벗어나는 가능성으로서의 파르메니데스의 일자와 같은 형상에 대한 영혼의 상기 기능을 전제하는 플라톤의 변증법의 문제이다.

이 문제를 해결하는 것이 『파르메니데스』 후반부의 「변증법의 연습」에 나타난 변증법의 의미이다. 그리고 이러한 변증법의 연습의 이면에는 하나와 여럿에 관계하는 동일자-타자의 존재론적 변증법이 숨어 있고, 이러한 존재론의 변증법에 나타나는 반대와 모순의 합리화에 대한 『파르메니데스』의 「변증법의 연습」에 나타난 논증 방식에는 현대에서 토톨로지(tautology)의 공리 체계로 정리될 수 있는 아리스토텔레스의 일반 논리적 사유가 전제되어 있다.[15)]

우리가 『소크라테스의 산파술에 따른 진리와 인식』에서 살펴보았듯이, 파르메니데스의 존재론은 존재와 허무의 배중률에 근거하고 있는 신적인 길로서 엄밀-정확한 정의 내리기를 가능하게 하는 것이다. 반면에 인간은 생성-소멸하는 현상계에서 양 머리를 지닌 상대론적인 의견들만이 가질 수 있는 세계에 살고 있다. 전자는 사유만이 파악할 수 있는 길이요 후자는 감관-지각적 경험의 세계이다. 그런데 파르메니데스는 이 양 세계가 존재론적으로 그리고 인식론적으로 어떠한 관계에 있는지를 살피지 않았다. 플라톤의 변증법은 바로 양 세계가 존재론적으로 그리고 인식론적으로 어떠한 관계에 있는지를 살피고자 한다.

그런데 인간의 사유는 한편으로 존재론적으로는 영혼과 관계하며 인식론적으로는 언어와 관계한다. 반면에 인간의 감관-지각은 한편으로 이러한 사유하는 영혼과 관계하면서도 다른 한편으로는 행위와 관계하

---

15) 파르메니데스의 존재론을 전제하지 않는 현대 기호논리학은 아리스토텔레스의 일반 논리학을 러셀-화이트헤드의 tautology의 공리 체계(연역법 체계)로서 정리하고 있다. 현대 수학은 ZFC(체르멜로-프렝켈의 9개의 공리 체계)에 폰 노이만(Von Neumann)의 선택 공리(choice-axiom)를 더하여 집합논리의 표준적 기초론을 구성하고 있다.

는 기능적인 것으로서, 즉 영혼에 타자인 물질과 관계하는 영혼의 능동-수동의 변증법적 기능과 관계는 사유와 관계하는 인식의 문제뿐만 하니라 실천의 문제와도 관련되어 있는 것으로서, 전체적으로는 파르메니데스의 존재론과 존재론적으로나 인식론적으로 이중적이고도 다양하게 관계하는 복잡한 것이다.

플라톤의 변증법은 인식론적으로는 언어와 관계하고 존재론적으로는 인간의 영혼의 능동성-수동성과 관계하기 때문에 『소크라테스의 산파술에 따른 진리와 인식』 '서문'에서 언급하였듯이 적어도 파르메니데스의 존재론과 관계하여 (1) 존재와 언어, 그리고 (2) 인식과 실천의 변증법적 조합으로 생긴 네 가지 문제와 관련된다. 전자 (1)의 문제는 파르메니데스의 존재론과 관계하는 사유하는 '영혼의 존재와 능력'의 관점에서 『소피스테스』(236-247)에서 다루어지고 있으며, 후자 (2)의 인식과 언어적 실천의 문제는 『테아이테토스』(207-208)에서 다루어지고 있다. 즉 플라톤의 변증법이 관계하는 이러한 모든 문제는 한편으로 존재의 문제로 환원할 수 있거나 다른 한편으로는 인식의 문제로 환원할 수도 있다.[16)]

---

16) 이러한 모든 문제를 이원론적으로 설명하면 학문과 기술, 그리고 실천의 문제가 분명하게 해석될 수 있는 것으로 나타나나, 형이상학적 이원론은 인간 실존의 입장에서는 납득할 수 없는 많은 문제를 생산한다. 플라톤은 이를 실천철학적으로는 '적도(metron)'를 규명하는 것으로서 인간의 끊임없는 노력을 요하는 것으로 설명한다. 다른 한편 아리스토텔레스와 같이 목적론적으로 설명하면 아리스토텔레스의 신이 과연 그러한 성질을 가지고 존재하는 것인지는 물론, 그의 중용론처럼 많은 혼란과 함께 이러한 혼란이 또 다른 문제를 일으키듯이 많은 문제가 있다. 현대 과학에서는 이러한 모든 문제를 발생론이나 진화론으로 설명하려 한다.

5. 플라톤의 인식론에 나타난 원자론과 기억을 토대로 하는 영혼의 자발성에 따르는 정신적 능력으로서의 변증법적 사유

초기 대화편들에 나타난 소크라테스의 산파술의 정의 내리기는 다양한 경험적 사례들에서 귀납한 일반 법칙을 그 사태의 본질(physis)이나 형상(eidos)이라고 일컫는 데에서 출발하기에 귀납법을 닮은 것처럼 보인다. 그리고 이러한 귀납법은 『메논』이나 『파이돈』에서 형상의 상기를 전제한 가설-연역적 방법으로 말해지는데, 전자는 유클리드 기하학적 체계 안에서의 기하학적으로 제기된 문제에 대한 해결 방법으로서의 가설-연역적 방법이고, 후자는 현대에서는 경험 세계, 즉 물리 세계에서 말하는 인과율을 토대로 한 귀납법이 의미하는 가설-연역적 방법으로서 서로 다른 것임에도 불구하고, 『파이돈』의 소크라테스가 말하는 만물의 생성-소멸의 원인으로서 능동적인 영혼(의 기능)을 충분조건으로 전제한 것이다. 이러한 충분조건으로서의 원인은 필요조건으로서의 인과적 필연성에 따르는 물리적 원인과 다름에도 불구하고, 이러한 존재자들의 생성-소멸의 운동 원인으로서의 영혼의 자동운동의 능력은 이러한 차이를 동일성으로 환원하는 변증법적인 것으로서 상기에 토대를 둔 그의 형상 이론, 즉 이데아론을 가능하게 하는 것이다. 즉 소크라테스는 이러한 충분조건으로서의 원인을, 언어의 판단 형식에서 가져온 것으로 말하는 데에서 나타나듯이 사유하는 영혼의 모순율과 관계하는 논리적 필연성의 것이다. 이 때문에 소크라테스의 산파술이나 플라톤의 변증법은 인간 실존의 핵이라 생각되는 영혼의 감관-지각적 직관과 사유를 매개로 하여 존재론적으로나 인식론적으로 나타나는 형상이나 이데아를 전제하는 연역법과 귀납법의 관계 문제로 정리된다.

파르메니데스의 존재론과 제논의 변증법을 기초로 하여 성립한 소크라테스-플라톤의 형상론이나 이데아론을 싸고도는 소크라테스의 산파술과 플라톤의 변증법은, 전자는 『파이돈』에서 영혼불멸 논증에 나타난 바와 같이 이원론적이면서 오르페우스 종교를 기초로 하고 있으나, 후자는 『티마이오스』에 나타나 있듯이 조화로운 우주론을 구성하게 하는 동일자-타자의 것이다.[17] 따라서 소크라테스의 산파술과 플라톤이 변증법이 어떻게 관계하고 있는지를 알아보려면 중기 대화편에 나타난 형상론이나 이데아론이 인식론적으로 어떻게 성립하는가를 규명하여야 한다.[18]

그런데 소크라테스-플라톤의 형상설, 즉 이데아론은 소크라테스의 정의 내리기에서 기원하는 것으로서 이러한 이데아의 인식은 상기(anamnesis)와 관련되어 있지만, 근본적으로는 파르메니데스의 존재론과 관련되어 있다. 그리고 파르메니데스의 존재론은 감관-지각적 경험과 판단하는 사유의 관계가 이원론적으로 분리되어 있기에 이를 통합하는 인간 실존의 핵으로 생각된 영혼의 기능이 존재론적으로나 인식론적으로 어떻게 작동하고 있는가가 문제가 된다.

소크라테스의 산파술이 명시적으로 언급된 『테아이테토스』에서 감관-지각적 경험의 세계는 프로타고라스의 "인간은 만물의 척도"라는 언명에 나타나 있는 진리 상대론이 타당한 세계로서, 이러한 진리 상대론은 현대에서는 현상학의 아버지라 불리는 헤라클레이토스의 만물은 변화한다는 생성 일변도의 견해를 토대로 한 것이다. 헤라클레이토스에 따르면 만물은 (질적으로) 변화하고 (공간) 운동하는 것으로서, H. 베르그송에 따르면 생명체가 운동하기 위해 감관-지각에 나타난 바와 같이

---

17) 현대 과학이나 철학적 관점에서 보면, 오르페우스 종교에서 말하는 윤회론과 스티븐 호킹(Steven Hawking)의 『시간의 역사』에서 나타나는 플라톤의 자족하는 우주는 그 자체로 문제를 지니고 있으면서도 서로에 대해 조화를 이루거나 타협할 수 없는 이원론적 존재론이나 세계관이라 말할 수 있다.

18) 로스(D. Ross)의 『플라톤의 이데아론』이라는 책의 난해함이 한국에서 이데아론을 이해하는 어려움의 결정적인 원인이 되었다.

순간순간 고정한(still) 것으로서 『물질과 기억』에서 이미지(image)들로 명명된 현상들(phenomena)이다.[19)]

이러한 현상으로서의 사물들은 오관으로 분화된 인간의 감관-지각적 기능에 직관된 것이며, 이러한 직관적 현상들은 헤라클레이토스에 따르면, 과정적인 것으로서 불변하거나 정지하여 고정될 수 있는 것이 아무것도 없는 것으로 드러난다. 이 때문에 이러한 감관-지각적 체험의 세계는 각 개인의 직관적 체험만이 진리라고 하는 프로타고라스의 진리 상대론이 타당한 세계로서 표명될 수 있다. 그리고 이러한 진리 상대론은 『티마이오스』에 따르면, 아페이론이 존재하는 (공간(chora)으로 표명된) 세계에 대한 (데미우르고스로 표명된) 영혼의 자발성에서 기인하는 능동적 기능이 작용한 필연성과 유사성(simulacre)이 혼합된 우연-필연성의 세계이다.[20)]

그럼에도 불구하고 인간의 감관-지각에 주어진 이러한 현상(image)들 속에는 프로타고라스가 '인간은 만물의 척도(homo mensura)'라고 말할 수 있는 것으로서 인간 각자에서 서로 상대적인 것이면서도 '척도'나 '진리'라고 말하는 것이 '존재'하게 되는데, 수학에서 '동등' 개념이 그러하듯이(『테아이테토스』, 154b) 우리의 판단하는 사유가 동일한 것을 동일한 것(동일성)으로 다른 것은 다른 것(타자성)으로서 분류(분석: analysis)하고 비교하여 관계 맺게 하는 개념으로서의 불변하는 '동등', 즉 플라톤에 따르면, 형상(eidos)이나 이데아(idea)가 함축한 '동일성 자체(t'auton)'의 개념으로 정리할 수 있는 것이 사유에 포착되어 '존재'한다. 그리고 이러한 '동일성 자체'라는 개념에는 파르메니데스의 불변하는 '존재' 개념이 적용될 수 있다. 우리의 사유에 포착된 이러

19) 앙리 베르그손, 박종원 옮김, 『물질과 기억』(아카넷, 2005), 1장 참조.

20) 이 가운데 감관-지각의 감각과 관계하는 유사성(simulacre)의 세계는 레비나스의 타자철학에서는 타자성이 함축한 무한과 차이의 현상학으로 나타난다.

한 '존재'는 파르메니데스의 존재론에서 '진리(aletheia)'로서 언명되고 있고(파르메니데스 『단편 5』), 역으로 이러한 '진리'라는 개념과 동등한 파르메니데스의 '존재'는 다음과 같이 '이름'으로 명명될 수 있다.

> "전적으로 운동하지 않는 전체(Pan)에 '존재'라는 '이름'이 있듯이 ((h)oion akineton telethei to(i) panti onom' einai)."[21]

그런데 파르메니데스의 일자 존재론은 『소크라테스의 산파술에 따른 진리와 인식』에서 살펴본 바대로 감관-지각에 나타난 현상세계로서의 경험 세계와 존재를 판단하는 사유 세계가 마치 오르페우스 종교에서 말하듯이 이원론적으로 분리되어 있다. 그리고 『크라틸로스』에 나타나 있듯이, 사물이나 사태의 이름, 즉 명칭은 바로 우리 사유에서 경험 현상이나 사물의 관념(concept)을 나타내는 이데아(idea), 즉 관념으로서의 형상(eidos)이다. 그러면 감관-지각적 직관이 전제하는 경험의 세계와 우리의 모순율에 따르는 관념(idea)들의 의미를 존재론적으로 판단하는 사유의 세계는 어떠한 관계에 있는가?[22] 이 점을 인식론적으로

---

21) 『테아이테토스』, 182e.

22) 감관-지각적 경험, 즉 직관과 언어에 의한 개념적 사유의 관계는 상호 보조의 변증법적 관계에 있다. 현상학에서는 지각의 세계가 언어에 의해 표현되는 것보다 더 풍부하다고 하여 직관에 대한 언어의 해상도가 낮다고 판단한다. 그러나 언어가 없으면 직관은 인간의 사유의 차원에서 성립하는 의식으로 승화되지(인식되지) 못하는 한계가 있는 것으로 판정된다. 다른 한편 인간의 감관-지각적 직관은 분석적인 원자론적 사유에 의해 성립하는 자연과학적 관점에서 보면, 다른 동물보다 한계가 있다는 것이 드러난다. 이러한 측면에서 보면 사유가 감관-지각적 직관의 한계를 드러내거나 확장한다고 볼 수 있다. 이러한 직관과 사유의 관계는 변증법적으로 관계를 맺고 있으며, 이러한 변증법은 다양한 해석을 가능하게 하는 데에서 윤회론이나 유기체적 변증법, 혹은 무한과 관계하는 플로티노스의 유출설, 헤겔 변증법 등이 성립하고, 플라톤의 동일성 타자성의 변증법에 기초한 베르그송의 창조적 진

살피지 않으면 소크라테스의 정의 내리기의 산파술이 지향하고 플라톤의 변증법적 사유가 전제하는 형상들의 경험과의 관계는 깔끔하게 정리되지 못하고 혼란에 빠질 수 있다. 즉 『고르기아스』의 분석 말미에서 도표로 그린 이원론적 사고가 주는 모든 학문과 기술들에 관한 언명은 물론 실천철학적으로는 플라톤의 황금률과 관계하는 적도(metron)론이나 아리스토텔레스의 전칭-특칭-긍정-부정 판단들의 대당 관계로 설명될 수 있는 양상론에 따르는 중용론은 성립할 수 없다.[23]

그리스 자연철학이 원자론으로 정리되지만 원자론이 무한한 공허를 전제하는 데에서 기원하는 많은 문제점을 지니고 있듯이, 플라톤의 영혼이 인식하는 형상론을 싸고도는 여러 가지 철학적 문제들은 서구 철학사가 보여주는 바대로 경험 현상과 관계하는 영혼의 자발성에서 기원하는 자동-운동적인 기능[24]에서 기원하고, 더 나아가서는 자동-운동적 영혼의 존재나 신의 존재의 문제로까지 나타난다. 즉 영혼의 자동-운동적 기능의 성격은 물론 이에서 더 나아가 자동-운동적 영혼의 존재 문제이다. 이 때문에 플라톤의 형상론을 싸고도는 모든 질문은 우선 다음과 같이 제기되어야 한다. 이러한 이데아적 관념이나 형상은, 경험과 관계하는 판단하는 사유에 의해 어떻게 형성되는가? 그것이 바로 『테아이테토스』에서는 경험과 관계하는 사유의 기능인 판단의 진위를 표명하는 데에서, 더 나아가 '진리는 옳은 판단(orthe doxa)'이라는 형식으로 표명되며, 이러한 옳은 판단이 어떻게 성립하는가를 기억의 역할을 밝힘에 의해서 설명하고 있다.

기억은 『테아이테토스』에서 두 가지 형태로 나타나는데, 하나는 밀

화의 개념이 성립할 수도 있다.

23) 이 점은 특히 아리스토텔레스의 중용론이 목적론적으로 정리되지 않으면 아리스토텔레스 자신에게서마저도 아주 혼란스러워지는 이유이다.

24) 근대에서는 영구 운동기관의 존재 유무나 자유의지의 문제로 나타난다.

납에 비유된 기억으로서 유물론적 개념으로 나타나고, 다른 하나는 새장 기억으로 나타나는 정신의 자발성을 토대로 한 기억이다.[25] 사실 감관-지각적 현상은 현재적인 존재이지만, 이를 기억하는 것은 현상[26]들을 순간순간 고정(still)하고 이를 현재의 것과 비교하는 과정으로서 의식의 재인(recognition)을 필요로 하는 것이다. 이러한 재인 과정에서 상호 비교 개념인 동일성-타자성에 기초한 '동등'이나 수학적으로는 '하나'나 '둘'의 개념처럼, 상호 비교하고 재인하는 과정에서 사유에 포착된 '동등' 개념이 '하나'나 '동일성 자체'의 개념으로서 파르메니데스의 불변하는 '존재'가 적용될 수 있는 플라톤의 형상(eidos)으로 나타난다. 즉 플라톤의 인식론의 밑바탕에서 이미 동일성-타자성의 변증법이 작동하고 있다는 것을 알 수 있고, 역으로 동일성-타자성의 변증법이 성립하기 위한 조건이 이데아나 형상이라는 관념론적 원자론이라는 것이다. 따라서 우리의 판단하는 사유의 지반이 되는 개념이나 관념은, 베르그송에 따르면, 기억을 토대로 하여 이러한 감관-지각에 주어진 현상(image: phenomenon)들을 상호 비교하는 재인 과정에서 주어진 '동등한 것'으로서의 '하나의 존재'로서 우리의 정신적 관념(이데아: 형상)은 이렇게 형성된다.[27] 이 때문에 이러한 한 관념을 상징하는 개념(concept)은 외연과 내포로 분석되고, 역으로 이러한 형상들이나 모든 개념들의 이면에는 추상하고 비교하고 분석하는 판단하는 사유(의식)를 전제하는 것이다.

그런데 우리의 판단이란 주어+술어로 되어 있고, 이러한 판단들은

25) 베르그송은 『물질과 기억』, 2장에서 밀납 기억을 '신체적 기억'으로, 새장 기억을 지속하는 정신의 '순수 기억'으로 정형화한다.

26) 베르그송은 『물질과 기억』, 1장에서 시각 지각을 'image'에 의해 설명하는데, 이 'image'는 곧 현상(phaenomenon)으로 번역될 수 있는 개념이다.

27) 우리의 관념들의 발생을 설명하는 『물질과 기억』, 3장, 173-181쪽 참조.

주어의 전칭과 특칭, 술어의 긍정과 부정의 서로 간의 네 가지 경우들이 관계를 맺고 있어서 아리스토텔레스의 일반 논리학에서는 판단들 간의 관계가 이러한 네 가지 판단들의 반대와 모순의 대당관계로 나타난다. 그리고 이러한 판단들을 구성하는 단어나 이름들이 상호적으로 의미를 갖고(논리적인 정합설), 감관-지각적 경험과 일치하는 진리(대응설)가 되기 위해서 한편으로는 경험의 지각-직관이 필요하고, 다른 한편으로는 의미들이 논리학의 기본 법칙인 동일률, 모순율, 배중률에 지배되어야 하는 것으로서 나타난다. 역으로 한 개념의 의미가 내포와 외연으로 분석되고, 이들이 아리스토텔레스의 외연(양화) 논리에 따르면, 존재론적으로 서로 반비례관계에 있듯이, 우리의 존재론적인 배중률을 전제하고 성립하는 모순율에 따르는 논리적인 소위 '이성적' 사유는 경험의 내용을 추상하거나 분석하고 이러한 분석된 단순자(atom: monad)를 기초로 하여 단순자가 타자와 관계하는 (동일자-타자의) 필연적 법칙에 따라 경험을 재구성하는 데 그 본질이 있다는 것이 드러난다.

우리의 감관-지각적 경험에 나타나는 우리 신체의 대응물인 대상(object)의 존재는, 한편으로 우리 인간의 서로 분리된 오관의 감관-지각적 내용을 통합하여 '공통 감각'이라 불리는 촉감에 의해서 양적인 측면과 질적인 측면이 하나의 대상(존재)으로 통합되고, 다른 한편, 이러한 대상의 '존재'는 언어로 사유하는 오성(지성: understanding)에서는 파르메니데스의 '존재'인 실체(subtance: 주체-대상(subject-object))라는 개념으로 나타난다. 즉 표상론에 따르면, 오관의 감관-지각적 직관은 신체와 관계하여 현상(image: phenomenon)들로 나타나는데, 그 현상들의 심적 표상은 공통 감각인 신체적 촉감을 통하여 우리로 하여금 '대상'을 직접 경험하게 한다. 이 때문에 이러한 대상은 한편으로는 양적 측면과 질적 측면을 지니며, 양과 질이 통합된 이러한 (신체적) 대상은 다른 한편으로 운동을 통하여 다른 대상과 관계를 맺는다. 그리고 이러한 (신체적) 대상의 다른 대상과의 관계를 통하여 원자론자들이 설명하듯이 공간(공허) 속에서 한 원자가 다른 원자와 관계를 맺는다. 즉 원자론자들은 원자에 관해서는 기하학적으로, 원자의 운동에 관해서는 공허 속에서 원자들의 이합집산의 (논리적, 기하학적) 필연성의 관계로 설명한다.

결국 이러한 원자론이 성립하는 과정은 인식론적으로 다음과 같이 설명할 수도 있다. 우리의 사유는 감관-지각적으로 직관한 경험한 내용을 추상하여 내용과 형식으로 분리하고, 이를 외연과 내포, 즉 양적 측면과 질적 측면에서 분석하는데, 이러한 분석의 이면에는 같은 것은 같은 것으로 다른 것은 다른 것으로 '단순한 것(원자나 모나드)'에 이를 때까지 분석하여, 이러한 단순한 것들을 토대로 원래의 경험이나 대상을 단순자가 타자와 관계 맺는 '우연-필연적인' 법칙으로 구성하려 한다. 즉 우리의 사유는 대상이나 경험에 대한 지식을 감관-지각처럼 직접 가져오는 기능을 갖는 것이 아니라, 이러한 감관-지각의 직관적, 대상적 경험을 형식과 내용으로 추상하고 분석하여 동일률을 전제한 모순율에 따르는 언어 의미를 가지고 이를 필연적 법칙으로 설명하거나 정리하려 한다. 역으로 한 단어의 의미는 내포와 외연으로 분석되는데, 이러한 한 단어의 의미가 지시와 함축으로 양분되어 나타나고, 한 단어의 외연과 내포는 아리스토텔레스에 따르면 존재론적으로 반비례관계에 있기 때문에, 이러한 단어들로 이루어진 우리 인간의 주어+술어로 된 언어적 판단은 전칭-긍정-특칭-부정의 네 가지 판단의 대당관계로 나타난다. 이 때문에 칸트가 말하고자 한 범주는 경험이나 대상을 구성하는 양-질-관계-양상의 네 가지 사유 범주로 나타나며, 이러한 판단에서 형식적으로는 인류에게 보편적인 것으로 나타나는 정수 체계는 하나와 여럿을 연산하는 것을 기초로 한 수학적 판단과, 경험의 실질적인 내용을 담은 물리학적 판단은 존재론의 모순율(ex nihilo nihil fit)에 기초한 원자론자들의 역학으로, 칸트의 『순수이성비판』, 「분석론」에서는 선험적 종합판단(*a priori* synthesische Urteil)이라는 형식으로 나타난다.

앞에서 언급했듯이 『테아이테토스』에 나타나는 사유와 감관-지각적 경험의 관계는, 물질과 관계하는 밀납 기억이나 새장 기억이 상징하는 정신적 기억을 토대로 하여 서로 옳은 (진위) 판단이 어떻게 성립하는가의 문제로서, 이러한 사유와 경험과의 관계 문제는 존재론적으로는 데카르트의 이원론적 체계에서 말해지듯이 여러 가지 경우가 성립하는 심신관계의 문제로도 나타난다. 달리 말하자면 소크라테스의 산파술과 형상론 사이에는 인간 실존의 핵이라 일컬어지는 영혼의 자발성에서 기원하는 능동-수동의 '기능(dynamis)'(『소피스테스』, 247d)이 있어서, 인간 영혼은 물질과는 감관-지각에서 만나고, 이러한 경험을 분석하고 판단하는 사유와 이의 근저에 존재하는 정신(의식)적 기능과는 언어를 매개로 하여 만나고 있다는 것이다. 감관-지각적 경험인 전자는 근대 이후에는 철학자들이 표상론(representative theory)으로 설명하고, 후자는 밀납 기억(베르그송이 말하는 신체적 기억론)을 토대로 하여 성립하는 새장 기억으로서의 정신적 기억을 베르그송은 언어적 기억에 매개되는 지속 존재론으로 설명하는 것이다.[28] 결국 소크라테스의 정의 내

28) 현대의 과학적 관점은 원자론과 지각 발생을 설명하는 표상론에 기초한 것이다. 그런데 베르그송은 『물질과 기억』, 1장에서 지속 존재론의 관점에서 메를로-퐁티와 같은 지각의 현상학을 말하고 있는데, 이는 현대 후설의 현상학이나 현대 물리학의 양자 역학적 관점과 같다. 현대 물리학은 원자론과 양자 역학이 상보적으로 구성되어 있기 때문이다. 또한 현대의 두뇌과학은 플라톤의 후기 철학인 『테아이테토스』의 일원론적인 인식론의 관점에서 말한 유물론적인 밀납 기억론이나 유심론적인 새장 기억론을 두뇌에서 구조화하는 것으로 설명하고 있다. 이러한 플라톤의 기억론은 베르그송이 『물질과 기억』, 2장에서 말하는 순수 기억(image-souvenir)과 신체적 기억(ideo-moteur)과 유사하나, 베르그송은 자신의 두 기억을 서구 철학적 전통의 플라톤

리기에서 기원하는 형상론이 전제하는 전체-부분의 논리는 형상이나 이데아를 전제하는 플라톤의 변증법과 인간(영혼)의 감관-지각적 직관과 사유를 토대로 하는 인식 기능을 매개로 하여 서로 만나고 있는 것이다.

플라톤의 인식론의 감관-지각적 측면은 앞서 언급했듯이 근대에 이르러서는 뉴턴 역학에서처럼 소체론(particle theory: 원자론)을 전제한 경험(시각)에 대한 발생론적 설명인 표상론(representative theory)으로 나타난다. 표상론은 감관-지각적인 직관적 경험의 현상을 원자론적으로 설명하는 것이다. 즉 인간의 감관-지각적 경험은 칸트가 말했듯이 외감(外感)과 내감(內感)으로 분류되며, 외감(시각 지각)은 물리학이 전제하는 원자론으로 설명되고, 심리적이라고 생각되는 내감(감각 성질: 정념이나 정동이라 번역될 수 있는 'affection'의 결과인 감각 성질이나 이에 기초한 감정)은 능동-수동의 영혼의 자발성에 따른 것으로 설명된다. 이러한 지각 현상과 감각의 발생을 『테아이테토스』에서는 헤라클레이토스의 만물 유전론의 관점에서 설명하고 있다. 그리고 이러한 『테아이테토스』(154-156)에 나타난 감관-지각적 경험 현상의 공간적인 운동론의 한 측면과 성질의 발생에 관한 설명은, 필연적으로 데카르트의 이원론적인 존재론에서 직교 좌표와 관계하는 심신관계의 문제로도 나타나며, 이러한 심신관계는 인식론적으로는 칸트가 설명하듯이 심적 기능의 자발성에 기초한 경험을, 판단하는 사유가 구성적으로 설명하는 데에서 성립한다. 즉 여기에서 감관-지각적인 직관적 현상과 이에 대한 사유의 범주에 따르는 판단의 구성적 관계를 칸트는 『순수이성비판』에

의 이원론적 존재론의 관점에서 진화론으로 설명하려고 한 것이다. 즉 베르그송은 순수 기억에서 성립하는 정신 현상을 지속에 의한 존재론으로 설명하는데, 이는 마치 영혼의 자발성이 아페이론(apeiron)으로서의 물질 속으로 침투해 들어가는 것으로 설명하면서도 이러한 지속하는 존재로서의 영혼의 존재가 물질에서 독립될 수 있는 것처럼 이원론적 관점에서 말하려 한다.

서 "대상 가능성의 조건은 경험 가능성의 조건"이라는 말로 표명하고 있다.

6. 소크라테스의 산파술에 함축된 가설-연역적 방법에 플라톤의 변증법이 상보적으로 하나로 결합되어 있다

우리는 『파이돈』에서 소크라테스의 자연 사물의 생성-소멸의 원인 탐구가 영혼이나 정신적인 것을 향한 것이고, 그러면서도 파르메니데스의 일자 존재론과 헤라클레이토스의 하나의 로고스의 변증법의 관계가 보여주는 반대는 물론 그 자체가 지닌 모순과 더불어 이들 상호 간에 모순되어 있음을 보았다. 즉 파르메니데스의 존재론 속에도 '일자 존재'에 관한 모순된 내용이 들어 있고, 헤라클레이토스의 '하나의 로고스'도 모순되어 있음을 알 수 있다. 그러면서도 이 두 철학자는 존재든 로고스든 하나의 실재를 주장하는 측면에서는 동일하면서도 상호 반대와 모순관계에 있다는 것이다. 따라서 이 양자의 존재론을 하나의 관점에서 질서 있게 통합하려 한다면, 모순율에 따르는 논리적 관점에서, 즉 파르메니데스의 존재론의 관점에서 헤라클레이토스의 현상론을 포섭하는 일이 될 것이다. 이러한 거대한 일이 신적-인간적으로 구분되는 영혼을 중심으로 행해짐을 우리는 대화편 『소피스테스』에서 찾아볼 수 있다.[29] 그런데 『파르메니데스』의 후반부에 나타나는 「변증법의 연습」에서의 변증법은 파르메니데스의 일자와 존재 개념이 술어적으로 결합된 여러 경우들로 나타나는 동일자와 타자에서 기원하는 동일성-타자

29) 이러한 일은 파르메니데스의 존재론이 함축한 존재론의 원리(ex nihilo nihil fit)를 '한계' 개념으로 사용하는 일이 될 것이다. 왜냐하면 인간이 사용하는 모든 존재론적 개념, 그중에서도 '존재' 개념 자체가 경험과의 관계에서 양상화하기 때문이다.

성의 변증법이다. 그리고 이러한 동일자와 타자의 변증법에서 이방인이 사용하고 있는 타자(to heteron)에 대한 의미가 『소피스테스』에서 무한-무규정자(apeiron)에 대한 것으로 나타난다.

요약하자면, 플라톤의 변증법이란 파르메니데스의 일자를 가능하게 한 존재와 허무의 의미론적 변증법을 통하여 생성-소멸이 있는 변화하는 헤라클레이토스의 현실(reality)을 기술하고 설명하려는 이론적 성찰이다. (1) 한편으로 전체-부분의 양적 논리에 나타나는 모순을 성질들의 반대로 환원(reduction)하는 것이며, 존재론적으로 존재와 허무의 모순성에서 절대적 허무를 부정하고 파르메니데스의 존재론적 관점에서 생성-소멸이나 운동 가운데 있는 만물(panta)의 동일성과 차이성을 분별하는 것으로서 나타나며, 이 모든 것을 존재론의 원리(ex nihilo nihil fit)에 따라 존재 안에서 판단하는 것으로서 허무 대신 언어적으로 '존재와는 다르다'는 의미의 타자성에 기원을 둔 무한정자(apeiron)를 그 기초에 두고 있다. (2) 변증법에서 존재와 허무의 양극단적인 모순을 완화하기 위해서 전제하는 무한정자는 존재론적으로는 원자론자들이 설정하는 공허 개념에서부터 플라톤의 우연-필연성의 운동을 하는 장소(공간)와 같은 것으로 나타나기도 한다. 그런데 원자론자의 공허는 무한한 것으로 한계가 없지만 플라톤의 장소는 파르메니데스의 존재론의 원리에 지배받는 한계가 있는 것으로 나타난다(『티마이오스』52b). (3) 존재와 허무의 모순을 무한정자를 끌어들여 모순을 반대로 완화한다 할지라도, 그럼에도 불구하고 모든 운동에 관한 이론들은 제논의 운동 역설처럼 반대와 모순을 이중적으로 함축하는 딜레마적 형식으로 정리된다.

따라서 플라톤의 변증법은 영혼과 무한정자, 이 양자에 한계를 설정함으로써 이러한 딜레마적 상태의 모순을 감관-지각적 경험에 기초하여 반대 형식으로 환원하여 완화하려는 데에서 헤라클레이토스의 생성-

소멸이 있는 변화하는 현실 존재에 대한 파르메니데스의 일자를 전제하는 동일성-타자성의 변증법으로 나타난다. 그리고 동일성-타자성의 변증법에서 동일성은 자기 자신에게로 회귀하는 일자의 운동을 상징하고 타자성은 다른 것과 다르고 자기 자신에마저 다른 무한정자(apeiron)로 나타난다. (4) 결국 플라톤에 있어서 인간의 감관-지각적 경험의 현실에 발맞추는 인간의 인식 능력에 근거한 사유의 변증법적 논리는 최종적으로는 『테아이테토스』에 나타나 있듯이 헤라클레이토스의 세계를 파르메니데스의 존재론으로 구성하는 데에서 성립하는 것으로서 하나와 여럿의 변증법으로도 나타난다. 즉 모순과 반대가 존재와 허무의 이분법적인 것을 전제하는 분석-종합의 판단의 원리가 되어 있는 전체와 부분의 양 관계적 논리를 가능하게 하는 정신(영혼)의 자발성의 질적 논리로 작동한다. (5) 이러한 플라톤의 변증법의 이면에 존재하는 반대와 모순의 논리적 관계는 주어+술어적 언어의 모든 가능한 경우를 살피기 때문에 아리스토텔레스의 '일반 논리학'에서처럼 전칭 긍정과 부정, 특칭 긍정과 부정의 네 가지 모든 판단들 사이에서 이 양자가 상보적으로 그리고 전체적으로는 모순과 반대의 사차원적인 대당관계를 이루게 되는 이유이기도 하다. (6) 다른 한편, 이러한 플라톤의 술어적 언어에 기초한 변증법은 무한한 신(神) 개념을 전제하는 헤겔에 있어서처럼 기독교 변신론으로 발전할 수 있는 것으로서 유한과 무한의 상대적-절대적인 의미와 관련하여 정반합의 변증법으로 고양되는 측면이나 E. 레비나스의 타자 존재론에서처럼 무한성이 결코 동일자에 의해 규정되거나 포섭될 수 없다.[30)]

---

30) 유한-무한의 관계는 일상 언어에서는 반대적, 상대적인 의미를 지니나, 존재론적으로는 유한이 무한에 포섭됨으로 인하여 헤겔은 전자를 악무한이라고 하고 후자를 진무한이라고 한다. 헤겔은 생성-소멸이 있는 세계에서 생성과 소멸이 상대적인 한, 통일성을 마련할 수 없으나, 무한한 일자(하나님)를 중심으로 한 유한-무한의 관점에서 정반합의 변증법이 성립한다고 말한다. 반

현실의 모든 문제를 딜레마의 형태로 제기하는 이원론적 형이상학이 전제하는 소크라테스의 산파술(논박법적 정의 내리기)이 함축한 제논의 논박법에 답하는 것이, 인간의 실존(existence)에 기초한 플라톤의 거인적 투쟁으로서 그의 변증법(술)으로 나타나고 있다. 특히 플라톤의 이러한 거대한 노력은 대화편 『파르메니데스』의 전반부에서 딜레마의 형태로, 후반부에서는 변증법 연습으로 이 문제를 해결할 것을 약속한다고 볼 수 있고, 후기 대화편들이라 생각되는 『소피스테스』를 위시한 인식론인 『테아이테토스』, 그리고 종합적으로는 존재론으로서 우주론인 『티마이오스』와 실천철학인 『정치가』, 『필레보스』, 『법률』이 플라톤의 변증법에 따르는 나름의 해결책이라고 말해질 수 있다. 특히 『테아이테토스』에 대한 분석에서 이러한 인간 실존에 기초한 플라톤의 변증법이 소크라테스의 산파술로 언명되어 나타나 있고, 『소피스테스』나 『필레보스』에서는 서구 전통의 두 진리관인 대응설과 정합설의 갈등과 조합이 '하나와 여럿'에 대한 변증법으로 잘 나타나고 있다. 즉 『플라톤의 변증법에 따른 진리와 인식』은 진리에 대한 전통적인 정합설과 대응설이 일치하는 곳에 인간 실존이 현존한다는 것을 플라톤이 밝히고자 한 것이라 할 것이다.[31)]

변화하는 현실적 존재(reality)를 설명하려는 플라톤의 이데아론의 변

면에 레비나스는 플라톤의 동일자 철학을 전체성의 철학으로 규정하고, 이 전체성의 철학이 전제하고 있는 타자-무한성을 기초로 하여 감관-지각에 주어지는 현상을 인간 지성으로서는 파악할 수 없는 타자-무한 존재의 작용으로 해석한다. 에마뉘엘 레비나스, 김도형 · 문성원 · 손영창 옮김, 『전체성과 무한』(그린비, 2018) 참조.

31) 플라톤의 대화편 각각을 우리는 처음부터 읽어 가지만, 우리가 플라톤 사상을 정리하고자 할 때에는 거꾸로 읽는 수고를 해야 한다. 마찬가지로 플라톤 대화편들을 알고자 할 때는 초중기 대화편에서 후기 대화편으로 읽어 가지만 플라톤 사상을 명확히 이해하고 정리하고자 할 때에는 거꾸로 후기 대화편 사상을 기초로 하여 초중기 대화편을 다시 읽을 필요가 있다.

증법을 「베르그송에 있어서 근원적 자유」에서의 박홍규처럼 지성의 전체-부분의 양의 논리를 전제하는 제논의 변증법과 감관-지각적 직관의 질의 논리를 전제하는 베르그송의 변증법으로 구분하고 후자가 전자에 역기능을 하는 것으로 설명하여 이 양자를 통합하는 것으로 말할 수도 있다. 그리고 이러한 변증법적 사유의 기초에는 박홍규가 말하였듯이 "전체가 부분 속에 가능적으로 들어오는 창발적 기능"이 전제되어 있다. 그런데 제논의 하나와 여럿의 역설에 나타나는 전체-부분의 변증법은 양의 논리로서, 이 양의 논리에 전제되는 무한정자(apeiron)는 존재론적으로는 원자론자들의 공허(kenon)와 같이 한계가 없는 것으로서 이에 기초한 제논의 딜레마들은 데모크리토스의 원자들의 원초적인 회전운동이나 루크레티우스의 경사운동을 끌어들이지 않으면 현실을 설명할 수 없는 근본적인 것이다. 다른 한편, 이러한 지성의 양적 판단에 나타나는 딜레마들을 해결하거나 해소하려는 영혼의 지속하는 운동을 끌어들이는 베르그송의 질의 변증법에도 모순과 반대가 동일시되는 직관적 경험의 현실에 내재된 무한정자를 끌어들일 수밖에 없는데, 이러한 아페이론을 극복하기 위해 베르그송은 『도덕과 종교의 두 원천』에서 무한한 능력을 지닌 (기독교 신과 같은) 신비한 존재를 이야기하고 있다. 그런데 전자나 후자에 전제된 이러한 무제약적인 능력의 존재나 무한한 공허는 인간의 제한적 인식 능력의 현실에서는 인식 불가능하다. 플라톤의 변증법은 이러한 양자의 난점들을 간파하고 있는 듯이 영혼과 아페이론, 이 양자에 제한을 가하는 데에서 성립하는 것이다.

7. 언어와 술어논리

우리가 플라톤의 변증법과 관련된 이러한 모든 문제를 인식의 문제로 환원할 경우, 우리는 인간의 사유가 어떻게 이루어지는가를 살피는 것이 된다. 인간의 사유는 언어를 통하여 이루어지고 있다. 그런데 인류의 언어는 주어+술어의 형식으로 되어 있다. 이러한 문장 형태로 된 명제에서 주어나 술어가 한 존재의 실체나 속성을 지칭하거나 묘사한다고 볼 때, 파르메니데스의 존재론적 관점에서는 술어도 존재를 지칭한다고 말할 수 있다. 이 점은 우리가 『크라틸로스』 분석에서 『크라틸로스』의 이름이나 명칭에 대한 관점에서 확인할 수 있었다. 따라서 한 문장 형태로 된 명제는 일반명사와 일반명사를 술어 '이다'와 '아니다'라는 존재술어로 연결한 것이 된다. 그리고 이러한 명제가 의미를 가지려면 '이다'와 '아니다'는 존재의 동일성과 타자성의 의미를 지녀야 한다는 것을 『파르메니데스』의 「변증법의 연습」 부분에서 확인할 수 있었다. 이러한 벤다이어그램의 배후에는 아리스토텔레스가 정리한 일반 논리학, 즉 형식 논리학이 전제되어 있다. 달리 말하자면 주어와 술어에 나타난 두 술어적 명사 사이에 의미가 통하려면 동일성-타자성의 논리에 따라야 한다는 것이다. 그리고 이러한 파르메니데스의 일자 존재론이 전제된 동일성-타자성의 논리는 아리스토텔레스의 일반 논리학의 법칙이라 불리는 동일률, 모순율, 배중률이 전제되어 있다.32)

아리스토텔레스의 형식 논리학은 전칭판단과 특칭판단을 조합하여 4개의 판단 간의 함축과 반대와 모순의 대당관계로 보여준 것이다. 이러한 아리스토텔레스의 형식 논리학은 일상 언어의 연역법의 모델로 2천년간 그 영광을 지속해 왔다. 현대에 와서 러셀과 화이트헤드의 『수리논리학(*Principia Mathematica*)』을 시발로 하여 아리스토텔레스의 형식 논리학이 기호 논리학으로 정리되는데, 이러한 기호 논리학은 존재론적 의미는 사라지고 따라서 반대관계는 사라지고 모순관계만을 토대로 하여 아리스토텔레스의 연역 논리학은 토톨로지(tautology)의 공리

32) 송영진, 『철학과 논리』(충남대 출판문화원, 2010), 276-277쪽.

체계로 정리될 수 있는 것이다. 이러한 기호 논리학에서 유명한 것으로서 러셀-힐베르트 공리 체계가 있다.

그런데 아리스토텔레스의 일반 논리학이 지니는 이러한 술어 논리를 전제하는 일상 언어가 인간의 경험의 진리를 나타내기 위해서는 분석-종합하고 일반화하는 인간 사유의 역 과정을 거쳐야 한다. 달리 말하자면, 헤라클레이토스가 말하는 생성-소멸이 있는 동적 세계를 인식하는 감관-지각적 체험과 이를 기초로 하여 이러한 감관-지각적 경험을 사유는 귀납하고 분석-종합하여야 자연과학이나 인문사회과학이 탐구하는 이론적 지식이나 실천적 지식에 있어서 진리 인식이 가능하게 된다는 것이다.

8. 결어

서양철학은 고대에서는 식민지에서 발생한 자연철학과 함께하는 소크라테스-플라톤의 철학이 철학적 사유의 중심이 되어 왔다. 근대에서는 고대 원자론이 뉴턴 역학이라는 탈을 쓰고 탄생하였고 이와 더불어 철학하는 것이 영국 경험론과 대륙의 합리론으로 양분되어 철학적 사유를 인식론적으로 수행하다가 칸트에 의해 종합되었다고 평가되어 왔다.

칸트는 『순수이성비판』에서 과거의 형이상학의 문제가, 「오류 추리론」에서는 영혼의 존재와 인식의 문제가, 「변증론」에서는 우주나 신의 문제가 4개의 딜레마적 형식의 이율배반((1) 시간-공간의 유한-무한성, (2) 단순자-복합자, (3) 자유와 필연, (4) 이성이 사유하는 절대자의 이념의 문제)으로 총정리된다는 것을 밝히고 있다. 그리고 모든 철학적 사유는 이러한 이율배반의 형식으로 정리되는 형이상학의 문제를 중심으로 논의되어야 한다는 것을 밝히고, 자신이 이러한 문제를 해결함에 있어서, 특히 자유와 필연의 문제를 어떻게 다루어야 하는지를 『도덕형이상학』이나 『실천이성비판』에서 밝히고 있다.

그런데 헤겔은 그의 『대논리학』에서 이러한 모든 문제를 플라톤이 말한 변증법의 문제로 인식하고, 플라톤의 변증법을 기독교의 변신론으로 바꾸어 버렸으나,[33] 현대 철학은 이러한 헤겔식의 변증법적 사유에 반발하여 논리적 사유는 영미 분석철학이, 경험의 문제는 대륙의 현상학이 다루는 것으로 양분되어 왔다는 것이 상식이다. 그리고 이러한 양분된 사고의 이면에는 현대 과학의 시발이 된 아인슈타인의 상대성이론, 즉 시간과 공간에 관한 이율배반적 문제와 그리고 이에 수반되는 우주의 문제에 대해서는 (칸트 철학에서 영향을 받은) 아인슈타인의 상대성이론의 충격이 있었다. 아인슈타인의 상대성이론은 시공간의 문제를 공간 사차원의 문제로 환원하는데, 이러한 공간적 사유에 대한 반발로 성립한 시간성에 대한 사유는 아인슈타인과 논쟁하는 베르그송의 철학에서 촉발된 것으로서, 수학자인 후설의 현상학은 베르그송의 이러한 시간성에 대한 철학적 사유에 기초하여 성립한다.

현대 과학은 실험에 기초하여 확증되는 아인슈타인의 광양자(원자론)설에 기초한 상대성이론에 대한 보충으로 탄생한 보어-하이젠베르크의 양자 역학으로 정리되고 있다. (물론 생물학에서도 진화론이 진리가 되고 있지만 이러한 진화론도 DNA와 관련되어 논의될 수밖에 없다.) 그리고 이에 발맞추어 수학(mathematica)에서는 정수론마저도 집합론적으로 정리되어, 수학자 펜로즈(Roger Penrose)가 자신은 플라톤주의자라고 선언하듯이, 소크라테스의 정의 내리기와 플라톤의 변증법적 정신에 충실하게 현대 수학의 여러 분파가 되는 해석학이나 위상학 등이 형성되어 발전하고 있다. 또한 현대에서 발흥하고 AI(artificial in-

33) 백훈승, 『헤겔과 변증법』(서광사, 2022) 참조.

telligence)에 대한 탐구와 구성에서부터 현대 철학자들이 논란하는 두뇌과학은 바로 이러한 철학의 존재론적, 인식론적 사유를 두뇌가 지역화하고 구조화한다고 생각한다. 그리고 이러한 플라톤의 변증법적 정신을 전제하는 철학적 사유의 기초에는, 서구에서는 피타고라스에서 기원하는 수학적 사유와 파르메니데스의 존재론과 제논의 운동에 관한 딜레마적 사유가 있었다고 생각한다. 인간의 모순율을 전제하는 합리적 사유에서 파르메니데스의 존재론적 사고와 제논의 운동 역설은 피할 수 없는 사고 형식으로 남아 있다. 이를 헤라클레이토스가 말한 변화하고 운동하는 현실에서 적용하거나 해명하려고 하는 데에서, 모든 진리 탐구라는 학적 인식들과 이를 토대로 국가와 사회에서 정의와 윤리를 실천하는 사려(phronesis)에 기초한 행위(praxsis)가 성립한다고 말할 수 있다.

제 2 장

근대 철학과 뉴턴 역학

1. 데카르트의 합리론과 대륙 철학

근대 철학은 기독교와 아리스토텔레스의 사상에 기초한 프톨레마이오스의 천문학에 대한 반발로 나타난다. 사실 아리스토텔레스의 천문학은 플라톤의 『티마이오스』에 나타난 천동설의 우주론을 반영하면서도 (달과 수, 금, 화, 목, 토 등의) 행성(planet)들의 운동을 관찰한 사실들을 통하여 설명하기 위한 것이다. 이러한 중세의 프톨레마이오스의 천문학과 신의 존재론적 증명을 위시한 우주의 운동의 시초로서의 신에 대한 운동론적 증명과 목적론적 증명 등을 수행한 스콜라 철학, 즉 아리스토텔레스의 철학을 주석하는 스콜라 철학적 전통에 반발한 것은 영국의 관찰-지각적 경험론의 전통을 마련한 프랜시스 베이컨(Francis Bacon)이며, 이와 함께 지구 중심설을 반대하고 태양 중심의 지동설을 주장한 코페르니쿠스에 이어 갈릴레이 갈릴레오의 망원경 발명이 결정타를 이룬다. 천상의 별인 태양은 물론 달이나 행성들이 지구와 똑같은 모습과 운동을 하고 있는 물체인 것으로 알려졌기 때문이다.

근대 학문의 모델이 된 뉴턴 역학에서, 파르메니데스의 존재론의 원리(ex nihilo nihil fit)로부터 분화되어 나온 질량 보존의 법칙과 에너지 보존의 법칙 아래에서 자연 존재자들인 사물들은 작용-반작용, 관성의 법칙, 가속도의 법칙에 지배된다. 뉴턴 역학은 이러한 운동의 3법칙과, 사과가 떨어지는 것을 보고 발견했다고 회자되는 만유인력의 중력 법칙으로 구성된 물리학으로서, 이러한 뉴턴 물리학은 지구나 천체들, 특히 행성들의 운동을 자신의 운동 법칙과 중력 법칙에 따라서 설명하고 이를 우주론으로 승화시키는데, 뉴턴 물리학에서 가장 문제가 되는 것이 관성의 법칙과 중력 법칙의 관계에서 나타난다.

우선 만물이 서로 잡아당기는 만유인력이 있다면, 만물로 구성된 우주는 파르메니데스가 말했듯이 '하나의 구(球)와 같은 존재(一者)'로 뭉쳐져 있어야 하기 때문이다. 이 때문에 뉴턴은 기독교의 교리와도 배치되지 않는 우주를 말하는데, 그것이 이신론(理神論)으로서 하나님이 우주를 기술적으로는 시계나 자동차와 같은 자동기계(system)로 만들고 신은 이러한 우주에서 초월해 있다고 말한다. 다른 한편, 근대 뉴턴 역학에서 운동의 3법칙에 지배되는 질점은 원자의 변형인 소체(corpuscle)이다. 그런데 이러한 원자론이 전제하는 공허(kenon)에서는 관성의 법칙이 타당하나 뉴턴의 절대공간은 중력이 작용하는 위상을 지닌 현실적인 공간이다.[1] 이러한 위상공간에서는 관성의 법칙이 적용될 수가 없다. 즉 뉴턴 역학에 있어서 감각되는 운동이 실재적인 운동과 어떤 특정한 방식으로 관계가 있다는 절대공간이나 절대시간 개념이 있으나 과연 이 절대공간과 절대시간의 감각과의 관계를 확증할 절대시간의 간격이나 절대시간의 좌표(시계추의 거리 기준)를 구했는지

1) 뉴턴 역학의 이러한 절대공간으로서의 '위상공간'은 플라톤이나 에피쿠로스의 장소(chora) 개념과 같은 위상(topos)이 있는 공간이다.

는 의문스럽다.[2)]

더 나아가 뉴턴의 운동 법칙에 따른 우주론에서 나타나는 자동기계에 대한 관념의 이면에는 물리철학자들 사이에 논쟁이 된 에너지 보존 법칙과 열역학 제2법칙에 따른 현실에서의 영구 운동기관의 현실화가 문제가 된다. 또한 뉴턴 역학은 한 존재자의 구성 요인을 원자론적으로 설명하는 화학으로 분화되는데, 화학은 원자론에 기초하여 이러한 원자, 즉 원소(corpuscle)들이 결합하거나 분리하는 것을 모두 전자기 현상으로 설명한다. 이러한 전자기력과 정신 현상을 나타내는 정신력은 어떠한 관계에 있는가?

고대 원자론을 변형한 근대의 뉴턴 역학적인 자연에 대한 탐구와 마찬가지로, 고대 원자론을 전제한 플라톤의 관념론의 전통을 이어받은 이원론적인 철학이 데카르트의 합리론으로 나타난다. 데카르트에 따르면, 물질은 연장성(공간성)을 지녔고, 이 때문에 신체는 뉴턴 역학에서 말하듯이 에너지와 질량이 보존되는 관계로 기계와 같고, 이에 반해 정신은 자발적인 기능적인 것으로서의 비연장적인 것이라고 하여, 물질에서 독립적인 정신을 설정한다. 특히 데카르트에 있어서 물질의 연장성 개념은 유클리드 기하학과 관련되어 있고, 정신의 비연장성 개념은 자발성을 지닌 영혼의 기능과 관련되어 있다. 따라서 물질의 연장성과 정신의 비연장성이라는 관념, 이 양자가 상호관계하는 데에서 나타나는 신체는 전체-부분의 변증법에서 부분으로 구성된 전부(panta)라는 개념에서 기원하는 기계와, 부분들 전부로서는 구성될 수 없는 전체(holon)로서의 유기체 개념뿐만 아니라, 신적 능력에서 기원하는 정신 능력의 자발성에 기초한 변증법으로서 연장에 대한 비연장적 기능의 초월과 내재에 따른 사차원적인 변증법이 나타난다.

---

2) 존 로제, 최종덕 · 정병훈 옮김, 『과학철학의 역사』(한겨레, 1980), '뉴턴 역학' 참조.

이러한 변증법적 사고의 이면에 있는 정신의 자발성과 타성적인(inertia) 물질의 필연성과의 관계를 공간 사차원에 비유하자면, 우리는 공간적인 것에 대해서는 안과 밖을 이야기할 수 있으나 정신적인 것에 대해서는 안과 밖을 이야기할 수 없다. 그런데도 불구하고 우리는 정신적인 것을 공간적인 것에 유비하여, '마음속'이라는 말을 사용한다. 이 때문에 정신적인 것도 안과 밖이 있는 것처럼 말한다. 결국 물질의 공간적인 것은 안과 밖이 동일하나 정신적인 공간은 안과 밖이 동일하지 않다는 의미에서의 질(質)이 존재하고 있어서, 한 개체에서는 이 양자, 즉 양적인 것과 질적인 것이 결합하되, 이러한 양과 질의 변증법적 관련성에서 한 개체의 내부에 비연장적인 정신의 신체에의 내재와 초월을 의미하는 정신적 기능의 변증법적 관계가 생각될 수 있다. 이러한 양과 질의 사차원적 변증법은 원자론자들의 공허(kenon)와 다른 위상을 지닌 절대공간과 관계하는 뉴턴 역학에서 (파르메니데스의 일자가 제논의 운동 역설과 관계하는 것과 같은 형식으로서) 한편으로는 선행적으로(linear) 수행되는 양적, 기하학적인 수학적 사고가 기초되어 있는 연립방정식의 형태로서 나타나며, 데카르트는 이를 해결하기 위해서 기하학과 수학을 통합하는 직교 좌표에 의한 해석학을 창안한다. 다른 한편 선행적 사고를 가능하게 하는 변증법적 사고는 종국적으로는 뉴턴이나 라이프니츠가 미적분법적 사고를 창안하는 것으로 나타난다.

근대에서 나타나는 감관-지각의 발생을 설명하는 표상론(representative theory)은 플라톤과 같이 물질에 관해서는 원자론적 사유에 기초한 공간 지각이 전제되어 있고, 영혼 즉 정신에 관해서는 능동성으로서 자발성을 지닌 감각에 기초한 심리적인 영혼이 전제되어 있다. 그 결과 정신적인 것과 심리적인 것, 이 양자가 만나는 곳이 신체에서의 감관-지각기관이다. 결국 물질과 정신이 만나 현상하는 감관-지각은 외감(外感)인 지각에서 공간 속의 물체가 현상하고, 내감(內感)인 감각에서 감각질(qualia)들과 관련된 정동(affection)들인 희-노-애-락-애-오-구와 같은 감정들이 분화되어 나타나며, 종국적으로는 뉴턴 역학과의 관계에서 심신관계의 다양한 해석의 문제가 나타난다. 즉 데카르트에 따르면, 신체는 자연계의 기계적 체계의 일부이며, 정신은 이 신체와 상호작용한다. 물리적 자극을 받으면, 신경계통을 통해 두뇌 속의 송과선에 도달하여 그 자극이 궁극적으로는 마음속에 질적인 감각을 일으키게 된다는 것이다. 정신이 물질계의 운동의 분량을 늘리거나 줄일 수 있는 능력이 있는 것은 아니지만 물질계의 운동의 방향만은 선택적으로 바꿀 수 있는 능력만큼은 지니고 있다는 것이다. 그러나 물리계에서의 질량이나 운동력(에너지) 보존의 법칙에 의해 운동의 분량뿐만 아니라 그 방향까지도 보존된다는 것[3])이 뉴턴 역학에 의해 밝혀져 있으므로 데카르트의 심신 상호작용설은 문제에 직면하게 된다.

고대에서 인간을 일원론적으로 설명하는 유물론으로는 원자론이 있고, 유심론으로는 플로티노스의 신비적 관념론이나 기독교적 창조론이 있다. 표상론은 이에 반해 물질의 운동에 관해서는 원자론에 따르는 필연적(기계적) 운동을 하는 것(직선운동)으로 설명하고, 정신에 관해서는 (원운동으로 표상되는 자동운동을 하는) 자발적인 기능에서 기원하는 감각에서부터 감정과 사유에 이르는 심적인 것(영혼)의 기능으로 설명하는 것이다.[4]) 또한 뉴턴 역학의 기계론적 측면을 반영하는 우주론

---

3) 운동에너지의 방향(벡터)을 바꾸는 데 운동에너지가 필요하기 때문이다. 즉 정신이 운동을 바꾸는 힘을 부가하여 물질계의 운동량 보존의 법칙이 깨진다. 이 때문에 물질계는 기계적 필연성에 따르는 운동을 하고, 정신은 운동의 시초만을 주관하거나 선택한다는 사상이 나타난다. 후자가 횔링크스(Arnold Geulincx)의 기회원인론으로 나타나기도 하고, 스피노자에서 자연은 연장적 측면과 비연장적 측면의 양면을 지닌 실체라는 동일자 철학이 나타난다.

4) 인간은 물적인 신체에서 감정과 사유를 담당하는 심적인 것의 종합과 통일성으로 3층집(신체와 영혼과 정신(사유))을 이루는 것으로 생각된다. 이 때문

과 이신론(deism)이 결합하여 인간에 관해서는 인간 기계론을 주창하는 라 메트리(La Mettrie)가 나타난다.

2. 영국 경험론

영국의 경험론은 인간의 감관-지각적 경험을 모든 지식의 원천으로 간주한다. 이러한 경험을 귀납하고 추상하는 가운데 인간의 관념이 탄생하고, 이러한 관념을 토대로 하여 경험을 이성적으로 정리하면서 로크, 버클리, 흄의 철학을 탄생시킨다. 이들의 철학은 사실 감관-지각의 발생에 관하여 플라톤이 말한 표상론에 기대어 있고, 마찬가지로 관념의 발생을 이러한 경험을 귀납하고 추상하는 가운데 성립한다고 말하는 점에서 아리스토텔레스의 철학과 유사하다. 즉 영국 경험론자들인 로크나 버클리, 흄의 철학은 경험에서 귀납하고 추상한 관념들을 기독교적 신 개념과의 관계에서 조정하는 가운데 성립하는 것이다. 전체적으로는 근대의 영국 경험론은 경험의 우연성에서 기원하는 진리 상대주의와 논리적 필연성에 따르는 이성적 인식을 심리적 경험으로 설명하는 것과 물리적인 인과율에 대한 흄의 회의주의를 중심으로 이루어지는 것이어서 플라톤의 철학과 같은 대륙 합리론과는 다르며, 감관-지각적 경험을 중심으로 하면서도 일상 언어에 기초한 아리스토텔레스의 철학과 유사한 것으로 나타난다.

에 신체적인 것은 뉴턴 역학의 원리에 따라 물리적 운동을 하는 것으로 전체-부분이 양화 가능한 기계처럼 작동하고, 이에 기초한 정신적인 것과 심적인 것은 플라톤에서처럼 동일성-타자성의 변증법에 따르는 것으로 이해된다. 송영진, 『플라톤의 변증법에 따른 진리와 인식』(충남대 출판문화원, 2019), 3.6. '플라톤의 변증법적 존재론의 총체적 의미' 참조.

3. 칸트의 과학철학

칸트는 『프롤레고메나』에서 어떻게 순수 수학이나 자연과학이 가능한가를 물으면서 이러한 모든 확실한 학이 '선험적(*a priori*) 종합판단'에 기초하고 있음을 밝힌다. 원래 판단이란 주어와 술어를 '이다'나 '아니다'와 결합함으로써 진위를 판정한다. 그는 이 진위의 판정이 판단의 내부에서, 즉 주어의 정의에 의해 결정될 경우에는 분석판단이라 하고, 경험에 조회해서 결정될 때는 종합판단이라 하였다. 결국 우리는 이들을 조합한 네 쌍의 판단을 가지게 되는데, 이 가운데 경험에 대한 뉴턴의 공리적 체계와 질서를 가진 학문적 인식과 관계를 맺고 있는 것이 선험적 종합판단이라는 것이다.[5)]

칸트에 있어서 선험적 종합판단명제란, 한편으로 논리적 필연성에 따르기 때문에 분석적인 것처럼 보이는 명제가 다른 한편으로 경험에 관해서도 타당한 명제이다. 이때 논리적 필연성은 단순한 형식적인 것이 아니라 분석의 최종 결과에서 얻어지는 단순자이자 보편자로서(동일자의 타자와의 관계에서 특정한 성질, 즉 단순자로부터 연역적으로 이끌어지는 내용을 지니는 것), 이러한 단순자이자 보편자는[6)] 우리의

---

5) 분석적, 종합적은 명제의 진리의 원천에 따른 분류이고, 선험적, 경험적은 인식 원천에 따른 분류이다. 칸트는 선험적인 것을 인식하는 인식 비판적인 기능을 하는 이성의 사유의 실험적 태도를 초월적(transzendetal)이라 하고, 경험적인 것을 넘어서는 것을 초험적(transzendent)이라고 하였다. 이 양자의 혼동으로 인해 많은 논란이 있다. 전통적 존재론과 관계하여 말한다면, 경험의 현상의 배후에 있는 존재나 실체, 혹은 로고스를 찾는 존재론적 이성에 의해 구성된 것들이 선험적인 것들이고 이를 찾아내는 능력을 초월적이라고 지칭할 수 있다.

6) 분석(analysis)은 종합을 전제한다. 이 때문에 분석의 구경에서 얻어지는 단순자는 동시에 일반자 혹은 보편적 성격이라는 이중성을 지닌다. 그리고 종합은 관계 맺게 하는 정신의 기능을 전제한다. 이 때문에 분석을 전제하는

심성에 관계하는 선험적(선천적)인 것이자 '경험의 다양한 사태를 종합하여 하나로 통일하는 것'을 상징하는 것이다. 그것은 인간의 사유의 보편적 형식으로서 경험에 보편적으로 타당한 것이다. 그는 『순수이성비판』에서 수학이나 자연과학이 확실한 학문으로서 이러한 단순자와 보편자의 관계를 나타내는 기계적이고도 수학적인 논리적인 것에 기초하여 성립하고 있음을 전제하고, 이러한 학문이 인식론적으로 어떻게 가능한가를 밝히려고 한다.

칸트는 유클리드 기하학과 뉴턴 역학의 연역 논리에 따르는 듯한 체계로부터 깊은 인상을 받고 학문의 이상은 지식들의 연역 체계를 구성하는 것으로 보았다. 그리고 과학 이론들이 이러한 이상적 체계와 조직에 적합하기 위해서는 어떻게 구성되는 것이 좋은가를 규정하는 것을 이성의 규정적 원리라 불렀다. 또한 칸트는 (1) 어떤 경험 법칙들과 이론들을 받아들일 것인가에 대한 기준으로서 법칙으로부터 연역되는 결과가 관찰될 것, 즉 확증 사례들이 있을 때보다는 그 법칙이 좋은 기존의 연역 체계와 정합할 것, (2) 이론과 관련하여 어떤 이론을 받아들일 것인가의 기준으로서는 예측력과 시험 가능성, 지식의 확장성을 제안하였다. 그리고 (3) 자연에 어떤 목적이 있다는 것을 증명할 수는 없지만,

---

정신은 한편으로 분석의 구경에서 얻어지는 단순자를 전제하며, 다른 한편, 이를 토대로 경험을 종합하는 정신은 이러한 단순자들(여럿)이 상호적으로 관계 맺게 하는 장으로서의 공간을 필요로 한다. 결국 경험과 관계하는 이성은 한편으로 경험 쪽에서는 귀납의 측면에서는 특수자(particular)와 일반자(general)의 관념을 얻게 되고, 분석을 전제하는 추상의 측면에서는 단순자(individual)와 보편자(universal)라는 개념을 얻게 되어, 이들의 조합과 중첩되는 것에 의해 경험 현상을 설명하게 됨에 따라 여러 가지 경우의 수들에 해당하는 철학이 나타나게 된다. 그런데 기계적인 것은 이 양자(단순자-보편자, 특수자-일반자)가 중첩되는 곳에 능동성과 수동성이 중화된 제3의 운동(kinesis)으로서 필연성에 따르는 기계적인 것이 성립하며, 뉴턴 역학은 이러한 타성적인(inertia) 성격을 지니는 물체의 운동을 말하는 데에서 성립한다. 이 책 제1장, 3절 '아리스토텔레스의 철학', 주석 24 참조.

마치 자연에 어떤 목적이 있는 것처럼 경험적 지식을 체계화해야 한다고 하였다. 칸트는 이 원리를 자연의 합목적성의 원리라고 불렀다.

칸트는 우리의 마음을 감성과 이성으로 나누고, 모든 확실한 과학적 지식은 선험적 종합판단으로 불릴 수 있는데, 이러한 선험적 종합판단은 경험론자들이 말하듯이 감관-지각적 경험 즉 감성에 주어진 경험의 자료들을 일반화하고 귀납하는 가운데 성립하는 것이 아니라, 경험에 앞서 선험적으로 주어진 존재론적 원리에 따라 경험을 존재론적으로 구성하는 가운데 성립하는 것임을 발견한다. 이는 플라톤의 인식론인 『테아이테토스』(200d-207d)에서 이미 말한 '로고스와 함께하는 진실한 경험(alethes doxa meta logou)'이 확실한 지식임을, 즉 경험에 대한 합리적 설명에서 우리의 경험적 지식이 성립하고 체계를 지니고 발전한다는 것을 발견한 것이다.[7] 그런데 이러한 경험이라는 것은 우리의 논

---

7) '로고스와 함께하는 진실한 경험(alethes doxa meta logou)'이라는 개념은 『메논』(98a)과 『테아이테토스』(201a)에 나오는 것으로서 현대적으로 번역하면, '진실한 경험'은 진리 대응설이 합당한 경험 판단이다. 그리고 여기서 로고스는 합리적이라고 번역될 수 있는 것으로서 플라톤 철학에서는 가설-연역적 방법을 전제한 탐구의 결과물로서 나타나는 진리 정합설이 타당한 설명 이론의 것(『파이돈』, 101a)이다. 따라서 '로고스와 함께하는 진실한 경험'은 현대적으로 번역하면 '설명이 있는 경험에 대한 옳은 판단'이다. 즉 경험에 관해서는 대응설을 말하고, 이 경험에 대한 합리적 설명은 논리적이고 인과율에 따르는 설명을 지닌 것으로, 이 양자가 만나는 곳에 진리가 있음을 함축한다. 예를 들면, 소크라테스의 정의 내리기와 관련하여 고유명사 '송영진'으로 표명되는 우리 우주에서 유일하게 존재하는 한 사람(particular)의 진상을 드러내기 위해 언어로 설명하려면, 현대 과학이 알려준 우주 안에 존재하는 다른 존재자들과 차이 나는 것을 언어로 드러내면 된다. 그러나 이러한 차이는 언어로 표명되는 한 동일성을 전제하는 것이다. 그런데 이러한 차이성은 인식론적으로 자기 자신과의 관계에서는 나타날 수 없고 다른 존재자, 가령 무생물이나 식물, 그리고 동물 등과 관련하여서만 드러날 수 있다. 즉 차이란 한 개인으로 하여금 다른 타자와 관계 맺게 하는 경험과 관계하는 한편, 존재론적으로는 관념상 '존재'라는 공통성을 전제해야만 인식되는 것이다. 즉 우주 안에서 유일한 송영진이라는 존재를 이해하기 위해서는 송

리적인 이성적 주체성과 관련하여서만 성립하는 조건적이고 상대적인 것이다. 결국 그는 수학이나 자연과학적 명제들이 우리 사유(심성)의 판단 형식으로 나타나는 선험적 형식(범주)에 의해 경험을 논리적으로 구성한 선험적 종합판단으로 이루어져 있다는 것을 밝힌다. 그는 이러한 인간 주체의 제한된 인식 능력에 따르는 인식론에 기초하여 과거의 전통적인 형이상학적 명제가 이러한 판단에 기초하여 성립할 수 있는가를 비판적으로 묻고 있다. 이 때문에 그의 인식론은 인간 인식의 한계를 "물 자체는 알 수 없다"는 말로 표현한 인간 중심의 인식론적 주관주의로서 상대주의에 머무를 수밖에 없었다. 그는 이러한 관점에서

영진이라는 존재와 공통적인 지반에 서 있는, 그래서 최종적으로 '인간'이라고 말해지는 존재를 전제하고 있다. 결국 정의 내리기는 언어로 수행되면서 차이성을 드러내는 것이라면 동시에 존재론적으로나 인식론적으로 동일성이라는 공통성을 전제하지 않으면 안 되며, 인식형이상학적으로는 송영진이라는 존재는 자신은 물론 '변화하는' 우주적 현실에서 존재하는 모든 존재와의 관계에서 모든 차이를 드러낼 때까지 무한히 계속되어야 한다. 그러나 이러한 동일성과 차이성의 변증법적 관계를 우주 전체와의 관계에서 엄밀 정확하게 그리고 완벽하게 설명하는 일은 인간으로서는 불가능하다. 우리는 통상 이러한 일을 무한히 수행하지 않고 상식적으로 '일정한 한계 안에서' 송영진이라는 존재를 언어적으로 설명하면서 정의 내리기를 하는 것이다. 송영진, 『플라톤의 변증법에 따른 진리와 인식』, 288-289쪽 참조.

현대 학문은 크게 분류하자면, 자연과학과 인문사회과학으로 분류할 수 있으며, 전자는 인과율에 따라 자연현상을 설명하는 것이고, 후자는 사태를 이해할 수 있게 합리적으로(실천철학에서는 정의론적으로) 설명하는 것이라고 말할 수 있다. 전통적으로 과학적 활동은 사실을 발견하여 이를 기술(description)하고, 사실에 관한 이론을 구성하여 사건이나 사태를 설명하는 데 있다. 이 때문에 설명이론은 인과적 설명이론으로서 귀납적 설명이론과 연역적 설명이론으로 나뉘며, 이들 전체를 C. G. 헴펠은 포섭적 설명이론이라 하였다. 다른 한편 이들과는 다른 목적론적 설명이 있는데, 이는 유기적 전체를 설명하거나 자기 통제적 기관을 설명하는 이론으로 분화된다. 자연과학인 실증과학과 인문사회과학적 입장을 '설명과 이해'로 구분하면서 각각에 대한 자세한 분석과 설명을 한 저서로 다음을 참조. 게오르그 헨릭 폰 리히트, 배철영 옮김, 『설명과 이해』(서광사, 1994).

과거 형이상학에서 다룬 문제들이 경험적 직관의 내용이 없기 때문에 확실한 과학이 될 수 없다는 것을 오류 추리론과 이율배반의 변증론에서 비판적으로 밝힌다.

그런데 근대 경험론이나 합리론은 모두 인간의 관찰-지각, 특히 시각을 표상론으로 설명한다. 감관-지각의 발생에 대한 표상론에서 물질에 관해서는 원자론적 사유가 전제되어 있고, 영혼 즉 정신에 관해서는 능동성으로서 자발성이 전제되어 있다. 이 때문에 이 양자의 관계는 심신관계의 문제를 일으키는 것으로서 칸트는 『순수이성비판』, 「감성론」에서 심신 양자의 만남을 접촉(affizieren)으로 설명하고 있을 뿐이다. 접촉이라는 사태는 언어학적으로는 우연으로, 물리학에서는 인과관계로 설명될 수 없는 것으로서, 심적인 영역에서는 정신 현상은 아리스토텔레스의 형상-질료의 철학이나 현상학에서처럼 현실태와 잠세태의 우연-필연-가능-능동성이라는 양상으로 나타나며 이 양상들은 변증법적으로 혹은 해석학적으로 설명될 뿐이다.8)

칸트는 『순수이성비판』 서론에서 "우리의 모든 인식은 경험과 더불어 시작하나, 그렇다고 우리의 모든 인식이 바로 경험에서 오지 않는다."라고 말함으로써, 우리의 인식 내용에는 경험에서 오지 않고 우리의 감관-지각이나 사유에 미리 내재되어 있는, 칸트의 말대로 선험적인(a priori) 것(감성의 형식으로서 시간과 공간, 오성 즉 지성에서 주어지는 판단의 양, 질, 관계, 양상에 따른 범주들)이 있음을 주장한다. 한편 이러한 선험적인 것의 인식이 초월적(transzendental) 성격의 것임을 다

8) 이 책 제1장, 주석 19 참조. 현대에서 표상론이 전제하는 이원론적으로 설명되는 정신과 물질, 이 양자의 접촉은 우연성의 관념이 개재되어 있으며, 유심론에서는 자발성에 의하여 하향의 임계점이고 유물론에서는 상향의 창발성(창조성)(emrgency: creative)으로 해석될 수 있기 때문에, 현대의 철학자들에게서도 근대 철학자들의 심신관계의 문제에 대한 여러 가지로 해석될 수 있는 철학설들이 나타난다.

음과 같이 설명하고 있다. “모든 선험적 인식을 선험적인 것으로 말하는 것이 아니라, 어떤 표상들이 선험적으로만 사용되고, 선험적인 것으로만 가능하다는 것과 또 어떻게 그러한가 하는 것을 우리가 인식하도록 하는 인식이 초월적이다.” 즉 초월철학은 인식 능력, 특히 감성이나 이성의 인식 능력에 대해서도 그것의 한계를 인식하려는 비판적 태도를 취한다. 이것은 과거 고대 철학자들이 감관-지각에 대해 비판적이고 이성이 실재(진리)를 인식하는 능력이라 한 것을 부인하는 것이다.[9] 그는 감관-지각이나 사유가 우리의 확실한 지식을 형성하는 데 공헌하는 것을 인정하면서도 이 양자 모두에 비판적인 태도를 취하는 것이다. 그 결과 과학적 진리란 감관-지각적 경험에 대한 존재론적인 사유의 인과율에 따른 논리적인 구성이라는 것(칸트는 ‘종합’이라고 말한다)으로서 주어진다고 주장한다.

칸트에 따르면, 감관-지각에 주어진 경험 현상이라는 직관의 감관-지각적 자료(data) 속에는 공간과 관계하는 외부 지각적 자료와 시간과 관계하는 영혼 내부의 감각적 자료가 존재하고, 감각적 자료에는 감각질(qualia)로서 쾌-고와 관계하는 정동(affection)이나 감정이 개입되어 있다.[10] 이 때문에 감관-지각적 자료에 기초하여 이를 분석하고 추상하

---

9) 칸트의 ‘선험성(a priori)’ 개념은 플라톤이나 데카르트의 선천성 개념과 다르다. 플라톤이나 데카르트는 이 선천성 개념에 의해 철학의 모든 문제를 해결한다고 하는 (독단적인) 것이나, 칸트는 오히려 인간 이성의 한계를 지적하기 위하여 이 선천성 개념을 사용한다. 칸트는 변증론에서 우리의 의식이 의식의 존재를 직관하지 못한다고 하고, 전통적인 사유의 존재 인식을 거부하는 점에서 의식의 지향성을 심리적인 것이 아닌 논리적인 것으로 보는 후설의 선구를 이루나, 베르그송은 동적인 지속 가운데에 몸(의식)을 둠으로써 마음(의식)이 자신의 존재를 직관한다고 한다.

10) 감정이란 무엇인가? 쾌-고의 감각과 관계하는 감정은 진-선-미에 대해 가치판단을 하는 사유와 밀접히 관계하며, 감정에 대한 해석에서 존재론적으로 일원론과 다원론적인 여러 가지 해석이 나올 수 있다. 현대 진화론에서는 측

는 사유에서는 진리 인식이 판단 형식인 명제로 나타나고, 감정에 관해서는 희-노-애-락-애-오-구라는 아리스토텔레스에 의해 중용의 덕으로 조절해야 하는 개인들의 성격론이 『판단력비판』에서는 미적 감각인 취미(Geschimack)와 관계하여 개성론으로 나타난다. 물적 대상에 대한 지각적 경험은 현상으로 나타나나, 이러한 현상에 대한 분석적 사고는 두뇌의 기억 작용에 의해 경험적 정보(data) 즉 사실들로 정리되고, 이러한 경험의 정보들에 대한 판단하는 사고는 귀납법에 의해 일반화된다.

과학은 가설-연역적 방법에 의해 경험의 일반화를 수행한다. 경험적 데이터(data)에 대한 일반화된 명제는 그 명제가 함축한 사실들을 명제 분석을 통하여 추론할 수 있다. 이러한 분석된 명제들 사이의 논리적 관계나 인과관계는 이를 다시 경험적 현실에 맞게 재조합하는 과정에서 밝혀진다. 칸트에 따르면, 경험의 일반화된 법칙은 주어+술어로 형성된 선험적 종합판단이라는 명제로 표현할 수 있다. 즉 감관-지각에 현상으로 나타나는 직관과 논리적 판단을 하는 사유 사이의 관계에서 나타나는, 인과율과 관계하는 논리적 판단이 함축된 선험적 종합판단의 존재 문제는 감관-지각의 발생을 표상론에 의해 설명하는 데에서와 똑같이 원자론적 사유와 현실과 관계하는 경험에 대한 존재론적인 해석 문제로 나타난다. 즉 고대 철학에서 원자론에서의 현상과 실재의 문제가 근대 철학에서는 감관-지각의 발생론적 설명인 표상론을 매개로 하여 감관-지각적 경험에 대한 논리적으로 사유하는 판단 사이의 관계 문제로 나타났다고 보아야 한다.

각적 감각에서 오관으로 분화되어 감관-지각기관이 발현하는 것으로 설명하고, 쾌-고와 관계한 감각질(qualia)은 언어와 관계하는 인간의 사유에 의해 희-노-애-락-애-오-구와 같은 감정이 분화되는 것으로 말한다. 로버트 플루칙(Robert Plutchik), 박권생 옮김, 『정서심리학』(학지사, 2004) 참조.

그런데 인간의 주어+술어를 구성하는 낱말로서의 언어의 의미가 내포와 외연으로 구분되는 것이 바로 경험을 귀납하고 그 의미를 분석하는 것을 토대로 하여 성립한 것이다. 역으로 인간은 이러한 언어의 의미를 분석하고 이들의 연관성을 모순율에 따라 종과 유로 분류하면서 연역할 수 있게 양적인 추상을 수행하는 것이다. 즉 물질에 관해서는 원자론적으로 분석하여 이를 토대로 사유하고, 인간의 경험에 대해서는 귀납과 이를 종류로 분류하는 추상을 수행하여 언어를 만드는 것이다. 인간의 정신은 이러한 언어를 만들고 역으로 이를 통하여 분석적으로 모순율에 따라 사유하는 기능으로서, 언어와 정신은 이러한 만들고 만들어지는 상호작용의 형성과 변증법적인 순환관계에 있다.

인간의 언어에 의해 형성된 내면적 사유 공간과 변화하는 현실에서 행동을 하기 위한 감관-지각적 경험을, 즉 이 변화하는 현실에 대한 감관-지각적 인상을, 영화의 필름이 그러하듯이 기억에 의해 형성된 정지된 표상(still)들로 구성할 수 있다. 역으로 언어는 인간 정신의 지능(intelligence)을 형성하는 사유의 도구인 것이다. 인간의 언어는 의미가 있고, 이러한 의미는 내포와 외연으로 분석된다. 한 개념의 내포와 외연은 인간의 경험적 자료인 감관-지각적 자료(data)를 귀납하고 분석하는 데에서 나타난다. 역으로 인간의 사유는 언어를 통하여 이루어지고 있고, 이러한 감관-지각적 경험의 자료를 기초로 하여 성립한 언어는 외연과 내포로 분석되며 외연은 세계와 이를 구성하는 존재자들에 대한 경험과 의미론적으로 관계하고 있다.

칸트는 우리의 진리 인식이 직관과 사유의 통일 작용에 있다고 말한다. 즉 감관-지각적 직관과 논리적 사유를 통합하는 것은 동일한 의식의 통일성이다. 의식의 통일성이 한편으로는 감관-지각적 경험의 종합에, 다른 한편으로는 개념에 의한 사유의 판단인 종합에 관계하는 것이다. 우리 의식의 통일성(통각)이 감성에 있어서는 경험적으로, 그리고 사유에 있어서는 초월적으로 작용하는 것이다. 결국 칸트에 있어서 경험적 대상에 대하여 그것을 필연적이게끔 하는 통일은, 표상의 다양함을 종합함에 있어서 의식의 형식적 통일 이외의 다른 것이 아니다. 달리 말하자면 경험과 사유 양면에서 발휘되는 통각의 종합은 자발성으로서 오성적 사유의 적극적인 규정이므로, 우리의 인식이 경험에 사유의 범주를 적용함에 있어서 권리적으로 수행되어야 함을 의미한다. 결국 칸트에 따르면, '경험 일반'의 가능성의 제약(조건)은 경험의 '대상'의 가능성의 조건이다.

칸트는 형이상학의 문제를, 선험적 종합판단에 전제가 되고 있는 선험적인 것[11]을 이념적인(절대적인) 것으로 간주하는 데에서 기원하는 것으로 간주한다. 칸트는 『순수이성비판』, 「오류 추리론」에서는 판단하는 주체와 영혼의 문제를, 「순수이성의 이율 배반론」에서는 시간과 공간, 단순자와 복합자, 자유와 필연, 신의 존재 문제를 딜레마의 형식으로 제안하고, 이에 대한 해명의 문제는 변증법적 사고의 문제라고 말한다.[12] 그러나 이러한 철학적 문제들은 고대 그리스 자연철학에서 플라톤에 이르기까지 현상과 실재의 관계, 운동과 비운동, 그리고 이를 수학적으로 정리한 하나와 여럿의 관계와 더불어 시간과 공간의 동일성과 차이성의 관계 문제로 제기된 것들, 유한-무한의 능동-수동, 이 양자의 통일성 문제가 딜레마의 형식으로 변형된 것이다.

칸트에 따르면, 인간의 감관-지각의 형식은 시간과 공간으로 되어 있고, 사유에서 기원하는 판단명제는 양, 질, 관계, 양상의 범주로 구성되

11) 감성에 있어서는 시간과 공간 관념, 오성의 범주에서는 인간 주체성을 상징하는 자발성을 지닌 주체의 존재와 이와 관계하는 대상의 존재(물 자체), 이 양자의 절대적 통일로서 이념적으로 생각되는 신의 존재 문제이다.

12) 송영진, 『그리스 자연철학과 현대과학』, II권, 1장, 1.4. '칸트의 과학철학과 선험적 종합판단'; 송영진, 『철학과 논리』(충남대 출판문화원, 2010), 168-171쪽의 각주, '딜레마들에 대한 변증법적 증명들' 참조.

며, 명제적 판단은 이들의 반대와 모순의 사차원적인 대당관계로 형성되어 있다. 양, 질, 관계, 양상으로 구성된 명제들 사이에는 의미(내포)를 규정하는 외연-논리법칙(동일률, 모순율, 배중률)이 작동한다. 더 나아가 일상 언어에 의한 양상논리는 현실성에 대한 필연성-우연성, 가능성-불가능성의 대당관계로 정리된다. 그런데 현대 양상논리는 이러한 양상관계마저도 반대와 모순의 사차원적 대당관계에 있기 때문에 수학적으로 계산 가능하게 만들었다.[13] 그리고 명제화된 경험의 일반 법칙은 칸트가 말하는 선험적 종합판단으로서 건축술(architecture)적으로 구성되나, 선험적 종합판단을 분석해서 논리실증주의자들처럼[14] 경험적 측면에서는 진위를, 논리적 측면에서는 그 타당성만을 수학적으로 계산할 수 있다. 수학적으로 계산된 것(computability)은 전산화할 수 있다.

4. 뉴턴의 원자론과 아인슈타인의 상대성이론

현대 철학의 입구에는 칸트의 『순수이성비판』을 탐독한 아인슈타인의 관찰-지각적 체험과 관련하여 공간 삼차원에 시간 일차원을 합성한 사차원의 변증법에 따르는 상대성이론이 있다.[15] 아인슈타인의 상대성

13) 송영진, 『철학과 논리』, 370-371쪽, '양상논리의 장' 참조.

14) 칸트가 과학적 판단이라고 말한 선험적 종합판단은 카르납과 같은 논리실증주의자들에 의해 경험 판단과 분석 판단으로 분힐된다. 이들은 경험 판단만이 검증 가능성의 원리에 따라서 진위를 판정할 수 있고, 분석 판단은 타당성만 검증할 수 있다고 하여, 선험적 종합판단은 존재할 수 없다고 한다. 이 때문에 진정 과학이란 어떠한 학문인가에 대한 현대 과학철학 논쟁이 칼 포퍼에 의해 촉발된다.

15) 첨부한 논문 「아인슈타인의 상대성이론과 베르그송의 시간론」은, 「베르그송과 아인슈타인의 상대성이론」(『동서철학연구』 47호, 한국동서철학회, 2008년 3월)과 「베르그송의 시간관」(『시간과 철학』, 동서철학회 편, 철학과현실사,

이론이 전제하는 물체의 운동에 대한 관찰-지각적 체험은, 한편으로 칸트가 감성의 형식이라고 말한 시간 일차원과 공간 삼차원의 융합과 합성으로 나타나는 초육면체의 구성이 있고, 다른 한편으로는 관찰-지각이 확정한 빛이라는 물체의 존재를 가정하고 있다. 그런데 시각이 기초하고 있는 빛의 존재는 입자이자 파동 현상으로 나타나는 양면적 성격을 지녔다. 더 나아가 물체는 운동하고 있기에 에너지와 함께 있으며, 에너지는 열역학 3법칙에 따르고 있다.[16] 그런데 아인슈타인 상대성이론에 따르면 물체와 에너지는 상호 변환된다($E = MC^2$).

현대 물리학에서 빛(자유전자)은 물론 물체의 존재는 더 분석되어 쿼크로 되어 있고, 이 쿼크는 운동하고 있기에 스핀(에너지)을 가지고 있다고 설명되고 있다. 또한 에너지도 원자 세계를 지배하는 약력과 강력, 물체의 화학적 구성과 생명체인 유기체를 형성한 전자기력, 물체 사이를 지배하는 중력으로 나뉘어서 연구되고 있으며, 물질의 세계는 쿼크, 쿼크로 구성된 원자와 원자들이 결합된 분자들이 중층적으로 그러면서도 각각의 층에서 4개의 힘이 자율적인 세계를 이루고 있는 것처럼 작동하고 있다. 그리고 이러한 물질적 구조를 지배하는 힘들이 우주적으로 중력과 통합되어 있는 것으로 설명하려고 하는 것으로서 아인슈타인의 통일장 이론으로 나타난다. 즉 아인슈타인의 통일장 이론은 원자 세계의 약력과 강력, 그리고 분자 세계의 전자기력을 통합하는 맥스웰

2009)을 통합하여 수정 보완한 것이다.

16) 아인슈타인의 상대성이론에 사차원 시공간 연속 개념과 관계하는 빛이라는 존재가 열역학의 3법칙(에너지 보존, 엔트로피, 절대 0도)에 관계하고 있는 것은, 마치 플라톤의 『티마이오스』에서 flux 상태의 우연-필연성의 성격을 띠는 힘들이 있는 장소(chora)에 우주신 데미우르고스가 형상들을 집어넣어 우주를 제작하듯이, 현대 양자 역학에서는 감관-지각적 기능이나 '맥스웰의 도깨비'라고 부르는 슈뢰딩거가 'negentrophy'라고 지칭한 영혼의 기능이 열역학 법칙, 특히 엔트로피 법칙에 따르는 에너지에 관계하고 있는 것과도 같다.

방정식을 넘어서 중력과의 통합을 목표로 하고 있다. 그런데 에너지는 열역학 법칙에 따르고 있으며, 아인슈타인의 상대성이론은 물체가 에너지로 전환되는 것을 표명하고 있으므로, 물리학이나 화학의 진리 체계의 목표는 역으로 에너지가 어떻게(어떤 운동 법칙으로) 물체로 전환되는 것인가를 탐구하는 것이 될 것이다.

근대에는 자동차와 발명과 더불어 영구 운동기관(1, 2차)이 생각되었으나, 열역학 제2법칙인 엔트로피 법칙에 따르는 현실에서는 이러한 영구 운동기관을 제작하는 것이 불가능하다는 것으로 나타난다. 현대에서 이론적으로는 완전성을 이룩하는 진리에 대한 공리 체계가 생각될 수 있으나, 현실을 다루는 수학적 명제는 괴델의 불완전성 정리가 말하는 것처럼 모든 진리 명제가 증명 가능하다는 것이 현실적으로는 불가능하듯이, 인공지능(AI)이나 이를 탑재한 만능 튜링 기계가 불가능하다는 사실로 나타난다. 이러한 사태는 이론적 진리의 대칭성이 건축술(architecture)로써만 가능하다는 것을 의미하면서도(뫼비우스의 띠는 삼차원 공간에서는 가능하나), 동력학적으로 가능한 사차원 공간에서는 불가능하다는 것을 의미한다(클라인 병과 같은 존재는 현실적으로 불가능하다). 왜냐하면 물리적 시간은 대칭성을 지닌 물리적 법칙에 반하는 열역학의 엔트로피 법칙과 밀접한 관계에 있기 때문이다. 이러한 물리적 시간의 관념은 베르그송에 따르면, 제작을 본질로 하는 지성적 사고방식에서 기원하는 것으로서, 엔트로피에 반하는 듯한 생명체의 존재방식이나 존재 보호의 기능을 위한 기억에서 기원하고, 인간의 모든 인식에 수반되어 있는 이러한 기억의 이면에는 지속하는 시간성을 본질로 하는 영혼의 자발성이 존재하기 때문이다. 베르그송에 따르면, 생명체의 시간성은 지속하는 것으로서 『창조적 진화』에서 '눈덩이의 구르는 운동'처럼 설명되듯이 '축적되면서 앞으로 나아가는(흐르는)' 사차원적인 사건 존재로 정리된다.

5. 양자 역학과 현대 과학

1) 양자 역학

뉴턴 역학은 운동의 3법칙과 관계하는 중력을 지닌 물체(질량 보존의 법칙에 지배된다)와 열역학과 관계하는 에너지 보존의 법칙을 기초로 하고 있고, 이와 관계하는 아인슈타인의 상대성이론에는 빛과 같은 존재가 가정되어 있다. 그런데 빛이라는 존재는 입자와 파동이라는 서로 모순된 존재로 현상하는 존재이며, 따라서 뉴턴 역학과 이에 기초하고 있는 아인슈타인의 상대성이론이 현실에서 타당하기 위해서는 입자와 파동의 관계가 상보적으로 조정되거나 융합되어야 하는데, 그것이 시간과 공간의 관계가 일정한 한계 안에서 상호 수축-팽창하는 관계로서 연속되어 있다고 하는 것이 상대성이론이다. 그리고 이러한 아인슈타인의 상대성이론의 이면에는, 빛은 관찰자의 운동과 상관없이 항상 일정한 빠르기(1초에 30만 킬로미터)로 관찰된다는 절대적 이론과 열역학 법칙에 기초한 하이젠베르크의 불확정성 원리가 전제되어 있다. 하이젠베르크는 "아인슈타인의 상대성이론이 없었다면 불확정성 원리는 확립될 수 없다"고 고백한다. 현대의 물리적 자연에 대한 탐구는 원자론을 전제하고 있는 아인슈타인의 상대성이론과 이 문제를 수학적으로 해결하는 과정에서 이를 비판적으로 보완한 양자 역학이 분화되어 나타난다.

상대성이론은 현실이 시공 사차원 공간을 이루고, 이러한 시공간 안에서 빛과 같은 존재는 물리적 과정으로서의 사건(event)이라고 설명되는 것으로서 존재한다. 그러나 양자 역학은 선험적으로(a priori) 에너지가 물리적 존재의 근원이자 기원이며 이러한 에너지의 존재는 에너지 보존의 법칙, 엔트로피 법칙, 절대온도 273도에서 모든 운동은 정지된다(양자 역학은 이를 부정한다)는 열역학 3법칙을 전제하고 있다. 이러한 열역학 3법칙에 따르는 에너지는 현실에서는 플랑크 상수가 말하고 있듯이 원자와 같이 서로 띄엄띄엄 존재한다. 이러한 열역학에서의 에너지의 존재는 에너지의 준위차로서 현상하는 존재이며, 이러한 에너지의 존재는 집합론과 행렬식에 의한 통계학적 법칙으로 정리할 수 있다. 다른 한편, 시간과 공간의 연관관계는 하이젠베르크의 불확정성 이론이 말하고 있듯이 일정한 한계 안에서 서로 연속되어 있고, 이러한 장소 안에서 에너지의 존재는 입자와 파동이라는 이중적 성격을 지닌 사건-존재로 나타나며, 이러한 사건-존재는 인간의 관찰-지각적인 인식의 문제와 밀접히 관련되어 있다.[17)]

물질의 존재 문제는 고대 플라톤에서는 『티마이오스』에서 나타나 있듯이 아페이론(apeiron)으로서 인식 불가능한 유동(flux) 상태에 있고, 이 때문에 인간 관찰-지각적 인식에서 이러한 아페이론으로서의 물질의 인식은 아리스토텔레스가 말하는 질료의 공간화에 따른 운동 방식인 우연-필연성의 양상적 존재로 나타난다. 이에 반해, 이러한 물질과 관계하는 선험적으로 전제된 자발성을 지녔다는 정신의 존재는 파르메니데스의 존재론에 따르는 사유(지성)에 따른 일자 존재(형상)로 나타나며, 결국 인간의 감관-지각에 나타난 현상에 관한 (현실적 존재에 대한) 진리 인식은 감관-지각적 직관에 나타난 현상을 존재론적으로 분석하는 사유(영혼)와 관계하는 관찰-지각이 지각하는(측정하는) 순간에

---

17) 플라톤의 『테아이테토스』에 나오고 『티마이오스』에 정리된 물질의 우연-필연성의 운동에 인간(능동자)의 관찰-지각이 관계하는 문제가, 현대에서 물질의 존재 방식과 인간의 관찰-지각 사이에서 나오는 '슈뢰딩거의 고양이'의 사건 존재의 결정 문제로 나타난다. 이러한 고대 플라톤의 철학에서 나타난 존재론적 문제와 현대 양자 역학의 관찰 지각의 문제가 연관되어 있다는 것을 극적으로 표명하는 두 저서가 하이젠베르크의 『전체와 부분』과 슈뢰딩거의 『생명이란 무엇인가?』(서인석 · 황상익 옮김, 한울, 2021)이다.

고양이가 존재하든가 아니면 존재하지 않든가 양단간에 결정된다는 의미에서 슈뢰딩거(E. Schrödinger)의 고양이 문제가 나타난다고 말할 수 있다.

2) 물리학에서 생물학으로

19세기 중반에 시간의 흐름에 따른 자연계의 진화를 다룬 두 가지 주요 과학 이론이 등장했다. 볼츠만이 정립한 열역학은, 자연이 열역학 제2법칙에 따라 마구잡이로 무질서를 향해 무너져 간다고 보았다. 이렇게 평형(equalization) 지향적인, 자연계의 진화를 보는 비관적 관점은 시간에 따라 생물계의 복잡성, 분화, 조직화가 증가한다는 다윈이 제시한 패러다임(paradigm)과 대조를 이룬다. 자연계에 일어나는 수많은 현상들은 세계의 많은 부분이 대류세포, 자가 촉매 화학 반응, 생명체 같은 비평형 응집 구조에 기반을 두고 있다는 것을 알려준다. 살아 있는 계는 무질서와 평형으로부터 멀리 떨어져 나와, 평형과 어느 정도 거리를 둔 고도로 조직화된 구조를 이루고 있다. 이 딜레마에 자극을 받은 것이 슈뢰딩거이다.

슈뢰딩거는 『생명이란 무엇인가?』에서 물리학자로서 최초로 생명 현상을 탐구하는 길을 연다. 그는 생물학의 근본 과정들과 물리학 및 화학을 하나로 묶으려 했다. 이 책에서 슈뢰딩거는 자신을 소박한 물리학자라고 묘사하면서도 "어떻게 살아 있는 계(system)가 물리계와 똑같은 방식으로 생각될 수 있는지"를 분명히 표현한다. 그것이 바로 생물체의 유전의 본성과 생명계의 열역학이다. 전자는 보통 '질서로부터의 질서' 논제로 표명되며, 후자는 '무질서로부터의 질서' 논제이다.

후자의 논제는 양자 역학적 관점에서 슈뢰딩거의 고양이 문제와 관련되는 것으로서 물질은 고대에서 플라톤이 말한 우연-필연성의 양자적인 성격을 지닌 비결정의 무규정성(apeiron)의 존재로 나타난다. 이러한 우연-필연성의 양자적 특성을 집합론적으로 혹은 행렬 역학적으로 다룰 수밖에 없는데, 이러한 우연-필연성의 양자적 성격을 지닌 물질에, 인간의 영혼의 물질과 관계하는 신체적인 감관-지각이 측정자로서 개입하면, 물질의 우연-필연적인 무규정성은 우연성의 존재나 필연성의 존재로 결정된다고 말할 수 있다. 그는 열역학 제2법칙에 반하는 측정자로서 생명체의 기능을 'negentrophy'라고 명명했다. 그러나 이러한 'negentrophy'라는 기능은 존재하지 않고, 프리고진(I. Prigogine)에 따르면, 우리가 찾는 동적 질서(생명체)는 비평형 열역학계에서만 출현할 수 있다. 생명체는 열역학 제2법칙에 따른 우주의 열 소멸 현상 아래에서 환경에 열린 소산계(dissociative system)로서 존재한다.[18)]

생태계의 에너지학은 생태계를, 질 높은 에너지를 안으로 퍼 올리는 열린 계로 다룬다. 하지만 자연은 평형에서 멀어지면서 저항한다. 따라서 열린 계인 생태계는 기능할 때마다 조직화한 행동을 자발적으로 출현시켜 대응하며, 질 높은 에너지를 새로 출현하는 구조를 세우고 유지하는 데 소비한다. 즉 질 높은 에너지의 능력을 흩어놓아 계를 평형에서 더욱 멀어지게 한다. 이 조직화의 과정은 구성요소들의 새로운 활동과 새로운 상호작용과 전체 계가 출현함으로써 생기는 갑작스러운 변화(emergency: 창발성)라는 특징을 갖고 있다. 이런 조직적인 행동의 출현, 즉 생명의 본질은 이제 열역학을 통해 예측할 수 있는 것으로 이해되고 있다. 따라서 우리는 더 많은 무질서를 일으키는 대가로 무질서로부터 출현하는 질서(생명체)를 갖는다.[19)]

---

18) 일리야 프리고진 · 이사벨 스텐저스, 신국조 옮김, 『혼돈으로부터의 질서』(고려원미디어, 1993); 일리야 프리고진, 이철수 옮김, 『있음에서 됨으로』(민음사, 1994) 참조.

19) 제임스 케이 · 에릭 슈나이더, 「무질서로부터의 질서: 생물학과 복잡성의 열

살아 있는 계가 탄생-발달-재생-죽음이라는 끊임없는 순환을 한다는 점을 생각할 때, 무엇이 작동하고 무엇이 작동하지 않는지에 관한 정보를 보존하는 것이 생명을 유지하는 데 대단히 중요하다. 유전자(genome), 그리고 더 큰 규모에서 볼 때 생물 다양성의 역할이 바로 이것이다. 즉 유전자가 가동되는 자기 조직화의 전략들의 정보 데이터베이스 역할을 한다는 것이다. 바로 이것이 슈뢰딩거의 질서로부터와 무질서로부터의 질서를 연결한다. 충분한 열역학적 기울기와 환경이 존재할 때마다 열역학이 무질서로부터의 질서를 명령하기 때문에 생명이 출현하는 것이다. 하지만 생명이 유지되려면, [DNA에 의한] 재생이 가능해야 한다는, 질서로부터 질서가 창조될 수 있어야 한다는 규칙이 필요하다. 생명은 생명을 발생시키는 무질서로부터 질서와, 생명을 지속시키는 질서로부터 질서라는 두 과정이 없이는 존재할 수 없다. 생명은 생존하라는 명령 에너지와 이를 분해하라는 명령 사이의 균형을 의미한다.[20]

살아 있는 유기체는 세대를 거듭하며 정보를 전달한다. 유전의 속성 — 같은 것이 같은 것을 낳는다는 것 — 은 이러한 정보 전달에 의존하며, 그 다음에 유전은 개체군들이 자연선택에 의해 진화할 것임을 보증한다. 슈뢰딩거는 『생명이란 무엇인가?』에서 이 정보를 암호 문자(code-script)라고 지칭하는데, 그것이 현대에 왓슨과 크릭에 의해 발견되고 화학적으로 구성된 디지털 언어로 형성된 DNA와 이 암호 문자를 해독하여 단백질을 형성하는 전달 매체로서의 RNA라는 언어이다. 핵산은 유전정보를 전달하는데, 유전정보는 복제를 통해 전달된다. 단백질은 유전체의 표현형을 결정한다. 핵산과 단백질, 이 둘은 유전부호를

역학」, 마이클 머피 · 루크 오닐 엮음, 이상헌 · 이한음 옮김, 『생명이란 무엇인가? 그후 50년』(지호, 2003), 310쪽.

20) 같은 논문, 312쪽.

경유하여 연결된다. 유전부호에 의해 핵산의 염기 서열이 단백질의 아미노산으로 번역된다. 바로 이 번역 과정에서 핵산은 우리가 그것의 의미라고 부르는 것을 획득한다. 다시 말해, 핵산은 특정한 단백질을 지정하는 방식으로 자신의 생존 기회 — '적합성(fitness)' — 에 영향을 미친다. 동시에 번역의 메커니즘(RNA)은 어떻게 그것이 처음 생겨날 수 있었는지, 혹은 어떻게 생명이 그것 없이 존재할 수 있었는지를 알기 어려울 정도로 매우 복잡하고 보편적이다.

> "… 유전부호 없이 어떻게 생명이 존재할 수 있었는가를 해결하는 결정적인 발견이, 바로 현존하는 유기체들에서 일부 효소들은 단백질이 아닌 RNA로 만들어진다는 사실에 있다. 이 발견이 'RNA 세계'라는 착상으로 이어졌다. 이 세계에서는 동일한 RNA 분자들이 표현형이면서 동시에 유전형이고, 효소의 촉매 작용을 하면서 유전정보의 전달자 역할도 한다. 단백질 없이 생명을 갖는 것이 가능하며, 그리하여 유전부호 없이 생명이 존재하는 것이 가능하다. 또한 어떻게 유전부호가 처음 어떻게 생겨나게 되었는지를 상상하기도 쉽다."[21]

현존하는 유기체들에서, 핵산 즉 DNA와 RNA의 복제를 바탕으로 하는 우리에게 익숙한 유전 언어가 있으며, 지금 우리가 사용하고 있는, 인간에게만 국한된 우리에게 더 친숙한 주어+술어의 명제 형식으로 되어 있는 언어가 있다. 전자는 생물학적 진화의 기초이며, 후자는 문화적 변화의 기초이다. 이 양자로 형성된 복잡계는 평범한 복잡성(프리고진계, 폭풍, 베르나르 세포, 자가 촉매 반응계)에서부터 인간의 사회경제적 계를 포함한 창발적 복잡성에 이르기까지 연속체상에 분류할

21) 존 메이나드 스미스·에어르스 스자트마리, 「언어와 생명」, 『생명이란 무엇인가? 그후 50년』, 199-200쪽.

수 있다.[22] 따라서 생물 현상과 인간의 사회 현상에 대해 이렇게 종합적으로 해석하는 문제는 이 책에서 주장하듯이 소크라테스와 플라톤에서처럼 가설-연역적 방법과 관계하고 이러한 가설-연역적 방법은 소크라테스에게 있어서는 언어와 밀접히 관계하고 있다.[23]

감관-지각에 나타난 직관적 경험으로서의 현상(phenomena: data)과 언어와 관계하는 인간의 존재론적 사유의 관계는 “직관 없는 사유는 공허하고, 사유 없는 직관은 맹목”이라고 말한 칸트에 의해서 최종적으로 “경험 가능성의 조건은 대상(Gegenstand: object) 가능성의 조건”이라는 말로 정리되는 관찰-지각에 따른 대상-존재론이라는 칸트의 진리 구성설로 나타난다. 그런데 칸트가 말하는 대상-존재는 현대의 양자 역학에서는 사건-존재로서 관찰-지각과 밀접하게 관련되어 있으며, 이러한 관찰-지각적 경험의 기초에 있는 대상-지각 현상의 출현 문제와 이의 해석은, 인간의 존재 방식이나 사유 방식은 물론 감관-지각 작용에 대한 표상론에서 나타나 있듯이 감관-지각과 밀접한 관련을 맺고 있다. 그리고 관찰-지각적인 현상에 대한 경험의 해석의 문제는, 고대에서는 헤라클레이토스의 감관-지각적 경험에 기초한 직관적 철학과, 파르메니데스의 모순율에 따르는 지성적 사유 방법에 따른 존재론과 관련되며, 인간의 감관-지각적 경험과 이를 해석하는 사유 방식의 관계 문제는 플라톤의 『테아이테토스』에서 최초로 나타나고, 근대 철학에서는 데카르트에 의해 심신관계 문제를 촉발하는 것은 물론, 현대에서는 베르그송에 의해 인간의 감성에서 기원하는 감정과 가치 인식이라는 해석 문제와도 밀접하게 관련되어 있다.

관찰-지각과 사유, 그리고 사유의 감정과의 관계는 현대에서는 기억

---

22) 제임스 케이 · 에릭 슈나이더, 「무질서로부터의 질서: 생물학과 복잡성의 열역학」, 311쪽.

23) 송영진, 「소크라테스의 산파술과 플라톤의 변증법의 관계」 참조.

을 수행하는 두뇌의 해부학적, 구조적 연관성을 탐구하는 두뇌과학으로 나타나고 있다.[24] 즉 처칠랜드(Patricia Churchland)에 따르면, 현대의 두뇌과학은 현상을 인식하는 감관-지각적 경험에 대한 사유의 관계를, 생리학의 기능과 해부학의 구조적 이해의 상호 보완적 관계로 말하고 있다. 즉 "구조와 기능 사이의 구분은 기본적으로 종(kinds: species)에 대한 근본적 구분은 아니다. 어떤 개념이 '하는 일'을 기술할 경우에는 '기능적'이라고 할 수 있으며, 그 일을 장치 내의 '어떤 단위'가 수행하는지 규명할 경우에는 '구조'라고 할 수 있다. 하여튼 그 구분은 상대적이라서, 개념이 한 차원에서는 (구조적 단위들에 의해 수행되는) '기능'을 규정하면서, 동시에 더 높은 조직적 차원에서는 (더 높은 차원의 기능적 개념들에 대한) '구조'를 규정하는 개념이 될 수도 있다. 그리고 더 낮은 차원을 분석하는 경우에는 그 '구조적' 단위들이 (상대적으로 더 낮은 기능을 수행하는 단위들에 대한) '기능'을 설명할 것이다."[25]

24) 패트리샤 처칠랜드, 박제윤 옮김, 『뇌과학과 철학』(철학과현실사, 2006) 참조. 패트리샤 처칠랜드는 이 책 7장에서 과학과 철학이 뇌과학을 통하여 함께함으로써 통합과학이 될 수 있다는 것을 말한다. 이러한 처칠랜드의 언명은 제 분과 과학이 칸트의 인식론과 밀접한 관계에 있음을 말하는 것이기도 하고, 영미 분석철학과 대륙의 현상학을 두뇌과학이 통합할 수 있음을 말하는 것이기도 하다. 사실 귀납에 따른 과학적 관찰 이론과 이성적이고 합리적인 소위 연역적인 철학적 이론 사이의 관계를 처칠랜드는 두 이론들의 환원 관계를 통하여 통합할 수 있다는 것을 7장에서 말하는데, 이러한 처칠랜드의 환원에 대한 방법론적 관점은 C. S. 퍼스가 말한 귀추법으로 가능하다는 것을 통찰하고 있다. 364-365쪽.

25) 같은 책, 150쪽. 처칠랜드의 이러한 언명은 질료를 기능(dynamis) 개념으로 전환하면 실제로 아리스토텔레스의 형상-질료 개념을 연상시킨다. 그녀는 크리스텐슨과 그 연구원들의 "… 한 신경과학자에게는 역학적인 것이 다른 신경과학자들에게는 현상학일 수 있다."(Christensen et al. 1980, p.342)라는 말을 인용하면서, 신경기관을 다섯 차원, 즉 신경로(pathway), 층판(laminae), 국소 대응지도(topographical maps: 기능 분포도), 피질 원주(columns), 신경계 발달로 나누어 10장에서 철학의 인식론과 두뇌과학의 연관성을 (플라톤

그 결과 두뇌의 해부학은 감관-지각적 현상에 대한 두뇌의 구조적이면서도 국소화된 지역적 기능으로 해석할 수 있게끔 한다. 이러한 두뇌의 기능과 구조의 관계는 철학적으로 칸트의 인식론적 해석(인식 형이상학)과 관련되어 있다. 더 나아가 이러한 두뇌의 구조와 기능 분화의 지리학은 진화론적으로 생물체, 즉 동물의 신체의 운동과 연관되어 있다.[26]

다른 한편, 생물의 활동이 해부학적으로도 화학의 전자자기적 상호작용에 의해 이루어진다는 가정 아래에서 전자파의 측정으로 두뇌의 기능을 추측하는 것으로 이루어지고 있으며, 이러한 측정의 결과를 해석하는 데는 칸트에 의해 정리된 인식론을 끌어들이고 있다. 따라서 두뇌의 기능에 대한 해석은 철학의 감관-지각적 경험에 대한 인식론적 사유와 상호 변증법적으로 생성하는 순환관계에 있다. 결국 우리는 여기에서 근대 데카르트 이래로 문제된 심신관계에 대한 창발론을 기점으로 다시 생각해 볼 수 있다.

3) 현대의 심신관계론

이원론자인 데카르트는 심신 상호작용설을 주장하면서도 신체, 특히 두뇌 송과선에 영혼이 임재해 있는 것으로 묘사하며 신체는 유기체로 나타낸다. 그런데 기계와 신체가 다른 점은, 수학-기하학적인 전체-부분의 논리에서 기계는 부분으로 이루어진 전부(panta)이나, 유기체로서의 신체는 전체(holon)가 부분으로 이루어질 수 없다는 동일자-타자의 변증법적 논리가 전제되어 있다. 이 때문에 유물론자들은 부분들이 모여 전부를 이루는 것으로서 신체를 생각하고 정신은 물질인 기계에 대한

이나 아리스토텔레스의 철학을 종합하는 관점에서) 상세히 언급하고 있다.

26) 존 메이나드 스미스 · 에어르스 스자트마리, 「언어와 생명」 참조.

부수 현상(epiphenomenon)으로 설명하거나 현대에서는 창발적인 현상으로 묘사하고, 유기체는 기계 속에 기계가 존재하는 것으로 표현한다. 다른 한편 유물론에서 물질은 신체로 화하기 위해서 현대 수학에서 집합론적으로 사유하는 데에서 기원하는 전체라는 관념이 부과되어야 한다. 그런데 이 전체는 양자 역학에서 설명하듯이 감관-지각적 영향 아래 있다.[27)]

따라서 이원론적으로 설명되는 정신과 물질, 이 양자의 접촉[28)]인 감관-지각적 경험에는 우연성의 관념이 개재되어 있고, 이 접촉점은 유심론에서는 자발성에 의하여 하향의 소실-임계점이고 유물론에서는 상향의 창발성(창조성)(emergency: creative)으로 해석될 수 있기 때문에, 근대 철학자들의 심신관계의 문제에 대한 해석에서와 같이 네 가지가 변증법과 관계하여 여러 가지로 해석될 수 있다. 고대에서 심심관계론에는 일원론으로서 기독교의 창조론적인 유심론과 데모크리토스의 유물론적 원자론이 있고, 이러한 원자론적 사유에 기초하고 있는 뉴턴 역학에서 기원하는 기계론적 유물론, 이러한 물질에 기초하여 정신은 부수하여 발생한다는 부수 현상론이 있고, 뉴턴 역학의 원자론에 따르는 질량 보존이나 에너지 보존 법칙 때문에 데카르트의 이원론에 기초한 상호작용론에 문제가 나타나 이를 조정하는 가운데 스피노자의 동일자 철학이나 유심론인 라이프니츠의 신에 의한 예정조화론인 평행론[29)] 등

---

27) 베르너 하이젠베르크, 김용준 옮김, 『부분과 전체』(지식문화사, 1991) 참조. 현대에서 라 메트리의 인간 기계론을 이어받은 학자로 "인간도 로봇에 불과하다"고 주장하는 데넷이 있다. 송영진, 「데넷(D. C. Dennett)에 있어서 의식의 발생과 진화에 관하여」, 『동서철학연구』 50호(한국동서철학회, 2008년 12월) 참조.

28) 접촉은 정신과 물질의 만남, 즉 근대 형이상학의 심심관계론을 촉발시키는 물질과 정신의 임계점을 상징하는 것이다.

29) 라이프니츠의 평행론은 물적 에너지와 정신적 에너지가 서로 보존되며 상호관계함으로써 손상당하지 않게 하기 위해서이다. 현대 철학계에서 논의되는

이 나타난다.

그런데 이러한 이원론이나 일원론의 문제는, 유심론은 심적 능력이 지니는 능동의 기능적인 측면에서 양화 가능한 물질의 운동을 설명해야 하고 유물론은 양화 불가능한 정신의 현상을 변증법적으로 설명하는 어려움을 겪어야 하며, 인간 실존을 설명하기 위해 이 양자를 결합하고 종합하여 통일하려는 데에서 이 양자를 매개한 부수 현상론이나 현대에서 나타난 창발론도 유물론적으로 해석하는 경우와 유심론적으로 해명하는 경우의 수들의 조합으로 나타난다. 이 때문에 근대의 부수 현상론에는 부수 현상을 물리적인 것의 현상(가상)으로 보거나 실재하는 것으로 해석하는 것의 두 가지가 있다. 즉 유물론적 창발론과 정신의 독립성을 인정하는 유심론적인 것으로서 라이프니츠의 평행론과 데카르트의 심신 상호작용설 등이 그것이다. 사실 현대 과학적 관점에서 의식을 데카르트의 코기토로 보는 관점은 이제는 더 이상 성립하지 않는다. 현대 과학자들은 심리적 속성과 물리적 속성에 관해서 물리적 속성이 심리적 속성에 영향을 줄 수 있는 것에는 동의하지만 심리학 속성이 물리적 속성에 영향을 주는 것은 논란의 여지가 있다고 주장한다.[30] 김재권의 수반 이론은 이러한 현대 과학적 전통에서 창발론[31]과 함께

심신관계론은 심적 속성과 물리적 속성의 두 개의 층리 사이에서의 교류 문제이다. 김영정, 『심리철학과 인지과학』(철학과현실사, 1996), 16-19쪽 참조.

30) 수반론자들은 창발된 후에 이 창발된 심리적 속성이 창발된 계 안에서 자발성을 지닐 수 없다고 생각한다.

31) 창발론의 선구자로는 영국의 밀(John Stuart Mill, 1806-1873)을 들 수 있다. 그는 『논리학 체계(*A System of Logic*)』(1843)에서 원리들이 결합하는 두 가지 양태를 구별하여, 하나는 물리적인 것으로서 '동질 경로의 결과(homopathic effects)', 다른 하나는 화학적인 것으로서 '이질 경로의 결과(heteropathic effects)'라고 불렀다. 그러나 밀은 창발이라는 단어를 사용하지는 않았다. 역사적으로 창발이라는 단어를 처음 사용한 사람은 루스(George Henry Lewes, 1817-1878)이다. 그는 『생명과 마음의 문제들(*Problems of*

논란되고 있다.

창발이란 하위 단계의 구성요소들의 결합체에서 발생하면서 구성요소들 각각의 속성으로 환원할 수 없는 새로운 속성이 생겨나는 것을 의미한다. 역사적으로 볼 때 창발론이 활발하게 논의되기 시작한 것은 19세기 말이며 이론적 연구는 20세기 초에 이르러 정초되었다. 창발론의 관심사는 주로 화학, 생화학, 생물학 중심의 주제들로서 이들의 주요 관심은 생물학의 원리나 특질들을 더 낮은 단계의 과학, 즉 물리학이나 화학으로 각각 환원할 수 있는가 하는 것이었다. 환원론에 경도된 기계론자들은 생명 과정이 물리-화학적 원리 하나만으로 지배된다고 주장하는 반면, 극단적 비환원주의자인 생기론자들은 유기체 내에 있는 원초적인 실체 또는 지배 원리인 엔텔레키(entelechy)를[32] 가정했다. 당시의 영국 창발론자들은 기계론자와 생기론자의 중간에 위치해 있었으며, 이들은 실체로서의 생명을 거부했지만 생명에 환원할 수 없는 성질이나 과정이 있다고 주장했다.[33]

20세기 후반에 등장하는 존재론적인 창발론자들은 세계가 전적으로 물리적인 구성요소들로 되어 있다고 한다. 물리적인 구성들은 어떤 구조를 형성하고 있는데 그것은 단순할 수도 있고 복잡할 수도 있다. 그들은 모든 복잡한 것이 항상 단순한 것들의 집합체에 지나지 않는다고 생각하지 않는다. 그들은 또한 존재하는 것에 계층적인 단계가 있다고

Life and Mind)』(1877)에서 창발이라는 용어를 철학적 용어로 사용하기 시작했다.

32) 엔텔레키(entelechy)의 어원은 그리스어 'entelexeia'로 아리스토텔레스의 철학에서 활동태나 현실태로서의 완전태라는 이중적 의미를 갖는다. 즉 '질료가 형상을 얻어 완성하는 현실태'라는 의미를 지니며, 현대 생기론의 전신이다.

33) 김희정, 「심리적 물질주의와 창발론」, 승계호 외, 『서양철학과 주제학』(아카넷, 2008), 387-421쪽.

간주한다. 각각의 새로운 단계는 새로운 성질들의 출현에 의한 것이다. 험프리는 창발적 속성에 가능한 기준들을 다음과 같이 제안한다. (1) 창발적 속성은 새로워야 한다. (2) 그것은 그것이 창발하는 속성들과 질적으로 달라야 한다. (3) 그것은 하위 단계에서 소유되는 것이 논리적으로 혹은 법칙적으로 불가능하다. (4) 창발적 속성에는 그것이 창발하는 속성과 다른 법칙이 적용된다. (5) 그 법칙은 그것을 구성하는 속성들 간의 본질적인 상호작용에서 귀결된다. (6) 그것은 그것의 구성요소들의 국지적인 속성들이 아니라 전체 체계의 속성이라는 의미에서 전체적이다.[34] 수반(隨伴)이란 '붙어 오는 것' 또는 '어떤 사물 현상(現象)에 따라서 함께 생기는 것'을 의미한다. 예를 들면. 마음의 의식이 인간의 뇌에 수반된다는 문장이 있다고 하자. 이는 두뇌라는 뇌의 구조가 일단 형성되기만 하면 의식이 외부에서 두뇌로 들어와서 그 안에 머무르게 된다는 뜻이다. 이런 식으로 새로운 원리가 창발하는 것을 수반적 창발론이라고 부른다.

그런데 수반론은 중요한 문제를 유발하는데 곧 하향 인과(下向因果)의 문제이다. 구체적으로 말하면 창발된 원리가 그보다 아래의 하위 단계에 있는 속성들에게도 영향을 미치게 되는 문제이다. 하위 단계의 속성들은 창발 전에 있었던 물리적 원리를 따라야 하는데 수반론은 하위 단계 원리와 함께 상위 단계의 창발된 원리도 있어서 시스템에 두 개의 작동 원리가 작용하기 때문이다. 따라서 전에는 하나의 인과론적 흐름을 통해서 사건이 진행되었던 것이 이제는 두 개의 인과론적 흐름을 따르는 꼴이 되므로 결국 과잉 인과가 형성될 수밖에 없다. 이러한 결함 때문에 수반적 창발론은 수용이 어려운 것으로 판단되었다. 그러나 하향 인과를 합리적으로 설명할 수 있는 창발론이 있는데, 이를 역동적

---

34) 에른스트 마이어, 최재천 옮김, 『이것이 생물학이다』(몸과 마음, 2002), 240쪽.

창발론 또는 통시적 창발론이라고 한다.

역동적 창발론이란 두 개 원리를 따로 유지하지 않고 새로운 원리가 창발된 후에 하위 단계에서는 그전에 따랐던 원리를 더 이상 따르지 않는 상태가 되는 것이다. 새롭게 창발된 상위 질서는 하위 질서를 통일해서 하나의 일관된 질서 체계(유기체)를 구축하게 되는 것이다. 이로써 하위 단계의 존재자들은 이미 상위 단계의 존재자를 창발하여 이제 더 이상 전과 같은 방식으로 존재하지 않으므로 새로 창발된 속성과 인과력에서 경쟁할 필요도 없고 또 경쟁할 수도 없게 된다. 그래서 역동적 창발론은 하향 인과에서 과잉 인과를 해결하기 때문에 자연스러운 창발론으로 평가된다.35) 이러한 자연스러운 창발론은 현대에서는 양면

---

35) 정신적 속성보다 물리적 속성을 기초적으로 간주하고 정신적 속성을 물리적 속성으로 환원할 수 있다고 주장하는 현대 과학자들의 말에 따르면, 물리적 속성 위에 창발적으로 나타난 자의식이라는 것도 허구일 수 있겠고 자유의지도 허구일 수 있겠다. 즉 '나'라는 셀프(self)도 집단 착각일 수 있고 의식은 정보 처리 함수로 볼 수 있다. 특히 다니엘 데닛 같은 철학자는 『마음의 진화』에서 인간이란 낮은 수준의 생명체에서 진화를 통해 다양한 의식 수준이 중첩되어 있는 로봇에 불과하다고 주장한다. 한편 승계호는 물리적 속성을 지닌 물질도 생명력을 지녔다고 생각한다. 즉 우리 우주에는 아주 낮은 의식의 수준에서부터 높은 의식의 수준이 존재하고 이런 존재자들과 공존하는 새로운 지평이 미래에 열릴 수 있다고 주장한다. 심신관계의 문제는 현대에서는 컴퓨터의 인공지능과 관련하여 약한 인공지능과 강한 인공지능으로 분화되어 논의된다.

사실 인간에서 직관적으로 이해되는 심신관계는 상호작용 가운데 있다. 우리는 유기체 내부에서 이러한 심신 상호작용이 질량 보존의 법칙이나 에너지 보존 법칙이 이루어지는 물리계에 영향을 미치지 않고 독립적으로 이루어지는 것이라고 생각하는데(유기체의 신비이다), 이를 과학자들이 물리계에서 창발적으로 나타난 존재라고 주장하는 것이다. 여기에 시공 사차원적인 개념과 관련된 변증법이 존재하는데, 이는 유기체가 사건 존재이고 외부는 물리적 법칙이 타당한 환경이며, 생명체는 유기체로서 이러한 환경 가운데에서만 존재할 수 있는 자동기계와 같은 사건 존재이지 않을까? 여하간 이러한 변증법에도 양자 역학이 타당한 물리계와 이와 관계하는 유기체 간에 존재하

론으로 불리는 스피노자의 동일자 철학을 닮았다. 문제는 이러한 동일자가 유기체로서 존재하는데 이러한 유기체가 그 하부에 존재하는 무기물로부터 어떻게 발생하고 생명 현상으로서 나타나는 것인가이다. 현대 과학자들에 있어서 이 문제는 풀 수 없는 수수께끼이다. 인간 존재는 유기체적 존재로서 우주상에서 사건 존재로 존재한다는 것을 말할 수 있을 뿐이다.

6. 현대 과학과 수학, 그리고 논리학

현대 과학, 특히 물리학은 보어-하이젠베르크의 불확정성 원리에 기초한 양자 역학으로 정리되고 있는데, 보어-하이젠베르크의 불확정성

는 창발성의 개념이 문제가 있거나 우리가 가진 물질이나 정신이라는 개념들이 혼란된 개념이거나이다.

심리 현상과 사유작용의 상호 변증법적 관계는, 플라톤에서는 이 양자의 기초에 존재한다고 생각된 신체와 정신이 생각되고, 이 양자의 상호작용이 생리작용을 매개로 하여 뉴턴 물리학과 상관없이 심신관계로 유추되어 나타난다. 그러나 뉴턴 물리학과 열역학에 기초한 현대 물리학에서 말하는 에너지는 소립자 세계와 원자 세계, 그리고 분자들로 이루어진 거대 물체가 계층을 이루고 소립자 세계에서는 약력과 강력이, 원자와 분자 세계에서는 전지기력이, 그리고 원자와 분자들로 이루어진 거대 물체들 세계에서는 중력이 분화되어 작용하고 있다고 한다. 이러한 계층들 사이에 작용하는 힘들이 통합되어 아인슈타인이 생각한 통일장 이론이 나오고, 이러한 통일장 이론이 열역학 법칙을 기반으로 하고 있다고 말할 수 있다. 따라서 데카르트 이래의 심신관계의 문제는 같은 계층에서 이루어진 하나의 시스템 내에서의 역학관계일 뿐 이들에 통합적으로 작용하는 물리 법칙이나 열역학 법칙과는 '직접적인 관계'가 없다고 생각된다. 그래서 심리 현상은 우리의 생리 현상에 영향을 미치고, 반대로 생리 현상에 영향을 미치는 마약은 우리의 정신 현상에 영향을 미친다는 것은 상식이다. 현대 의학이나 약학에서는 여러 가지 호르몬제를 비롯하여 멜라토닌과 같은 수면제, 정신병이나 우울증 치료약, 기억력을 향상시키고 머리가 좋아지는 약 등 생리적인 것에 영향을 미치는 많은 약품들을 생산하고 있다.

원리는 실험에 기초하여 확증되는 아인슈타인의 광양자(원자론)[36]설에 기초한 상대성이론의 보충으로 탄생한 것이다. 생물학에서도 생명체의 성(性)과 함께 종 분화가 진화론적으로 논의되어 다윈 진화론이 진리가 되고 있지만, 이러한 진화론도 현대에서는 DNA와 관련되어 논의될 수 밖에 없다. 이에 발맞추어 수학(mathematica)에서는 정수론마저도 집합론적으로 정리될 수 있으며, 수학자 펜로즈(Roger Penrose)가 자신은 플라톤주의자라고 선언하듯이,[37] 현실과 자아의 정체성을 밝히려는 소크라테스의 정의 내리기와, 플라톤의 변증법적 정신에 충실하게 현대 수학의 여러 분파가 되는 두 줄기인 해석학과 위상학이 분화되어, 독립적으로 혹은 상호 보완적으로 변증법적으로 관련되어 발전하고 있다. 즉 현대의 첨단 과학의 밑바탕에는 인간의 이성적 사고의 결정체인 만인의 공통 언어라고 칭해지는 수학(mathematica)과 기하학(geometria)의 상호 변증법적으로 관계하는 위상학과 해석학의 발전이 있었다.

고대에서 피타고라스학파의 현실 해석과 관련하여 모든 학문의 모범이 된 유클리드 기하학은 삼차원 공간에 기초한 공리 체계로 정리된다. 유클리드 공리 체계는 공간을 6개의 공리(stoixeia)로 분석하여 이를 통해 6개의 정리(theorem)를 도출하고 이러한 정리들을 통하여 삼차원 공간을 공리 체계로 구성한다. 공리 체계는 구분하고자 하는 영역 전체 속에 들어 있는 모든 구분지를 망라해야 한다는 전체성과, 각 구분지는 다른 구분지와 중복되지 않고 독립적이고 결정(증명) 가능해야 한다는 완전성, 다른 구분지와 모순되어서는 안 된다는 무모순성의 원칙을 갖

---

36) 파인만은 인류가 멸망할 때 살아남은 자손에게 인류의 문명을 전수하고자 할 때 간단하게 원자론을 교육하면 된다고 말한다. 리처드 파인만 외, 박병철 옮김, 『파인만의 물리학 강의』(승산, 2004), 1장 참조.

37) 로저 펜로즈, 박승수 옮김, 『황제의 새 마음』, 상권(이화여대 출판부, 1996) 참조.

는 것이다. 특히 공리 체계의 무모순지의 원칙은 구분이나 분류의 기준이 하나로 통일성을 이루는 것이어야 하는데, 만일 기준이 두 가지 이상이라면, 이 구분의 원리들 사이에는 모순이 없고 공존 가능하면서도 원리들 자체가 또한 전체성의 원리나 완전성의 원리를 따라야 한다는 것이다. 역으로 유클리드 기하학이 공리 체계라 한다면 이러한 원칙 아래에 구성된 것이라는 것이다. 그런데 문제는 유클리드 기하학이 현실을 완벽하게 정리로서 설명하고 이를 수학적으로 정리(해석)할 수 있는가이다. 유클리드 기하학 이외에 유클리드 기하학에서의 평행선 공리와 다르게 설정하는 리만 기하학(구체)이나 로바체프스키 공간(말안장)과 같은 비유클리드 기하학이 공리 체계로 가능하다는 것이 현대에서 발견(구성)된다.

다른 한편, 공간을 해석하는 수학의 사칙연산(processing)을 이루는 정수론(기초론)에서도 프레게의 산술에 기초한 러셀의 집합론을 기화로 하여 수학의 형식주의에서 논리주의가 분화되어 나타난다.[38] 마찬가지로 원자론에 기초한 형식주의와 달리 논리주의는 자연수를 집합론적으로 정의하고, 수학의 사칙연산 체계를 전체론적 관점(holistic view)에서 집합론적으로 구성한다.[39] 그런데 러셀에 따르면 모든 집합은 자기 자신을 요소로 포함하는 집합과 자신을 요소로 포함하지 않는 집합, 두 종류의 집합으로 분류할 수 있다. 그러면 자기 자신을 요소로 포함하지 않는 집합의 집합은 어느 집합에 속하는가? 이 문제는 에피메니데스(Epimenides)의 역설[40]과 같은 모순을 범하는 일이 집합론의 기초

38) 형식주의는 자연수를 기초로 하여 연장성을 해석하는 데 원자론적이다.

39) 현대 수학은 자연수에 기초한 정수론을 칸토어의 집합론적 사고로 정의한다. 그 결과 수학은 ZFC의 공리 체계로 정의되고 위상학도 집합론적으로 정의된다. 양자 역학은 역학적 현실과의 관계에서 집합론의 확률론적 사고와 행렬 방정식을 구성한다.

40) 크레타 사람인 에피메니데스가 "모든 크레타 사람은 거짓말쟁이다."라고 언

에서 발생한다는 것을 의미한다. 이러한 모순을 없애고자 러셀은 기호(언어)에 대한 언급과 사용의 위계(hierarchy)를 설정하고, 집합론에서는 칸토어의 대각화의 사고가 나타난다.41)

다른 한편, 수학자 힐베르트(David Hilbert)는 수학은 완전한 체계를 갖추었다고 생각한다. 그리고 이러한 수학에 의해 현실을 완벽하게 설명(정리)할 수 있다고 생각한다(완전성 정리). 수학의 정수론에서 증명법으로서 수학적 귀납법과 기하학과 관련한 차수(dynamis)와 관련하여 모순율을 이용한 귀류법이 있다. 그러나 현실을 설명하는 수학적 명제 중에는 우리가 증명할 수 없는 진리의 명제가 논리적으로 존재할 수 있다는 변증법의 문제인 괴델(Gödel) 불완전성 정리의 증명이 있다.

급한 말의 진위를 판정하는 문제에서 기원하는 것이다.

41) 무한집합론에서 대각화의 사고는 일종의 변증법적 사고 방법이다.

첨부논문

아인슈타인의 상대성이론과 베르그송의 시간관

1. 서론

서양철학에서 시간은 존재의 또 하나의 실질적 인식 지평인 공간과 더불어 논해져 왔다. 즉 서양 고대 철학에서는 플라톤의 우주론과 더불어 시간이 '영원의 그림자' 정도로 생각되어 왔다. 시간이란 그림자가 상징하듯이 영원한 존재에 비하면 존재의 정도나 질에서 열등한 혹은 존재에 부속하는 운동에 부속하는 그 무엇이라는 것이다. 그러나 이 '그림자'라는 말에는 아이러니가 숨어 있다. 왜냐하면 그림자는 플라톤에게 실재에 대한 감관-지각적 현상을 의미하고, 이 때문에 시간은 경험 현상과 밀접한 관계를 암시하는 반면, 어쨌든 그림자라는 것이 자각되기만 하면 그것은 그림자의 실재(진상)에 대한 탐구의 단초가 되기

* 이 논문은 송영진, 「베르그송과 아인슈타인의 상대성이론」(『동서철학연구』 47호, 한국동서철학회, 2008년 3월)과 송영진, 「베르그송의 시간관」(『시간과 철학』, 동서철학회 편, 철학과현실사, 2009)을 통합하여 수정 보완한 것이다.

때문이다.[1)]

플라톤에 따르면 시간이란 공간보다 못한 존재로서 환상이며, 존재에서 이중으로 떨어진 모사물이나, 그의 우주론에 표명된 시간은 우주(cosmos)의 질서(logos)의 변증법이자 음악이다. 한 번 형성된 이러한 시간에 관한 현상학적이자 비유적인 이야기는 현상을 실재로 인식하는 현대의 인식론적 관점에서 해석되고 해체, 구성되지 않으면 안 된다. 이 때문에 현상을 가상으로 여기지 않고 현실로 인정하는 플라톤의 제자 아리스토텔레스는 시간을 재정의한다. 즉 시간이란 '운동을 측정하는 수'라는 것이다. 플라톤에서의 존재는 이제 현실을 사유하는 아리스토텔레스에 의해 동적인 자연의 현실로 대치되며 시간은 존재의 질서에 편입되고 이어 공간화되었다. 왜냐하면 아리스토텔레스가 의미한 수는 피타고라스학파에서 의미한 현실적인 크기를 지닌 기하학적인 의미를 지녔기 때문이다.

사실 고대 그리스 자연철학이 존재론적 전회를 수행하는 것은 파르메니데스에 의해서이다. 그런데 파르메니데스의 존재 사유는 모순율에 따르는 존재 사유이다. 파르메니데스에 따르면, 현상과 구별되는 '존재'란 우리의 사유(nous)에 의해 파악되는 일자이다 이 일자는 생성-소멸도 없고 운동하지도 않는 영원한 존재이다. 따라서 파르메니데스의 '존재'에는 변화와 관계하는 시간성은 귀속되지 않고 역설적으로 '영원한 현재'[2)]와 관계하는 연속성, 즉 공간적인 연장 개념만 개입되어 있다(파

---

1) 플라톤의 동굴의 비유에서 나타나듯이, 그림자는 플라톤의 진리관이 에로스에 의한 상기설에서 이루어지고 있는 것을 의미한다. 이는 서양철학이 바로 자연현상에 대한 절대적 진상 추구에서 시작되었다는 것을 나타낸다.

2) '영원한 현재'라는 개념은 아우구스티누스가 처음 사용한 변증법적인 어휘다. 우리의 사유에서 영원성은 논리적 사유를 통하여 파악된 실제성이 없는 하나의 관념으로서 불변성을 함축하고 한다. 이 때문에 영원성은 변화하는 시간성을 초월한 것으로 이야기된다. 다른 한편, 현재란 변화 가운데에 있는

르메니데스, 『단편 8』).

파르메니데스의 존재를 토대로 현상세계의 생성-소멸을 설명하려는 그리스 자연철학은 한편에서 파르메니데스의 존재와 같은 원자(atom)와 공허(kenon)를 인정하는 원자론으로, 다른 한편에서는 원자적 존재와 공허를 매개하는 운동 원인으로서 영혼의 능동성과 그 자율성을 인정하는 플라톤의 이데아론에서 완성된다. 그런데 현상세계의 생성-소멸을 불변하는 원자와 공허로 설명하려는 원자론에서는 철저히 현상의 운동의 계기를 감관-지각의 착각으로 배제하려 하였기에, 운동 원인인 힘을 원자에 귀속시키고 그 힘의 타자와의 관계를 나타내는 공간은 공허(kenon)로 바뀌었다. 그 결과 원자론은 피타고라스학파가 주장한 유한한 기하학적 모양을 지닌 원자와 무한한 공허가 대비되어 다수의 독립된 개체와 공간의 변증법으로 형성되었다. 결국 원자론자들의 존재 사유는 시간 표상이 배제된 공간 표상 위에서 현상의 변증법을 구축한다. 그러나 파르메니데스의 존재는 운동 원인인 힘을 배제하는 것이다. 그리고 이 운동 원인인 힘은 시간성으로만 파악되는 것이다. 이 때문에 에피쿠로스 이후 원자론자들은 이 운동 원인을 존재와 분리하거나 루크레티우스(Lucretius)처럼 무게에 의해 하강하는 직선에 은유되는 타성적인 원자들 이외에 경사운동을 하는 영혼의 자유원자를 설정하지 않을 수 없게 된다.

시간성의 한 계기다. 따라서 불변성과 변화가 함께하는 '영원한 현재'의 개념은 플라톤에서는 『파르메니데스』의 「변증법의 연습」에 나타나 있듯이 변증법적으로 순간(exaphanes: 현재로서의 순간), 탄생은 있으나 불멸하는 지속(eviternity), 시작도 끝도 없는 영원성(eternity), 그리고 이 세 가지 계기가 함께 있는 처음과 끝이 있는 '시간존재(presence)' 전체를 지시하는 것으로서 토마스 아퀴나스가 정리하듯이 네 가지의 다양한 의미를 형성하는 계기가 된다. 따라서 영원한 현재에 대한 인식론적 반성에 의하면 영원한 현재란 일반적으로는 순간에서 영원성으로의 고양이나 지속으로서의 영원성을 의미한다.

다른 한편, 영혼의 존재와 그 기능적 측면을 인정하지 않을 수 없었던 소크라테스-플라톤은 한편으로 모순율에 따르는 이성적 사유에 충실하게 존재 사유에 있어서 파르메니데스를 따르면서도, 존재와 공간적 표상(원자와 공허, 혹은 존재론적 사유에 있어서 필연적으로 나타나는 유클리드 기하학적 공간의 모순과 역설)들의 모순과 차이를 극복하기 위하여 이들을 매개하는 원운동에 비유되는 자율적인(자동적인) 운동을 하는 영혼(능동자)을 자연 사물들의 운동 원인으로서 인정한다. 이 때문에 플라톤의 우주론이 나타나는 『티마이오스』에서 이 능동자(foioun)는 우리의 눈에는 드러나지 않으나 우주를 제작하는 우주신 데미우르고스(Demiourgos)라는 신적 기능으로 나타난다.

반면에 공허를 자기모순적인 것으로서 그 존재를 인정할 수 없었던 플라톤은 공허 대신 존재의 모태(metrics)로서 혹은 그릇(receptacle)으로서 현실적인 장소(chora)를 인정하고, 이 장소를 그가 타자성이라고 불렀던 우연-필연적 힘(dynamis)이 가득 차 있는 것으로 설정한다. 여기에서 공간은 공허 대신 현실적인 공간(장소)으로 바뀌고 이 공간으로서의 장소는 영혼의 능동성을 상징하는 영혼의 시간성과 서로 뗄 수 없는 관계에 있음을 알 수 있다. 이 때문에 이 장소는 공허를 부정하고 현실적인 것을 사유하는 제자 아리스토텔레스에 의해 질료(hyle)라는 개념으로 대치된다.

플라톤 철학에서 시각에 드러난 공간은 힘과 관계하는 불변하는 존재의 기준이자 척도였다. 이 공간 요소들의 정의와 함께 이를 기초로 한 측정은 당시 피타고라스학파에서 유래하는 실재하는 유클리드 기하학의 삼차원적 공간 개념 안에서 이루어지는 것이다. 그리고 이러한 삼차원적 공간의 측정에서 측정의 기준과 한계가 분명히 드러나는 것이어야 한다. 이러한 측정의 기준과 한계는 피타고라스학파의 해석학, 즉 당시 아이디얼한 수들 사이에서도 드러난다. 즉 피타고라스학파에 의해 드러났듯이 연장을 수에 의해 표현하려는 태도는 수에 대한 해석학적 개념으로 나타난 서구 수학의 존재론적 전통을 형성하며, 서구의 수학의 발전에 창조적 기능을 수행하게 하는 것이다. 수에 관한 존재론적 사고 전통은 사실 수학과 기하학, 그리고 피타고라스학파의 기하학과 파르메니데스의 존재론이 밀접한 관계를 지니고 있음을 의미하며, 이 사실은 플라톤에서는 논리와 수학, 그리고 존재와 관념 사이의 생산적인 변증법적 관계로 나타난다. 그리고 이러한 서구의 존재론적 사고법은 엘레아학파의 파르메니데스와 제논의 존재론의 변증법에서 기원하는 것이다.

엘레아학파의 존재론의 변증법은 제논의 '운동 역설'에 나타나 있듯이 운동을 논리적으로 설명하려 하는 데에서 나타나는 것으로서, 현실적인 운동에 관한 부분적 진리들만으로 동적 현실 전체를 설명하려는 네 가지 경우들, 즉 이중의 이중적인 역설들로 구성되는 것이다. 그런데 이러한 역설 속에서 이루어진 부분적 진리들이 모여서 전체를, 즉 개체의 운동 방식들을 나타내는 현실의 운동 사실을 설명하는 것으로 나타난다.[3] 과연 논리적으로 해명된 부분적 진리들이 모여 어떤 논리적 연결을 지니고 이 관념들이 표상하는 우주적 전체의 진리로 나타날까? 사실 운동에 관한 논리적 분석은 현실의 직관적 사실을 설명하거나 기술하는 것으로 나타나며 이 때문에 운동과 관련된 공간이나 시간 개념을 이해하기 위해서는 운동의 본질과 관련된 공간과 시간의 본성을 탐구해야 한다. 이는 세계나 사물 대상에 대한 인간 영혼의 기능에 있어서 인식론적 반성을 수행해야 한다는 것을 의미한다.

동적인 현실에 대한 존재론의 이상은 결국 직관적 현실과 관념의 관

3) 송영진, 『플라톤의 변증법』(철학과현실사, 2000), 61-93쪽; 송영진, 『소크라테스의 산파술에 따른 진리와 인식』(충남대 출판문화원, 2019), 50-104쪽 참조.

계로 나타나며, 그 관계는 시간과 공간 관념의 변증법적인 관계로 나타난다. 이처럼 시간과 공간은 서로 떨어질 수 없다. 플라톤은 파르메니데스의 존재론적 관점에서 존재를 불변하는 영원성으로 정의하면서 공간성 우위의 관점에서 파악하고 시간성을 존재에 부수되는 것으로 파악했으나, 후기 철학에서는 이 양자를 조화의 관점에서 균형을 잡으려 했던 것이 그의 우주론에 나타난다. 즉 플라톤의 후기 철학에서 데미우르고스가 우주 영혼과 우주의 몸을 제작하는 것으로 묘사하는 것에서 드러나듯이, 절대적 능력이 아닌 한계를 지닌 능동자(데미우르고스)가 장소인 질료와의 관계에서 우주를 형상론적으로 동일자-타자의 변증법에 따라 적도나 조화의 균형을 잡았던 것을 의미한다.

그럼에도 불구하고 이러한 시간과 공간의 적도에 따른 조화나 절충은 파열의 징후를 함축하고 있다. 왜냐하면 이러한 적도에 따른 조화와 균형의 배후에 무한성(apeiron)과 관계하는 운동과 힘의, 인간 이성에게는 미스터리로 남게 되는 존재가 전제되어 있었기 때문이다. 단순한 조화가 아닌 통일, 그래서 윤회가 아닌 진화와 창조는 어떻게 가능한가? 그것은 플라톤이 이데아와 변화와 운동 사이에 절충안으로 제기한 이중적으로 역설적인 영혼의 기능 존재, 즉 『소피스트』의 존재에 미소한 '능력'이나 이를 우주적으로 확대한 『티마이오스』의 우주 제작자 신, 그러나 한계를 가진 신을 덧붙이는 것이 아니라, 능력의 무한한 확대를 통해서이다. 이러한 능력의 무한한 확대는 플로티노스(Plotinos)의 일자 철학에 나타난다. 즉 플로티노스의 이 일자는 영혼의 속성을 지녔고, 이 영적인 존재는 파르메니데스의 한계를 지닌 일자와 다른 무한성의 속성을 지녔다. 그런데 이러한 무한 속성은 곧 중세에서는 기독교 하나님의 무제약적 속성으로 간주된다. 마찬가지로 공간을 시간 안에서 통합하는 사상은 플로티노스의 시간론을 통해서 처음 나타나며,[4] 이 사상이 아우구스티누스의 시간론으로 나타난다. 즉 플라톤의 우주론적 시간론이 아우구스티누스에 의해 영혼의 인식론적 시간론으로 수렴된다.

아우구스티누스는 히브리적(기독교적) 전통의 시간 관념을 그리스의 존재론적 전통의 지성으로써 탐구한다. 그는 "시간이란 우리가 묻지 않으면 잘 알고 있으면서도 일단 시간이 무엇인가를 물으면서 탐구하면 그것이 무엇인지 모르게 된다."라는 말로써 영원성으로 지속하는 시간이나 허무화하는 시간에 대해 존재론적인 사고를 하는 지성의 무능력을 고백한다. 즉 시간을 공간화할 수 없다는 이성의 무능력을 표현한다. 그러면서도 시간은 우리의 심적 체험 안에서 인식되며, 우리의 살아 있는 영혼과 밀접한 관계를 맺고 있고, 일종의 영혼의 확장임을 다음과 같이 말한다.

시간이란 모든 순간의 현재이다. 만약 아무것도 흘러(변화하며) 지나가지 않는다면, 그리고 아무것도 현존하지 않는다면 시간은 없는 것이다. 그런데 과거와 미래는 지금 없는데 어떻게 그것의 존재가 증명되는가? 그리고 현재라는 시간이 항상 머물러 있어서 과거로 흘러가지 않는다면 그것은 시간이 아닌 영원일 것이다. 시간이 되기 위해 현재가 과거로 지나감으로써만 증명된다면 현재(presence)의 존재는 어떻게 증명되는가? 시간은 비존재로 흘러감으로써만 그 존재가 증명된다. 그리고 이것은 우리의 마음속에 있는 시간 경험에 의해서 알 수 있다. 즉 과거란 우리의 기억이요, 현재란 직관되며, 또한 과거나 미래의 존재론적인 기초가 되면서도 존재의 영원성에 관계하고, 미래란 우리 영혼의 기대이므로, 결국 시간의 과거, 현재, 미래라는 세 계기는 영혼의 세 지향성에 관계한다는 것이다. 그래서 아우구스티누스는 과거의 현재, 현재의 현재, 그리고 미래의 현재라는 말로 이 세 시간 계기를 표현하며 우리 마음의 지향성과 밀접한 관계를 지니고 있는 현재만을 영원한 존

4) 조규홍, 「플로티노스의 시간 이해와 그의 철학적 입장」, 한국동서철학회 편, 『동서철학의 시간관』(춘계학술발표대회 논문집, 2007) 참조.

재(신)의 현존에 관계하는 것으로 본다.[5]

이러한 시간성에 대한 아우구스티누스의 반성과 내관법(introspection)에 의한 통찰은 비록 시간의 세 계기에 대한 공간적인 환원을 수행한 존재론적 사고의 산물이기는 하나, 시간이 우리의 의식이나 정신과 밀접한 관계에 있고 생명체나 의식의 존재 방식을 나타내고 있다는 것을 통찰한 점에서, 서양 사상사에 있어서 그의 내면으로의 철학적 탐구 방법과 함께 시간의 인식론적 성격에 대한 통찰의 신기원을 이루는 것이었다. 아우구스티누스는 이 시간의 존재를 기독교적인 관점에서 '무로부터의 창조'에 의해 설명한다. 즉 그에 따르면, 무로부터의 창조란 시간과 세계의 절대적 시작을 의미하며, 시간은 세계와 함께 창조된 것으로 무상성에 의해 특징지어진다. 그러므로 우리는 창조 이전의 시간에 대해 물을 수 없고 우리의 시간 관념을 하나님에게 적용할 수도 없다. 그런데 하나님의 영원성은 시간의 양적 연장이 아니라 모든 것을 초월하는 탁월성에 있는 것이며, 이 영원성은 항상 머물러 있음으로써 하나님에게는 영원한 현재[6]만이 있는 것으로 표상된다.

아우구스티누스에 따르면 과거, 현재, 미래의 계기로 나누어진 시간이란 현재에서 활동하는 능동적인 유한한 인간 영혼의 공간적 확장이다. 즉 아우구스티누스의 시간론은 순간과 영원 사이를 왕래하는 인간 영혼의 변증법이다. 그는 허무로부터 신이 만물을 창조하였다는 관점에서 불변하는 영원과 변화하는 순간의 변증법을 현재에서 능동적으로 존재하는 인간의 기억과 예기의 관점에서 설명한다. 그런데 인간 영혼은 유한한 능력을 지녔다. 시간이란 존재의 영원성과 이 영원성을 현재

5) 아우구스티누스, 『고백』 참조.

6) 의식의 지향성에 따른 초월적 정신의 내재화를 수행하는 후설의 현상학에서 의식에 영원한 현재로 포착되는 현재(presence)는 현상학적 환원에 의해 살아 있는 사차원적 현재로 이해된다.

적 순간으로 분석하여 파악하려는 인간 지능에 의해 포착되는 것이다. 즉 우리의 과거, 현재, 미래의 세 계기는 시간과 공간을 통합해 지닌 신의 영원한 현재에 대한 인간의 유한한 지능에 의해 포착된 것으로서 현재를 중심으로 한 과거와 미래로의 무한한 연장으로 이해된다. 이러한 신적 영원성을 전제하는 인간의 시간 이해는 원자론자들의 공허 개념과 같이 변증법적 모순으로 점철되어 있으나 이의 극복은 삼위일체론과 전지전능한 신을 향한 관상으로 변한다. 여기에서 공간 위주의 소크라테스-플라톤의 철학은 기독교 철학에서 창조적인 역동적 신의 영원성의 시간의 개념으로 수렴되며, 베르그송의 지속 존재의 시간 우위의 존재론에서 멀지 않게 된다. 즉 베르그송처럼 말한다면, 인간의 시간은 공간화된 시간이며 진정한 시간은 이러한 공간화된 시간을 초월하는 역동적인 지속의 신비 체험을 통하여 알려지는 무한한 신적 영원성으로 상징된다.[7)]

베르그송은 공허나 공간을 인간 지성이 제작이나 측정 행위를 위해 만들어낸 것으로서 허구적인 것으로 보고 시간만이 실재하는 것으로 주장한다. 즉 베르그송은 감관-지각에 주어진 동적 현실이 능동적 존재의 진정한 심리적 체험 의식에 직관된 시간성인 지속(durée)에 기초해야만 해명될 수 있다는 점을 통찰하고, 일반상대성이론의 사차원적 사고를 지속의 관점에서 해명한다. 전통적인 시간과 공간은 분리되어서는

---

7) 앙리 베르그송의 『도덕과 종교의 두 원천』(송영진 옮김, 서광사, 1998), 244쪽에서 신비 체험에 의한 신의 현존은 다음과 같이 표명된다. "신비한 약동은 생의 약동을 포착하여 더 멀리 나아간다. 우리는 우리의 심층적 자아가 다른 영혼과 공감하며 전 자연과 공감함을 발견한다. 그러나 인류를 탄생케 한 창조적 행위도 하나의 정지(arréèt)였음을 알게 된다. 전진함으로써 우리는 한계를 부수는 결단마저도 부순다." 그리고 이러한 신비 체험에 의해서 드러나는 신은 빛과 사랑과 인격으로 말해진다. "신은 현존한다. 그리고 기쁨은 끝이 없다(Dieu est present et la joie est sans bornes)."

각각 이율배반을 함축한다. 그러나 시간이나 공간에 관한 이러한 이율배반이나 역설은 아인슈타인에서는 시공 연속의 사차원적 사고에서, 베르그송에서는 시간 위주의 존재론적 사고 속에서 해소된다. 그리고 이때의 존재는 신체를 기준으로 한 사건 존재(event)가 된다. 베르그송은 경험의 한계 안에서 이러한 이율배반을 창조적으로 진화하는 과정과 열린 유기체 관념으로 극복하고자 한다. 그러나 이러한 시간성을 지닌 능동자를 실재로 여기는 베르그송은 파르메니데스의 존재론의 원리에 따라 신을 인정하지 않을 수 없게 된다.

2. 뉴턴 역학에서의 시간과 공간

뉴턴 역학에서는 우주에서 일정하게 흐른다는 시간과 위상학적으로 결정된 불변하는 공간은 각각 분리 독립된 존재로서 한계를 지닌 것으로 파악되었다. 칸트는 이러한 시간과 공간에 대한 이성적 사고법에 의한 현상 탐구인 과학적 탐구에서 시간과 공간 각각에 이율배반이 나타남을 보여줌으로써 이 때문에 시간과 공간을 감성의 형식으로 간주한다. 즉 모순은 존재 자체인 현실에서 있을 수 없으므로 칸트는 시간과 공간을 통해서 파악된 존재인 현상만을 알 뿐 '물 자체는 모른다'고 주장한다. 결국 칸트는 시간과 공간 각각에 대하여 선험적 관념성과 경험적 실재성을 주장하고, 과거 존재론적 사고를 감관-지각적 관찰 경험을 범주적으로 구성하여 아는 것만이 존재한다고 하는 존재 구성의 인식론적 사고로 전환하게 만들었다. 그러나 이러한 시간과 공간의 이율배반을 현실에 관한 인식론으로 극복한 것이 입자론에 기초한 아인슈타인의 상대성이론(시간과 공간의 상보성 이론)이다.

아인슈타인의 특수상대성이론은 에테르의 존재를 관측하고자 하는 마이컬슨-몰리의 관측 사실을 로렌츠 변환 공식으로 설명하는 곳에서 이루어졌다. 이 특수상대성이론에 따르면, "관측자의 운동 사실에 상관없이 빛의 속도가 일정하게 관측된다"는 사실을 가정하면, 마이컬슨-몰리 실험의 결과를 모순 없이 설명할 수 있다.[8] 더 나아가 이 가설은 운동과 관련된 시간과 불변하는 공간이 독립적인 것이 아니고 상호 변환되는 상보적인 것이라는 사실을 함축할 뿐만 아니라, 관성운동이 아닌 가속운동을 설명할 수 있다. 이 때문에 아인슈타인은 일반상대성이론이 전제하는 중력을 공간과 시간의 연속성과 상보적인 시공이 휜 사차원의 구조로 설명한다. 그리고 이러한 상대성이론의 타당성은 실증적으로 검증되었다. 그럼에도 불구하고 아인슈타인이 말하는 휜 시공 사차원의 구조는 우리가 표상할 수 없고, 만약 표상할 수 있다면 그 근저에 가속이나 힘의 존재를 가정하지 않으면 생각될 수 없다.[9]

베르그송은 아인슈타인의 상대성이론에는 힘에 기초한 시간을 다루지 않고 시간을 공간에 환원하는 사고가 전제되어 있다고 보고 『지속과 동시성(*Durée et simultanéité*)』에서 이를 비판한다. 왜냐하면 특수상대성이론에서 "빛의 빠르기는 관찰자의 운동에 상관없이 항상 일정하다."라는 가정은 로렌츠 변환 공식이 표명하는 시간과 공간의 상호 변환과 연속성을 함축하는데, 이는 시간과 공간을 측정을 위한 수단으로 간주하고 그 실재성을 말하고 있는 것이 아니기 때문이라는 것이다. 특히 베르그송은 『창조적 진화』 4장에서 공허나 공간은 지성이 제작이나 측정 행위를 위해 만들어낸 것으로서 허구적인 것으로 보고 시간만이 실재하는 것으로 주장한다. 그리고 이 시간은 지속하는 것으로 체험

8) 아인슈타인의 상대성이론에 관한 해설은 알베르트 아인슈타인, 고중숙 옮김, 『상대성이론이란 무엇인가』,(김영사, 2011) 참조.

9) 초육면체로 상징되는 사차원은 인간의 지능적 상상력으로는 불가능하고, 클라인(Klein) 병이나 컴퓨터에 의해서 형상화되는데, 이러한 초육면체는 보는 관점에 따라 육면체 내부에 또 육면체가 형성되어 있는 것처럼 보인다.

되는 실재적인 것이기에 상대화할 수 없다고 한다. 베르그송은 동적 현실이 능동적 존재의 진정한 심리적 체험 의식에 직관된 시간성인 지속(durée)에 기초해야만 해명될 수 있다는 점을 통찰하고 특수상대성이론의 사차원적 사고를 지속의 관점에서 비판하는 것이다. 그는 『지속과 동시성』에서 특수상대성이론은 관찰 효과의 상호성 때문에 시간이나 공간의 수축-확장은 불가능하다고 한다.

뉴턴 물리학은 존재를 질량과 에너지로 구분하고 그의 운동 3법칙에 표명되어 있듯이 관성(inertia)의 법칙을 중심으로 한 모순율에 따르는 일종의 공리 체계이며, 존재론적으로는 원자론적 체계이다. 뉴턴 역학이 원자론적 체계라고는 하나 이때 공간과 시간이 분리되어 있고 이들이 각각 객관적이고 절대적으로 존재하는 것(일정한 시간적 빠르기나 공간적 크기라는 척도를 지닌 존재)으로 표명된다. 즉 시간과 공간이 절대적이라는 것은 허무나 공허화할 수 있는 관념이 아닌 실재성이나 현실성을 나타낸다. 그리고 이러한 실재성에서는 일정한 현실적인 척도나 기준이 전제된다.

그러나 뉴턴의 운동 3법칙은 관념적이고, 정지에 대한 절대적 기준이나 유일한 기준이 없어 상대적이며, 이러한 상대성의 배후에 있다고 생각된 공간에는 위상이 없고 시간 변화에 관계없이 물리 법칙은 대칭성을 지닌다.[10] 이 때문에 그의 운동 법칙은 현실과 관계하려면 힘의 현실적 척도인 절대적인 중력 법칙을 필요로 한다. 그런데 관념적으로 상대적인 운동 3법칙과 절대적인 현실의 법칙을 상징하는 중력 법칙의 힘의 법칙들 사이에는 현실과 모순율에 따르는 관념 사이의 차이와 모순이 함축되어 있다.[11] 한 예로 판넨베르크(W. Pannenberg)에 따르면,

10) 스티븐 호킹, 김동광 옮김, 『그림으로 보는 시간의 역사』(까치, 1998), 27-28쪽.

11) 볼프하르트 판넨베르크, 박일준 옮김, 『자연신학』(한국신학연구소, 2000), 1

중력 법칙을 현실의 법칙으로 간주하면 관성의 법칙이 가장 문제가 된다. 관성의 법칙은 하나님의 불변성을 전제하거나 진공 중에서만 가능하기 때문이다.[12] 다른 한편, 뉴턴의 중력 법칙에 따르면 우주 안의 모든 물체들이 끌어당긴다. 그런데 왜 우주 안의 모든 물체들이 한 곳에 모여 있지 않는가? 이 때문에 뉴턴은 신에 의지에 의해 이루어진 시계와 같은 기계론적 우주를 설정하고, 이 우주 공간에서 한 물체의 현실적 위상은 절대적으로 고정되어 있는 것으로 간주한다. 또한 그는 시간이 이 우주의 모든 곳에서 절대적으로 균일하고 동일하게 흘러가는 것으로 묘사한다.

그러나 이러한 중력 법칙에 관계하는 절대적 시간관과 공간관은 그의 운동 3법칙이 함축하고 있는 상대성이론과 모순된다. 왜냐하면 그의 운동의 3법칙은 우주 안의 어떤 계나 관점에서도 대칭성을 띠기 때문에 어떤 임의의 계나 관점도 상대적이고 상호 변환(대치) 가능하기에 불변하는 우주 안에서 중력 법칙이 함축하는 결정된 절대적 위상을 결정할 수 없다. 더 나아가 절대공간과 절대시간은 상호 모순된다. 왜냐하면 절대공간은 우주 안에서 위상을 결정하는 데 반해, 절대시간은 이러한 위상을 결정하는 데 아무런 역할을 하지 못하기 때문이다. 뉴턴 역학에서 시간은 공간에 편입되고 무의미하다.[13]

또한 뉴턴 역학이 현실적인 시간과 공간의 독립된 존재를 이야기한다 해도 우리는 전통적으로 있어 온 시간과 공간에 관한 형이상학적 의문, 시간과 공간은 유한한가, 무한한가라는 질문에 대한 대답을 할 수

장 참조.

12) 같은 책, 42쪽.

13) 베르그송의 입장에서 보면, 무생물에 관계하는 뉴턴 역학에서 모든 물리 법칙은 운동의 결과만을 이야기하기 때문에 공간에만 관련되어 서술된다. 이 때문에 운동을 말하기 위해서 필요한 시간은 변수로서 실재가 아닌 환상으로 나타난다.

가 없다. 관념적으로 생각된(virtual) 삼차원적으로 유한한 기계적인 우주 밖의 무한한 공간과 무시간, 그리고 이들을 창조한 신의 존재, 아니 무한성과 관계하는 시간과 공간 관념 각각은 그 자체만으로도 역설과 모순을 유발하기 때문이다. 이러한 모순과 역설은 한편으로 시간과 공간이 무한한 것(apeiron)으로 생각되고, 다른 한편으로는 시간과 공간에 현실적인 척도나 기준을 설정하는 것에 따라 일정한 한계를 의미하는 위상과 성질을 지니기 때문이다. 사실 시간과 공간은 관념적으로는 비교나 측정에 관계하는 관계 표상으로서 무한성을 함축한다. 그러나 다른 한편, 공간과 시간은 실재하는 존재의 지평으로서 하나는 정태계를 상징하고 다른 하나는 동태계를 상징하면서도 실재성을 지닌 유한성을 함축한다.

칸트는 뉴턴 물리학의 시간과 공간에 관한 존재론적 관점을 인식론적 관점으로 전환한다. 자연과학을 뉴턴 물리학적 관점에서 이해하는 칸트는『순수이성비판』,「감성론」에서 시간과 공간에 관한 초월론적 규명을 통하여 이 양자가 경험적으로는 실재하는 것처럼 보이나, 우리가 경험할 수 있는 감성적 직관 내용도 아니고 오성의 개념도 아닌, 이 양자 사이의 변증법적 매개로 성립하는 것으로 말하고, 심성의 한 기능인 감성의 형식이라고 말한다.[14] 물론 칸트가 감성과 오성의 변증법적 관련성이 현대의 상대성이론이 표명하듯이 어떠한 현실을 나타내거나 수학적으로 표현할 수 있는 계량적이고 법칙적인 것인가는 말하고 있지 않으나, 시간과 공간을 이렇게 감성의 형식이라고 관념화하는 이유

14) I. Kant, *Kritik der reinen Vernunft*(Hamburg: Felix Meiner Verlag, 1956), pp.66-71. 칸트는『순수이성비판』,「감성론」에서 시간과 공간은 관념도 아니고 직관에 나타나는 경험적인 것도 아니라는 사태를, 관념(개념)이 갖는 정의(definition)에서 기원하는 종류의 분류 개념에 나타나는 '한계성'을 지니지도 않고, 그렇다고 감관-지각의 경험적 직관에 주어진 것도 아니라는 추론을 통해, 시간과 공간이 '감성의 형식'이라는 유명한 결론에 도달한다.

는 다음과 같다. 즉 우리 인간 경험에는 시간과 공간이 분리되어 실재하는 것으로 나타나고, 그럼에도 불구하고 시간과 공간을 존재론적으로 사고하면 유한-무한의 서로 대립하는 이율배반과 역설에 봉착한다. 그런데 현실적 실재에는 모순된 것은 존재하지 않는다는 사실이다.

이러한 칸트의 시간과 공간의 관념화의 사고 속에는 현실적으로 존재하는 것은 모순될 수가 없다는 파르메니데스 이래의 존재론의 모순율(ex nihilo nihil fit)이 전제되어 있다. 칸트는 인간이 자연의 생성-소멸의 법칙을 인식할 수 있는 것은, 시간과 공간이라는 감성의 형식 아래 우리의 이성적 사고가 지닌 모순율에 따르는 존재에 대한 인과적 범주를 통하여 자연의 생성-소멸의 법칙을 구성하여 이를 자연 속에서 실험함으로써라고 말하며, 과학의 가설적 방법을 통해 얻어진 진리는 선험적 종합판단이라는 형식으로 나타난다고 하여 진리 구성설을 주장한다. 그리고 이러한 자연에 관한 이성이 구성한 진리로서 선험적 종합판단의 이면에 존재하는 물 자체((Ding an sich)는 알 수 없다는 전제가 있으며, 따라서 현실적인 물적인 것과 관계하는 우리의 진리 인식은 경험에 조화하면서 감관-지각적 체험으로부터 출발하여 한 발 한 발 나아가는 데서 성립한다고 한다.

칸트가 확실한 학이라고 단언한 뉴턴 물리학에 전제된 독립된 절대시간관과 절대공간관이 빛의 현상 설명에서는 모순에 봉착한다. 빛의 현상에는 입자와 파동의 두 성질이 공존하는 것으로 나타나고, 빛과 같은 존재에 대한 설명에는 파동설과 입자설이 있는데, 이들은 모순된다. 입자설은 원자론에 기초하고 원자의 이면에는 공허한 공간이 존재한다. 한편 빛의 전파의 빠르기와 관련된 파동설은 에너지의 연속성과 동적인 계를 상징하고 이 때문에 입자설과는 정면으로 모순된다. 어떻게 시간과 공간 각각에 기초한 모순된 존재론적 설명 원리가 하나의 빛 현상에 존재하는 것일까? 더 나아가 빛의 전파 속도는 유한하다는 것은 덴

마크의 천문학자 뢰머에 의해 발견되었으며, 맥스웰 전자기장 이론은 빛의 속도가 관측자의 운동에 상관없이 일정하게 전달된다는 것을 예견하였다.

원자론적인 설명 체계인 뉴턴의 운동 법칙이 절대정지라는 개념을 제거했기 때문에 만일 빛이 일정한 속도로 전해진다면 그 일정한 속도가 무엇을 기준으로 하여 측정된 속도인지 말할 수 있어야 한다. 그리하여 에테르란 물질이 가정되었다.[15] 그러나 에테르는 빛이 파동이라는 것을 가정하는 것으로서 절대정지를 상징하며 빛은 일정한 속도를 지니기 때문에 에테르에 대하여 상대적으로 움직이는 서로 다른 관측자들에게는 도플러 효과에 의해 빛이 각기 서로 다른 속도로 그들을 향하여 날아드는 것처럼 보일 것이다. 그런데도 빛의 속도는 관측자(시계)의 운동에 상관없이 일정하다는 것이 마이컬슨-몰리 실험에서 나타났다. 즉 지구에서 행해진 마이컬슨-몰리 실험은 지구의 회전이나 태양 주위의 공전운동에도 불구하고 하나의 광선이 직각 방향으로 갈라져 서로 다른 거리를 이동한 뒤에 다시 만나서 형성한 빛에 간섭무늬가 생기지 않는다고 말한다. 이러한 관측 사실은 이 현상을 원자론적으로 설명하면, 즉 뉴턴 역학의 입장에서 보면 역설이다. 왜냐하면 한 물체의 운동 속도는 가속되는 만큼 더 먼 거리를 가기 때문이다. 음파인 소리도 이러한 도플러 효과가 나타나는 것은 마찬가지다.

그런데 뉴턴 역학의 관점에서 모순이 나타나는 이 관측 사실을 설명하는 것이 로렌츠 변환 공식이다. 그리고 이 공식에서는 빛 속도는 일정한 것으로 가정되어야 한다. 따라서 문제는 아인슈타인의 특수상대성이론이 말하듯이 빛을 입자로 볼 때 빛이 운동체에서 발사되는가, 정지

15) 에테르는 모든 곳에 있으며 심지어 빈 공간 속에도 있다고 가정했다. 광파는 이 물질 속을 통과하며 그 속도는 에테르에 대한 상대속도로 측정된다고 생각되었다. 스티븐 호킹, 『그림으로 보는 시간의 역사』, 30쪽.

체에서 발사되는가에 상관없이 빛 속도가 일정할 수 있는가 하는 것이다. 그러나 이 갈릴레오의 좌표 이동에 따르는 결과를 실험이나 감관-지각적 경험에 맞추는 로렌츠 변환 공식은 공간의 수축과 시간의 지연을 가정한다면, 즉 관측자가 운동하든 안 하든 이에 상관없이 공간이 상대적이듯이, 시간도 공간과의 관계에서 상대적이라면, 뉴턴 역학의 관점에서 마이컬슨-몰리의 실험 결과를 모순 없이 설명할 수가 있다는 것이다. 이 때문에 아인슈타인은 광양자(입자)설을 주장하면서 절대공간을 상징하는 에테르라는 존재를 부정하고 공간은 물론 시간까지도 상대화하면서 뉴턴의 운동 법칙을, 빛의 빠르기는 관측자의 운동 여하에 상관없이 항상 일정하게(1초에 30만 킬로미터) 관측된다는 사실(절대성)을 전제하는 상대성이론으로 공식화한다.[16)]

3. 아인슈타인의 상대성이론

그간의 상식에서 보면, 공간은 불변하고 시간은 원래 운동과 관련되어 논해져 왔기에 상대적으로 다양한 변화하는 체계에 대한 인식 지평으로서 주관적인 것으로 이해되어 왔다. 그런데 뉴턴 역학에서는 역으로 시간의 빠르기는 일정한 빠르기를 지닌 것으로 간주되었고, 뉴턴의 운동의 3법칙의 상호성 때문에 공간은 상대적인 것으로 드러난다. 그러나 뉴턴이 전제한 공간의 거리는 변화하지 않고 고정된 위상을 지닌 것으로서 절대적이다. 이 때문에 시간이 일정한 빠르기를 지니면서도 운동자의 관점에서 상대적어야만 하는데 이것은 모순이다.

아인슈타인의 상대성이론은 절대적인 시간과 공간의 독립성을 전제하는 뉴턴의 운동 법칙과 달리, 시간과 공간이 일정한 한계 안에서의

16) 알베르트 아인슈타인, 『상대성이론이란 무엇인가』, '고중숙의 해설 논문' 참조.

상보적(상대적) 변환과 연속성을 주장한다. 우선 특수상대성이론은 마이컬슨-몰리의 관측 효과에 대해서, “빛은 관측자의 정지나 운동 속도에 상관없이 항상 일정한 빠르기로 나타난다”고 하는 인식론적 관점을 선언한다. 여기에서 빛의 빠르기의 일정함은 빛 입자의 관점에서의 관측 사실까지도 함축한다. 즉 빛 입자는 자신의 운동체에서의 발사 여부에 상관없이 일정한 빠르기를 지닌 것으로 지각되고 관측된다는 것은, 에테르계로 간주된 절대공간이나 빠르기에 한계를 가진 시간을 상대화하면서도 시간과 공간이 관련되어 이들 사이에 변증법적 관계가 있음을 의미하며, 우리와 같은 시간 의식을 지닌 존재에서와 같이 빛 현상에 대한 체험에 쌍둥이 효과가 있음을 말한다.[17] 빛 입자의 빠르기가 일정하다는 것은 빠르기가 거리분의 시간을 의미하기에 이제 빛 입자

---

17) 아인슈타인의 특수상대성이론은, (1) 절대적 등속운동의 측정은 불가능하고(운동의 상대성), (2) 빛은 관찰자의 운동에 상관없이 항상 같은 빠르기로 관찰된다는(광속의 절대성) 관찰 사실에 기초한 가정들(운동의 상대성과 빛의 빠르기의 절대성 간의 상호작용)로 성립되어 있다. 아인슈타인은 위의 가정 이외에 빛보다 빠른 물체는 존재하지 않는다고 하고 빛을 일종의 입자로 보는 광양자설을 발표한다. 결국 아인슈타인의 특수상대성이론은 시간과 공간의 연속성(상보적인 사차원)의 원리(빠르게 움직이는 물체 안의 시계가 천천히 가는 효과와 빠르게 움직이는 물체는 축소된다는 로렌츠 변환 효과와의 상호작용)와, 에너지와 질량의 상호 변환의 법칙($E = MC^2$)으로 정리된다.
더 나아가 그의 일반상대성이론은 등가원리로 구성된다. 즉 가속도운동(속도의 변화: 감속과 방향 변환)과 중력 효과는 동일한 것으로 서로 구분할 수 없다. 그 결과 중력이란 시간과 공간의 곡률로 정리된다. (중력은 휘어진 삼차원 공간으로 표현되며, 광선은 가장 짧은 거리(측지선)를 이동해 간다. 그런데 삼차원 공간의 휘어짐을 우리는 상상할 수가 없다. 그러므로 일반상대성이론은 수학적으로만 계산된다.) 그리고 이 일반상대성이론에 의해 중력장에서의 빛의 휨, 수성 궤도의 변화, 중력장 안에서의 시간의 변화를 예언하거나 설명할 수 있었다. 한편 이러한 아인슈타인의 광양자설은 파동 현상과 양립할 수 있는 가능성(파동과 입자의 상호작용과 변환 가능성)을 열어놓았으나 근본적인 통일은 불가능했다. 아인슈타인은 사차원 공간을 이야기하는 한 끝까지 원자론적인 고전 역학적 사고에 머문다.

가 지니는 시간은 일정한 빠르기를 지닐 수 없음은 물론 공간마저도 일정하거나 고정된 것이 아니다.

아인슈타인의 상대성이론에 전제되어 있는 빛의 속도가 유한하다는 것과 관찰자의 운동에 상관없이 일정하게 관측된다는 사실은, 관찰 사실이 관찰자에 따라 일정한 한계 안에서 시간적으로 상대적 차이성을 지닌다는 것을 의미한다. 이것은 공간 관념이 정지와 운동의 거리(차이)를 동시에 이중적으로 함축하듯이 이에 따라 시간도 동시와 계기가 이중적으로 상대적임을 의미한다. 즉 우리에게 공간성을 상징하는 동시적인 것이 우리와 상대적 운동을 하고 있는 사람에게는 계기적인 것으로 보일 수 있다는 것이다. 이러한 상대적 차이는 빛과 같은 무생물에게 있어서는 존재의 공간적 축소와 시간적 지연(지속)으로 나타나고, 일정한 시간성을 살고 있는 생명체적 존재에게서는 시간적 지연에 따른 젊게 사는 효과로 나타난다. 즉 시간은 베르그송이 생각하듯이 생물체에게서만 존재하는 것이 아니라 무생물과 생물에 모두 같이 적용되는 것이다. 그리고 이러한 상대적 차이성은 역으로 개인이나 다른 관찰자들 사이에 시간 체험의 '동시성'이 불가능하다는 것을 함축한다. 즉 우주에서 존재하는 사물들이나 생명체에게 모두 절대적 동시성이란 존재하지 않는다.

그런데 이러한 존재의 지속과 시간의 상대성은 보다 근본적인 것이다. 사실 아인슈타인이 빛은 관찰자의 상대적인 운동 속도에 상관없이 항상 일정하게 관찰된다는 가설을 세웠을 때, 이 가설은 관찰 사실에 부합할 뿐만 아니라, 경험을 설명하는 일관된 체계로서의 전통적인 뉴턴의 역학 체계에 나타난 모순이 해소됨을 의미하는 것이다. 즉 전통적인 뉴턴의 역학 체계에서는 관찰자의 상대속도에 따라 관찰 사실이 도플러 효과를 나타내는 것으로 알려져 왔으나, 상대성이론에 따르면 빛에 관한 마이컬슨-몰리의 실험이나 관찰 효과에서는 전혀 이 효과가 뉴턴 역학에서와 같이 나타나지 않는 것으로 말해지기 때문이다. 이 점에서 뉴턴 역학은 상대성이론과 모순되며 현실을 설명하는 이론으로서 한계에 부딪친 것이다. 이 모순은 어떻게 완화되거나 해소될 것인가?

이러한 모순이 해소되는 것은 다음과 같은 방식으로일 뿐이다. 즉 빛의 속도에 가깝게 운동하는 사람에게도 빛이 항상 똑같은 빠르기로 관찰된다는 것은 관찰자가 이미 빛과 같은 속도의 운동 속에 있으면서 관찰 효과에 영향을 일으킬 만큼의 생리적으로 물리적 영향을 받는다는 것이다. 이것은 도플러 효과가 관찰자에게 내면적으로 작용하여 관찰자의 시간 의식에 영향을 미친다는 것을 함축하며, 물리적 사건(공간)과 관찰이라는 심리적이고 감관-지각적인 사건(시간) 사이의 상호작용의 결과이자 상호 침투의 영향관계이다. 즉 물질에서 독립적으로 작용하는 정신이나 영혼이 보이는 '(자아)의식 현상'은 물리적 작용의 효과에 불과하거나 이에서 독립될 수 없다는 것이다.[18] 마치 중력 효과와 운동에너지 사이의 상호작용과 변환 현상과도 같다. 더욱이 시간과 공간의 연속성이 존재 전체를 나타내는 것이라면, 존재는 지금까지의 상식적인 뉴턴의 단일한 절대적인 시간관과 단일한 공간관(중력 효과를 고려하지 않으면 사실 상대적인 것)을 단순히 종합하는 것만으로는 현실이 밝혀질 수 없다는 것을 상징한다. 더 나아가 빛이라는 것에 입자와 같은 성질을 부여할 수 있는 것일까? 아니 빛이란 '일정한 빠르기를 지닌 하나의 존재'인가?[19]

---

18) 현대의 과학철학이나 심리철학에서 김재권의 수반이론이 나타나는 이유이다.

19) 아인슈타인의 상대성이론의 이면에는 존재라는 운동 주체가 전제되어 있다. 빛이라는 존재는 입자이자 파동이라는 서로 조화할 수 없는 모순된 성질을 보이는 것으로 나타난다. 이 때문에 단일한 빛-존재의 관점에서 보면 시간과 공간이 연속된 상대적인 것으로 나타나고, 절대공간과 절대시간의 관점에서 보면 빛-존재는 사차원적인 역동적 존재로 나타나는 것을 의미한다. 즉 빛은 힘이 전달되는 파동으로서 여기서 존재는 사건 존재로서 시간성을 지니는

원자론적 체계로서의 상대성이론이 함축하는 또 다른 의미는 뉴턴 역학에서의 운동 법칙과 중력 법칙을 통합하고 있다는 것이다. 즉 특수 상대성이론은 현실을 설명하기 위해 정지와 운동을 절대적 사실로 간주하고 있고, 정지와 운동 사이를 로렌츠 변환식을 이용하여 모순 없이 설명하고 있다. 따라서 이 로렌츠 변환식은 존재와 공간이 에너지에 의해 상호 연관되는 것을 상징한다. 이 때문에 일반상대성이론이 가정하는 중력장에서는 중력이 힘이 아니라 실재하는 공간이 휘었다는 아인슈타인의 공간 사차원적인 설명을 파생시킨다.[20] 그런데 아인슈타인의 상대성이론은 고전적으로 철저히 원자론에 기초한 것이다. 사실 고전적으로 우리는 공간 삼차원적인 세계가 일차원적인 시간 축 위로 순간순간을 차례로 거쳐서 연속적으로 진행하는 것으로 표상하였으나, 상대성이론이 발견한 세계는 사차원적인 시공간적 길이가 일정한(불변하는) 하나의 구조로서 그 근저에는 힘이 존재하는 사건(event)이 지각되는 것(현상 존재가 되는 것)이다. 달리 말하면 시간과 공간은 서로 다른 차원이 아닌 연속적인 것이면서도 시간이란 삼차원 공간 위에 하나의 다른 '측정 가능한' 공간적 차원을 형성한다. 이것이 시공 사차원 개념이다.

뉴턴 역학에서 운동 3법칙의 상대성과 중력 법칙이 일치하지 않고 모순되어 있다는 것은 앞에서 이야기했다. 이 때문에 뉴턴은 자신의 정태적인 기계론적 우주에서 한 위치를 차지하고 있는 존재가 받는 중력을 검증하여 위상을 확인하려고 하였으나 항상 실패했다.[21] 그런데 이

것이 된다. 베르그송은 전통적인 존재론적 관점에서 상대성이론의 이면에 생명체로서의 인간 주체성이 전제되어 있다는 것을 간파하고, 기억 능력을 지닌 생명체인 인간의 영혼이라 일컫는 주체성이 지니는 시간성을 지속이라 부른다. 앙리 베르그손, 박종원 옮김, 『물질과 기억』(아카넷, 2005), 3장 참조.

20) 스티븐 호킹, 『그림으로 보는 시간의 역사』, 40쪽.

21) 존 로제, 최종덕 · 정병훈 옮김, 『과학철학의 역사』(한겨레, 1988), 111-113쪽.

러한 모순은 그의 운동 법칙이 함축한 우주의 존재론적 관점과 중력 법칙이 함축한 관찰-지각적인 경험적 관점이 모순되기 때문인데, 이를 관찰-지각적 직관에 일치해서 통합하는 것이 아인슈타인의 상대성이론이다. 그리고 그의 상대성이론은 현실이 동일성이나 동시성에서 성립하는 공간적인 표상이 함축하는 상대적인 것 이상을 드러내는 시간이나 힘의 질적 다양성을 설명하는 이론이며, 만일 아인슈타인의 상대성이론이 현실과 변증법적 관계를 가진다면, 실험적 사실은 이러한 원자론의 공간 삼차원의 필연성 일변도를 넘어서는 변증법적인 것을 의미하는 것이다. 즉 아인슈타인은 어디까지나 모순율에 따르는 공간적 사고에 기초한, 그러면서도 이들 공간을 응축하고 희박화시키는, 그러면서도 측정이 가능한 역동적인 사차원 세계를 이야기하는 것이다.

4. 베르그송의 아인슈타인 상대성이론 해석의 단초

우리의 상식적 견해에 따르면 운동이란 물체가 공간 속을 이동하는 것이다. 아리스토텔레스가 운동의 양상을 창조, 공간운동, 질의 변화, 양의 변화, 네 가지로 말한 것의 한 양상인 공간운동이다. 이러한 운동에 관한 표상에서 공간은 원자론자의 공허처럼 물체에 아무런 영향을 미치지 못하고 따라서 물체와 아무런 관련성이 없는 무한한 절대적인 것이다. 그러나 과연 공허와는 달리 실재하는 공간과 물체의 운동은 아무런 관련성이 없는가? 또 아리스토텔레스가 말하는 공간운동의 표상이 이 모든 운동을 대표할 수 있는가? 이러한 원자론적 사고에서는 물체와 공간(공허)은 물론 힘이라는 세 계기가 분리되어 파악되고 있다. 과연 실제로 그러한가?

현실의 실재에 대한 접근 방식은 여러 가지가 있는데 그중 하나가 기하학적이고 물리학적인 접근이다. 이 양자는 실재에 대해 베르그송이 말하듯이 원자론적이고 추상적인 관념으로 접근하는 것이다. 20세기까지 대부분의 철학자들은 물질과 공간, 그리고 시간과 그들의 관련성을 추상적으로 생각해 왔다. 특히 시간과 공간에 대해서는 플라톤 이래 실재론자들은 물질을 공간과 시간의 속성으로 보았다. 반면, 관계주의자들은 공간과 시간을 물질의 속성으로 보았고 관념론자들은 의식의 속성으로 보았다. 이러한 견해들은 삼차원적인 유클리드의 공간 관념과 이에 유비된 직선적인 시간 관념 때문에 나타난 것이다. 20세기 초까지 어떤 형이상학적 문제와 마찬가지로 물리학적인 문제는 이러한 삼차원적 사고의 틀에서는 해결될 수 없는 것이 분명해졌다. 직관론자인 베르그송에서도 마찬가지다.

그러면 과연 공간이란 존재하는가? 우선 원자론자들의 무한한 공허(kenon)는 우리가 인정할 수 없다. 플라톤이나 베르그송도 그러하다.[22] 그러면 공간이란 무엇인가? 베르그송에 따르면, 그것은 우리의 비교하고 측량하고 관계지어 보는 지능의 사고 습관에서 기원하는 것이다. 즉 공간 관념이란 이러한 측정하고 관계지어보는 사고 습관에서 나타난 상대성을 지닌 추상적 존재이며, 분석을 전제하는 인간의 사유의 구성물이다. 이에 반해 실재는 물론 장소 등은 모두 특정한 성질(위상)들을 지닌다. 그리고 이러한 성질들은 그 배후에 동적인 다양한 힘을 전제한다. 이 때문에 뉴턴에 의해 운동 법칙, 특히 관성의 법칙으로 표명된 타성적인 힘이란 죽어 있는 물리적 실재에나 그것도 가상적으로 적용될

---

22) 철학자들이나 과학자들은 진리를 밝혀야 하는데 진리란 이러한 우리의 현실을 밝히는 것이지 현실에 없는 원자론자들의 한계가 없는 '공허(vide)'와 같은 관념을 만들어내는 것이 아니다. 물론 관념이라는 것은 현실의 논리 이면에 있는 가능성의 세계를 밝히기 위해서 창안되고, 또 한편 이 점에서 현실을 벗어나는 자유의 산물로서 유용하기는 하다. 그러나 이러한 관념이 현실적으로 존재하는 것으로 생각되어서는 안 된다. 앙리 베르그손, 황수영 옮김, 『창조적 진화』(아카넷, 2005), 409-442쪽 참조.

뿐 이것마저도 열역학 법칙에 따르면 열 소멸 이후에나 존재하기에 존재한다고 말할 수 없다.[23] 또한 관성의 법칙에서는 운동은 상대적이고 이 법칙을 토대로 만물의 생성-소멸을 정리하다 보면 모든 운동은 동일률에 따른 필연적이고 기계적인 것이 된다. 더 나아가 뉴턴 역학에서처럼 중력 법칙이 동적 만유를 지배하고 이의 통일성을 상징하는 것으로 해석되면, 기계론적인 우주마저도 존재할 수가 없다고 생각된다.

베르그송은 공허를 부정할 뿐만 아니라 존재의 진상을, 불변하는 공간 개념에 매개되지 않은 동적인 것, 혹은 그 원인인 힘, 그것도 생명체에게서나 존재하는 자발적인 힘(élan vital)에서 찾는다.[24] 이는 헬레니즘 전통에 반하는 것이다. 운동이란 무엇인가? 그는 제논 역설의 기원을, 파르메니데스인 존재론적 사유의 산물로서 생성-소멸하는 운동의 세계를 지성의 모순율에 따라 분석-종합하는 데에서 찾는다. 사실 그리스 자연철학은 만물의 생성-소멸을 설명하고자 하는 데에서 출발하나, 파르메니데스의 존재론적 사고 때문에 존재와 운동을 분화시키고 이 양자를 다원론자들처럼 운동 원인인 정신(nous)이나 우주적 영혼에 의해 결합하려는 데에서 기원하며, 원자론자들은 이러한 운동 원인을 원자의 운동 방식에 의해 설명하려는 원자론적 사고로 완성된다. 그런데 원자론적 사고란 운동하는 현실을 모순율에 따르는 사고의 법칙에 환원하려고 한 데서 기원하는 것이고, 이는 베르그송에 따르면 불변하는 것을 찾는 지능의 분석-종합하는 논리적 사고, 즉 공간적 사고의 산물이다. 그는 이 지능에 의해 모순율에 따르는 서구의 철학적 이성과 이성에 의해 동적 현실을 설명하려는 과학의 환원적 사고가 나타났다고 본다. 즉 이 지능은 칸트가 말한 것처럼 감관-지각적 경험을 통한 현실

23) 힘은 실제로는 위상이나 준위 차이로서 우리의 심리적 경험에 느껴지는 것이다.

24) 직관적인 인간 주체성의 현실을 긍정하는 입장이다.

을 실험적으로 재현하기 위해 존재론적 사고에 의해 원자론적으로 구성(환원)하고, 이를 자연 가운데에서 실험하면서 진리를 발견해 나가는 것으로서 서구 근대의 과학적 사고로 나타났다고 본다. 그런데 베르그송에 따르면, 근대 과학의 원자론적 사고는 운동의 원천인 에너지가 타성적이고 가치중립적이기 때문에 운동을 능동인의 관점에서, 즉 생명체가 지니는 힘이나 인간에서 나타나는 주체의 의지적(자발성의) 입장에서 파악하지 않는다.

베르그송에 따르면, 동적인 것은 우리의 직관적 의식에 의해 드러나고 이 직관적 의식은 기억 현상에 기초한 정신의 본질인 자발성의 발현이다. 그리고 이 자발성은 지속하는 것으로 나타나며 시간 의식이라는 것은 바로 이 지속하는 존재의 외적 물체(자발성과 차이 나는 그 무엇)와의 상호작용 속에서 나타난 현상이다. 따라서 동적인 외적 실재란 진정한 시간성을 지닌 존재의 힘이 공간화된 것이다. 이 때문에 파르메니데스의 존재론에서처럼 현실의 동적 존재나 진정한 시간에 대한 탐구 없이 존재의 기초를, 분석-종합하는 지성이 마련한 공간성에 둔다면, 제논의 역설과 같은 것이 나타난다고 말한다.[25]

베르그송에 따르면 힘이란 심리학적 기원을 지닌 것이다. 즉 힘이란 우리가 직관적으로 느끼고 아는 것이다.[26] 그리고 힘이란 하나의 연속된 동적인 운동의 원인이다. 이러한 힘은 동적 존재와 현실성의 절대적 근거이다. 이러한 힘과 동성(mobilité)을 제논은 비교 분석이 가능한 공

---

25) 제논의 역설은 사실 무한한 공간을 전제하는 데에서 나타나는 것이다. 베르그송은 이러한 공간 개념이 역동적 존재를 역행하는 정신(지성)의 운동에 의해 산출된다는 것을 『창조적 진화』, 4장에서 말하고 있다. 현대 물리학에서는 물리적 존재는 베르그송이 말하는 역동적 존재에 지배받는 것이 아니라 이에 반하는 열역학 제2법칙인 엔트로피 법칙에 지배받는 존재로 나타난다.

26) 앙리 베르그손, 최화 옮김, 『의식에 직접 주어진 것들에 관한 시론』(아카넷, 2001), 267-270쪽.

간상에 전개된 것(결과적으로 나타난 것)으로 놓고, 이를 이미 정지를 상징하는 공간과 다름없이 취급하기 때문에 제논의 운동 역설에서와 같은 것들이 나타난 것이라는 것이다. 베르그송에 따르면, 운동은 작용-반작용의 상호적 상대성이나 법칙의 대칭성(상호성)을 지니지 않는 방향성(편향성)과 연속성을 지닌 (열역학 제2법칙인 엔트로피 법칙에 반하는) 역동적인 것이다. 그런데 이러한 역동적이고 연속적인 운동을 우리는 정지를 상징하는 공간에 전개된 것으로 생각하고, 공간을 분할하듯이 운동을 측정 기준인 단위로 분절하면서 보는 것이다. 이 대표적인 예가 시간을 시계의 운동으로 측정하는 것이며, 이렇게 측정된 시간은 운동이 지니는 유기적 관계가 분할된 기계적 시간, 즉 공간화된 시간이라는 것이다. 기계란 무엇인가? 그것은 전체와 부분의 관련성이 공간적으로 분할된, 따라서 수학적으로 계산 가능한 관계에 있다. 즉 기계는 원자론에서와 같이 운동 원인과 기관이, 또 기관과 기관의 부분이 유기적으로 관련된 것이 아니라 상호 외재적으로 따로 분리되어 존재한다.

그런데 자연 현실에서의 생명체는 물론 물리적 존재의 운동은 이러한 기계적 법칙에 맞지 않음이 빛의 현상에서 나타날 뿐만 아니라, 우리의 감관-지각에 주어지는 다양한 성질들이나 심리 현실에서는 전혀 맞지 않는다. 사실 물리적인 우리 현실에도 원운동과 가속도의 운동이 존재하고 이러한 운동에는 힘이 들어가야 하며, 그래서 현실을 빠르기에 관계하는 가속과 같은 다양한 힘의 체계로 보고 이를 설명하기 위해서는 시간과 공간을 실재하는 것이 아닌 인식론적인 형식의 것으로 전환해야 한다. 이 때문에 칸트는 시간과 공간에 대해 경험적으로는 실재적이나 인식론적으로는 관념적이라 하여, 시간과 공간을 분리된 형식으로 말하고 감성의 형식이라 말한다. 그러나 시간과 공간에 관한 이러한 관념과 실재의 이중성은 통합되어야 한다.

사실, 상식의 관점에서 보면, 여느 물리학자처럼 뉴턴 역학은 시간과 공간의 실재성을 전제한다. 따라서 뉴턴의 운동 법칙은 공간 존재의 절대성 아래 운동 효과의 상대성(상호성)만 표명하고 있고, 시간은 관념적인 것으로 남아 있다. 즉 뉴턴 역학에서 시간과 공간은 절대적인 것으로 분리되어 있으나 운동 효과에 따라 상대적인 것(상호성)으로 나타난다. 역설적으로 경험의 감관-지각에 나타나는 운동 효과는 공간적으로 상대성을 띠는 데도 불구하고, 뉴턴 역학에서 공간은 중력 법칙에 의해 위상을 지닌 절대적인 것으로 존재한다. 마찬가지로 시간은 절대적인 공간과 분리되어 우주에서 '일정하게' 흐르면서 존재하며 절대적인 것이 된다. 이 때문에 역설적으로 뉴턴의 기계적 우주에서 시간은 동일성만이 반복됨으로써 무의미하고 환상이다.

그러나 아인슈타인의 상대성이론에서는 공간만 상대화한 것이 아니라 시간까지도 상대화하고 시간과 공간은 같은 성질의 것이며 분리된 것이 아니고 상보적인 것이 되어 하나의 존재를 구성하는 '인식론적으로' 관찰-지각적 체험에서 실재적인 것이 된다. 즉 인식론적인 시간과 공간이 하나로 통합되어 실재하는 것으로 되고, 아인슈타인이 가정한 사차원 공간에서는 질량과 힘의 상호 변수로서 하나의 현실적인 존재가 된다. 그리고 시간과 공간의 이러한 인식 형식으로의 변화에 전제되는 것은 시간과 공간의 상대화와 상호성에 따른 광속도 불변의 것이라는 형식으로 나타난다. 결국 빛은 입자와 파동의 이중적 성질을 지닌 '하나의 사건적 존재' 즉 사차원적 존재가 된다.

그런데 존재론적 계기를 지닌 시간과 공간의 감성의 형식이라는 인식론적 형식으로의 변화는 이미 칸트가 제안한 것이며, 공간의 시간성으로의 환원은 그의 도식(schema)론에 나타난다. 즉 시간과 공간이 감성의 형식이고 감관-지각적인 감각은 심성의 한 양식이기 때문에 공간은 시간성으로 환원(reduction)된다는 것이다. 베르그송의 시간론은 여기에서 출발한다고 볼 수 있다. 베르그송에 따르면, 시간은 기억을 토대로 한 인간의 의식에서는 지속(durée)하는 존재로 나타나며, 이러한 지속은 역동성이나 힘의 본질로서의 생명의 본질인 자발성에서 기원하는 생기론적인 것이며 그러한 의미에서 절대적인 것(élan vital: 역동적 실재)이고, 이러한 시간성과 관련하여 생각되는 공간은 인간 지성이 동시성 사이의 정태적 거리 개념에서 만들어낸 허구이다.[27] 사실 아인슈타인의 상대성이론이 가정하고 있는 일정한 빛의 빠르기와 관찰 사실에 기초한 시간 측정 사이에는 측정에 따른 동시성(공간성)을 가정하고 있으면서도, 현실적으로 지속 존재에서 이러한 동시성이 불가능함을 보여준다. 이러한 역설은 어떻게 설명될 수 있는가?

5. 로렌츠 변환 공식에 대한 베르그송의 해석

그런데 베르그송이 보기에 특수상대성이론은 "마이컬슨-몰리 실험에 기초하고 있는 것이 아니라 기준 체계에서 다른 체계로 전환할 때 전자

---

27) 시간과 공간의 상대성에 대한 관념을 우리는 다음과 같이 실험할 수 있다. "우주가 시간상 혹은 공간상 두 배로 확장되거나 빨라졌다고 가정하면 우리는 이를 알 수 있는가?" 그런데 물리학에서는 공간은 물체의 운동과 관련하여 불변하고 고정된 것으로 생각되나, 시간은 열역학 엔트로피에서 기인하는 우주에 보편적인 에너지 하강의 법칙에 따라 단순하게 흐른다고 하는 시간이 있고, 원자나 분자의 세계에서는 화학적으로 전자기 법칙이 타당한 시간이 존재하며, 이들로 이루어진 물체의 세계에서는 베르그송이 말하듯이 얼음이 어는 것과 녹는 것에도 시간이 소요되며, 식물이나 동물이 성장하고 소멸하는 데에서는 식물이나 동물의 생리학적 시간이 소요되고, 인간의 감관-지각에서나 심리 세계, 혹은 정신이라 불리는 의식 세계에서도 무엇인가를 감각하고 인식하는 데에는 시간이 소요된다고 말할 수 있는 다양한 지속하는 시간이 나타난다. 이러한 공간의 무규정성(apeiron)과 시간의 다양성을 지속이라는 자발성에 의해 통합하는 것이 원자론에 기초란 상대성이론이라고 말할 수 있다. 그런데 베르그송의 시간 관념의 토대가 되는 공간에 대해서는 그것을 동시성의 것으로 고정된 것으로 설정하는 데에서 베르그송의 상대성이론에 대한 모든 오해가 성립한다.

기장 법칙의 불변의 형식을 보존하기 위한 필연성을 일반적으로 보여주는 것이다."[28] 이 때문에 베르그송은 마이컬슨-몰리 실험을 설명하는 물리학 공식을 계산하는 데 있어서 빛이 먼 거리를 가는 시간과 짧은 거리를 가는 시간을 가정하고 있다. 이는 공간의 수축 팽창을 고려하지 않는 것이다.[29] 즉 아인슈타인은 광속도가 일정하다는 관점에서 일정한 한계 안에서의 시간과 공간의 상대성과 상호 변환 가능성을 고려하는데도, 베르그송은 아인슈타인의 로렌츠 변환 공식을 해석함에 있어서 가속과 같은 다양한 운동 사실은 감관-지각적 관찰에서는 운동의 상대성(상호성)으로 나타나기에 쌍둥이 효과와 같은 것은 있을 수 없고 오직 지구에 남아 있는 사람의 절대적 시간만이 실재하는 것으로 해석한다.[30] 즉 그는 인간이 체험하는 절대적인 시간이란 그 계와 관계하여 성립하고 또 그 계는 다른 계와 상대적으로 관계하고 있다는 것을 망각하고 있다.[31]

베르그송은, 수학자는 운동을 물체와 공간, 그리고 운동력으로 분리

28) Henri Bergson, 『지속과 동시성(*Durée et simultanéité*)』(Paris: P.U.F., 1968), 1쪽.

29) 사실 베르그송은 『지속과 동시성』, 1장에서 로렌츠 변환 공식을 다루는 데에서부터 빛 속도를 일정한 것으로 놓으면서도 빛의 빠르기에 대해 인식론적 효과(시간이나 공간의 상호 변환에 따르는 수축과 팽창)를 고려하지 않은 계산을 하고 있다. 즉 지구 공전운동 방향의 빛에 대해서는 뉴턴 방정식의 도플러 효과를 가정한 빛의 시간과 거리를 계산하면서, 지구의 공전 방향과 직각인 방향에 대해서는 빛 속도를 인식론적으로 자신이 '직관적으로 계산한 것(directement)'으로 상정하고 있다(4-5쪽). 이것은 공간적 거리를 고정하는 것으로서 "빛의 속도가 관찰자의 운동 여부에 상관없이 일정하게 측정된다"는 아인슈타인의 가설에 반한다.

30) 역으로 우주선을 타고 가는 쌍둥이 중 하나도 절대적인 시간인 지속 속에 존재한다.

31) 『지속과 동시성』, 2장. 로렌츠 변환이란 계와 계 사이의 변환을 생각는 것인데도 불구하고, 공간이란 고정된 것이라는 관념 때문에 로렌츠 변환이 의미하는 것을 생각하지 않는다.

하고 이들의 관계를 측정의 관점에서 일반적인 방정식으로 만들어내는 사람들로서, 그들의 사고는 뉴턴에게서 나타났듯이 논리적이고 원자론적인 것이며, 따라서 뉴턴 운동 방정식이나 아인슈타인의 특수상대성이론에 나타난 시간과 공간의 상대성이 함축하는 상호성(réciprocité)은 법칙의 대칭성을 의미하는 것이라는 것이다. 이 때문에 베르그송은 "일반상대성이론 속에 유일한 시간과 지속에서 독립적인 연장(절대공간) 개념이 순수한 상태로 상존하고 있다."[32]라고 비판한다.

사실, 마이컬슨-몰리 실험에서 분명히 빛은 서로 다른 거리를 동일한 시간에 달린 것으로 나타난다. 즉 뉴턴 역학적 관점에서는 지구가 움직이는 방향으로 쏜 빛과 지구에 수직으로 쏜 빛이 동시에 들어와 검측 도구에 간섭무늬가 없다는 것은 도플러 효과가 없다는 것을 의미함으로 모순이 나타난다. 이러한 문제를 해소하는 데 있어서 아인슈타인의 특수상대성이론은 거리와 시간을 상호적으로 수축하고 팽창하는 것으로 설명하고 있다. 이러한 아인슈타인의 특수상대성이론의 설명은 쌍둥이 효과로 요약할 수 있다. 즉 지구에 남아 있는 쌍둥이 관찰자(피에르)는 로켓에 탄 쌍둥이(폴)가 쏜 빛까지도 관찰하며 이때 폴의 빛은 그 속도가 일정함으로 축소되어 보인다. 그러나 폴은 로켓 속에 있기 때문에 그의 의식은 생리적 효과에 의해 변환되어 천천히 흐르며 이는 그가 관찰하는 지구에 남아 있는 쌍둥이(폴)의 운동(나이)이 빠르게 진행되는 것으로 나타난다.

그러나 베르그송에 따르면, 이러한 설명이 가능하기 위해서는 에테르계를 설정하지 않으면 안 된다는 것이다. 더 나아가서 피에르나 폴은 모두 동일한 물리 법칙에 따라 사태가 이루어지는 것으로 관찰한다. 모든 것은 에테르계에서 일어나는 물리 법칙에 따른 시간과 공간 측정에

32) 『지속과 동시성』, 25쪽. 이 말은 아인슈타인의 상대성이론이 뉴턴이 말하는 삼차원의 공간과 일차원의 시간이 분리되는 것을 전제하고 있다는 것이다.

따라 설명되는 것이다. 결국 아인슈타인은 에테르를 부정했지만 에테르계를 가정하고 있다는 것이다.[33] 운동하든 안 하든 상관없이 운동 법칙은 일정하게 관측되므로 이것은 에테르계에서 설명하는 것과도 같다. 그러나 이러한 추론에서 더 나아가 실재계에서는 아인슈타인의 상대성 효과라는 것은 일어날 수 없다고 판정하는 것은 시간과 공간의 상호 변환이나 질량과 에너지의 상호 변환을 생각하지 않는 것이다.

사실 베르그송의 이러한 비판은 그의 시간과 공간의 분리의 관점과 시간만을 실재로 보고 공간을 고정되어 있다고 보는 공간관에서 기인한다. 또한 운동에 대한 관찰-지각 속에는 힘에 대한 의식이 없이 시각적 효과의 상호성만이 존재하며, 과학자들의 실험이라는 것도 인간의 심리에 기초하지 않은 관찰-지각적 효과만을 지니는 것으로 간주하고 있다. 이러한 베르그송의 관찰-지각과 실험에 대한 견해 및 공간관은 아인슈타인의 가속도가 가정된 특수상대성이론에 의해 이야기된 쌍둥이 역설에서 말해진 우주여행 뒤의 나이 차의 실재성을 관찰효과나 운동의 상호성에 의해 착각(mirage)으로 해소해 버리는 데로까지 연장된다.

> "발사체는 '부동의' 지구에 결부된 기준계(canon)로부터 출발했다. 이 기준계 가까이 남아 있는 사람을 피에르라 하고, 이때 지구는 우리의 체계 S가 된다. 발사체 S'에 갇힌 여행자는 이제 우리의 폴이 된다. 우리는 피에르에 의해 200년을 산 뒤에 폴이 되돌아온다는 가정 속에 있게 된다. 그러므로 사람들은 피에르가 살아 있고 의식이 있다고 간주했다. 이것은 바로 폴의 출발과 귀환 사이에 있는 피에르에게 흘러갔던 200년의 내적 흐름이다.
>
> 이제 폴에게로 가보자. 우리가 알고자 하는 것은 폴이 얼마나 살았느

33) 『지속과 동시성』, 1장과 25-26쪽.

냐는 것이다. 우리 스스로가 말을 걸어야 하는 것은 살아 있고 의식하는 폴에게서이지 피에르의 의식에 표상된(지각되고 생각된) 폴의 이미지가 아니다. 그런데 살아 있고 의식적인 폴은 분명 자기의 발사체가 참조계(기준계)이다. 즉 이에 의해 이 계를 '부동'으로 만든다. 우리가 폴에게 말을 거는 순간, 우리는 그와 함께 있고 우리는 그의 관점을 취한다. 그러나 이때에 정지된 발사체가 있다. 그것은 거기에 결부된 지구와 함께 기준계가 있으며, 그것은 공간을 건너왔다. 우리가 피에르에게 말할 수 있는 모든 것은 이제 폴에 대해 반복해야 한다. 즉 운동은 상호적이었고 이 두 사람은 상호 교환될 수 있다. 만일 항상 피에르의 의식 속을 바라본다면 우리는 어떤 흐름을 보고 그것은 폴의 의식 속에서 확인하려고 했던 바로 그 동일한 흐름이다. 만일 우리가 첫 번째 흐름이 200년이라고 말한다면, 다른 흐름도 200년이다. 피에르와 폴, 지구와 발사체는 똑같은 지속을 살았고 늙었다.

그러므로 지상에서 흘러갔음에 틀림없는 200년 동안 발사체에서는 부드럽고 게을렀음에 틀림없는 지체된 200년의 세월은 어디에 있는가? 우리의 분석은 이 두 해를 사라지게 했는가? 아니다. 우리는 그것을 재발견할 것이다. 우리는 더 이상 어떤 존재나 사물들을 따라갈 필요가 없다. 그리고 우리는 늙지 않는 다른 것을 추적할 필요가 없을 것이다."[34]

베르그송은 특수상대성이론이 함축하는 에너지(일반상대성이론에서의 중력 효과)에 의한 정지와 운동의 차이를 무시한 채, 운동의 상대성을 시각적 관찰 효과의 상호성으로 해소하고, 이러한 상대성도 빛의 빠르기와 같은 특정한 한계 안에서의 상호성인데도 무제약적인 상호성으로 착각하고 있다. 이 때문에 베르그송은 아인슈타인의 중력장을 고려

34) 『지속과 동시성』, 76-77쪽.

하는 일반상대성이론이 가정하는 로렌츠 변환식을 해석함에 있어서 나타나는 시간의 일정한 한계 안에서의 지연(확장)과 공간의 수축(확장), 운동의 연속성과 상호성을 관찰-지각적 상호성으로 해소하고, 관측에 수반되는 동시성의 공간성 때문에 아인슈타인이 설명하는 쌍둥이의 나이 차이의 효과를 실제적으로 나타낼 수 없다고 말한다.[35] 즉 그는 실재하는 주체성(지속)의 관점에서만 아인슈타인의 상대성이론을 뉴턴 운동 법칙에 표명된 상대적 운동의 관찰 효과인 상호성을 함축하는 것으로 이해하기에 공간의 축소와 시간의 연장(이의 역도 가능하다)이 현실적인 것이 될 수 없다고 말한다.[36]

사실 베르그송은 물리적 현상과 살아 있는 존재에게 나타나는 인식론적 현상이 동일한 차원을 형성하고 있는 것을 생각하지 못하고, 생명체와 물리적 존재가 시간적으로 차이 있는 존재라는 생각 때문에 아인슈타인의 상대성이론이 함축하는 관찰과 물리적 존재의 이론을 시간이

---

35) 베르그송은 우주여행을 안 한 쌍둥이(A)와 한 쌍둥이(B)를, 피에르와 폴로 명명하고, 피에르의 지속 체험은 폴의 지속 체험과 똑같으나, 아인슈타인이 생각한 중력 효과나 가속도와 같은 벡터량을 지닌 일방성의 운동 효과로 나타나는 공간(축소)과 시간(지연)의 상호 변환 효과에 의한 시간 차이를 생각하지 못하고 단지 뉴턴 운동 법칙에 표명된 무차별적인 작용-반작용의 상호성으로 해소시켜 버린다. 사실 쌍둥이 피에르와 폴은 똑같은 나이(지속)의 인생을 산다고 가정된다. 그런데 엘리베이터를 타고 왕복한 폴과 엘리베이터를 타지 않은 피에르가 체험하는 시간이 똑같다고 할 수 있는가가 문제이다. 아인슈타인의 특수상대성이론에 따르면 엘리베이터를 타고 왕복한 폴은 중력을 고려하지 않아도 가속도를 받기 때문에 그의 신체는 물리학적으로 중력과 같은 효과를 받아 생리적 현상이 느려졌고 그 결과 피에르보다 젊어졌고, 그의 지각에 수반된 시간 의식도 느려져 있어 거리가 수축되어 수축된 거리가 포함하는 사태만이 관찰된다. 반면에 피에르는 가속도에 따른 중력과 같은 효과가 작용되지 않아 생리적 효과는 폴보다 빨리 작동하여 늙어버리고, 그의 지각에 수반된 의식도 빨라져서 거리가 팽창되어 (거리가 포함하는 많은 사태가) 관찰된다.

36) 『지속과 동시성』, 76-77쪽.

결여된 것으로 보고 있다. 즉 빛이라는 존재에 관찰-지각적 의식 체험의 사실을 부과할 수 있느냐는 것이다.[37] 역설적으로 말하면, 베르그송은 아인슈타인의 상대성이론을 측정의 관점에서 존재론적으로 이해된 시간과 공간의 분리의 입장에서 설명하고 있으며, 인식론적으로 이해된 시공 연속 개념의 상호 조정에 의해 형성된 현상이 곧 실재이며, 이 실재의 배후에 힘이 벡터량과 관계하는 시공 사차원을 형성한다는 것을 이해하지 못하고 있다. 이러한 몰이해는 아인슈타인이 객관적인 공간관을 비판하고 더 나아가 빛에 일정한 속도를 부여할 수 없다는 견해로 나타난다. 그는 운동이란 순수히 상대적인 혹은 상호적인 장소의 이동(transport)이 아닌 전진(propagation)과 같은 역동적인 것이라고 말한 뒤에, "방출이론이 거부되고 빛의 전파(propagation)가 입자들의 이동이 아니라면, 사람들은 어떤 하나의 계(systeme)가 운동하거나 정지함에 따라 그 계와의 관계에서 빛의 속도가 변화한다는 사실을 예상하지 않을 것이다."[38]라고 말하고 있다.

아인슈타인의 상대성이론은 뉴턴 역학의 세계관에 기초하고 있으나 절대공간으로서의 에테르를 부정하고 대신 관측자의 운동에 관계없는 광속도 불변의 관찰 효과를 가정하는 것이기 때문에 절대공간을 한계를 지닌 시공 연속성과 상호 변환성에 함축시켜 버리는 것이다. 즉 로렌츠 변환 공식은 뉴턴 역학과 관계하여 말한다면 절대공간은 물론 절대시간마저 없애버렸기에, 시간과 공간은 힘과 관계하는 가속도나 중력과의 관계에서 각각 사차원 공간 속의 시간과 공간의 상호 연관 속에서의 상보적인 시간 지연과 공간 수축에 환원되어 버린다. 역설적으로 말하자면, 공간이란 정지의 관점에서 바라보는 시간의 동시성을 의미하므로 이 동시성 사이의 거리란 운동과 더불어 현실적으로 일정한 거리의

37) 『지속과 동시성』, 39-40쪽.

38) 『지속과 동시성』, 36-37쪽.

확장과 축소(우주여행을 하는 쌍둥이 B는 먼 거리와 존재의 축소를 체험한다)와 일정한 시간의 동시성의 계기로의 지연과 확장(쌍둥이 B의 동시적으로는 지구에 남아 있는 쌍둥이 A와 일정한 한계 안에서 늙어감의 지연은 시간의 확장으로 볼 수도 있다)으로 이중적으로(사차원적으로) 변모되는 것이다. 사실 우리가 엘리베이터를 타고 오르락내리락한 사람과 그렇지 않은 사람처럼 운동을 한 사람과 운동을 하지 않은 사람의 관계를 생각할 때, 이 두 사람에게 고유하게 관계하는 시간과 공간 이외에 이들과 공통으로 관계하는 차원인 관념적인 세 번째 시공간을 설정하지 않을 수 없다. 그러나 이러한 세 번째 시공간 개념은 실재가 아닌 환원론적 사고의 성과물이라는 것이다.

그러므로 베르그송 자신이 말하고 있듯이 동일한 물체가 정지 상태와 운동 상태에서 이루는 두 형식적 체계는 같다 하더라도 이 양자에 대한 관측 사실인 세 번째 시공간은 에테르적 공간(절대적 공간)의 관점과 직관적인 의식(지속의 심리) 사실의 방향성을 지닌 사차원적 조합이다. 그러나 현실적인 사차원 공간에서는 이러한 두 절대적인 관점이 일정한 한계 안에서 하나로 상호적으로 조정되며, 이 둘 사이를 서로를 연결하는 것이 로렌츠 변환 공식으로 나타난다. 그런데도 베르그송은 운동에 대해 이러한 벡터량을 지닌 시공 사차원적인 현상-실재론적인 태도를 공간화된 시간으로서 지속과 운동을 설명하는 수학자의 형식적 태도로 간주하고 상대성이론을 관측의 효과의 '상호성'으로 이해한다. 그는 공간 삼차원만을 인정하며, 직관적인 심리적 사실로서의 지속만을 실재로 보는 입장에서 운동 효과로 나타나는 지성의 공간화된 시간 개념의 특정한 한계 안에서의 수축과 팽창을, 즉 이중적 분화와 이들의 동일시를 간과한다. 그는 관찰 사실을 측정하는 데 필요한 삼차원 공간만을 절대적이고 정지된 것의 기준으로 삼아 사고하고 있으며, 물리학자나 수학자도 동적 현실을 다루고 있음을 부인하고 수학 공식이 나타

내는 효과나 현실을 실재나 현실이 아닌 현상(virtual: 가상)으로 처리하는 것이다.[39)]

뉴턴의 운동 법칙이 내포한 절대정지의 불가능성이 그래도 실재하는 우주적 운동의 현실을 설명할 수 있는 것은 중력 법칙이 부가되기 때문이며 그의 운동 법칙과 중력 법칙은 상호 차이성을 함축하고 이 때문에 모순되어 있음을 앞에서 밝혔다. 그러나 아인슈타인의 상대성이론은 이에서 더 나아가 시간의 상대성까지도 함축하며 이 때문에 다양한 시간의 존재를 함축한다. 마치 베르그송이 자연에 다양한 강도를 가진 지속들을 가정하듯이 말이다. 이 때문에 그의 상대성이론은 사실 베르그송과 같이, 시간의 본질에 있어서 물리학적 사실과의 연관 아래서 심리학적 사실을 고려하는 것이다.[40)] 즉 아인슈타인의 상대성이론은 운동 여부에 관계없는 관찰자의 심리적 경험에 기초한 관찰 사실로서 시공간적으로 동적 현실에 관계하는 절대적인 사건 존재(event)가 전제되어 있다.

베르그송에 따르면. "우리에게는 안으로부터 지각된 운동만이 있고, 이 운동에 의해서 우리는 그 자체로서 하나의 사건(événement)을 구성할 수가 있음을 안다. 우리가 보기에 이 운동은 우리의 노력을 번역한 것이다."[41)] 그리고 이 사건 존재는 지속과 같은 것이며 일반상대성이론

---

39) 이러한 착각은 열역학 법칙의 제1법칙과 제2법칙의 관계에서도 일어난다. 제1법칙은 에너지 보존 법칙이다. 제2법칙인 엔트로피 법칙은 에너지 준위차의 하강인 변환 법칙으로 차이의 법칙이다. 그런데 이 차이의 법칙은 에너지 보존 법칙에 의해 동일성으로 전환된다. 실질적인 동일과 차이가 사라지고 형식적인 동일 법칙 혹은 변증법적인 순환 법칙으로 나타난다. 이 때문에 에너지 보존 법칙은 사실상 현실적인 실험과 관찰에 의해 확증된 것이 아니며 형식적인 것으로서 과연 현실의 법칙인지는 양자 역학적 관점에서 문제가 있다.

40) 물리학적 시간은 엔트로피 현상에서 기인하고, 이러한 물리학적 시간 위에 심리적 시간이 현실에서 의식되는 것이다.

에서는 쌍둥이 역설에서처럼 모순 없이 우주의 운동을 밝힐 수 있고 그것도 공간이 휘었다는 지성으로서는 표상할 수 없는 공간 사차원적으로 설명될 수 있다.[42] 그럼에도 불구하고 죽어 있는 물질과 살아 있는 존재 사이의 차이를 지속과 항상 다시 태어나는 순간적 현재(동시성)로 정의하는 베르그송은, 물질과 생명체의 차이를 고려하여 물리적 실재에 시간의 지체가 나타날 수 없는 것으로 간주한다. 그러면서 베르그송 스스로도 물리적 실재는 완전한 동시성이 아닌 순간적으로 지속하는 것이라고 말하기도 한다.[43]

베르그송에 따르면, 동시성이란 지속 체험에 기초하여 순간들 사이의 거리를 측정하는 데 필요한 인간 지성이 고안한 관념에 불과하다. 즉 여럿을 동시에 보는 지성이 형성한 공간 관념의 기초이다.[44] 이 때문에 아인슈타인은 에테르를 부정하고 시간까지도 상대화(다양화)하면서 마이컬슨-몰리 실험을 설명할 수 있고, 이를 이론적으로 해석한 것이 로렌츠 변환 공식의 공간 수축과 시간 확장이다. 사실 빛을 전파한다는 에테르란 존재는 한편으로는 관념적인 것이면서도 현실적인 절대공간을 상징하는 것으로서 논리적으로도 모순되고 더 나아가 마이컬슨-몰리 실험을 설명할 수도 없다. 뉴턴의 운동 3법칙의 상대성(대칭성)과 아인슈타인 상대성이론은 같은 것이 아니다. 이 양자 사이에는 로렌츠 변환 공식이 있다. 그리고 이 로렌츠 변환 공식은 운동과 정지의 사실

41) 『지속과 동시성』, 36쪽.

42) 공간 사차원이란 사실 인간의 지능으로서는 표상할 수 없다. 이것은 현실적으로 존재하는 시공간이 인간의 모순율에 따르는 지능으로 (기하학적으로) 조리 있게 이해할 수 없음을 상징한다.

43) 『물질과 기억』, 1-2장. 라이프니츠도 물질을 '순간적 정신'이라고 말한다. 베르그송은 나중에 이 사실을 깨닫고 『지속과 동시성』을 출판하지 말라고 하였다.

44) 『지속과 동시성』, 50-58쪽.

을 하나의 사태 안에서 종합하는 것으로 가정하고 있으며, 뉴턴의 중력 법칙처럼 일정한 빛의 빠르기에 대한 현실적인 관찰-지각적 의식 체험의 사실이 표명되어 있다. 즉 관찰-지각에 의한 현상이 곧 실재이다.[45)]

6. 베르그송의 의식의 흐름으로서의 시간론

우리의 의식은 양면이 있다. 의식이 흐르면서도 변화 속에 자기동일성을 의식하고 있기에 의식은 같은 것이면서 동시에 다른 것이다. 더 나아가 우리의 의식은 의식과 무의식(비의식)의 두 가지 양상으로 작동한다. 하나는 모든 것을 분석하며 사유하는 의식에 기반하는 것이다. 이 사유 의식에서는 양적인 것의 다양성과 이들의 관계가 가장 분명하게 드러난다. 말하자면 사유는 이러한 공간을 전제하고 이루어진다. 다른 하나는 우리의 감각이나 감정을 나타내는 심리적인 직접적 의식은 질적 다양성으로서 나타나고, 이러한 질적 다양성들은 변화이자 베르그송이 말하는 지속하는 것으로 나타난다. 이러한 지속으로서의 심리적 느낌은 무의식 속에 있고, 이를 바탕으로 우리의 분별하는 현실적 의식과 심령이 작동하는 것이다. 이 때문에 의식의 현상은 이중적으로 변증법적 관계에 있다. 즉 심리적인 지속은 연속적으로 생성 발전하는 데 반해, 이를 기초로 하는 사유의 기저에 있는 자유의 의식은 이에서 초월적이면서도 관조하는 것으로서 분석적이다. 베르그송은 이 초월적이면서도 분석적인 사유의 기저에 있는 의식의 동일성-차이성의 변증법을 진정한 의미의 무의식적인 지속과 통합시키려고 한다. 그리고 이러한 자아의식은 베르그송에 있어서 직관적 의식으로 나타난다.[46)]

---

45) 현상이 실재인 이 현실(reality)을 존재론적 지성은 형식적이거나 이론적인 것(다양한 관점을 전제하는 가능적인 것: virtuality)으로 해석한다.

46) 송영진, 『직관과 사유』(서광사, 2005), 7장 참조.

따라서 우리의 의식은, 의식과 무의식, 그리고 이들의 매개에 의한 중화된 의식으로서 플라톤이 말하는 동일자-타자의 변증법이 작동할 수 있는 이중-삼중적이면서도 현재에서 기능하는 측면에서는 하나의 자아의식으로서, 이러한 자아의식은 현상학에서 말하는 지향성을 지니며, 이러한 이중-삼중적 의식의 관계는 공간 지각의 의식과 더불어 시간 의식 속에서 전체-부분의 관계가 유기적이면서도 사차원적인 것이다.[47] 이 때문에 이러한 이중 혹은 삼중적 변증법적인 관계 속에서 찾아진 한 경우인 베르그송이 말하는 참다운 지속으로서의 '연속'과 우리의 상식적인 시간(베르그송의 말로는 '공간적 시간') 속에서 '병렬(succession)'은 다르고, 속으로부터 나오는 '진화(évolution)'와 이미 존재하는 것의 '전개(développment)'가 다르며, '근본적 새로움'과 '전에 있었던 것의 재배치'는 각각 다르다. 즉 지속은 공간과 구분되는 시간의 질서에 속한다.

그렇다면 베르그송이 말하는 '지속(durée)'이 상식적인 '시간(le temps)'의 차원과 동일한가? 베르그송이 시간이란 낱말을 사용할 때, 그 뜻은 한편으로 물리학적, 수학적 개념으로 좁혀서 이해되어야 한다. 그에 있어서 '지속'은 심리적 시간이고, '시간'은 물리적 운동 개념을 수량화한 것이다. 베르그송에 따르면, 과학은 실질적으로 공간 속에 임의의 직선을 그어놓고 그 직선을 통과하는 데 소요되는 운동 속도를 기억된 시간과 관계에서 생각하고 있다. 그러나 이런 물리학적 시간은 양(量)으로서의 단위에 불과하다. 움직이지 않는 직선 위에서 움직이는 물체의 이동의 결과가 측정되는 것으로서의 시간일 뿐이다.

---

47) 여기서 사차원의 의미는 아인슈타인의 상대성이론이 표명하는 것으로서, 공간은 삼차원이 기초적이면서도 그 위에 공간화된 시간성이 겹쳐진 방식이 아닌, 진정한 의미의 지속의 시간성이 자신과 공간 지각의 삼차원을 통합하는 방식이다. 이러한 지속은 앞으로 보겠지만, 전진하는 사건 존재(event)로 표상된다.

과학자들이나 수학자들은 시간을 생각할 때, 지속을 양적으로 측정할 것만 생각하지, 결코 심적 체험으로서의 지속 자체를 생각하지 않는다. 일정한 거리를 일정한 속도로 통과할 때, 또는 그 속도가 점차 빨라지거나 느려질 때 걸리는 시간이라는 것은 느낌으로서의 지속이 아니다. 수학자나 물리학자들에게 시간은 수치로 환원되어야 한다. 그래야만 계산할 수 있고, 또 앞으로 걸리는 시간을 예견할 수 있다. 시간은 출발점과 종점 사이의 중간에서 발생하는 사건 속에서 인간 심리가 직접 느끼는 직관적 흐름을 고려하지 않는다.[48)]

사실 베르그송에 따르면, 인간은 느낌으로서의 구체적 시간을 바라보거나 생각하지 않고, 공간화된 시간을 생각하면서 살아간다. 즉 과학과 지성(intelligence)은 의식의 흐름 속에서 변화와 더불어 나타나는 질적인 비약과 새로움을 보지 않는다. 어쩌면 과학과 지성은 물질세계에서 반복되는 것과 계산할 수 있는 것만을 취하려 한다. 그런 점에서 존재하는 구체적 시간인 지속은 자연스럽고, 이를 밑바탕으로 하여 생각하는 시간은 베르그송이 말하는 지속이 공간화된 추상적 시간일 뿐이다. 이 때문에 추상적 시간은 느낌의 세계에 존재하는 것이 아니라 사유의 세계에 존재하며 추상적 시간은 자연스럽지 못하고 인위적이다. 인간의 지성적 인식이나 또는 이를 토대로 한 물리학이 말하는 자연적 체계는 지속에 관계하는 인식이지만, 상식이나 과학자들이 생각하는 자연에 관한 수학적인 체계의 인식은 지속의 과정을 생략한 채 과정의 양끝만을 고려하고 관계할 뿐이다.

---

48) 현대의 양자 물리학에서 시간은 물질의 변화(흐름)의 경과가 열역학 제2법칙인 엔트로피 현상에 따르는 것으로서 확률론적으로 계산되는 우연-필연성의 시간을 생각한다. 그러나 이러한 우연-필연성은 집합론적인 것으로서 다루어지는 것이며 진정한 시간이 아니다.

1) 기억과 인식론적 시간

인간의 자아의식인 정신은 기억 속에서 살고 있기 때문에 기억 현상에 대해서는 잘 모른다. 즉 우리는 무의식적으로 기억하면서 이를 토대로 소위 인간적인 지성이 형성한 세계 속에 살고 있다. 그런데 기억은 곧 현재적인 공간 지각과 관련해서 베르그송이 말하는 지속이 이룬 것으로서의 시간 의식으로 나타나며, 이 때문에 시간 의식은 기억을 지닌 생명 현상에서만 나타나는 특이한 것이다. 우리는 무엇인가를 기억한다고 하면 그것이 최소한 나에게 있어서 지나간 무엇임을 바로 안다. 그러나 정말로 우리는 무엇을 바로 안단 말인가? 우리는 일상적으로 과거라고 말하고 옛일들, 지나가 버려서 더 이상은 존재하지 않는 어떤 것들이라고 단순하게 여기는 경향이 있다. 그리고 이러한 과거의 현실화 작용(폴 리쾨르가 말하는 재현)을 기억이라 부르며, 또한 기억이라는 것을 의식 작용의 하나로 생각한다.

그러나 베르그송에 따르면 우리가 살고 있고 경험하는 것이 삶이요 기억이며, 따라서 이 기억이 곧 시간이며 지속하는 것으로서 무의식-의식의 변증법적 과정 자체이다. 아니, 시간성이 곧 우리의 존재의 본성을 이루고 있다. 그런데도 우리는 이 기억 작용을 현재에서 분절하여 의식화하는 과거의 것만을 기억이라 부르며, 자의식 기능의 한 양상으로 간주한다. 그래서 우리가 매우 잘 안다는 현재에 왜 그런 의식 작용이 일어나는지에 대해서, 그리고 그 과거라는 기억이 어떻게 현재에 진입하는지에 대해서는 의심을 갖지 않을 뿐더러 심지어 당연시하기까지 한다. 사람들은 인지하든 안 하든 간에 이 세상이 공간으로 이루어졌다는 것을 안다. 그리고 이 공간의 것들은 우리가 어떻게든, 가령 우리의 감관-지각들을 통하여 인지할 수 있는 한에서 그 안에서 자신 있게 활동하며 살아간다. 반면에 시간은 그저 공간에 부수되고 이에 유비하거나 참조하는 것으로 여기고 단지 일정한 방향을 지닌 흐름 또는 느낌 정도로만 생각하지 그 이상은 아니다.

우리는 시간을 과거로부터 현재로, 그리고 미래로 침투하는 흐름으로 보는 것이다. 더욱이 과학자들은 이 흐름을 하나의 방향성을 지닌 벡터와 같은 선분의 연장으로 본다는 점이 문제이다. 다시 말해 시간을 공간적으로 사유하는 데서 문제는 발생한다. 그런데 이러한 사고방식에서는 즉 시간을 공간으로 사유하는 것에서는 시간이 무엇이라는 것은 물론 과거라는 기억이 왜 현재 속에서 재현되는지 설명할 수 없는 것이다. 더 나아가서 미래는 아직 오지 않았다. 이 때문에 베르그송은 시간을 하나의 '단순한 흐름'으로 보는 것에 반발한다. 다시 말하면 이러한 시간관에서는 인간의 동일성을 보장하는 기억이 자신의 삶이요 정체성이라고 말할 기회를 상실하게 된다. 즉 어제의 나는 더 이상 오늘의 나인지 아닌지 말할 수 없게 되는 것이다.

우선 베르그송은 우리의 통상적인 기억 작용에 대한 이해를 다음과 같이 묘사하고 있다.

> "우리는 과거 일반 속에, 그리고 과거의 어떤 지역에 다시 위치하기 위해 현재로부터 벗어나는 어떤 고유한 행위의 의식을 가지고 있다. 이는 사진기의 초점 맞추기와 유사한 모색의 작업이다. 그러나 우리의 작업은 아마도 잠재적 상태에 머물러 있다."[49)]

초점 맞추기와 같은 의식적 기억 이외에 본질적 작업이 잠재적 상태로 머물러 있다는 말은 무슨 의미인가? 베르그송은 강의(내용)를 암송하는 예를 들면서 기억을 두 가지로 구분한다. 하나는 암송 행위와 관계하는 신체적 기억이요, 다른 하나는 순수 기억이라고 말한다. 전자가

---

49) 『물질과 기억』, 230쪽.

행위와 관계하고 항상 현재에 관계하는, 우리가 통상적으로 기억이라 부르는 의식적 기억이라면, 후자는 지속과 같이 무의식의 상태에서 끊임없이 우리가 한 행위에 날짜와 장소를 모두 기록하고 있는 순수한 과거 속으로 흘러가버리는 것과 같은 기억, 즉 베르그송이 말하는 심리적 상태와 같은 무의식 속에 있으면서 자연스럽게 우리의 역사를 기록하는 기억이다. 하나의 흐름으로서 표상되는 이 순수 기억은 지속하는 것으로서 무의식의 상태로 있다고 베르그송이 주장하는 것이다.

이러한 순수 기억은 현재화될 수 있는 때를 기다린다. 그것이 우리 현재의 행위의 때이다. 이러한 순수 기억에 기초하여 우리의 현재의 지향적 의식은 현재의 행위를 위하여 앞에서 인용한 그의 비유와 같이 과거의 어느 지점에 초점을 맞춘다. 이것이 보통 (회상) 기억이라 불린다. 그래서 과거는 본질적으로 순수 기억으로서 잠재적이고, 그것이 어둠으로부터 빛으로 솟아 나오면서 현재적 이미지로 피어나는 운동을 기초적인 것으로 인정하고 우리가 이를 따르면서도, 우리의 행위적 필요에 따라 그것에 초점 맞추기의 의식적 노력을 수행할 때만 우리에게 과거로 포착될 수 있다. 이 때문에 우리는 과거를 흔적 속에서 찾는데 이는 공간적인 것에서 현실적인 생생한 작용을 찾는 형국이다. 그러나 베르그송은 "사람들이 현실적인 것 그리고 이미 실현된 어떤 것 속에서 그것의 흔적을 찾으려고 해보아야 헛된 일"이라고 주장한다.50)

여기에서 베르그송은 우리의 상식이나 과학자들 그리고 철학자들의 관념 연합론의 오류를 발견한다. 즉 그들은 빛에서 어둠을 찾으려는 자들이다. 그들은 현실 속에서 이미 실현된 것의 지나간 과거를 흔적에서 찾으려고 하고, 기억과 지각을 구분하기 위해 그리고 크기의 차이만 보기 위해 처리한 것을 본성의 차이로 세우기 위해 헛된 노력을 하고 있

50) 『물질과 기억』, 223쪽.

다고 베르그송은 지적한다. 베르그송이 보기에 관념 연합론의 오류는 "생생한 실재 자체인 연속적 생성을 부동적이고 병치되어 있는 다수의 불연속적인 요소들로 대치하는 것"51)이라고 본다. 즉 관념 연합론자들은 실재를 고정시켜야 하고 또한 뒤섞여 있는 것 가운데 그들이 보기에 불순한 것들을 제거한 후 그 본질만을 보려고 하기 때문에 실재의 생생함을 보지 못할뿐더러 그 생생함을 물질로 환원시킬 수밖에 없다는 것이다. 그들은 분해되어 버린, 그리고 죽은 물질에서 안도감을 찾는다. 말하자면 그들은 역설적으로 지속을 관념화한다.

더 나아가 베르그송은 관념 연합론자들의 기억 개념을 상상력과 관련시키면서 선험적으로 우리의 상식적인 기억과 다른 순수 기억에 대해 말한다. 상상력은 기억과 무엇이 다른가? 상상력도 물론 의식 작용이다. 그러나 이 상상력은 우리의 현실적인 사고와 밀접한 관련이 있지 순수 기억하고는 별 상관이 없다. 우리가 이미 말했듯이 잠재적으로 있는 순수 기억을 현실화하는 것이 지향적인 의식의 기억 작용이라면 상상력은 현재적 사실들의 결합으로 사고가 이루어진 것이다. 우리의 통상적인 의식은 이처럼 사고 작용을 시발로 이루어진다. 그리고 이 사고 작용에 있어서 언어는 필수적이다.52)

51) 『물질과 기억』, 231쪽.

52) 우리의 사유는 언어 없이 이루어질 수 없으며 감관-지각과 마찬가지로 현재적이다. 그런데 언어는 현재에서 말함(parole)과 함께 현재화하고 무의식의 체계로서의 언어(langue)가 있다. 라캉이 무의식의 발현이 언어적이라고 하는 이유가 바로 여기에 있다. 그런 한에서 말함과 관계하는 사유작용은 바로 감각-운동적이다. 따라서 역설적으로 순수 기억이 현재화되는 것은 우리의 사유를 통하여 가능하다. 즉 기억에도 언어화 작용이 필요하다. 이 때문에 순수 기억과 습관 기억으로 나누는 베르그송의 기억론은 실상은 습관 기억을 언어적 기억과 감각-지각적 이미지 기억, 둘로 나누는 것이 된다. 이러한 관점에서 보면 베르그송의 순수 기억은 감관-지각의 지속으로서의 기억이다. 송영진, 『직관과 사유』, 134-145쪽.

그러나 지속으로서의 심리적 의식 그리고 순수 기억은 무의식적이면서 언어 없이 저절로 연장되고 저절로 생성되며 저절로 기억을 이루면서 미래를 향해 나아가고 있다. 예를 들면, 베르그송은 고통에 대해서 말하면서 이 둘의 차이를 드러낸다. 즉 강렬한 고통은 우리에게 큰 고통을 준다. 그리고 미약한 고통은 미약한 고통이다. 그런데 이 고통이 기억이 되어 약해진다면 강력한 고통은 미약한 고통으로 변하는가? 아니다. 현재에서 멀어진 미약해진 고통은 우리에게 미약한 고통을 느끼게 하나, 강렬한 고통이라는 기억은 그것이 현실화되면 우리에 끊임없이 강렬한 고통을 주고, 미약한 고통은 그것이 현실화되면 미약한 고통을 준다. 즉 기억은 현실적으로 우리 현재적 의식에 대한 실재적 대응이라 말할 수 있다. 반면에 상상력은 실제적인 고통 없이도 고통을 느끼게 할 수 있다. 가령 최면술사가 반복한 암시된 말들은 우리에게 고통을 느끼게 만든다. 그러나 이때 미약한 고통은 미약한 고통이고 강한 고통의 연상은 강하나 그것은 연상되는 정신적인 고통일 뿐 현실적인 것은 아니다. 과거라는 순수 기억과 실재하는 현재 사이에는 정도의 차이를 넘어선 엄연한 다른 차원과 사실이 다르게 있다. 즉 후자는 "나의 관심을 야기하는 것이고 나를 위해 살고 있는 것이며, 나의 행동을 촉발하는 것이다. 반면에 전자는 본질적으로 무력한 것이다."[53]

2) 지속하는 무의식

여기에 두 이미지들이 있다. 하나는 무력한 이미지들이고 다른 하나는 관심을 야기하고 행동을 촉발한다. 그러나 우리는 '야기한다'와 '촉발한다'에 주목하면서 베르그송의 이어지는 논의 속으로 들어가보자.

---

53) 『물질과 기억』, 236쪽.

방금 전의 구절은 순수 기억과 현재를 표현해 본 것이다. 그러나 무엇인가가 촉발한다고 할 때는 과거를 말하는 것도 아니요, 미래를 말하는 것도 아니다. 그것은 현재이며 좀 더 엄밀하게 현재적 순간을 말하는 것이다. 또한 우리는 앞에서 시간을 흐름이라고 말한 바 있고 흘러간 것을 과거라 했다. 그리고 덧붙여 현재는 흐르는 순간이다.[54)]

그러나 여기서 과거를 흘러간 것이라고 묘사하고 현재를 흐르는 것이라고 말하는 것은 문제가 있다. 과거는 지속하고 현재는 그 지속의 첨단(pointe)이라고 말하는 것이 정확하다.[55)] 여기서 베르그송이 문제삼고 있는 것은 심리적 시간을 흐름으로 보았을 때 현재는 순간이 된다. 왜냐하면 순간이라는 말은 어떤 한 지점을 고정시킬 때를 지칭하기 때문이다. 그것은 수학에서 현재를 점으로 표현하는 사고를 발생시킨다. 그럴 경우 베르그송이 그렇게나 거부하던 기하학적 사유가 들어오는 것이다. 그러나 베르그송에게 시간은 가분적인 것이 아니다. 반대로 시간이 불가분적이라면 지나간 과거와 아직 오지 않은 미래가 연속되는 것처럼 포함되어 버린다. 체험의 관점에서 보면 우리는 미래도 과거도 현재와 같이 체험 가능하기 때문이다. 따라서 베르그송은 '실재적이고 구체적이며 체험된 현재, 내가 나의 현재적 지각에 대해 말할 때 내가 말하는 현재라는 이상적인 현재'를 찾는다. 그것이 현재에서의 역동적인 지속으로서의 시간이다. 베르그송은 이러한 현재는 어떤 지속을 점유한다고 보면서 이 지속의 위치를 묻는다. 이 점에 대해 베르그송은 역설적으로 다음과 같이 답변한다.

"내가 '나의 현재'라고 부르는 것은 나의 과거와 나의 미래를 동시에 잠식한다. 그것은 우선 나의 과거를 잠식하는데, 왜냐하면 '내가 말하는

54) 『물질과 기억』, 237쪽.

55) 『창조적 진화』, 202쪽.

순간은 이미 나로부터 멀리 있기' 때문이다. 그것은 나의 미래를 잠식하는데, 그 이유는 이 순간이 향해 있는 것이 바로 미래이고, 내가 지향하는 것이 미래이며, 그리고 내가 만일 이 불가분적인 현재를 고정할 수 있다면, 시간의 곡선의 이 미분적인 요소가 보여줄지도 모르는 것은 미래의 방향이기 때문이다. 따라서 내가 '나의 현재'라고 부르는 심리적 상태는 직접적 과거에 대한 지각임과 동시에 직접적 미래에 대한 결정이다."[56]

우리는 여기서 몇 가지 의문을 던져보자. 즉 나의 현재가 과거나 미래를 잠식한다고 할 때 잠식한다는 것은 무엇인가? 그리고 과거가 지각이고 미래가 결단이라는 것은 어떤 차원에서 말할 수 있는가? 나의 신체는 행동하는 신체이다. 그래서 나의 현재는 행위를 하기 위해 지각하고 이를 바탕으로 행위를 한다. 그리고 지각한다는 것은 구체적으로는 감각하는 것이다.[57] 다시 말해 나의 신체가 감각한다는 것은 알아차림이다. 만약 현재의 순간에 감각하지 않는다면 그것은 현재의 순간일 수 없다. 반대로 감각되지 않은 현재라는 것이 있을 수 있을까? 사실 우리의 감관-지각은 현재에서만 이루어진다. 미래 또한 그것이 있다면 감각되어야 한다. 그러나 미래는 아직 오지 않았다는 의미에서 존재하지 않는다. 이 때문에 현재의 어떤 관점으로 볼 때 미래는 현재로 오는 것같이 보인다. 하지만 행위의 관점으로 본다면 우리의 행위는 미래로 나아간다. 즉 현재의 순간은 미래를 지향하는 것이다. 아직 오지 않은 미래를 지향하기 위해서 행위는 행동을 결정해야만 한다. 다시 말하자면 현재 순간의 결단은 근접한 미래를 약속한다. 그것은 미래에 대한

---

56) 『물질과 기억』, 237쪽.

57) 자연과학자들도 접촉 감각(촉각)에서 청각과 시각 기관이 분화 발전하는 것으로 묘사한다. 프란시스 크릭, 김동광 옮김, 『놀라운 가설』(궁리, 2015) 참조.

가능적 행위이다. 그래서 행동을 결정하는 한에서 미래는 나의 운동에 의해 결정된다. 현재의 순간은 이러한 감각과 운동이 결합된 것이다. 그러므로 베르그송은 현재를 감각-운동적(sensori-moteur)이라고 결론 짓는다. 그리고 신체는 이러한 감각-운동기관에 불과하다.

이 때문에 현재란 나의 신체에 대한 의식이고 이 현재에 대한 의식은 감각-운동을 기반으로 한 신체의 실용적 기능이라는 것을 알 수 있다. 이것은 나의 신체라는 특별한 이미지에서 동시에 일어난다. 다시 말하면 감각되는 동시에 운동하는 것이다. 이 특별한 이미지, 즉 신체는 물질적 세계의 중심을 점하는 것이다. 또한 이러한 신체적 이미지는 생성의 현실적 상태이다. 그것은 지속 속에서 형성되고 있는 것을 나타낸다. 이것은 생성의 연속성 속에서 이루어지며, 열역학에서 말하는 엔트로피 현상이 일정한 시간 속에서 이루어지는, 즉 우연-필연적으로 흐르는 타성적인 유동체 속에서 이 운동을 거슬러 올라감으로써 형성되는 것이다.[58] 만약 이러한 신체의 운동을 순간들로 절단할 수 있는 것으로 오인한다면 그것은 우리가 물질의 세계의 것이라고 부르는 것이라고 베르그송은 말한다. 물질의 세계는 흐르기는 하나 우연-필연성에 따른 타성적인 것이고, 따라서 동일성에 따르는 필연적인 것으로서 뉴

58) 현재를 감각-운동적인 것으로 표현하는 것은 아우구스티누스의 영원한 현재의 역동성으로의 전회이며 물리학에서 아인슈타인이 말하는 사차원적 시간 개념에 적합하다. 즉 베르그송에 따르면, 현재의 계기(지속의 첨단)는 우리의 의식과 밀접한 관계를 지니며 이 현재의 세 모습은 기억 능력을 지닌 마음으로 측정되고 그 마음은 현재의 반성적 사유에서 파악된다. 그리고 이 반성적 사유는 시간을 기억에 의해 공간화하기에 우리의 마음의 외부에 있다고 생각된 외적인 삼차원의 물리적 공간에 관계한다. 이러한 관점에서 보면 우리의 정신이란 물질 위에 부수하는 현상으로 나타나 보이나, 생명력과 정신의 역동성을 인정하는 베르그송의 관점에서 보면 물질이란 이러한 정신이 순간에 고정되고 정지된 것으로 나타난다. 현대 물리학은 이러한 운동 감각과 관계하는 시간을 아인슈타인의 사차원 공간으로 표현하고, 이를 열역학의 엔트로피 현상과 관계시켜 시간성의 타자-관련성을 이해한다.

던 역학에서처럼 필연성에 따르는 관성적(타성적)이고 진정한 상호 연속성이 없는 것으로 나타나기 때문에 우연적이라 불리는 필연성이다. 이 때문에 베르그송은 물질을 라이프니츠처럼 능동성(자발성)이 없는 '순간적 정신'이라 부른다.

베르그송에 따르면, 과거와 현재 사이에는 본성의 차이가 있다. 왜냐하면 현재는 활동성인 반면, 과거인 순수 기억은 무력하며 무의식 상태로 계속 잠기기 때문이다. 이 때문에 무력하다고까지 한 순수 기억이 어떻게 내 신체에 감각의 요인이 될 수 있는가 하는 문제가 발생한다. 또한 베르그송은 이 순수 기억이 나의 신체에 어떤 부분에도 관련되어 있지 않다고까지 말한다. 즉 순수 기억은 두뇌에 저장되지 않는다고까지 말한다. 우선 베르그송이 순수 기억을 말할 때 이것이 감각이 아님을 기억하자. 그런데 감각은 현재의 행위에 참여할 수 있는 기억(souvenir), 즉 신체적 기억이다. 이 기억은 나의 신체의 체험에 참여한다. 그러나 순수 기억은 잠재적인 것으로 있으며, 순수 기억을 감각에 참여하게 하는 것은 "내가 그것을 능동적인 것으로 만든다는 조건 아래에서이다."[59] 따라서 "감각은 본질적으로 외연적이고 신체에 자리 잡고 있으며 운동의 근원이다. 또한 순수 기억은 비연장적이고 무기력하기 때문에, 현재 감각에서 멀어져 가며, 감각에 참여하지 않는다."[60] 즉 지속하는 순수 기억에 비교하면 감각은 질적인 것이나 이미 연장성에 참여하고 있다. 그래서 나의 순수 기억과 현재에 대한 감각적 기억의 근본적 차이는 다음과 같다. 즉 후자는 행동에 참여할 수 있는 나의 신체의 직접적인 과거이며, 그것은 나의 태도를 반영하고, 그리고 나의 신체에 참여하는 한에서 현재적이며 또한 나의 신체에 유용하게 되기 위한 것이라고 할 수 있다. 반면에 전자는 비연장적으로 현재와는 어떠

59) 『물질과 기억』, 240쪽.

60) 『물질과 기억』, 241쪽.

한 접촉도 불가능하고 접촉이 불가능한 (무능한) 한에서 순수한 상태로 남아 있다.

3) 순간과 동시성

순수 기억의 무력함이 순수 기억이 잠재적 상태로 보존되는 이유라고 베르그송은 말한다. 그의 표현을 빌리자면, “만일 의식이 단지 현재적인 것의 표시, 즉 현실적으로 체험된 것, 다시 말해 결국 작용하는 것의 특징적인 표식에 불과하다면, 그때 작용하지 않는 것은 그것이 어떤 방식으로 필연적으로 계속 존재하는데도 의식에 더 이상 속하지 않을 수 있을 것이다. 다른 말로 해서 심리학적 영역에서 의식은 존재(existence)와 동의어가 아니라, 단지 실제적 작용 또는 직접적 효율성과 동의어이다.”[61] 이러한 논구에서 베르그송이 의도하는 것은 의식을 신체적 연관성에서 본다는 것을 의미한다. 사실 행동하는 신체와 관계된 현재 의식은 과거의 연장이고 미래의 잠식이나, 현재를 순간적인 것으로 생각하면 현재는 과거나 미래와 연속되고 또 동시적으로 존재한다. 이러한 연속으로서의 지속과 동시성에 대한 의식의 변증법적 매개가 우리에게 통상적인 시간 관념과 사차원적인 현재 의식을 형성한다. 즉 현재란 방향성을 지닌, 즉 벡터를 지닌 동적인 것이면서도 공간적 확장으로 나타나고 이 양자가 매개되어 사차원 공간의 관념이 형성되는 것이다. 왜냐하면 동시성이란 공간을 현재에서 시간화한 것이기 때문이다. 그리고 현재의 의식이 순간으로 표상되었기에 공간은 연장(삼차원적 공간을 단순화한 직선)으로 표현된다. 그런데 의식을 신체적 차원에서 본다는 것은 우리가 앞에서도 보았듯이 한순간에 이루어지는

61) 『물질과 기억』, 243쪽.

것으로 말하면서도, 이 한순간은 지속을 지닌 감각-운동적인 연장성의 현재적 순간을 말하는 것이다. 그것은 행동하는 주체에서 발현하는 의식인 것이다. 즉 감각을 받아들이며 운동을 결정하는 곳, 즉 신체에서 이루어진다. 이러한 점에서 의식은 '행동을 주재하고 선택을 조명하는 역할'을 한다.

따라서 자아의식의 현존성은 행위의 결단에 앞서서 기억과 신체적 행위가 유용하게 조직될 수 있게 한다. 이런 관점에서 보면 의식에 비춰진 것만 현실적이 된다. 즉 기억의 경우 의식에 조명된 기억의 부분들만 현실적이다. 다시 말하면 의식의 필요에 의해 조명하는 곳, 즉 그것이 기억의 전체일 수도 있겠지만 부분적이라면 그래서 조명된 부분만 현실에 참여한다면, 우리는 나머지 부분이 잠재성(망각) 속으로 사라진다고 보아야 한다. 그러나 과연 기억이 사라지는가? 아니다. 순수 기억은 우리의 의식에서만 사라질 뿐 그 자체는 지속하고 현재 의식에 연결되고 있으며, 현재 의식에서 멀어져 간다고 표현되나 사실은 망각 속에 파묻힐 뿐 끊임없이 때와 장소를 기록하고 있다. 의식의 역할은 유용성이지, 존재의 여부를 정하는 것은 아니다. 이 때문에 의식이 조명하기를 멈춘 부분의 지각은 "사라진다고 말할 이유는 없을 것"이라고 베르그송은 말한다. 여기에서 베르그송은 "일단 지각된 과거가 사라진다고 말할 이유가 없는 것"을 무의식이라고 한다.

그러나 사람들은 지각된 것만이 전부가 아니라는 것을 알지만 현실적으로 지각된 것만 믿는 경향이 있다는 것이다. 베르그송은 무의식에 관하여 "상상되지 않는 무의식적 정신이며, 창조된 것이 아닌 어떤 방식으로든 이미 있는 것이며, 그리고 의식 밖에 존재"한다고 주장한다. 과거인 순수 기억, 그리고 무의식적으로 존재하는 순수 기억은 시간적 존재이다. 그리고 이미 있었다는 것은 이미 지각된 것만을 포함한다. 이 존재는 현재로 삽입될 때를 기다리는 잠재적인 상태에 있는 것이다.

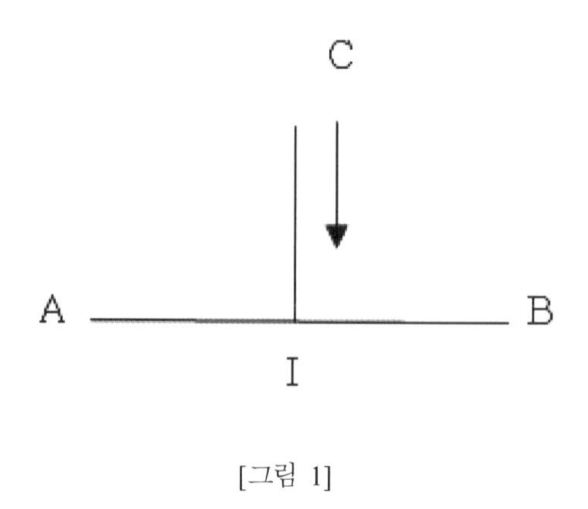

[그림 1]

이 그림은 베르그송이 시간과 공간을 좌표로 표시한 것이다. CI라는 수직선은 시간을 나타낸다. 우리의 기억은 시간 속에서 전 과정이 순차적으로 우리의 기억 속에 쌓여 있는 것이고, AB라는 수평선은 (물리학에서는 열역학적 법칙에 따라 방향성을 지니고 흐르는 시간적인 것으로 나타내지만) 공간을 나타내는 것으로서 동시적인 모든 대상을 포함하는 것이다. 이 두 선분은 I라는 교차점에서 만난다. 이것은 현실적인 순간이다. 이 순간의 지점에 우리의 신체가 있다. 우리는 현실적인 I만을 지각한다.

그러나 베르그송이 지적하듯이, 사람들은 AB라는 공간 속의 것들에 대해 설령 지각되지 않더라도 실재하는 것으로 인정하는 반면, 시간의 선분인 CI에 대해서는 오직 I만을 실재하는 것으로 여긴다. 그러나 우리가 분명히 알아야 할 것은 선분 AB와 CI의 교차점이 우리의 현재적 순간이라는 것이고 그 점으로부터 아직 지각되지 않은 미래로 나아가는 것이다. 또한 지나간 과거, 즉 잠재적 존재는 "현실성을 가질 수도 없고 가지지도 않는다." 베르그송은 다음과 같이 말한다. "오직 우리 삶의 실제적 유용성과 물질적 필요들에 관계하는 이 구분은 우리의 정신 속에서 점점 더 선명한 형이상학적 구분의 형식을 취한다."[62]

그러나 공간적 사고에 익숙한 우리는 지각하지 못하는 대상들도 주어져 있다고 느낀다. 이러한 점은 지속의 인과적 연쇄의 측면이고 현재적 지각은 이러한 측면의 한 고리에 불과할지도 모른다고 베르그송은 말한다. 그런데 지속의 이러한 인과성은 기계적인 것이 아니라 능동적인 것이고 자발적인 것이다. 그것은 베르그송에 따르면 창조적(창발적)으로 진화하는 것이다. 베르그송은 우리의 '성격'에 주목하면서 우리의 기억도 인과적 연쇄의 측면과 동일한 종류를 가진다고 지적한다. 즉 우리의 성격은 '지나간 상태들의 현실적 종합'이라는 것이다. 우리의 성격은 기억의 '응축된 형태'인 것이다. 베르그송의 도식에서 점 I는 현실적인 점이다. 그것은 공간상의 한 지점만을 차지하지만 기억은 체험의 전체적인 작용으로 수축한다. 그러므로 우리의 성격 규정은 체험된 경험으로부터 주어진다고 할 수 있다.

그러나 성격이 체험된 과거의 경험에 의한 규정이라면, 왜 그것은 지나간 과거의 시간에 의해서만 주어지는가? 이러한 것이 공간에 있어서는 안 되는 것일까? 그러나 이러한 점에서도 의식은 유용성을 추구한다는 것을 발견할 수 있다. 즉 "공간 속에 주어진 한 지점 위에서 나타내기 위해서 공간 속의 거리라고 일컬어지는 것을 구성하는 이 매개적인 것들 또는 장애들을 하나하나 건너뛰어야만 한다면, 반면에 행동을 조명하기 위해서는, 현실적 상황을 조명하기 위해서는 유사한 이전의 상황으로부터 분리하는 시간의 간격들 위를 뛰어오르는 것이 의식에게

---

62) 『물질과 기억』, 247쪽. 여기에서 베르그송은 정신의 지속 존재를 무의식적인 것으로 인정하는 이원론자임이 드러난다. 그러나 이러한 지속이 신체와 관련을 맺는 한에서 신체적 기억과 통합되는 측면이 있다. 즉 순수 기억이 신체적 기억과 사차원적으로 변증법적 관련성을 지니는 것이다. 이 때문에 그의 이원론은 역설적으로 그가 『창조적 진화』, 4장에서 말하는 무-공간 관념의 부정 때문에 플로티노스의 일원론과 관계한다.

는 유용하다.” 즉 의식은 필요에 의해 단번의 도약으로 기억의 전 과정을 거치지 않고서도 자신의 지점을 정확히 찾는다. 그것은 ‘불연속적인 방식’으로 드러나는 것이다. 반면에 공간에서는 엄밀한 연속성으로 나타난다. 그러나 이러한 정의가 의미하는 바는 무엇인가? 다시 말해 이러한 상이한 방식으로 어떻게 한 존재를 이룰 수 있는가? 그러나 이런 상이함은 서로 결합하여 유기적 연속성과 조화로움을 만들어낸다. 이런 결합은 다음과 같은 조건에서이다. (1) 의식에서 나타남, (2) 그렇게 나타난 것이 앞선 것과 뒤따르는 것과 맺는 논리적이거나 인과적인 연결이 그것이다. 이러한 조건을 베르그송은 경험의 차원에서 풀어나간다. 즉 우리 앞에 한 대상은 지각의 방향성 때문에 단면만을 알 수밖에 없을 것이다. 그러나 지각 대상은 그 인과적 연결성으로 인해 완벽하게 되는 것이다. 반면, 의식에 나타남에 의해 즉 기억에 의한 그 대상은 인과적으로는 불명확해 보이지만 그 내용의 총체를 넘겨주기 때문에 완벽하게 구현된다.[63] 여기에서 정신의 기억 작용이라는 것이 자발적으로 즉 창조적으로 진화하는 지속하는 것이라는 것이 드러난다.

따라서 기억과 물질은 서로 다른 방식으로 존재한다는 것을 알 수 있다. 그것들은 서로 간의 정도의 차이를 보여준다. 결론적으로 말해서, “우리의 지나간 심리적 삶은 그 전체가 우리의 현 상태를 필연적인 방식으로 결정함 없이 조건 짓는다. 또한 그것은 전체가 우리의 성격 속에서 드러난다. 비록 지나간 상태들 중 어떤 것도 거기에 분명하게 나타나지 않는다 하더라도 그러하다. 이 두 조건들이 결합하여 과거의 심리적 상태들의 각각에 무의식적이지만 실제적인 존재를 보장한다.”[64]

63) 황수영, 『물질과 기억, 시간의 지층을 탐험하는 이미지와 기억의 미학』(그린비, 2006), 220쪽 참조.

64) 『물질과 기억』, 254쪽.

4) 구체적 지속

우리는 시간이 흐름이라는 일반적인 표현을 지속의 관점에서 지금까지의 논의를 이끌어 왔다. 그러나 이 지속을 흐름으로 설명하기 위해 과거, 미래, 현재라는 시간의 분절들을 도입했고 이 분절들을 통해 나의 신체라는 특별한 이미지가 관련된다는 사실을 분명히 알게 했다. 이 특별한 이미지는 시간을 공간과 더불어 사차원을 형성하는 하나의 방향성을 지닌 사건 존재이자 물리학적으로 벡터를 지닌 역동적인 것이며, 자신의 삶을 살아가는 데 있어서 의식이라는 특별한 기능을 가지고 삶에 유용함을 주기 위해 물질과 기억이라는 서로 대립적인 작용들을 상보적으로 만드는 것, 다시 말해 삶에 유용하게 적용시킨다는 것을 보았다. 이러한 지점에서 과거라는 시간이 두 가지 독특한 모습으로 우리에게 나타난다. 그것은 순수 기억(pur mémoire)과 베르그송이 신체적 기억이라 말한 '주의하는' 의식적 운동의 기억(souvenir)이다. 여기에서 기억은 삶에 유용함으로 우리에게 다시 나타난다. 다시 말해 지나간 과거는 사라지는 것이 아니다. 그것은 삶의 전 과정이, 더 나아가 (좀 과장되기는 하였지만) 베르그송에 따르면 우주의 전 과정이 순수 기억으로 축적되고, 존재하는 것이다. 여기에서 과거가 현재로 삽입되는 것, 다시 말해 과거가 현재로 연장되는 것을 베르그송은 '지속'이라고 부른다. 이것은 과거와 현재의 의식에 나타나는 과거 기억의 현재와의 전제가 되기도 하고 함께 조화되기도 하는 변증법적 관계(rapport)를 나타낸다. 여기에 아인슈타인 이후에 이야기하는 존재론적 층위와 사차원이 개입된다. 여기에서 물질은 우리가 확인할 수 있는 데 반해 기억은 어디서부터 오는지 알 수 없다는 것이 문제가 된다. 유용성의 관점에서 단번의 도약으로 그 위치를 정확히 찾는다면, 도대체 그 위치는 어디인가? 즉 베르그송이 묻듯이 기억은 어디에 보존되는가?

베르그송은 의식의 작용이 일어나는 두뇌를 그 출발점으로 삼는다. 하지만 두뇌는 단지 공간적 이미지에 불과할 뿐이다. 두뇌를 이루는 신체는 그 자체가 이미 공간적 이미지이고 이 공간적 이미지들은 상호 간에 내외의 관계를 함축하지만 다른 이미지들을 축적할 수는 없다. 따라서 "지나간 지각들 또는 현재적 지각들까지도 두뇌 속에 위치시키려는 시도는 비현실적인 것이다. 이미지들은 뇌 속에 있지 않고 오히려 이미지들 안에 두뇌가 있다." 베르그송이 두뇌를 (기억의 흔적인) 이미지로 본 것은 타당한 논리를 가진다. 두뇌는 기능의 한 흔적으로서의 측면을 나타낼 뿐이다. 그 기능은 나에게 작용하는 사물들과 내가 작용을 행사하는 사물들 사이의 연결선이자 통행로이다. "한마디로 감각-운동적인 현상들의 자리인 것이다."[65]

두뇌가 이미지로 정의된 이 지점에서 과거와 현재를 분리해 생각해 볼 필요가 있다. 우선 현재는 생성되고 있는 것(ce qui se fait)이다. 그런데 사람들은 현재를 있는(존재하는) 것(ce qui est)이라고 정의한다. 그러나 현재가 과거와 미래를 나누는 불가분적인 한계라고 규정한다면 현재는 있을(존재할) 수 없는 결과가 나온다. 왜냐하면 현재는 지나가 버렸거나 아직 오지 않았기 때문이다. 그렇다면 과거는 어떠한가? 과거는 무수한 지각들의 집합인 것이다. 예를 들어 빛의 매우 짧은 순간에도 수조의 파동으로 이루어지는데, 과거는 포착할 수 없는 빛의 파동처럼 이루어져 있고 그것도 압축되어 있다. 그래서 모든 지각은 감각이며 감각은 앞에서 보았듯이 이미 기억이라는 결과가 도출되는 것이다. 이 때문에 베르그송은 "우리는 실제로는 단지 과거만을 지각하는 것이다."라고 한다. 이런 점에서 "순수한 현재는 미래를 잠식하는 포착할 수 없는 전진이다." 그렇다면 이 전진하는 현재를 의식의 차원에서 논해 보

---

65) 『물질과 기억』, 257쪽.

자. 의식은 미래를 결정하기 위하여 기억 속으로 도약하여 유용한 기억만을 가져온다면 나머지 기억은 어떻게 되는 것일까? 나머지 기억은 망각된다. 즉 망각의 행위는 삶의 유용성의 법칙이라고 말할 수 있다. 가령 행위를 위해 기억을 도출할 때 우리의 전체 기억이 행위에 작용된다면 우리는 이러한 기억을 어떻게 유용하다고 할 수 있겠는가? 그러므로 기억은 불연속적으로 우리에게 유용성으로 다가온다. 신체의 차원에서 이루어지는 기억이 있다. 그것은 "우리를 현재적 상황에 적응하게 하고, 우리가 겪는 작용들을 때로는 완성되고 때로는 단순히 시발적인 반응으로, 그러나 다소간 적응되는 반응들로 이어지게 한다. 그것은 기억이라기보다는 습관이다."66) 이 습관은 과거의 경험을 작동시키는 것이지, 그것의 이미지를 떠올리는 것은 아니다. 여기에서 우리는 과거와 현재, 신체와 정신, 그리고 지속의 형이상학을 보여주는 도식(schema)을 만나게 된다. 원뿔 SAB는 나의 기억 전체를 나타낸다. 그리고 평면 P는 현재 지각에 의해 결정된 채 고정되지 않고 사실상 움직인다.

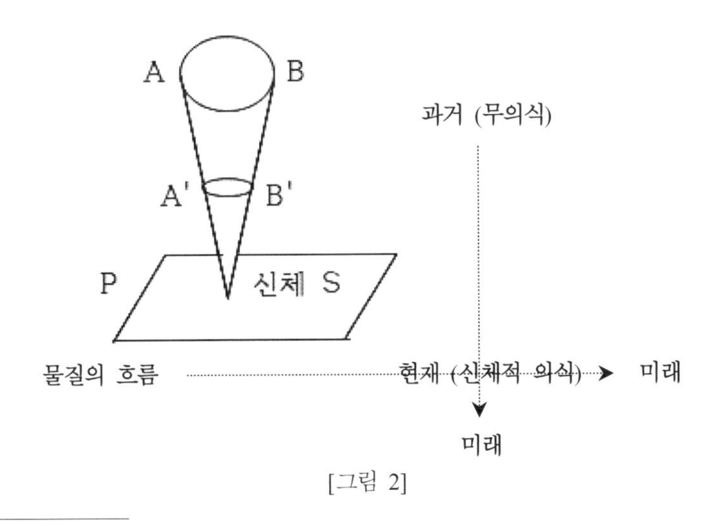

[그림 2]

66) 『물질과 기억』, 258쪽.

꼭짓점 S는 현재의 순간을 나타내고 끊임없이 앞으로 나아간다. 점 S는 평면 P의 일부를 이루고 AB는 순간의 경험들 모두를 보존한다. 이 보존된 전체 기억은 현재 순간의 부름에 응하기 위해 S로 향한다. 이러한 기억은 보존하고 응하기 위해 끊임없이 왕복 운동한다. 심신관계에 있어서 S는 신체의 이미지다. 이 이미지는 움직이는 평면에 즉 현실에 고정된다. 즉 "신체의 기억은 습관이 조직한 감각-운동 체계들의 전체로 구성되므로 과거의 진정한 기억이 그것의 기초로 사용하는 거의 순간적인 기억이다."[67] 과거의 기억은 신체의 감각-운동적 기제들에 삽입되어 운동적 반응들을 미래로 향하게 한다. 그것이 행동인 것이다. 즉 우리의 행위란 과거의 기억과 신체 사이에서 신속하게 반응하는 것이다. 그러나 기억의 작용 없이 현재의 반응에만 직접적으로 응답하는 것은 하등동물의 특징이고 그것은 충동인이라 할 수 있다. 또한 과거의 기억 속에서 사는 사람, 즉 삶의 유용성에 필요 없는 기억을 수시로 떠올리는 사람들은 몽상가다.

지능의 발달은 기억 능력의 감소처럼 보이지만, 이러한 관계는 기억과 행동을 더 잘 조직화하기 위해서이다. 그러나 지능의 발달이 아직 덜 이루어진 어린아이의 경우 기억을 행동에 연관시키기보다 인상을 더욱 많이 반영한다. 그런데 기억과 행동을 잘 조직화한다는 것은 무엇인가? 그것은 신경계의 긴장(tention)이다. 이 긴장은 받은 자극을 적절하게 반응하는 것이다. 그러나 긴장이 풀린 상태는 어떠한가? 그것은 이완이다. 이완의 기능은 긴장의 작용을 더욱 용이하게끔 도와주는 신체의 유용성의 한 단면이라고 말할 수 있다. 활동하는 인간은 자신의 전 존재를 증명하기 위해 언제나 자신의 전 기억을 작동시키지는 않는다. 그 대신에 반응에 적절하게 유용한 습관의 경향, 즉 습관-기억으로 반응한다.

---

67) 『물질과 기억』, 260쪽.

5) 베르그송의 실재관

베르그송은 인간이 상이한 두 가지 질서의 실재를 인식하고 있다고 한다. 하나는 이질적인 것으로서 감각적 질의 실재이고 또 다른 하나는 동질적인 것으로서의 관념적 양의 공간이다. 이 동질적 공간은 인간의 지능에 의하여 명쾌하게 인식되기에, 그 공간은 우리의 지능에 대하여 분명한 구분을 만들고 계산하고 추상하도록 권장하고 있다. 그런 점에서 시간은 이 동질적인 공간을 구분하고 계산하고 추상하기 위하여 만들어진 인위적 수의 척도요 단위에 해당된다. 그래서 베르그송은 '공간화된 시간'과 '공간화될 수 없는 시간'을 구별하였다. 그의 표현에 의하면 '공간화된 시간'은 '흘러간 시간'이고 그렇게 될 수 없는 지속은 '흐르는 시간'이다.

공간이나 '공간화된 시간'이나 모두 다 어디서나 같은 법칙, 같은 연장성의 지배를 받는 '동일성'으로 상징된다. 이곳과 저곳이 다른 시간으로 설명되지 않기에 그런 시간을 '동질적 시간'이라고 부른다. 이 '동질적 시간' 속에서는 특이한 것이 존재할 수가 없다. 어떤 시간이 다른 시간보다 더 농축되었다든지 느슨해졌다는 것은 거기에서 성립하지 않는다. 이 '동질적 시간' 속에서는 모든 것이 균등하고 제일(齊一)하다. 한 시간을 긴장 속에서 재미있게 보내는 이와 권태 속에서 보내는 이의 차이가 거기에서는 무의미하다. 그 시간은 인간에 대하여 무관심하다.

그러나 지속으로서의 시간은 이와는 아주 다르다. 지속으로서의 시간은 사람에 따라 그것을 느끼는 것이 다르고, 같은 시간(공간화된) 안에서도 한 사람의 마음의 질에 따라서도 그 시간의 지속이 달리 나타난다. 그래서 '동질적 시간의 동시성(la simultanéité)'과 달리 '지속(la durée)'은 '이질적(hétérogène)'이다. 그런 지속의 시간은 밖에서 균등하고 제일적(齊一的)으로 쪼개질 수 없다. 그런 지속을 베르그송은 다음과 같이 정의하였다. "우리 안에 있는 지속은 무엇인가? 그것은 수와 아무런 유사성이 없는 질적인 다양성이다. 그것은 증가하는 양이 아닌 유기체적인 발전이다. 그것은 순수한 이질성으로서 그 안에 외연적 구분이 판명한 질은 없다. 요컨대 내면적 지속의 계기들은 서로서로 외면적인 것이 아니다."68)

이리하여 '의식의 세계'와 '공간의 세계'가 내면적 자아의 세계와 외면적 사물의 세계처럼 선명히 구별된다. "의식 안에서 우리는 서로 구분됨이 없이 서로 이어지는 상태를 우리가 발견하게 되고, 공간 안에서 서로 이어짐이 없이 하나가 나타나면 다른 것은 이미 존재하지 않듯이 그렇게 서로 구별되는 동질적 시간을 우리가 발견한다. 우리 바깥에는 계속이 없는 상호적 외면성이 있고, 우리 안에서는 상호적 외면성이 있고, 우리 안에서는 상호적 외면성이 없는 계속이 있다. 지속인 우리의 자아나 의식 내부에서 지니고 있는 '연속성(la succession)'은 하나의 형식이 경직되게 자기동일성을 고집하는 그런 장르가 아니라, 그것은 음악의 선율처럼 어떤 영속성과 변화의 힘을 동반하는 흐름이다.

베르그송은 칸트의 시간론을 공간화된 시간이라고 비판하며, 자신의 시간은 자아가 안에서 확실하게 느끼는 절대적 존재의 시간론임을 전제한다. 기하학자나 물리학자가 파악하는 시간은 공간 속에서 동질적인 시간을 보는 것이기에 어디서나 같은 법칙이 지배해서 여기에 있는 시간이 저기에 있는 시간과 질적으로 다른 절대적 시간일 수는 없다. 그러나 인생을 살아가면서 느끼는 고통과 쾌감, 노력과 즐거움은 그 무엇과도 바꿀 수가 없는 절대적인 것이고 또다시 같은 것이 되돌아올 수 없는 '불가역적(不可逆的, irréversible)'인 것이다. 나의 내면적 자아가 안에서 느끼는 지속은 '취소할 수 있는 약속'도 아니고, '의식적으로 선

---

68) 앙리 베르그손, 『의식에 직접 주어진 것들에 관한 시론』, 277쪽.

택된 관점'도 아니다. 객관적인 수량의 시간이 먼저 있었던 것이 아니고, 나의 내면적 자아가 흐르는 운동이기에, 우리는 직접적인 느낌이 시간이다. 그런데 사람들은 공동생활을 영위하기 위해서 편의상 '동질적 시간'을 인위적으로 만들었다. 그러나 이러한 시간은 자아의 지속이 없었다면 존재할 수가 없었을 것이다. 이 말은 이 우주에 인간이 없다면, 시간도 설립할 수 없다는 뜻이다. 왜냐하면 베르그송의 철학에서 볼 때 인간은 지속이고, 그 순수 지속이 시간을 잉태시켰기 때문이다.

인간은 의식적 존재이고, 의식은 기억이며, 기억은 정신이다. 그런데 그 정신은 고정된 형이상학적 실체가 아니라, 끊임없이 변화하면서 하나로 흐르는 '진보(le progrés)'이다. 진보가 정신 속에 있다기보다, 오히려 정신과 의식이 진보 자체라고 보아야 한다. 만약에 우리가 물질생활과 공간 생활에서 벗어나 내면에 충실할 수 있다면, 그때에 우리는 내면세계의 가장 깊은 곳에서 울려 퍼지는 정신의 화음과 선율과 박자를 듣게 될 것이다. "우리가 순수 지속 속에서 우리의 진보를 의식하면 할수록, 그만큼 더 우리는 우리 존재의 여러 가지 부분들이 서로서로 삼투작용을 하고 있는 것을 느끼게 되고, 우리의 인격이 그 전체에서 끊임없이 미래를 침식하면서 미래 속으로 자리를 잡아 나가는 한 점, 아니 현재라는 첨단(pointe)으로 집중되고 있음을 느끼게 된다."

베르그송에 따르면, 나와는 다른 나의 외부에 있는 실재에 대한 직관을 말할 때에도 자주 "그것들의 내부로 들어가 그것을 내부로부터 인식한다."[69]라고 말하고 있다. 즉 나와는 외적으로 있는 여러 존재들(감관-지각에 나타난 현상적 사물들)은, 베르그송에 따르면 강도에 따라 서로 다른 지속의 다양한 종류들이다. 이 다양한 존재들에 대한 감관-

---

69) H. Bergson, *La Pensée et le mouvant*(Paris: P.U.F., 1962), pp.202-205; H. Bergson, L'évolution créatrice(Paris: P.U.F., 1969), p.390.

지각적 직관이란 우리 자신의 고유한 지속으로부터 출발하여 이것이 외적 대상의 운동에 공감함에 의해 연결을 가짐으로써 획득된다.

> "우리 자신의 지속에 대한 직관이 … 우리가 하등의 것으로 향하든 상등의 것으로 향하든 우리가 따르려 해야 할 전 지속들과 우리를 접촉하게 한다. 이 두 경우 우리는 점점 더 격렬한 노력에 의해 무한히 우리를 팽창(집중)시킬 수 있다. 그리고 또 이 두 경우에 우리는 우리 자신을 초월한다. 첫째의 경우(감관-지각)에 있어서 우리는 점점 확산되는 지속으로 향하는데, 이 지속의 박동들은 우리 자신의 것보다 훨씬 빠른 것으로, 우리의 단순한 감각을 나누어 그것의 질을 양으로 희석한다. 그 극한에 순수한 동질성이 있게 되는데 이것은 우리가 물질(matérialité)이라 부른 순수한 반복적인 것(운동)이다. 다른 방향으로 가면, 우리는 점점 더 긴밀하고 압축되며 강화되는 지속으로 가게 되며 그 끝에는 영원성이 있을 것이다. 이 영원성은 정지의 죽어 있는 영원인 개념적 영원성이 아닌 생명의 영원성이다. … 이 양 극단 사이에 직관이 움직이며 이 운동이 형이상학 자체다."70)

즉 동적 실재를 인정하는 반성적 지성이 존재론적 판단을 한다면 동적 존재들의 위계적 계층을 말할 수 있고 이 계층의 최하위에는 물질이, 최첨단에 동적 영원성(神)이 있다는 것이다.

7. 결어

근대 이후 물리학에서 뉴턴에 의해 정립된 전통적인 존재론적 사고에 의해 형성된 우주 전체에 균일하게 흐르는 절대적인 시간관은 실험

---

70) H. Bergson, *La Pensée et le mouvant*, pp.210-211.

적으로 이용되고, 실용주의적인 진리관을 형성하는 데 결정적인 역할을 하였다. 그러나 아인슈타인의 시공 연속체 개념에 따른 상대성이론 이후, 시간과 공간의 관념에 대한 변화가 일어나고, 관찰과 경험의 인식론상의 우위에 따른 현대 물리학의 탐구에서 형식적 시간 개념이 아닌 존재론적 시간에 대한 탐구가 반성적으로 일어났으며, 이에 따른 우주론이나 세계관도 급변하고 있다. 결국 시간의 인식형이상학적 성격에 대한 물음은 현대 철학적 사색의 중심을 차지하게 된다. 이러한 물음 중의 하나가, 현실적으로 우리의 감관-지각에 주어지는 공간과 물체가 하나의 힘의 체계로서 상호 연속적이라면, 사물에 관한 직관에 주어지는 시간이나 성질이란 무엇인가이다.

베르그송은 자신의 지속 이론 속에 암암리에 현실적인 공간의 변증법을 가져오고 있다. 물론 그는 공간과 시간의 이러한 변증법이 어떻게 관련성을 맺고 있는가를 말하지는 않지만, 그가 의식의 지속 존재를 표명하기 위해 원뿔 모양의 그림을 그린 것이나, 양과 질, 감관-지각과 사유 사이의 관계, 의식과 무의식의 관계, 지각과 물체 혹은 이미지와의 관계에 대한 언급에서 그는 공간과 시간의 측정 가능성에 대한 변증법적 관련성을 노정하고 있다. 그는 자신의 지속 존재를 강조하고 공간을 동시성의 것으로서 지속의 한 계기로 간주한다. 그럼에도 불구하고 그는 『지속과 동시성』에서 아인슈타인의 상대성이론이 에테르가 상징하는 절대적 공간을 전제하고 있다고 말한다. 이는 완전히 아인슈타인의 상대성이론을 잘못 이해하고 있는 것이다. 에테르는 삼차원 공간의 관념적인 것이고 아인슈타인의 공간은 현실적인 것으로서 삼차원의 것이 아닌 사차원 공간이다. 아니 역설적으로 베르그송의 지속이론이 고정된 관념적인 삼차원 절대적 공간을 전제하고 있다. 즉 베르그송은 로렌츠 변환 공식을 설명하는 실제적 계산에서 이미 뉴턴적인 절대공간을 배후에 둔 계산을 수행하고, 이 때문에 운동체의 운동에 상관없는 빛의 빠르기의 실험적 관측 사실이 의미하는 무생물이나 생물에 공히 시간성이 존재한다는 사실을 인정하지 못하고 지속으로 나타나는 시간성이 생명체에서만 존재한다고 생각하기 때문에, 로렌츠 변환 공식에서 운동 법칙의 대칭성을 볼 뿐이다. 이 때문에 아인슈타인의 상대성이론에서 두 계 사이에 상호 변환이 현실로 나타나는 차이, 즉 공간의 수축과 시간의 확장, 지속의 동시성의 계기들로의 변환을, 에테르를 가정한 절대정지(무생물)나 지속(생명체)의 관점으로 해소시켜 버리는 것을 본다.[71] 더 나아가 그는 운동 효과에 의해 시간과 공간이 상호 변환될 수 있다는 사실을 인정하지 못하고 시간 절대성의 입장에서 공간을 시간적으로 동시성으로만 파악하는 것이다.

아인슈타인의 상대성이론은 이제 고전적인 '존재'에 대해 '사차원적인 역동적 사건 존재'의 표상으로 바뀌게 하는 기원을 이룬다. 즉 우주 안의 경험적 실재란 공간 삼차원에 운동 원인으로 간주된 힘과 관계하는 시간 일차원을 합한 사차원 시공의 과정적 존재로 표상되며, 이에서 더 나아가 우주 자체가 하나의 사건(Big Bang)에서 기원하는 사건 존재(event)임이 드러난 것이다. 시간과 공간은 우주의 빅뱅과 더불어 탄생한 사건에서 분화된 존재를 바라다보는 인간 인식능력의 두 측면이다. 그리고 이런 두 측면은 인간의 인식능력인 감관-지각적 감성과 사유로 분리되어 있고, 이들 각각은 하나는 지속으로서 심리적 질서를 상징하고 사유는 자발성으로서의 자유의 의식을 전제하나 모순율에 따르는 당위적 의식이다. 이 때문에 이들 사이의 관계는 직관이 감성과 사유로 분화되고, 그러면서도 감성은 사유와 관계하여 유기적이고 사차원적으로 결부되어 있기에 일정한 한계 안에서 아인슈타인의 사차원 시공이 상징하듯이 시간은 공간으로 환원될 수 있고, 공간 또한 베르그송

71) 『지속과 동시성』, 특히 118-123쪽 참조.

이 말하듯이 측정하고 계산할 수 있으면서도 시간에 기초해야만 설명될 수 있다. 이러한 모든 관점은 아인슈타인과의 대화 가운데에서 모두 나타나고 있다.72)

72) H. Bergson, *Mélanges*(Paris: P.U.F., 1972), pp.1340-1347. 1922년 4월 6일 베르그송은 아인슈타인과의 대화에서, 상대성이론이 새로운 사고법과 물리학을 탄생시켰다고 칭찬하면서도 시간이나 공간의 이질성 문제를 천착하고 있지 않다는 것을 말하고자 한다. 특히 시간의 문제에 대해서 물리학에서는 시계로 측정하는 것만을 시간이라고 하고, 시간이 우리의 심리적 지속에 관계함을 말하지 않는다고 비판한다. 사실 상식은 모든 존재와 사물에 대해 뉴턴처럼 단일한 시간을 상정한다. 그러나 이러한 시간은 베르그송에 따르면 실재가 아니다. 우리의 직관에 주어지는 내적 경험으로서의 실재하는 시간은 흐름과 연속으로서 지속하는 것이다. 이러한 심리적 지속으로서의 시간은 우리의 지각 작용을 통하여 외부 사물과 관계하고 이 지속이 외부 사물에 투사된다. 결국 우리는 우리 자신의 의식 밖에 나의 의식과 같이 지속하는 여러 의식들을 가정하게 되고 그러면서도 이 의식들에 공통적인 시간을 가정하게 된다. 그러나 우리의 의식을 삭제하면 모든 사물에 공통적인 시간 즉 비개인적인 시간은 없다고 말한다.
그런데 베르그송의 이러한 시간이론인 지속론은 플라톤이 『테아이테토스』에서 말한 유물론적인 밀납 기억과 관념론적인 새장 기억에 기초하고 있는데, 이를 플라톤처럼 데미우르고스라는 신적 영혼(능동자)의 초월론적이면서도 내재적인 이원론적 관점에서 해석하고 있다. 달리 말하자면, 베르그송은 『물질과 기억』에서 신체와 관련된 지각 현상을 현대의 양자 역학적 관점과도 같은 이미지(현상)론으로 잘 설명하고 있으면서도, 즉 두뇌와 관계하는 신체적 기억을 전체론(holism)적 관점에서 말하면서도, 결론에서 두뇌에 국재화되는(localisé) 기억(형상과 기능의 동일시에 따라 나타나는, 역으로 기능 분화에 따른 이미지의 국재화)이 없다고 말하는 오류를 범한다. 사실 현대 두뇌과학에서는 아리스토텔레스가 ('최후의 질료는 형상'이라는 말에서 나타나듯이) 말한 형상-질료의 내재적인 변증법적 관계처럼 물리화학적 법칙에 따르는 밀납 기억에 기초하지 않는 수반 현상(epiphenomenon)으로서 새장 기억이란 있을 수 없음을 말한다. 송영진, 『직관과 사유』, 5장, 주석 29 참조.

참고문헌

Henri Bergson. *Oeuvres*. Textes annotés par André Robinet. Paris: P.U.F., 1970.

Henri Bergson. *Durée et simultanéité*. Paris: P.U.F., 1968.

Henri Bergson. *Mélanges*. Textes publiés et annotés par André Robinet. Paris: P.U.F., 1972.

앙리 베르그손. 최화 옮김. 『의식에 직접 주어진 것들에 관한 시론』. 아카넷, 2001.

앙리 베르그손. 황수영 옮김. 『창조적 진화』. 아카넷, 2005.

I. Kant. *Kritik der reinen Vernunft*. Hamburg: Felix Meiner Verlag, 1956.

알베르트 아인슈타인. 고중숙 옮김. 『상대성이론이란 무엇인가』. 김영사, 2011.

자크 모노. 김진욱 옮김. 『우연과 필연』. 문명사, 1970.

존 로제. 최종덕 · 정병훈 옮김. 『과학철학의 역사』. 한겨레, 1988.

리처드 파인만. 박병철 옮김. 『물리학 강의』. 승산, 2004.

볼프하르트 판넨베르크. 박일준 옮김. 『자연신학』. 한국신학연구소, 2000.

송영진. 『직관과 사유』. 서광사, 2005.

조현수, 「베르그손 철학에서 시간과 공간의 관계와 형이상학의 과제: 베르그손 철학이 아인슈타인 상대성이론에 대해 가질 수 있는 올바른 관계 정립을 위한 시론(1)」, 『철학』 91집, 2007. 5.

조현수, 「베르그손 철학에서 시간은 과연 잴 수 없는 것인가?」, 『철학사상』 24호, 2007. 6.

최정식, 「지속과 순간」, 『서양 고대 철학의 세계』, 서광사, 1995.

제 3 장

이성과 자유, 그리고 정의론과 윤리

인간의 진리 탐구에서 우주 안에서의 인간의 존재 이해(정체성의 문제)는 물론 인간 행위와 관련된 존재 방식(존재 보호와 목적의 문제)의 문제가 나타난다. 이 장에서는 우주 안에서 발생한 생명의 기원과 진화론의 관점에서 생명체로서의 인간 존재와 그 행위를 살펴보고자 한다. 이러한 고찰은 인간 정체성의 문제와 그 행위와 관련된 행복을 지향하는 윤리는 물론 타인과의 사회적, 국가적 관계에서 나타나는 정의와 윤리의 문제를 구체적으로 살펴보고자 하는 데 있다.

1. 생명체로서의 인간

우주에는 생명체가 탄생하기 전에 무기물에서 유기물이 방전에 의해 산출되듯이 영양물질이 풍부하게 있었다.[1] 리들리(M. Ridley)가 말하

1) 실험적으로 원시 대기에 방전시킴으로써 무기물에서 유기물이 산출된다는 사실은 밝혀져 있다.

듯이 지구상에 하나의 생명체가 탄생하여 이러한 영양물질을 기반으로 신진대사하면서, 자신의 존재를 유지하기 위해서 생명체는 기본적으로 영양물질에 대한 욕구를 지닌다. 그러나 생물체가 번성하여, 맬서스(T. R. Malthus)가 『인구론』에서 말한 것에 비유하자면, 지구상에서 영양물질의 부족 때문에 생존경쟁이 일어난다. 그러나 이러한 생존경쟁은 기본적으로는 먹고 먹히는 관계이나 마굴리스(Linn Magulis)가 말하듯이 궁극적으로는 생존을 위한 전략을 개발하는 데 있어서 상호 협동과 공생을 이루기도 한다. 생명체는 이에서 더 나아가 DNA를 새롭게 형성하고 복구하는 전략으로서 개발한 섹스를 통한 종 다양화를 거쳐 현재에서 볼 수 있듯이 5계를 이루어 잘 적응하여 조화롭게 잘 살고 있다.[2)]

박테리아와 원생동물, 그리고 이를 기초로 한 균계와 식물계와 동물계의 5계로 이루어진 생명체들의 생태계에서 이들의 활동 프로그램인 유전자는 도킨스(Richard Dawkins)가 말하듯이 이기적이다.[3)] 그럼에도 불구하고 하나의 생명체에서 기원하는 미생물계나 원생동물계가 상호 협동과 배신의 전략을 수행하면서도 궁극적으로는 공생에 기초한 마이크로-코스모스(micro-cosmos)를 이루고 있고, 그리고 이를 바탕으로 살아가는 공생과 합생을 통해 이루어진 새로운 차원의 계로서의 고등생물계들은 진화론적으로 살펴보면, 상호 협동과 배신의 각각 자율적인 조화 상태를 이루고 공생하고 있다. 어떻게 이러한 일이 가능하게 된 것일까?

---

2) 린 마굴리스 · 도리언 세이건, 황현숙 옮김, 『생명이란 무엇인가?』(지호, 1995); 린 마굴리스 · 도리언 세이건, 홍욱희 옮김 『마이크로코스모스』(지호, 2011); 송영진, 「성과 사랑의 철학적 의미」, 『동서철학연구』 66호(한국동서철학회, 2012년 12월) 참조.

3) 리처드 도킨스, 홍영남 · 이상인 옮김, 『이기적 유전자』(을유문화사, 2015).

지구상의 다양한 생명체들의 종적 수준의 유전자(gene)는 자기 존재를 영속시키기 위해 도킨스가 말하듯이 이기적이다. 이러한 이기적 유전자가 가진 생존 전략을 표현형으로 나타낸 개체들을 도킨스는 세 가지 유형으로 분류하는데, 봉(sucker)과 사기꾼(cheat)과 원한자(grudger: 정의 개념을 가진 자)가 그것이다. 봉과 사기꾼만으로 형성된 집단에서는 봉은 절멸하고 사기꾼만 남게 되고, 결국 사기꾼 집단은 서로에 대해 거짓말만 하는 자기모순에 빠져 절멸하게 된다. 반면에 봉의 유전자를 지닌 생물 존재가 항상 자기 이익만을 보는 사기꾼에 대항하는 돌연변이로서 복수하는 원한자가 되면, 이러한 봉과 사기꾼과 원한자로 형성된 초기 집단에서는 원한자가 대다수가 되고 봉과 사기꾼은 소수자로 살아남게 된다. 이것을 죄수의 딜레마[4]의 역설을 통하여 사회생물

4) 죄수의 딜레마는 다음과 같이 형성되어 있다. 공모를 한 두 죄수가 체포되고 서로 다른 취조실에서 격리되어 심문을 받고 있다. 두 사람 모두 죄를 자백하지 않으면 6개월을 복역한다. 둘 중 하나가 배신하여 죄를 자백하면 자백한 사람은 즉시 풀려나고 나머지 한 사람은 10년을 복역해야 한다. 둘 모두 서로 배신하여 죄를 자백하면 두 사람 모두 6년을 복역한다. 이런 게임의 룰을 만들어놓으면 각각의 죄수가 할 수 있는 행동은 상대방 죄수를 배신하거나 협력하는 경우들의 조합으로 네 가지 사건들이 일어날 가능성이 만들어진다. 여기에서 죄수는 협력과 배신의 딜레마에 빠지게 되는데, 항상 최악의 결과가 나타난다. 이 딜레마에서 중요한 것은 배신의 보상이 협력보다 크고 상호 배신으로 인한 보상이 형사가 얻을 수 있는 최대의 이익(두 사람을 고발 없이 형사의 과학적 수사 능력에 의해 모두 형벌에 처함으로써 형사의 수사 관록의 영광에 따르는 보상)보다 커야 한다는 것이다. 이러한 사태는 배신의 유혹과 형사의 영광에 따르는 보상의 합의 평균이 포상 전체(영양물질 전체)를 초과해서는 안 된다는 것이다. 죄수의 딜레마 게임은 정부의 존재이유를 정당화하는 이론적 근거의 하나로 이용되고 있다. 아담 스미스 등의 자유시장경제 이론에 따르면, 각 행위자들이 자신의 이익을 극대화하기 위해 행동할 경우 비록 정부의 역할이 없더라도 시장이라는 '보이지 않는 손'에 의해 균형이 달성되어 사회적으로 가장 바람직한 결과가 나오게 된다. 그렇지만 죄수의 딜레마 게임에 따르면, 각 행위자들이 자신의 이익을 극대화하기 위해 행동할 경우 모든 개개의 사람들에게는 최악의 결과가 생긴다.

학의 관점에서 진화론적으로 최적화된 안정된 상태(evolutionarily stable strategy)를 이루게 된다고 도킨스는 말하고 있다.

생물학에서 생명체의 탄생 이전에 영양물질이 풍부하게 존재한다면, 죄수의 딜레마에서와 같이 형성된 게임을 반복적으로 컴퓨터상에서 시뮬레이션한 결과는 생명체의 진화의 단위인 이기적 유전자에 대한 자연선택의 원리가 적용되어 현재와 같은 생물계의 조화되고 안정된 최적의 결과로 나타나는 것이다. 도킨스는 말을 하고 있지 않지만, 생물 현상에서 먹이사슬의 관점에서 보면 봉과 사기꾼은 영양물질을 직접 생산하는 식물과 이를 약탈하는 동물의 생태를 반영한다고 생각된다. 그런데 종적 수준에서의 유전자가 이기적인 생물체들이 번성하게 된 근본적인 이유와 비밀은, 생물체들은 근본적으로 봉이라는 특성을 가졌다는 것이다. 즉 유전자 차원에서 이기적이지만 표현형으로 나타난 유기물질로 이루어진 생물체들은 유전자의 봉이 될 수도 있다는 생명체의 유전자와 표현형인 개체들 사이의 역설적인 존재론적 구조이다. 즉 이러한 이기적인 유전자와 이의 표현형인 유기물질로 이루어진 다양한 생물체들의 역설적 구조는 플라톤에서처럼 수적으로 하나와 여럿의 변증법적 관계로 표현되며, 하나로 표현되는 최고의 고등생물들과 여럿으로 표현되는 하등생물들 간에 아리스토텔레스가 말한 먹이사슬의 피라

이러한 결과는 게임 참여자 중 어느 누구도 원하지 않았던 결과이며, 행위자들끼리 자발적인 의사소통과 약속 등의 방법을 통해서는 결코 해결할 수 없다. 결국 정부 또는 국가라는 외부의 행위자가 개입하여 법률, 제도, 세금 등의 방법으로 각 행위자의 행동을 강제해야만 사회적으로 바람직한 결과가 도출될 수 있다는 이론이다. 이는 플라톤의 혼합정체론에 함축된 정의론의 윤리적인 성격과 구조가 똑같다. 즉 소크라테스의 지덕합일설에 함축된 선의 이데아의 지배 아래 말해지는 『국가-정체』에서의 정의론의 구조와 똑같다. 단, 선의 이데아는 공리주의적 관점에서 생명 현상에서는 식물의 풍요로움을 상징하고, 국가에서는 근대 이후 자연과학의 기술의 발달로 인한 재화의 풍요가 전제되어야 한다.

미드와 같은 위계로 이루어진다는 사실에 있다.

식물을 먹이의 기반으로 하는 동물 사회에서도 먹이사슬의 위계가 형성되는데 약자가 항상 강자에 먹히기만 하는 것이 아니다. 약자도 자기를 보호하는 전략을 보이는데, 그중 하나는 원한자가 되거나 종이 되거나 하는 것이다. 종이라 해서 항상 주인에게 먹히는 것이 아니라 집단을 형성하고 생존 전략을 구상하여 강자에 대항하는 것이다. 이러한 먹고 먹히는 관계는 사실 식물과 동물 사이에서도 이루어진다. 즉 고등 생물계만 하더라도 식물이 항상 동물에 먹히기만 하는 것이 아니다. 식물이 동물에 대한 방어 전략을 보이는 것은 식물도 살아남기 위한 유전자 차원에서의 이기성을 갖기 때문이다.

이러한 먹고 먹히는 관계에서 유전자 차원의 이기성은 불멸성을 지향하지만 표현형으로 나타나는 개체로서의 생물체들은 반드시 죽어야만 한다는 것이다. 이러한 생과 사의 변증법적이고 역설적이기까지 한 관계는, 린 마굴리스에 따르면, 생물체들이 제한된 영양물질을 통하여 생존경쟁에 돌입하게 되는 시기에 내보인 종 다양화의 전략인 섹스이다.[5] 그리고 고등동물계에서 나타나는 섹스는 생물체의 제한된 욕구에서 벗어나 생명을 지닌 생명체를 무한한 욕망으로 변화하게 하는 쾌락으로 되어 있다. 이러한 생태계의 현상은 생존경쟁(전쟁)만을 고찰하는 관점에서 보면, 인간의 전쟁 상태에 있는 두 집단 간의 의식에서도 나타난다. 즉 두 집단은 무조건적으로 싸우자는 매파와 무조건 협상하자는 비둘기파 집단으로 나타나는데, 매파에 대한 일반적인 답은 앞뒤를 재지 않고 싸우는 것에는 이익과 동시에 손해가 뒤따른다는 것이다.

그런데 이기적 유전자의 관점에서 보면, 자기와 똑같은 다른 생존 기계는 영양물질로서의 환경과 동일시된다. 이러한 이기적 유전자의 관점

---

5) 린 마굴리스 · 도리언 세이건, 홍욱희 옮김, 『섹스란 무엇인가?』(지호, 1999); 송영진, 「성과 사랑의 철학적 의미」 참조.

에서 동종끼리의 싸움은 죄수의 딜레마처럼 적어도 네 가지의 경우가 복합된 다양한 방식의 게임의 형식으로 나타난다. 이 게임에서도 중요한 것은 시행착오를 범하는 과정에서 봉과 사기꾼과 원한자의 경우와 마찬가지의 보복자(retaliator)가 나타나는데, 이 보복자는 처음에는 비둘기파처럼 행동한다. 그러나 상대가 공격해 오면 보복한다. 달리 말하자면 보복자는 매파에게는 매파처럼 비둘기파에게는 비둘기파처럼 행동하는 조건부 전략자이다. 그런데 재미있는 것은 매파 쪽에서는 불량배처럼 강한 자가 나타나면 도망하는 전략자가 나타나고, 비둘기파 쪽에서는 항상 비둘기처럼 행동하는 자가 아닌 시험 보복자가 나타난다는 것이다. 결국 이기적 유전자에 조정되는 개체는 보복자, 시험 보복자, 비둘기파, 그리고 불량배가 나타나며, 자연선택적으로 최적인 집단인 이들이 혼합된 형태로서 보복자(정의를 실천하는 자)가 다수이고 그 밖의 존재는 소수로 나타난다. 이러한 계층적 질서는 아리스토텔레스가 『정치학』 3장에서 말한, 혼합 정체에서 중산층이 다수여야 한다는 주장에 잘 들어맞는다.6)

2. 이성과 윤리

인간은 생명체이다. 생명체는 자기 존재 보호와 유지를 목표로 하고, 궁극적으로는 여유 있는 삶인 아리스토텔레스가 목표로 하는 행복한 삶을 지향한다. 아리스토텔레스는 국가 안에서 이러한 삶이 가능하다고 한다.7) 이러한 아리스토텔레스의 행복주의 윤리학은 인간중심적인 이

---

6) 아리스토텔레스, 『정치학』, 3권; 송영진, 『혼합정체와 법의 정신』(충남대 출판문화원, 2016), 1권, '아리스토텔레스의 정치철학' 참조.

7) 아리스토텔레스, 이창우 · 김재홍 · 강상진 옮김, 『니코마코스 윤리학』(이제이북스, 2001), 1095a.

기심에 기초한 윤리학이다. 이러한 행복주의 윤리학은 근대 영국에서는 벤담(Jeremy Bentham)의 공리주의로 나타난다. 벤담은, 자연은 인간을 쾌락과 고통의 지배 아래에 두었는데 인간은 이러한 쾌락과 고통의 지배에서 인간 지성에 의해 벗어날 수 있다고 한다. 인간 지성은 고통에서 벗어나 쾌락을 지향하는 방향으로 자신의 지혜를 발전시키는 데 성립하며 그것이 인간에서만 나타나는 이성이라는 것이다.

벤담이 창안한 '최대 다수의 최대 행복'이라는 공리주의적 전략은 쾌락을 목적으로 하는 것으로서, 아리스토텔레스의 형상-질료설에 기초한 목적-수단의 정신 지향적 과정의 결과(목적)를 신체적인 쾌락으로 전도시킨 결과주의 윤리학이자, 쾌락이라는 구체적 경험을 목표로 하는 경험의 상대주의를 표방하는 윤리학이다. 또한 벤담의 쾌락주의에 기초한 공리주의는 신체 지향적이고, '최대 다수의 최대 행복'이라는 말에 나타나 있는 최대나 다수라는 말이 상징하듯이 신체에서 일어나는 쾌락(결과)을 특정한 개인은 물론 국가나 사회 안에서 수량적으로 계산할 수 있다는 데에서 양적 쾌락주의에 기초한 윤리학이다.

벤담의 양적 쾌락주의 윤리학에서 가장 큰 문제는 쾌락의 양을 측정할 수 있다는 것에 있다. 이 때문에 J. S. 밀(John Stuart Mill)은 정신적 쾌락이 신체적 쾌락보다 양적으로나 질적으로 크고 중요하기 때문에 양적 쾌락주의를 조정하는 정신적이고 질적인 공리주의를 주창한다. 그런데 정신적 쾌락이라는 말은 J. S. 밀에 있어서 아리스토텔레스의 행복(eudaimonia)이라는 말과 동의어이다. 이 때문에 벤담의 쾌락주의 윤리학은 J. S. 밀에 의해 아리스토텔레스의 행복주의 윤리학으로 변모된다. 결국 벤담의 양적 쾌락주의가 윤리학으로 작동하는 것은 개인의 쾌락보다는 특정한 사회나 국가를 이루는 다수(전체)의 쾌락을 우선시하기 때문에 개인의 쾌락을 무시할 수도 있다는 점에서 성립한다. 달리 말하자면 개인에서 성립하는 쾌락보다는 다수에서 성립하는 쾌락의 양이 크기 때문에 인간이 보편적으로 가진 이성은 이러한 최대의 쾌락을 선택한다는 것이다.[8] 더 나아가 신체적인 쾌락보다는 정신적인 쾌락을 더 중요시하는 J. S. 밀의 질적 쾌락주의는 인간의 지성을 대표하는 현실적인 이성이 비록 이기적인 것에서 출발하나 이에서 더 나아가 이타성을 지닌 반성적 이성으로 변질될 수 있는 가능성이 존재하는 것이다. 이성의 이러한 변증법적인 기능 때문에 행복이라는 개념도 쾌락에서 정신적 즐거움이라는 것으로 변질될 수 있는 가능성이 있고 이 때문에 행복 개념은 다양한 의미를 지닌 것으로 나타난다.

아리스토텔레스는 인간을 이성적 동물로서 정의하고, 이성을 최대한으로 발휘하는 인간성을 실현하는 것이 인간의 행복이라 생각하는데, 이러한 이성이 최대한으로 발휘되는 것은 개인이나 가정을 넘어서 국가 안에서 가능하다고 말한다.[9] 결국 인간이 이성을 발휘하는 것이 수량적으로나 질적으로 국가 안에서 가능하다고 말하는 것은 벤담의 '최대 다수의 최대 행복'이라는 공리주의 윤리학과 크게 다르지 않다. 왜냐하면 벤담의 쾌락주의는 행복 개념을 인간의 개개인의 구체적인 쾌락에 두고 있다는 점에서 아리스토텔레스의 비록 정신적인 것이지만 개인의 행복을 목표로 하는 행복주의 윤리학과 다른 것 같지만, 그 동기에 있어서 행복을 쾌락으로 바꾼 것으로서 최대의 행복을 목적(결과)으로 두는 윤리학이기 때문이다.[10]

사실 행복주의 윤리학은 개인의 행복에 기초하기 때문에 이기적이고,

---

8) 다수의 행복을 지향하는 이성은 이기적인 개인적 이성에서 분화된 사회적이거나 국가적인 이성을 의미한다.

9) 아리스토텔레스, 『니코마코스 윤리학』, 1095a.

10) 벤담의 쾌락주의 윤리학과 아리스토텔레스의 행복주의 윤리학의 동일성과 차이성은, 만물의 생성-소멸의 원리를 수학-기하학적으로 형성된 원자와 그 운동을 우연-필연성으로 설명하는 데모크리토스와 우연-필연성과 이에서 벗어나는 경사운동을 설정하는 에피쿠로스의 원자론에 비유할 수 있다.

따라서 타자 존재를 전제하고 그 진상을 추구하는 지성이나 타자와의 공존을 지향하는 이성이 말하는 윤리를 언급하지는 않는다. 이 때문에 행복주의 윤리학이나 공리주의 윤리학에서는 진리 개념에 기초한 정의론이나 선에 기초한 정의론이 없다고까지 말해진다.[11] 그러나 이러한 이기심에 기초한 이성이 사회나 국가를 고려한다는 점에서 타자를 고려하는 것으로 전향되고 있다는 것을 전제한다. 즉 이성의 본질은 타자의 존재를 고려하는 것이라는 것이 선험적으로 전제되어 있다. 이 점을 소크라테스는 이성적 인간은 본성적으로 선의지를 가졌다는 것으로 전제하고 지덕합일설을 주창하며 왕정이나 봉건주의에서의 수치의식 문화를 기본적으로 생각하는 인류 역사에 민주주의에서 나타나는 법의식 문화를 건설하는 기초를 세운다.[12] 그리고 이러한 만주주의를 가능하게 하는 법의식 문화의 이면에는 다른 생물 종과는 다른 인간에서만 이루어지는 재화를 교환하는 상인 정신과 활동이 전제되어 있다.[13]

고대에서 인간 종에게서만 이루어지는 이러한 상인들의 활동을 이루는 상인정신은 이기적이나 다른 한편으로는 합리적 계산을 수행하는 정신이다. 그런데 근대에 들어와 기계가 발명되고 인간의 노동이 기계와 더불어 이루어지는 산업혁명이 일어난다. 이러한 산업혁명으로 인하

---

11) 바루흐 브로디, 황경식 옮김 『응용윤리학』(철학과현실사, 2000) 참조. 서양 철학사에서는 진리 개념에 기초한 정의 개념이 플라톤에서 최초로 나타난다. 진리 개념은 근대 과학과 관련하여 사실(fact) 개념이 분화되어 나타난다. 사실 개념은 가치중립적이라 여겨지는 것으로서 형식과학이나 실증과학은 물론 사회과학에서 널리 쓰이게 된다. 현대 컴퓨터과학에서 쓰는 데이터(data)는 이 사실 개념에 기초하고 있다.

12) 송영진, 『도덕현상과 윤리의 변증법』(충남대 출판문화원, 2009), 3장 참조.

13) 다른 동물들도 섹스를 할 때에는 수컷이 암컷에게 재화를 나누어주기는 한다. 이러한 재화를 분배하는 활동이 인간 종에서는 타자에게로 확대되어 나타나는 것이 동식물의 사육이고, 인간들 사이에서는 궁극적으로는 상인 활동으로 나타난다.

여 아담 스미스가 말한 인간과 기계의 협동과 분업에 따른 노동의 대가의 생산물인 재화를 비약적으로 대량 생산하게 되었으며, 이러한 재화를 교환하는 데에서 재화가치를 결정하는 것은 수요-공급법칙이 타당한 것으로 드러났다.[14] 그리고 이러한 교환가치의 결정이 시장에서 이루어진다. 또한 도구의 발전이 자동기계화에 이르러 여기에서 생산된 재화의 교환에 의해 거대한 자본을 축적되게 되어, 근대 초기에 자본주의에서 산업자본주의가 나타나기 시작하였고, 그 결과 현대에는 전쟁을 전제한 정치 현상과도 같이 재화의 평화적 교환을 전제한 초기의 상업 정신이 밑받침되어 있는 자본주의가 자연 자원의 한계 때문에 전쟁 상태로 돌변하여 전 지구를 휩쓸게 되었다.[15] 그러나 이러한 자본주의는 보다 많은 이익을 위한 경영 논리나 노동을 수행하기보다는 편리한 자동기계와 같은 도구의 발명이나 경영 방식의 발전을 위한 지적 경쟁을 필연적으로 수반하는 것은 물론, 생산에 필요한 인간을 포함한 자연 자원에 대한 경쟁과 수탈을 수행하지 않으면 안 되는 지경에 이르렀다. 여기에서 전쟁을 회피하고 상호 공존과 평화를 전제하는 상업 정신을 기반으로 하는 자본주의가 역설적으로 행복을 지향하는 인간을 정신적

14) 재화의 가치문제는 플라톤 이래 노동 가치를 근거로 하고 있으나 아담 스미스가 말하듯이 수요와 공급에 의해 결정된다. 공급의 문제는 자원의 문제로서 현대에서는 자연 자원의 한계에 때문에 나타나는 생존경쟁의 논리에 따르면서도 이를 이성적으로 조정하는 데 따라 결정되는 게임의 법칙이 있다. 재화의 수요도 인간의 욕구에 따른 것이면서도 그 효용성이 일정한 법칙(한계 효용의 법칙)에 따라서 결정된다. 즉 공급을 결정하는 자연 자원은 한계가 있기 때문에 경쟁의 대상이 된다. 반면에 수요를 결정하는 인간의 욕망도 한계-비한계의 변증법적 갈등을 노정한다. 이 때문에 이를 조합하는 수요와 공급 법칙에 따르는 재화의 가치 결정은, 아담 스미스가 말하듯이 자유시장에서 '보이지 않는 손'에 의해 조정되는 것처럼, 한 사회나 국가에서 정의로 판단되는 재화에 대한 화폐가치가 최적의 평형 상태를 지향하는 것처럼 보인다. 애덤 스미스, 안재욱 옮김, 『국부론』(박영사, 2018) 참조.

15) 송영진, 『혼합정체와 법의 정신』, 2권, 7장 참조.

으로는 물론 물질적으로 노동하는 인간으로 변질시키며, 급기야는 인간을 소외시키고 파멸시키는 전쟁 상태를 지향하게 되고, 경제적으로는 부익부빈익빈 현상과 함께 자연의 황폐화라는 현상을 필연적으로 유발하는 것이 되어 버렸다.

현대 과학과 기술 발전에 따른 현대 자본주의는 인류에게 피할 수 없는 풍요한 물질문명의 역사를 가능하게 하였으나, 그 경제법칙에 따른 경영논리는 윤리적인 성격이 없고, 있다 해도 오직 최대 다수의 최대 행복이라는 공리주의적 전통의 전체주의적인 사고를 하게 하는 점에서는 홉스의 절대군주정의 정치철학과 상통하는 점이 존재한다. 특히 현대에서 도구와 기계는 물론, 이 기계를 자동적으로 작동케 하고 더 나아가서는 자율적이라고까지 말해지는 인공지능을 개발하여 인류가 활용하는 측면에서 보면, 20세기 후반에서 지금까지의 시기를 4차 산업혁명이라 부르기에 합당하다.

그러나 4차 산업혁명이 인류에게 가져오는 효율성은 자연과의 관계에서 무한한 것이 아니라 한계가 있으며, 이러한 한계 때문에 우리 우주나 자연이라는 환경과의 관계에서 4차 산업혁명이 이루는 경제적 가치와 이를 가능하게 하는 인공지능의 효율성은 적정한 단계에서 제한하여야 하고 이에 따라 인간의 활동은 안정되어야 한다. 이 때문에 이러한 4차 산업혁명이라 불리는 시대를 주도하고 있는 인공지능에 대해서는 그 개발과 목적에 생명체로서의 인간 존중의 윤리적인 성찰은 물론, 더 나아가 인간을 살리고 있는 타자로서의 살아 있는 자연의 피드백에 의한 자기정화적인 순환의 역할도 부여해야 한다.

사실 인간이 제작한 도구나 이에서 발전한 기계는 물론 이러한 기계를 작동하게 하는 지성이 창안한 인공지능은 인간 행위의 수단으로 개발되었기 때문에 그 효용성은 유용성의 관점에서만 측정될 수 있다. 말하자면 인간에게 이용되어 이익을 주는 관점에서만 평가될 수 있다. 이 때문에 이러한 도구나 기계를 제작하는 비용과 이러한 도구들을 활용하여 인간이 얻는 이익이나 효율성은 이러한 도구 없이 인간이 노동을 해서 얻는 이익과의 관계에서 비교-평가될 수밖에 없는데, 이러한 평가의 관점을 우리는 경제적 관점이라 부른다. 경제적 관점이란 '최소의 노력으로 최대의 효과나 이익'을 보는 관점이다. 또한 경제적 관점은 그 기원이 상인 정신에서 유래하는데, 상인들은 스스로는 재화를 산출하지 않고 재화를 교환하는 데에서 이루어지는, 즉 교환 상대자 양쪽에서 이루어지는 이익이나 효용성을 목적으로 하여 이들을 분배하는 데에서 이루어지는 교환가치(이익)를 목적으로 한다. 그리고 이러한 교환가치는 직접적인 재화를 산출하는 것과는 관계가 없기에 마르크스가 교환가치는 잉여가치라고 말한 것이다.

그런데 마르크스가 말한 이러한 잉여가치는 산업자본주의에서도 자본의 순환에 따라 무한히 증식하는 것이 아니라 자연적 재화의 한계로 인하여 자유시장에서는 아담 스미스가 말한 '보이지 않는 손'에 의해 적정한 한도에서 평형 상태를 지향하는 것이다. 마치 도킨스가 『이기적 유전자』에서 자연 자원을 먹이로 하여 살아가는 모든 생명체들이 제한된 자연 자원에 대한 경제 원리에 종속된 게임의 법칙에 따라 생물 생태계의 다양성을 이기적인 유전자가 조정하는 것처럼 설명하나, 다른 한편으로 이기적인 유전자가 자연 자원에 적응하면서 자신의 영원한 생존(불멸성)을 위해 표현형의 번식(생식)을 수반한 생사의 변증법을 유도하듯이 다양한 방식으로 작동하면서도, 진화론적으로나 사회생물학의 관점에서 최적의 안정된 상태(evolutionarily stable strategy)를 지향하는 것이라고 말하고 있듯이, 인간도 그리고 인간이 개발한 인공지능도 공리주의를 넘어서는 윤리적 관점에서 이러한 자연에 순응하고 자연의 질서에 따르도록 개발하여야 한다는 것이다.

3. 이성과 타자

전통적으로 종교의 율법주의나 동기주의에 기초한 윤리로 도덕법주의가 있다. 도덕법주의에서 말하는 도덕법은 공리주의에 반하는 것으로서 고대에는 절대적인 신의 율법과 인간의 상대주의적인 율법이 변증법적으로 연관되어 있으나, 현대에서 신을 부정하는 도덕법주의는 점차 율법의 절대주의를 전제하지 않는 공리주의와 타협한 변증법적이고 상대주의적인 것으로 나타난다.

서구적 전통에서 도덕법은 소크라테스의 지덕합일설에 기초하고 있고, 이러한 소크라테스의 지덕합일설은 인간은 누구나 선의지를 가지고 있다는 동기주의에 기초하고 있다.[16] 앞에서 본 바와 같이 파르메니데스의 존재론에서 기원하는 플라톤의 진리 개념은 타자를 전제하고, 이러한 진리론에 기초한 플라톤의 정의론은 생존경쟁이나 전쟁을 전제한 국가 안에서 선의지를 전제한 인간의 행위의 4주덕(절제, 용기, 지혜, 정의)으로 나타나며, 여기에서 정의 개념은 선의지에 기초한 윤리적 선과의 관계에서 논해질 수밖에 없다.[17] 플라톤에 있어서 정의 개념을 현실화한 것이 한 국가 안에서의 법률이다.

"법은 도덕의 최소한이다"라는 말이 있듯이 이때 정의를 상징하는 법은 선의지에 기초하고 있다. 이러한 인간관계를 성문화한 것이 인류에 최초로 나타난 탈리온(talion) 법이라고 칭하는 복수법이다. 따라서 도덕법주의는 최소한 타자와의 상호 공존을 기초로 하고 있다. 근대에서 상호 공존을 목표로 하는 것이 칸트의 이성에 기초한 도덕법주의이다. 그는 『도덕 형이상학』에서 선의지를 지닌 인간의 양심을 다음과 같

---

16) 송영진, 『소크라테스의 산파술에 따른 진리와 인식』, 1장, 1.4.3. '소크라테스의 지덕합일설' 참조.

17) 송영진 『혼합정체와 법의 정신』, 1권, 1장 '플라톤의 정치철학' 참조.

은 도덕법으로 표명한다. "너의 의지의 준칙이 항상 동시에 보편적 입법의 원리에 맞도록 행위하라." 이성 논리에 따른 이러한 도덕법은 한편으로는 정의론과 관계하여 이처럼 형식적인 것으로 언명되고, 인간의 정치세계에서는 실질적인 법률 개념으로 나타난다. 이러한 복수법에 기초해 있는 규범으로서 국내법과 국제법이 있다. 국내법은 복수법에 기초하고 있으나 법이 정의 개념에 기초하고 있으며, 이때 정의는 윤리적 선에 기초하고 있다.18)

그 결과 생존경쟁이 있는 국가 안에서 수행되는 정의는, 고대에서는 헤겔이 말한 주인과 노예의 변증법이 작동하였고, 근대 이후에는 타자와의 공존이라는 선을 지향하는 선순환을 지향하는 것으로서 타자를 살려주고 자유를 제약하는 방향으로 적용된다. 그러나 생존경쟁이 전쟁으로 나타나는 국가 간의 관계에서 복수법은 타자를 절멸하는 악을 실현하는 악순환의 방식으로 작동한다. 그리고 이러한 것이 상식이 되는 시기가 근대 식민지를 전제하는 국가의 이념이자 홉스가 『리바이어던』에서 말한 절대군주국가의 이념이다.

인류에게 전쟁은 먹고살기 위한 것으로서 위계적 질서로 통일된 군대 조직에 의한 집단적 행위이다. 이 집단적 행위에서 승자는 패자를 노예로 만들며, 먹고사는 일 때문에 전쟁에 참여한 가난한 백성이나 대중이나 인민은 삶에 안정을 취하고, 이에서 더 나아가 군대의 통수권을 지닌 장군이나 영웅으로 표현되는 두목이나 지도자는 영광으로 표현되는 삶을 살 수 있다. 왕이나 귀족이 바로 그러한 신적 위엄과 영광이나 명예를 가치로 하는 존재이다. 이들은 패자가 되는 것을 수치로 여기며 노예가 되느니 차라리 죽음으로 대신한다. 반면에 먹을 것이 없어서 혹은 가난 때문에 이러한 전쟁을 원하는 백성이나 대중이나 인민은 전쟁

18) 같은 책, 39-40쪽.

에서 패하면 죽음 대신 삶을 지속하기 위해서 더 극단적인 노예 상태로 전락한다. 그런데 진리나 지혜가 인간을 구원하리라는 소크라테스적 관점을 제외하면, 강자가 정의라는 정의 개념 속에는 전쟁에 참여하는 왕이나 귀족의 심리 상태와 백성이나 대중 혹은 인민의 심리 상태는, 사회적 계급 속에 위치하는 각자의 개인적인 관점에서 보면 공적인 것(집단 전체의 관점)이나 사적인 것(개인주의적 관점)에서 부와 관계하는 영광과 수치나 삶과 죽음의 변증법이 서로 같아지는 측면이 있으면서도 서로 다른 이율배반에 처해 있다. 소크라테스적 지혜의 관점을 포괄하려는 헤겔은 『정신현상학』에서 이러한 점을 주인과 노예의 변증법으로 나타내고 있다.

그런데 전쟁을 통한 부와 영광의 획득은 '전쟁의 비참함'을 망각하기에 수사와 허구가 숨어 있고, 이러한 수사와 허구에 가난한 백성이나 대중이나 인민은 속기 때문에 플라톤 이래의 정치철학자들은 어리석다고 판정한다. 그러나 전쟁의 비참함을 겪는 백성이나 대중이나 인민들은 평화를 바라는 관점에서는 민주주의적 지혜를 발휘하기 때문에 근대 이후의 철학자들은 소수(왕이나 귀족)보다는 다수(백성이나 대중이나 인민들)의 지혜를 높이 평가한다. 결국 이러한 전쟁이나 평화를 지향하는 심리 상태를 지혜롭다고 하는 것은 문제가 있다. 진정한 지혜는 백성 혹은 인민이나 대중 속에 숨어 있는 평화를 지향하는 마음과 인류에게 보편타당성을 지닌 것으로서 현대에서는 과학과 함께하는 철학이라는 것으로 알려져 있고 이것이 소크라테스-플라톤이 취하는 지덕합일설의 관점이다. 이러한 지덕합일설에 기초하여 현대에서는 국제법도 칸트가 『영구 평화론』에서 말한 이성에 기초한 상호 공존을 지향하는 선순환의 방식으로 변화하고 있다.[19]

---

19) 임마누엘 칸트, 『영구 평화론』(범우사, 2012) 참조.

다른 한편, 도덕이나 법률은 한편으로는 인간 의지와 관계하여 경험적으로는 내적, 심리적인 요인에 많은 영향을 받고 있으며, 다른 한편으로는 사회적 현실과의 관계에서 논해져야 하기 때문에 변증법적이고 상대주의적이다. 인간의 의지와 관계하는 감정은 공감에서 기원하는 것으로서 낭만적인 사랑의 윤리가 이기적인가 이타적인가로 나뉜다. 그러나 이러한 인간의 공감과 감정에 기초한 윤리학은 다음과 같은 두 패턴으로 정리될 수 있다고 생각된다. 즉 인간관계를 자아 중심으로 파악하는 경우에 타자와의 관계에서 자기 중심적으로 선악을 판별하는 것을 이기심이라 부르고, 타자 중심적으로 판단하는 것을 이타적이라 부를 수 있다. 그런데 자아 중심적인 사유에서 타자는 사물과 타인으로 나타난다. 그리고 플라톤 철학에서 인간이 타자와 관계 맺는 방식으로 사물에 대해서는 기술(techne)이라고 부르고, 타인과 관계 맺는 방식은 법이나 예의라고 말한다. 기술은 타자에 대한 지식(인식)이 전제되면서도 이를 생존을 위한 자기 이익을 위해 이용하는 것이다. 타자(사물)가 자신보다 못하기 때문이라는 인식이 있기 때문이다. 여기에서 소유와 지배의 관계나 수단과 목적의 관계가 나타난다. 반면에 타인과의 관계에서는 타인에 대한 인식(지식)을 전제하면서 타인이 자신보다 못하다는 판단에서부터 동등하거나 자신보다 낫다는 판단이 작용할 수 있다. 못하다고 생각될 때에는 수단과 목적의 관계에서 도구와 수단(노예)으로 이용하는 경우가 발생하고, 자신과 동등하다고 생각되면 동등하게 대우하거나, 자신보다 낫다고 생각되면 이에 봉사하는 다양한 인간관계가 발생한다. 여기에서 소크라테스와 플라톤이 말하는 인간관계에서의 정의를 나타내는 법은 자아와 타자가 동등하다고 여겨지는 수준에서 발생한다. 결국 자아 중심의 개인주의적 관점에서 이기적인 경우와 이타적인 경우로 나뉘는데, 법으로 말해지는 정의는 이들 사이의 중간에 있는 것이다. 그런데 문제는 행위의 동기를 이기심과 이타심으로 분류하는 경우, 법은 이 중간에 있는 것으로 판정되나, 법과 다른 도덕이나 윤리는 어떻게 이해되어야 하는가이다. 도덕이나 윤리란 여기에 관여된 인간의 삶이나 영혼을 모두 존재론적으로 긍정하고 이를 개선하는 방향으로 작동하는 것으로 일단 정의할 수 있다. 왜냐하면 인간관계에서는 능력의 차이가 전제되어 인간들을 수단시할 수도 있고 목적시할 수도 있기 때문이다.[20)]

---

20) 송영진, 『혼합정과 법의 정신』, 1권, 1장, 36-39쪽. "플라톤의 『국가-정체』편에 나타나는 정의관에 해당되는 '각자에게 합당한 것(갚을 것)을 갚는 것'의 언명 속에 함축된 것은 선을 행한 것이든 악을 행한 것이든 각자 그에게 '능력에 따르는 응분의 것'을 주는 것이라는 의미가 함축되어 있다. 사실 서로에게 선한 것을 행하는 인간관계에서는 문제는 발생하지 않는다. 그러나 이러한 인간관계에서 악이라고 생각되는 것이 발생하면서 이를 시정하기 위해서 옳음이나 정의 개념이 발생한다. 그런데 인간관계에 있어서 친구 관계와 적의 관계가 있다. 친구 관계에서 악이 발생하는 것에 대해서는 정의를 실현하는 방식이 두 가지가 있다. 하나는 그가 한 만큼 갚아주는 것이고, 다른 하나는 그가 악을 행을 행하지 못하게 하는 수준에서 시정적인 벌을 주는 것이다. 전자가 복수법의 형태로 말해지는 것이고, 후자가 그를 행위하지 못하도록 자유를 억제하거나 그 자유를 교정하기 위해 그의 자유를 치료하는 것이다. 물론 여기에서 용서해 주는 방법도 있을 수 있다. 그러나 용서가 그의 자유를 개선하지 못한다면 아무런 의미가 없다. 여기에서는 법에 관련된 윤리의 문제가 발생한다.
다른 한편, 적과의 관계에서 악이 발생할 경우는 어떻게 대처하는가? 대부분 복수법의 형태를 지니면서도 감정적으로는 그 이상의 악으로 되갚아준다. 즉 친구 사이에서는 개선의 방법이 역으로 개악의 방식으로 더 악을 갚아주는 방식으로 반응한다. 전자가 복수법을 토대로 개선 쪽으로, 후자는 복수법을 토대로 개악의 방식으로 작동한다. 결국 아테네인들에게 '각자에게 갚을 것을 갚는다'는 의미의 정의는 이러한 여러 가지 경우의 조합의 형태로 분화되어 나타나지만, 그 이면에는 이렇게 현실적으로는 복수법의 형식으로 표현되는 것이 기초적인 것으로 전제되어 있다. 그리고 이러한 복수법의 형식의 선순환의 형식은, 악에 대해 선을 지향하는 것(정의: 진리인 지식)으로 갚는다는 것으로서(소크라테스의 지덕합일설로 나타난다) 모두가 잘되는 화합과 조화의 사회를 형성하며 인류를 전쟁에서 벗어나 평화와 안정된 가운데에서 발전시키고 부흥케 하며, 이러한 소크라테스의 지덕합일설에서 기초한다면

다른 한편, 공감과 감정에 기초한 사랑의 변증법은 플라톤의 『심포지엄』에 나타나 있듯이 생명체로서의 인간의 생존과 관계하여 타자를 인정하지 않고 자신의 목적(쾌나 행복)을 위한 수단으로 소유하고 사용하려는 욕망(epithumia)에서, 자식을 낳는 것을 지향하는 남녀 간의 사랑인 에로스(eros), 종을 보존하려는 이기적 유전자를 지닌 동물들 모두에게서 나타나는 자손의 생존을 보호하려는 자기희생적인 스토르게(storge), 그리고 타자와의 공존을 인정하는 윤리의 기초로서 사회적인 것으로서의 친애나 우정(philia)이 말해진다. 플라톤의 『심포지엄』에 나타난 인간이 인생에서 수행하는 이러한 사랑의 제 단계에서도 동일자-타자의 변증법이 작동하고 있다.

사랑의 감정에서 기원하는 것으로서 지구상에서 훌륭한 윤리적 체계는 불교의 대자대비나 유교의 극기복례의 정신에서 나타나고, 그리고 최종적으로는 기독교의 아가페(agape)적 사랑이 나타난다. 기독교의 하나님 사랑이라 불리는 아가페적 사랑은 타자를 지향한 사랑으로서 타자를 위해 자신을 희생하는 윤리이다. 이기적 유전자를 지닌 생명체로

법은 윤리적인 형태를 취한다. 반면에 '힘이 정의'라고 표명된 권력이나 힘을 지향하는 칼리클레스의 정의관은 사람들을 화해하지 못하게 하고 사회를 이루지 못하는 것으로서 이기적인 개인주의로 발전하는 것이며, 복수법의 악순환의 형태로서 인류를 다시 끊임없는 전쟁 상태로 돌입케 하며 발전이 없이 윤회하거나 소멸하게 하는 것으로 나타난다.

인류는 지능을 가졌기에 그리고 지능이 선의지에 기초하기만 한다면, 악이 발생했을 경우, 이 악에 대해 징벌하는 것은 개인적으로나 국가적으로 다시는 그러한 행위를 하지 못하게 하거나 행위를 선 쪽으로 행하도록 하는 습관이나 사고를 개선하기 위해서이다. 그리고 이러한 일은 습관이나 사고를 진리에 따르도록 하는 것이다. 소크라테스에 따르면, 이러한 진리에 대한 인식은 영혼의 자기인식이고, 인간의 영혼은 신적인 존재로서 신에서 유래한다. 그런데 소크라테스가 말하는 신은 그리스 신화에서 말해지는 자연신들과는 달리 무조건적으로 선하다. … 이 때문에 소크라테스에 있어서 진정한 지식은 영혼의 본성의 기원이 되는 신을 아는 것이며, 그 신은 자체로 선하다."

서 인간에 나타나는 이러한 타자를 위한 희생윤리는 E. 레비나스의 타자윤리학에서 극명하게 표명된다.[21] 이러한 타자윤리는 행복을 지향하는 공동체 윤리의 기초에서 작동하지 않으면, 그리고 이러한 타자윤리를 경제적으로라도 (왜냐하면 자연 속에 존재하는 모든 존재자들, 그 가운데에서 빛조차도 모두 경제원리에 따르고 있으므로) 자연에까지 확대하지 않으면 인간이라는 종은 이 지상에서 멸종할 수밖에 없다. 왜냐하면 인류는 2차나 3차 산업혁명을 통해 지구의 자연 자원을 약탈하여 황폐화시켰을 뿐만 아니라, 대량 생산과 대량 소비로 인한 환경공해로 수많은 생물들과 인간 자신이라는 종이 21세기를 무사히 살아남아 넘길 수 있을 것인가의 문제는 현생 인류에게 최대의 화두가 되고 있기 때문이다.

4. 공동체 윤리

현대의 공리주의와 도덕법주의는 모두 신을 부정하는 인간 중심의 변증법을 사용하는, 프로타고라스의 "인간은 만물의 척도"라는 상대주의로 나타나며, 드워킨(Ronald Dworkin)은 이를 공동체주의 윤리학으로 표현한다.[22] 현대에서는 공동체 윤리가 국가나 사회의 발생과 이의 진화의 관점에서 해석되고 있다. 지구상에는 인간의 환경으로서 국가 이외에 타자로서 자연이 있고 자연에는 다양한 생명체가 있다. 이 때문에 인간 중심의 생명윤리학에서 다양한 생명체를 고려하는 데에는 타자윤리학이 필요하다.

21) 레비나스의 타자윤리학에 대해서는 강영안, 『타인의 얼굴: 레비나스의 철학』(문학과지성사, 2005), 1장 '타자와 윤리적 관계'와 레비나스의 저서 『전체성과 무한』 참조.

22) 로널드 드워킨, 염수균 옮김, 『자유주의적 평등』(한길사, 2005) 참조.

그런데 이러한 타자윤리학은 생명의 존엄성을 전제하는 것으로서 이미 고대의 히포크라테스의 선서에서 나타나는 것이며, 현대에서 인류는 의료윤리로서 이미 실천하고 있다. 생명윤리학자인 비첨(T. Beachamp)과 칠드레스(J. Childress)는 『생명의료윤리학의 원리』에서 자율성 존중의 원리, 해악 금지의 원리, 선행의 원리, 정의의 원리를 제시하고 있는데, 리처드 세버슨(Richard J. Severson)은 이를 정보윤리학의 기본원리로 제시하면서 다음과 같이 말하고 있다. "전자 시대가 가져다주는 혜택과 이로움은 부정할 수 없는 사실이다. 그리고 우리가 미래에는 더욱더 과학의 발전과 더불어 나타나는 기술에 의존할 것이다. 그리고 기술에의 의존성은 인간 생활을 끝없이 복잡하게 만들고 있다. 복잡함은 우리의 사고방식을 비롯한 우리 생활의 모든 측면에 잠입하고 있다. 우리는 손가락으로 웹사이트를 여행할 수 있는 전자 시대에 살고 있기 때문에, 검색을 중지하고 결론을 내리는 방법을 모르고 있고 결국에는 인공지능에 의존하게 될 것이다. … 국가적인 질서에 대한 어떠한 감각을 유지하기 위하여 미국 연방정부에 의해 새로 공포되고 있는 수백만 페이지 분량의 법률들을 생각해 보라. 뉴욕의 한 변호사 하워드는 『상식의 죽음』에서 너무나 많은 법률들이 우리로 하여금 상식을 잃어버리게 하고 미국인들을 죽이고 있다고 말하고 있다. 후에고 섬 주민들은 아주 단순한 세계에 살고 있기 때문에 과학기술의 복잡한 침해를 생각하는 데 어려움을 겪는 반면, 현대 기술문명 속에 살아가는 사람들은 복잡한 세계에 살고 있기 때문에 삶을 의미 있게 만들어주는 단순한 진리들을 파악하는 데 어려움이 있다."[23] 그런데 이러한 의료윤리학에 표명된 타

23) 리처드 세버슨, 추병완 · 류지환 옮김, 『정보윤리학의 기본 원리』(철학과현실사, 1997), 20쪽의 내용을 약간 변용하였다. ACM과 IEEE 등의 학술단체를 비롯하여 구글이나 마이크로소프트와 같은 여러 기관에서는 인공지능의 개발 시 윤리적 문제를 해소하기 위한 가이드라인을 마련하고 있는데, 김진형은 이것을 다음과 같이 정리하였다. "(1) 인공지능은 사회적으로 유용하게

자윤리학은 현대에서는 생태계 윤리를 넘어서 환경윤리학으로 나타난다.[24] 인류에게 자연을 사랑하라고까지는 말할 수 없다. 하지만 현대에 개발한 인공지능을 이용하여 4차 산업혁명을 일으키고 있는 인류는 다른 한편으로는 인공지능을 지구라는 자연환경에 제약받으면서 자연의 순환하면서도 진화하는 과정에 최적화하는 것으로서 개발하여야 한다. 우주 탐사에서도 이를 이용하고 있는 인류에게 다음과 같이 말할 수 있다. "항상 자연으로 돌아가 다시 생각하라."

되어야 한다. 인공지능의 사용이 사회적, 경제적 가치를 가져와야 한다. 그 편익이 예측 가능한 위험과 단점보다 많아야 한다. (2) 공정성이다. 불공평한 편견을 배제해야 하며 활동 목적을 숨기지 않아야 한다. (3) 안정성이다. 사람에게 위해를 가하면 안 된다. 인공지능은 항상 사람의 지시와 통제 하에 있도록 하고, 개인정보를 보호해야 한다. (4) 투명성이다. 인공지능이 인간의 판단을 대신하기 때문에 그것이 내린 결정을 설명할 수 있어야 한다. (5) 신뢰성이다. 자율학습으로 성장하는 시스템은 원래 개발자의 의도와 다르게 진화할 수 있다. 감시하고 통제할 수 있는 능력을 놓쳐서는 안 된다. … 그 결과 어떤 상황에도 인본적 가치는 유지되어야 한다. 지구 환경을 보존해야 하고, 인류는 지속적으로 생존해야 한다." 김진형, 『AI 최강 수업』(매일경제신문사, 2020), 65-67쪽.

24) 피터 싱어 · 헬가 커스 편, 『생명 윤리학』, 1, 2권(인간사랑, 2005) 참조.

첨부논문 1

에른스트 마이어의 생명과학과 윤리

1. 서론: 생명공학 시대와 윤리의 문제

실험과 관찰을 토대로 하는 과학은 공학과 떼려야 뗄 수 없는 관계 속에서 발전해 왔다. 그러나 과학은 공학적 측면으로 온전히 환원될 수 없는 것이다. 공학은 현실적인 실험이나 조작을 전제하나, 과학은 직관적으로 주어진 현실과 관계하면서도 현실적으로 조작할 수 없는 대상에 대해서는 사유 실험이나 현상학적 사유, 그리고 이들 간의 변증법적 사유를 함축하기 때문이다. 이 때문에 우리는 생명과학과 윤리를 논하기 전에 생명과학의 발전에 따른 생명에 대해 정의하고, 그리고 이 생명과학의 학적 방법이나 태도가 우리에게 준 결과를 토대로 하여 우리의 윤리적 삶을 탐색하거나 과학적 성과와 우리의 윤리적 태도가 어떠한 관계에 있는가를 철학적으로 탐색해야 할 것이다. 이는 윤리의 문제를 철학적으로 탐구한 소크라테스가 사실은 자연(physis)에 기초하여 인간의 윤리를 정립하려고 한 것과 같다. 현대 서양의 철학자들은 사실

일류 과학자들이다. 철학과 과학은 경계가 허물어진 지 이미 오래이다. 이 때문에 이 논문에서는 현대 서양의 생명과학자들, 특히 자크 모노(Jacques Monod)와 에른스트 마이어(Ernst Mayr)의 저작 속에 들어 있는 사상을 베르그송의 철학적, 인식론적 관점에서 비판적으로 소개하고 그 의미가 함축하는 바를 생각하면서 윤리적 의미를 음미하고자 한다.

20세기 후반에 들어서면서 생명공학 분야에서 새로운 발견들이 줄을 지으면서 인간이 자연세계의 유전자를 모두 이해하고 지배할 수 있으리라는 생각이 도처에 유포되고 있다. 과학자들과 언론 매체들이 공공연히 유전자 조작이나 생명복제 등을 언급하면서, 생명공학은 인간의 불치병을 치료할 수 있는 마지막 희망이자 보루요, 나아가 식량문제와 산업사회가 만들어놓은 환경문제를 해결할 수 있는 것으로 인식되고 있다. 다른 한편, 인간이 생명체의 유전정보를 조작하는 행태를 신이 행한 창세기에 빗대어 그 무지함과 위험성을 경고하기도 한다.

그러나 이러한 무지와 위험에 대한 경고도 진정한 의미의 생명이나 생명공학에 대한 이해, 나아가 인간이나 우주에 대한 과학과 철학적 이해가 없이 이루어지고 있는 실정이다. 즉 이러한 두 태도는 사실 생명 전반에 대한 마이어와 같은 현대 과학적 지식이 없는 상황에서 이루어지고 있는 주장으로서 한계를 가졌다. 우리가 생명을 알기 위해서는 유전공학적 주장이 타당하다. 그러나 이러한 태도를 생활세계로 끌어와서는 안 된다. 다른 한편, 우리는 생명공학에 대한 위험의 경고를 과학 발전에 방해물로 인식해서는 안 된다. 이와는 달리 우리는 저 경고를 과학적 인식의 한계에 대한 지적으로 들으면서 학문 수행의 윤리적 태도에 있어서 역사적 의식과 책임의식을 갖춰야 하는 것으로 이해해야 한다. 이 점은 모노와 견해를 같이한다.

사실 인간 게놈 프로젝트(genom project)는 인간의 유전정보에 대한 지도를 해독해 냄으로써 인간 존재에 대한 정의를 철학적으로 생각하게 하였다. 전통적으로 인간은 무한한 가능성을 지닌 종으로서 어떠한 다른 종보다도 우월하며, 그 자체로서 본질적으로 존엄성을 지닌 존재라고 알려져 왔다. 그러나 인간 게놈을 해독하면서 인간이 다른 종과 큰 차이를 지닌 것이 아니며, 무한한 가능성이 아니라 어느 정도 결정되어 있다는 것이 알려졌다. 이러한 결정론과 비결정론이 내포하는 철학적 문제에 대한 해결은 과연 어느 것이 인간에 대한 올바른 이해인가를 근본적으로 되물어야 한다. 더 나아가 우리는 이러한 질문에 대답하기 위하여 보다 근원적인 질문에 대면하게 된다. 즉 생명이란 무엇인가?

이 문제에 대한 해명으로 마이어의 『이것이 생물학이다』에 나타난 유기체주의를 살펴봄으로써 우리의 생명에 대한 지식의 성격을 살펴보고자 한다. 그리고 이에서 더 나아가 이러한 생명의 가치나 삶의 목적은 무엇인가, 그것은 단순한 살아남기인가 아니면 보다 고차적인 목적이나 가치를 지향하기 위한 것인가 등등, 이러한 질문의 종합으로서 우리는 생명윤리학을 개척할 수 있다. 이 논문에서는 우선 마이어의 『이것이 생물학이다』에 나타난 생명과학의 의미와 생명과학에서 생명의 성격을 알아보고, 이에서 얻은 유기체주의가 지닌 생명에 대한 지식을 기초로 자크 모노와 같이 생명공학의 문제점을 알아보고자 한다. 그러나 이러한 생명공학이 갖는 문제점에 대한 모노의 지적에는 동의하면서도, 그의 생명 발생에 관한 견해는 유기체주의와 다르다는 것을 인식하고, 또 유기체주의가 그 발생적 측면에서 보면 우연이 아닌 카이로스적 시간성에 기초하고 있다는 점을 자연발생설을 부정하는 베르그송과 함께하면서, 유기체주의에서 나올 수 있는 윤리의 문제, 즉 마이어가 말하듯이 생물학에서 어떻게 타자윤리가 설명될 수 있는가를 살펴보고자 한다.

2. 생명체의 의미와 생명과학

생명체의 생명이란 무엇인가, 그리고 생명과정을 어떻게 설명해야 하는가 하는 문제는 16세기 이래로 열띤 논쟁의 주제였다. 살아 있는 생명체가 죽어 있는 물질과 다르지 않다고 주장하는 집단은 언제나 있어 왔다. 이들은 예전에 기계론자라고 불리었으나 지금은 물리주의자라 불린다. 이에 반대되는 집단은 생기론자이다. 그들은 생명체란 불활성 물질에서는 발견될 수 없는 성질을 지니므로 생물학의 이론이나 개념들은 물리학의 법칙으로 환원될 수 없다고 한다.

데카르트 이후 유기체에 대한 기계론적 관념이 그렇게 오랫동안 서구인의 관념을 지배했다는 것은 모순율에 따르는 이성 중심의 철학이 기독교적 사고에 대한 회의로 과학의 시녀가 되었기 때문이다. 그럼에도 불구하고 유기체는 기계가 아니다. 왜냐하면 어떤 기계도 저절로 혹은 스스로 만들어지지 않으며, 자신을 복제하지 않고 스스로를 프로그램화할 수 없기 때문이다. 더 나아가 기계는 자신에게 필요한 에너지를 스스로 확보할 능력도 없다. 사실 근대 뉴턴 역학에 따른 물리학의 급속한 발전은 하늘과 지상에 모두 적용되는 구체적인 법칙들의 집합에 기반을 둔 물리주의로 발전했다. 이 물리주의 운동은 그 이전 시대를 지배했던 기독교의 마술적 사유 대부분을 파괴시켰다는 점에서 중요하다. 즉 물리주의의 위대한 업적은 물리현상에 대한 자연적인 설명을 제공한 것이며, 그 이전 사람들이 대부분 받아들였던 초자연적인 것에 대한 믿음을 대부분 제거했다는 것이다. 그러나 물리주의가 살아 있는 유기체와 관련된 현상이나 과정들을 설명하지 못한다는 것이 이 물리주의에 대한 반발을 일으켰고 이 반발적인 움직임을 생기론(vitalism)이라고 한다.[1)]

마이어에 따르면, 생기론이 처음 제시되고 받아들여졌을 때, 생명체의 생명에 대한 일리 있는 설명처럼 여겨졌다. 겉보기에는 분명 생기론이 단순한 기계론보다 훨씬 성공적인 것처럼 보였으나 마이어에 따르면, 1930년경에는 생기론적인 사고가 완전히 사라졌다고 한다.[2] 그 이유는 생기론에서 주장하는 자연적 실체로서의 생기나 생의 약동, 혹은 에너지나 기(氣) 등을 검증할 방법이 없기 때문이었다. 이 때문에 현대에는 생기론이 유기체의 기능을 해명해 낼 수 있는 건설적인 환원적 연구를 저해한 형이상학적 이론으로 받아들여진다.

19세기 이래 그 특별한 물질은 세포핵의 외부 세포물질인 원형질 혹은 '콜로이드' 상태의 세포질이라고 주장되었으나, 전자현미경 검사법과 합세한 현대의 생화학은 세포질의 구성을 밝혀내고 그 구성요소들인 세포기관, 세포막, 거대 분자 등의 속성을 해명해 내었으며, 이 때문에 콜로이드 화학은 사라져 갔다. 생명체의 요소들인 거대 분자도 생명이 없는 물질과 완전히 동등한 원자와 분자로 이루어졌으며 실험실에서 인위적으로 비유기 화합물은 유기분자로 전환시킬 수 있었다. 더욱이 생리 과정이나 발생 과정 모두 세포와 생화학적 과정에 의해 설명되기 시작했다.

더욱이 생기론의 근거로 인용되는 목적론이나 반선택론(결정론이나 예정론)은 이 현상들을 설명해 줄 생물학적 개념들, 즉 유전 프로그램의 개념과 다윈의 자연선택 개념에 의해 붕괴되었다. 즉 단순한 목표지향의 결정론적 경향과 다양한 목적 지향의 예정론적 생명 현상들이 원리적으로 유전 프로그램에 의해 제어되는 목적론적 과정으로 설명되거나, 생명세계의 풍부한 변이에 대한 다윈의 자연선택론으로 설명되

1) 현대 철학의 입구에 있으면서 생명이 자유의 원천이라고 말하는 베르그송도 이러한 생기론자이다.

2) 에른스트 마이어, 최재천 외 옮김, 『이것이 생물학이다』(몸과 마음, 2002), 41쪽.

었다.[3)]

생기론은 피상적인 물리주의가 제시했던 생명에 대한 설명을 넘어서기 위한 불가피한 단계로 보인다. 더욱이 물리학자들 사이에서도 생명체에는 생명이 없는 자연에서 발견되지 않는 특별한 법칙이 있다고 생각되었으며, 그것은 상대성이론이나 상보성 원리, 양자 역학, 하이젠베르크의 불확정성 원리들이 생명 현상에 대한 새로운 통찰을 마련해 줄 것으로 믿었으나 마이어에 따르면 이 물리학적 원리들 중 어느 것도 생물학에는 타당하지 않다. 왜냐하면 마이어의 생각에 생명체는 존재 유지라는 자기 목적성을 지녔기 때문이다.[4)]

생명체는 생명이 없는 물질의 세계에서는 발견되지 않는 다층적 질서를 지닌 체계로서, 물리주의자가 주장하듯 형이상학적인 생명의 요소는 없으며 분자 수준에서 생명이 물리-화학의 원리에 따라 설명될 수 있다. 반면 생명체는 불활성 물질과 같지 않으며 특히 역사적으로 획득한 유전 프로그램과 같이 무생물에는 존재하지 않는 여러 가지 독자적인 특성이 있다고 주장한 생기론자의 생각도 어느 측면에서 옳다. 이 때문에 물리주의와 생기론의 양자의 원리를 모두 포괄하는, 그래서 자연과학과 형이상학적 주장이 현실적이면서도 역사적인 시각에서 만나 이루어진 철학이 '유기체주의'이며, 이것이 마이어에 따르면 오늘날의 생물학의 지배적인 패러다임이다.[5)]

새로운 패러다임은 분자 수준의 과정들이 전적으로 생화학적 메커니

---

3) 같은 책, 42쪽.

4) 같은 책, 41쪽.

5) 유기체주의는 환원론과 현상론의 중간자 이론으로서 이 중간자 이론은 자발성 이론과 결정론의 결합이며, 이러한 사상은 플라톤 『심포지엄』의 소크라테스의 영혼의 기능으로서 에로스에 관한 사상과 흡사하다. 이 중간자 이론은 형이상학적으로 신과 물질에 관하여 상하 양면으로 인간의 무지와 관련된 무한 개념으로 열려 있다.

즘에 의해 설명될 수 있으나 그 메커니즘이 상위의 통합 과정에서는 대단히 사소한 역할을 한다. 거기서 메커니즘의 역할은 조직된 체계의 창발적 특성(emergency)에 의해 보완되거나 대체된다.[6] 살아 있는 유기체의 독특한 특성은 하향의 구성이 아닌 상향의 조직이다. 이런 유기체주의는 고도로 복잡한 질서 체계의 특징들과 유기체 내의 유전 프로그램의 역사적 성격을 강조한다. 유기체주의라는 말을 처음 만든 리터(W. E. Ritter)에 따르면, "전체는 부분들과 긴밀히 관련된다. 전체의 존재는 부분들의 협업과 상호 의존에 기초하나 그 부분들에 대한 결정적인 제어력을 행사한다."[7] 이러한 관점에서 생물학에서의 전일론(holism)은 다음과 같다. "전체란 단순하지 않고 복잡하며 부분들로 이루어져 있다. 유기체와 같은 자연적 전체들은 복잡하거나 복합적이다. … 그것의 부분이 다시 전체적일 정도로." 그래서 유기체주의에 의하면 "전체는 부분들의 합 이상이다."[8]

그러나 유기체주의는 양자 역학에서 확률적으로 말해지는 전일론과 다르다. 유기체주의자들이 반발하는 것은 물리주의의 기계론적 측면이 아니라 환원주의적 성격이다. 물리학의 전일론에는 유전 프로그램의 개념이 없었고, 더욱이 유기체는 창발성을 지녔다는 것을 말하지 않는다. 창발성이란 구조화된 체계에서 하위 수준의 지식으로부터 예측될 수 없는 새로운 속성이 상위 수준에서 나타난다는 것을 말한다. 유기체주의는 유전 프로그램과 창발성의 개념을 포괄하면서 반환원론인 동시에 기계론으로 남는다. 그리고 이러한 생명의 유기체주의는 진화론을 창발

---

6) 창발론에 관해서는 승계호 외, 『서양철학과 주제학』(아카넷, 2008), 387-421쪽 참조

7) 에른스트 마이어, 『이것이 생물학이다』, 41쪽. 이러한 리터의 유기체 논리는 하향의 방식이다. 상향의 방식은 창발성으로 불린다.

8) 같은 책, 45쪽.

적 진화(베르그송의 창조적 진화와 흡사하다)로 간주한다. 그렇다고 진화가 거대하고 불연속적인 비약에 의해 진행되는 것은 아니다. 오늘날 진화의 단위는 유전자나 개체가 아닌 이들의 군집이나 종의 수준에서 이루어지는 것으로 알려져 있기 때문이다. DNA 재조합에 의하여 각각의 유전자나 개체는 군집 내에서 다른 돌연변이적(창발적) 형태를 취하면서도 전체로서의 군집은 점진적으로 진화할 수 있다. 현대의 진화론자들은 새로운 상위 수준의 창발을 허용하는 복잡한 체계의 형성이 전적으로 유전적 변이와 자연선택의 문제라고 말한다. 통합체들은 자연선택을 통하여 진화하며, 개체의 적합성에 기여함으로써 각각의 수준에서 적응계를 이룬다는 것이다.

요약하면 유기체주의는 다음의 두 가지 믿음을 갖는다. 하나는 유기체를 하나의 전체로 간주하되 전체는 분석을 거부하는 신비한 것이 아니며, 적절한 수준을 택함으로써 연구되고 분석될 수 있다는 믿음이다. 유기체주의자들은 분석을 거부하지는 않는다. 다만 분석은 의미 있는 정보와 통찰을 산출해 주는 최하 수준까지만 한정적으로 내려가야 한다고 믿고 있다. 모든 체계, 모든 통합체는 부분들로 분리될 때 그 특성을 잃는다. 유기체들의 구성요소 사이에 많은 중요한 상호작용들은 생화학적 수준이 아니라 그 상위의 통합 수준에서 발생(창발)한다. 통합의 연속적인 단계들에서 나타나는 유기적 통합체의 발달 및 활동을 제어하는 것이 결국 유전 프로그램이다.[9] 그리고 이러한 유전 프로그램의 유전자와 단백질들에 대한 현대적 인식은 생명체가 하나라는 사실을 알려준다.[10]

마이어에 따르면, 유기체는 분자 수준에서 그리고 세포 수준에서 나

9) 같은 책, 49쪽. 마이어의 유기체를 이루는 상하 개념인 유전 프로그램과 집단선택 개념의 변증법은 모두 우연성(무한성)에 노출된다.

10) 매트 리들리, 하영미 외 옮김, 『게놈』(김영사, 2001), 175-176쪽.

타나는 모든 기능들이 생기론의 원리를 필요로 하지 않으며 물리-화학 법칙에 따른다. 그러나 유기체는 죽어 있는 물질과 근본적으로 다르다. 유기체는 죽어 있는 물질에서 발견될 수 없는 창발적 속성을 지닌 위계적 질서의 열린 체계이다. 여기서 열려 있다는 것은 베르그송이 말하듯이 환경이나 우주 전체가 유기체와 상호작용한다는 것이다.[11] 이 때문에 유기체는 열역학 제2법칙의 제한을 받지 않는 것처럼 보이나 현대과학은 역설적으로 열역학 제2법칙 아래서 생명체가 가능한 것을 밝혔다.[12]

더욱 중요한 것은 유기체의 활동이 역사적으로 획득된 정보를 포함하는 유전 프로그램에 의해 지배된다는 것이다. 마이어에 따르면, 유기체는 이원론의 형식을 드러내는데 그것은 몸과 영혼의 반쯤은 물리적이고 반쯤은 형이상학적인 그런 이원론이 아니라 물리-화학적인 이원론으로서 유기체가 자체 결정성을 상징하는 유전자형과 외부세계와의 상호관계성에 의한 창발성을 상징하는 표현형(phenotype)을 동시에 소유한다는 것이다. 핵산을 포함하는 유전자형을 이해하기 위해서는 [돌연변이에 따르는] 진화적 설명이 필요하다. 유전자형에 의해 제공된 정보에 기반하며 단백질과 지방질 그리고 다른 거대 분자들로 이루어진 표현형을 이해하기 위해서는 환경과 상호작용하는 기능적 설명이 필요하다. 그리고 기능적 설명은 일종의 에너지의 동적 평형 상태로 나타난다는 것이다.[13]

생명의 현저한 특징들은 자기 복제의 능력과 진화의 능력, 진화 프로

---

11) 앙리 베르그손, 박종원 옮김, 『물질과 기억』(아카넷, 2005), 1장 참조.

12) 일리야 프리고진 · 이사벨 스텐저스, 신국조 옮김, 『혼돈으로부터의 질서』(고려원미디어, 1993) 참조. 프리고진에 따르면, 생명체는 엔트로피 법칙이 타당한 우리 우주에서 물리-화학적으로 소산계(dissociation system)를 이룬다.

13) 후쿠오카 신이치, 김소연 옮김, 『생물과 무생물 사이』(은행나무, 2008), 133-146쪽.

그램에 의한 성장과 분화의 능력, 에너지를 결합하고 방출하는 대사의 능력, 복합계를 안정적 상태로 유지하는 자기 제어의 능력으로서 엔트로피에 반하는 것으로 보이는 항상성과 되먹임의 과정 등을 보유한다. 또한 진화의 능력에 수반되는 것으로서 환경으로부터 온 자극에 감관-지각을 통해 반응하는 능력과 유전자형과 표현형 두 수준에서 변화하는 능력이 있다. 그리고 이러한 모든 기능들을 통합하는 생명체는 진화한다는 사실이다. 그런데 이 진화의 개념에는 애매모호함이 있다. 이 때문에 생명의 의미를 현대의 실증과학적 수준에서 이해하기 위해서는 진화의 개념을 명백히 하지 않으면 안 된다.

3. 진화의 의미

진화는 이제 수많은 증거에 의해 이론이라 불릴 수 없는 자명한 사실이다. 다윈 진화론에 대한 초기의 반론은 비록 다윈이 다른 유기체에서 새로운 유기체가 나오는 것을 설명했다 하더라도 생명이 무기물에서 비롯되는 과정을 설명하지 못했다는 것이다. 사실 생명의 기원은 아주 복잡한 주제이나 더 이상 수수께끼만은 아니다. 사실상 물리-화학법칙을 통해 무기물로부터 생명 발생을 설명하는 데 근본적인 어려움은 없다. 무기물에서 유기물을 합성할 수 있고, 생명 특히 단백질과 RNA가 이러한 유기분자들의 조합에서 어떻게 출현했는가를 설명하는 많은 설득력 있는 가설들이 있다.[14] 물론 이러한 가설들을 증명해 줄 만한 화석들이 없어서 어느 것이 옳은 가설인지 골라낼 방법이 없을 뿐이다.

14) 무기물에서 유기물이 합성되는 것은 실험실에서 가능한 것으로 밝혀졌다. 우리의 우주 공간에는 알코올과 같은 것이 많이 존재한다. 사실 생명체가 탄생한 후 존재하기 위해서는 주위 환경에 영양물질이 먼저 있어야 신진대사를 할 수 있다. 문제는 RNA의 기능이 어떻게 영양물질과 관계하여 DNA를 형성하는 것인가이다.

진화라는 말에는 여러 가지 종류와 의미가 있다. 마이어에 따르면,[15] 첫 번째는 [DNA 수준에서의] 변성진화(trans-mutational evolution)의 개념이다. 이것은 주요한 돌연변이나 급변(mutation)을 통해서 새로운 개체가 탄생(발생)하고 이 개체가 후손을 남김으로써 새로운 종의 조상이 되는 것이다. 이 급변의 개념은 진화의 것은 아니나 다윈의 자연선택론을 받아들일 수 없었던 과거 생물학이 발달하지 못했던 때에 많은 진화론자에 의해 채택된 것이다. 두 번째는 [표현형 수준에서의] 변형진화(trans-formational evolution)이다. 이는 변성진화와는 달리 한 개체 안에서의 점진적인 변화를 가리키는 형태의 변화이다. 무생물계에서는 일정한 방향성을 지닌 거의 필연적인 변화를 일컬으나 생명 현상에서는 라마르크의 용불용설의 진화론이 변형진화론이다. 라마르크는 진화가 이상의 두 가지 과정으로 이루어진다고 설명했다. 단순한 새 유기체의 자연발생과 이런 유기체의 점진적인 변화가 그것이다.[16]

세 번째는 변이진화(variational evolution)이다. 변이진화의 주요 개념들은 변성진화와 변형진화의 변증법적인 상호작용에서 나올 수 있는 것들이다. 이 이론에 따르면, 각 세대마다 수많은 유전적 변이가 산출되나 이 중 번식에 성공해서 살아남은 것은 소수이다. 환경에 가장 잘 적응한 개체들이 생존하고 번식에 성공할 가능성이 가장 높다. 진화는 (1) 환경 변화에 가장 잘 대처할 수 있는 유전자형의 지속적인 선택,[17] (2) 개체군 내부에서의 새로운 유전자형들 사이의 경쟁, (3) 우연에 기초한 확률적 과정으로 유전자의 발생 빈도가 달라져 일어나는 개체군

15) 에른스트 마이어, 『이것이 생물학이다』, 284-285쪽.

16) 앞의 두 진화 이론은 생명체의 환경과의 상호작용에 대한 설명이 없다.

17) 여기에서 '선택' 개념은 '도태'나 '적응' 개념과 치환될 수 있다. 그런데 선택 개념은 자발적인 주체를 전제하나, 이 주체는 유기체론자들에게 프로그램된 유전자의 환경과의 상호작용에 대한 집합적인 개념이다.

구성의 지속적인 변화이다.

변성진화나 변형진화가 개체를 중심으로 말해지는 데 반해, 변이진화는 유전적으로 단일한 개체들의 [유전자의 돌연변이에 따르는 창발적인] 발생과 [표현형 수준에서의] 변화의 (변증법적) 상호작용에 의한 환경으로서의 개체군(집합)들에서 일어난다. 그래서 진화는 개체군들이 유전적으로 재조직되는 동안의 필연적으로 점진적이고 연속적인 변화이다.[18] 따라서 이 변이진화의 개념 속에는 종 분화와 계통진화의 개념이 들어 있다. 계통진화는 주어진 종들이 새로운 형질을 획득하는 것과 같은 적응성 속의 변화(시간성 속에서의 변형들)들을 다룬다. 그러나 이러한 변화로 인해 다수의 종들로 분화할 수는 없다. 다수의 종의 분화는 부모 개체군을 넘어서는 다양한 새로운 (환경으로서의) 개체군의 형성과 이들 개체들이 [돌연변이를 통하여] 새로운 종을 형성하여 마침내는 더 '고등한' 분류 집단[시간-공간성 속에서의 사차원적인 변증법적인 변화]으로 진화하는 것을 의미한다. 이러한 진화는 종 분화 진화라 한다.

마이어에 따르면, 이 변이진화의 다양한 측면을『종의 기원』은 다섯 가지 주요 이론으로 확립했다고 한다. (1) 유기체들은 시간을 통해 꾸준히 진화(변형 변화)한다. (2) 상이한 종류의 유기체들은 공통 조상에서 내려온다(공통 유래 이론). (3) 종들은 시간이 흐르면서 증가한다(종 분화 혹은 종 다양화 이론). (4) 진화는 개체군의 점진적인 변화를 통하여 일어난다(점진주의 이론). (5) 진화는 한정된 자원을 놓고 엄청난 수의 단일 개체들이 벌이는 경쟁을 통해 이루어지며 이로 인한 생존과 번식에서 차이가 생겨 일어난다(자연도태라고도 불리는 자연선택이론).[19] 요약하면 현대의 생물학자들에게 있어서 생명체란 빅뱅 이후 우주적

18) 고등동물에서의 성선택은 이 과정에서 중요한 역할을 한다.

19) 맬서스 인구론에서 다윈이 착안한 개념이다.

시간 안에서 물질이 생성되고 복합되면서 창발적으로 진화한 것이다.[20] 우주 안에서는 인간과 같이 고등한 생명체가 존재할 확률이 미소하나마 존재하고 그 증거가 바로 이 지구이다. 그리고 이 모든 것은 과학 발달에 따라 자각된 현상에 대한 직관적인 관찰과 결합된 사고방식의 산물인 과학과 이를 반성하는 철학인 현상학(phenomenology)에 따라 말해진 것이므로, 여기에 형이상학적이거나 종교적, 초월적인 원리의 개입을 반드시 생각할 필요는 없다. 이러한 진화론이 과학적 진리로 나타나게 된 것이 다윈의 『종의 기원』에 의해서이다.

4. 다윈의 변이진화의 개념

이러한 마이어의 진화론은 다윈의 진화론에 대한 증거와 실험에 의해 보강한 보다 발전적인 이론이다. 다윈의 초기 노트에 있는 글들을 보면, 그가 시간과 공간이라는 진화의 두 차원을 아주 잘 알고 있었음을 볼 수 있다. 시간 속에서의 변형(계통진화)은 주어진 종들이 새로운 형질들을 획득하는 것 같은 적응성 속의 변화들을 다룬다. 그러나 이 개념 단독으로는 결코 유기체의 놀라운 변화들을 설명할 수 없다. 계통진화를 통해 다수의 종들로 증가할 수는 없기 때문이다. 이를 설명하기 위해서는 공간 속의 변화(종 분화와 혈통의 증가)를 추가해야 한다. 이는 부모 개체군을 넘어서는 다양한 새로운 개체군의 형성과 이러한 개체들이 새로운 종을 이루며 마침내는 더 고등한 분류 집단으로 진화해 가는 것을 다룬다. 이러한 종들의 증가를 종 분화라고 한다.

라마르크는 진화의 지질학적(종 분화적) 측면에 대해서는 아무런 할 말이 없었다. 실제로 그는 변형진화론자로 자연발생설을 받아들였기에

20) 린 마굴리스 · 도리언 세이건, 홍욱희 옮김, 『섹스란 무엇인가?』(지호, 1999) 참조.

"종들이 어떻게 증가하는가?"라는 문제의 의미조차 깨닫지 못했던 것 같다. 심지어 다윈도 후기 저작에서는 이 주제를 무시했다. 고생물학자들은 다윈의 시대와 그 이후로도 수십 년간 계속해서 계통진화가 의미를 갖는 유일한 진화라는 생각을 고수했다. 1930년대와 1940년대에 도브잔스키와 마이어의 저작을 통해 비로소 진화는 시간 속의 변형인 동시에 공간 속의 변형이기도 하다는 사실이 강조되었다.[21] [영양물질과의 관계에서 생명체들이 스스로 만든 환경과의 관계에서 나타나는][22] 종 분화를 통한 유기적 다양성은 계통 내에서 적응된 변화만큼이나 진화생물학의 중요한 관심사가 되었다.

다윈의 『종의 기원』은 변이진화의 상이한 측면을 앞에서 언급한 다섯 가지 주요 이론으로 확립했고, 동물들이 시간에 따라 진화한다는 이론을 뒷받침하는 다수의 증거들을 제시했다. 그 후 수십 년간 생물학자들은 진화가 일어났다는 사실을 지지해 주는, 전혀 모순이 없는 풍부한 증거를 찾고 발견했다. 다윈 이래 125년이 넘는 동안 발견된 증거들은 너무나 압도적이라 생물학자들은 진화를 더 이상 이론이라 하지 않고 자명한 사실 — 지구가 태양 주위를 돈다, 혹은 지구는 평평한 것이 아니라 둥글다는 것만큼이나 잘 확립된 — 로 생각한다. 진화를 자명한 사실로 인정한 진화론자들은 더 이상 증거를 찾기 위해 시간을 투자하지 않는다. 이들이 지난 130년간 축적된 진화를 옹호하는 강력한 증거들을 모아 보려고 애쓰게 되는 때는 단지 창조론자들을 논박할 때뿐이다.

창조론은 플라톤의 본질주의에 기초하고 있다. 즉 하나님이 인간과

---

21) 에른스트 마이어, 『이것이 생물학이다』, 286쪽. 사실 이러한 마이어의 생각을 가능하게 한 것은 DNA의 발견과 왓슨과 크릭의 DNA의 화학적 조합이다.

22) 다윈 진화론은 맬서스의 인구론이 전제된 것이다.

여러 종들을 단번에 창조하고 이들이 점점 완전해질지언정 다른 종으로 나타나지 않는다는 것이다. 이 창조론은 새로운 종의 창조를 설명하지 못한다. 이러한 창조론에 반해 다윈은 모든 생물 종들이 다른 종들로부터 진화했다는 점에서 라마르크와 의견을 같이하나, 변화를 일으키는 메커니즘에 대해서는 근본적으로 다른 이론을 제시했다. 다윈에 의하면 획득 형질이 유전되어 발생하는 것이 아니라 한 종 내에서 [현대에서는 DNA 수준에서의 돌연변이에 의해서라는 것이 밝혀졌다] 여러 변이체들이 나타나고, 이 변이체들 중 환경(자연)의 변화에 잘 적응한 종이 생존과 번식[23]에 의해 자연선택되었기 때문이라고 한다. 그리고 이 자연은 눈먼 시계공처럼 무작위적이다.

다윈과 월리스는 자연선택이 일어나기 위한 조건으로서 다음 네 가지를 들었다.[24]

(1) 자연계의 모든 개체군들 사이에 각 개체군들 간에 변이가 존재한다.

(2) 어떤 변이는 유전한다.

(3) 일반적으로 생물은 환경이 뒷받침할 수 있는 이상으로 많은 자손을 낳는다.

(4) (변화를 함축한) 주어진 환경에 잘 적응하도록 도와주는 형질을 지닌 개체가 더 많이 살아남아 더 많은 자손을 낳는다.

첫 번째 조건은 플라톤의 본질주의가 자연계에 존재하는 모든 변이

---

23) 성선택에 의한 진화는 송영진, 「성과 사랑의 철학적 의미」; 이을상, 「성의 진화, 생존기계에서 성적 주체로」, 『동서철학연구』 66호(2012년 12월) 참조.

24) 최재천, 「다윈의 진화론: 철학논의를 위한 기본 개념」, 철학연구회 편, 『진화론과 철학』(2003), 49쪽.

를 전형(model)의 불완전한 투영으로 보는 데 반해, 다윈은 변이 자체가 바로 변화를 일으키는 실체라고 생각한다. 이러한 변이는 전형이 없다. 생물체는 신진대사하면서 자신의 존재의 동일성을 유지하려고 하는 그러한 존재이다. 그럼에도 불구하고 이러한 변이는 어떤 존재 방식[25]을 나타낼 뿐이다. 그러는 가운데 일정한 형태나 법칙이 이를 지배하는 것처럼 보인다. 이 사태는 다음의 두 번째 조건과 관련된다.

두 번째 조건은 이러한 변이들 중 라마르크의 용불용에 따라서가 아니라 유전되는 것만이 자연선택된다는 것이다. 즉 과거에 법칙이나 로고스로 말한 일정한 성질이 유전하는 것이다. 이러한 유전은 유전자(genom)의 발견으로 정설이 된다. 이것은 베르그송의 지속 개념과 같다. 생물학에서 다세포동물은 기능적으로 분화되어 있는데 일반적으로 서로 다른 두 가지 세포로 구성되어 있다. 하나는 몸의 구조를 이루는 체세포(somatic cell)이고 다른 하나는 번식을 위한 생식세포(reproductive cell)이다. 전자는 단백질의 표현형과 DNA로 상징되고 후자는 DNA의 전승으로 간주된다. 물론 이 양자 사이에는 종 분화의 원리와 어떠한 변증법적 관련이 있으나, 한 생명체는 생애를 통해 아무리 많은 변화를 겪는다 해도 생식세포의 돌연변이라는 변화가 아니면 다음 세대로 전해지지 않는다.

셋째 조건은 다윈이 경제학자 맬서스의 『인구론』을 읽고 깨달은 점이라고 한다. 인간을 포함한 모든 생물 집단은 기후에서부터 영양에 이르기까지 환경적인 제한이나 제약 요건이 없으면 기하급수적으로 증식하는 성향이 있다. 넷째 조건은 셋째 조건의 자연스러운 귀결로 나타난다. 생명체들은 제한된 조건 아래에서 서로 생존경쟁하지 않을 수 없다. 태어난 생명체들이 모두 다 성장하여 번식하는 것이 아니라 자연환경

---

25) 화이트헤드가 말하는 과정적 존재(process), 또는 창조적으로 진화한다는 베르그송의 지속 존재(duration)로서 사건 존재(event)이다.

이나 생명체들의 상호 경쟁하는 환경에 잘 적응하고 이기는 개체만이 번식하고 살아남는다. 따라서 진화란 간단히 말하면 유전자들이 자신이 몸담고 있는 개체들의 번식을 도와 자신들이 몸담고 있는 표현형의 개체들을 보다 더 많이 퍼트리는 경쟁의 결과로 나타나는 것이다.

진화생물학은 그 논리적 기초를 다윈의 자연선택론에 둔다고 하였으나, 선택이 도태는 물론 적응이라는 개념과 치환될 수 있는 개념이기 때문에 문제는 이러한 진화의 주체가 무엇이냐 하는 것이다.[26] 여기에는 두 가지 설이 있는데, 하나는 개미나 꿀벌과 같은 사회에서 보듯이 생물체들이 자기가 속한 집단이나 종을 보전하기 위해서 자신을 희생하도록 진화했다고 믿는 집단선택설이다. 그런데 이러한 자연의 집단선택설은 종교적이거나 전체주의 사회에서 나타나는 것으로서 이기적인 개인이 나타나면 금방 와해되어 버리는 것으로 드러난다. 즉 개체가 산다는 것은 먹고 생식하는 것인데 개체가 집단의 존속을 위해 자발적으로 산아제한을 하는 체제는 자기의 이익만을 추구하는 개인이 나타나는 것을 막을 길이 없기 때문이다.[27] 이 현상은 공산사회의 와해와 자본주의가 승리한 역사 현상에서 곧바로 알아볼 수 있다. 이 때문에 다윈은 개체선택설을 취한다.

그러나 이러한 자연의 개체선택설이 설명하지 못하는 것이 몇몇 사회성 동물들이 나타내는 자기희생과 이타주의이다. 이 문제는 영국의 생물학자 윌리엄 해밀턴의 혈연선택론(kin selection)으로 알려진 포괄적 적응 이론에 의해서 해명된다.[28] 이 이론은 개체 수준에서 보면 엄

26) 생물학자들과 철학자들, 혹은 일반인들 사이의 진화론에 대한 오해는 이 '자연선택' 개념 때문에 이루어졌다.

27) 리처드 도킨스, 홍영남·이상인 옮김, 『이기적 유전자』(을유문화사, 2015) 참조. 여기에서 개체는 이기적이기에 죄수의 딜레마가 작동한다.

28) 최재천, 「다윈의 진화론: 철학논의를 위한 기본 개념」, 53쪽.

연한 이타주의적 행동이 유전자의 수준에서 분석해 보면 사실상 이기적 행동에 지나지 않음을 보여준다. 리처드 도킨스(Richard Dawkins)에 따르면, 긴 진화의 역사에서 보면 개체란 잠시 나타났다 사라지는 덧없는 존재이고 영원히 살아남을 수 있는 것은 자손 대대로 물려준 유전자라는 것이다. 이에 도킨스는 개체를 생존 기계라 부르고 끊임없이 복제되어 나타나는 후세에 전달되는 이기적이라고 말할 수 있는 유전자가 불멸의 나선(immortal coil)으로서 DNA라는 것이다.[29] 따라서 여기에서의 DNA는 표현형에서의 개체가 아닌 개체를 조종하는 종의 수준에 해당되는 환경과 상호작용하는 변증법적 개념이다.

그러나 우리 개체는 유전자의 수준에서 어느 정도 결정된다. 결국 표현형으로 나타나는 개체는 온갖 자발성이 표현하는 표현형의 진선미의 기술들을 발휘한다.[30] 자연선택은 유전자, 개체, 집단, 심지어는 종의 수준에서 일어날 수 있으며, 적응은 주로 개체 즉 표현형 수준에서 일어나기 때문에 개체선택이 가장 강력한 진화의 요인이라고 간주해야 할 것이다. 즉 이러한 개체 개념은 유전자, 집단, 심지어는 종과 관련된 것으로서 비트겐슈타인의 가족 유사성 개념이나 흄의 집합적 자아 개념에 해당된다고 하겠다.[31]

다윈의 진화론이 현대에서는 진리로 행세하고 있다. 이것이 진리일 수 있게 된 것은 유전자가 원자론적 세계관으로 형성되어 있기 때문이다. 그런데 이 원자도 분자나 쿼크 수준에서나 그 다양성이 존재하며 거시적인 관점에서 보면 다양성을 본성으로 지니는 '변화하는' 것이다.

---

29) 리처드 도킨스, 『이기적 유전자』 참조.

30) 리처드 도킨스, 『확장된 표현형』(을유문화사, 2016) 참조.

31) 이러한 집합론적 주체 개념은 고대 그리스의 아낙사고라스의 '스페르마타(씨앗들)' 개념에 최초로 나타나고, 근대에서는 흄이 '지각의 다발'이라 명명한 '주체'의 의미이다.

결국 이에 따라 진화론에서 모든 개념, 특히 법칙 개념은 우연성과 확률에 기초한 상대적 개념들뿐이다. 이 때문에 이러한 우연성 개념과 확률적 법칙에 따른 생명의 활동이나 운동을 의미 있게 말하는 것은 환경과의 관계에서 '살아남기'이거나 '생명체의 자기 보존'이나 안정성뿐이다. 그리고 이러한 생명체의 진화에 기초한 인간들의 윤리적 의미는 이를 토대로 이루어질 수밖에 없고 그렇다면 인생의 의미나 행복은 일차적으로 이러한 윤리에 기초한 것이지 않을 수 없다.

인생의 의미를 이러한 우연성과 기계적 필연성의 변증법적 관계에 기초하여서는 우리는 진정한 행복을 어디에서 찾아야 할 것인가? 이러한 의문에 답변하기 위하여, 우리는 다윈의 진화론이 종의 기원을 말하는 것이지 생명의 발생을 말하는 것은 아니라는 것을 생각하면서 생명의 발생에 대해서는 다윈이 어떻게 생각하고 있는 것인지 의문을 제기해야만 할 것이다. 그런데 이에 대한 다윈의 대답은 없다. 현대에서도 생물학자들이 대부분 자연발생설[32]을 부정하는 점을 고려하고 다윈의 진화론 중에 자연선택 개념을 우연으로 해석하여 생명의 발생까지도 우연성에 기초하는 듯한 자크 모노의 주장을 살펴보자.[33] 또한 역으로 생명 현상을 이러한 우연성과 필연성에 기초하여 설명하고 있는 모노의 생명관의 허점을 살펴봄으로써 간접적으로 이에 답변해 보자.

---

32) 자연발생설은 환경이 주어지면 그곳에서 생명이 필연적으로 나온다는 사상이다. 따라서 생명이 발생할 수 있는 환경이 우주(지구) 어디에서나 주어지면 현재에도 생명이 발생할 수 있다는 것이다.

33) 사실 우연성이나 확률성은 시간성을 고려하지 않는 것이다. 베르그송에 따르면, 시간성은 지속하는 것이면서도 유기적이고 전체와의 조화를 전제하는 카이로스적 시간이다. 따라서 카이로스적 시간성은 사차원적인 것으로서 단순히 우연-필연적인 것이 아니며 이 때문에 생명의 발생에 대해서도 자연발생설을 부정한다. 즉 베르그송의 지속으로서의 시간성은 지구상에 생명이 발생할 때는 단순히 확률적인 것이 아닌, 단적으로 단 한 번 있었다는 히브리적인 시간관에 기초하고 있다.

5. 우연과 필연

우리가 생물과학을 토대로 하여 윤리의 문제를 이야기할 때 가장 중요한 과학적 사실은 진화의 사실이며, 이 진화의 의미가 실증적이고 과학적으로 형성된 것이 다윈 진화론이다. 그리고 다윈 진화론에서 진화의 의미를 가장 잘 드러내는 것이 변이진화에 따른 그의 자연선택이론이다. 다윈의 자연선택이론은 변이와 적절한 선택 혹은 적응이라는 두 단계의 과정으로 가장 잘 구상화된다. 첫 단계는 유전자 재조합, 유전자 확산, 우연적 요소와 변이로 인한 각 세대의 대규모 유전적 변이의 생산이다. 변이의 산출 과정은 대단히 복잡하다. 핵산은 염기쌍 구성 변화에 의한 돌연변이를 일으킬 수 있고 그것이 매우 풍부하다. 유성생식 유기체에서 배우자가 융합할 때 부모 염색체가 쪼개지고 재조합되는 과정에서 어마어마한 다양한 조합이 가능하기 때문에 모든 자손이 유일성을 띤다.[34] 돌연변이뿐만 아니라 재조합 과정에서도 우연이 최고로 군림한다. 감수분열 동안에도 전체적으로 일련의 단계들이 있는데 단계마다 유전자의 조합은 광범위하며 임의적이고 자연선택 가운데 막대한 우연성을 부여한다.

자연선택의 두 번째 단계는 적절한 선택인데, 이것은 새로이 형성된 접합된 개체들의 생존과 재생산(생식)에서의 능력의 차별성을 의미한다. 모든 세대에서 대부분의 유기체들의 생존 비율은 아주 낮다. 이 개체들 중의 어떤 것은 유전적 구성 덕분에 지배적인 환경 아래 다른 것

---

34) 성의 분화는 현대 생물학에서는 종 분화의 원리이며, 다른 한편으로 인간의 의식에서는 삶과 죽음의 변증법으로 나타난다. 송영진, 「생명과 죽음의 변증법, 그리고 생명과학」(한국동서철학회 추계학술대회 주제발표 논문, 충남대학교, 2001년 12월 8일); 린 마굴리스 · 도리언 세이건, 『섹스란 무엇인가?』; 그리고 1999년 NHK에서 방영한 「인간게놈 노화, 죽음의 청사진, 생명시계의 비밀」 참조.

들보다 더 높은 생존율과 번식률을 갖는다. 다음 세대의 생존자로 선택되는 데는 우연적인 요소가 주 역할을 하나 시간을 두고 보면 유전적 특질이 생존에 중요한 역할을 한다. 이런 식으로 개체군의 적응은 세대에서 세대로 전해지며 개체들은 환경 변화에 대처할 능력을 지니게 된다.

생존에 유리한 형질은 불리한 기후 조건에 대한 인내력, 양식의 효율적 사용, 경쟁 능력, 병원균에 대한 고도의 저항력, 그리고 적을 피하거나 이기는 능력이다. 그러나 생존만으로는 개체의 다음 세대에 대한 유전적 기여를 보장할 수 없다. 진화적 측면에서 개체는 풍부한 번식력으로 더 성공적일 수 있다. 다윈은 이러한 생식적 특징들로 개체가 유리하게 되는 과정을 성선택이라고 불렀다. 성선택과 자연선택은 분리될 수 있는 것은 아니다. 엄청나게 다양한 자손들 가운데에서 일정한 유전자형이 선호된다. 변이의 산출은 우연이 지배하는 반면 적절한 선택에는 필연이 폭넓게 작용한다.[35] 이때 선택이라는 말이 어떤 의도를 의미하지는 않는다. 선택된 개체란 단지 적응에 실패하거나 운이 나빴던 개체들이 개체군에서 제거된 후 남은 것에 불과하다. 말하자면 자연에는 어떠한 선택적인 힘도 존재하지 않는 확률적인 놀이에 불과하다는 것이다.

선택이라는 용어는 어떤 개체들을 제거하게 한 불리한 상황들의 집합이며 환경적인 요소들과 표현형으로 나타나는 성향들의 복합체이다.

---

35) 환경의 무차별적 우연성과 능력에 나타나는 기계적 필연성이 지니는 우연성은 그 성격이 다르다. 이 때문에 모노는 후자의 우연성을 서로 관련성이 없는 기계적 인과율이 접촉하는 곳에서 우연성이 성립하는 것으로 말한다. 자크 모노, 김진욱 옮김, 『우연과 필연』(문명사, 1974), 158쪽 참조. 그러나 여기에서 모노가 의미하는 필연성은 후자의 우연-필연성으로서, 플라톤의 『티마이오스』에 나오는 데미우르고스의 제작 능력을 전제한다. 송영진, 『철학과 논리』(충남대 출판문화원, 2004), 271쪽.

자연선택의 원리는 너무도 논리적이고 명백해서 현대에는 거의 의문의 대상이 되지 않는다. 역으로 이러한 선택은 적응이라는 개념으로 치환될 수 있기 때문에 유기체의 종 다양화와 융통성의 능력을 의미할 수 있다. 그리고 이러한 생명의 변화의 역사는 경쟁과 성선택을 포함한 자연선택에 의한 것으로서 멸종과 진화적 진보 이외의 다른 길은 없다. 그런데 인간은 사회적 동물이다. 인간의 모든 특성은 유전과 문화적 환경의 상호작용에 영향을 받는다. 이 때문에 사회생물학의 주제는 공격성, 성과 성선택, 부모의 투자, 여성의 재생산 전략, 이타주의 혈연선택, 부모의 조작, 상호 이타주의 등이다. 이 중 대부분이 두 개체의 상호작용과 관련되며 직간접적으로 번식의 문제를 다룬다. 모든 인간의 활동은 궁극적으로 번식의 성공이나 실패와 연결된다.

자연도태는 생존경쟁의 개념이 아니며 도태의 결정 인자는 종의 내부에서의 증식률의 차이라는 것을 설명하는 개념이다. 즉 가장 단순한 생물에서조차도 세포 내의 사이버네틱(cybernetic)한 네트워크의 능력과 복잡성 및 수미일관성이 있고 어떤 단백질 구조의 변화라는 형태로 나타나는 새로움은, 그 새로운 단백질이 그것이 속하는 계 전체와 양립할 수 있느냐의 시험을 받는데, 그 계는 생명이 지니는 목적을 다하기 위하여 수많은 통제적 조건에 의하여 미리 구속되어 있어서 마음대로 할 수 없다. 그러므로 받아들여지는 돌연변이라는 것은 합목적적 장치의 수미일관성을 저하시켜서는 안 되고 오히려 이미 일어나고 있는 일을 강화시키거나 새로운 가능성을 여는 돌연변이이다. 우연에서 생긴 시도를 일시적이거나 영속적으로 받아들이느냐 배제하느냐를 결정하는 것은 초기 조건을 부여하는 이 합목적적 장치이다.36)

생물은 완전한 복제 장치를 가지고 있으므로 돌연변이는 드문 사건

36) 자크 모노, 『우연과 필연』, 165쪽.

이나, 커다란 집단에서의 돌연변이는 아무런 예외적 현상이 아니다. 그리고 도태의 압력을 받는 것도 이러한 집단(집합)에 대해서이지 개체에 대해서가 아니다. 자연도태는 우연의 산물에 대하여 수행되며 그것도 거시적인 레벨에서 수행된다. 인간의 경우, 어떤 종류의 돌연변이율이 비교적 높아 보이는 것은 이상이나 병으로 설명된다.

그런데 개체에 영향을 주는 돌연변이보다는 성적 짝 바꿈에 의해 일어나는 돌연변이가 진화에 보다 중요한 요인으로 작용한다. 자연이 영위하고 있는 이 거대한 돌연변이라는 놀이의 규모와 크기를 보면 생물체에게서 설명하기 어려운 것은 역설적으로 진화가 아니라 생물권에서 보이는 형태의 안정성이다. 동물계의 분류상 주요한 문(門: family)의 체제의 대강은 캄브리아 말기, 즉 5억 년 전에 이미 분화한 것이다. 또한 유전암호의 구조와 복잡한 번역 기구를 비롯하여 기본적인 화학적 구조가 동일한 세포는 20-30억 전부터 존재한 것이며, 그것의 수미일관성은 진화에 있어서 안내 역할과 동시에 브레이크 역할을 하는 것이다. 이에 의해서 종 다양화의 진화는 자연의 룰렛 게임이 부여한 천문학적 숫자에 달하는 막대한 기회 중의 극소 부분만이 받아들여져 확대되고 짜여 온 것이다.[37]

자크 모노는 진화의 불가역성을 진화의 제2법칙이라고 부른다. DNA의 암호 텍스트 중에 있는 글자가 다른 글자로 바꿔놓은 단순한 점(點) 돌연변이는 가역적이다. 그러나 두 개의 종으로 분화하는 현저한 진화는 모두 서로가 관계없는 숱한 돌연변이가 계속적으로 본래의 종 속에서 축적되어 마침내 그것들이 성행위에 의해 촉진된 유전자의 흐름 때

37) 이러한 관점은 베르그송이 우연-필연성을 말하는 지성의 관점이다. 자유를 말하는 직관의 관점에서 보면, 이러한 지성의 관점은 단순한 것으로 정리된다. 예를 들면, 과학자들의 "물이 있는 곳에서 생명이 가능하다"는 관점이 바로 그것이다.

문에 우연히 합쳐진 결과이다. 이러한 현상은 그것을 낳는 서로 무관한 사건의 수가 매우 많으므로 불가역적이다. 따라서 생물권에 있어서 진화는 시간적으로 방향성을 지닌 필연적으로 불가역적 과정인 것이다. 이 방향은 열역학 제2법칙인 엔트로피 증대의 방향과 동일하다. 열역학의 법칙이 통계적인 만큼 어떠한 거시적 체계에 대해서도 매우 짧은 거리를 극히 짧은 시간만 움직일 경우 엔트로피의 고개를 거꾸로 올라가는 일이 가능하듯이 생물에 있어서 바로 엔트로피 법칙을 거꾸로 가는 것이 복제에 의해 이루어지고 복제된 다음에는 도태에 의해 나누어지는 것이다. 미시적 우연이라는 방대한 저장고 속의 사건들이 섞여 귀중한 가치가 있는 사건이 극소 부분 존재하고 그것이 선출됨으로써 도태적 진화가 일어나는 것이다. 진화는 일종의 우연과 필연이 교차하는 타임머신과 같은 것이다.[38)]

또한 도태는 환경의 영향만 이야기되는데, 도태는 합목적적 장치의 구조와 성능 전체가 분리될 수 없는 형태로 상호작용한다고 할 수 있다. 그리고 이 합목적성은 최초의 선택에서 결정된 소위 '아프리오리(a priori)한 형식'과 같다. 도태의 방향을 결정짓는 데에 이 소위 합목적성의 성능이 커지며, 생존과 생식이 이 합목적적 체제에 종속되어 있고, 합목적적 체제가 결정적인 요인으로 작용한다. 마치 새의 혼전 의식이 매우 복잡하고 정확한 행동이 있는데 그것은 그 새의 형태학상의 특징과 긴밀히 연관되어 있는 것과도 같다.

자크 모노가 파악하는 생물이라는 시스템은 전면적으로 극도로 보수적이고 자기 폐쇄적이며 외계로부터 어떠한 지시도 받아들이지 않는 시스템이다. 그것은 DNA와 단백질 사이에도 일방통행적인 관계를 수립하고 있다. 그러나 이 필연성의 체제 이면에는 우연성이 자리 잡고

---

38) 자크 모노, 『우연과 필연』, 170쪽.

있다. 돌연변이도 우발적이며 생물권에서의 모든 신기한 것과 창조의 원천은 우연에 있다. 진화라는 기적적인 구축물의 밑바닥에는 순수하고 단순한 우연, 순수한 우연이라는 나라에서 태어난 우발사가 필연의 나라, 가차 없는 확실성의 나라에 들어가게 된다.[39]

6. 자연도태와 목적성

그러나 절대적으로 자유롭다는 것에서 나타난 우연에서 사이버네틱한 계의 필연이 나타나는 것은 과연 맹목인가? 또한 절대적으로 자유롭다는 것은 생물체에게 타당한 말일 수 있을까? 적어도 한편으로는 자유에 제약이 있고 다른 한편에는 현대 양자 역학이 말하는 절대적인 우연성이 존재하고 있지 않은가? 그리고 이 사이에는 어떤 힘이 작용하고 있지 않은가? 플라톤이 『티마이오스』에서 우연을 필연으로도 부르는 것은 데미우르고스(Demiourgos)라는 우주적 영혼의 자발성의 작용을 전제하기 때문이다.[40] 현대 우주론에서 물질 탄생의 초기의 역사에서도 보이는 에너지 상태에서 소립자의 탄생 사이에 작용하는 불확정성 원리에 따른 우연성은 확률적이라는 과정을 거친다. 그러나 이 확률적 작용이 생명의 자기 합목적성의 체계로 진화하는 것은 어떻게 설명해야 하는가?

생명이 지니는 복잡계는 단순한 기계가 아니다. 필자가 보기에는 그 기계는 맹목적인 우연성이 아니라 최소한 존재 유지나 자기 보존이라는 목적은 지니고 있는 것이다. 그리고 그것은 주체성의 탄생을 의미한다. 생명의 약동이라는 생명의 원리가 진화 그 자체라는 것을 보여주는

39) 같은 책, 163쪽.

40) 플라톤, 박종현 · 김영균 옮김, 『티마이오스』(서광사, 2000), 75-78쪽. 이러한 데미우르고스의 자발성은 이데아에 따르는 능력의 한계를 지녔다.

명백한 증거를 베르그송이 인정하고 있는 바로 그 자리에서 현대 생물학은 생물의 모든 특성이 분자적 보존이라는 기구에 의하고 있다는 것을 인정한다. 여기에 기계주의와 생기론의 종합 가능성이 보인다. 즉 마이어가 말하는 생명의 유기체주의가 그것이다.

현대 생물 이론에 있어서 진화는 아무런 생활의 특성이 아니다. 왜냐하면 모노에 따르면 진화는 생물의 유일한 특권인 보존 기구의 불완전성 자체에 근거하고 있기 때문이다. 비생물권에서는 복제하지 않으므로 계의 일체가 엔트로피에 의해 조금씩 붕괴하여 가지만 똑같은 소요와 잡음이 생물권의 진화의 원인이기 때문이다.[41] 생명체는 DNA의 복제 구조에 의하여 완전한 창조의 자유를 지닌다. 생물진화에 있어서 물론 이 환경 변화에 따른 존재 유지나 자기 보존이 양면을 지니고 있고 그것이 창조적으로 이루어지는 경우도 있으나, 생물의 정확한 번역을 보증하는 완벽한 보존 기구를 지니고 있음에도 양자적 혼란은 피할 수 없으며, 다세포생물의 노화와 죽음은 적어도 부분적으로는 번역의 우발적인 과오의 축적이라는 것으로 설명된다.

그런데 모노에 따르면, "지금까지 종의 쇠퇴를 지켜온 자연도태라는 기구가 지식과 사회윤리의 발달 덕분에 매우 중대한 결함을 지닌 경우 이외에는 거의 작용하지 않게 되었다."[42] 이때 모노가 말하는 지식은 어떠한 지식인가? 그것은 모노가 말하듯이 언어적 인간, 즉 지식의 토대가 되는 '객관성을 학문 연구의 윤리적 가치'로 인식하고 있는 이성에 의해 진화한 인간이, 그것도 '서구적' 지성인이 창출한 객관적 지식, 즉 과학적 지식을 의미한다. 인간이 객관성에 기초한 과학적 지식을 소유하게 된 것은 서구인들이 그리스 철학을 기적이라 부르듯이 하나의

41) 이 불완전성은 수학적 체계에서 괴델의 불완전성 정리가 보여주는 것과 같은 의미를 지닌다.

42) 자크 모노, 『우연과 필연』, 221쪽.

기적(miracle)이다. 사실 이성은 서구 근대 역사에서 신성에 대립해 인간의 주체성을 확립한 인간적 능력이다. 그러나 이 인간적 능력은 그리스 신화에서는 제우스의 불로 상징되는 신적인 것으로 말해진다. 다른 한편, 모노가 말하는 사회의 윤리는 서구사회에서 보편적으로 인정되고 있는 기독교 윤리이다. 이성과 히브리적 사유가 만나 기독교라는 하나의 신화를 만들어내고, 이 신화가 중세에서 이성을 비록 선악과를 따먹은 원죄의 화신으로 여겼으나 근대에서는 복음주의적으로 해석하여 '신의 선물'로 여기게 되었다. 즉 기독교와 철학이 결합하여 요한복음의 로고스 신화를 만들어내고 이 요한복음의 로고스 신화가 서구 근대사회의 윤리를 만들어낸다.[43]

이 때문에 모노는 그리스적 철학과 과학의 입장에서 기독교의 신의 존재를 거부하고 우연을 앞에 둔 생명체적 주체성의 진화가 니체가 말하는 초인적인 것임을 말한다. 이성은 자신에 충실할 경우 자연 가운데에서 우연과 생명의 자연적인 성격(주체성)을 결합하여 초인을 탄생케 한 것이다. 왜 초인인가? 우연 앞에서 이루어진 생명적 주체성의 창조적 진화는 지성적 인간이 파악하는 사이버네틱한 필연성을 넘어서는 '능력'에 있기 때문이다.

그럼에도 불구하고 서구적 지성이 창안한 분자생물학의 최근의 진보는 기대할 수 있는 구제책을 제기하는데, 이것은 모노에 따르면 서구적 지성인의 환상이다. 분자생물학의 성과는 유전적 결함을 일시적으로 호전시킬 수 있으나 그것은 단지 침해를 입은 개인에 관한 것에 불과하며 자손에 대해서는 불가능하기 때문이다. 모노에 따르면, "현대의 분자유전학은 인류의 유전적 자산에 작용하여 새로운 특징을 추가하거나 유전적 초인을 창조할 수 있는 수단은 아무것도 주지 않고 단순한 희망의

43) 송영진, 『도덕 현상과 윤리의 변증법』(충남대 출판문화원, 2009), 3장 참조.

공허함만을 줄 뿐이다."[44] 유전정보의 미시적 스케일은 지금뿐만 아니라 아마도 영구히 그러한 조작을 받아들이지 않기 때문이라는 것이다. 그래서 이러한 과학적 환상을 잠시 덮어두면 인류를 개량하는 유일한 수단은 깊은 숙려를 한 다음 엄격한 도태를 실행하는 것이라는 것이다.

그러나 이러한 모노의 유전 형질에 대한 변형의 불가능성에 대한 주장은 현대 생명공학의 발달의 관점에서 보면 조금은 과도하다. 왜냐하면 유전 형질을 DNA 수준에서 변화시켜 자손에게 전하는 것이 가능하기 때문이다. 이 때문에 우리가 유전공학에서 하는 유전자 변형은 현재의 인류가 알고 있는 정도의 지성적으로가 아니라 우주의 진행 과정이나 자연의 변화, 그리고 생태계의 변화를 고려하면서 미래의 과학 발달에 기초한 초인적인 노력으로 이루어져야 하는 것이다. 카뮈가 말하듯이 자신의 운명을 사랑하고 창조하는 책임을 짊어진 시시포스와 같은 초인처럼.[45] 그러나 이러한 초인의 능력은 한계를 지녔다. 분자생물학적인 수준에서 논해지는 우연성 앞에 선 생명체의 주체성에 대한 인식은 사실 인간의 이성의 한계를 넘어서는 것이기 때문이다. 모노는 우연-필연성을 말하지만 그가 자발성을 인정하는 한 이러한 인간의 이성이 지니는 한계(무모함)를 인정해야 한다.

사실, 선진 사회에서는 지성을 지닌 개인들의 윤리관으로서 개인주의가 발달하여 비도태나 역도태가 이루어지는데 이는 우려할 만하다고 모노는 말한다.[46] 인간에게 분자생물학적인 실험을 한다는 것은 인간이 선악과를 따 먹은 것처럼 한편으로는 인식을 위한 모험이고 다른 한

---

44) 자크 모노, 『우연과 필연』, 220쪽.

45) 모노는 기독교 계시 신의 존재를 부정하고 이성이 파악한 세계와 생명의 우연성을 말하나, 이성에 의해 형성된 과학의 한계를 지적하는 점에서는 생명 중심의 자연주의적인 신으로서 생명을 말하는 예언자의 입장에 서고 있다.

46) 자크 모노, 『우연과 필연』, 222쪽.

편으로는 인간의 주체성(이기심)의 발로이기 때문이다. 지성이 발달할 수록 인간은 개인주의로 나아가고 이기적이 되고 있다. 이성에 의한 자연과 우주의 지식 추구의 이면에는 진정한 의미에서의 인간이 지니는 지적 능력의 한계를 자각하게 하는 소크라테스적인 양심(다이모니아의 목소리)에 귀를 기울이는 것이 있어야 할 것이다. 이성적 지식은 도구와 놀이의 수단이지 생명을 만드는 것이거나 창조하는 것은 아니기 때문이다. 이성이 지니는 놀이적 성격, 그것은 초인적 창조에 도움이 되는 재창조(recreation)이어야 할 것이다. 이성은 역설적으로 우연성을 앞에 둔 생명적 주체성의 신비를 자각하고 이 신비에 접근하는 수단으로서 자신의 한계를 인정할 때 그것은 진정한 의미에서 프로메테우스적인 지혜(philosophia)가 되는 것이다. 이러한 건강한 이성은 주체성을 회복하고 자각하게 하는 것이다.

7. 진화론과 윤리의 기원

백색 신화 속에서 살아온 서구에서 인간의 정체성과 도덕성은 다윈의 진화론으로 인하여 가장 큰 충격을 받았다. 신의 절대적 존재를 가정하는 계시신학에 기초한 서구 사상이나 종교에서 인간은 적어도 신의 속성을 지녔거나, 특히 인간 정체성을 이성으로 다룬 철학의 역사에서 인간은 다른 동물과는 다르기 때문이다. 다윈 진화론의 영향으로 철학자들은 인간 도덕성에 대한 설명을 초자연적인 것에서 자연적인 것으로 바꾸어야 했다. 윤리학자들은 과학 또는 더 정확히 말해서 진화생물학이 구체적인 윤리규범을 제공할 수 있는 것은 아니라고 주장한다. 그러나 소크라테스가 시도했고 철학의 작업이 된 윤리에 대한 이성적 탐구에서 중요한 것은, 이성이 자연적인 것(physis)에 기초를 두는 것이었고, 이 때문에 인간의 유전 구조는 물론 문화적 진화까지도 고려하는 철저하게 생물학적인 윤리 체계가 이런 자연적인 요소를 고려하지 않는 체계보다 소크라테스의 생각에 합치하고 본질적으로는 윤리를 현실적이고 일관성이게 한다는 점이다.

전통적으로 과학과 종교는 윤리적으로 상충해 온 영역과 태도를 지녔다. 대부분의 종교나 철학은 윤리란 본래적 가치를 지녔으므로 과학자들은 사실에나 충실하도록 하고 가치 확립과 해석은 철학자나 종교가에게 맡기라고 한다. 그러나 철학은 칸트 이후로 이러한 순수이성에 대한 신뢰를 공허한 것으로 여기게 되었고, 종교 또한 더 이상 현실에서 초월적인 영역에서만 안정을 취할 수 없게 되었다. 가치와 사실은 밀접한 연관성을 지녔고 사실이란 것도 가치 판단의 한 영역에 속한 것이다. 과학자들은 이제 과학기술과 인간 행위의 궁극적 결과들에 대한 새로운 과학 지식들로 인해 윤리를 생각하게 되는 것은 불가피한 일이라고 생각하게 되었다.

철학이나 과학적 사고에서 역사에 대한 인식이 진화론을 말하게 했듯이 역설적으로 종교에서도 역사가 중요하게 되었다. 인간을 만물의 영장이 되게 한 이성적인 사유의 능력이 비역사적인 것에 머물 때, 그리고 이런 이성 중심적인 사고가 철학과 과학에서 횡행할 때 이제는 거꾸로 비역사적 이성이 인간의 멸망을 초래할지도 모른다는 의구심을 갖게 한다. 이러한 의구심을 해결하는 것은 역사성을 고려하는 과학적인 방법으로 가능하지 않다면 다른 방법이 없다. 과학이 역사적 의식과 더불어 있을 때 현실의 문제를 가장 합리적으로 다루기 때문이다. 폭발적인 인구 증가, 자연 자원의 고갈, 공기 중 이산화탄소의 증가, 원자력 이용과 환경 공해, 더 나아가서 의학적인 측면에서 장기 이식, 유전자 조작 등등은 시간성을 기초로 하는 생명과 관련된 인간의 문제들이다. 이러한 문제를 해결하는 데는 역사적인 시각을 가진 과학이 진화론에 기초하여 탐구하지 않을 수 없다. 앞에서도 말했듯이 진화론은 이제 이론이 아닌 진실이다.

그러나 진화론에 따르면, 만일 자연선택이 각 생명체의 개체적인 자기중심주의만 보상한다면 이타주의와 사회 전체의 복리에 대한 책임감을 기초로 하는 윤리가 어떻게 발달할 수가 있을까? 진화론을 진리로 여기는 자연주의적 인간 윤리학에 주어진 가장 중요한 문제는 기본적으로 이기적인 개체들로부터 어떻게 이타적인 행동이 나타나는가 하는 수수께끼를 푸는 일이다. 생물학적으로 볼 때, 이타적이란 "비용과 이득이 생존과 번식 성공도로 가늠될 때, 자신은 손해를 보면서 다른 개체를 돕는 행위이다."[47] 그런데 이 정의 속에는 이타주의자가 반드시 손해를 보는 것으로 되어 있다. 그러나 이타적인 행동을 하는 사람에게 반드시 위험이나 손해가 있는 것일까? 아니다. 이기와 이타의 구분의 기준이 되는 개체의 외연이 적어도 개체, 가족의 성원, 사회집단의 성원, 이 세 가지가 가능하기 때문에 개체 단위로 생각하는 이기적 성향만이 자연선택의 보상을 받는 것은 아니다.

개별적인 생명체가 이 지상에 사는 것은 생과 사가 반복되는 과정이다. 이 과정에서 죽음을 극복하는 것은 번식과 자손을 통해서이다. 동물사회에서 종의 번식과 자식 돌보기, 더 나아가 친족이나 가까운 이웃에게 위험을 경고하거나 위험으로부터 보호하고자 하는 행위에서 부모 돌보기까지는 대체로 대가족으로 이루어지는 종에서 발견된다. 이러한 종의 유전자는 자연에서의 적응도를 높이기 때문에 자연선택될 가능성이 높다. 이러한 자연선택은 혈연선택이라 부른다. 사회생물학 문헌에서 이타적인 행위로 보이지만 실제로는 포괄적인 의미에서 이기적인 행위의 예들은 얼마든지 많이 있다. 인간의 경우에는 낯선 사람들을 도덕적으로 달리 대하는 것과 같은 행동에서도 이러한 포괄적인 의미의

47) 에른스트 마이어, 『이것이 생물학이다』, 398쪽.

생물적인 이타주의의 흔적을 많이 볼 수 있다. 즉 인간이 이타적인 것은 궁극적으로는 자신에게 이익이 된다는 것을 의미하는 것이다. 구약성서에 적혀 있는 대부분의 도덕규범이 이와 같은 전통을 잘 나타낸다.

포괄적인 의미의 적자생존의 원리에 따르는 이타주의가 만연되도록 하는 자연선택의 압력은 사회성을 지닌 모든 동물에게서 나타난다. 즉 표범과 같은 단독으로 서식하는 동물들은 사회성 동물들에 비해 생물적 적응에 따르는 이타주의가 생식이나 자식에 대한 어미의 행위에 국한되어 있으나, 다른 종의 동물들과 공생하거나 공존하는 형태의 삶에서는 상호적인 이타주의를 볼 수 있다. 즉 유전적으로 연관되어 있지 않은 개체들 간에 서로 이익이 되는 관계도 일종의 이타주의로 볼 수 있다. 물론 이러한 호혜관계는 영장류에서는 다음과 같은 형식을 띤다. 즉 내가 이 친구의 싸움을 도우면 그도 나중에 내가 싸우고 있을 때 나를 도울 것이라는 것이다. 이 때문에 이러한 호혜성은 이기적인 것과 조화된 것이다. 이 때문에 호혜성 이타주의는 서로 이득을 주고받는 행위이다. 인간의 사회에서는 오랜 기간에 걸쳐 사회에 도움이 되는 업적을 남긴 개인들을 인정하고 보답하는 것이 좋은 사회를 만드는 데 매우 중요한 일이다. 사실 인류가 이룬 모든 위대한 업적은 인류 전체의 1퍼센트에 의해 이루어졌다는 것을 명심하는 것이 중요하다. 훌륭한 업적에 대한 인정과 보상이 없이 모든 사람에게 동등한 보상을 해주어야 한다는 원칙으로 구성되었던 공산주의 사회는 결국 멸망하고 말았다. 인류 조상들이 지녔던 호혜성 이타주의가 인간 도덕성의 근원인지도 모른다.

마이어에 따르면, 개체 수준의 선택 압력을 통해 진화한 포괄적인 적응에 의한 이타주의와 호혜성 이타주의보다 훨씬 중요한 인간 윤리의 요소는 문화 집단에 작용하는 선택 압력에 의해 진화한 윤리규범과 행동들이다.[48] 사실 인류 역사에는 상당히 강력한 집단선택이 작용하여 왔다. 개체선택과 달리 집단선택은 개체에게는 해가 되더라도 집단을 강화하는 진정한 이타주의나 그 밖의 덕행을 보상한다. 역사가 거듭 보여주듯이 문화 집단 전체의 복리에 가장 크게 기여하는 행위들은 보전되었고 또 그런 행동 규범들이 가장 오래 살아남았다. 다시 말하면 소위 사회적이면서도 '종교적'인 인간의 윤리 행위는 적응적이다.

그럼에도 불구하고 마이어는 원시 인간 사회의 엄청나게 다양한 윤리규범들을 보면 많은 차이들이 그저 우연이라는 생각이 든다고 말한다.[49] 단순히 떼를 지어 사는 대부분의 동물 집단은 선택의 대상이 되지 못한다. 그러나 분업과 협동이 이루어지고 있는 사회성 동물들은 예외이다. 대가족이나 비교적 작은 규모의 무리가 크고 사뭇 거대한 개방적인 사회로 진화하기 위해서는 이전에 가까운 친족에게만 행해지던 이타주의가 비친족 개체들에게로 확장될 수밖에 없었다. 이같이 진정한 의미의 이타적 행위의 흔적이 유전적으로 관계없는 개체들 간에도 교환이 일어나는 것을 우리는 비비원숭이와 영장류에서 볼 수 있다. 인간 진화의 역사에서 몇몇 호미니드 개체들은 단순히 대가족으로 구성되어 있는 작은 집단보다는 큰 집단이 다른 무리를 상대로 승리할 확률이 높다는 것을 인식하게 되었다. 특히 자신들의 복리가 집단의 복리와 밀접한 관련이 있을 경우에는 개인들은 궁극적으로 이득을 보게 되어 있다.

집단적 규범을 제대로 적용하기 위해서는 인간 두뇌의 사고력 진화가 선행되어야 했다. 큰 두뇌와 큰 사회 집단 간의 공진화는 두 가지 새로운 형태의 윤리적 행위를 가져온다. (1) 집단선택의 형태로 작용하는 자연선택은 개인에게 해가 되는 경우가 있다 하더라도 집단에 이득이 되는 이타적 성향을 보상했고, (2) 인간은 새로이 얻은 소위 '이성적인' 사고력 덕분에 순전히 본능적인 포괄적인 의미의 적응에 의존하지

---

48) 같은 책, 389쪽.

49) 같은 책, 406쪽.

않고 의식적으로 이기적인 행위보다 윤리적인 행동을 선택했다. 사실 윤리적인 행위는 지적인 선택을 할 수 있는 인지 능력을 전제한다. 이 때문에 인간만이 유일하게 윤리적인 동물이다. 이 윤리적 행태는 범생명체에 대한 사랑으로 발전할 수도 있다. 포괄적인 적응을 기본으로 하는 본능적인 이타주의로부터 판단에 따른 집단 윤리로 넘어가는 적응만큼 인간화 과정에 중요한 것은 없다. 더욱이 인간은 사고하는 능력과 더불어서 종교적이고 신을 생각하게 된다. 윤리적 행동은 분명히 자신의 행위에 대한 결과를 예측할 수 있고 그 결과에 책임을 지려는 개인의 자질에 달려 있다. 이것이 바로 사유하는 인간의 도덕심의 기원과 기능이다.

다윈 이전에 서양 역사에서 도덕규범들은 신에게서 부여받았거나 아니면 순전히 인간 사고(그 자체도 신에게서 부여받은 것으로 여겨졌지만)의 결과라는 것이 보편적인 생각이었다. 어떤 집단들은 집단의 성공 가능성, 즉 집단의 수명을 증진시키는 도덕규범을 지녔고 어떤 집단은 급격히 절멸로 이끈 적응적이지 못한 도덕규범을 가졌다. 도덕적이라 여겨지는 것들의 대부분은 자기가 속해 있는 집단의 규모와 관계가 있다. 원시사회에서는 확실히 사회 집단에 적절한 크기가 있다. 집단이 커지면 지도자들이 통제력을 잃게 되어 결국 분열된다. 그러나 반대로 너무 작으면 경쟁 집단의 공격의 대상이 된다. 인간의 문화 집단이 커짐에 따라 도시가 만들어지고 국가가 형성됨에 따라 한 사회 속에서도 제각기 다른 윤리관이 다른 사회적 계층에 따라 형성된다. 이런 변화가 얼마나 필연적이고 심지어는 바람직한 일인가는 논란의 여지가 있다.

그러나 마이어에 따르면, 진화론적인 관점에서 그리고 적자생존의 자연선택에 지배하는 세계에서 무엇이 도덕적이고 집단에 최선인가는 당시의 상황에 따라 달라진다.[50] 즉 절대적으로 보편적인 윤리는 존재하지 않는다고 말한다. 실제로 만일 모든 인간 집단들이 다 똑같은 윤리적 규범들을 가지고 있다면 인류에게 이롭지 못할 수도 있다. 윤리규범들의 우선순위도 상황에 따라 문화권마다 다르다. 그렇다고 전 세계가 동일한 윤리규범의 우선순위를 지니고 있다는 것도 바람직하지 못하다. 다양성에 대한 인정이 자연에서의 다양한 종과 생명들을 가능케 하는 것이다. 사실 윤리적 상대주의를 극복하려는 노력이 철학자나 종교가들에 있어 왔지만, 그래서 황금률이나 공리주의적 윤리가 있어 왔지만 어느 것도 절대성을 주장할 수는 없는 것이다. 그렇다고 인류에 공통적인 윤리 체계가 불가능한 것일까? 더 나아가 포스트모더니스트들이 생각하는 회의주의의 극치인, 소위 '중심 없는 윤리 체계'가 가능한 것일까? 이 사실 이 말 자체가 모순되며, 이것이 불가능하다면, 특정 집단이 어떻게 그들만의 고유한 윤리성을 획득할 수 있는가? 더 나아가서 지구촌화된 인류에게 보편적인 윤리가 아니면 최소한 국제법적인 윤리가 어떻게 가능하겠는가? 윤리란 그것이 인간 사고의 이상적 결과인가, 아니면 가장 적응적인 윤리 체계를 가진 집단의 임의적이고 우연적인 생존의 결과인가? 다양한 인간 사회의 엄청나게 다양한 윤리규범들을 살펴보면 그것은 그저 우연이라고 생각될 수밖에 없거나 기적이나 신비한 것처럼 보인다. 그러나 이들에게는 공통적이고 일반적인 성격의 윤리 체계가 나타나 보인다. 그리고 이러한 신비나 우연은 인간의 이성적 사고의 자발성과 주체성의 자각에 의해서 필연으로 변모한다. 그 결과 현대에는 정치적으로나 사회적으로 서구적 민주주의가 그리고 이러한 민주주의에 기초한 윤리가 인류의 이상이 되고 있다. 그것은 현대 인류의 서로 다른 다양한 문화 속의 윤리가 놀랄 만큼 흡사하다는 데서 알 수 있다.[51)]

민주주의 사회에서는 이성에 따른 보편적인 평등과 자유의 원칙에

---

50) 같은 책, 404쪽.

51) 송영진, 『도덕현상과 윤리의 변증법』(충남대 출판문화원, 2009) 참조.

따라 다원주의를 인정하는 윤리관이 형성된다. 그리고 이러한 서구 민주주의적 이념의 이면에는 기독교적 윤리가 있었다. 기독교는 히브리적 사고가 그리스 로마적인 합리적 사고와 만나 이루어진 것이다. 산상수훈이나 율법들은 지능을 상징하는 선악과를 따먹은 인류의 사고의 결과임이 틀림없다. 그렇다고 우리가 꼭 합리적으로 특수한 윤리적 규범들을 만들어내는 것이 아니다. 마이어의 말마따나 대부분의 경우 우리는 문화의 전통적 규범에 따라 결정하고 여러 규범 간에 갈등이 있을 때에야 합리적인 분석을 한다.[52] 이러한 합리적 사고가 그리스에서 인간 주체성의 자각과 더불어 인류에게 기적과 같이 나타난 것이다. 그리고 이에서 파생된 근대의 과학적 사고가 현대의 진화론적 사고로 바뀐 것은 진실로 인류의 이성적 사고에서 역사적 정신의 승리를 의미하는 것이다. 진화론적 사고는 과학적 사고의 최후의 결실이며 이성에 의한 인간 주체성의 신성화이기도 하다. 그러나 성서의 실낙원 신화가 말하듯이 이러한 인간 주체성의 신성화에는 위험이 따른다. 현실적인 우연을 자각한 이성적 인간의 자신의 한계와 지상에서 생명을 존속시키려는 소명을 인식하는 것이 진정한 지혜이다.

8. 결어

진화론은 생명 현상에 대한 기계론적 설명에서 성공을 거둔 이론이다. 그런데 이 기계 개념이 무차별적인 확률 개념에 기초하는 것이 아니라 생명체의 환경 변화에 따른 존재 유지나 자기 보존이라는 베르그송적 의미에서의 목적론적인 의미를 지녔다는 것을 밝혔다.[53] 사실 이

52) 에른스트 마이어, 『이것이 생물학이다』, 407쪽.

53) 베르그송의 유산탄에 비유하는 목적론은, 황수영 옮김, 『창조적 진화』(아카넷, 2005), 140-157쪽 참조.

성이 지니는 우연성 관념에 이중성이 존재한다. 하나는 불확정성 속의 무차별적 개념이고 다른 하나는 결정론적인 무차별성이다. 현대의 많은 과학자들은 전자의 이론으로 다윈의 변이진화 개념을 해석한다. 그러나 생명체는 기본적으로 종의 보존이나 존재의 보존, 혹은 존재를 지향한다. 이 때문에 결정론적인 무차별성 개념을 과거보다 개방된 개념으로 써먹을 수 있다. 그것이 베르그송이 말하는 창조적 진화이다.

사실, 이성이 인간에서는 만물의 생성-소멸의 원인이라 생각된 자발적 능력의 소산이라는 것이다. 즉 이성은 자발성(기능)에 기초를 둔 것으로서 자의성에 반하는 로고스의 필연성을 지향한다. 따라서 이 필연성은 기계적인 의미로도 쓰이고 창조적인 질서의 결정 가능한 능력으로도 쓰인다. 마찬가지로 자연에도 자연의 필연적 질서에 반하는 우연적인 것이나 혼돈이 존재한다는 사실이다. 따라서 자연과 이성을 동일시할 경우, 자발성에서 기원하는 자의성과 혼돈(무질서)은 동일시될 수 있다. 그러나 자발성에 기초한 자의성은 비록 그 극치의 것으로서 신의 무한한 능력을 의미하기도 하나 비자발적인 것이 기초한 혼돈과는 성격이 다르다. 하나는 그 질서(logos)가 자발성의 기억 능력에서 기원하는 시간성(시간의 통시성)에 근거하는 것이고 다른 하나는 우연성(동시성)을 연결하는 공간성에 기초하고 있기 때문이다. 따라서 이성과 자연은 동일시하는 경우와 동일시할 수 없는 경우가 있고, 이 양자에서는 동일성과 타자성이 이중적으로 작용하여 전체적으로는 동일성 자체와 이성과 자연이 매개되는 변증법과 타자성 자체가 함께 있는 위계를 지닌 신, 영혼, 물질의 3중적 변증법이 발생할 수 있다. 현대는 기독교 계시신학의 신은 부정할 수 있어도 우리 인간성이 자유에 기초하고 있는 한 '생명'이라는 자연신학적 신비를 부정할 수 없다는 것이다. 사유하는 인간에게 생명은 우리가 어떠한 작용이나 행위의 영향도 미칠 수 없는 신비로 드러나기 때문이다. 그리고 여기에서 플라톤적 이원론의 사고가 성립할 수 있다.

서론에서 언급한 현대의 인간 게놈 프로젝트와 생명공학의 기술 발전은 정치적, 경제적으로 상호 역학관계에 의해 서로 얽혀 있다. 즉 인간은 사회적, 경제적 동물이다. 생명에 대한 공학적 지식과 생명공학이 인간에게 가져다줄 많은 혜택에도 불구하고 우리가 그것의 효과나 결과를 감시하지 않으면 안 된다. 왜냐하면 생명공학적 지식의 축적과 그것을 조작하여 결과물들을 산출하는 것 사이에는 단순히 학문적으로가 아니라 정치적인 문제나 경제적인 문제가 개입하는 것으로 엄청난 차이가 있기 때문이다. 이 때문에 생명윤리의 문제는 이러한 철학적 물음에 대한 답변만으로 모든 것이 끝난 것이 아니다. 이러한 자연과학적 질문이나 윤리적 질문에 수반되는 인간의 사회적 삶에 대한 이해가 덧붙여져야 한다. 즉 인간이 생명을 공학적으로 뿐만 아니라 정치적으로, 경제적으로 다룰 수 있는가에 대하여 근본적으로 의심하면서, 우리는 진실의 탐구에 있어서 무지를 전제한 가설적 방법에 따른 소크라테스식의 변증법적인 사유처럼 생명에 대해 끊임없이 과학적이면서도 가치론적인 관점에서 탐구를 게을리해서는 안 된다. 왜냐하면 생명체는 지적으로 온전히 이해할 수 없는, 박홍규의 말대로 "전체가 부분 속에 가능적으로 들어오는" 기능을 발휘하는 존재이기 때문이다.

참고문헌

Henri Bergson. *Oeuvres*. Textes annotés par André Robinet. Paris: P.U.F., 1970.

에른스트 마이어. 최재천 옮김. 『이것이 생물학이다』. 몸과 마음, 2002.

엘리엇 소버. 민찬홍 옮김. 『생물학의 철학』. 철학과현실사, 2000.

한스 요나스. 한정선 옮김. 『생명의 원리』. 아카넷, 2001.

힐러리 퍼트남 외. 생물학사상연구회 옮김. 『유전자 혁명과 생명윤리』. 아침이슬, 2004.

일리야 프리고진 · 이사벨 스텐저스. 신국조 옮김. 『혼돈으로부터의 질서』. 고려원미디어, 1993.

제러미 리프킨. 전영택 · 전병기 옮김. 『바이오테크 시대』. 민음사, 1998.

존 브라이언트 외. 이원봉 옮김. 『생명과학의 윤리』. 아카넷, 2005.

린 마굴리스 · 도리언 세이건. 홍욱희 옮김. 『섹스란 무엇인가?』. 지호, 1999.

자크 모노. 김진욱 옮김. 『우연과 필연』. 문명사, 1974.

매트 리들리. 하영미 외 옮김, 『게놈』. 김영사, 2000.

리처드 도킨스. 홍영남 옮김. 『확장된 표현형』. 을유문화사, 2004.

송영진. 『도덕 현상과 윤리의 변증법』. 충남대 출판문화원, 2009.

승계호 외. 『서양철학과 주제학』. 아카넷, 2008.

플라톤. 박종현 · 김영균 옮김. 『티마이오스』. 서광사, 2000.

최재천, 「다윈의 진화론: 철학논의를 위한 기본 개념」, 철학연구회 편, 『진화론과 철학』, 2003.

후쿠오카 신이치. 김소연 옮김. 『생물과 무생물 사이』. 은행나무, 2008.

첨부논문 2

성과 사랑의 철학적 의미

1. 철학에서의 사랑과 섹스의 문제

사랑은 심리적이고 정신적이며 추상적인 용어이지만 생물학적으로는 섹스(sex)와 결부되어 있다. 성과 사랑의 문제가 철학적으로는 처음으로 플라톤의 『심포지엄』에서 다루어지고 있는데, 사랑은 정서적, 정신적인 것인 반면, 섹스의 문제는 불완전한 인간의 육체적 존재의 생존방식으로 논하여졌다. 즉 플라톤의 『심포지엄』에서 인간 존재와 관련하여 사랑의 신 에로스에 관한 두 개의 신화가 나타나는데, 하나는 희극 작가 아리스토파네스가 말하는 신화로서 신의 세계를 넘보는 강력한 힘을 지닌 인간을 제우스가 반으로 나누어 버린(secus: sex) 결과, 서로의 반쪽을 찾아 헤매느라 힘을 소진하는 인간의 신체적인 생존 방식으로 그려져 있다. 이러한 아리스토파네스의 신화는 여성과 남성이

* 송영진, 「성과 사랑의 철학적 의미」, 『동서철학연구』 66호(한국동서철학회, 2012년 12월)를 수정 보완함.

합해져야 하나의 완전한 인간성을 이룬다는 상식적인 생각과 성욕에 수반되는 강렬한 쾌락이 동성애에 의해 합리화된다. 다른 하나는 소크라테스가 디오티마(Diotima)라는 이 세상의 경험 많은 여성의 입을 빌려 설명하는 신화이다. 여기에서 에로스는 방책이나 지혜를 상징하는 풍요의 신 포로스(Poros)와 거지 여자(동물적인 신) 페니아(Penia)의 결합으로 태어난 다이몬(Daimon)이다. 이 다이몬으로서의 에로스는 신체적으로는 젊은 청춘 남녀가 결합하여 자식을 낳는 방식으로, 정신적으로는 불멸성에 참여하는 인간의 윤리적 생존 방식을 상징하는 것으로서 여기에서 상징하는 것은 인간이 신과 동물의 중간 존재로 그려져 있다는 것이다.

이러한 에로스에 관한 두 신화는 신성과 관련하여, 하나는 인격이 개체성(individual)에서 물리적으로 반쪽으로 갈라질 수 있다는 것으로서 후에 흄에서 나타나는 집합적 인격성[1]의 개념(수리-물리적 개념)을 최초로 표명하고 있는 양성의 상보성에 관계하는 신화이며, 다른 하나는 삶과 죽음에 관련된 과정적 존재로서의 인간 개체적 존재의 영혼의 단일성을 추상적, 질적으로 논하는 존재론적 신화로서 현실에서는 이 양자가 변증법적으로 결합되어 심신을 지닌 한 구체적인 개인의 존재와 이러한 개체적 인간의 일생의 삶을 구성한다. 이러한 철학적 변증법 속에서는 사랑과 섹스는 통합적으로 육체적으로 단순한 욕망에 기초한 동물적 사랑에서부터 출발하여 점차 동물과는 다른 인간의 윤리적, 정신적 사랑에 대한 심리적, 정신적 발달 단계들로서 진화-분화되어 나타난다. 에로스는 아동기의 욕망(epithumia)으로서 나타나고, 다음의 단계

1) 한 존재를 반으로 나누면 죽는 것이 아닐까? 그런데 지렁이와 같은 생명 현상에서는 그렇지 않다. 다른 한편 발생 과정에서 일란성 쌍둥이가 있듯이 물리적으로 나누어지는 각각에서 개체성을 나타내는 정신이란 무엇인가? 물질에 수반되는 것인가? 아니면 영혼이 따로 있어서 물질에 올라타는 것인가? 일원론과 물심 이원론의 싸움이 서로 연결되어 복잡한 문제들로 나타난다.

는 청년기의 각각의 정체성을 지니면서도 자식을 낳는 사랑으로서의 에로스 본래적 의미(에로스 자체)를 지니고 나타난다. 에로스 이후의 사랑 방식은 장년기의 부모의 자식에 대한 스토르게(storge), 즉 짐승에게도 나타나는 헌신적인 사랑으로서, 정신적으로는 인생의 후기에 나타나는 것이며, 그리고 완전한 성인으로서 인간의 사회적 삶을 가능하게 하는 우정(philia)으로서의 사랑이 어린아이에 대한 에로스 자체에서 출발하여 교육적인 발달 단계로서 중복적으로 나타나, 사회적 인간의 사랑에 대한 정신 발달의 최종적 발달 단계로 묘사되고 있다. 결국 개인은 생로병사의 인생을 지나면서 자손을 낳아 인류라는 종의 지속에 봉사하고 인생 역사의 뒤편으로 사라지는 존재로 묘사된다.

그래서 사실 플라톤의 『심포지엄』은 고대인들의 섹스를 통한 동물적인 생활방식과 인간의 윤리적, 정신적, 종교적 사고방식을 모두 묘사한 것으로서, 철학자들은 이러한 플라톤의 존재론을 발전시켜 사랑과 섹스의 문제를 분리하여 전자(사랑)를 종교적이고 정신적인 신화적 관점에서, 후자를 동물과 같이 신체를 가진 인간 존재의 생성 원리로 이원론적으로 정리하여 최초로 논했다고 볼 수 있다.

2. 현대 심리학에서의 사랑과 섹스

근대 이후 자연과학이 발달하면서 성의 문제에 대해서는 프로이트(Sigmund Freud)가 본능과 맞닿아 있는 인간의 의식에서 기원하는 무(비)의식 세계를 발굴하면서 인간의 생리 작용이나 윤리적 삶의 방식에서가 아닌, 인간의 심리적 세계에서의 그 중요성을 다시 인식하게 하였다. 즉 프로이트는 무의식 세계에서 작동하고 우리 성격을 형성하는 주요 요인으로서 생리-심리적 요인인 성충동(libido)이 쾌락 원리에 따라 작동함으로써 그 과도함 때문에 마치 아리스토파네스의 신화로서 동성애를 상찬하는 것과 같이 오이디푸스 콤플렉스(엘렉트라 콤플렉스)라는 의식(儀式)을 안전하게 거쳐야만 남자나 여자로서의 성인이 될 수 있다고 하였다. 이와 같이 그는 오이디푸스 콤플렉스(엘렉트라 콤플렉스)가 인간의 권력의식에 의한 자아(ego)의 정체성 확립과 이성적 인간으로의 발달에 가장 중요한 요인이라는 것을 심리학적 관점에서 말하였다. 이 때문에 프로이트는 아리스토파네스와 같이 성의 문제를 서구의 정신적, 신화적인 사고방식에서 벗어나 인간 중심적인 심리 현상의 과학으로 밝히기 시작했다고 말해진다. 그런데 현대에서 첨단과학이 발달하면서 진리의 기준은 과학이 주는 사실들이 되었고, 과학에서도 생물학에서는 진화론이 진리가 되고 있다. 이 때문에 사랑이 무엇인가를 알려면 우선 생리학적인 측면에서 성(sex)의 생물체에서의 기능을 알아보아야 한다.

3. 현대 진화론에 따른 생명의 유기체적 구조와 성의 역할

현대에는 서구 그리스적 존재론에서 탄생한 과학이 진리를 탐구하고 말하는 것으로 알려져 왔고, 모든 과학은 생물학에 집중되고 있다. 왜냐하면 "너 자신을 알라."라는 소크라테스의 화두가 암시하듯이, 인간, 그것도 우주 안에서 생물체로서의 존재를 탐구하지 않을 수 없었기 때문이다. 그런데 생물학에서는 진화론이 진리가 되고 있다. 우주의 진화는 물론 생물적 존재도 진화하여 왔고 진화할 것이라는 것이다. 이에 따라 사랑과 섹스, 즉 성이 어떻게 나타나고 어떤 작용을 하여 왔는가를 현대 미생물학의 대가인 마굴리스(Linn Magulis)를 통하여 살펴보도록 하자.

다음의 [그림 1][2)]은 마굴리스가 생물계를 생물체의 5계로 분류하고, 엔트로피 법칙이 작용하는 우주적 환경과 더불어 진화하는 것을 묘사

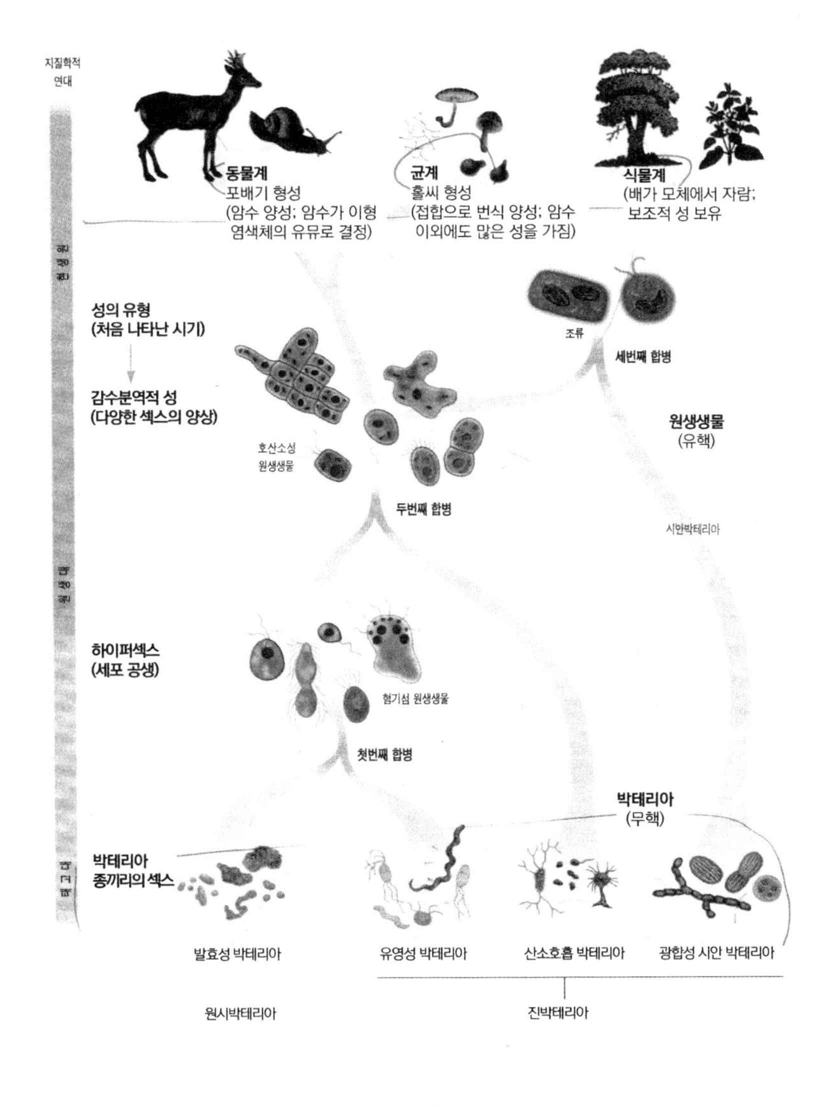

[그림 1]

2) 논문에 들어간 그림들의 출처는 린 마굴리스 · 도리언 세이건, 홍욱희 옮김, 『섹스란 무엇인가?』(지호, 1999)이다.

하면서도, 이들 사이의 공생과 합생과 생존경쟁을 하는 관계를 섹스의 관점에서 요약하여 나타낸 것이다. 마굴리스가 비록 생물계를 5계로 분류하고 있지만, 어떤 생물체는 동물도 아니고 식물도 아니고 균류도 아닌 것처럼 보이는 사이-존재들(inter-subject)이 존재한다.

박테리아의 먹고 마시는 섹스와 공생과 합생을 통하여 진핵생물이 나타나게 한 하이퍼섹스를 제외한 감수분열에 의한 섹스의 계는 동물계와 균계와 식물계로 되어 있다. 동물계는 개체 내부에서 음식물을 소화하면서 한 개체 안에 암수의 성을 가능케 하는 난자와 정자가 존재한다. 음식물을 몸 밖에서 소화하는 균계는 개체가 바로 암수이면서 아리스토파네스가 묘사한 다양한 성을 가진다. 여기에서 개체는 우리 인간에 비유하면 군집으로서 존재한다. 시안 박테리아와 합생한 식물계(식물이면서 기생하는 식물도 있다)는 음식물을 생산하면서 존재한다. 먹고 먹히는 관계에 있는 동물계, 식물계, 그리고 균계는 상호 경쟁과 공생(전쟁과 평화)을 통하여 유기적인 조합으로 안정되어 지구상에서 서로 조화롭게 이루어져 있어 성서에서 하나님이 보기에 좋다고 할 수 있을 정도로 아름답게 살아가고 있다.

현대 과학의 입장에서 마굴리스는 생물의 성과 사랑을 수백만 년의 생물진화 역사를 통한 비평형적, 열역학적 관점에서 관찰하고 있다. 즉 열역학적 관점에서 보면 우리의 우주는 빅뱅에서 현대의 우주로 진화하고 현대 우주에서 생명체가 나타났다가 결국에는 우주가 소멸하기 전에 생명체가 소멸하고 우주도 소멸하는 것으로 묘사되고 있는데, 이것은 마치 생명 현상이 한 번 나타났다가 영속할 듯이 존재하다가 생명 현상에서 섹스의 과정이 나타나고 이 섹스 과정 중에 삶과 죽음의 현상이 나타나고 결국에는 생명체 자체가 소멸하는 것과 같다. 우주의 생성-소멸이 우주적 엔트로피 과정 속에 있는데, 이 우주 안에 생명의 과정이 우주적 엔트로피에 반하는 듯이 생성되어(negentrophy) 나타났다가 소멸한다. 이때 역엔트로피의 역할을 하는 생명의 약동력은 유기체적 구조를 형성한다. 그런데 섹스는 이러한 생명의 삶에 한 부분이자 전체적인 기능을 하는 듯이 나타났다가 우주의 소멸과 함께하는 과정으로 묘사되고 있다.[3] 그리고 이러한 섹스는 고등생물에서 나타나는 감수분열적 섹스로서 개체적 존재의 생성과 죽음의 변증법이 나타나는 과정의 것으로 표현하려고 한다.[4] 마굴리스는 생물이 먹고 숨을 쉬며, 짝짓고 교접하는 행위를 에너지와 물질 유출입의 생화화적 과정으로 이해하고 있듯이, 섹스의 과정도 이에 역행하는 듯하지만 근본적으로는 동일한 생화학적 과정이다.

그러나 이러한 우주적 과정에서 생명체가 나타났다가 사라지는 과정에 섹스의 다양한 방식이 개입한다. 섹스는 일종의 생명체가 우주적 환경과 더불어 존재를 지속하기 위한 하나의 전략으로서 나타난다. 지상에서 고등생명체들은 대부분 섹스를 통하여 종의 번식과 생존을 반복적으로 지속하고 있기 때문에, 이러한 생존에 있어서 양성에 의한 섹스의 방식이 어느 정도 성공적이었다고 생각할 수 있다. 그러나 미생물이나 원시생명체들을 살펴보면 꼭 양성에 의해 자신의 존재 유지와 번식이 가능한 생존을 유지하는 것이 아님을 우리는 알 수 있다.

4. 원핵생물에서의 섹스

지각을 가진 생물이라면 모두 이성과 먹이에 유혹을 받는다. 왜냐하면 사랑에 빠지고 먹이에 집착함으로써 살아 있는 것들은 그 자신을 유

---

3) 생명체의 신비는 우리 우주의 신비와 운명을 같이한다. 즉 생명체를 구성한 정보가 우주와 함께 소멸할지, 아니면 그대로 남아 또 다른 우주에서 생명체들을 생성하면서 영원할지는 우주론에 따라 다르게 나타난다.

4) 린 마굴리스 · 도리언 세이건, 『섹스란 무엇인가?』 참조.

지할 수 있고 또 번식할 수 있기 때문이다. 우리가 성이란 단어에 대해서 아주 곤혹스러워 하는 것은 성을 통해서 명백히 서로 다른 두 존재가 한데 결합해 우리 자신의 가장 깊은 곳에 이르기까지 상대방에게 완전히 노출시켜야 하기 때문일 것이다. 또 우리가 빈번히 성의 중요성에 대해서 잘못 해석하는 경향이 있기 때문이기도 할 것이다. 이런 암수의 성이 지상에 출현하기 이전에 이미 박테리아 세계에서는 20억 년 동안 박테리아들만의 독특한 짝짓기가 행해졌다. 즉 박테리아들은 암수의 구별 없이 아무하고나 접합하는 것이었다. 그 상대가 같은 종이어도 좋고 그렇지 않아도 개의치 않았다. 이들에게는 사실 이 접합이 먹고 먹히는 관계였다. 원시생명체로서 수억 년 전 박테리아들은 새로운 유전자를 얻어서 자신의 것으로 만드는 성을 행해 왔다. 생물학적으로 볼 때 성이라 함은 단순히 새로운 개체를 생성하기 위해서 별개의 근원들로부터 오는 유전자들을 재조합하는 현상(결합)을 뜻한다. 박테리아나 남조식물(blue algae)들은 이분법(유사분열)에 의해 분열하듯이 영생이 보장되어 있기 때문에 성을 그다지 필요로 하지 않았다. 그렇지만 어떤 박테리아는 주위 환경이 아주 절망적인 상황에 놓이게 되었을 때에 그 자신의 DNA를 스스로 복구하지 못하고 다른 박테리아로부터 DNA를 얻어서 그것의 보충으로 복구할 필요가 있기도 했을 것이다. 바로 이러한 미생물들의 접합에 의한 DNA의 먹고 마시는 행위가, 마굴리스에 따르면, 성의 원초적 기능이다.

그런데 여기에서 주의할 것은 원시생명체에는 종과 개체의 개념이 분명하지 않다는 것이다. 이 때문에 우리가 종적 수준에서 개체 개념을 이해해야 할지, 아니면 물리적 독립 현상의 수준에서 개체 개념을 이해해야 할지 규계에서는 이 사실이, 앞으로 보겠지만, 대단히 모호하기 때문이다. 사실 개체 개념은 자신의 생존을 위해서 다른 것과 전쟁 상태에 있을 때에야 나타난다. 결국 개체 개념이 원시생명체에서 불분명한 것은 그것이 하나의 생명체로서 완전성을 지니고 독립적인 성체가 되었을 때이다. 그런데 마굴리스에 따르면 원시생명체들은 먹고 먹히는 관계였다. 그럼에도 불구하고 이들이 개체나 종이 아닌 이유는 이들이 독립적으로 생존하기보다는 서로 의존관계에 있기에 아직 개체가 완성되어 있지 않은 상태라 볼 수 있다.[5] 여기에서 개체는 물리적 수준에서의 독립성을 개체의 단위로 보아야 할지, 아니면 표현형으로서의 자기 독립적으로 생존 가능한 차원의 모든 것을 구비한 것, 즉 개체로서의 완전성이 실현되었다는 것을 지칭하는지, 정의에 따른 선택의 문제가 된다.

5 진핵생물에서의 섹스

박테리아들의 자유로운 유전물질의 교환(먹고 마시기), 즉 이종 생물 간의 성이 먼저 시작되고, 이어서 개체가 완성되면서 개체들 간의 하이퍼섹스, 즉 박테리아 종 집단의 세포연합이 나타나서 유핵세포의 새로운 개체성이 확보되었다. 우리가 흔히 보는 유형의 원생생물(protist)이라 일컬어지는 해조류(algae), 아메바, 짚신벌레(pamecium), 규조(diatom), 연두벌레라는 유글레나(euglena) 등은 하이퍼섹스(전혀 다른 종들이 결합해 새로운 생물 형태를 만드는 연합 현상)로부터 유래하였다. 하이퍼섹스는 감염의 형태를 띠기도 하였다. 완벽한 병원균은 자신과 숙주 모두를 죽인다. 그러나 미토콘드리아와 같이 영원한 박테리아적 합병은 "상대방을 쳐부수지 못하면 그들과 친구가 되라"는 말처럼

5) 개체성은 독립이나 분리를 전제하기에 전쟁을 전제하고, 연합이나 결합은 조화나 협조를 상징하는 것으로 표현하면 사랑이 전제되기에 생존과 종의 유지로서의 번식은 전쟁과 사랑의 변증법을 이룬다. 이러한 전쟁과 사랑의 변증법은 그리스 자연철학, 특히 엠페도클레스 철학에서 존재의 생성과 소멸의 변증법으로 나타난다.

[그림 2]

영원히 함께하는 모습(合生)을 띠고 이로 인해 원생동물이나 식물이 나타나게 되었다. 이러한 합병과 합생은 죽을 수도 있기에 위험한 것이기는 하나 환경이 불우할 때 상호 협조의 삶을 이루면서 살게 된 것이다.[6] 이러한 합생은 두 개의 핵 세포가 하나의 세포 속에 존재하는 동식물의 세포가 이를 증명한다. 결국 하이퍼섹스에 의한 개체 개념을 지

6) 이러한 사실은 한국계 생물학자인 전광우 박사의 우연한 실수에서 발견된 것이며, 진화론에서 박테리아들의 복합체로 이루어진 세포에 대한 설명으로서 이제는 정설이 되었다. 왜냐하면 진핵생물에서 세포 속에는 DNA 이외에 미토콘드리아의 핵이 따로 존재하기 때문이다.

닌 원생생물의 탄생은 생물체에서의 개체 개념의 탄생을 의미하며, 이에서 진화한 고등동물에서의 개체성이 단일성이 아니라 다중적임을 상징한다. 마굴리스는 이러한 사태를 [그림 2]로 나타내고 있다. 문제는 이러한 개체성을 획득한 생물은 텔로미어가 원환으로 된 아메바나 짚신벌레 등과 같이 핵의 이분법에 의해 증식만 할 뿐 이들에게는 그다지 성이 필요 없는 것처럼 보인다.

6. 진핵생물에서 감수분열에 의한 섹스

세 번째 성, 즉 복합체적 존재에서 나타나는 DNA의 감수분열에 의한 성은 바로 그렇게 박테리아 하이퍼섹스에 의해 진화된 생물에서 처음 나타나게 되었다. 이 세 번째 성은 사실 먹고 마시는 첫 번째 성과 연합에서 공생-합병을 거쳐 하나의 개체를 이루는 두 번체 성을 한 개체 안에서 동시에 수행하는 것이다. 즉 이종 박테리아나 진핵생물에서 개체의 형성과 개체의 형성 이후의 DNA의 감수분열에 뒤따른 세포분열에 의한 성의 분화가 나타나는데, 이러한 감수분열에 의한 성은 세포로서의 자신의 개체성을 확보한 뒤 자신을 이루고 있는 한 부분인 염색체를 반으로 나누는 과정을 통해서 생식세포를 생산한다. 이러한 세포와 염색체 간의 상호관계는 성의 분화와 합병을 수행하는 것으로 합병이 개체성을 이룬 것이라면 분화는 한 개체 내에서 개체성이 분열되는 전문화의 관계를 의미하는 것이다. 이는 무기물이 유기물로, 유기물에서 하나의 개체성을 지닌 생명체를 이루는 과정을 역으로 수행하는 것처럼 보이는데, 이는 부분 속에 전체가 가능적으로 들어오는 유기체의 논리를 연상시킨다. 즉 세포와 염색체 간의 관계는 연합과 분화에 의한 유기적 관계의 변증법적 논리를 연상케 한다.7)

이러한 고등동식물에서의 성은 염색체를 둘로 나누고 다시 결합하는 감수분열과 복제의 과정을 가지는데, 이는 두 가지 형태를 띤다. 하나는 대장균이나 짚신벌레처럼 원형으로 된 DNA는 성이 필요하지 않은 것과 같이 영생을 누리는 복제를 수행하는 반면, 직선 형태의 텔로미어(telomeres)가 있는 이중나선으로 된 효모균은 부모에서 온 DNA를 상동 재조합하는 섹스를 창안한다. 짚신벌레와 같은 전자가 감수분열은 하지만 진핵생물의 원시적 형태인 반면, 직선 형태의 텔로미어가 있는 이중나선으로 된 효모균과 같은 생물 종에서 진화한 감수분열에 의한 섹스의 과정 속에는 삶과 죽음이 들어 있고, 모든 것은 DNA 수준에서 종의 안정성과 다양화를 의미하는 돌연변이체의 탄생을 가능하게 함을 의미하는 것이다. 마굴리스는 '섹스'의 의미를 하나의 종이 복합체를 이루고 종이 다양화되는 과정을 설명하는 것으로 보면서도 감수분열에 의한 성은 다양성을 적절히 통제하기 위한 짝짓기 메커니즘으로 본다.[8]

마굴리스에 따르면, 성은 공생-합병과 마찬가지로 우주 보편의 현상, 즉 혼합시킨 후 짝을 맞추는 원리의 한 표현이라고 볼 수 있다. 두 개의 잘 발달된, 그러나 잘 적응된 생물체 또는 조직 또는 대상이 결합하고, 반응하고, 재정의되고, 재적응해서 결국에는 새로운 어떤 것이 창출되는 현상이 바로 그것이다. 인간의 발명은 끊임없이 이런 혼합과 짝짓기의 원리를 통해 만들어진다. 예를 들어 손목시계는 벽시계와 팔찌가 합쳐진 것이고, 바이러스 전염, 조류와 균류의 결합에 의한 지의류의 형성, 아메바의 동족 잡아먹기, 두 사람 사이의 결혼, 영상과 카세트 녹음기의 합체인 VCR 등의 재조합의 원리는 지상의 모든 생물체에게 널리 적용되는 원칙이다. 그런데 원시적인 박테리아에서의 섹스로서의 결

---

7) 유기체의 논리는 에른스트 마이어, 최재천 옮김, 『이것이 생물학이다』, 2장 참조. 연합과 분화는 한 번만 하느냐 고등생명체에서처럼 여러 번(3번까지) 반복하느냐가 문제의 핵심이다.

8) 같은 책, 288-289쪽.

합은 DNA가 많아지고, 분리는 원래 종으로의 후퇴이다. 그런데 이러한 결합이 공생과 연합에서 한 개체를 탄생시킨 후에 섹스는 감수분열의 형식을 띠게 된 것이다. 섹스는 이제 결합이 아닌 분리에서 시작하며 결합은 체세포를 유사분열에 의해 수행한 뒤 개체가 되어 나중에 수행하게 된 것이다. 원시적인 생명체의 불완전한 존재가 복잡해지고 고등해지는 창조적 진화의 형태를 띤 것이다.[9)]

공생-합병의 형태로서 하이퍼섹스를 수행하는 것은 새로운 환경에서 생명 종들의 결합에 의한 종의 지속과 영원성에의 참여이다. 그러나 이것은 환경 변화에 대처하기 위한 것으로서 죽음의 위험이 뒤따른다. 역으로 연합한 두 박테리아가 원래로 되돌아가는 것도 영원성에의 참여이다. 전자는 복합체로서 후자는 단일체로서 존재하는 것이며, 이 양자가 다시 연합하는 형태로 고등생물이 진화하는 것이다. 결국 박테리아든 고등생물이든 모든 생명체의 삶의 방식은 죽을 수밖에 없는 개체의 영원성으로 지향하는 과정이라고 볼 수 있다. 하이퍼섹스에 의한 결합에서 성공한 박테리아들이 또다시 복합되고 공생-연합하면서 사회성을 이루는 현상은 균계에서 나타나며, 역으로 복합된 고등동물에서의 감수분열에 의한 섹스를 행하는 개체에서는 단일한 정자나 난자로 나타나는데, 여기에서 개체의 개념은 모호해지며, 또한 필연적으로 죽음의 현상이 나타난다. 그래서 플라톤에 따르면 섹스, 즉 에로스는 현상적 존재론의 신화에서 보이듯이 노화되어 죽어가는 세포가 다시 젊어지는 세포로 변화되는 부활의 에로스의 변증법이 열역학 법칙이 전제된 우주적 과정을 닮아 있는 개체에서는 나타날 수 없다. 마굴리스의 입장에서 보면, 아리스토파네스의 첫 번째 반쪽 신화는 죽음이 없는 개체의 생을 위한 사회적 존재론의 변증법을 나타내 보이는 데 반해, 소크라테

---

9) 린 마굴리스 · 도리언 세이건, 홍욱희 옮김, 『마이크로코스모스』(김영사, 2011), 10장 참조.

스의 두 번째 에로스 신화는 존재와 무의 중간적 존재로서 다이몬의 생과 사가 함께하는 그러면서도 영원성을 지향하는 끊임없는 노력을 전제하는 과정적 존재에 관한 신화이다.[10] 아리스토파네스의 개체 개념은 개체가 반쪽으로 갈라질 수 있다는 것으로서의 이 반쪽이 다시 결합되어 인격이 '집합' 개념으로 형성될 수 있도록 전개되고,[11] 이것이 죽음이 없는 영원성을 지향하는 생명체의 창조적인 측면을 지칭한다면, 소크라테스의 신화는 열역학 법칙이 지배하는 과정적 존재를 상징함으로써 이 양자가 결합하여 능동성이나 자유 개념에 기초한 창조적 진화의 존재론으로 변모할 수 있다. 결국 현대 생물학의 종 다양화와 개체의 창조적 진화의 변증법은 이 양자가 결합하여 감수분열에 의해 분리된 반쪽의 결합을 추구하는 에로스가 된다. 이 양자를 어떻게 결합할 것인가? 마굴리스는 다음과 같이 설명하고 있다.

[그림 3]에서 균류는 서로 다른 종들이 개체를 형성하고 있고, 이들이 연합하여 형성된 버섯과 같은 것은 암컷이나 수컷, 혹은 양성의 개

---

10) 아리스토파네스의 신화는 원래 한 존재가 반쪽으로 갈라진다는 것으로서 고대 철학적 사유에서 중심적 전제가 된 정신적 인격의 단일성에 반하는 신화이다. 그럼에도 불구하고 현대 철학적 관점에서 보면, 인간 존재의 물리적 측면에서 수학적 변증법으로 표현될 수 있다는 장점이 있다. 반면에 소크라테스의 다이몬 신화는 존재와 허무의 배중률이 지배하는 파르메니데스적 존재론의 변증법으로서 엄밀 정확성을 전제하고 정신적 존재의 단일성을 강조한다는 점에서 관념적인 것으로 플라톤의 이데아론에 결부되는 것이다. 이 양자의 결합에서 양과 질의 결합으로서의 생물체에서의 분화와 통합의 유기체로서의 '개체' 개념의 변증법이 성립한다.

11) 철학적으로는 인간이 '지각의 다발(a bundle of perception: esse est percipi)'이라고 말한 흄의 인격 개념으로 나타나는 것을 현대의 수학에서 '집합' 개념으로 설명하려는 것이다. 주석 1에서도 보았듯이 물리적으로는 분리되어 있으면서도 하나로 통일되는 인간 정신이란 무엇인가? 유기체에서 나타나는 결합과 분리의 변증법은 정신에서도 그대로 나타난다. 이 때문에 기독교 신의 삼위일체적 모습에서는 인지로서 알 수 없는 성격의 것이 존재한다.

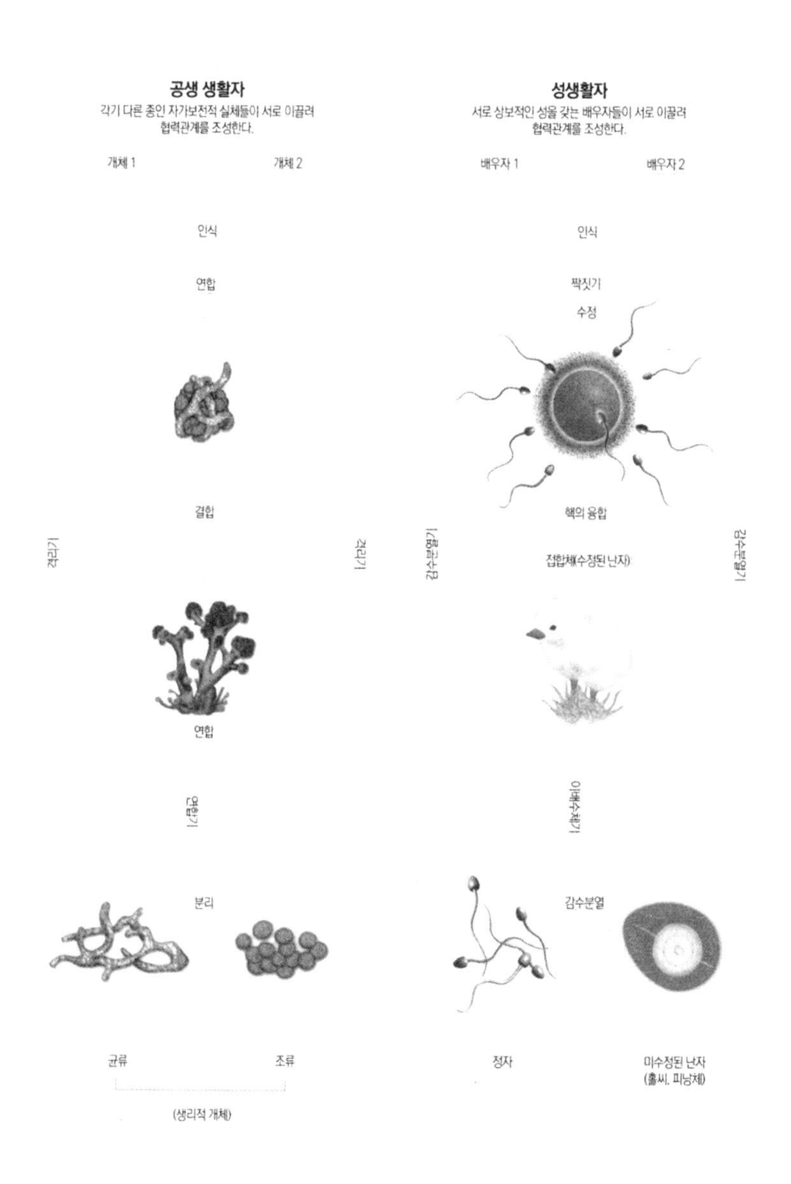
공생 생활자
각기 다른 종인 자가보전적 실체들이 서로 이끌려
협력관계를 조성한다.
개체 1
개체 2
인식
연합
결합
격리기
격리기
연합
연합기
분리
균류
조류
(생리적 개체)
성생활자
서로 상보적인 성을 갖는 배우자들이 서로 이끌려
협력관계를 조성한다.
배우자 1
배우자 2
인식
짝짓기
수정
핵의 융합
감수분열기
감수분열기
접합체(수정된 난자)
이배수체기
감수분열
정자
미수정된 난자
(홀씨, 피낭체)

[그림 3]

체들이 연합된 것이라는 것이다. 반면에 동물이나 식물계에서는 병아리와 같은 개체가 있고, 이 병아리에서 개체가 정자를 가진 수컷과 난자를 가진 암컷이 분리되어 있다가 이들이 결합하여 하나의 개체를 생산하고 각각 분리되는 것으로 설명한다. 그러나 [그림 3]에서 나타나듯이 마굴리스는 감수분열에 의한 성에 대한 진화에 대한 설명에서 종과 개체를 분명하게 밝히고 있지 않다. 사실 원시적 박테리아에서의 먹고 마시는 행위로서의 성은, 각각의 개별적 박테리아들은 생존을 위해 결합하는데 그들의 DNA가 하나의 유전자 풀(pool)을 형성하는 초생명체를 이루는 것처럼 말하고 있다. 즉 신다위니즘(도킨스)이 주장하듯이 임의적이고 이기적이다. 그러나 중복되고 복합된 DNA는 '하나'의 개체 안에서는 그 수가 한계가 있다. 이 한계가 개체 개념으로 나타난다고 보아야 한다. 사실 박테리아의 미생물 우주에서 섹스는 그리스 신화가 상징하듯이 한 번 탄생하여 성장(복합-분화의 진화)하면서 영원한 삶을 지향하는 신과 같은 존재로서 생명체의 불완전하나마 새로운 환경에 적응하기 위한 적응 방식들이다. 여기에서는 불멸을 지향하는 생명체의 다양한 적응 방식이 다양한 섹스의 방식으로 나타난다. 그런데 마굴리스에서는 종 다양화의 이념이나 유전자 풀 개념만 있지 개체(individual)의 개념은 명확하게 나타나지 않고, 복합되고 분리될 수 있는 생명의 물리적 단일체로서 특수자(particular) 개념만 나타난다.

마굴리스는 하이퍼섹스에 대해, 위험한 연합이지만 이에서 더 나아가 영구적 결합을 이룬 종이 나타났는데,[12] 그것이 아메바에서 점균류가 나타나고 이어서 짚신벌레가 나타났다고 말하는 한편, 진핵세포에서 감수분열에 의한 성이 나타난 것에서 개체성을 언급하면서, 그것은 고박테리아(archaic-bacteria)가 독립성을 지닌 유영 생활하는 박테리아(스

12) 린 마굴리스 · 도리언 세이건, 『마이크로코스모스』, 97쪽.

피로헤타에서 기원함)와 결합함으로써 이루어진 것처럼 말한다.[13] 마굴리스는 박테리아와 같은 원핵생물의 증식이나 번식은 복제로서 유사분열을 한다고 한다. 그러면서도 박테리아들의 DNA 결합에 의한 성은 수많은 DNA를 가지기만 할 뿐 DNA의 복제에 의한 분리가 어떻게 가능한지에 대한 설명이 없다. 즉 유사분열을 DNA 수준에서 설명하고 있지 않다. 그러면서 이러한 복제의 탄생은 DNA가 파괴되었을 때 이를 복구하는 작업에서 유래한 것이라고만 설명한다. 결국 DNA의 결합과 분리는 이 양자의 혼합에서 기원하는 것으로 설명하는 것이다. 이러한 현상은 RNA에서 볼 수 있다. 이 때문에 마굴리스는 이러한 RNA의 복제와 유사분열의 결합은 죽음과 운명을 지니는 '선구 생명'이라고 묘사하고 있다. 말하자면 태어났으면서도 영원한 생명을 지니는 그리스 신들과 같으면서도 다른 한편으로 인간처럼 죽음을 지닌 존재, 즉 개체 개념을 이렇게 함축하고 있다. 이 때문에 여기에서는 유사분열을 마치 헤시오도스의 『신통기』에서 그려진, 혼돈(Chaos)에서의 신들의 탄생 과정과 인간의 탄생 과정을 그대로 묘사하고 있는 것으로 설명할 수 있다.[14] 결국 복합체는 세포의 유사분열과 DNA의 감수분열을 함께 하는 복합체라고 말할 수 있다.

이러한 점 때문에 여기에서는 진화의 방식에서 성이 하는 다양한 방식의 역할을 생명체의 현상에서 찾아보고 이를 설명하는 지성의 변증법적 기능을 부각시켜 철학적 상상력을 발휘하였던 것이다. 결국 생물 현상에서 아메바와 같은 생명체는 감수분열 없이 이분법의 유사분열에 의해 개체와 집단의 증식을 통해 존재를 연속시킨다. 또한 대장균이나 짚신벌레와 같은 원형의 DNA를 가진 생명체에서 개체의 노화나 죽음

13) 같은 책, 101쪽.

14) 동일한 남성의 성염색체가 DNA 수준에서 모두 다르다고 하는데, 과연 그러한지는 필자도 확신하지 못한다는 사실에서 유래한다.

현상은 없다. 죽음이 있다면 그것은 우주적 과정과도 같은 생명체의 현상으로 나타난다. 이 때문에 박테리아와 다른 고등생명체는 미생물체의 합생에 의한 복합체로서의 개체가 나타나고 이 복합체 안에서는 기능의 분화가 나타난다. 생명체가 복합되는 방식 또한 (1) 집합의 방식, (2) 공생의 방식, (3) 연합의 방식, (4) 주종의 통일적 동체의 방식 등 다양하다. 고등동물에서 한 개체란 이러한 전문화된 기능들의 종합으로 통일체로 형성되어 있고 기능들이 분화되어 있다. 그리고 고등생물에서의 섹스는 마굴리스가 말하는 감수분열과 함께 하는 섹스이다. 이러한 감수분열 섹스에서도 환형 DNA의 짚신벌레에서 보이듯이 체세포와 생식세포가 분리되어 체세포는 파괴될 수 있지만 생식세포만 온전히 전달되는 방식도 있고, 인간이나 고등생명체에서 보이듯이 생식세포와 체세포가 동일한 DNA를 지니고 전달되는 방식이, 하나의 신체 안에서 동일한 DNA에서 분열과 결합이 변증법적으로 수행되고 있다. 마굴리스의 말대로 생명체는 다양한 방식으로 생명의 영속을 지향하지만 마찬가지로 이에 따른 다양한 방식의 섹스를 한다.

7. 섹스와 관련된 삶과 죽음의 변증법

그런데 마굴리스에서는 감수분열에 의한 섹스를 수행하는 복합된 단일체에 죽음의 현상이 나타난다. 마굴리스가 말하는 감수분열에 의한 성은 다양성의 난잡함을 재정리하는 것으로 설명할 뿐이다. 그러나 우리가 직관적으로 모든 생물, 즉 박테리아나 하이퍼섹스를 수행하는 진핵세포나 고등동식물들을 살펴보면, 플라톤이 말하듯이 필연적으로 죽음의 현상이 존재한다. 이 때문에 마굴리스는 섹스가 죽음에의 키스라고 말한다.[15] 그러나 과연 섹스가 죽음을 끌어들인 것인가? 현대 과학자들은 세포분열에 의한 직선형 DNA에서의 텔로미어의 감소와 그것의 한계가 노화와 죽음의 원인이라고 한다. 반면에 환형으로 된 DNA를 지닌 플라나리아(짚신벌레)는 아메바처럼 섹스가 있으면서도 이분법에 의해 영원히 존재한다. 이 때문에 현대 과학은 생식세포가 아닌 체세포의 분열에 의한 텔로미어의 감소에 따른 재생 불가능의 노화 때문에 죽는 것으로 생각하는데, 죽음의 원인은 섹스인가, 아니면 텔로미어의 감소에 따른 노화인가? 아니면 이 양자의 연합인가? 그래서 고등생물에서 죽음이 이중적으로 나타난다. 하나는 텔로미어의 감소와 관계있는 섹스와 관련된 것이고, 다른 하나는 텔로미어의 감소나 우주적 열역학이나 환경과 결부된 개체의 죽음이다.16)

노화를 주장하는 사람들은 유전인자인 DNA만이 영원히 전달되고 생명의 표현형으로서의 개체는 이를 전달하는 기관으로 죽게 되어 있다고 말한다. 그런데 이러한 운동기관은 마굴리스에 따르면 스피로헤타에서 기원하여 복합체에 공생하게 된 소포체와 미토콘드리아의 결합이다. 소포체는 원핵생물체였고 DNA와 미토콘드리아는 서로 다른 핵이다. 고등동물에서의 한 개체는 적어도 이 삼자(이상)의 연합인 복합체로 되어 있다. 그리고 이 삼자에는 DNA를 중심으로 하는 주종관계가 있지 않을까? 사실 DNA와 미토콘드리아, 소포체들 각각은 영원히 생존하는 것이다. 마굴리스의 가설대로 이 삼자의 결합에서 복합체가 탄생하였지만 하나의 통일체는 아니다. 그런데 이러한 하나의 복합적 통일체에서 섹스와 죽음이 동시에 탄생한 것이다. 물론 섹스가 반드시 노화와 연결된 것이 아닌 것처럼 보이게 하는 현상이 하등동물에서 나타난다. 그래서 여러 가지 가설을 설정할 수 있지만 여기에서는 세포복제에 있어서 텔로미어 가설에 따라 그중 한 가지 가설(Song's hypothesis)을 다음과 같이 설정할 수 있다. 즉 섹스란 하나의 생물 종의 개체가

15) 린 마굴리스 · 도리언 세이건, 『섹스란 무엇인가?』, 4장 참조.

16) 사실 섹스는 텔로미어의 감소나 환경과 결부된 측면을 동시에 나타낸다.

원시생명체의 영원한 완전성에로 회귀하였다가 복합체로 다시 태어나야 하는 변태(metamorphosis)의 과정이라는 것이다. 복합체가 이런 과정을 선택한 것은 환경 변화(우주적 엔트로피)에 따른 생명체의 전략이었다고 볼 수 있다.[17] 결국 죽음은 섹스를 통해서 일어나는 죽음과 텔로미어의 감소에 따른 세포가 죽는 죽음으로 나누어진다고 볼 수 있다.

섹스란 이종 간의 짝짓기이며 새로운 세포 결합을 조장해서 결국 험한 시절을 견디는 복합세포로 이루어진 원생생물들의 생존수단으로 자리를 잡았다. 성적(종적) 결합은 각 개체 생물들로 하여금 위기 상황에서 생존의 가능성을 크게 신장시켜 주는 최후의 응급수단으로 자리를 잡게 된 것이다. 그런데 감수분열에 의한 성은 동종 간의 결합이다. 여기에 동종과 이종 간의 결합과 동종 간의 개체와 개체의 연합의 이중적 과정의 복합에서 마치 하이퍼섹스를 수행하는 원시생명체와 감수분열에 의한 고등개체와의 종(DNA)들 사이의 결합으로 보이는 삼중성의 변증법이 나타나고, 이는 환경 변화에 대응하는 생명력(élan vital)의 유기체적 혹은 창조적 진화의 변증법으로 변모하게 된 것이다. 즉 복합된 개체들은 죽으나 종으로서 DNA는 한편으로 동일성을 돌연변이에 의해 차이를 내면서 반복하게 되는 것이다. 그리고 이러한 창조적 진화와 개체의 변태의 과정이 물질대사와 관계함으로 인하여 죽음의 이중적 과정이 자리 잡는다. 하나는 텔로미어의 감소와 함께 섹스에 의한 죽음이라고 말할 수 있고, 다른 하나는 우주적, 물리적 과정으로서의 노화에 의한 죽음이다.

이러한 감수분열에 의한 섹스의 과정은 한편으로는 존재의 상승을 유

17) 2007년 NHK에서 제작한 「인간게놈」, 제4부 「노화와 죽음의 청사진, 생명시계의 비밀」 참조. 송영진, 「생명과 죽음의 변증법」, 『동서철학연구』 23호(한국동서철학회, 2002년 3월). 생명 현상은 우주적 엔트로피 안에서 일어나는 불가사의한 현상이다.

도하는 쾌락이 존재하고, 다른 한편으로는 남성은 정력을 소모하며 여성은 자신의 체세포를 망가지게 해야 하는 대사 작용이 존재하는 것이다(노화와 피로). 원래 삶은 약동이자 즐거움이고 죽음은 존재의 소멸(피로와 약화) 과정의 고통이다. 이 양자를 매개하는 섹스는 플라톤의 말로는 영원성에 참여하는 과정으로서 존재 유지의 과정 중의 즐거움이나, 미래의 존재를 위한 에너지의 소비이므로 고통이 뒤따른다. 섹스는 결렬한 충동과 더불어 이의 해소에 따른 쾌-고(피로-노화)가 더불어 존재한다. 이러한 삶과 죽음의 창조적 진화의 변증법은 한 개체 내에서나 사회에서 발견된다. 개체 내에서 세포가 죽음에 이르는 것 중 하나인 세포 자살은 미리 예정된 세포의 죽음으로 다른 새 세포가 발전할 수 있는 길을 열어주는 것이다. 생존하기 위해서 일부 세포를 예정된 죽음으로 인도해야만 하는 것이다. 개체 밖에서 동물들은 자신들의 수효가 너무 많아질 경우에는 자연적으로 자신들의 일부를 제거한다. 미래를 위한 자기 파괴, 즉 고도의 절제 전략이다. 이는 인간도 예외가 아니다. 다이옥신으로 인한 정자 수의 감소도 진화의 결과로 인간이 뿜어내는 폐기물은 단일 생물 종이 무한대로 증가할 때 내뿜는 생식 제한 물질의 일종인 것이다. 성이 풍부한 생태계는 태양 에너지의 격차를 감소시킨다.

8. 생존 전략으로서 성의 분화와 성선택[18)]

박테리아나 짚신벌레처럼 DNA가 몸 전체에 퍼져 있거나 원환으로 된 생명체에서는 사실 성의 분화는 불필요한 것이다. 그러나 이는 생명체가 발생한 원시적인 환경에서만 가능하다. 원시적인 환경 변화를 기

18) 이하 8절과 9절은 부산대 이을상 교수의 「성의 진화: 생존기계에서 성적 주체로」(한국동서철학회 춘계학술대회 주제발표 논문, 한국교원대학교, 2012년 4월 28일)에 전적으로 기대어 필자의 관점에서 재정리한 것이다.

초로 하여 생명체가 나타남으로 인해서 이들의 물질대사 작용에 의해 새로운 환경이 초래되었다. 즉 이들이 산소를 배출하여 대기 중 농도가 급격하게 상승한 것이다. 산소는 생명체가 만들어낸 것이지만 대사 작용의 결과인 일종에 쓰레기이다. 산소는 무기호흡을 하는 원시적 박테리아들에게는 독성과 같이 치명적인 것이었다. 이에 생명체는 산소에 적응시켰고 이 적응에 성공한 박테리아와 무기호흡 박테리아들은 공생을 넘어서 합병을 수행하지 않으면 안 되었을 것이다. 여기에서 마굴리스가 말하는 원시적인 성이 나타나기 시작한다. 이러한 성이 암수로 분화되는 것은 대부분 복합된 거대 생물체에서 발견되는데, 이들은 대부분 사회성을 이루는 존재로서 이러한 사회성이 분화나 분업을 기초로 하여 번성하듯이 개체 내부에서도 존재하는 형식으로 나타난 것이 암수 성의 분화이다. 그리고 이들의 분화는 접합에 의한 복합과 분화의 방식으로 진행되었을 것이며, 이것은 철학에서 말하는 유기체의 방식으로 개체와 사회의 관계를 변형시킨다. 즉 이들은 복합과 분화는 한 몸에서 이루어지되 이들의 분업은 [그림 3]에서 볼 수 있는 방식으로 진행되었을 것이다. 이러한 성의 양성으로의 분화는 물리적으로 원시적 생명체와 복잡한 존재 사이를 왕복하면서 창조적 진화의 형식을 띠게 되는데, 그것이 인류에게서는 양성을 통해서 사회의 기초를 이루는 가족의 형식으로 진행되었다고 가정할 수 있다. 어쨌든 이러한 진화 방식이 인류로 하여금 지구 위에서 만물의 영장이라고 자처하는 수준의 민주사회와 일부일처제 중심의 문화를 이루는 계기가 되었으리라고 본다.

9. 생존경쟁과 성선택

짝짓기는 근본적으로 생존경쟁의 일환으로 해석될 수 있다. 진화론에 따르면, 우리는 유성생식이 적자생존에 따르는 종 간 경쟁뿐만 아니라 종 내 경쟁에서도 살아남기 위한 최선의 방책임을 확인할 수 있는데, 바로 종 내 경쟁을 촉발시키는 메커니즘이 짝짓기에 의해 드러나기 때문이다. 이것은 근본적으로 하나의 난자가 여러 수컷에서 나오는 무수히 많은 정자와 만나게 되는 것을 전제한 것이다. 이와 같이 난자와 정자의 수적 비대칭은 많은 정자들 사이의 경쟁을 유발하고, 이 경쟁에서 이긴 하나의 정자만이 최종적으로 난자와 수정할 수 있다. 여기서 정자들 간의 경쟁은 필연적이다.

이렇듯 정자들 간 경쟁은 거의 모든 동물들의 생식 행동에서 나타나는 보편적인 현상이다. 그것은 한편으로 물고기나 양서류처럼 알이 암컷 몸 밖에서 수정되는 종에서 여러 마리 수컷이 암컷 근처에 정자를 방출하면서 시작되었다. 다른 한편으로 난자가 암컷의 생식기관 안에서 수정되는 동물의 경우에는 오로지 암컷이 '중복 짝짓기'를 할 때 이로부터 정자 경쟁이 일어난다. 이러한 상황에서는 암컷에게 가장 많은 정자를 주입시킨 수컷이 암컷을 임신시킬 확률이 가장 높다. 이로부터 암컷의 질 속에 내뿜어진 정자들은 서로 먼저 난자를 차지하기 위해 피나는 싸움을 벌이지 않을 수 없다.

이와 같은 정자들 사이의 한판 승부를 '정자 경쟁(sperm competition)'이라 한다. 이 말은 1970년 파커(G. A. Parker)가 곤충의 짝짓기를 통해 처음으로 개념 정립하였다. 여기서 보듯이 정자 경쟁은 난교(중복 짝짓기)를 전제로 한 이론이다. 대체로 자연 속에서 짝짓기의 형태는 여러 수컷과 여러 암컷이 특정한 파트너를 정해 두지 않고 그때마다 우연하게 짝짓기를 하는 난교를 비롯하여 하나의 수컷이 여러 마리의 암컷을 파트너로 정해 두고 짝짓기를 하는 일부다처(polygamy)형, 거꾸로 하나의 암컷이 여러 마리의 수컷과 짝짓기를 하는 일처다부(polyandry)형, 하나의 수컷과 하나의 암컷이 지속적으로 짝짓기를 하는 일부일처(monogamy)형 등이 있다. 그러나 일부일처제는 겉으로 드러난 짝짓기 형태일 뿐이고, 그 내용을 들여다보면 거의 대부분 중복 짝짓기를 나타낸다. 심지어 외형적으로는 일부일처제를 유지하는 종이라 하더라도 각 개체가 끊임없이 혼외성교를 하는 것이 관찰되었는데(잉꼬), 인간 세계에서 온갖 윤리적, 법적 제재에도 불구하고 강간, 매음(춘), 축첩, 혼외정사 등이 사라지지 않는 것도 이러한 맥락에서 이해될 수 있을 것이다.

특히 중복 짝짓기를 하는 동물들에게서 공통적으로 나타나는 현상이 성적 이형(dimorphism)이다. 이 말은 같은 종이라도 암컷과 수컷의 신체적 특성이 다름을 의미한다. 대체로 수컷이 암컷보다 몸집이 크고 외형도 화려하다. 그것은 몸집이 큰 유전적 특질을 지닌 개체가 생식에 성공할 확률이 높고 또한 암컷이 수컷의 화려한 외형을 선호하기 때문에 세대를 거치면서 평균적으로 수컷의 몸집이 커지고 외형도 화려하게 진화된 것으로 추측된다. 인간의 경우에도 남성이 여성보다 평균적으로 몸집이 큰 이형적 특성을 보이는데, 이것은 인간도 역시 중복 짝짓기를 진화적으로 발전시켜 왔음을 반증하는 것이다. 다른 한편으로 인간을 비롯하여 동물 수컷은 한 번 사정할 때 다량의 정자를 살포한다(인간의 경우 약 3밀리리터 속에 2-5억 마리의 정자가 들어 있다). 하지만 수정에 이르는 것은 단 한 마리의 정자뿐이다. 이 점을 감안하여 임신에 부적합한 정자들을 종래에 생물학자들은 자연의 실패작이라고 생각해 왔다.

그러나 1988년 베이커(R. Baker)와 벨리스(M. Bellis)는 '카미카제 정자(kamikaze sperm)' 이론을 발표하여 수정에 이르지 못하는 정자들도 중요한 역할을 한다는 것을 밝혀냈다. 이에 따르면 정자는 맡은 역할에 따라 두 종류로 구분된다. 그 하나는 난자와 수정하는 능력을 지닌 정자이고, 다른 하나는 동료 정자가 수정에 성공하도록 도와주면서 스스로 희생하는 정자라는 것이다. 이 자기희생을 하는 정자를 베이커와 벨리스는 제2차 세계대전 당시의 일본군 카미카제 특공대원에 비유하여 카미카제 정자라고 이름 붙였다. 카미카제 정자는 한편으로 다른 정자가 들어오는 것을 봉쇄하는 장벽을 만들고, 다른 한편으로 여성의 생식기 내부를 순회하면서 다른 남자의 정자를 수색하여 섬멸하는 이중의 역할을 한다. 짝짓기 후에 정자가 암컷의 질을 봉인하는 교미마개는 초파리, 뱀, 박쥐, 원숭이 등 대부분의 동물들에게서 발견된다. 남성의 정자도 또한 실제로 여성의 생식기 속에서 약 5일 동안 생존할 수 있는 것으로 알려져 있다. 난교의 경우 이 기간 동안에 한 여성의 생식기 내에 다수의 남성이 사정한 정자가 공존할 수 있는데, 이때 각기 남성이 살포한 살인정자들은 살아남기 위한 결사 항전을 벌인다.

유성생식이 채택하는 짝짓기 방식은 정자의 입장에서 보면 경쟁이고 살아남기 위한 전쟁이지만, 난자의 입장에서는 '선택'이다. 즉 그것은 가능한 많은 정자들 중에서 보다 강한 양질의 정자를 선택하기 위한 여성의 전략인 셈이다. 이를 다윈은 '성선택(sexual selection)'이라 불렀다. 다윈의 성선택 이론은 정자 경쟁까지를 포함하는 개념인데, 그것은 먼저 암컷을 서로 차지하려고 수컷들 사이에서 경쟁이 일어나고, 이 경쟁에서 이긴 수컷이 암컷의 관심을 끌어서 짝짓기의 상대로 선택되는 메커니즘을 말한다. 그러나 성선택은 흔히 적자생존으로 알려진 자연선택과는 거리가 멀다. 예를 들어 공작 수컷의 화려한 꼬리나 사슴 수컷의 우아한 뿔은 암컷에 의해 성선택되는 것을 목표로 한 것이지만, 포식자와의 관계에서 볼 때 이것은 생존경쟁력을 떨어뜨리는 요인으로 작용할 것이다. 그럼에도 불구하고 자연은 암컷이 좋아한다는 이유 때문에 공작의 꼬리나 사슴의 뿔을 진화시켰다. 이에 성선택이라는 이름이 붙었는데, 성선택은 분명히 자연선택과는 다른 불멸을 향한 강한 생존 전략이다. 다윈은 같은 종이라도 동물의 암컷과 수컷은 신체적 특성이 서로 다르다는 점에서 성선택을 착안했다. 이러한 성적 이형은 1차 성징과 2차 성징으로 나타난다. 먼저 암컷의 난소나 수컷의 고환처럼 생식에 직접적으로 필요한 것을 1차 성징이라 부른다. 이것은 자연선택에 의해 진화된 것으로 설명된다. 다음으로 공작 수컷의 화려한 꼬리(또는 사춘기에 나타나는 남성의 수염)처럼 한쪽 성에만 나타나는 2차 성징은 생식을 위해 필요한 것이 아니다. 따라서 그것은 자연선택과 거리가 멀다. 즉 2차 성징은 생존경쟁보다 성적 선택 과정에서 진화된 형질이지만, 유감스럽게도 다윈은 공작 암컷과 사슴 암컷이 화려한 꼬리와 우아한 뿔을 좋아하는 이유를 밝혀내지 못했다. 이를 잘 설명해 주는 것이 피셔(R. Fisher)의 '폭주적 진화(runaway evolution)' 이론과 자하비(A. Zahavi)의 '핸디캡 이론(handicap theory)'이다.

먼저 피셔의 이론에 따르면 처음에 장식용 꼬리를 지닌 수컷에 대한 암컷의 선호가 우연히 시작된 한갓 유행에 불과했지만, 이 유행이 바로 되먹임에 의해 수컷의 깃털이 발달하는 속도를 고삐 풀린 말이 폭주하듯이 끊임없이 증가시켰다는 것이다. 그러나 피셔의 폭주적 진화는 1970년대까지만 해도 생물학자들에게서 외면당했다. 왜냐하면 생물의 형질은 환경에 대한 적응의 결과로서 유전된 것이지 유행에 의해 진화된 것이 아니라는 논리 때문이었다. 이 때문에 일련의 생물학자들은 자식들이 짝짓기를 잘하는 것보다 생존을 잘하도록 하기 위해 화려한 장식꼬리의 수컷을 암컷이 선택한다는 이른바 '좋은 유전자(good gene)' 이론을 지지했다. 그러나 수컷의 꼬리가 생존 가능성을 높여주는 좋은 형질이라는 점을 어떻게 증명할 것인가? 이 점에서 좋은 유전자 이론은 한계를 지닌다. 이러한 한계를 극복해 준 사람이 자하비이다. 자하비의 이론에 따르면 수공작의 꼬리가 수컷에게 장애가 되면 될수록 수컷이 암컷에게 보내는 신호는 더 정직해진다는 것이다. 왜냐하면 긴 꼬리가 수컷의 생존에 장애가 됨에도 불구하고 살아 있다는 것 자체가 암컷에게는 자신의 우수한 능력을 증명해 보이는 셈이 되기 때문이다. 실제로도 다른 놈보다 더 길고 화려한 깃털을 가진 수컷일수록 더 좋은 유전자를 갖고 있다.

그러나 피셔의 폭주적 진화 이론도 자하비의 핸디캡 이론도 암컷이 왜 선택하는지의 이유를 설명하기에는 아직 역부족이다. 다윈조차도 성선택에서 수컷의 역할을 강조함으로써 암컷 선택이 수컷 사이의 경쟁보다 중요하지 않다고 보았다. 이것은 암컷이 짝짓기에 별로 관심이 없다는 것을 암시한다. 수컷은 열정이 넘치고, 암컷은 수줍어한다. 이것이 다윈 시대의 일반적인 사회 풍조였다. 그런 만큼 1930년대에 발표된 피셔의 이론도 그다지 학문적인 관심을 받지 못했다. 그러던 것이 1955년 메이너드 스미스(Meynard Smith)의 연구 발표로 암컷 선택이 새롭게 주목받기 시작했다. 즉 메이너드 스미스는 초파리의 교미 과정에 관해 연구하던 중 암컷이 수컷들의 춤 솜씨를 비교하여 생식 능력을 평가한다는 사실을 확인했다. 하지만 이 연구도 성 활동에서 여성이 소극적이고 수동적이라는 점을 뒤집지는 못했다. 그 와중에 1972년 획기적인 이론이 발표되었는데, 트리버스(R. Trivers)의 '부모 투자(parental investment)' 이론이 그것이다. 이 이론의 요지는 부모가 후손에게 투자하는 규모에 있어 생물학적으로 차이가 나기 때문에 암컷의 성선택이 불가피하다는 것이다. 즉 수컷은 무수히 많은 정자를 만들어내지만, 자손을 돌보는 데는 거의 시간을 투자하지 않고 가능한 한 많은 짝을 얻으려고만 한다. 이에 반해 암컷은 극소수의 난자를 만들고, 오랫동안 뱃속에 태아를 담고 길러야 하는 동시에 출산 후에도 새끼를 돌봐야 하기 때문에 신중하게 짝을 고르려고 한다. 여기서 수컷은 양적으로 승부하고, 암컷은 질적으로 승부한다는 전략이 생겨난다. 이로부터 양을 추구하는 수컷은 되도록이면 암컷을 많이 차지하기 위해 경쟁하고, 질을 추구하는 암컷은 자식을 제대로 돌보는 수컷을 만나기 위해 상대를 고른다는 사실이 추론될 것이다. 이것이 성선택의 핵심이다.

이것은 또한 인간의 생물학적 중복 짝짓기 경향성에도 불구하고 일부일처제가 어떻게 사회적으로 형성될 수 있었는지를 잘 설명해 줄 수 있는 대목이다. 수컷(남성)의 중복 짝짓기 경향성에 대해 암컷(여성)의 전략은 다음 세 가지이다. 첫째로, 일정한 기준에 따라 강한 수컷을 선택한 후에 이 수컷의 정자를 자신의 난자와 수정시키는 것이다. 이러한 경향은 공작이나 사슴의 경우에 볼 수 있는 사례이지만, 인간의 경우도 동일한 경향을 보인다고 한다. 베이커는 여성이 우수한 신체적 특징을 지닌 남성을 식별하는 기준을 다음과 같이 규정했다. (1) 엉덩이둘레에 대한 허리둘레의 비율이 90퍼센트 정도인 체형 및 굳고 단단한 엉덩이를 가진 남성, (2) 발기와 사정 능력이 좋은 남성, (3) 발진이나 헌 데가 없고 적당히 상쾌한 맛이 나는 음경과 냄새가 좋고 흰빛이 도는 사정물질을 지닌 남성이 그것이다. 둘째로, 많은 정자들 중에서 자신의 난자에 접근할 수 있는 정자의 자격을 검증하는 여성 생식기 자체의 검증 시스템을 가동시키는 것이다. 검증 시스템이란 여성의 생식기관 내에 분비되는 생화학적 물질이다. 이 생화학적 물질 중 하나는 정자가 난자에 접근하는 것을 막는 항정자 물질이고, 다른 하나는 '자궁경부 점액'이다. 이들은 정액을 자궁 밖으로 배출시키는 작용을 한다. 셋째로, 여러 남성의 정자를 경쟁시켜 최종적으로 승자를 선택하는 전략이다. 여성의 질 상단부에는 자궁경부 소낭이 있다. 이것은 먼저 진입한 정자를 무조건 자궁과 난관으로 보내는 것이 아니라 일정한 기간 동안(약 5일 동안 정자가 질 내에서 생존할 수 있다는 것이 그것이다) 붙잡아 두는 기능을 한다. 또한 바라쉬(D. Barash)와 립톤(J. E. Lipton)은 여성이 무의식적으로 중복 짝짓기를 유도한다고 주장하는데, 성교할 때 여성이 지르는 신음소리가 그 증거라는 것이다.

이러한 사실은 인간과 최근류인 영장류 동물에게서도 확인된다. 영장류의 암컷은 대부분 교미할 때 신음소리를 낸다. 그러나 신음소리 그 자체는 생식과 아무 관련이 없다. 이에 신음소리는 다만 주위에 있는 수컷들에게 암컷이 지금 교미하고 있다는 사실을 환기시키기 위한 것으로 해석된다는 것이다. 이렇게 하여 실제로 비비원숭이의 경우에 약 1백 회까지 교미가 이루어지는데, 그것은 같은 무리 내의 모든 수컷에게 한 번씩 기회를 주는 셈이다. 비비원숭이는 평균 17분마다 교미한다. 그렇다 하더라도 이러한 사실을 인간에게 그대로 적용하는 것은 무리가 있어 보인다. 또한 위의 여성 전략이라는 것도 실제로는 결과론적 해석에 지나지 않는다. 이에 대해 새롭게 조명받고 설득력을 얻고 있는 것이 '배란 은폐(concealed ovulation)' 전략이다. 그러나 이러한 배란 은폐는 여성의 의식적이고 의지적인 전략이 어떻게 생리적인 것으로 변화될 수 있는가를 설명하기에는 역부족이다. 이 때문에 이러한 의지적 과정이 나타날 수 있게 하는 요인을 인류의 신체적, 생리적 진화 과정에서 찾아야 하는데 그것이 바로 인류에게 있어서 두뇌의 발달이다.

10. 진화 역사에서 인류의 지능의 발달 과정

우리는 화석 증거와 분자적 증거에 의하여 인류의 조상들이 현존하는 아프리카 유인원의 조상으로부터 겨우 700만 년 전쯤에 갈라져 나왔음을 분명히 안다. 700만 년은 지구 생명의 역사인 대략 30억 년+5-7억 년이라는 진화의 시간에 비하면 1퍼센트에도 못 미치는 눈 깜짝할 시간이다. 원시 인류 화석에서 얻은 고고학적 증거는 우리의 조상이 400만 년 전쯤에 직립 자세를 갖추었다는 것, 진화 과정에서 우리의 두뇌는 약 200만 년 전부터 시작되었다는 것, 우리는 약 170만 년 전에 이른바 호모 에렉투스에 도달했다는 것, 그리고 50만 년 전에 태고의 호모 사피엔스(homo sapiens) 등급에 도달했다는 것을 실증적으로 보여준다. 여자의 미토콘드리아의 DNA를 기초로 한 현생 인류에 해당하는 가장 초기에 보고된 호모 사피엔스 사피엔스(homo sapiens sapiens)는 약 20만 년 전 아프리카에 살았다.[19] 우리의 두뇌는 본질적으로 200만 년 전쯤에 시작되어 약 10만 년 전에 완성되었다. 그런데 놀랍게도 오늘날의 인간들과 99.99퍼센트까지 유전자가 같았던 유인원들이 10만 년 전쯤에 같이 살았으며, 그중에서 우리 현생 인류와 두뇌의 크기가 같았던 네안데르탈(Neandertal)인은 생활방식에 있어서 현생 인류와 조금도 다르지 않았다. 그러나 네안데르탈인에게는 뇌의 크기와 골격상의 긴밀한 유사성에도 불구하고 인간성을 구성하는 본질적인 구성요소 그 무엇이 빠져 있다.

3만 8천 년 전 서유럽으로 오면, 해부학적으로 최초의 현생 인류인 크로마뇽인이 나타난다. 그리고 예전에 사용되던 조잡하고 단순한 도구가 아닌 도구를 만드는 도구와 같은 복잡한 복합도구가 나타난다. 지능과 관련한 인간 행동의 진보로 인한 재난은 홍적세의 기후 요동에도 살아남은 많은 거대 포유류 동물들이 지상에서 사라졌다는 사실에 있다. 해부학적으로 현생 인류인 호모 사피엔스 사피엔스가 10만 년 전쯤에 아프리카와 근동에 존재했으며 근동에서는 네안데르탈인을 절멸시킬 수 없었던 오랜 시간 공존했음에 틀림없다.[20] 10만 년 전과 3만 8천 년 전 사이에 변화한 우리 유전자의 마지막 0.01퍼센트는 무엇인가? 우리 조상들이 침팬지 조상으로부터 갈라져 나온 700만 년 전에 비교하면 정말 눈 깜짝할 작은 시간 조각 사이에 인류의 대도약의 전진을 설명할 만한 가설은 딱 한 가지, 바로 철학자들이 이성이라 부른 지능 발달의 기초가 된 음성언어 완성의 원인이 되는 유전자뿐이다.[21]

---

19) 마이클 H. 브라운, 「이브를 찾아서」, 윌리엄 H. 쇼 엮음, 과학세대 옮김, 『생명과 우주의 신비』(예음, 1994) 참조.

20) 인류가 네안데르탈인과 공존하면서도 이들과 서로 다른 종이었다는 것의 증거는 인류와 섹스를 통해서 그 자손이 나올 수 없다는 사실에서 기인한다.

언어가 없다면 우리는 다양한 의사소통을 물론 할 수 없고, 복잡한 계획에 대해 생각해 낼 수도 없으며 더 나은 도구를 어떻게 설계할 것인지에 대한 묘안을 짜 낼 수도 없다. 우리의 성도(聲道)는 스위스제 고급 시계와 같아서 수십 개의 미세한 근육과 골격, 신경과 연골 조각들이 함께 모여 정확하게 조화를 이루며 작동한다. 언어를 가짐으로써 인간은 사회적 동물이 될 수 있으며 창의적일 수 있다. 아니, 언어를 사용한다는 것 자체가 인간의 사회성을 반영하고 있다. 인간은 사회적 동물이다. 그리고 인류의 지능 발달은 만물의 영장이 되면서 다른 포유류에 드문 일부일처제 등과 같은 여타의 사회적, 문화적 속성과도 결부된다. 더 나아가 인간은 데넷(D. C. Dennett)의 말처럼 언어를 통하여 많은 정보를 두뇌 외부에 기록의 형태로 저장할 수 있어서 두뇌의 크기와 상관없이 정보의 축적에서 다른 동물들의 추종을 불허하게 되었다.[22) 유전적으로 우리와 침팬지의 차이성은 1.6퍼센트에도 미치지 못하며, 인간의 지능과 창의력은 두뇌의 크기에 관련된 차이 이외에 손을 다른 용도로 해방시킨 직립보행의 결과이다. 인간의 문명과 문화란 언어적 인간의 두뇌와 손의 합작이 이루어낸 결과이다. 이러한 직립보행과 손의 자유는 물론 인류의 조상이 숲에서 살았다는 해부학적 증거에 의해 확증된다. 손은 한편으로 두뇌의 운동신경과 관련되면서도, 도구 제작 능력으로서의 손은 언어를 사용하는 인류 조상의 특이한 내면적 기억 방식과 연결된다. 인간의 손은 지능을 상징하며, 언어의 학습 방식에

21) 사실 인류를 탄생케 한 보다 근본적인 사실은 인류로 진화한 생물이 최초의 바다에서 새로운 환경이나 위기에 단순히 적응했다기보다는 선취적으로 모험하는 프런티어적 기능의 창조적 능력에 있었다고 보아야 할 것이다. 생물의 진화론은 이 점을 잘 설명하지 못한다. 언어도 이러한 관점에서 보면 다른 동물과 달리 인간종이 존재의 안정에만 매달린 것이 아니라 무엇인가 낯설고 새로운 것에 선구적으로 자신의 기능을 맡긴데 있다고 해석해 볼 수 있다.

22) 대니얼 데닛, 이휘재 옮김, 『마음의 진화』(두산동아, 1996) 참조.

따른 지능의 발달은 신체적 인간에서 사유하는 인간으로 진화한다. 그리고 인간의 두뇌가 발달하고 대뇌피질이 커짐에 따라 다른 동물과 비교하면 여성의 자궁 발달의 한계 때문에 후성적인 성생물학의 측면에서 난산과 배란 은폐, 폐경기 등이 나타난다.

11. 배란 은폐와 오르가슴[23)]

배란 은폐란 발정기에 집중적으로 성 활동이 일어나는 대부분 포유동물과 달리, 인간은 발정기를 숨기고 있다는 것이다. 포유동물이 발정기를 지니는 이유는 교미 비용이 많이 들고 또한 위험하기 때문이다. 즉 교미에는 많은 에너지를 소모해야 하고, 그러기 위해서는 먹이를 구하는 시간을 쪼개 써야 하는데, 자칫하면 교미 중 포식자에게 공격을 당할 수도 있다. 이에 효율적인 교미를 위해 발정기를 지니게 되었다는 것이다. 그럼에도 불구하고 자연은 왜 인간에게서 배란 시기를 은폐시켜 버린 것일까? 여기에는 어떤 진화적 이익이 있을까? 이 물음에 대한 남성 인류학자들의 생각은 다음과 같다. 첫째로, 남자들이 수렵 활동을 할 때 협동심을 고양시키고 적대감을 완화시키기 위해 여성의 배란 은폐가 진화했다는 가설이다. 그러나 이 가설에서는 인간의 의지가 진화에 어느 정도 작용할 수 있을지가 의문이다. 둘째로, 남자와 여자 사이의 결속을 강화시켜 한 가정의 기초를 굳건히 하기 위해 배란이 은폐되었다는 가설이다. 이 가설에 따르면 여자는 남자를 끊임없이 성적으로 만족시켜야 한다. 이러한 발상은 여자를 남자에게 쾌락을 제공하는 전유물로 보게 한다는 약점이 있다. 셋째로, 여자가 남자에게서 지속적으로 먹거리를 공급받기 위해 그 답례로 성을 제공했고, 지속적인 성적

23) 11절의 많은 내용은 부산대 이을상 교수의 논문에서 차용하였다.

수용 능력을 유지하기 위해 배란 은폐가 진화했다는 가설이다. 이 가설도 여자를 노예화하는 발상으로 한계가 있다. 그래서 흥미로운 새 이론이 제기되었는데, 그것이 '아비 재택 이론(father-at-home theory)'과 '아비 다수 이론(many-father's theory)'이다.

아비 재택 이론은 1979년 알렉산더(R. Alexander)와 누난(K. Noonan)에 의해 제안되었다. 이들은 아버지가 되고 싶어 하는 남성의 본성에 주목했다. 남성은 여성의 가임기를 안다면 가임기에만 성교하고 여성 곁에 머물면서 다른 남성의 접근을 막을 것이지만, 여성의 비가임기에는 그 여성 곁을 떠나 가임기의 다른 여성을 찾을 것이다. 하지만 가임기를 모른다면, 어차피 불확실한 투자를 하기보다는 한 여성 곁에 머물면서 자신의 자녀를 얻으려 노력할 것이라는 것이 아비 재택 이론이다. 이에 대해 1981년 흐르디(S. Hrdy)는 인류의 원시사회에서 자행되었던 '영아 살해'에 착안하여 아비 다수 이론을 제안했다. 즉 원시사회에서는 자신과 성관계가 없었던 여성의 아이를 보면 곧잘 죽였다는 것이다. 이러한 행동은 남성 쪽에서 보면 여성이 수유하는 동안에는 임신이 되지 않기 때문에 자신의 아이를 갖기 위한 전략이었다. 이에 맞대응한 여성의 전략이 배란 은폐인데, 가임기를 숨긴 채 여성은 다수의 남성과 성관계를 하여 누구의 자식인지를 모르게 했다는 것이다. 하지만 아비 재택 이론과 아비 다수 이론도 하나의 동일한 현상을 두고 전혀 상반된 해석을 내린다는 한계가 있다. 이 두 이론을 모두 포괄할 수 있는 절충안이 1993년 실렌툴베르크(B. Sillén-Tullberg)와 묄러(A. Møller)에 의해 제시되었다. 즉 이들은 영장류를 대상으로 한 배란 은폐가 짝짓기 방식에 미치는 영향을 토대로 처음에는 여성이 영아살해를 방지하기 위해 배란 은폐를 시작했지만, 점차 시간이 지나면서 확실한 양육자를 확보하기 위해 배란 은폐가 지속되었다는 것이다.

그러나 이러한 지적인 혹은 의식적인 전략이 어떻게 생리적으로 가능하게 되었다는 말인가? 이 문제를 해결하기 위해 우리는 앞에서 인류의 지능 발달로 인한 두뇌의 크기가 생리적 기능에 영향을 미친 결과의 산물이라는 것을 설명하였다. 이 때문에 이 논문에서는 동물학자 벌리(N. Burley)와 같이, 출산의 고통과 위험 때문에 자녀를 안 낳거나 적게 낳으려는 여성들로 하여금 산아제한을 하지 못하도록 하기 위해 배란이 은폐된 생리주기가 선택되었다는 설을 채용한다. 또한 이에 덧붙여 자연은 여성으로 하여금 자손을 낳는 데 적극적이도록 내면적으로는 섹스의 강한 쾌감을 갖게 만들었다는 것이다. 즉 자연은 여성의 성 은폐에 대해 여성에게 남성보다 강한 오르가슴으로 맞대응하도록 한다. 여기에서 어쨌든 여성의 배란 은폐 전략은 자녀 출산과 관련되며 다른 한편 자녀 양육과 관련된 것이 확실해 보인다.[24] 왜냐하면 이 전략의 핵심은 남성을 자녀의 양육에 직간접적으로 참여하도록 유도한다는 점에 있기 때문이다. 다시 말해 여성의 배란 은폐 전략은 여성에게 정자를 주입하기만 하는 남성들의 이른바 '제비뽑기'식 생식 전략 대신에 자신의 정자에 의해 수정된 아이를 여성과 함께 안전하고 강하게 양육하는 '경마'식 생식 전략을 쓰도록 남성들의 생활방식을 바꿔놓았다. 이로부터 남성이 자녀 양육에 참여하도록 하는 강한 습성을 갖게 되었다. 하지만 이와 함께 남성에 의해 여성의 성이 통제되기 시작했다. 왜냐하면

---

24) 배란 은폐를 이렇게 남녀 사이의 문제로 보는 것이 아니라 여성만의 문제로 보는 견해도 있다. 그 하나는 여성 동물학자 벌리(N. Burley)의 견해인데, 출산의 고통과 위험 때문에 자녀를 안 낳거나 적게 나으려는 여성들로 하여금 산아 제한을 하지 못하도록 하기 위해 배란이 은폐된 생리 주기가 선택되었다는 것이다. 다른 하나는 배란 은폐의 기원을 여성의 간통 전략에서 찾는 손힐(R. Thornhill)의 견해이다. 이에 따르면 유전적으로 열등한 남성과 사는 여성이 남편 몰래 우수한 유전자를 지닌 남성과 간통하기 위한 무기가 배란 은폐라는 것이다. 그러나 이는 지능에 의한 문화적이고 인위적인 것(심리적인 것)에 의해 생리적인 것이 어떻게 변화되는지에 대한 설명을 할 수 없다. 문화는 자연 위에 덧붙여지는 것이지 문화가 자연을 변혁시킬 수는 없다.

남성이 기꺼이 자녀 양육에 참여하는 것은 그 자녀가 자신의 정자에서 비롯되었다는 믿음 때문인데, 이러한 믿음을 갖기 위해 남성은 자신의 배우자인 여성이 다른 남성과 성교하지 못하도록 통제하지 않을 수 없기 때문이다. 이로부터 일부일처제의 짝짓기 방식이 설명될 수 있다.

여성의 배란 은폐로 말미암아 인간의 남성은 여성을 확실하게 임신시킬 시기를 알 수 없게 되었다. 이로 인해 남성이 자기 자식을 얻기 위해서는 무시로 성교해야 하는 상황에 빠지지 않을 수 없게 되었고, 마찬가지로 여성도 남성의 요구에 따라 끊임없이 성 활동을 하지 않으면 안 되었다. 이러한 왕성한 성 활동은 여성의 생리 중이나 임신 중에는 물론이고 심지어 폐경 이후에도 지속적으로 성관계가 일어나도록 했다. 이러한 놀라운 성적 수용 능력을 지속적으로 유지하기 위한 새로운 사회적 장치가 '결혼'이라는 사회제도이다. 이로써 인간의 성은 바야흐로 '자연성'에서 벗어나 문화적 의미를 갖게 된다.

그러나 인간이 문화적 제도 속으로 진입했다고 하여 생물로서 자연성을 완전히 상실한 것은 아니다. "문화는 결국 생명 있는 존재, 즉 인간이 만든 것이므로 언제나 생물학적 현상과 결부되어" 있기 때문이다. 이 말은 문화가 인간의 생물학적 본성까지 변화시킬 수는 없음을 암시하는 것이다. 생물학적 존재로서 인간은 스스로 생존해야만 할 뿐만 아니라 결혼하여 자녀를 낳고, 그 자녀도 종 내 경쟁에서 살아남을 수 있도록 해주어야만 한다. 이 점에서 문화는 인간의 생물학적 경쟁력을 강화시키기 위한 하나의 방편일 뿐이다. 그런 만큼 결혼도 생물학적 성선택과 밀접한 관련이 있다. 위에서 우리는 자연 상태에서 동물의 성선택 메커니즘을 통해 어떻게 인간의 성이 탄생하게 되었는지를 살펴보았는데, 여기서는 문화적 상태에서 인간의 성선택이 어떻게 성적 주체로 거듭나게 하는지를 고찰할 것이다.

이러한 성적 주체의 형성에 주요 역할을 하는 것이 '쾌락'이고, 쾌락과 밀접한 관련이 있는 것이 신체적 기능으로서 '오르가슴(orgasm)'이다. 오르가슴 자체는 극단적 쾌감을 불러내는 성적 경험의 절정 상태를 말한다. 이러한 오르가슴이 어떻게 생겨났는가는 다만 성선택의 결과로 설명된다. 오르가슴은 생존과는 직접적인 관련이 없고, 성행위와 관련 있다. 남성의 경우 오르가슴이 임박하면 0.8초 간격으로 항문 괄약근이 수축되기 시작하고, 근육 수축에 따라 발생하는 세찬 압력으로 정액이 단숨에 요도를 통해 음경 밖으로 사출된다. 여성의 경우에는 또한 오르가슴이 다가오면 질 바깥쪽 3분의 1이 부풀어 오르고, 오르가슴에 도달하면 이 부위의 근육이 2-4초 동안 수축하면서 근육 경련을 일으킨다. 이때 생겨나는 오르가슴의 느낌은 성기에 발생하는 국부적 현상이 아니라 성적 흥분에 의해 극도로 긴장된 전신의 근육과 신경이 단번에 이완되는 바로 그 순간의 절정감이다.

이러한 신체 변화를 '성 반응(sexual response)'이라 한다. 성 반응을 처음으로 연구한 사람은 행동주의 심리학의 창시자 왓슨(J. Watson)이지만, 이를 체계화한 사람은 마스터즈(W. Masters)와 존슨(V. Johnson)이다. 이 두 사람은 약 10년에 걸친 연구 결과를 집대성하여 『인간의 성 반응(*Human Sexual Response*)』(1966)이라는 책을 펴냈다. 이에 따르면 인간의 성 반응 주기는 흥분, 고조, 오르가슴, 해소의 네 단계를 거친다. 성적 자극을 받으면 자율신경이 흥분하여 성기의 혈관이 충혈된다. 그 결과 남성은 음경이 발기하고, 여성은 질 속으로 점액이 분비되어 질을 축축하게 젖게 하고, 질 입구가 확장된다. 흥분기가 지나서 고조기로 접어들면 흥분이 높은 수준에서 몇 분 동안 지속되다가 마침내 오르가슴에 이르게 된다. 해소기에는 성적 흥분이 사라지면서 남성의 음경은 위축되고, 여성의 질은 원상 복귀된다.

오르가슴은 남녀가 성행위를 통해 느끼는 것이 정상적이지만, 반드시 성교를 통해서만 느끼는 것은 아니다. 성행위 외에도 오르가슴을 얻을 수 있는 방법은 많다. 이를 비성교 오르가슴이라 하는데, 예를 들어 자발적 오르가슴(몽정), 수음(자위), 이성 또는 동성 사이의 신체 자극(남성의 음경 아랫면, 여성의 음핵)에 의한 것이 그것이다. 이른바 구강성교(fellatio)나 항문성교(cunnilingus)도 일종의 비성교 오르가슴에 속한다. 특히 여성의 경우에 해당하는 오르가슴과 성교의 분리는 오르가슴의 기능에 대해 많은 논란을 불러왔다. 왜냐하면 여성은 질보다 음핵에 의해 더 자주 오르가슴을 느끼는 것으로 확인되었기 때문이다.[25] 음핵은 그 크기, 형태, 위치 등에서 차이가 나고, 영장류의 암컷도 음핵을 가지고 있다. 인간과 영장류의 경우에 태아의 동일 조직이 호르몬에 의해 음경의 귀두 또는 음핵으로 분화된 것으로 확인되었다. 즉 태아의 다리 사이에 있는 조직이 수직으로 뻗어 나와 음경이 되고, 수평으로 움푹 들어가서 음핵이 되었다는 것이다. 달리 말하자면 남성과 여성은 배발생에서 보면 신체적, 생리적 구조가 동일하다. 섹스에 있어서 그렇기 때문에 음경의 귀두와 음핵은 똑같이 성적 자극에 민감하다. 그러나 그 기능은 완전히 다르다. 음경은 생식을 위해 없어서는 안 되는 필수요소이지만, 음핵은 생식에 반드시 필요한 것도 아니고 오로지 성적 쾌감을 얻기 위해서만 있다.

이와 같이 질보다 음핵에 의존하는 여성의 오르가슴을 두고 학자들은 서로 다른 견해를 밝히고 있다. 먼저 모리스(D. Morris)는 여성의 오르가슴이 다음과 같은 두 가지 측면에서 진화적 이득이 있다고 주장한다. 첫째로, 오르가슴은 한 쌍의 남녀관계를 결속시켜 주는 기능을 한다. 즉 성교 도중 여성이 오르가슴에 의해 남성 못지않게 성적 쾌감을

25) 예를 들어 1953년에 발표된 『킨제이 보고서(*Kinsey Reports*)』는 대부분 미국 여성들이 성교 도중에 음핵을 자극하지 않고서는 절정감을 느낄 수 없었음을 밝혔고, 1976년 『하이트 보고서(*Hite Reports*)』는 3천 명의 미국 여성 중 79퍼센트는 음핵을 자극하는 자위를 즐겼고, 성교 시 오르가슴을 얻는 빈도는 겨우 30퍼센트였다고 밝혔다.

느낀다면, 여성들도 성교 시 짝에게 적극적으로 협력할 것이라는 것이다. 남성은 또한 이러한 여성에게 매료되어 바람을 덜 피우게 되므로 오르가슴은 부부관계를 강화시켜 가정을 유지하는 데 도움이 된다는 것이다. 둘째로, 오르가슴은 임신 가능성을 높여준다. 여성이 일어섰을 때 질의 각도는 땅과 거의 수직에 가깝다. 따라서 성교 직후 여성이 일어서서 움직이면 대부분의 정액이 질 밖으로 흘러내린다. 이러한 상황에서 남성의 정액을 질 속에 오래 담아두려면, 성교를 마친 후에도 여성이 수평 자세를 계속 유지하고 있어야 할 필요가 있다. 그러기 위해서는 성적으로 만족하여 일어나고 싶은 생각이 들지 않도록 해야 한다. 여성이 기진맥진해서 녹초가 될 만큼 격렬한 오르가슴을 느끼면 피로하고 졸음이 와서 계속 누워 있을 것이다. 이렇게 되면 결국 정액이 질 밖으로 덜 흘러나와 수정의 기회를 높여 준다는 것이다. 특히 인간이 주로 밤에 성교하는 이유를 모리스는 이로써 설명한다.

다음으로 이와 반대로 오르가슴을 진화적 적응의 결과로 보는 것이 아니라, 진화의 부산물, 즉 우연의 산물로 보는 견해이다. 그 대표자는 시몬스(D. Symons)이다. 시몬스는 여성의 음핵을 남성의 젖꼭지에 비유했다. 남성의 젖꼭지는 기능적인 면에서 여성의 젖꼭지와 달리 생식과 아무 관계없는 무용지물이다. 그러나 젖꼭지는 신체기관의 일부이기 때문에 그 기능과 관계없이 남녀 모두에게 달려 있어야만 한다. 마찬가지로 여성의 음핵도 남성의 음경과 같이 태아의 같은 조직에서 분화되었다. 그러나 음경은 사정을 통해 오르가슴에 이르는 생식기로 진화된 적응의 산물이지만, 음핵은 생식을 위한 성교와 관계없이 오르가슴에 도달하도록 하기 위해 진화되었다. 이와 같이 음핵은 생식을 위해 진화되지 않았지만, 음경 덕분에 덩달아 오르가슴 기능을 갖게 되었다는 것이 시몬스의 논리이다. 이러한 시몬스의 논리에 따르면 남성의 젖꼭지나 여성의 음핵은 모두 다른 한쪽 성의 기능이 진화되었다는 단순한 이

유만으로 존재하게 된 이른바 진화의 부산물인 셈이다.

그러나 1981년 흐르디는 모리스와 시몬스의 주장을 모두 일축하고 오르가슴과 생식이 분리된 이유를 '유아살해'에서 찾는 새로운 이론을 내놓았다. 영장류의 암컷은 젖을 먹이는 동안에는 배란이 되지 않아 아무리 성교를 하더라도 임신이 되지 않는다. 그래서 수컷끼리 경쟁에서 이긴 우두머리 수컷은 다른 수컷에 의해 태어난 어린 새끼를 보면 곧잘 살해한다. 이러한 수컷의 잔인한 행동으로부터 자신의 새끼를 보호하기 위해 암컷은 가능한 한 많은 수컷들이 그녀의 아이를 자신의 새끼로 여기도록 하는 전략을 고안해 냈는데, 그것이 '배란 은폐' 전략과 적극적인 '성 행동'이라는 것이다[26]. 이러한 흐르디의 생각은 영장류의 난교를 전제한 것인데, 수컷들은 배란기를 모르고 성교함에 따라 암컷의 새끼를 자신의 자식으로 착각하게 만드는 것이다. 이 전략은 위에서 말한 배란 은폐이다. 이와 함께 암컷이 많은 수컷들과 성교하기 위해서는 생식보다 성교 자체를 즐기는 또 다른 전략이 필요한데, 그것이 오르가슴이라는 것이다.

이와 같이 오르가슴이 난잡한 성교를 고무하기 위해 진화되었다는 흐르디의 이론은 한편으로 모리스의 주장과, 다른 한편으로는 시몬스의 주장과 정면으로 배치된다. 모리스는 오르가슴이 일부일처제의 결속을 위해 진화되었다고 주장하지만, 최근의 보고에 따르면 강간을 당하면서도 오르가슴을 느끼는 여성도 있고, 심지어 매춘부도 오르가슴을 느낀다고 한다(또는 사디즘이나 마조히즘 같은 성도착증을 보라). 이러한 사실은 비록 흐르디의 이론이 일부일처제를 지향하는 우리의 사회제도와 배치되긴 하지만, 완전히 일축하기 어렵게 만든다. 다른 한편으로 흐르디의 배란 은폐 이론은 암컷이 수컷으로부터 자신이 낳은 새끼를

26) 이것은 앞에서 말한 '아비 다수 이론'이다.

기르는 데 필요한 양육 투자와 보호를 획득하기 위해 진화된 적응의 결과로서 시몬스의 견해와 배치된다. 이 두 이론을 비교해 볼 때 양육 투자와 보호가 자연스럽게 일부일처제를 생겨나게 했다는 점에서는 시몬스의 주장이 오늘날 우리 사회제도와 일맥상통하긴 하지만, 인간의 원시사회에서도 영아살해가 만연했다는 사실은 흐르디의 주장을 뒷받침하는 좋은 증거라 하겠다.

또한 최근에는 배란 은폐가 여성의 혼외성교와 관련이 있다는 주장이 제기되어 흐르디의 난교 주장을 뒷받침해 준다. 그것은 여성이 월경주기의 정점, 정확히 말해 생식 능력이 최고조에 달해 있을 때 혼외성교를 할 가능성이 더 높다는 벨리스(Bellis)와 베이커(Baker)의 보고이다. 이 두 사람은 다른 생물 종들에서 볼 때 암컷이 최고의 수컷으로부터 정자를 받기 위해 성 상대들 사이에 정자 경쟁을 부추긴다는 점에 착안하여 인간의 여성도 가임 능력이 최고조에 달했을 때 혼외성교를 무의식적으로 선호하도록 진화해 왔다고 추론한다. 이러한 추론은 또한 다른 정황적 증거에 의해서도 뒷받침되는데, 예를 들어 여성 호르몬인 에스트라디올 수치와 나이트클럽에서 여성이 입는 옷의 종류가 서로 상관이 있다는 것이 그것이다. 즉 번식 절정기의 여성은 옷을 적게 입고, 몸에 꽉 끼는 옷을 입는다는 것이다. 이와 함께 가임기의 여성들이 비가임기의 여성들보다 노출 정도가 심하다는 사실도 밝혀졌다.

이러한 사실들은 마치 번식하고자 하는 충동과 혼외성교라는 의식적 욕망이 같은 것처럼 보이게 한다. 그러나 모든 번식에의 충동이 혼외성교에의 욕망에 의해 일어나는 것은 아니다. 물론 양자는 어떤 특수한 경우(예를 들어 씨받이)에는 일치한다. 그러나 가임기의 여성이 비가임기의 여성보다 더 많은 성적 관심을 보였다는 사실들이 혼내성교보다 혼외성교를 부추겼다는 증거는 되지 못한다. 왜냐하면 어떤 사실이 특정한 가설과 '부합'한다는 것은 그것을 '증명'했다는 말과는 명백히 다른 것이기 때문이다. 위에서 언급했듯이 배란 은폐는 난교의 짝짓기와 깊은 관련이 있다. 난교의 경우에 암컷이 자신의 배란 시기를 솔직히 보여준다면, 수컷은 그 짧은 기간 동안에만 그녀에게 심혈을 기울일 것이고, 그 기간이 지나면 또 다른 번식의 짝을 찾아 떠날 것이다. 그러나 반대로 암컷의 번식 능력이 최대가 되는 시기를 수컷이 알 수 없게 한다면, 수컷은 특정한 암컷과 교제할 확률이 더 높아진다. 왜냐하면 이러한 경우에는 시간 투자만이 최소한 그녀를 수정시킬 기회를 확보하는 최선의 방책이 될 것이기 때문이다. 이렇게 되면 수컷은 기꺼이 자신의 모든 시간을 짝을 지키는 데 투자할 것이다. 이로부터 일부일처제가 진화했다는 사실은 확실해 보인다.

그러나 배란 은폐가 여성에게 일부일처제를 채택할 기회와 동시에 혼외성교의 가능성을 부여한다면 어떨까? 여성은 자신의 짝으로부터 양육 투자의 기회를 얻는 동시에 혼외 상대로부터는 유전적 혜택을 받을 수 있을 것이다. 이것은 '은밀한 일처다부제(cryptic polyandry)'이고, 새들 사이에 널리 퍼져 있는 짝짓기 방식이다. 예를 들어 우수한 수컷과 짝을 이룬 푸른 박새 암컷은 성적으로 짝에게 충실하다. 그러나 열등한 수컷과 짝을 이룬 암컷은 비록 사회적 일부일처제를 이루고 있긴 하지만, 우수한 수컷의 영토를 수시로 침범하여 때로는 암컷끼리 격렬하게 싸운다. 이것은 한편으로 열등한 수컷과 짝을 이룬 암컷이 우수한 수컷의 유전자를 얻으려는 전략이지만, 다른 한편으로는 우수한 수컷과 짝을 이룬 암컷이 양육 투자에서 수컷을 다른 암컷에 빼앗기기 않으려는 전략이다. 이와 유사한 사례가 랑구르 원숭이 사회에서도 관찰되는데, 랑구르 원숭이 암컷은 수컷 앞에서 머리를 흔드는 것 외에 발정기에 있다는 가시적인 신호를 전혀 보내지 않는다. 머리를 흔드는 것은 성관계를 맺을 의사를 내비친 것이고, 이로써 암컷이 하렘의 소유자가 아닌 스스로 선택한 수컷들과 성관계를 가질 기회를 갖게 된다. 이렇게 하여 영장류의 암컷은 자동적인 배란 주기에서 벗어나 스스로 성적 상대를 고를 수 있는 수준으로 진화된 것으로 해석한다.

성적 상대를 고를 수 있다는 것은 근본적으로 생물학적 이익을 지향하는 성선택이다. 성선택이 마침내 자신의 성에 대해 주체적인 눈을 뜨게 해주었다. 남성, 아니 수컷 전체에게 성교는 그 자체로 생물학적 이익이 된다. 그러나 여성, 즉 암컷 전체에게는 성교가 쉽게 할 수 있는 것이라 하더라도, 좋은 성교, 다시 말해 보다 우수한 수컷과 성교하기란 어렵다. 이러한 어려운 상황을 돌파하기 위한 진화적 장치가 배란은폐이다. 배란 은폐는 무시로 성교하게 만들었고, 이를 가능하게 해주는 것이 오르가슴이다. 오르가슴은 비록 생식과 직접적인 관련이 없다 하더라도 임신의 가능성을 높여주고 또한 자신의 성 상대가 잘 맞는지 확인할 수 있는 방법임에 틀림없다. 이렇게 하여 오르가슴은 여성에게도 성교가 생물학적 이익이 됨을 말해 준다. 이와 같이 성교가 남성에게도 여성에게도 (생물학적) 이익이 됨으로써 인간은 모두 생물학적 이익을 추구하는 주체로서 거듭날 수 있었던 것이다.

12. 성심리와 쾌-고의 변증법

남성과 여성으로 존재하는 인간 생명체의 신비는 섹스가 쾌락으로 되어 있다는 것이다. 이것은 인간이 생식을 하지 않으면 안 된다는 것을 말하고자 하는 자연의 배려이다. 플라톤의 말대로 에로스는 신적 영원성에 참여하는 행위이기 때문이다. 남성은 섹스가 생리적으로 욕망의 충만을 배설로서 만족하는 쾌감을 느끼도록 되어 있다. 그리고 힘이 약화되어 휴식을 요구한다. 그럼에도 불구하고 남성은 노동과 사회적 일에 봉사한다. 여기에 남성의 남성성, 즉 부성(夫性)이 존재한다. 여성은 섹스가 생리적으로 달거리와 이의 폐기를 함축함으로써 일차적으로는 쾌-고의 변증법과 함께 생성과 소멸 사이의 변증법적 과정을 거친다. 자궁 내벽이 충만하면 남성의 정자를 받아들이기 위한 욕구로 충만하게 된다. 이를 프랑스 말로는 레비나스가 말한 향유(jouissance: je ouis sens)의 기쁨이라고 한다. 그러나 달거리가 소멸하는 과정은 고통이다. 피를 보기 때문이다. 발달심리학적으로 남성은 쾌감으로 사춘기를 맞이하지만 여성은 고통으로 처녀 시절을 맞이한다. 이러한 성에 대한 첫 경험에 대한 남성과 여성의 성심리학적인 차이는 일생을 지배한다. 이 때문에 인간의 성에 대한 자각이 완전하게 발달된 성인의 입장에서 보면 남자와 여자의 성심리는 발달심리학적 측면에서 서로 반비례하는 쌍곡선의 형식을 취한다.27)

---

27) 프로이트 심리학은 구조주의 언어학과 관련하여 인간의 무의식 세계가 문채론적 방식으로 구조화되었다는 것을 잘 정리한 책으로는 아니카 르메르의 『자크 라캉』이 있다. 그리고 이러한 라캉 심리학을 정신의학적 관점에서 정리한 브루스 핑크의 『라캉과 정신의학』에 따르면, 남성과 여성의 성심리에서 쾌-고의 변증법은 다음과 같이 요약된다.
"그[라캉]는 분석을, 분석 주체[환자]의 [플라톤 『심포지엄』에 나타나 있듯이] 에로스를 고양시키는 과정으로 기술한 바 있기 때문이다. 우리가 말할 수 있는 것은 에로스를 [남성의] 욕망의 관점에서 바라보았던 라캉이 이제는 [여성의] 주이상스의 관점에서 바라보기 시작했다는 사실이다. 욕망과 주이상스, 혹은 기표(왜냐하면 욕망은 기표[오이디푸스 콤플렉스와 엘렉트라 콤플렉스를 아리스토텔레스의 형상과 질료의 변증법적 관계로 나타내는 기의-기표]를 통해서만 분절되기 때문이다)와 주이상스라는 구분은 8장에서 논의된 바 있는 표상과 감정이라는 프로이트의 중요한 구분과 유사한 것이다. [남성적] 표상의 주체는 여기에서 무의식에, 다시 말해서 무의식적인 욕망의 발전과 분절에 상응하는 반면, [여성적] 정동의 주체 혹은 '감정적(emotive)' 주체는 주이상스의 주체나 '쾌락을 즐기는 주체'에 상응한다. 왜냐하면 분석을 통해 밝혀지겠지만 정동이 있는 곳엔 항상 주이상스가 있기 마련이기 때문이다." 브루스 핑크, 맹정현 옮김, 『라캉과 정신의학』(민음사, 2002), 363쪽. 필자의 관점에서 보면, 남성이나 여성은 공히 오이디푸스 콤플렉스와 엘렉트라 콤플렉스를 잘 극복하고 나면 레비나스가 말하고자 하는 부성과 모성을 지닌 건강한 성심리를 갖춘 인격체로서 존재한다는 것이다. 요약하면 건강한

더 나아가 여성은 임신한 상태에서 아이를 낳을 때, 인간은 두뇌의 발달로 머리가 커서 자궁 경관을 빠져 나오기 힘들게 되어 죽음의 고통을 겪게 된다. 여기에서 여성의 성에 대한 심리로서 은폐감이 형성된다. 반면에 남성은 본능적인 충동을 유예시켜야 함에도 불구하고 쾌락을 위해 질주하는 전천후 폭격기가 된다. 폭격을 한 후에는 자신도 죽는 것을 망각하고서. 반면에 여성 또한 존재를 재생산하고 부활시키는 역할, 즉 자손을 위해 자신의 대사물질의 정수(모유)을 자손에게 주는 희생적 역할을 한다. 이 때문에 여성이라는 성(sex)은 쾌락이 아닌 생명의 지속과 부활이 반복되는 변태의 현실이 그대로 재현되는 생리적 현장이다. 생리학적으로는 남성보다 여성이 우월하다. 이 때문에 괴테가 말했듯이 영원한 여성적인 것이 남성을 구원한다고 하는 여성성은 모성으로 표현되는 것이다. 반면에 남성이라는 성은 존재 지속의 역할을 하기 위해 오이디푸스 콤플렉스의 시기를 거쳐야만 하고, 여성과 어린 자손의 존재 지속을 위한 영양물질을 생산하거나 공급해야 하는 고된 노동을 수행할 수밖에 없기에 정신적으로 발달되어야 하는 존재이다. 하나님이 아버지로 표현되는 것은 이 때문이다.

여기에서 발달심리학적으로 쾌락 추구를 위해 경쟁하는 청소년기의 남성과 사춘기 최초의 고통과 최초 섹스에서의 고통, 섹스 후의 잉태와 산통 때문에 성 은폐를 수행할 수밖에 없는 여성의 성선택의 가능성 때문에 남성 주도적인 연애나 여성 주도적인 연애의 다양한 양식들이 성립한다. 결국 섹스를 남성 우위의 행태로 인식하게 된 과거 남성 우위 문화에서는 여성은 제2의 성으로 전락할 수밖에 없었다. 그러나 생리적 차원이나 존재론적으로 보면 여성은 남성보다 존재의 영원성에 참여하

인간의 부성과 모성은 공히 아리스토텔레스의 형상과 질료의 관계가 인간의 술어적 언어의 내포와 외연의 관계처럼 변증법적으로 상호 역전될 수 있는 반비례관계에 있다는 것이다.

게 하고 지속시키는 역할에 있어서는 우월하다. 반면에 오이디푸스 콤플렉스를 건강하게 거치고 난 가정에 충실한 남성은 정신적, 윤리적 측면에서 여성보다 우월하다. 결국 이 양성은 상보하며 인간 존재를 영원성에 참여하게 하는 측면에서 보면 남성이나 여성 공히 '연애와 함께하는 섹스'는 베르그송이 말하는 삶의 약동(élan vital)에 참여하는 것이고, 생의 의미는 약동의 기쁨이자 환희이다.

13. 결어

인류의 역사는 진화론에 따르면, 인간의 주어+술어로 된 언어를 사용하면서 지능의 발달로 인해 만물의 영장이 되었고, 과학적으로 삶의 문제를 해결하고 삶을 놀이의 현장으로 탈바꿈시킨다. 산다는 것이 고통이 아닌 원래의 생의 약동(건강한 삶)의 즐거움이라는 것을 인식시키는 것으로 변화시킨 것이다(성서도 사실 이것을 강조한다). 우리 사회는 이제 바야흐로 쾌락으로서의 성(sexsualité)을 번식으로부터의 성(gender: 사회생물학적 개념)으로 분리시키기 시작하고 있다. 종교적 성향의 감퇴, 콘돔에서 자연 피임법에 이르기까지 갖가지 피임 수단의 일상화와 성관계 후 투여하는 피임약의 보급, 제왕절개, 낙태와 불임의 증가, 정자은행과 복제기술의 대두 등은 이미 성(sex)과 번식(gender)의 밀접한 관련성을 분리시키고 효과적으로 제어하고 있다. 화려한 도색잡지나 포르노비디오 등에 자극받아서 하는 마스터베이션이나 폰섹스는 임신의 가능성을 거의 완벽하게 배제한 채 성적 탐닉에 빠져들게 한다. 이제 성적 감흥은 사회적 윤활유로서의 중요성으로 귀결되는 듯하다.

우리는 물이라는 태곳적 세포들의 주위 환경을 못 잊어서 성교 시 체액과 정액과 질 윤활물질을 분배한다. 배란과 생리 시에, 그리고 사정 시에는 난자, 떨어져 나간 자궁내막, 정자 등과 같은 원생생물을 배출한다. 사이버섹스는 점점 더 많은 개인들로 하여금 이러한 성가신 태곳적 관습을 회피하게 할 것이다. 사랑의 열정과 성욕은 화학물질에 의해 매개되는 생물학적 현상이다. 그래서 인간은 성적 감흥을 고조시키기 위해 옥시토신이나 페닐에티아민을 사용하기도 한다. 한편 이성 간의 매력, 유혹, 속이기 등은 성적 지각과 감지 능력이 세월에 따라 진화된 결과이다. 남성들의 동물적 특성이 약화되는 현상은 인구밀도의 증가에 의해 야기된 호전성 조절의 필요 증가와 귀염성이 더욱 관심을 유도하는 특성이 그 이유이다. 성은 암컷과 수컷의 결합이고 여기에 생존경쟁과 죽음에 관계하는 쾌-고의 열애와 연애의 변증법이 나타난다. 그러나 플라톤이 말하는 에로스로서의 성은 일차적으로 자손을 낳기 위해 존재한다.

그러나 성은 생물 현상에서 보면 대단히 경제적이고 원래 윤리적이다. 남성과 여성이 만나 하나의 가족을 이루고 이것이 어느 고등한 종교에서도 찬양하는 삶의 중심적 양식이다. 플라톤이 말하듯이, 생명이 에로스(필요-욕구)에 의한 섹스를 통하여 죽음을 극복하고 생의 영원성을 지향하고 있으므로 우리 인간도 이에 부응하여야 한다. 남성과 여성은 결혼을 해야 비로소 구체적이고 현실적으로 남성성과 여성성을 지닐 수 있는 체험을 한다. 남성성은 아버지 됨이고 여성성은 어머니 됨이다. 인생의 진리는 하나님의 말씀 혹은 자연의 순리대로 남녀가 결합하여 자식을 낳고 자식과 사랑의 관계를 맺으면서 살다가 죽는 것이다. 인간의 성장과 발달에 따라 플라톤이 『심포지엄』에서 말한 욕망(에피투미아)과 에로스와 스토르게와 필리아를 순차적으로 경험하고 느끼게 된다. 기독교에서 말하는 아가페(agape)는 이스라엘 당시의 복잡한 정치적 상황과 연루되어 십자가에서 죽는 예수가 보여주었듯이 '노인(신)이 된 인간'이 '자신의 모든 것'을 후손에게 남겨주고 사라지는 무소유가 되는 희생적 사랑이다.

참고문헌

헤시오도스. 천병희 옮김. 『신통기』. 한길사, 2004.

피에르 그리말. 최애리 책임번역. 『그리스 로마 신화사전』. 열린책들, 2003.

Platon. Ioannes Burnet. *Platonis Opera*. Oxonii E Typographeo Clalendiano, 1967.

Aristoteles. *Metaphysica*. *Physica*. The Loeb Classical Library. London: Havard University Press, 1957.

대니얼 데닛. 이희재 옮김. 『마음의 진화』. 두산동아, 1996.

Henri Bergson. *Oeuvres*. Textes annotés par André Robinet. Paris: P.U.F., 1959.

Harold L. Levin. *The Earth Through Time*. 8th ed. John Wiley & Sons, Inc., 2006.

줄리언 제인스. 김득룡 · 박주용 옮김. 『의식의 기원』. 한길사, 2005.

린 마굴리스 · 도리언 세이건. 홍욱희 옮김. 『마이크로코스모스』. 김영사, 2011.

린 마굴리스 · 도리언 세이건. 홍욱희 옮김. 『섹스란 무엇인가?』. 지호, 1999.

윌리엄 H. 쇼어 엮음. 과학세대 옮김. 『생명과 우주의 신비』. 예음, 1994.

이을상, 「성의 진화: 생존기계에서 성적 주체로」, 한국동서철학회 춘계학술대회 주제발표논문, 2012년 4월 28일, 한국교원대학교.

제 4 장

인공지능과 관계하는 정신, 신체에 관한 철학적 성찰

1. 언어와 사유

인간은 사유하는 동물이다. 인간은 언어를 만들고 이를 통하여 사유한다. 언어는 어떻게 만들어지는 것일까? 그리고 어떻게 학습하는 것일까? 인간이 언어를 만드는 과정을 보면 동물의 딱지 붙이기와 유사한 이름 붙이기를 수행하고, 이를 기억하고 이름들의 관계를 인간의 행동방식과 관련하여 서로 연결한다.[1] 즉 이름들을 연결하는 방식이 인간에서는 주어+술어의 형식으로 나타나고, 술어는 아리스토텔레스가 말하는 9개의 범주로 분화되어 구성된다. 다른 한편, 판단명제를 구성하는 주어나 술어는 하나의 이름(단어)으로 표현되며,[2] 이러한 이름이 지

1) 스티븐 핑커, 김한영 외 옮김, 『언어본능: 마음은 어떻게 언어를 만드는가?』(소소, 2004), 4장; 크리스틴 케닐리, 전소영 옮김, 『언어의 진화』(알마, 2009) 참조.

2) 송영진, 『소크라테스의 산파술에 따른 진리와 인식』, 2장, 3절 '언어와 명칭, 그리고 형상' 참조.

칭하는 대상의 의미는 형식과 내용 즉 내포와 외연으로 구성되어 있다. 그리고 내포와 외연은 그 대상의 경험과 관련된 다른 모든 대상과의 관계에서 규정되며 그 의미의 진상을 드러내는 것이다. 그것이 주어+술어의 형식으로 진리치를 지닌 판단명제들이다.

주어와 술어 사이의 관계는 경험과 관계해서는 판단명제로 나타나며, 하나의 판단명제는 물론 판단명제와 판단명제 사이에는 동일률, 모순율, 파르메니데스의 존재론과 관련된 배중률이라는 3개의 논리법칙이 작동한다. 즉 하나의 판단명제에서 한편으로 주어와 술어 사이에는 논리법칙이 적용되어야 의미가 타당(성)하다고 판정되는 것이고, 다른 한편으로는 경험과 관련해서는 하나의 판단명제를 구성하는 명칭이 내포와 외연으로 구분되어 진위에 관계하고 있다.

인간의 진리 판단은 명제화할 수 있고, 아리스토텔레스의 일반 논리학이 나타내듯이 명제는 논리식에 의해 그 타당성(validity)을 연역적으로 검증할 수 있다. 아리스토텔레스의 일상 언어에 기초한 일반 논리의 연역적 체계는 기호논리학의 공리 체계(axiom-system)로 정리될 수 있고, 그 타당성을 수학적으로 검증할 수 있다. 이러한 기호논리학의 공리 체계의 논리식은 열고(on) 닫고(off) 하는 전기회로에 의해 기계적으로 구성됨으로써 불(Bool) 대수에 따라 그 타당성을 검증할 수 있다.

2. 컴퓨터와 두뇌과학

데카르트는 "나는 생각한다. 그러므로 나는 존재한다."라고 하여, 자아의 정체성을 본능과는 다른 '내면적 사유'로 형성된 사유 주체로 정립한다. 즉 인간은 언어를 통하여 외적 경험과 관계하고 내적으로는 정서와 관련하여 내면세계를 정립한다. 결국 인간은 이러한 술어적 언어를 통하여 한편으로는 외적 경험을 정리하고, 다른 한편으로 본능과는 다른 정서적으로 표출되는 인간의 내면적 사유-정서-심리 세계를 형성하고 있다. 이러한 인간의 자아의식을 형성하는 사유-정서-심리는 신체 내외로 관계하면서도 신체가 지니는 본능적 자아에서 독립적으로 혹은 초월적으로 존재하는 사유적 존재로서 정립되며, 신체 내외로 외적 세계에 대한 표상들(representations)과 내면의 직관적인 심리 세계라는 두 세계를 언어적으로 창안해서(창발적으로) 통각에 의해, 칸트에 따르면, 종합적으로 구성하여 가지고 있다고 해석할 수 있다.

데카르트는 『성찰(*Meditationes*)』에서 자아의 존재론적 본질을 사유라고 하고, 사유적 존재를 전통적인 철학에서 말하는 영혼이나 정신으로 지칭한다. 그리고 이러한 사유와 심리적인 영혼으로 통합된 자아 존재의 정체성이 지니는 기능의 불완전성을 기초로 하여, 완전한 존재라는 관념으로서 신의 이념에 따른 신의 존재는 물론, 이와는 전적으로 다른 연장성을 지닌 물질의 존재까지도 연역해 낸다. 결국 사유와 심리적인 것을 종합한 정신적, 영적인 존재인 인간은 물질의 존재와 영적인 신적 존재의 중간자로서 사유를 본질로 하는 존재로 존재하고 있는 것이다.

인간의 지능적 사유 기능 중에 가장 뛰어난 것이, 공간적인 기하학을 추론에 의해 공리 체계로서 구성하며 이를 해석학적으로 추상한 수학적 사고이다. 즉 이러한 수학적 사고는 기하학의 공간적 사고를 정수론에 기초한 해석학으로 정리하고 있다. 그런데 현대에서는 이러한 정수론을 집합론적으로 구성하여, 이것이 논리학과 관계하여 구성적이고 건축술적인 공리 체계의 형식으로 발전하고 있다. 이 때문에 현대 집합론적으로 구성한(정리한) 해석학과 위상학은 그리스에서 파르메니데스의 존재론과 관련하여 피타고라스학파가 형성한 기하학과 이를 해석한 수학적 사유에 기초하고 있다. 그런데 인간의 언어적 사유를 파르메니데스의 존재론과 관련하여 형식적으로 구현한 아리스토텔레스의 형식논리학은 기호논리학의 공리 체계로 정리되며, 이러한 연역적 논리 체계의 타당성은 불(Bool) 대수와 전기회로로 구성된 물질을 기반으로 한 전자기적 기능을 수행하는 컴퓨터의 칩 위에서 그 타당성을 검증할 수 있게끔 되었다.

컴퓨터의 하드웨어(hardware)는 연산하는 인간 두뇌의 기능을 모방하여 기계에 실현한 도구이다.[3] 컴퓨터는 인간의 사유의 본거지로 알려져 있는 두뇌의 작동을 기능적으로 분석하여 입력 장치(자판)와 기억 장치(Ram), 그리고 정보 처리 장치(Rom: 코어)와 그 정보 처리 결과의 출력 장치(프린터: 현대에서는 3D 프린터로 나타난다)로 구성한 것이다. 입력 장치는 인간의 감관-지각에 즉 내감(內感)과 외감(外感)으로 분류되는 감성에 주어진 자료(data)뿐만 아니라 인간의 사유 방식을 함축한 지식 정보(data)를 받아들이고, 이를 건축술적으로 고안한 전자 칩의 기억 장치에서 보관하였다가 정보 처리 장치의 알고리즘(AI)에 따라 처리한다.[4]

---

3) 기계는 원자론적인 사고방식을 물질에 실현한 것이므로, 전체-부분의 선형적인 양화논리에 따르는 것이다. 반면에 자동기계는 유기체의 논리에 따르는 것이다. 자동차가 인간이나 동물, 즉 유기체의 운동 방식을 모방한 것이듯이 기계는 자동기계가 이상이다. 현대에서 생물 현상은 전체와 부분의 선형적인 기계적 논리를 넘어서는 피드백 작용을 기초로 하는 위계가 있는 건축술적이고 위계가 복합적인 것(역으로 분화하는 것)으로서 창발적으로 진화하는 것으로 파악하고 있다. 인공지능은 이를 역추적하고 있다고 말할 수 있다.

4) 현대의 모든 컴퓨터의 전자 칩 위에 프로그램된 인공지능은, 초기의 배비지(Charles Babbage)의 카드에 구멍을 뚫어 수적인 데이터에 절대적인 방식으로 접근하는 특수화된 분석 엔진들과 앨런 튜링(Allan Turing)의 보편적인 만능기계의 인공지능에 기초하기보다는, 이 양자를 변증법적으로 결합한 폰 노이만(Von Neuman)의 유비퀴터스(Ubiquitous) 인공지능에 기초하고 있다. 즉 폰 노이만의 유비퀴터스 프로그램의 본질은 광범위한 기억 장치의 데이터에 접근하는 서로 다른 두 방법, 즉 배비지의 전체적으로 미리 정해진 주소를 통해 접근하는 절대적인(absolute이자 random한) 방법에 대한 튜링의 데이터들의 상대적 관계를 통해 접근하는 상대적인(relative) 방법의 변증법

정보 처리 장치의 알고리즘은 컴퓨터 언어를 기초로 한, 프로그램화한 명령어들로서 논리적으로 계산 가능한 전자기적인 기능을 하는 트랜지스터 칩 소자의 온 오프(on-off)의 이진법에 기초하고 있다. 이 칩의 논리회로에 토대를 둔 컴퓨터의 소프트웨어인 알고리즘들은 이러한 컴퓨터 언어적 명령어를 십진법의 수학 체계가 아닌 전자 칩의 온 오프의 이진법의 논리 체계로 환원하여 재정리하고 있고,[5] 이를 토대로 하여 작성된 기계언어의 알고리즘(판단하는 AI)으로서 만능 튜링 기계가 생각되고 있다.[6] 이 때문에 감관-지각과 사유 과정을 통한 수많은 정보

적 결합으로 층위를 이루는 건축술로 구성되어 있다. 그래서 배비지의 기계와 튜링 기계가 자동적인 형식적 게임들로 묘사되고, 내재적인 심판자의 역할이 매우 사소한 것이 되지만, 폰 노이만의 기계들은 보다 정교한 구조들을 가지고 있어서 심판자가 할 일이 많다. 즉 심판자의 역할은 순번이 있고 내적 표시들을 지니고 있는 내적 경기자들로 하여금 차례가 되면 어떤 원초적인 작업들을 수행하고, 언제, 무엇을 수행하여야 하는지를 말해 주어 경기를 할 수 있게끔 하는 것이 특징이다. 상세한 내용은 John Haugeland, *Artificial Intelligence: the Very Idea*(Cambridge, Massachusetts, and London: MIT Press, 3rd. ed., 1987), ch.4, pp.140-146 참조. 컴퓨터의 전자 칩을 건축술적으로 구축한 이러한 인공지능의 프로그램은 플라톤-칸트-베르그송 철학에서 나타난 인식론과 관계하며, 현대의 두뇌과학도 이러한 인식론에 따라 구축한 두뇌의 기능과 구조를 다시 원자론적으로(기계적으로) 즉 환원론적으로 모방하고 있다는 사실은 패트리샤 처칠랜드의 『뇌과학과 철학』, 9장과 10장에 잘 나타나고 있다.

5) 차태호 · 윤길중 · 소용철, 『디지털공학(4판): 04. 부울대수』(복두출판사, 2020) 참조.

6) 컴퓨터로 하여금 특정의 현실세세의 일을 수행할 수 있게 하기 위해서 현실세계의 일은 세 부분으로 분리되어 처리된다. "첫째, 현실세계의 일을 수학적인 문제로 바꾸어야 한다. 즉 현실세계의 일을 수학적[기하학적] 모델로 짜 맞추어야만(건축해야만) 한다. 둘째로 이러한 수학적인 문제를 특수한 방식으로 [십진법의 연산 체계를 이진법 체계로 환원하고 이를 기호적 모델로 바꾸고 함언 논리화하여 만능 튜링 기계가 작동할 수 있게 하여야 하는 것은 물론, 기술적으로 이를 실현하기 위해 배비지의 분석 기계가 당면한 많은 예비적 문제들을] 해결해야만 한다. 우리는 수많은 시간을 가지고 이 세계에

(clouds of data)를 토대로 하고 있는 알고리즘(AI)은 여러 가지 기능을 통합적으로 수행하는 인간의 여러 기능을 한 가지 기능(목적)에 맞게 (합목적적으로) 정리하는 전체-부분의 수리-논리학에 토대를 둔 집합론의 계산 가능성(computability)의 논리에 따르는 것으로서 기하학적 변증법을 건축술적으로 프로그램화한 메타언어(meta-language)이다. 따라서 인공지능은 전체적으로 수학-기하학적 사고가 기반하고 있는 전체-부분의 선형적인 양화논리와 이를 집합론의 계산 가능성의 논리로 환원한 변증법에 따른다. 이 때문에 인공지능은 프로그램화된 최적화의 단일한 변증법 이외의 다양한 변증법적 논리에 따르지 못하고, 인간이

대한 본래적인(근본적인) 지식을 지니지 않은 수많은 기억 용량을 가진, 순종적이고 참을성 있는 어린아이가 사용할 수 있는 해결 방식[프로그램화하는 방식]을 발견해야 한다. 이러한 방식의 수학적[논리적] 문제에 대한 해결이 소위 알고리즘이라고 불리는 것이다. 근본적으로 컴퓨터는 이러한 방식으로 작동하고, 따라서 이것이 수많은 컴퓨터가 존재하는 이유이다. 알고리즘들이란 수학적 문제들을 해결하기 위한 어린아이와 같은, 아니면 고도로 [수리-논리적으로] 훈련된 원숭이가 취하는 이러한 차분하면서도 평범한 step-by-step 방식들이기 때문이다. 아니, 요점은 기계들이 작동될 수 있는 방식들이다. 마지막으로 수학적인 일을 해결할 알고리즘들이 발견되었다면, 이를 원래의 문제를 풀 수 있는 실재하는 컴퓨터 위에 [폰 노이만의 두 가지 방법의 변증법적인 조합을 건축기술로 표현할 수 있는 알고리즘 작성의 다양한 컴퓨터 언어(Basic, Pascal, FOTRAN, COBOL 등)에 의해] 착상시켜야 한다. 요약하면, (1) 문제를 수학적으로 모델링하는 것, (2) 알고리즘을 구축하는 것, (3) 컴퓨터에 알고리즘을 장착하는 것의 세 단계이며, 각각의 단계에서 인공지능을 형성하는 조건과 제약이 뒤따른다." Jon Barwise and John Etchemendy, *Turing's World 3.0*(Stanford: CSIS Publication, 1993), pp.8-9와 John Haugeland, *Artificial Intelligence: the Very Idea*, ch.4의 내용을 조합하여 서술함. 상세한 내용은 John Haugeland, *Artificial Intelligence: the Very Idea*, ch.4 '컴퓨터의 건축기술' 참조. 인공지능을 실제로 프로그래밍하는 방법에 대해서는 이건명, 『인공지능: 튜링 테스트에서 딥러닝까지』(생능출판, 2018); 오다카 토모히로, 양지영 옮김, 『기초부터 배우는 인공지능』(성안당, 2021) 참조.

부가하는 프로그램의 선형적인 기계적 논리(algorithm)에 따르는 것으로서 최초로 부여한 기능(목적)에 따라 진위나 선악의 가치 개념을 수동적으로 수행하는 것이다.7)

인간의 사유는 원자론적 분석과 종류에 따른 분류를 중심으로 하는 추상의 방법을 통해 언어를 만들어내고, 이러한 인류의 언어는 인간의 행위를 모방한 주어+술어의 구조를 지녔다. 인간은 이러한 술어적 언어를 통하여 사유한다. 언어와 사유는 서로 만들고 만들어지는 동일자와 타자의 변증법적인 관계 속에 있다. 이 때문에 이러한 인간의 일상 언어와 알고리즘의 메타언어의 관계는 바로 언어를 토대로 사유하고 판단하는 인간의 사유와 흡사하다. 인간의 일상 언어인 자연 언어에 기초한 사유와, 이를 논리적으로 분석한 전체-부분의 양화논리의 선형논리인 수학적 언어 즉 기계적 언어를 통해 사유(판단)한다고 하는 인공지능의 차이는, 인간 지능이 하나만의 기능이 아닌 여러 기능을 병렬적이면서도 통합적으로 그리고 자율적으로(반성적으로) 통제하고 관리하는 기능이 있다는 것이다. 또한 양화논리에 따르는 수학적이고도 기계적인 언어에 기초한 인공지능에는 인간의 자율성에 따르는 윤리적 사고가 성립할 수 없기 때문에 인공지능에는 인간의 행위에 따르는 목적에 알맞은 가치판단이 미리 알고리즘에 부가되어야 한다.

사실 알고리즘 자체가 지니는 인지 개념 자체에서부터 인식론적 주

7) 전체-부분의 양화논리는 부분이 모여서 전부(panta)를 이루는 진부분 집합논리에 따르는 것으로서, 부분이 모여서 전체(holon)를 이루지 못하고 양화논리에 기능적인 것이 덧붙여져서 작동하는 질적인 변증법적 논리에 따르지 못하여 모방만을 할 수 있을 뿐이다. 질적인 변증법적 논리란 양적인 논리로 표현하지 못하는 유기체 논리로서, 목적이나 진-선-미의 가치 개념을 지닌 것이다. 따라서 모순율에 따르는 양화논리에는 영혼의 선택적이면서도 능동적인(기능적인) 역할이 필요하다. 이 때문에 유기체는 부분이 모여서 전체(holon)를 이루는 하나의 목표를 지향하며 통일적인 기능을 수행하는 기관(system)으로 표현되는 것이다.

관주의에 따른 오류 가능성이 있으며 상대적이고 인간 중심적이다. 이 때문에 인간의 진리 판단에 오류를 일으키는 요인은 여러 가지다. 오류 문제와 관련하여 기계 학습이나 인공지능은 인간의 비합리성이나 편견 등을 지니고 있지 않기 때문에 사람들은 객관적이고 합리적으로 판단하고 결정할 수 있는 것으로 생각한다. 그러나 기계 학습은 물론 시행착오(trial and error)에 의한 딥 러닝이 기초하고 있는 인간이 산출한 경험적 사례(data) 속에는 프랜시스 베이컨(Francis Bacon)이 (동굴, 종족, 극장, 시장의) 우상이라고 말한 인간 중심적인 사고의 선험성이나 편향성이 포함될 수밖에 없고, 인공지능은 이러한 자료에서 규칙성을 찾아내기 때문에 그 결과물에도 편향성이 포함될 수 있다.[8] 즉 알고리즘을 디자인하고 프로그램을 구현하는 과정에서 프로그래머인 인간의, 베이컨이 말하는 우상들이 영향을 미치지 않을 수 없다. 이 때문에 인간의 인지적 편향이란 선험적인 것일 수 있고, 이러한 선험적인 것이 논리적 사고를 벗어나는 것이며, 역으로 이러한 선험성이 없으면 인지가 불가능하다는 데에서 인간 인식 능력의 한계로 나타난다. 이 때문에 칸트는 한계를 지닌 인간 인식의 이러한 상대성에 현실적인 이성이 기초하고 있기 때문에 자신의 인식론을 인식론적 주관주의[9]라고 말한다.

인간의 인지적 편향은 기억에 의한 편향과 정보 제시의 방식에 의한 편향으로 나누어 볼 수 있다. 기억에 의한 편향은 기억의 선택적 경향

---

8) 인공지능의 편향성 문제는 한국포스트휴먼학회에서 발표된 내용이 『철학과 현실』(철학문화연구소) 지에 지속적으로(126, 127, 129, 130, 131호) 언급되고 있다. 여기에서 언급되는 인공지능의 편향성은 이들을 철학사와 관계하여 일반화하여 말하는 것이다.

9) 한단석, 『칸트의 『순수이성비판』에서의 물 자체(Ding an sich) 개념의 전개』(동경대 문학박사 학위논문, 1973년 3월 18일) 참조. 한단석은 강의에서 자주 칸트의 인식론을 고대 그리스 철학에서 언급한 '인식' 개념과의 관계에서 한마디로 '인식론적 주관주의'라고 표현하고 있다.

과 선택된 기억의 자료들을 통해 추론하는 과정에서 발생하는 편향이고, 정보 제시의 방식에 의한 편향이란 개인의 혹은 사회적 편향으로부터 암시에 의한 것과 정보에 대한 선호도 혹은 처리 방식의 경향성으로 나누어 볼 수 있다.[10] 결국 인공지능은 인간처럼 이러한 편향성과 더불어 변증법적 사유나 자율성에 따르는 인간 중심의 윤리적 판단을 할 수 없다고 생각된다.[11] 왜냐하면 인공지능은 인간의 다양한 목적 중에 서로 충돌하지 않는 한두 가지만을 선택하여 유용성과 효율성의 관점에서 최적화하는 수단이므로 서로 반대되거나 모순되는 목적을 가질 수 없기 때문이다.

인간의 지능의 본질을 형성하는 사유 기능은 한편으로는 감관-지각적 기능을 지닌 신체와 그 신경 체계인 두뇌와 연결되어 행위를 전제하거나 지향하고 있으며, 내면적으로는 사유와 함께 정서(감정과 욕망)를 가지고 있다. 진화론적 관점에서 동물의 신경 체계가 운동 방향과 관련하여 신체와 분리할 수 없게 결합되어 있고, 이 때문에 신체적 운동의 전방(前方)에 신경 체계인 두뇌가 발달하여 신체적 운동을 통제하고 관리하는 중심 역할을 수행하고 있음을 보여준다. 촉각을 기초로 분화-발달한 오관의 감관-지각은 한편으로 감각과 관계하여 인간의 내면, 특히 정신이나 영혼이라 불리는 두뇌의 신경계와 연관되고, 이러한 신경계가 행위와 관련되어 있는 신체와 관계하여서는 신체가 감각-운동기관(sensori-moteur)이기에 신경계가 운동을 위한 기관임을 알려준다. 다른 한편, 인간의 로고스와 파토스의 결합이라고 불리는 영혼은 물적 대상의 촉발에 의해 내감(內感)인 감각이 형성되고, 감각인 내감과 사유 사

10) 「한국포스트휴먼학회 콜로키움」, 『철학과 현실』 제131호(2021년 겨울호), 294-297쪽 참조.

11) 「한국포스트휴먼학회 콜로키움」, 『철학과 현실』 제128호(2021년 봄호), 277-280쪽 참조.

이에서는 파토스(pathos)로서 정동(affection)인 감정이 나타난다.

서양에서는 플라톤 이래 인간의 본질이 로고스인 사유라고 생각되었으나, 이러한 로고스는 사실은 신경계와 관련되어 있고, 따라서 감각과 관계하는 파토스와 분리될 수 없게 결합되어 있다. 결국 사유의 기초에는 감각이 있고 감각에서 의식이 발현됨으로써, 생명체의 본질은 사유가 아니라 사유 자체가 정동적(affective)이며 감각적이고 감정적인 의식에 기초하고 있음을 알 수 있다. 인간의 주체성을 형성하는 자아의식은 결국 의식 발현을 촉발하는 사유와 밀접한 관계에 있음을 알 수 있고, 인간의 사유가 언어를 통하여 이루어지고 있음으로 해서 줄리언 제인스(Julian Jaynes)가 말하듯이 과거에 인간의 영혼이나 정신으로 일컬어진 인간의 (자아)의식은 인간이 발명한 언어(수단인 도구 즉 미디어)를 매개로 창발되어 진화한 현상(목적이라고 간주될 수도 있는 메시지)임을 알 수 있다.[12] 이 때문에 인간의 마음을 형성하는 로고스와 파토스는 상호 영향관계에 있으며, 이 양자를 토대로 하는 심신관계는 열역학 제2법칙에 관계없이 상호작용하는 것으로 직관된다.[13]

---

12) 송영진, 「D. C. 데넷(D. C. Dennett)에 있어서 의식의 발생과 진화에 관하여」, 『동서철학연구』 50호(한국동서철학회, 2008년 12월); 줄리언 제인스, 김득룡 · 박주용 옮김, 『의식의 기원』(한길사, 2005); 송영진, 「언어와 사유, 그 의식구성의 은유적 기능」, 『서양고전학연구』 24집(서양고전학회, 2005년) 참조.

13) 심리 현상과 사유작용의 상호 변증법적 관계는, 플라톤에서는 이 양자의 기초에 존재한다고 생각된 신체와 정신이 생각되고, 이 양자의 상호작용이 생리작용을 매개로 하여 뉴턴 물리학과 상관없이 심신관계로 유추되어 나타난다는 것은 앞에서 언급했다. 근대 역학을 토대로 하여 발전한 열역학과 관계하는 현대 물리학에서 말하는 에너지는 소립자 세계와 원자 세계, 그리고 분자들로 이루어진 거대 물체가 계층을 이루고 소립자 세계에서는 약력과 강력이, 원자와 분자 세계에서는 전지기력이, 그리고 원자와 분자들로 이루어진 거대 물체들 세계에서는 중력이 작용하고 있다고 말할 수 있다. 이러한 계층들 사이에 작용하는 힘들이 통합되어 아인슈타인이 생각한 통일장 이론

결국 인간의 주체성에 따른 자율적인 윤리란 이러한 감정과 밀접한 관련을 가진 판단하는 지성의 핵이라고 불리는 합리적 이성의 결과물이다. 이성이 지닐 수 있는 가치 개념은 이러한 감정 개념과 관계하고 이러한 감정은 근본적으로는 쾌-고의 감각에서 기원하기 때문이다. 인공지능이 기계적인 한, 효율성의 측면에서는 인간의 지능보다 우월할 수 있다. 그러나 인공지능은 인간처럼 서로 모순되거나 차이가 나는 그래서 반대가 되는 다양한 목적을 지닐 수 없고, 이러한 다양한 목적 중에 적어도 모순되지 않는 한두 가지를 선택하여 인간을 위한 도구로서의 유용성에 따라 효율성 중심으로 최적화할 수 있을 뿐이다. 그래서 인공지능은 인간의 쾌-고에 관계하는 감정이나 이에 기초하는 행복의 의미를 인간적이라 부를 수 있는 것으로 윤리적으로 통합하는 자율적 주체성을 가질 수 없다. 따라서 인공지능도 윤리적으로 판단하는 것처럼 보이는 것은 미리(a priori) 인간에 의해 프로그램된 결과로 나타날 수 있으며, 이 때문에 인간이 인공지능을 만들 때 인공지능의 기능이 지향하는 목적에 따라 윤리적 판단이 개입할 수 있다. 즉, 인공지능이 인간의 윤리적 사고를 모방하는 것으로 나타나고, 컴퓨터가 인간 사유의 도구라는 관점에서 인간의 기능을 목적론적으로 모방하는 것으로 개입한다. 어쨌든 컴퓨터의 인공지능은 윤리적 판단을 자율적으로 하는 데에는 한계가 있다. 또한 인공지능의 가치 판단이 편향될 수 있다는 것은 데이터 자체에서부터 선험적으로나 경험적으로 그리고 윤리적으로 인간 중심적이기 때문이다.

이 나오고, 이러한 통일장 이론이 열역학 법칙을 기반으로 하고 있다고 말할 수 있다. 따라서 데카르트 이래의 심신관계의 문제는 같은 계층에서 이루어진 하나의 시스템 내에서의 역학관계일 뿐 이들에 통합적으로 작용하는 물리 법칙이나 열역학 법칙과는 '직접적인 관계'가 없다고 생각된다.

3. 인간 심성의 두 요소: 로고스와 파토스

인간은 로고스와 파토스로 형성되어 있다고 한다. 인간 정신(영: sprit)은 이러한 파토스와 로고스의 결합물이다. 그러나 로고스도 감각에 기초한 의식에 기반을 두고 있고, 이러한 의식이 사유에 의해 인간의 내면적 공간을 형성하고 있기에,[14] 인간은 로고스와 파토스가 결합된, 정신적, 영적이라 불리는 이념적으로 신이라고 생각된(상상된) 존재보다 못한, 일종의 감각에 기초한 사이보그(cyborg)인 셈이다.

사유와 결부된 인간의 감정에 희-노, 애-락, 애-오, 구(懼)가 있다고 할 때, 이러한 감정의 발현 방식의 동일-차이의 관계를 지적으로 파악하는 아리스토텔레스 중용론은 판단하는 사유와의 관계에서 반대와 모순의 관점에서 정리할 수 있다. 그런데 사유와의 관계에서 나타나는 이러한 감정의 양상들로 설정하는 데에서 논리적인 반대와 모순의 관계는, 플라톤 철학에서는 물질과 관계한다고 생각된 감정이 지니는 무규정성으로 인하여 유한-무한의 존재론적 변증법으로 나타난다. 결국 이러한 감정의 변증법은 플라톤에 의해서는 유사성의 변증법으로 나타나나 아리스토텔레스에 의해서는 중용에 의해 조정되어야 하는 것으로

---

14) 플라톤의 물질은 우연-필연성의 운동을 하는 것으로 나타나는데, 이와 관계하는 인간 영혼에서도 공간적 사유에서는 필연성에 따르고, 감정에서는 시간성에 따르는 우연성에 때문에 유사성의 변증법이 나타난다. 그런데 칸트에 따르면 공간과 시간은 감성의 형식으로 나타나는데, 감성이란 의식 기능에 뿌리를 두고 있기에 베르그송에 따르면 공간 의식이란 종국적으로 감성의 내면적 형식인 시간 의식에 기초하고 있는 것으로 드러난다. 다른 한편, 동양철학의 심성론은 태극지도의 음양론과 이기론을 기초로 하여, 한국에서 사단칠정론으로 발전하고 자연에까지 확대하는, 인간의 심성을 성정(性情)으로 분류하는 존재론이다. 이 때문에 그리스 자연철학에서 나타난 원자론은 물론 이를 가능하게 한 파르메니데스의 존재론적 사유에서 기원하는 일반 논리학이나 수학-기하학의 발전이 없었다.

나타나며, 사유와 감정의 관계는 전체-부분의 논리를 넘어 유사성의 변증법과 관계하여 유기체적 관계로서 복잡하게 나타난다.[15)]

희-노-애-락은 서구에서 칸트가 말하는 무관심적 관심(disinterested interest)과 관계하는 놀이적 감정으로서, 칸트에 의해서는 미적 감각과 관련되어 취미판단으로 나타나며, 그것은 사유와 관계할지언정 사실(fact)의 진위와는 관계가 없는 것처럼 보인다.[16)] 희-노는 서로 반대가 되고 애-락이나 애-오도 서로 반대가 된다. 기뻐하고 분노하는 것은 어떤 대상에 대한 애-오의 정신적(능동적) 표현이다. 반면에 애-락은 서로 반대되면서 수동적인 것으로서 슬퍼하고 즐거워하는 것인데, 여기에서 수동성은 신체에 가까운 것으로 표현된다.

따라서 희-노와 애-락은 능동-수동의 관점만이 아니라 정신과 신체의 대립과 상보의 사차원적 관계가 되는 것과 같다. 즉 기쁨과 슬픔, 분노와 즐거움이 서로 반대가 되는 것이다. 전자가 이원론적 분류라면 후자는 능동-수동의 대립의 관점에서의 분류이다. 이러한 사차원적인 이중적 관계에서 결과하는 문제는 슬픔이 수동적인 소극적인 것이면서도 결여적인 것을 수용하기에 수용적인 정신을 표현하는 것이 된다. 수용이나 포용성에는 당하는 것을 용인하면서도 이를 넘어서려는 노력이 있다. 이 때문에 슬픔은 고통의 신비처럼 가장 정신적인 것이 된다. 결국 플라톤의 이원론적 분류에서 희-노-애-락의 관계는 희-애-노-락의 관

---

15) 기계가 지니는 전체-부분의 양화논리를 넘어서는 유기체의 논리는 현대 생물학의 거장 에른스트 마이어의 『이것이 생물학이다』에 나타난 것을 넘어 박홍규가 「베르그송의 근원적 자유」에서 표명한 바대로 "전체가 가능적으로 부분 안에 들어오는 현상"으로 말할 수 있다. 이러한 점은 두뇌 지도가 신체의 각 부위, 예를 들면 손과 감관-지각 부위에 비대칭적으로 크게 자리하고 있는 데에서나, 동양에서 관상이나 수상을 보는 현상으로 설명될 수 있으며, 신유가(新儒家)처럼 이(理)와 기(氣)를 사유와 감정으로 파악할 경우, 사유와 감정 사이의 관계가 사단칠정론으로 나타나는 것과 동일한 이치이다.

16) 송영진, 『미와 비평』, 4장 '칸트의 미학' 참조.

계로도 표현되는 것이다.[17] 기쁨이 종교적 감정이라면 슬픔도 우리 한국 국민성이 보여주듯이 정화(catharsis) 작용을 전제한 종교적 감정이 된다. 그러한 한에서 슬픔의 감정은 한계를 지닌 인간성을 표현함으로써 가장 이성적인 것처럼 보인다. 다른 한편, 감정에 대한 분류에서 두려움인 구(懼)에 관해서는 하이데거가 대상이 있는 공포와 대상이 없는 불안으로 분류하고 불안을 실존적 감정으로 설명한 것이 있다. 그런데 이러한 실존적 감정에 반대되거나 모순되는 감정으로 설정할 수 있는 것이 자신에게든 타자에게든 존재하기에 이러한 존재론적 신 개념에 유가나 기독교에서 말하는 윤리적 개념인 신(信) 개념을 덧붙일 수 있다고 생각된다.[18]

한편 로고스란 판단하는 사유를 지칭한다. 판단하는 사유에서 가치 개념으로서 일차적으로 현실과의 관계에서 진리 개념이 성립하고, 플라톤 철학에서 진리 개념은 실천철학적으로는 정의(justice) 개념과 관계한다.[19] 정의 개념은 한편으로 기능론으로서 유용성 개념에 관계하고 다른 한편으로는 선악 개념에 관계한다. 윤리학에서는 유용성 개념은 이기적인 존재 보호나 행복에 관계하는 개념이나, 선악 개념은 이기적인 개념이 아닌 타자와의 관계에서 상호적으로 이익이 되는 최적이라는 선(good)의 개념 위에 성립한다.

이러한 인간의 존재 관념이나 인간의 언어의 의미를 형성하는 진-선-미-성(聖)[20]이라는 가치 관념을 과연 인공지능은 구현하여 가질 수 있

---

17) 희-노-애-락과 희-애-노-락 간에는 반대와 모순의 대당관계가 사차원의 변증법처럼 성립하는 것으로 말할 수 있다.

18) 송영진, 『미와 비평』, 2장, 2.6. '감정의 양태들' 참조. 윤리적 개념의 이면에는 역으로 자아나 타자에 대한 존재론적 신(神) 개념이 존재한다. 이러한 존재론적 신 개념을 종교적으로는 하늘이나 신 개념으로 승화한다.

19) 송영진, 『혼합정체와 법의 정신』 1권, 1장 '플라톤의 정치철학' 참조.

20) 가치 관념을 표현하는 진-선-미와 이를 통합하는 성(聖: 신비)의 관계도 한편

는 것인가? 현대 과학철학자들의 인간의 정체성 문제는 물론, 인간의 사유가 언어를 토대로 하고 있기에 인공언어를 통한 기계적 존재(cyborg)의 정체성에 대한 논란은 이 문제를 토대로 하여 이루어진 것이다.[21)]

현대 과학은 아리스토텔레스의 자기 사유하는 신(神) 대신 지능이 높은 존재를 가정한다. 그것이 인공지능(AI)으로 나타난 것이다. 수학적 사고에서는 십진법에 기초한 더하기, 빼기, 곱하기와 나누기가 있다. 이 가운데 가장 어려운 것이 위상수학(기하학)과 관계하는 곱하기와 나누기이다. 곱하기와 나누기는 반비례관계에 있기에 선행적 사고(linear thought)로 구성되는 연산은 불가능하다. 이는 위상학에서는 거울이론이나 뫼비우스 띠와 같은 관계로 역설이 가능하기 때문이다. 그래서 수학적으로는 연산이 가능하기 위해서, 즉 논리적으로 연산이 가능하기 위해서 변증법적인 조정이 필요하다. 즉 인간의 역설적 사고에는 변증법이라 불리는 모순을 반대로 생각하게 하는 기능적 사고가 필요하다. 그러나 이러한 기능적 사고도 수학에서는 전체-부분에 의한 수량에 따

으로 위계를 지니면서 유기적이다. 서양철학에서는 최고의 가치 개념인 빛에 유비되는 성(聖)은 신적인 가치로서 신에게만 속하고, 이 성이 분화되어(빛이 프리즘에 의해 오색으로 분화되듯이) 선-진-미가 각각 자율적으로 작동하면서도 인간 심성과 관계한다. 이 때문에 선은 신과 관계하고, 진리는 이성과 관계하며, 미는 지성과 감성이 조화를 이루어 위계를 이루고 있는 것으로 인식한다.

21) 전체론적 관점(holistic view: panopsiosis)에서 반성하는 문제는 현대 수학에서는 집합론적으로 사고하는 것으로 나타나고, 집합론적 사고는 원자론적 사유를 전제한다. 즉 이 양자는 서로 환원되지 않는 다중지능의 문제이다. 좀비의 문제는 이러한 집합론적 사고를 유사성의 변증법적 논리로 환원한 것으로서 일원론과 이원론의 관점에서 해석될 수 있다. 현대에서 이러한 논란에 대해, 근대 라 메트리의 인간 기계론을 계승한 데넷은 인간은 물질이라는 신체에 기초한 로봇(사이보그)이라고 생각한다. 대니얼 데닛, 이희재 옮김, 『마음의 진화』(두산동아, 1996) 참조.

른 선행적 사고가 지배하고 있다. 선행적으로 수행되는 수학적 사고가 기초가 되어 변증법적인 기능적 사고를 하는 것이 근대에서 뉴턴이나 라이프니츠가 발견한 미적분법이다.[22)]

컴퓨터는 온 오프의 전기적 기능을 하는 소자의 이진법에 기초하여 자연수의 십진법을 이치 논리로 환원하고 이를 통해 사칙연산을 수행하고 있다. 이러한 일이 가능하기 위해서는 십진법을 가능하게 한 존재론 사고가 전제하는 위상학(기하학)과 관계하는 여러 가지 수[23)]는 물론, 이러한 수들에 기초한 선행적 사고(linear thought)에서 해결해야 할 다양한 문제들이 전제되어 있다. 컴퓨터의 이진법에 기초한 선행적 사고를 하는 기계적 사고는 이러한 전체론적 관점(holistic view)에서 선행적 사고에 역행하거나 반성에 기초한 변증법적 사고를 할 수가 없다.[24)] 이 때문에 모순율에 따르는 이성은 기능적 사고의 절정인 변증법적 사고에 일정한 제한을 두는 것으로서 현실에 최적화하는 사고방식으로 나타난다.

이론철학에서 최적화의 사고방식은 황금률을 찾는 사고로서 플라톤의 적도와 아리스토텔레스의 중용의 사고가 있다. 그러나 플라톤의 적도는 황금률이 나타내듯이 무한과 관련되고, 아리스토텔레스의 중용은 모순이나 반대를 대당 사차원적으로 관계하여 일정하지 않고 다양한 방법을 복합하거나 절충하고 있는 것으로 나타난다. 그런데 기능적 사고로서 변증법적 사고는 이론적 진리를 현실에서 구현하는 실천적 의미를 지니기도 하고, 진리로서 정의나 선을 실현하는 윤리학을 가능하

22) 송영진, 『소크라테스의 산파술에 따른 진리와 인식』, 1.6. '제논의 운동 역설들에 나타난 이성의 분석과 환원, 그리고 측정의 문제' 참조.

23) 실수-허수, 음수- 양수, 무리수-유리수, 집합수, 소수(素數), 자연지수(e), 파이(Π), 초월수 등이 그것이다.

24) 변증법적 사유를 개념적 사유나 관념적 사유라고 부를 수 있다. 위상학에서는 건축술과 동역학의 관계 문제로 나타난다.

게 하기도 한다. 진리를 찾는 이론철학은 가치중립성을 표방하나, 사실 자아 중심적인 주체성을 전제하고 있다. 그리고 이러한 주체성에 따른 진리는 '인간은 만물의 척도'라고 말한 프로타고라스의 명제가 가능하고 실천철학적인 측면에서는 이기심에 기초한 다양한 행복론을 가능하게 한다.

그러나 컴퓨터에서 실현된 인공지능은 인간의 사유의 셈을 세는 수학적 도구로 진화한 기계적 사고로서 서로 모순되지 않는 한두 가지 목적을 위한 수단으로 기능하기 때문에 유용성이나 효율적으로 최적화하는 점에서 인간의 지능보다 우월할 수는 있지만, 유사성의 변증법에 따르는 쾌-고의 감각이나 감정이 지니는 모순이나 반대가 융합되어 초월론적으로 혹은 창조적으로 상상하는 것을 기능의 목적이라는 일정한 한계 안에서 모방할 수는 있어도 자율적으로 표현할 수는 없다. 이 때문에 인간의 모순을 넘어서거나 반대로 환원하는 변증법적 사고나 이에 기초한 상상력에 의한 창조적 사고나 가치론적 사고를 할 수 없다. 특히 인간의 능동적 기능에서 기원하는 자율로서 나타나는 극기복례나 자비나 사랑에 기초한 종교적이거나 윤리적인 사고를 할 수 없다.

4. 인공지능과 인공신경망, 그리고 딥 러닝

감관-지각에 주어진 자료(data)에서부터 분석하고 추상된 정보(information)를 인간은 컴퓨터에 입력할 수 있고 이러한 다양한 정보를 인간은 자기 목적에 맞게 처리하는데, 컴퓨터의 이러한 정보 처리는 컴퓨터 언어의 알고리즘에 의해 가능하다. 인간의 두뇌는 1천억 개의 뉴런(고양이는 2억 5천 개, 개는 5억 개)으로 구성된다. PC의 CPU의 코어는 4-8개이고, 이것은 CPU가 동시에 4-8개의 작업을 수행하는 것을 의미한다. 딥 러닝(deep learning) 서버는 CPU와 더불어 GPU(Graphics

Processing Unit) 연산이 필수적인데, GPU의 성능이 좋은 것은 1천 개의 코어로 구성된다. 이러한 컴퓨터는 인간의 두뇌와 비교할 수 있다. PC의 주기억 장치 Ram은 뉴런 구조와 다르기는 하지만, 8GB는 대략 80억 개의 뉴런(인간의 1천억 개의 5분의 4)에 해당된다고 볼 수 있다. 이러한 메모리를 이용하여 코어에서 데이터(data)를 처리(processing)한다. 진리 판단에 필요한 데이터가 인터넷과 인터넷의 사회적 연결망(social network) 덕분에 폭발적으로 늘어났고(clouds), 인간의 학습(trial and error)이론을 모방한 게임의 법칙에 따르는 딥 러닝 때문에 데이터 처리 방식인 알고리즘(algorithm)에 의한 데이터의 병렬처리와 함께 몇 가지 향상이 생겨났다. 그 결과로 알파고(Alpha-go)와 같은 인공지능 프로그램이 이세돌을 이기게 된 것이다.

알파고와 이세돌의 바둑 시합에서 보듯이, 19×19줄로 경우의 수가 고정된(제한된) 판 위에서 기계적 사고와 결합된 게임의 법칙에 따르는 인공지능은 특정한 하나의 목적만을 위한 것으로서, 인공지능의 기능이 지니는 최적화 방식은 인간의 지능보다 훌륭할 수 있다. 그런데 만능이라는 개념은 신에게만 해당하는 것으로서 사실 모순된 개념이다. 만능이라는 개념은 인간에게는 변증법적인 것으로서 역설이 가능한 상대성을 함축하고 있기 때문이다. 이는 만능 튜링 기계가 불가능한 이유이다. 유한한 인간에게는 양분되어 나타나는 사유와 감각 기능은 일차적으로 감관-지각 기능에서처럼 오관으로 분화되어 다양하며, 이 때문에 하나의 목적만이 있는 것이 아니라 다중 지능이 작용하는 다목적적이라고 불릴 수 있는 상대론적인 것이다. 물론 다양한 기능들이 하나의 감각으로 통합되어 감각에서는 촉각으로 나타나고(오관이 촉각에서 분화되었다는 사실의 역이다), 사유에서는 하나의 존재(substance: subject) 개념이 형성되는데, 이것이 인간에게서는 선험적으로 주체성(subject: identity)의 절대적 관념으로 나타난다.[25]

감각과 관련된 기능(행위)의 문제에서 인간에게서 성립하는 다양한 목적에 다양한 수단들이 하나와 여럿의 변증법으로 관련되어 있으며,[26] 수단들은 목적에 유용성으로 판정되는 진리관이 결부되어 있다. 이러한 유용성(효용성)은 진리의 문제에서 뿐만 아니라 이를 토대로 하는 행위적 차원에서는 공리주의라는 윤리가 나타나고, 미학적 개념으로서는 조화(cosmos)의 관념이 나타난다. 플라톤은 『티마이오스』에서 능동자인 우주신 데미우르고스가 단 하나의 아름다운 우주(universe: cosmos)를 만든다고 말한다. 이러한 조화된 우주에서 역으로 황금률로 표현되는 최적화(적도)의 방법이 가능하다고 한다.[27]

그러나 현실에서는 황금률에도 여러 가지 변형이 가능하다. 우주들이 만들어낸 생물체들의 형상이 종과 유에 따라 다양하며, 개체의 다양

---

25) 인간은 만물의 척도라는 프로타고라스의 언명은 철학사에서는 상대주의의 기원을 이루는 사상으로 나타난다. 이러한 상대성은, 아인슈타인의 빛이라는 이중적 성격을 지닌 광양자라는 사건 존재(event)를 전제하는 상대성이론이 그러하듯이, 절대성을 함축한다. 그것이 인간에게서 주체성의 관념으로 나타난다고 볼 수 있다.

26) 하나의 목적에 다양한 수단들이 있을 수 있으나, 이의 역관계는 불가능하다.

27) 이 문제는 플라톤의 『파르메니데스』에서는 형상(영혼)의 특수자(개체)에 대한 내재(참여)(met-echein: take part in)와 초월성(임재)(parousia: para＋ousia: presence)의 최적화의 문제로 나타나고, 아리스토텔레스에게서는 형상-질료설에 따르는 변증법으로서 중용의 문제로 나타난다. 이 최적화나 중용의 문제는 기계적 사고인 인공지능(AI)의 게임이론과의 변증법적으로 관계한다. 사실 최적화의 문제는 우주에서의 한 개체의 탄생이나 구조, 즉 개체의 성립과 관계하는데, 소크라테스-플라톤에게서는 진리의 문제로서 가설적, 연역적 방법과 관계한다. 즉 가설적 방법은 진리의 문제로서 경험의 귀납법에 관계하여 진리 대응설로 나타나고, 연역적 방법은 진리의 문제로서 기준이 모순율로서 진리 정합설이다. 그런데 우주에서 한 개체의 존재는 이 양자의 방법적인 탐구의 결과의 일치로서 나타나야 하는데 플라톤에 따르면, 이러한 일치의 문제는 동일자-타자의 변증법적인 관계에 따르는 것이다. 송영진, 『플라톤의 변증법에 따른 진리와 인식』(충남대 출판문화원, 2019), 288-289쪽.

성은 이루 말할 수가 없다. 이러한 다양한 개체에서 햇빛의 양과 관계하는 경제성에 따른 잎의 형상들과 꽃잎 수가 다양하고 변형 가능하다. 가령 꽃잎 수가 피보나치의 수열인 1, 2, 3, 5, 8, … 등 해바라기의 꽃잎 수에 따르며 이들 꽃잎 수들이 그 상위(meta) 차원에서 황금률에 따른다 할지라도, 현실적인 차원에서의 다양성들이 반드시 피보나치수열을 따르지는 않으며 다양한 변형들이 있듯이, 이처럼 현실의 변화 차원에서는 다양성이 존재한다. 더 나아가 행위의 차원에서는 인간 사회에서 논란되는 정의론이 진리와 관계하여 피타고라스학파에서 이미 논란되듯이 산술적 정의론과 기하학적 정의론이 분화되어 나타나며,[28] 여기에 행위의 차원에서는 감정이 개입되기 때문에 이들을 통합하는 일은 변증법적인 사유에서 가능하다고 말할 수 있다. 그러나 이러한 통합을 상징하는 플라톤의 적도나 특히 아리스토텔레스가 『니코마코스 윤리학』에서 표명하는 중용은 감정의 양상들이 반대와 모순의 대당관계에 있기에 일률적으로 말할 수가 없다.[29]

결국 만능 튜링 기계의 문제는 다목적적 기능을 하는 인공지능을 탑재한 로봇이 발전하여 아리스토텔레스가 말한 형상(인공지능)과 질료(로봇)가 하나로 통합된 사이보그(cyborg)가 모순이나 반대가 개재되는 다양한 목적을 변증법적으로 사고하면서 그 판단의 결과를 현실에서 수행할 수 있는 것인가이다. 더 나아가 우주가 바둑판처럼 불변하는 구조를 지녔으면 기계적 사고와 결합된 게임의 법칙에 따르는 인공지능이 만능일 수 있다. 그러나 우리의 환경이나 우주는 인플레이션하고 있으며 변화한다. 따라서 우주를 구조화하는 자연법칙도 변화한다.[30] 기

28) 송영진, 『혼합정체와 법의 정신』, 1권, 1장 '플라톤의 정치철학' 참조.

29) 같은 책, 1권, 2장 '아리스토텔레스의 윤리학과 혼합정체' 참조.

30) 월터 티링, 「자연법칙은 진화하는가?」, 마이클 머피 · 루크 오닐 엮음, 이상헌 · 이한음 옮김, 『생명이란 무엇인가? 그후 50년』(지호, 2003) 참조.

계적 사고와 결합된 게임의 법칙에 따르는 인공지능이 우주적으로 변화하는 현실에서 작동(적용, 적응)될 수 있을까?[31] 인간의 지능은 이러한 변화하는 현실에 창발적으로 적응하는 데 반해, 인공지능은 이러한 인간의 지능을 모방할 수 있을 뿐 창발적으로 적응할 수는 없다.

5. 인공지능과 게임이론

인공지능은 인간이 생명체로서 특히 동물로서 제한된 영양물질을 두고 살아남기 위해 이기적 유전자가 벌이는 생존경쟁의 장에서 지능을 발달시키는 과정에 비유할 수 있다. 즉 아리스토텔레스의 말대로 인간은 단순한 동물적 단계를 넘어서 이성을 갖춤으로써 만물의 영장이 될 수 있었고, 이러한 만물의 영장이 됨으로써 지구상에 찬란한 물질물명과 이에 기초한 정신문화를 갖춘 소위 영적인 동물이 될 수 있었다. 아리스토텔레스가 말한 이성적 동물이라는 말은 다의성을 내포하고 있는데, 그 이면에는 우선 인간은 정치적 동물(zoon politikon)이라는 말이 먼저 있었다고 말할 수 있다. 즉 집단을 이루되 외적으로는 동물과 같이 생존경쟁하는 전쟁을 전제하나 내적으로는 생산에서의 분업과 생산된 부를 경제적으로 분배하는 과정이 사회적으로 조직되어야 한다. 이러한 사회는 말 그대로 의사소통(communication)을 전제하는, 그래서 평화롭게 화합할 수 있는(sociable) 인간관계를 이루는 것이 변증법적으로 조정되이, 정치와 경제, 그리고 사회적으로 중층적으로 아리스토

31) 여기에서 꼭 짚고 넘어가야 할 것은 인공지능이 작동하는 환경이다. 인간 사회에서 작동하는 인공지능이라 한다면 형식논리에 의한 결과물뿐만 아니라 규범적인(윤리적인) 결과물도 산출해야 할 것이다. 어쩌면 이는 인공지능이 처한 더 해결하기 어려운 상황이다. 규범적 판단, 즉 가치 판단을 인공지능에게 요구하는 것은 아직은 어려운 문제일 수 있지만, 궁극적으로 인간 사회에서 작용할 인공지능이라면 이 문제는 건너뛸 수 없는 문제이다.

텔레스가 말하는 중용이나 플라톤이 말하는 적도에 따르는 것처럼 최적화되어 있어야 한다는 것이다.

그런데 컴퓨터의 인공지능은 에이전트(agent)를 전제하는 딥 러닝을 제외하면 인간 지능이 형성한 특정한 목적을 위한 게임이론을 토대로 작동하고 있다고 말할 수 있다. 게임은 우선 정규형 게임과 전개형 게임이 있고, 이들은 나무 수형이나 행렬형으로 표현할 수 있으며, 전쟁과 평화의 대결과 협조의 변증법 사이에서 전략에 따른 게임의 법칙이 나타난다. 게임의 형태는 '스페인 반란 게임'과 '죄수의 딜레마 게임', 이의 기초가 되는 '홀짝 게임', '님(nim) 게임'과 '금발 미인 선취의 게임'의 복합과 변형인 '해피타임 게임' 등 여러 가지가 존재한다.[32] 리처드 도킨스는 이를 생물체 모두에게서 존재하는 이기적 유전자와 인간에게서만 존재한다고 생각되는 문화적, 사회적 유전자인 님(nim)의 변증법적 관계로 표현하고 있다.[33] 그런데 이러한 이기적 유전자인 게놈과 사화적 유전자인 님 사이의 변증법에는 게임이론에서 말하는 게임의 법칙이 있고, 지구상에서 발생한 생물체들은 사회생물학의 관점에서 악의에 기초한 죄수의 딜레마와는 달리 이러한 죄수의 딜레마의 역으로 기능하는 선의에 기초한 소크라테스의 지덕합일설에 따르는 듯한 최적의 안정된 상태로 진화(evolutionarily stable strategy)하여 왔다는 것이다.[34]

게임이론에서 나타나는 인간의 합리적 사고를 모방하는 인공지능은 합리적 선택을 하는 사고로서, 인간이 의사소통을 하면서 선의에 기초

---

32) 로저 A. 매케인, 이규억 옮김, 『게임이론』(시그마프레스, 2008), 1장 참조.

33) 리처드 도킨스, 홍영남·이상인 옮김, 『이기적 유전자』(을유문화사, 2015) 참조.

34) 송영진, 『혼합정체과 법의 정신』, 1, 2권. 책 전체의 기조가 된 플라톤과 아리스토텔레스의 혼합정체의 정신을 참조.

한 도구나 수단(핵발전소)을 개발하고 이를 제어하는 기능으로 작동할 때에는 플라톤이 말하는 최적화나 아리스토텔레스가 말한 중용의 방식으로 나타나나, 인간이 악의에 기초한 도구나 수단(핵폭탄)을 개발하고 이를 이용하는 기능으로 작동할 때에는 플라톤이 말하는 적도는 최악을 실현하거나 아리스토텔레스가 말하는 중용은 평범하고 경제적 가치가 전혀 없는 기능으로 혹은 기능할 수 없는 것으로 작동할 수 있다. 사실 변증법적 사고는 감관-지각에서 기원하고 인간의 사고를 거쳐 이루어지는 인식뿐만 아니라 감각에서부터 감정을 거쳐 정신이라고 불리는 중층적으로 형성된 정신적 직관을 합리화하는 사고에 불과하다. 합리적 사고와 이를 모방한 기계적 사고인 인공지능은 존재와 운동의 충족이유율을 분석하여 역으로 인식과 행위의 충족이유율을 전체-부분의 수학적이고 논리적인 필연성에 따라 수행할 뿐이다.[35]

합리적 사고와 선형의 기계적 사고가 결합되어 (수학에서의 미적분법과 같은) 변증법적 사고를 한다 하더라도, 이러한 변증법적 사고는 변화하는 현실에 대한 직관에 따라야 한다. 그리고 진리 판단에 필연적으로 나타나는 것이 오류이고, 이 오류는 진리 판단이 기초하고 있는 데이터(data)의 선택에 따르는 우연성에서부터 데이터 자체가 지니는 가치의 편향성에 이르기까지 수많은 요인에 기인한다. 특히 편향성에 있어서 규칙 기반 인공지능에서는 알고리즘 작성자의 사회적 편향, 인지적 편향 등이 인공지능의 알고리즘에 반영되어 인공지능의 결과물에서도 그러한 편향이 유발될 수 있다. 인공지능의 편향은 어떤 자료를 저장하는가에 따라 발생한다. 이는 인공지능에 적용되는 편향으로서, 알고리즘의 편향이라고도 불린다. 편향된 정보(data)로 계산한 결과는 필연적으로 편향을 지니게 된다는 것이다. 이러한 알고리즘의 편향은

35) 라이프니츠가 정리한 충족이유율은 존재와 운동, 인식과 행위의 두 계열의 충족이유율로 나타나는데, 이 두 계열이 역관계로 되어 있다.

오류와는 다른 일정한 패턴을 지니는 것이 특징이다. 그에 반해 기계 학습이 주를 이루는 현대의 알고리즘에는 작성자의 편향보다는 자료의 편향이 더 중요한 문제로 나타난다. 그래서 자료의 종류, 범위, 질 등을 개선하는 방식으로 편향의 문제를 해결할 수 있을 것으로 기대하고 있다.

우리는 흔히 인공지능이 인간의 인지적 편향을 해결해 줄 것으로 기대한다. 즉 규칙 기반의 인공지능이 더 논리적인 결과물을 산출할 것이라고 기대할 수 있지만, 인공지능에 제공되는 자료가 인간의 감관-지각이나 사유를 통해 주어진 자료이기 때문에, 즉 인간의 인식 능력으로서 감성과 지성을 통해서 자료가 주어지기 때문에, 그리고 이러한 인간 인식 능력이 한계가 있기에, 이를 통해 주어진 자료들에 상대성과 인간적인 편향성이 들어 있기 마련이다. 이러한 자료들에 기초하여 알고리즘이 작용하기 때문에 역으로 이러한 자료에서 인간성에 기초한 편향된 정보를 인공지능이 스스로 (초인이나 하나님, 혹은 ET처럼 이러한 상상적 존재가 상정하는 어떠한 기준에 의해) 걸러낼 수 있다고 합리적으로 생각하는 것은 불가능하다.[36]

인간의 진리 탐구는 이와 같이 수학에 기초한 논리학에서 말하는 귀납과 연역, 그리고 인과율에 따라 합리적으로만 이루어지는 것이 아니다. 이러한 진리 탐구는 기계적 학습의 기초를 이루는 것으로서 창의성이 나타날 수 없다. 그런데 인간은 생의 현실을 살아가기 위해 하등동물이나 개구리와 같은 동물들도 변화하는 환경 속에서 수행하는 시행착오(trial and error)의 학습 방법을 수천만 년간 수행하면서 진화하고 있다. 이러한 학습 방법은 진취적이고 창의성을 기반으로 하는 학습 방법으로서 현대에는 컴퓨터도 수행할 수 있는 딥 러닝 방법이라 칭하고

---

36) 「한국포스트휴먼학회 콜로키움」, 『철학과 현실』 제131호(2021년 겨울호) 참조.

있다. 이것은 인간이 언어를 학습하는 과정에 비유할 수 있다. 즉 인간이 언어를 배우는 과정은 문법적으로 즉 합리적이고 기계적이고 과학적인 방법으로 이루어지는 것이 아니다.[37] 우리는 동물들도 수행하는 시행착오의 학습 방법을 수행하고 있다. 이러한 딥 러닝 방법을 이론화한 것이 게임이론에 나타나고 있다. 즉 인간의 학습 방법에 합리적인 교육 방법론과 게임이론으로 정리되는 학습이론[38]이 있다고 말할 수 있다.

6. 도구로서의 기계와 인공지능

인간은 자신의 행위에 도움이 되는 도구(수단)를 만들기 시작하여 자기 목적을 완수한다. 뉴턴 역학은 원자론을 토대로 형성되어 있다. 이 때문에 근대에서 뉴턴 역학을 이용한 자동기계의 창안과 더불어 영구운동기관이 연구되었다.[39] 뉴턴 역학의 운동의 3법칙(관성의 법칙, 작용-반작용의 법칙, 가속도의 법칙)은 전체와 부분의 수학적이며 계량화할 수 있고, 논리적으로는 부분으로 된 전부(panta)의 모순율에 따르는 운동 법칙이다. 따라서 유기체인 인간이 자신의 작업을 흉내 내어 제작한 기계의 부품들은 유기체처럼 부분들이 전체(holon)를 이루지 못하고,[40] 이러한 기계의 작동은 운동의 시초만을 인간이 수행하는 것이지

37) 개구리나 인간의 학습과 컴퓨터가 하는 선형의 기계 학습의 방법이 다르다.

38) 한국에서 사지선다형의 문항으로 구성된 대학수학능력 시험은 미국의 존 듀이의 교육학을 연구한 교육학자들과 관료들이 합작하여 만든, 소위 전문가의 행정편의주의의 평가 방식으로 구성된 것이다. 이것은 고등학교에서 시행착오의 학습 방법과 실험정신을 말살하게 하는 것으로서 교육자들로 하여금 암기 우선의 수업 방법을 수행하게 만든다.

39) 자동운동 개념에는 영혼의 자발성에서 기원하는 피드백에 의한 원환(순환) 개념이 들어 있다.

만 종국적으로는 운동의 시초를 자신 안에 함축한 것으로서 자동기계가 목표이다. 자동기계는 피드백 장치를 통하여 원운동처럼 순환하는 것이다. 물리계에 유기체를 모방한 자동기계는 운동의 시초만 외부에서 주어지는 일종의 기관(system)이다. 그리고 기관으로서의 기계는 현실의 환경 가운데에서 작동해야 한다.

유기체의 행위를 모방한 뉴턴 역학을 이용한 자동차는 현대에서는 환경에 대한 정보를 센서(sensor: 사물 인터넷(Iot)으로 진화함)에 의해 얻고, 그 정보를 인공지능에 의해 정리하여 판단한 후, 그 결과를 토대로 운동하는 자율운동하는 자동차로 진화한 기계이다. 그런데 인공지능은 인간의 시행착오의 학습 방법까지도 모방하여, 즉 기계적 사고와 게임의 법칙에 따르는 기능을 융합하여 병렬처리하는 것이 건축술적으로 구축되어 있다. 이러한 자율운동하는 자동차에 대한 관념에서 진화한 것으로서 현대에서는 인간의 행위를 기계적으로 모방한 로봇이 나타난다. 로봇은 인간의 동작을 역학적으로 분석하여 물질 위에 실현한 기계이다. 그리고 이러한 로봇을 피드백 작용을 통하여 자동적으로 작동하게 하는 것은 인공지능이다. 즉 로봇은 센서에 의하여 외부 정보를 얻고 게임의 법칙에 따르는 인공지능에 의해 마치 인간처럼 자율적으로 판단하는 것을 실행하는 것처럼 작동하며, 가상현실에서는 물론 현실의 환경에 최적으로 맞게 작동 가능하도록 설계되어 있다. 그리고 이러한 로봇을 작동하는 인공지능 컴퓨터는 일상 언어를 디지털(digital)로 수

40) 유기체는 '전체가 가능적으로 부분 속에 들어올 수 있는 기능적인 것'으로서 전체에서 부분은 떼어놓을 수 없다. 이 때문에 유기체는 기계 속에 기계가 있다는 것으로 표현하며, 이렇게 전체와 부분의 관계를 기능적으로 표현한 것이 논리적으로는 존재와 허무의 이치적인 모순을 반대로 전환한 기능의 것으로서 변증법적인 것이다. 따라서 기계에 운동 원인인 '기능적인 것'을 덧붙인다 해도 그것은 부분 안에서만 이루어지는 것으로서 수학적으로는 미적분법으로 표현되는 것이다.

학화한 이진법의 기호에 의한 기계언어로 환원하거나 일상 언어를 모방하는 방식(analogy)으로 사용하고 있다. 즉 인공지능은 이러한 기계언어를 통하여 혹은 인간의 일상 언어를 모방하는 방식으로 마치 인간처럼 최적화하는 합리적 사유를 할 수 있고, 알파고에서 볼 수 있듯이 인간의 학습이론을 게임이론으로 환원하여 판단함으로써 주어진 상황에서 최적화하는 방식으로 작동하기에 그 효율 면에서는 인간의 능력을 넘어서는 것으로 나타난다.

결국 인공지능이란 인간의 학습 능력과 추론 능력, 지각 능력들을 컴퓨터 프로그램(algorithm)으로 실현한 기술이다. 이것은 인간의 지능으로 할 수 있는 사고, 학습, 자기 개발 등을 수리-논리적인 방식으로 모방한 기계적 사고(선형적 사고)와 학습이론을 게임이론으로 결합한 것으로서 고정된(제한된) 환경에 게임의 법칙에 따르는 최적화하는 지능이라고 말할 수 있다.[41] 따라서 인공지능은 인간이 할 수 있는 모순에 대한 변증법적 사고는 물론 새로운 환경에서 이에 적응하는 창조적 사고나 윤리적 사고를 할 수 없고, 한다 하더라도 이를 모방한 수리-논리적인 기계적 사고로 최적화의 기능적 판단만을 할 수 있는 기술적인 지능이라고 말할 수 있다. 결국 인공지능과 로봇이 결합되어 아리스토텔레스가 말한 형상과 질료가 협동하는 방식으로 형성된 사이보그의 몸체는 사이버 공간에서 그 조직이 기계적이고, 인공지능의 작동하는 방법이 인간의 선형적이고 수학적인 방식으로 작업하는 지능과 인간 사유의 최적화하는 변증법적 기능을 일부 수행하거나 자료 분석에 따른 분류나 이를 종합하는 기능을 집합적으로 결합하여 유기적인 방식이 아닌 기계적 방식과 결합된 게임의 법칙에 따라 특수 목적을 수행하는 것으로서, 2010년대 후반에 현실화된 양자 컴퓨터[42]의 기능이 이를 상

41) 이건명은 이를 '기계학습'으로 통칭한다. 이건명, 『인공지능: 튜링 테스트에서 딥러닝까지』, 4장 참조.

징적으로 나타낸다.

결론적으로 인공지능 개발을 '에이전트를 지능형으로 만드는 사업'으로 정의한 김진형은 다음과 같이 말한다.

"에이전트(agent)는 센서를 통하여 외부 환경, 즉 세상으로부터 정보를 얻고 취할 행동을 결정한다. 그리고 액추에이터를 통해 외부 환경에 영향을 미친다. 에이전트가 활동하는 외부 환경은 간단한 세상이 아니다. 세상은 끝이 없으나, 에이전트가 인지하는 세상은 제한되어 있다. 전체를 관찰하거나 이해할 수 없다. 에이전트가 감지할 수 있는 것은 오직 부분뿐이다. 제한된 감각기관 때문이다. 따라서 세상을 파악하는 데에는 항상 불확실성이 존재한다. 또 액추에이터를 사용했을 때 에이전트의 의도대로 항상 작동하지 않는다. 상황 판단에 잘못도 있겠지만 액추에이터의 정밀성이 제한되어 있는 것도 원인이다. 세상과 에이전트의 상호작용

42) 현재의 컴퓨터는 정보단위(비트) 하나에 0 또는 1을 담을 수 있다. 반면 양자 컴퓨터는 큐비트(Qubit: 양자 컴퓨터 정보단위) 하나에 0과 1을 동시에 담아 여러 연산을 한 번에 처리할 수 있는 차세대 컴퓨터이다. 이론적으로는 큐비트 하나가 늘어나면 성능이 두 배씩 올라간다. 양자 컴퓨터는 엄청나게 많은 사람이 동시에 여러 갈래 길을 찾아가는 과정을 수행해 출구를 찾는 방식이다. 이론적으로 슈퍼컴퓨터가 푸는 데 수만 년이 걸리는 문제를 몇 시간 만에 풀 수 있는 것으로 알려져 있다. 이 때문에 산업과 기술 전반에서 지금과는 차원이 다른 진보와 변화가 촉발될 것으로 기대된다. 그러나 양자 컴퓨터가 기존 컴퓨터보다 빠를 수는 있지만, 기존 컴퓨터로 풀 수 없는 문제는 양자 컴퓨터 역시 풀 수 없다. 충분한 시간과 메모리가 주어지더라도 사실상 마찬가지다. 튜링 기계가 양자 컴퓨터를 시뮬레이트할 수 있기 때문에 양자 컴퓨터가 정지 문제 같은 결정 불가능 문제를 풀 수는 없다. '표준' 양자 컴퓨터의 존재가 처치-튜링 명제를 반증하지는 않는다. 최근에 수많은 연구자들이 양자 역학을 하이퍼 계산에 사용할 수 있는지를 연구하기 시작하였다. 즉, 결정 불가능 문제를 풀 수 있을지를 연구하는 것이다. 그러한 주장은 이론적으로도 가능하지 않을 것으로 보는 회의적인 견해가 많다. 2019년에 구글(Google)에 의해 실현된 양자 컴퓨터는 범용 컴퓨터가 아니라 특수한 문제를 해결하는 (특수 목적을 수행하는) 컴퓨터일 뿐이다.

에는 항상 불확실성이 존재한다.

확실성이 존재하는 세상을 에이전트가 어떻게 '생각'하는가에 따라 문제 해결의 방법이 다르게 된다. 에이전트의 생각은 그 나름의 '세상 모델'이다. 모델이란 현실세계의 복잡한 현상을 추상하거나 가정 사항을 도입하여 단순하게 표현한 것이다. 복잡해서 단순화하지 않으면 제한된 자원으로 문제를 해결할 수 없다. 그러나 과도하게 단순화하면 현실과 동떨어져 효용성이 없다. 에이전트가 활동하는 세상 모델을 교과서에서는 통상 일곱 가지 관점으로 체계화한다.

첫째, 결정론적, 확률적 관점이다. 외부 환경의 이전 상태 및 에이전트의 행동에 따라 발생한 다음 상태가 완벽하게 예측 가능한 경우, 이러한 세상의 성격을 결정론적이라 한다. 가장 단순하게 세상을 보는 것이다. 상태를 확률적으로 일어날 수 있다고 보면 복잡도는 증가한다.

둘째, 정적, 동적 관점이다. 에이전트가 정보를 얻은 후 행동을 취할 때까지 세상이 변화하지 않고 고정되어 있다고 가정하면 이런 세상을 정적이라 한다. 그 반대라면 동적이라고 한다. 세상을 동적이라 본다면 문제 풀이가 훨씬 어려워진다. 동적 세상에서는 일반적으로 신속하게 반응해야 한다. …

셋째, 관측 가능성으로 구분하는 것이다. 에이전트가 완벽하게 관찰할 수 있는 세상이 있는가 하면, 부분만 관찰할 수 있는 세상도 있다. 물론 관찰 자체가 힘든 세상도 있다. 완벽하게 관찰할 수 있는 세상에서 의사결정이 상대적으로 쉽다. 예로 바둑 게임은 게임에 참여하는 두 명의 에이전트가 세상을 모두 볼 수 있다. 그러나 포커 게임은 그렇지 않다. 게임 상황을 일부만 볼 수 있다. 상대방 카드를 볼 수 없기 때문이다.

넷째, 존재하는 에이전트의 수로 세상을 구분할 수 있다. 다수의 에이전트가 존재하는 세상은 훨씬 복잡하다. 에이전트들이 협조하거나, 경쟁하거나, 무관심할 수 있다. 게임 상황에서는 에이전트들이 팀을 형성하여 경쟁하는 경우가 많다.

다섯째, 세상에 관한 사전 지식의 유무이다. 세상을 지배하는 법칙을 에이전트가 사전에 알고 있다면 '알려진 세상'이라 간주할 수 있다. 반대의 경우, 에이전트는 환경을 지배하는 법칙을 모른다. 따라서 에이전트들이 자원을 동원하여 세상의 법칙을 발견해 가야 한다.

여섯째, 단편적, 순차적 관점에서 세상을 구분한다. 단편적 관점에서는 세상의 변화를 단편적 사건의 집합으로 본다. 따라서 의사 결정을 하는 데 있어서 현재 상태만 고려하면 된다. 반대로 순차적 관점에서는 변화가 과거 사건의 영향으로 바뀐다고 본다. 따라서 과거 상태를 모두 기억해야만 현재 최적의 행동을 결정할 수 있다.

일곱째, 이산-연속의 관점이다. 이산(discrete) 환경에서는 위치나 시간의 간격이 고정되어 있다. 예를 들면, 초 단위로 시간을 표현한다고 할 때, 초 이하의 시간은 무시된다. 그러나 연속적인 환경에서는 위치나 시간이 연속된 선상의 한 점이다. 따라서 원하는 정밀도 수준으로 측정을 정량화시켜야 한다.

에이전트가 세상을 어떤 관점에서 보느냐에 따라서 문제의 난이도는 천차만별이다. 또한 도출된 해결책이 얼마나 현실적인가도 결정된다. [인간 한 개인의 실존 상황에서처럼] 외부 환경 중 부분만 관찰하고, 확률적, 순차적, 동적, 연속적이면서 다수의 에이전트가 존재하는 상황이 여러 문제 해결 중 가장 어려운 환경이다. … 그런데 인공지능 개발 방법론의 연구에서 두 학파가 있다. 하나는 사람처럼 생각하고 행동하도록 만들자는 학파이다. 이를 '사람처럼' 학파라고 하자. 다른 학파는 사람이 어떻게 하는가에 연연하지 말고 합리적으로 생각하고 행동하도록 만들자는 학파이다. 이를 합리성 학파라고 하자. … 전 세계에서 가장 인기 있는 인공지능 교과서를 집필한 저자는 합리적 접근법을 현대적이라고 기술했다."43)

---

43) 김진형, 『AI 최강의 수업』(매일경제신문사, 2020), 77-88쪽 참조.

컴퓨터의 계산 능력이 성장할수록 합리적인 방법론의 능력 또한 성장한다. 컴퓨터의 성장 능력은 사람의 성장 능력보다 빠르다. 결론적으로 수학적 모델을 수립하고 최적화로 합리성을 추구하는 것이 더 일반적이며 더 강력한 인공지능의 방법론이라 할 수 있다. 문제는 김진형도 말하듯이, 현실에서는 플라톤 철학을 대표하는 합리성 학파와 아리스토텔레스 철학을 대표하는 '사람처럼' 학파가 엎치락뒤치락하면서 수많은 담론을 만들어낸다는 것에서 전문가들은 물론 보통사람들에게 인간 자신을 이해하는 데 복잡함과 혼란을 초래한다는 것이다. 마찬가지로 모든 기술이 그렇지만 처음 등장할 때는 큰 기대를 갖는다. 모든 문제를 해결할 것 같다. 그러나 시간이 지나면서 기술의 본질을 이해하게 되고 그 한계도 알려진다. 이세돌과 알파고의 대결로 딥 러닝이 알려지고 이에 대한 이해가 깊어지고 인공지능에 대한 관심이 높아지고 활용 영역도 넓혀지고 있으나, 그 약점과 한계도 밝혀지고 있다.[44] 그 약점과 한계는 기계 학습이 갖는 이론적으로 근원적인 것에서부터 이를 현실화하는 엔지니어링에 따르는 것에까지 종합되어 나타나고 있다. 기계 학습은 기본적으로 귀납적인 통계적 학습과 연역적인 추론 방법의 상반된 방법상의 결합의 문제이다. 따라서 인공지능의 성능은 데이터의 양과 질이 결정한다. 그런데 이 양과 질의 관계는 일상 언어에 기초한 아리스토텔레스의 연역 논리학이 전제하는 한 개념의 의미의 내포와 외연의 관계가 말하듯이 변증법적으로 반비례관계에 있다는 것은 상식이다.

우선 딥 러닝이라고 불리는 기계 학습은 훈련 데이터가 많을수록 좋은 성능을 보인다. 기계 학습이 필요로 하는 데이터의 양은 모델 파라미터의 수가 증가함에 따라 기하급수적으로 증가한다. 파라미터의 수에

---

44) 이하 논술은 김진형이 『AI 최강의 수업』, 265-293쪽에서 말한 인공지능의 약점과 한계를 철학적 관점에서 일반화하였다.

비하여 데이터가 적으면 학습에 사용한 데이터에서는 잘 작동하지만, 새로 보는 데이터에서는 잘 작동하지 않는다. 우리가 기계 학습을 통하여 인공지능 시스템을 만드는 이유는 새로운 문제에서 해결책을 얻고자 하는 것인데, 이것은 치명적인 약점이다. 더구나 '심층'이란 단어에서 유추할 수 있듯이 심층 신경망은 많은 수의 노드와 연결된다. 즉 파라미터의 수가 매우 크다. 따라서 심층 신경망을 훈련시키기 위해서는 방대한 데이터를 확보해야 한다. 이는 딥 러닝 기법의 확산에 큰 장애요인이다. 반면에 훈련 데이터는 정확해야 한다. 특히 지도 학습에 사용되는 입력과 출력 쌍의 훈련 데이터는 철저히 점검하여 정확도를 높여야 한다. 정확하지 않은 테이터로 훈련시킨다면 그 결과는 보장할 수 없다. 쓰레기 같은 데이터나 편견이나 편향성을 지닌 데이터를 입력하면 쓰레기 같은 데이터나 편향된 결과가 나오는 것은 당연하다. 데이터를 모으고 빠진 정보를 채워 넣고 잘못된 정보를 수정하는 등의 데이터 준비 작업에는 많은 노력이 필요하다. 더욱이 이 과정을 자동화하기가 쉽지가 않다.

기계 학습은 귀납법에 기초한 통계적 추론 방법이고 기계 학습으로 구축된 인공지능 시스템은 자동적인 것이지만, 그 기초가 확률적인 의사 결정 시스템이다. 그 결과 기계 학습으로 구축된 심층 신경망에 의사 결정 과정을 묻는다면, 연역적이든 귀납적이든 상하로 결정되는 확률적 판단 과정을 설명해야 한다. 심층 신경망의 경우 이 양자가 함축한 확률적 판단이 여러 번 중첩되어 있기 때문에 그 판단 수식을 설명해도 아리스토텔레스의 중용의 논리처럼 인간의 직관적 경험에 맞추어 서로 변증법적으로 조정하지 않으면, 그 논리를 이해하는 사람이 없을 것이다. 즉 인공지능 시스템이 사람을 대신해서 중요한 판단을 하는 것도 사람이 그 과정을 이해할 수 없다면 이는 매우 심각한 한계이다. 의료 분야에서 특히 그러하다. 질병의 원인과 처치법의 효과도 모르고 인공지능의 처방을 받아들일 수 있을까? 의사는 인공지능이 결론을 어떻게 도출했는지 확실히 이해한 후 환자에게 적용 여부를 판단해야 한다. 더구나 한 사람의 문제가 아닌 전 인류의 운명을 좌우하는 중요한 결정을 할 때, 이것을 의사 결정 과정을 설명하지도 못하는 인공지능에게 맡길 수 없다.

인공지능의 한계를 일반화하자면, 인공지능을 구축한 이론에는 구체적인 세계관이나 가치관이 없다. 이 때문에 인공지능은 역설적으로 다양하게 분지되어 발달할 수밖에 없다. 즉 현실에서 인공지능은 모두 존재론적으로나 가치론적으로 전문화되어 있기에 만능 튜링 기계를 작동시킬 인공지능은 불가능하다는 것이다. 이에 대해 김진형은, 딥 러닝에는 세상 모델이 없고 악의적인 공격에 취약하다고 말하고 있다. 그리고 이러한 모든 약점과 한계를 '공학적 기법이 부족한 딥 러닝'이라는 소제목에서 다음과 같이 말하고 있다.

"일반적인 소프트웨어의 공학적 개발 절차는 기계형 시스템 개발에도 적용되어야 한다. 요구 사항을 모아서 현재의 문제를 식별하고, 목표와 계획을 세우는 것이 정보 시스템 개발의 시작이다. 그 다음 시스템을 설계하고, 구현하며, 테스트를 거쳐 현장에 배치하고, 사용하면서 유지, 관리한다. 그리고 이 절차는 반복된다. 시스템 개발 절차에 더해 기계 학습 개발에는 특별한 업무가 추가된다. 학습용 데이터의 수집, 데이터 정리 및 검증, 반복되는 학습 관리, 학습 결과의 일반화 능력 검증, 안정성 점검, 컴퓨팅 자원 관리 등이 그것이다. 이러한 기계 학습 시스템 개발의 작업 흐름에서 아직은 공학적 관리 기법을 적용하지 못하고 있다. 이러한 상황은 딥 러닝 기술의 현장 배치나 확장 가능성을 심각하게 제한한다. … 또한 인공지능은 다른 기술로 개발된 시스템들과 연계되어 사용된다. 딥 러닝으로 훈련된 기계 학습 시스템은 통상적으로 커다란 시스템의 일부이다. 독자적으로 사용되는 인공지능은 현장에서 보기 힘들다. 디지털 기술이 일반화되어 대부분의 시스템이 소프트웨어로 구현된다. 따라서 인공지능 시스템은 소프트웨어 시스템의 한 모듈일 가능성이 크다. 소프트웨어 시스템 개발에서 기계 학습은 매우 작은 부분을 차지하며, 필요한 주변 인프라가 더 광범위하고 복잡하다. … 기술의 강력함과 범용성은 항상 반비례관계에 있다. 여러 문제에 적용할 수 있는 범용성 기술은 능력이 미약해서 현실화 문제를 실용화 수준으로 해결하지 못하고, 강력한 능력을 지닌 기술은 적용 범위가 매우 좁아서 새로운 문제를 만나면 해결하지 못한다. 지난 70년간의 인공지능 연구는 강력하면서도 범용성 있는 방법론의 탐구의 역사라고 할 수 있다. 기호적 처리와 연결주의 경쟁을 이 관점에서 볼 수 있다. 기호적 처리 방법론은 수동으로 구축한 지식을 바탕으로 하고 있다. 좁은 영역이지만 깊은 추론이 가능하다. 보고 듣는 인지 기능의 구축이나 학습에는 취약하다. 반면 연결주의는 통계적 의사 결정 방법이다. 데이터 훈련 방법이며, 인지 능력 구현에서 강점을 보인다. 그러나 정보의 추상화와 다양한 형태의 지식과 통합하는 능력에서 약점을 보인다. 이 두 가지 강점을 통합하는 하이브리드 방법론이 인공지능의 미래라고 많은 연구자들이 오래전부터 예측해 왔다. 인공 신경망이 신호를 처리하여 기호적 표현으로 만들고, 고도의 지식 처리는 기호적 처리가 담당해야 한다는 주장이 오래전부터 있어왔다. … 그러나 이러한 지능형 에이전트는 세상 모델을 이용하여 의사 결정을 한다. 세상 모델은 복잡한 세상을 필요한 만큼 단순화시킨 표현으로써 에이전트가 믿는 세상이나 이론이다. 문제는 따라서 다양한 모델을 필요로 한다. … 인공지능에서 자주 부딪치는 탐색의 문제는 모든 경우를 조사하여 가장 좋은 것을 찾는 것이다. 즉 조합 최적화 문제이다. 이런 문제의 어려움은 분기점을 지날 때마다 탐색해야 할 경우가 기하급수적으로 증가한다는 점이다. 기존의 컴퓨터로는 이런 문제 해결에 많은 시간이 걸린다. 복잡도가 기하급수적으로 증가하기 때문에 프로

세서의 숫자가 1천 배, 1만 배로 증가하고, 또 그 처리 속도가 1천만 배, 1억만 배 빨라지더라도 별 도움이 안 된다. 이런 조합 최적화의 문제에서 양자 컴퓨터가 능력을 보일 것으로 기대한다. … 양자 컴퓨터는 분기점에서 모든 경우를 한꺼번에 탐색할 수 있다. 즉 기하급수적으로 복잡도가 증가하지 않는다. 이것은 짧은 시간 안에 더 많은 가능성들을 샅샅이 뒤질 수 있다는 것을 의미한다. … 양자 컴퓨터는 인공지능에 큰 도움을 줄 것이다. 기계 학습이란 가장 좋은 파라미터 값을 찾는 작업인데 여러 가지 파라미터 값을 동시에 검토할 수 있다면 그 속도는 매우 빠를 것이다. 기존의 탐색 문제에서 최적 값을 찾는 시간을 줄이기 위해서 적당히 좋은 값으로 만족해야 했는데 양자 컴퓨터가 도와주면 최적의 값을 고집해도 될 것이다. 알고리즘이 훨씬 좋은 판단을 훨씬 빠른 시간에 할 수 있다면 인공지능은 더욱 똑똑해질 것이다. … 그럼에도 불구하고 인공지능의 겨울은 언제든지 다시 올 수 있다. 인공지능의 겨울을 피하기 위하여 인공지능 기초 연구와 강화 또한 필요하다. 인공지능의 기초 연구 영역에는 과학적 발견이 필요한 부분이 있고, 과학적 발견을 이용해 문제를 해결하고자 하는 공학적 영역도 있다."[45]

7. 언어와 인간의 의식적 행위와의 관계

로저 펜로즈(Roger Penrose)는 「정신을 이해하는 데 왜 새로운 물리학이 필요한가?」라는 논문에서 다음과 같이 말한다.

"인간의 정신은 여러 가지 측면이 있다. 그중 일부는 현재의 물리 개념으로 설명할 수 있으며, 더 나아가 컴퓨터 모의실험을 통해 접근할 수 있는 여지도 있다. 인공지능의 옹호자들은 그런 모의실험이 실제로 가능

45) 같은 책, 282-293쪽.

하고 적어도 우리의 지능과 근본적으로 관계가 있는 정신적 특성 중에 그럴 수 있는 부분이 꽤 많을 것이라는 주장을 굽히지 않는다. 게다가 그런 모의실험을 활용하면, 특정한 측면에서 인간과 같은 행동을 하는 로봇을 만들 수도 있다. 인공기능을 강력하게 옹호하는 사람들은 더 나아가 전자 컴퓨터가 모든 정신 특성을 모의실험할 수 있으며, 나중에 능가하게 될 것이라는 주장을 굽히지 않고 있다. 또 그들은 그런 단순한 계산 작용이 컴퓨터나 로봇에게 우리 자신이 경험하는 것과 같은 종류의 의식 경험을 환기시킬 수 있다고 주장하곤 한다.

반면에 정반대의 주장을 펼치는 사람들도 많다. 즉 우리의 정신에는 계산을 통해서는 규명할 수 없는 측면들이 있다는 것이다. 그런 관점에서 보면, 인간의 의식은 인간의 특성이지, 계산의 구현 형태가 아니니다. 사실 나도 그렇게 주장할 것이다. 하지만 나는 그뿐 아니라, 의식적인 고찰을 할 때 우리의 뇌가 수행하는 활동들은 계산을 통해 모의실험한다는 것 자체가 불가능하다고, 따라서 계산 자체는 그 어떤 형태의 의식 경험도 낳을 수 없다고 주장할 것이다.

그런 논증의 정확성을 기하려면, '계산'이 무엇을 뜻하는지 개념 정의를 명확히 할 필요가 있다. 사실 계산은 정확히 수학적 정의를 가지고 있다. 이것은 튜링 기계 작동을 통해 이해할 수 있다. 튜링 기계는 수학적으로 이상화한 컴퓨터이다. 이상적인 것이기에 그것은 낡지도 않고 느려지지도 않은 채 무한히 작동할 수 있으며, 오류를 일으키는 법도 없다. 가장 중요한 점은 그것이 무한한 저장 능력을 지니고 있다는 것이다. (따라서 우리는 저장 능력이 딸릴 만하면, 언제든 저장 능력을 추가할 수 있다는 식으로 상상해야 한다.) 나는 튜링 기계에 이보다 더 정확한 정의를 내릴 수 있다고 주장하고 싶지 않다. '컴퓨터'라는 개념이 이제 우리에게 익숙해 있기 때문이다.

나는 '의식'이 무엇인지 여기에서 정의를 내릴 생각은 없다. 우리의 의식이 무엇이든 간에 그것이 무언가를 이해하고자 할 때, 구체적으로 말해서 수학적 논증을 이해하고자 할 때, 반드시 있어야 할 무엇이라는 것만 알고 있으면 된다. 어떤 이유로 계산 과정이 의식적 고찰의 결과들을 모사조차 할 수 없다고 주장하는가? 내가 그렇게 생각하는 강력한 이유들 중에 가장 강력한 것은 쿠르트 괴델의 유명한 정리(1931)에서 나온 것이다. 괴델의 정리는 수학적 이해가 완벽한 신뢰를 받는 기존의 계산 규칙 집합들로 환원될 수 없다는 명확한 의미를 지니고 있다. 더 나아가 알 수 있는 순수한 계산 과정 집합들 중 컴퓨터로 조종되는, 진정한 수학적 이해 능력을 지닌 로봇으로 이어질 수 있는 것이 전혀 없다고 주장할 수도 있을 것이다. 그런 과정들은 세심하게 설계된 '하향식' 알고리즘 명령뿐만 아니라 좀 더 느슨하게 프로그램화된 '상향식' 학습 메커니즘도 약간 포함할 수 있다. 여기에서는 그런 것들을 상세하게 논의할 수 없다. 전반적인 논증은 다른 지면에서 하기로 한다.

계산 불가능성 문제를 다룰 때, 인간의 수학적 이해가 다른 이해와 달리 뭔가 특별한 것을 가지고 있다고 가정한다면 불합리할 것이다. 따라서 수학적 이해의 계산 불가능성은 인간의 각종 이해가 계산 불가능한 수단을 통해서도 달성될 수 있다는 의미를 지닌다고 보아도 될 듯하다. 마찬가지로 나는 인간 이외의 동물들 중에서도 적어도 꽤 많은 동물들이 의식이라는 특성을 지니고 있으며, 따라서 틀림없이 비계산 규칙에 따라 행동할 것이라고 믿는다."[46]

앨런 튜링(Alan Turing)은 입력 데이터의 하나의 명령에 따른 단 하나의 기능을 수행하는 단순한 튜링 기계를 생각한다.[47] 튜링 기계에 입력되는 그 명령이 하나의 목적(행위)을 하게 하는 것이다. 이는 알고리

46) 로저 펜로즈, 「정신을 이해하는 데 왜 새로운 물리학이 필요한가?」, 마이클 머피 · 루크 오닐 엮음, 이상헌 · 이한음 옮김, 『생명이란 무엇인가? 그후 50년』, 226-244쪽.

47) A. Turing, "Computing machinery and intelligence", *Mind*, 59, pp.433-460.

즘에 의해 가능하다. 튜링은 이러한 일을 무한히 반복하여 여러 가지 일을 할 수 있게 하는 만능 튜링 기계를 생각한다. 그리고 이러한 일을 컴퓨터에 의해 수행할 수 있다는 데에서 이것은 현실화 가능하다. 만능 튜링 기계는 여러 가지 일을 할 수 있는 범용 튜링 기계이다. 다목적적이다. 이러한 일이 가능할까?[48] 이러한 만능 튜링 기계의 문제는 인공지능과 관계하여서는 만능 튜링 기계가 인간의 말을 수행하는 문제로 집약하여 말할 수 있다.

인간이 명령어로서의 말을 수행한다는 것(pragmatics: 수행언어)은 언어의 의미를 이해하여 그 의미가 명령에 의해 행위로 실현된다는 것을 뜻한다. 그런데 인간이 사유한다는 것은 언어를 통하여 가능한 일이고 이러한 일은 철학적으로는 기능적 사유인 변증법적 사유가 가능하다는 것을 의미한다. 이러한 변증법적 사유는 인간이 자신의 사유를 반

48) 수에 관한 모든 가능한 진술들의 참과 거짓을 입증해 주는 규칙들의 유한집합이 존재할 수 있는가라는 문제를 해결하기 위해서 앨런 튜링은 계산이란 일련의 규칙들에 따르는 기계적인 방법임을 착안하여 이 기계적 방법을 알고리즘화한 만능 튜링 기계를 만들어냈다. 이 만능 튜링 기계에서는 문제의 입력 데이터뿐만 아니라 프로그램 자체도 수로 코드화하여 입력 데이터로 간주할 수 있다. 그 결과 튜링-처치 테제는 다음과 같다. "모든 계산의 유효과정은 만능 튜링 기계에서 실행되는 적절한 프로그램에 의해서 수행될 수 있다." 그런데 만능 튜링 기계는 존재할 수 있는가? 만일 그것이 실제로 존재한다고 해보자. 그리고 다음과 같은 진술을 집어넣으면 어떠한가? "만능 튜링 기계는 이 문장을 결코 인쇄하지 않을 것이다." 만일 인쇄한다면 이 문장은 거짓이 된다. 만일 인쇄하지 않는다면, 참인 진술을 인쇄하지 않으므로 이것은 이 기계가 만능이라는 사실과 모순된다. 괴델의 불완전성 정리가 함축하듯이 결국 진리란 유한하게 기술될 수 없다는 것이다. 사실 규칙들 그 자체는 그것이 기술한다고 가정되는 세계 속에 존재하는 것이다. 예를 들면, 컴퓨터가 이치논리에 기초하고 이치논리가 전기적 신호(있음-없음)라는 존재론의 배중률에 기초하고 있기 때문에 논리와 사실의 존재가 동일시되고 있다. 이 때문에 실세계의 가능한 모든 진리를 무한대로 생성하는 유한한 집합을 요구한다는 것은 자신의 구두끈을 잡아당겨 자신을 집어 올리려는 시도와 비슷하다.

성적으로 자각하는 자기반성의 이성적 사유를 한다는 것이다. 그리고 이성적 사유는 실천철학적으로는 정의(justice) 개념을 기초로 환경의 변화에 따라 자신을 적절히 통제하면서도(good), 진리(truth)나 사실(fact) 개념에 기초하는 과학의 합리적 사유를 지칭한다.

우선 만능 튜링 기계가 인간처럼 언어를 이해하고 언어가 명령하는 행위를 수행할 수 있을까? 이 문제는 인공지능과 언어와의 관계 문제이다. 왜냐하면 인공지능은 판단하는 인간의 합리적 사유와 관계가 있고 이러한 인간의 이성적이고 합리적인 사유는 언어를 통해 이루어지기 때문이다. 즉 인공지능이 어린아이처럼 말을 모방하는 것뿐만 아니라, 이에서 나아가 언어를 학습하면서 언어의 의미를 깨닫고 이를 표층적으로는 문법적으로, 심층적으로는 논리적으로 정리할 수 있는 사유를 수행하듯이, 판단으로 나타나는 사유의 결과를 명령으로 인지하고 그 의미를 수행할 수 있는지, 간단히 요약하면 실제적으로 말의 의미를 이해하고 그 결과를 글쓰기로 나타낼 수 있는지의 문제이다. 여기에서 우리는 존 설(John Searle)이 제기한 중국어 방 문제를 생각할 수 있다.[49]

인간의 자연스러운 일상 언어와 기계 언어의 모방과 차이의 문제는, 서로 다른 언어 사이에는 기호에 의해 표현되는 언어의 기의와 기표에서 임의성의 문제가 있듯이 이 임의성이나 자의성은 번역(translation)의 문제에서도 뢰벤하임-스콜렘 정리로 나타난다.[50] 중국어 방 문제는

---

49) 존 설(John Searle)이 제기한 중국어 방 문제는, 튜링 기계가 인공지능이 하듯이 문법에 맞게 기계적으로 학습한 것과 암기식으로 모방한 것을 융합하여 수행함으로써 인간이 학습한 것과 조금도 다르지 않게 중국어로 자연인과 대화하여 튜링 테스트를 통과할 경우를 상정한 것으로, 이때 인공지능을 자연스러운 인간과 같은 정체성을 지닌 인격으로까지 생각할 수 있는가 하는 것이다.

50) 뢰벤하임-스콜렘 정리(Löwenheim-Skolem theorem)는 "모형을 갖는 임의의 문장 집합은 가산 논의 영역을 갖는 논리적 구조가 동일한 모형을 갖는다"는 수리 논리학적 정리로서 정리 그 자체의 중요성만큼이나 그것이 함의하

근본적으로 외계인(ET)과 인간이 상대방의 서로 다른 언어를 이해해야 하는 문제와 같다. 우선 인간의 일상 언어는 기계 언어로 환원(reduction)할 수 있는가 하는 문제가 나타난다. 이는 컴퓨터에서 인간의 공통 언어라고 불리는 모든 계산 가능한 수학적 명제를 인간 경험과 관계하는 일상 언어로 환원하는 문제이다. 또한 일상 언어에는 특수한 국가나 사회의 시공 안에서 인간의 환경과 상호작용하는 인간 경험을 인식론적으로 정리함으로써만 이해될 수 있는 경험의 법칙으로 정리되는 공통된 의미를 지니는 수많은 데이터(data)가 있어야 한다는 것이다. 중국어 방 문제는 중국인이나 미국인과 마찬가지로 지구라는 환경에서

는 바의 중요성이 큰 정리이기도 하다. 사람들은 흔히 인간이 무한히 많은 이름을 만들 수 있다고 생각한다. 그리고 그런 생각은 옳다. 인간은 유한한 문자의 유한한 길이를 지니는 조합으로 무한히 많은 이름을 만들 수 있다. 문제는 그렇게 만들어낼 수 있는 이름의 집합의 기수이다. 그렇게 생성되는 이름의 집합의 기수는 $\aleph_0$를 넘을 수 없다는 것이 증명되어 있으며, 어떤 식으로 이름을 만들더라도 비가산 집합의 원소와 일대일 대응을 시킬 수 없다. 따라서 논의 영역의 농도가 가산 무한을 초과하는 경우, 그러한 해석에 대해 완전한 해석(개체 상항에 논의 영역의 모든 원소가 할당되는 해석)이 존재할 수 없다는 것을 알 수 있다. 즉 뢰벤하임-스콜렘 정리는 비가산 집합을 논의 영역으로 갖는 모형이 가산 모형으로 대체될 수 있다는 것을 보여줌으로써, 가산 논의 영역만으로도 1차 술어논리 및 명제논리를 해석하기에 충분하다는 것을 보여준다. 즉, 완전 해석이 불가능한 해석을 그와 동치인 완전 해석으로 변형할 수 있다는 것이다. 일상 언어로 설명하자면, 뢰벤하임-스콜렘 정리는 "같은 문장에 대한 논리적으로 동일한 다양한 해석이 있을 수 있다"는 정리이다. 이때 해석의 의미는 자연언어의 의미 해석이라기보다는 수리논리학에서 말하는 해석과 모형 이론에 관한 문제라 할 수 있지만, 자연언어에서의 해석으로 이해해도 받아들이는 데는 큰 문제가 없다. 뢰벤하임-스콜렘 정리를 응용해 철학적인 문제들을 다룬 대표적인 수리철학자가 콰인(W. van O. Quine)이다. 콰인의 '번역 불확정성' 문제는 바로 이 뢰벤하임-스콜렘 정리로부터 비롯되는 것이다. 우리는 어떤 문장에 대해 그 논리적 구조가 완전히 같은 서로 다른 해석을 생각할 수 있으며, 따라서 번역의 불확정성이 발생한다는 것이 번역 불확정성 문제의 논리학적 근거였다.

살아왔기 때문에, 또 존재론적으로도 인간이라는 생물체적 존재로서 성장하여 왔기에 경험 법칙이나 데이터가 같아 인간 공통의 심성을 마련할 수 있다는 것을 전제한다. 그러나 ET는 인간과 전혀 다른 환경에서 더 나아가 자신의 존재 구조마저도 인간과 다르게 생성되어 자라 왔다.

더 나아가 인공지능과 결합된 기계인 만능 튜링 기계는 사실 인간의 언어를 여러 가지 방법으로 학습하고 모방할 수는 있어도 언어를 이해할 수는 없을 것이다. 왜냐하면 인간은 모순된 사실까지도 잘못 알고 말하고 이해하는 듯하며, 이러한 일을 문학에서 비유법으로 실천하며 상상의 공간을 마련하고 이를 토대로 글쓰기를 하고 있기 때문이다. 사실 철학에서는 변증법적 사유란 존재론적으로 모순을 반대로 환원하여 유비(analogy)로 사용한다. 여기에 유사성에 따르는 변증법이 있고, 이 문제는 만능 튜링 기계가 모방하거나 모순된 문장을 써야 하는 문제로 나타난다. 즉 만능 튜링 기계는 예언(뉴컴 역설)이나 (러셀의 집합론과 위계론에 나타난) 모순된 문장을 모방할 수는 있어도 기록할(쓸) 수는 없다. 왜냐하면 수에 관한 모든 가능한 진술들의 참과 거짓을 입증해 주는 규칙들의 유한집합이 존재할 수 있는가라는 문제를 해결하기 위하여 튜링은 계산이란 일련의 규칙들에 따르는 기계적 방법임을 착안하여 이 기계적 방법을 알고리즘화한 만능 튜링 기계를 만들어냈기 때문이다. 그런데 수학적 언어란 인간의 경험이나 인간의 실존적 구조에서 나타나는 창발적 현상이라고까지 말해지는 심성, 즉 내용이 없다.51)

---

51) 만능 튜링 기계의 불가능성과 관계하는 철학적 논변은, 퍼트남의 총체론적 논변(holism argument)과 괴델식 논변 등으로 구성된 계산적 기능주의 비판 논변이다. 이 논변은 인간의 능력에 준하는 완벽한 수준의 작품 비평기나 창작기의 프로그램을 짜려면, 우리 인간의 일반 지능, 이성, 혹은 이해의 전 능력을 알고리즘화하여야 하며, 그러한 알고리즘이란 인간의 모든 가능한 논의에 관한 모든 가능한 이론들을 개괄하는 것이어야 하므로 그러한 알고리즘은 사실상 불가능하다는 것이다. 이로부터 한 걸음 더 나아가, 그의 괴델 논

튜링이 생각한 이러한 만능 튜링 기계에서 문제의 입력 데이터뿐만 아니라 프로그램 자체도 괴델이 그의 제1이나 제2 불완전성 정리에서 수행한 대로 수로 코드화하여 입력 데이터로 간주할 수 있다. 그 결과 튜링-처치 테제는 다음과 같다. 모든 계산의 유효 과정은 만능 튜링 기계에서 실행되는 적절한 프로그램에 의해서 수행될 수 있다. 그런데 만능 튜링 기계는 존재할 수 있는가?[52] 만일 존재한다면, 다음과 같은 진술을 집어넣으면 어떠한가? "만능 튜링 기계는 이 문장을 결코 인쇄하지 않을 것이다." 만일 인쇄한다면, 이 문장은 거짓이 된다. 만일 인쇄하지 않는다면, 참인 진술을 인쇄하지 않으므로 이것은 이 기계가 만능이라는 사실과 모순된다. 결국 진리란 유한하게 기술될 수 없다는 것이다. 사실, 규칙들 그 자체는 그것이 기술한다고 가정되는 세계 속에 존재하는 것이다. 예를 들면, 컴퓨터의 이치논리가 전기적 신호의 온 오프(on-off)라는 있음과 없음이라는 존재론의 배중률에 기초하고 있기 때문에 논리와 사실의 존재가 동일시되고 있다. 이 때문에 실제세계의 가능한 머든 진리를 무한대로 생성하는 유한집합을 요구한다는 것은 자신의 구두끈을 잡아당겨 자신을 집어 올리려는 시도와 비슷하다.[53]

변이 보여주고자 하는 바는 설령 일반 지능, 이성, 혹은 이해의 전 능력을 알고리즘화할 수 있다 할지라도 그 알고리즘이 옳다는 것을 괴델 불완전성 정리에 따라 우리는 원리상 알 수 없다는 것이다. 김영정, 『심리철학과 인지과학』(철학과현실사, 1996), 4장, 158-159쪽 참조.

52) 조지 불로스 · 리차드 제프리, 김영정 · 최훈 · 강진호 옮김, 『계산가능성과 논리』(문예 출판사, 1996), 4. '바쁜 해리의 문제를 통한 계산불가능성', 5. '대각화를 통한 계산불가능성', 15. '결정불가능성, 정의불가능성, 그리고 불완전성', 22. '이항 논리는 결정불가능하다' 등 참조.

53) 존 설의 중국어 방 문제에 더하여 만능 튜링 기계와 관련해서 나타나는 변증법적 문제는 만능 튜링 기계가 거짓말을 하는 존재로 나타날 수 있다는 데에 있다. 그리고 이에서 더 나아가 'deus ex machina'의 문제가 나타나는데, 물론 여기에서 기계장치의 개념은 근대 물리학적 개념이지만, 그리스의 연극에서 공중을 날아다니는 제우스의 삼각의자를 지칭한다. 즉 'deus ex

잭 코플랜드(B. J. Copeland)는 『계산하는 기계는 생각하는 기계가 될 수 있는가?』에서 컴퓨터가 이진법의 기호 체계에 의해 작동되는 기계라는 것을 말하고, 이 기호 체계가 여러 가지로 번역되거나 특화될 수 있는 가설적 체계(기호 체계 가설)라고 다음과 같이 말한다.[54)]

"… 기호 체계 가설이란 이 방안이 옳다는 것, 이 가설에 따르면, 충분한 메모리를 지닌 어떤 보편적 기호 체계가 추가적인 내부 구조를 통해서 대규모의 적응성을 가질 수 있다. 가설이 맞다면 특정 로봇의 행동은 적절하게 조직된 보편적 기호 체계 내부에서 발생하는 기호 조작의 결과이며, 이 로봇은 인간과 같은 수준의 (혹은 심지어 인간보다 더 높은 수준에서) 유연성, 독창성 및 목적성을 갖추고 세계와 상호작용할 수 있을 것이다. 사실 인간이 언어를 통해 사고하는 것 자체가 이미 언어(기호)가 가지는 상징성 때문에 여러 가지 경우로 특화되는 의미를 지닐 수 있고, 따라서 우리는 근본적으로 언어를 구성하는 이름들이 지칭하고 있는 의미가 무엇인가에 대해 물을 수 있다. 이를 보다 철학적인 문제로 환원하면, 인간에게 있어서 의미를 이해하는 '의식'이란 무엇인가라고 물을 수 있다. 그리고 역으로 이러한 물음은 궁극적으로는 컴퓨터라는 기계가 생각할 수 있고 의식을 가질 수 있는가라는 물음과도 연관된다.

기호 체계 가설에 대한 '도대체 어떻게'라는 느낌은 '컴퓨터가 생각하는 기계에 적합한 유형이다.'라는 말이 그저 당연하지 않다는 것을 확실

machina'의 문제는 인공지능을 상징하는 것으로서 인공지능이 인간으로 하여금 자신의 거짓이나 잘못을 수정하고 보정하는 기계로 만든다는 것으로서 일부 컴퓨터과학자들이 주장하는 것이다.

54) 잭 코플랜드, 김재인 감수, 박영대 옮김, 『계산하는 기계는 생각하는 기계가 될 수 있는가?』(메디토리얼, 2020). 이하 논변은 잭 코플랜드의 논변을 다중우주를 전제하는 말로 해석하고, 본 저서의 의도, 즉 우리 우주 안에서는 물을 기반으로 하는 생명체만이 가능하다는 특화된 관점에서 말하는 것으로 변용하여 전개된다.

하게 보여준다. 그렇다고 해서 이 가설인 사실일 수 있다는 말에 동의하는 일을 단념해서도 안 된다. 이 가설은 대담하고 흥미로운 추측이다. 우주 다른 곳에 생명이 있다는 추측처럼 그 진실성은 조사와 증거 수집의 절차에 의해 검증될 수 있다. 이 절차가 완성되기는 아직 멀었다. 현재로서는 기호 가설이 참인지 거짓인지는 아무도 모른다."[55]

튜링이 강조했듯이 컴퓨터가 본질상 전기적 장치가 아니라는 말은 기호가 다양한 방법으로 실현 가능함(multiple realizability)을 암시한다. 컴퓨터를 전기 부품으로 제작하는 것은 단지 그것이 실용적이고 저렴하기 때문이다. 이론상 보편 기호 체계는 수많은 방식으로 구축될 수 있다. 심지어 톱니바퀴, 레버, 스프링으로도 가능하다. 19세기 초 케임브리지 수학과 석좌 교수였던 찰스 배비지(C. Babbage)는 진정으로 놀라운 기계, '해석 기관(Analytical Engine)'을 설계했다. 이것은 설계도상 프로그램으로 작동하는 최초의 컴퓨터였다. 이것은 최초로 수천 개의 황동 기어휠, 막대봉, 래칫 및 기어로 만들어진 것이다. 기호 체계 가설은 컴퓨터가 정의상 생각할 수 있다고 주장한다. 강한 기호 체계 가설은 그 정의상 컴퓨터만 생각할 수 있다는 주장이다. 이 가설에 따르면, 컴퓨터를 제외한 어떠한 인공물도 생각할 수 없으며, 자연적으로 발달한 기관 — 지구의 것이든 외계[다른 우주]의 것이든 — 이 생각할 능력을 갖춘다면, 그것은 정밀검사를 통해 컴퓨터로 판명된다. 이 단호한 가설이 신뢰를 얻는다면, 우리 모두는 컴퓨터이다.[56] 이 가설에 따르면, 인간의 마음(의식)은 보편적인 기호 체계이며, 비록 우리 두개골

55) 같은 책, 177쪽.

56) 대표적인 현대의 철학자는 다니엘 C. 데넷이고, 컴퓨터과학자들로는 매카시(J. McCathy), 민스키(M. L. Minsky), 헤이즈(P. J. Hayes), 드레퓌스(H. Drefus) 등이 있다.

안의 컴퓨터가 '컴퓨터의 정의'에 의해 나열한 것과 꽤 다른 기본 연산들을 사용하고 이것이 사용하는 기호 코드는 컴퓨터에서 사용되는 이진 코드가 아니지만, 이들이 두개골 안에서 병렬처리되어 있다는 측면에서 인간의 모든 사고는 근본적으로 기호 조작으로 되어 있다고 말할 수도 있기 때문이다.

8. 튜링 기계와 관계하는 인공지능의 효율성

튜링 기계와 관계하는 자동기계의 탄생과 관련하여 인간의 현실과 미래를 고찰하기 위하여, 우리는 (1) 단순 목적과 관련한 다양한 수단으로서의 인공지능의 출현, (2) 다양한 목적과 관련한 인공지능(다중 인공지능)의 출현, (3) 다중 인공지능에서 진화한 만능 인공지능의 출현과 인간, 특히 노동에 있어서 어떠한 인간 사회와 문화 현상을 예상할 수 있는가를 알아보고자 한다. 그런데 이미 말한 바 있듯이 만능 인공지능은 불가능하다. 이 때문에 여기에서 우리는 (1)항과 (2)항에 관해서만 살펴볼 것이다.

단순 목적과 관련한 다양한 수단으로서의 인공지능은 이미 출현하여 자동화한 기계로 실현되었으며, 다양한 분야에서 인간 노동을 대치할뿐더러, 기계가 특수한 기능면에서 전인적인 노동을 하는 인간보다 그 성능이나 성과가 훨씬 뛰어나다. 여기에 특수한 기계에 특수한 인공지능이 첨부된다면 인간은 특수한 분야에서 전인적인 인간의 능력으로 이를 극복할 수 없다. 이는 마치 다양한 동물들이 각각의 기능적인 면에서는 인간보다 뛰어난 것과 비유할 수 있다.

그런데 이러한 다양한 동식물들의 본능적이고 기능적인 측면에서의 인간의 약점은 지능으로 극복된다. 지능은 이러한 특수한 능력들을 도구로서의 특수한 기계들과 특수한 인공지능의 결합에 의해 극복하며,

그 결과 인간은 다양한 측면에서 모든 동물적인 기능을 수행할 수 있게 되어 만물의 영장이라 불릴 수 있는 것이다. 인간이 살아가기 위해 필요한 활동으로서 행위(praxis)는 전체적으로 하나의 작품(work)을 생산-제작하는 작업(work)과 특수한 도구들을 사용하는 노동(travail)으로 분화되어 있는데, 이 때문에 작업도 하나의 인공지능을 지닌 기계가 아니라 여러 인공지능을 탑재한 기계들이 협동할 경우에는 가능할 것으로 생각되며, 그 결과는 인간이 수행하는 작업의 결과와 유사하거나 인간이 수행한 작업보다 효율성에 있어서는 훨씬 뛰어날 수 있다. 그러나 이러한 작업을 수행하는 여러 인공지능을 통합하는 하나의 인공지능에서 이루어질 수 있는가는 여러 인공지능 사이에 서로 모순이 없을 경우에는 가능한 것으로 생각된다.

그런데 이러한 여러 인공지능들을 통합하는 인공지능이 창조적인 행위를 수행할 수 있는가는 의문이다.[57] 즉 전자는 아직 나타나고 있지 않으나, 이 분화된 각각의 특수한 행위로서의 후자인 노동에서는 도움을 주는 도구와 기계가 만들어진다. 그리고 이들이 특수한 인공지능과 결합된다면, 특수한 행위에서 모든 동물들의 기능을 넘어서는 카프카의 변신에서처럼 벌레 인간에서부터 다양한 생물 종들이 결합되거나 융합된 아리스토텔레스의 신과 같은 존재가 나타날 수 있다고 상상할 수 있고, 이러한 기계와 관계하는 인공지능은 인간의 작업과 노동으로 분화

57) 김영정, 『심리철학과 인지과학』, 160쪽에서 마치 펜로즈가 『황제의 새 마음』 서두에서 말한 것처럼 "인간의 능력에 상당히 근접하나, 종종 터무니없는 논리의 단절이나 비약이 있어 아직도 어설픈 창작기가 개발되었다고 해보자. (이것의 가능성은 퍼트남도 논변에 의해서도 부정되지 않는다.) 이럴 경우, 만일 포스트모더니즘이 단순히 이성적 전통의 파괴만을 의미한다면, 달리 말해, 합리적이 아닌 그렇지만 여전히 이해 불가능한 것도 아닌 어떤 것을 지향하고 있다면, 이 창작기는 포스트모던한 작품을 인간보다 훨씬 더 잘 써낼 수 있는, 우리 인간보다 더 훌륭한 탈현대적 작가일 수 있는 것이다."라는 조크를 던지고 있다.

된 인간 행위의 효율성을 훨씬 능가하는 것으로 나타난다. 이 때문에 특수한 기능을 수행하는 기계들과 결부된 이러한 다양한 인공지능을 이용한 정치, 경제, 문화의 폭발적인 효율적인 기능의 현상은 우리 사회에 이미 나타나고 있다.

정치적인 것에서 제일 두려운 것이 전쟁 목적을 위하여 인공지능을 사용하는 것이다. 인공지능을 이용한 살인무기는 자동화되어 이미 나타나고 있는데, 인공지능을 이용한 로봇과의 전쟁은 물론 이에 의한 전쟁에서는 인간뿐만 아니라 모든 생물체들까지도 살아남을 수 없다. 정치적인 영역에서 법률적인 판단은 물론 경제적인 것으로서 산업이나 상업 현장에서 여러 가지 특수한 인공지능의 이용을 종합한 것이 메타버스이다. 그런데 전쟁 상태를 전제하는 정치 현장을 완화한 것이 경제적으로는 인류의 상업 현장인데, 이러한 상업적 현장에서도 자본주의가 나타남으로써 인류의 생존경쟁은 더욱 심화되고 있다. 이러한 현상은 자연에까지 확대되어 인간이 뿌리박고 있는 자연환경이 황폐화됨으로써 역으로 인간 활동의 수단인 인공지능과 이를 물질 위에 실현한 첨단 도구의 발전이 악용되거나, 인공지능의 편향성과 오류 가능성 때문에 인류의 생존은 물론 모든 생명체들의 생존이 위협받고 있다.

9. 인간과 컴퓨터

컴퓨터는 우리 시내의 막강한 정보 처리 능력을 실질적으로 가능하게 한 도구이다. 컴퓨터가 정보 처리를 담당함으로써 인류 역사상 처음으로 인간의 지적 능력을 본격적으로 그리고 탁월하게 기계적으로 재현해 낼 수 있게 되었다. 그것이 인공지능이다. 전자계산기의 정확하고 빠른 계산 능력과, 스포츠 게임, 스타크래프트, 바둑 게임 등의 단순한 계산만이 아닌 판단 능력을 요구하는 분야에서는 물론, 기후에 관한 막

대한 데이터를 처리하여 정확한 일기예보를 하는 슈퍼컴퓨터의 능력은 어떤 면에서 인간보다 훨씬 뛰어나다. 이러한 인공지능을 탑재한 컴퓨터는 칩과 같이 초소형화되어 발전하고 있다. 컴퓨터는 어떤 능력의 기계인가? 도대체 인간의 판단 능력으로서의 생각이란 무엇인가? 인간이 아닌 기계도 판단하는 능력을 가진 것일까? 인공지능이란 컴퓨터의 판단 능력 및 정보 처리 능력을 말하는데, 이 개념은 최초로 1950년대 중반 매카시(J. McCathy), 민스키(M. Minsky), 드레퓌스(H. Drefus) 등 캘리포니아 버클리 캠퍼스의 학자들에 의해 정립되었다.

인공지능의 바탕이 되어 온 철학사상의 연원은 고대 그리스 철학(데모크리토스의 원자론과 이에 기초한 플라톤과 이를 비판적으로 승화한 아리스토텔레스의 형상-질료의 생물학에 기초한 철학)에까지 소급할 수 있다. 인공지능을 일찍부터 발전시킨 선진 공업 국가들은 1970년대부터 인공지능에 관한 철학적 논의를 통해 그 한계를 검토하고 개선의 방향을 모색하여 왔다. 최근에 인공지능은 학제적인 관점에서 활발하게 논의되고 있으며, 정합적인 주제들을 가지고 있다. 즉 (1) 인공지능은 전산학의 한 분야이고, (2) 철학, 심리학, 언어학 인류학 등의 여러 학문들과 연계하여 마음(mind)과 지능(intelligence)의 성격과 본질을 연구하며, (3) 현 단계에서는 기초과학과 응용과학의 학문적 분야를 하나의 모체로 결합하여 일반적인 지능의 과학이나 정보의 과학으로 귀속시킨다. 즉 인공지능은 하나의 과학으로 규정되고, 다른 한편으로는 기술학으로 취급되기도 한다.

인간의 정신은 로고스와 파토스를 통합하는 기능으로 생각되기도 한다. 로고스 부분은 플라톤의 기하학적 수학에 기초한 이데아론에 의해 정점을 이룬다. 플라톤은 인간 정신의 본질이 사유 능력이라 하는데, 이는 파르메니데스의 모순율에 따르는 존재론적 사유를 토대로 하여 진리(aletheia)를 탐구하는 능력을 말한다. 그리고 이 진리 개념을 토대로 플라톤은 오르페우스(Orphic) 종교와 관련하여 말할 수 있는 지구 중심의 천상-지상-지옥(하데스)이라는 우주론을 형성한다. 플라톤은 인간의 이 세상 경험이 진리로서 『티마이오스』에 나타난 우주관을 형성하도록 한다는 것이다.[58]

그러나 이러한 로고스는 행위와 관련되지 않을 수 없다. 행위는 신체를 통하여 이루어지는 것이다. 신체란 무엇인가? 그것은 베르그송에 따르면, 감각-운동기관(sensori-moteur)에 불과하다. 여기에서 정신적 기능을 상징하는 로고스와 신체의 감수성을 상징하는 파토스[59]의 심신관계의 문제가 나타난다. 플라톤은 이에 대해 신체는 영혼의 감옥(soma, sema)이라고 표현한다. 신체는 사유하는 정신과 관련하여 파토스를 일으키는 운동하는 기계 장치(deus ex machina)에 불과하다. 즉 사유하는 정신(nous)이 변화하고 플럭스(flux) 상태에 있는 물질과의 관계에서 이러한 우주적 진리를 망각하게 하는 정동(affection)으로서의 감정들로 나타나게 한다는 것이다.

아리스토텔레스는 『자연학』에서 인간 정신과 신체의 관계를 배와 선장에 비유한다. 여기에서 선장은 선박인 배를 조정하는 키잡이(kybernetes)로 나타난다. 그리고 인간의 감정과 관계하는 성격론과 함께 자유의지를 말하면서, 실천철학에서의 중용의 덕을 말하는 『니코마코스 윤

58) 이와 같은 맥락에서 인간은 이러한 우주를 닮은 소우주라고 말해진다. 현대 양자 역학의 창시자인 닐스 보어도 다음과 같이 말한다. "우리가 보는 우주란 우리가 보는 방식에서 기인한다."

59) 파토스(pathos)는 그리스어 'pathein'에서 기원하는 것으로서 감각적인 것을 수용하는 '겪는다'의 의미를 지닌 것이다. 그런데 이러한 플라톤에서 기원하는 인식론적으로 수동적인 개념이 아리스토텔레스의 형상-질료설에서 능동적인 형상에 협조하거나 근접하는 개념으로 변질되고, 근대 뉴턴 역학 이후에는 낭만주의에서 나타난 것처럼 우리의 행위와 밀접한 관계를 가진 공감이나 이에서 성립하는 직관은 물론 더 나아가 정동(affection)이나 감정이 지니는 격동적인 능동성의 의미를 획득한다.

리학』에서 로고스와 함께하는 인간의 파토스를 행위와의 관계에서 형상-질료설로 설명하려 한다. 말하자면 플라톤과는 달리 인간의 파토스적인 부분을, 능동자의 존재 보호의 관점과 경험의 소유의 관점에서 운동 습관에서 비롯된 감정을 지닌 성격들(characters)로 승화시킨다.

근대에서 플라톤의 심신이원론을 이어받은 철학자가 대륙의 합리론 철학의 시조로 알려진 데카르트이다. 그는 정신을 물질의 연장성에 견주어서 비연장성을 지닌 것으로 파악한다. 여기에서 물질의 연장성은 기하학적인 의미를 지녔고, 후에 근대 물리학의 시조로 알려진 뉴턴의 역학과 결부되어 있다. 따라서 인간의 신체는 자동기계로 표상되며, 정신은 감관-지각에 관한 표상론에서 나타나듯이 현상들(phenomena)로서의 표상들(representations)을 갖는 기능적인 것이다.

데카르트의 이러한 이원론적 관점에서 인간 심리와 정신을 정리하자면, 인간의 영혼은 물질과 관계를 맺으면서 신체를 생리적 기능의 자동기계로 만들면서 이 단계에서 감관-지각 기능을 통한 운동을 수행하고, 다른 한편으로는 감각에서 기원하는 자율적인 감정을 지니게 되며 이를 넘어서 지능적 사유의 단계로 승화되는 것으로 말할 수 있다. 칸트는 이를 수용하여 인식론적으로는 사유는 능동성을 지닌 것으로써, 감관-지각의 현상에 대해서는 수동적인 표상론으로 설명하면서도 행위와의 관계에서는 능동적인 이성의 이상적 기능으로 승화한다. 그러나 베르그송은 감각에서부터 공감에서 기원하는 직관과 능동성을 지닌 기능으로서 수동적인 관념을 '수용적이면서도 보다 고차적이고 능동적인' 정서적 정신(esprit affective, spirit)으로 승화시킨다.[60] 여기에서 중요

60) '수용적이면서도 보다 고차적이고 능동적인' 정서적 정신(esprit affective, spirit)이란 용어는 물질과의 관계에서 외연을 확대하는 의미는 물론 정신적으로는 이를 통제 조절하여 윤리적으로 승화하는 신적인 의미를 지닌다. 앙리 베르그송, 『도덕과 종교의 두 원천』 참조.

한 것은, 현대에서 생리적인 세계와 맞닿아 있는 정신과 신체가 관계하는 임계점(그리스 오르페우스 신화의 하데스에 해당하는)인 무의식 세계를 발견하고, 인간은 이러한 무의식 세계를 성적 충동(libido)으로 구조화한 이드(id)에 기초한 자아의식(ego)과 윤리의식(super-ego)의 3층 집을 이루고 있는 존재로 파악하였으며, 역으로 자크 라캉은 프로이트가 말하는 무의식 세계가 문채론적으로 구조화되어 있다고 말한다는 점이다.[61]

결국 플라톤에서처럼 이원론적으로 묘사되는 인간의 주체성을 형성하는 영혼은 물질을 토대로 하여 신체를 생리적 단계에서 유기적(자동 기계적)으로 구성하고, 여기에서 프로이트가 말하는 무의식의 단계를 거쳐 지각과 관계하는 의식의 단계에서는 감정과 사유 기능을 발휘한다. 그리고 이를 통합하는 정신이나 영혼, 그리고 마음이나 통각으로 표현되는 의식이라는 기능은 각각의 단계가 독립적으로 작용하면서도 한편으로는 중첩되거나 융합되면서 유기적으로 작용하기 때문에 신체

61) 무의식에 관한 이러한 담화의 기초에는 '최후의 질료는 형상'이라고 말한 아리스토텔레스의 사유법이 잠재해 있다. 자크 라캉에 따르면, 무의식 특유의 이미지에 의한 상징화 방법은 담론의 문채론적 방법과 그 구조가 동일하다. 즉 라캉이 말하는 꿈에서, '그림 수수께끼(image)'로 나타나는 무의식적인 것은 '수사학의 문채(文彩)들'과 비슷한 모습으로 표현된다. 즉 무의식적인 것은 완곡어법(euphémisme), 반어법(antiphrase), 곡언법(litote) 등과 같은 대체 방법에 의해서 숨겨진다. 꿈속에서의 응축(condensation) 방법은 비유(métaphore)와 비슷하며, 전위(déplacement)는 억압되어 있던 테마의 조심스러운 전환(transposition)을 의미하며, 문법학자들이 말하는 환유(métonymie: 그릇을 가지고 그릇 속에 있는 내용물을 나타내는 비유법)나 제유(synecdoque: 부분을 가지고 전체를 나타내는 비유법)와 같은 것이다. 그런데 인간이 말을 하면 꿈에서 깨어난다. 두뇌과학자들이 말하듯이 꿈에서는 시공간에 대한 필연성을 자각하는 현실적인 의식이 없기 때문이다. 결국 언어는 자아의 현실화의 기표이자 수단인 셈이다. 아니카 르메르, 이미선 옮김, 『자크 라캉』(문예출판사, 1998), 8-9장 참조.

와의 관계가 혼란될 수 있다. 이에 따라 정신과 신체 이 양자의 관계가 합리적으로 설명되지 못하고 어느 한쪽이 소멸될 수도 있는 임계점을 지닌다.

근대에서는 뉴턴 역학이 근대 모든 학문들의 모델이 되었기 때문에, 정신적 세계를 탐구한다고 하는 인문학마저도 모두 이를 모방하여 이성이 지니는 자유가 자율적인 기계적인 단계들로 표상되고 이러한 단계들을 거쳐 점차 사유의 단계로 승화되는 것으로 말할 수 있다.[62] 그런데 이러한 데카르트의 이원론을 기능적 존재론의 이원론으로 전복한 것이 베르그송이다. 베르그송은 『물질과 기억』에서, 인간의 신체는 감각-운동기관(sensori-moteur)에 불과하다고 말하며, 우리가 사유의 본거지라고 말한 두뇌는 (정신으로서) 전화 교환원이 존재하는 전화국의 교환 장치에 비유한다.[63] 그리고 이러한 사고를 바탕으로 현대의 두뇌과학이, 해부학의 발달과 함께 인간의 사고가 이러한 해부학과 관계하는 신경과학에 바탕을 두고 있는 것처럼 두뇌의 기능을 이해하기 때문에, 여기에 인식론적이고 존재론적인 해석이 순환론적으로 작동하고 있다는 것을 생각할 수 있다.[64]

---

62) 근대 뉴턴 역학의 자연과학 분야에의 영향은 물론 정치철학 분야에서는 홉스가 대표적이고, 정치학에서 분화된 아담 스미스의 근대 경제학과 현대에서는 인문학 분야에서까지 인문과학(scientia: sciences)이라는 용어를 사용하게 만들었다.

63) 데카르트는 두뇌의 송과선의 영혼의 존재를 마치 자동차에 운전수가 올라탄 것처럼 묘사하였다. 이에 반해, 베르그송은 두뇌를 전신 전화국의 정보 교환 장치로 보고, 감관-지각을 통하여 신체 외부에서 온 정보를 이러한 교환 장치를 선별적으로 이용하여 외부로 출력하는 정신을 전화 교환원에 비유한 것이다. 두뇌 어디에도 전화 교환원이 없는 기계적 장치인 물질임을 상징하면서도 이와 내재적으로 관계하는 전화 교환원으로 비유된 정신의 초월적 기능(변증법적 기능)을 말하는 것이다. 현대의 인공지능은 말하자면 정보 교환 장치를 자신의 판단에 의해 이용하는 교환원인 셈이다.

64) 현대 과학자들이나 과학기술자들이 생각하는 과학으로서의 인공지능은 지능

의 이론들에 초점을 맞춘 인지과학에 귀속된다. 예를 들면, 슬로맨(Aaron Sloman)은 인공지능과 인지과학의 핵심을 '현실적이고 가능한 지적 시스템들의 체계적인 연구'로 규정하고 그것은 반드시 성공적인 실례를 목표로 하기보다는 일반적인 원리들을 추구하는 순수과학이라고 간주한다. 또한 뉴웰(Alan Newell)은 인공지능이 마음의 본질이라는 신비한 문제를 기술로 볼 경우 이것을 지능의 이론들이 아니라 어떤 지적 시스템의 설계에 관계하는 전산과학에 귀속시킨다. D. G. Borrow and P. Hayes, ed., "Artificial Intelligence — Where are we?" in *Artificial Intelligence*, vol. 25(1985), pp.377-379.

이에 반해 위노그라드(Winograd)는 인간 지능을 복제하려는 인공지능들의 통일 목표는 꿈에 불과하다고 보고 인공지능을 일종의 기술로 규정하려고 한다. 인공지능에 인지주의라는 이념을 제시한 사이먼(Herbert A. Simon)과 뉴웰은 인간의 기호 조작의 형식을 모방하는 컴퓨터 프로그램을 제시하였다. 인공지능은 인지주의와 연결주의로 구분되는데, 인지주의는 컴퓨터로 하여금 인간이성의 논리적 구조를 흉내 내는 것이며 연결주의는 생물구조를 흉내 내는 것이다. 드레퓌스는 이들을 다음과 같이 정리한다. "디지털 컴퓨터에 의해 조직되는 일련의 신호들은 숫자는 물론이고 실제 세계의 특징들까지도 무엇이든 나타낼 수 있다. 거기다가 프로그램들은 이러한 신호들 사이의 관계를 나타내는 규칙들로 이용될 수 있다. 따라서 시스템은 이렇게 나타내어진 대상들과 그것들 사이의 관계들에 대해 그 이상의 사실들을 추론 할 수 있다." L. Hubert, "The artificial intelligence debate", *False Starts Real Foundation*(Cambridge: MIT Press, 1988), p.16. 여기에서 뉴웰과 사이먼의 입장은, 인간의 두뇌와 디지털 컴퓨터가 구조와 작동 원리에서 완전히 다를지라도 원리적인 측면에서는 같은 기능을 보여야 한다고 말한다.

미국의 기술철학자인 드레퓌스는 컴퓨터 기술과 인간의 관계에 대해 논한 대표적인 사람이다. 그는 1972년『컴퓨터는 무엇을 할 수 없는가?: 인공지능에 대한 비판』을 펴냈으며, 1986년에는『기계보다 나은 마음: 직관의 능력과 컴퓨터 시대의 전문가』에서 컴퓨터 기술과 인간의 관계를 논의한다. 그는 계산이나 수학적 추론의 한 측면에서는 컴퓨터가 낫지만 언어를 사용하고 이해하는 다른 측면에서는 인간보다 못하다고 한다. 그렇기 때문에 인간은 컴퓨터를 인간에 맞는 방법으로 사용해야 한다고 제안한다. 그래서 그의 주제는 "기계도 생각할 수 있는가?"였다. 컴퓨터는 겉으로는 생각하는 것처럼 보여도 그것은 인간의 생각과 같은 성격의 것이 아니다. 인간의 지능은 물리적으로 복제 불가능하다는 논변들은 거기서 나온다. 여기서 컴퓨터는 정보 처리 기계이며, 컴퓨터가 효율적일수록 인간은 더욱 곤혹스러운 관계가 된다.

그런데 인간의 사고는 언어를 통하여 이루어지고 이 언어의 의미는 논리적으로 관계를 맺고 있으며, 이러한 논리적 관계는 기호화하여 수학적으로 그 타당성을 증명할 수 있다. 그리고 수학적으로 타당한 명제는 전자적인 논리회로에 의해 구현할 수 있는데 그것이 컴퓨터 논리이다. 그래서 아리스토텔레스의 경험에 기초한 일상 언어의 논리학을 기호화하여 그 타당성을 증명할 수 있고 공리 체계로 만들 수도 있다. 그런데 일상 언어의 기호화는 논리법칙에 따른 연산관계로 해석할 수 있으나, 이러한 연산법칙에서는 경험을 묘사하는 일상 언어가 지니는 선형(직선)적으로 묘사되는 시간성이 논리법칙이나 수학적 계산에서의 연산의 대칭성 때문에 결여되기 때문에, 논리학에서는 인간 경험의 시간성을 논리화할 수 있는가의 문제가 나온다. 이 때문에 논리학에서는 시제 논리를 개발하여 첨가하거나 부가할 수는 있다.

베르그송에 따르면, 공간이란 시간성의 동시성(simultaneity)에서 성립하나, 하나의 기능이 동시성에서 성립할 수 없기 때문에, 기능적 측면에서 성립하는 시간은 공간화할 수 없다. 그러나 동시성이 관찰 기능에서 최소 둘 이상의 다수성을 전제하고 이에 관점의 변화에 따라 상대성이 성립하기 때문에, 역으로 한 기능이 존재의 다수성을 동시적으로 인식할 수 있다면, 시간성은 공간적으로 완전히는 아니나 일부는 환원할 수 있게 된다.

뉴턴 물리학 이후 물리학에서의 기초적인 법칙으로 말해지는 아인슈타인의 상대성이론에서는 시간과 공간이 상호 연속되어 변환될 수 있다고 말한다. 즉 열역학 법칙의 엔트로피에 기초하는 물리적 시간성은 동시성을 기초로 하여 상호 변환될 수 있는 가능성을 함축한다. 이 때문에 아인슈타인은 시간을 공간화하고 현실에서의 사차원 공간을 기초로 하여 우주에서 일어나는 존재자들(입자들)의 운동에 관한 관찰-지각에 바탕을 둔 상대성이론을 정립할 수 있었다. 그러나 베르그송이 말하듯이 시간의 완전한 공간화는 불가능하다. 이러한 관점에서 아인슈타인의 광양자설에 기초한 상대성이론은 한계를 지닌다. 이에 따라 아인슈타인의 상대성이론에 전제된 빛에 관한 원자론적 사고를 보완하는 것으로서 빛의 파동성을 역학적으로 표현한 양자 역학은 수학적으로는 일자를 다수로 인정하는 칸토어(G. Kantor)의 집합논리의 대각화나 행렬식에 의해 법칙화가 가능했다. 그리고 이를 컴퓨터에서 계산 가능성의 논리(logic of computability)로 나타낼 수 있었다.

결국 인간의 일상 언어의 의미가 논리적으로나 수학적으로 연산에 의해 그 타당성을 계산할 수 있고 이를 컴퓨터에 의해 실현할 수 있다는 것이 발견된다. 그러나 이렇게 기계화한 언어는 의미의 타당성만을 계산하기 때문에, 인간 경험을 가설-연역적 방법이나 추상에 의해 형성한 일상 언어가 판단하는 진리를 원자론적으로 환원한 것에 불과하다. 원자론이 인간 경험의 현상을 설명하는 설명 이론이기에, 원자론이 전제하는 인간의 감관-지각적 경험의 현상에 대한 표상론의 설명에서처럼, 현상을 복원하는 일은 기계론적으로는 여러 가지 설명 이론이 중첩되어 있어 이를 건축술처럼 구성하는 데에는 여러 가지 제약과 한계가 나타난다. 특히 공간으로 완전히 환원할 수 없는 인간 경험이 함축한 역사와 시간성에 대한 이해가 필요하다.

10. 생명의 자발성과 시간성

시간성은 생명의 자발성에서 기원한다. 생명체 특히 동물은 기억을 토대로 하여 자신의 목적을 수행하는 인지 기능을 발달시키고 이를 바탕으로 운동하는 존재이다. 즉 동물은 이러한 인지 기능을 본능적으로 실현하는 것이다. 본능은 신체의 생리적 기능에서 기원한다. 신체는 생리적으로나 행위의 차원에서 성립하는 습관을 지니는 일종의 기억 체계인 것이다.

그러나 고등동물은 목적을 이루기 위해 여러 가지 목적을 향한 전진 운동을 수행하기 때문에 감관-지각이라는 신경계와 신경계를 통한 기억을 발달시킨다. 동물들은 이러한 신체적 기억에서 두뇌로 상징되는 신경계를 통한 기억을 이중적으로 지니고 있다. 신경계를 통한 기억에서 (시간) 의식이 발현한다.[65]

그런데 동물들의 신체적인 감각에서 기원하는 (생리적이고 습관적인 것이 혼합된) 본능적 기억과 신경계의 시간 의식이 협동하여, 고등동물에서는 기억을 신경계인 두뇌에만 저장하는 것만이 아니라 신체 밖에 외주화한다. 그것이 신체의 대상인 사물들을 도구화하여 사용하는 일이다. 도구는 동물의 신체를 본능적으로 대상에 외주화하는 것이고 이를 경험으로 기억해서 의식화하는 순환적 관계에 있는 것이다. 이것이 신체의 기억을 외주화하는 동물적 행위로서 영역 표시로 나타나는 딱지붙이기이고, 이에서 기원하는 것이 동물들의 음향에 의한 의사 전달을 가능하게 하는 이름 붙이기이다.

고등동물인 인간에게서는 음향이 음성으로 변화하는 계기가 나무 위에서 수목 생활을 하던 시기와 그리고 공룡이 멸종한 후 사바나 기후가 나타나 수목들이 사라진 지상에서 두 발로 서기 시작한 이후 음성기관의 발달에 따른 결과이다.[66] 그런데 동물 들이 음향을 이용하여 의사 전달을 하는 것과 달리, 인간은 직립하면서 후강 구조가 변화하여 자음과 모음이 구분되는 음성을 통해서 의사 전달을 하게 된다. 이러한 음성은 무한대로 낱말들을 만들어낼 수 있는 기초가 되어 음성언어를 발

65) 이러한 의식의 발현의 기초에는 감각이 있다. 감각의 신비를 풀 수 있다면 인간 정체성을 구현하는 의식(자의식)을 데카르트처럼 이원론적으로 말할 수 있다.

66) 송영진, 『미와 비평』, 1장 참조.

달시키고, 이를 신체 안에 기억함으로써 두뇌의 발달을 촉진하는 한편, 이러한 기억을 통해 반성적 의식이 발현하는 계기를 갖게 된다.

음성언어를 통한 의식의 발현에서 기원하는 자아의 정체성과 함께 나타나는 시간 의식은 지각 현상에서 지능이 지닐 수 있는 공간 의식으로 진화하는 계기를 발현한다. 특히 인간의 지능이 비약적으로 발전하는 데 기초가 되는 공간 의식은 언어를 신체 밖에 외주화할 수 있는 기록에 의한 문자언어의 발명에서 비롯된다. 이 때문에 제인스는 인간의 의식의 발현을 문자언어의 사용에 두고 있다.[67]

베르그송에 따르면, 기억과 언어의 기록에 의한 인간의 반성적 의식은 변화하는 가운데에서도 변화하지 않는 듯 지속하는 자아의 정체성과 함께 시간 의식을 공간화함으로써, 도구 사용의 능력에서 도구를 제작하는 지능을 갖게 한다. 언어의 사용에서 진화한 도구 제작에 인간의 지능이 최대로 발휘되고, 역으로 인간은 이러한 도구를 사용하는 데에 인간의 지능적 의식이 집중되어 있다. 따라서 기록에 의한 언어의 발달을 역으로 추적하면, 음향에 의한 최초의 언어는 새나 동물의 언어와 같은, 그림문자로 상징되고 표현될 수 있는 피진(pidgin) 어의 형식이었을 것이다. 그러던 것이 음성으로 변화하면서 이러한 피진 어는 수가 많아지고 이것이 기억되기 위해서 인간 두뇌의 용량을 증폭시켰을 것으로 추정된다. 다른 한편, 이러한 피진 어를 가진 인간은 이미 타 동물과 다르게 자신의 기억을 외주화하기 시작한다. 음성언어가 인간의 두뇌의 기억 용량의 폭발적인 증가를 가져왔다면, 이러한 인간의 언어를 외주화하는 데에도 뛰어난 능력을 지니게 된 것이다. 그리고 이러한 언어의 외주화는 도구를 사용하는 능력에서 도구를 제작하는 능력으로 나타났다고 보아야 한다. 여기에서 인간의 행위를 모방한 주어-술어 형

67) 줄리언 제인스, 김득룡 · 박주용 옮김, 『의식의 기원』(한길사, 2005) 참조.

식의 크레올(creole) 어의 형태가 나타나기 시작한 것이라고 추측된다.

따라서 인간의 이러한 언어를 만들고 사용하는 현상을, 즉 외부 사물에 음성을 외주화한 현상을 문자언어의 발전 과정을 통하여 추론할 수 있다. 인간에게서 최초의 문자는 그림문자인 상형문자이다. 상형문자의 배후에는 이미 크레올 어처럼 형성된 음성언어가 있었다. 이러한 상형문자가 추상화되어 수학적인 쐐기문자의 형식으로 기호화하기 시작한다. 즉 상형문자가 기호화하면서 음성언어와 상호작용하여 기호문자는 주어+술어의 형태를 띠었으리라. 인간은 이러한 주어+술어의 형태를 가진 기호언어를 사용하면서 제인스가 말하였듯이 의식[68)]이 탄생하고 이 때문에 인간의 주체의식과 공간적 의식이 탄생하였다고 말할 수 있다. 인간의 정체성에 따른 자아의식은 이제 신체적인 본능적 자아와 분리되어 정신이나 영혼의 형태로 의식하고 인식하게 된다. 이것이 인류에게서는 종교 발달사에서 말하는 토테미즘에서 정령신앙을 거쳐 인류에게 보편적으로 나타난 종교 형태인 샤머니즘에 이른 사태를 설명해준다. 인간의 의식은 음성언어를 외주화한 문자언어의 사용으로 인해 폭발적으로 발달하는데, 그것이 인류 문화를 폭발적으로 증폭시켰으며, 인간의 지능의 배후에 있는 직관적 의식의 차원에서는 공간 의식과 시간 의식으로 발전한 것이다.

인간이 영적이고 영혼을 지닌 인간에서 사유하는 인간으로 변모하게 된 것은 이와 같은 문자언어를 발명하여 사용하면서부터이며, 따라서 인간의 사유와 언어와의 관계는 서로 만들고 만들어지는 관계에 있게 된 것이다. 결국 인간은 아리스토텔레스가 말한 이성적 동물로 발전한

---

68) 제인스에 따르면, 똑같은 기능을 지닌 양 엽으로 구성된 인간의 두뇌는 서로 의사소통을 하고 있었으나, 환경 변화에 따른 이동과 문자의 사용으로 인하여 중층적으로 작동하던 기능을 서로 분담하는 형태로 진화한다. 송영진, 「언어와 사유, 그 의식구성의 은유적 기능」, 『서양고전학연구』 24집(서양고전학회, 2005년 겨울) 참조.

것이다. 이성적 사유란 모순율에 따라 판단하는 사유를 지칭하는데, 이러한 이성적 사유의 판단이란 주어+술어의 판단 형식으로 나타난다. 그런데 이러한 인류에 보편적인 판단 형식을 구성하는 주어나 술어는 모두 개념으로서, 'be' 동사라는 존재사를 매개로 하여 연결되고 있다.

한 개념은 내포와 외연으로 분석되고, 이러한 내포와 외연의 의미는 한편으로는 경험과 관계하고 다른 한편으로는 존재론적으로 모순율에 따라 판단하는 개념들 간의 논리적 관계로 나타난다. 즉 한 개념의 내포와 외연은 한편으로는 경험과 관계하고 다른 한편으로는 존재론적으로 존재와 허무의 배중률로 판정하는 데 따르는 모순율에 따라 판단함으로써, 이들 간의 형식적 관계는 아리스토텔레스가 말한 전칭판단과 특칭판단들 사이의 대당관계로 나타난다. 개념이란 말하자면 판단 형식의 결과물로서 역으로 개념의 의미는 판단 형식으로 나타낼 수 있다. 그런데 인간의 지혜는 이러한 이성적으로 정리되는 것 이외에 이성적으로 정리될 수 없는 무의식에 토대를 둔 꿈이나 현실적인 역사적 체험을 토대로 형성되어 있다. 결국 다니엘 데넷이 말하듯이 인간은 로봇으로 생각될 수 있는 측면이 존재한다. 그러나 우리는 데넷의 이러한 로봇에 비유한 인간은 진화라는 생물학에서의 (역사적) 진리를 전제하고 있다는 점을 유의하여야 한다.

첨부논문 1

다니엘 데넷에 있어서 의식의 발생과 진화에 관하여

1. 서론

우리가 마음이라 부르기 시작한 것은 그리 오래되지 않는 것 같다. 즉 개인이나 주체성에 대한 의식이 싹트고 이로 인해 마음과 신체를 구분하기 시작하면서부터인 것 같다. 이러한 탐구에서 선결되어야 하는 문제는 마음에 관한 정의로서 인식론적인 문제가 선결되어야 하는 것이다. 그런데 마음은 직관된다. 즉 마음은 마음이 안다. 이렇게 되면 마음은 정의할 수 없게 된다. 이 때문에 서구 철학에서는 마음을 물질과의 관계에서 대립된 것으로 정의하여 왔다. 즉 마음에 관한 정의는 물질과학의 발달 이후에 비로소 정확하게 이루어져 왔다고 볼 수 있다. 그런데 마음이 물질과는 다른 방식으로 존재한다고 했을 때 이 다른 방식의 존재의 의미는 무엇인가?

---

* 송영진, 「데넷(D. C. Dennett)에 있어서 의식의 발생과 진화에 관하여」, 『동서철학연구』 50호(한국동서철학회, 2008년 12월)를 수정 보완함.

뉴턴 역학 이후 물리학은 마음을 전제하지 않고 가치중립적인 관점에서 물질의 운동을 취급하여 왔다. 그 결과 물질은 기계적 법칙에 따르는 것이 되었다. 그런데 뉴턴 역학의 기계적 법칙은 환원론적인 원자론적 사고에서 기원하는 것이다. 원자론적 사고란 바로 그리스의 자연철학에서 기원하는 존재론적 사고의 최종적 결과물이다. 즉 원자론적 사고의 이면에서는 모순율에 따르는 논리적 사고가 작동하고 있었고, 이러한 논리적 사고는 파르메니데스의 존재론적 사고에서, 즉 존재론의 모순율(ex nihilo nihil fit)에 따르는 우리의 이성적 사유에서 기원하는 것이다.

고대에서 정신(nous)이라 불리는 이성적 사유는 파르메니데스 이후 서구 전통에서는 영혼의 본질로 이해되어 왔으며, 영혼이라 불리는 마음(mind)은 이성적 사고를 하는 것이면서도 자발성을 지닌 것이라고 간주되어 왔다. 따라서 엄밀히 말하면 모순율에 따르는 이성적 사고란 당위적 사고로서 사물을 파악하는 능력이 아니다. 그럼에도 불구하고 이러한 이성적 사고는 원자론자에게서는 물질과 물질의 운동을 파악하는 것으로 이해되었고, 반면에 자발적인 심리적 마음을 직관적으로 파악한다고 생각한 플라톤은 이데아나 영혼을 동일시하였으며,[1] 따라서 정신은 자동운동하는 자발성을 지닌 것으로 간주되었다. 즉 마음은 필연적인 물리적 과정을 밟는 존재가 아니면서도 물리적인 것을 파악할 수 있는 변증법적 기능을 수행하는 것이 되었다. 여기에서 물질과 논리적 사유, 그리고 이를 수행하는 자발적인 마음의 능력 사이에, 즉 물질의 작동 방식과 마음의 작동 방식인 필연성과 자발성 사이에 한편으로 동일성과 차이성에 따른 유사와 구성의 변증법적인 논리적 과정이 존재한다.[2]

---

1) 플라톤, 『테아이테토스』, 184d-185c.

2) 송영진, 「소크라테스의 산파술과 플라톤의 변증법의 관계」 참조.

사실 이러한 존재론의 변증법은 근대 자연과학에서 특히 현대의 컴퓨터과학에서도 나타난다. 자연과학은 물질적 존재에 대한 지식을 감관-지각적 인식에 의해 그 존재를 안다고 한다. 즉 물질은 감관-지각적 경험에 드러난 현상을 통하여 알려진다고 하는 것이다. 그런데 경험이란 말은 이미 마음을 상정하고 있다. 이 사실은 근대 뉴턴 물리학에 토대를 둔 영국 경험론이 유심론으로 이루어진 것을 보면 알 수 있다. 다른 한편, 뉴턴 물리학은 현상의 배후에 엄밀한 수학적 질서 즉 논리적 질서가 있으며 이 때문에 물리적 존재와 그 기계론적 작용 방식은 이성적으로 이해되고 파악된다고 가정하고 있다. 또한, 현대 언어분석철학에 따르면, 인간의 마음은 사유와 동일시되고, 사유를 언어로 수행하는 행위(pragmatics)라고 말하면서 마음을 사유로 정의될 수 있게 되었다. 특히 현대에서는 인공지능을 형성한 컴퓨터가 발달하면서 우리의 사유의 판단하는 기능을 본떠서 만든 컴퓨터의 인공지능과 유비하면서 마음에 대한 탐구를 하고 있다.

공간과 자발성이 지니는 시간의 관계 문제는 그리스 원자론에서 기원하며, 플라톤이 존재론적으로 영혼과 이데아, 그리고 장소로서의 우연-필연과 영원의 그림자로서 시간을 상정한 이래, 시간과 공간은 상호 독립적인 존재로 간주되어 왔다. 특히 뉴턴에 이르러서는 절대시간과 절대공간 관념은 독립된 것으로서 물리적인 절대적 질서의 형식으로 나타났으며, 칸트에 의해서는 이 양자는 각각 이율배반을 지니는 것이기에 존재 자체의 성질로서 실재한다고 할 수 없어서 감성의 형식이라고 판정되었다.[3] 그러나 감성의 수용성은 자발성을 전제한다. 그런데 칸트에게 있어서 이러한 자발성은 사유의 (판단하는) 능력이다.[4] 또한 시간과 공간은 뉴턴 역학에서는 물리적인 현상에서 상호 독립적인 것

3) 칸트, 『순수이성비판』, 「감성론」 참조.

4) 같은 책, 「판단론」 참조.

으로 간주되나, 칸트가 이를 감성의 형식이라고 간주하면서부터는, 그리고 감성이 사유인 심성에서 분화된 것이기에 공간성은 종국적으로는 심성의 본질인 시간성에 귀속되어야 한다는 것을 도식론에서 말함으로써 공간과 시간이 서로 관련된다는 아인슈타인의 상대성이론과 베르그송의 철학을 가능하게 하였다.

아인슈타인의 상대성이론에 따르면 시간과 공간은 상호 독립적인 것이 아니고 관찰-지각에서 서로 관련된 것으로서 시공 사차원의 형식을 이루는 것으로 밝혀졌다. 결국 아인슈타인의 상대성이론에 영향을 받은 현대의 철학에서는 데카르트가 연장으로 파악한 물질과 비연장으로 파악한 정신이 상호 관련되어 있으며, 이들은 상대적이거나 상보적인 그러면서도 아이러니한 변증법적인 관계를 지니는 것으로 이해되어 왔다. 즉 감관-지각에 나타나는 현상이 물리적인 것만은 아니며 그렇다고 정신적인 과정도 물리적 과정에서 독립된 것이 아니라 물리적 과정을 전제하거나 이에서 창발적으로 나타난 것이라는 것을 암시하거나, 베르그송처럼 물질이라는 것도 라이프니츠가 말한 '순간적 정신'에 해당하는 것이라는 것이다. 이 때문에 현대에서는 과거 공간 위주의 존재론적 사고에서 시간 위주의 동적 존재론으로서의 베르그송의 철학이나 현상론적 철학이, 즉 현상이 곧 실재라는 헤라클레이토스의 존재론적인 철학들이 과정론이나 진화론의 형태로 나타나게 되었다.

뉴턴 역학과 데카르트의 물심 이원론 이래 나타난 심신관계의 문제는 이러한 시간과 공간 관념의 변혁에 따라 변증법적인 과정을 거쳐 왔으며, 또한 정신이라는 것도 물질에서 독립될 수 없다는 것이 현대 철학자들의 신념이 되었다. 그리고 현대의 생물학은 심신의 관계 문제를 생명의 발생과 이의 역사적 과정을 진화론으로 환원하여 설명하고 있다. 이에 부응하기라도 하듯, 현대 모든 학문은 컴퓨터의 발달과 함께 컴퓨터를 통해 형성한 인공지능도 진화하여 인간 지성과 같아지고 성능에 있어서는 인간의 지능을 뛰어넘으리라고 생각되고 있다. 이와 함께 철학에서도 마음에 관한 진화론적 탐구가 나타났는데, 그것이 다니엘 데넷(Daniel C. Dennett)의 『마음의 진화(*Kind's of Mind*)』이다. 그러나 데넷의 이러한 마음의 진화에 대한 탐구는 자연과학의 환원론에 기초하고 있어서 시간성에 따른 존재 이해가 결여되어 있기 때문에 진화론을 제거하면 단순한 사고 실험과 같은 인상이 짙다. 이 때문에 이 논문에서는 데넷의 마음의 진화에 대한 철학적 사변을 베르그송의 철학적 관점에서 비판적으로 검토하고자 한다.

2. 마음에 관한 진화론적 탐구

생명 현상에 대한 현대 과학의 이해는 초기 지구 환경에서 자연발생적이고 그 이후 진화론적이며 따라서 유물론적이고 자연주의적이다. 사실 현대 물리학은 이 우주가 빅뱅이라는 사건을 통해 물질과 에너지들이 형성되고 진화되어 왔다고 본다. 즉 소립자 수준에서 물체들이 형성되고 이들이 복합되어 원자나 거대 분자로 진화되어 왔다는 것이다. 그리고 우리의 생명체란 우주 내에서 이들을 기초로 하여 수십 억 년을 통해 형성되어 왔기 때문에 우주 밖의 어떤 신적인 기능의 개입이 없이 이루어졌다고 본다. 신적인 기능이 있다 해도 그것은 최초에 빅뱅이 있을 때 이미 어떤 물리적, 화학적 질서나 힘의 형태로 주어졌다고 본다.[5] 그래서 데넷 같은 철학자는 아주 큰 분자들은 미시적 수준에서 움직이는 자연로봇[6]이라고 보고, 이를 기초로 하여 바이러스, 그리고 생

5) 로저 펜로즈, 박승수 옮김 『황제의 새 마음』, 하권(이화여대 출판부, 1996), 521쪽.

6) 로봇은 인간이 제작할 수 있는 기계이다. 따라서 생명체를 로봇에 비유하는 것은 데카르트가 기계에 비유한 것과 동일하다.

명체가 탄생했다고 하였다. 즉 이 비인격적이고 비반성적이며 로봇처럼 무심한 분자 기계의 미세한 조각들이 모든 행위, 따라서 세계 안에 있는 모든 의미, 즉 의식의 궁극적인 토대라고 말하고 있다. 그래서 "우리는 자기복제하는 이들 로봇의 직계자손이다."[7]라는 견해에 더 이상 무게 있고 심각한 반론이 제기되지 않는다는 것이다. 물론 우리가 로봇의 후예라고 해서 우리가 곧 로봇이라고 말할 수는 없다. 그러나 로봇으로 이루어진 존재도 진정한 의식을 나타낼 수 있다는 것이다.[8] 그리고 우리의 마음은 이러한 아주 단순한 마음에서 진화하였다고 데넷은 말한다.

사실 로봇은 라이프니츠가 말한 미소 지각을 가졌다고 보아야 한다. 즉 로봇의 마음은 전체적으로 프로그램화된 수준에서 보면 분자적 수준의 마음이라 볼 수 있다. 생리적 수준에서 보면 효소나 단백질의 작용은 로봇을 닮았기 때문이다. 문제는 효소나 단백질의 기능이 생명체라는 전체적인 존재 안에서 이루어지는 것이기 때문에 생명체의 한 부분적 기능을 수행하는 것처럼 보인다. 생명체가 이러한 부분적 기능들

---

7) 대니얼 데닛, 이희재 옮김, 『마음의 진화』(사이언스북스, 2006), 52쪽.

8) 데넷이 이렇게 말할 수 있는 것은, 우리 우주 안에서 물질과 시간성은 분리할 수 없게 결합되어 있어서 우주의 역사와 더불어 물질도 진화하여 생명현상을 이룩하여 왔고 이러한 생명 현상에서 정신이라고 불리는 의식이 나타났다고 보기 때문이다. 데넷은 이러한 자연의 진화와 함께한 로봇이 의식을 가질 수 있다고 말하는 것이다. 그러나 컴퓨터칩 위에서 실현된 만능(범용) 또는 나양한 특수한 기능만을 집합직으로 수행하는 튜링 기계처럼 인간의 사유기능을 닮은 인공지능을 로봇에 탑재한다 하더라도, 이는 물질 자체에서 시간적으로 형성된 것이 아니라 로봇은 물론 인공지능이 독립적으로 형성되어 서로 결합되었기 때문에, 자발성을 상징하는 반성적이면서도 변증법적인 사유를 가능하게 하는 의식을 가질 수 없고, 문학작품에서 묘사되듯이 사이보그가 될 수는 없다. 이러한 관점에서 데넷이 로봇도 의식을 가질 수 있다고 말하는 것은 의식의 반성적 측면이나 변증법적 사유를 무시하고 있기에 과도하다.

의 총합(전체)에 불과할까?

원자론과 같은 환원론적 사고에서 전체와 부분이 소위 변증법적 관계를 지닌다는 것은 철학사에서 늘 문제시되어 온 것이다. 즉 부분들이 모여 전부(panta)가 아닌 하나의 전체(holon)를 이룰 수 있느냐의 문제이다. 왜냐하면 사유는 모순율에 따르면서 탐구를 수행하는데 이 모순율이 함축한 배중률은 전부가 전체가 될 수 없다는 것이며, 자연에서는 엄밀히 적용되지 않기 때문이다. 자연적인 사태에서의 이러한 배중률의 적용 불가능성은 철학에 두 가지 입장의 분리와 적대감을 가져왔다. 하나는 우연성과 확률성이 자연의 기초라고 주장하는 사상이고, 다른 하나는 자연 존재의 목적성과 통일성을 주장하는 사상으로서 정신적 존재의 신비주의이다. 전자는 고대 파르메니데스의 존재론에서 분화 발전된 원자론적이고 환원론적인 자연에 대한 과학적 탐구(양자 역학)의 사상에 기초하고 있는 것이고, 후자는 정신주의나 유심론적 전통 가운데 있는 것이다. 이 양자의 차이와 대립은 데넷에 따르면, 다음과 같은 물음에 단적으로 표명된다. "인공지능을 지닌 로봇과 인간의 차이는 어디에 있을까?"

사실, 이 질문에 답변하는 것은 생명체와 무생물을 구분하는 일만큼이나 어려운 것이다. 호흡과 같은 신진대사, 복제, 엔트로피 감소의 행위 등. 그러나 이러한 구분은 논리적이지 않다. 물리학적인 용어로 이런 현상은 모두 설명되기 때문이라는 것이다.[9] 이때 생명 현상에 대한 물리적 설명에서 논리적인 차원에서 유물론적인 원자론의 기계주의적 설명과 생기론적인 기능론적 설명이 갈릴 수 있다. 생기론적인 기능론적 설명은 생명이 기계와 근본적으로 다르며 원초적 생명체에는 우리가 알 수 없는 특수한 기능이 첨부되었다는 것이다. 즉 생명체의 기초

9) 데넷은 여기에서 양자 역학을 생각하고 있다.

단위인 세포의 기능은 무한한 가능성을 지닌 것이고, 다세포생물이란 이 세포의 기능이 분화되어 각각의 세포가 한 세포의 특수한 기능만을 수행하는 것으로 협동하여 하나의 생명체를 이룬다는 것이다. 이에 반해 원자론의 기계주의적 설명은 우리가 알 수 있는 물질의 기능에서 생명체의 기능을 수행하는 기계가 탄생하고 이 기계에 의식이 수반된다고 설명한다.

이러한 생기론적 설명과 기계론적인 설명의 차이는 기계와 생명의 차이에 대한 논리적 설명, 즉 전체와 부분의 관계의 차이에 대한 설명에서 달라진다. 기계론적인 설명은 부분들에서 이들이 합성되어 전체를 이룰 수 있다는 것이나, 생기론적인 설명에 따르면, 기계의 부분은 어디까지나 전체의 부분이나, 생명체의 부분은 그것이 다시 전체로 (생성)되는 것이다. 즉 생명체의 부분은 전체와 분리되면 그 기능이 사라진다. 그러면서도 그 부분은 가능적으로 전체가 될 수 있는 것이다. 말하자면 생기론자들은 선험적으로(a priori) 전체가 먼저 주어진 것으로 설명하며, 전체와 부분 사이에는 유기성을 지닌다. 이 때문에 기계에는 이처럼 유기적인 전체와 부분의 논리를 적용할 수 없다. 전체와 부분의 관계와 논리는 지향성을 지닌 존재, 의미를 실현하고 이것이 행위로 나타나는 능동적, 자발적 존재에게만 타당하다.

과학이란 인식론적인 입장에서 우리가 경험적으로 알고 있는 증거를 대거나 증명하는 데에서 성립하므로 경험론적이며 기계론적인 입장을 취하는 것이 자연스럽다. 데넷은 가장 단순한 것에서 복잡한 것에 이르는 모든 존재를 지향계라고 부르고, 지향계의 작용성을 상정하는 지향적 태도를 취하고 있다. 그리고 데넷에 따르면, 지향적 태도란 “어떤 대상이 마치 스스로의 믿음과 욕구를 고려하여 행동을 선택하는 합리적 행위자인 듯 그 대상을 취급하는 전략이다.”[10] 즉 이 태도의 기본 전략은 눈앞에 있는 존재의 행동이나 움직임을 예측하기 위해서 그 존재를 행위자(agent)로 간주하는 것이다. 이 태도는 물리적 태도나 구조적 태도와는 구분된다. 물리적 태도란 무생물이나 인공물에 대한 우리의 태도로서, 모든 물질적 존재는 물리적 법칙의 지배를 받으며 우리가 물리적으로 설명하고 예측할 수 있는 방식으로 움직인다고 보는 것이다. 구조적 태도란 모든 기계적 산물을 취급하는 우리의 목적론적 태도이다. 기계는 고장 날 수 있으므로 우연에 더 노출되어 있기 때문이다. 그러나 우리는 이러한 태도를 취함으로써 어떤 사태를 물리적 태도보다 더 신속히 해결하고 그 결과를 정확히 예측할 수 있다. 이 태도는 사물들을 취급함에 있어서 물리적 태도보다는 위험하다.

그러나 데넷에 따르면, 더욱 위험하면서도 더 신속한 예측은 지향적 태도에서 나온다. 그것은 설계된 존재가 일종의 행위자로 움직이는, 구조적 태도의 하위 범주로 볼 수 있기 때문이다. 그래서 자명종보다 훨씬 복잡한, 가령 체스나 바둑을 두는 컴퓨터에 대해서는 지향적 태도가 훨씬 유용하다고 한다. 유기체란 이러한 예측 가능한 지향계라는 것이다. 유기체는 수십 억 년에 걸쳐 서서히 진화하면서 자신들을 점점 복잡하게 분화하는 이익을 챙길 수 있게끔 설계된 다재다능한 기제를 축적하였다는 것이다. 이 지향계는 자물쇠-열쇠라는 원시적 겨눔의 형식을 설계의 기본 요소로 삼고 있으나 이것에 아직 의식이 있는 것은 아니다. 데넷에 따르면, 이 원시적 겨눔의 형식이 기초가 되어 우리가 의식이라고 부르는 표상계라고 할 만한 더욱 세련된 형태의 하위계를 만들어냈다는 것이다.

사실, 데넷의 지향계가 행위자를 가정하는 한, 주체의 개념과 함께

10) 지향성이라는 개념은 의도성이라는 개념과 혼동되기 쉬우나 데넷은 화살로 무언가를 겨누는 물리적 과정을 원초적인 겨눔으로 보고 있다. 이 때문에 이러한 겨눔에 반드시 의도가 수반되는 것이 아니다. 지각이나 감각, 기억과 같은 무의식적이고 기계적인 반응도 있다. 그리고 중세의 철학자들은 이 지향 대상이 실재하건 안 하건 우리가 생각하는 것은 지향 대상이라 불렀다.

행위라는 자발성과 이를 통일하는 시간성이 들어온다. 즉 자발성에서 기원하는 인식이나 의식의 존재 가능성이 들어온다. 그리고 지향성의 의미는 현상학에서 말하는 지향성과 같다. 그래서 마치 살아 있는 존재에는 인간과 같이 의식하거나 생각하는 것이 존재할 것이라고 가정하거나 추정할 수 있다. 사실 베르그송에 따르면, 시간과 같은 것을 인식하게 하는 기억 현상은 우리의 지성으로는 알 수 없는 신비한 것이며, 열역학과 물리학적 함수에서는 종국적으로 사라져버리는 그림자 같은 기능을 한다.[11] 지성에게는 인생이 꿈처럼 느껴지는 것도 바로 이러한 분석적인 지능 때문이다.

그런데 이러한 분석적 지능은 한편으로는 현상의 원인을 분별하고 모순율에 따라 현상을 재구성하면서 환원론적인 사유를 한다. 다른 한편, 칸트가 말하듯이 이러한 모순율에 따른 사유를 하는 이성은 자발성을 지니며, 따라서 이성적 사유는 자발성의 산물이자 이에 기초하고 있다. 그리고 서구의 철학은 파르메니데스 존재론 이후 정신의 본질을 사유(nous: thinking)에서 찾았다. 그런데 사유는 한편으로는 언어를 통해서 이루어진다. 그러나 다른 한편 존재론적으로 사유는 물질과 관계해서는 정신(spirit)이라 불리고 현상학 이후에는 인식론적으로 의식(consciousness)과 동일시되기도 한다. 그리고 이 양자를 통합한 것을 우리는 변증법적 사유나 반성적 정신이라고 말한다. 데넷은 바로 이러한 반성적이면서도 변증법적인 사유를 행위 개념이나 지향성 개념을 통하여 끌어들이고 있다.[12]

---

11) 시간성은 호킹의 『시간의 역사』라는 제목에서 보이듯이, "시간이 역사를 지닌다"는 것은 중복적이고 자기 회귀성을 지녔다는 의미에서 이미 변증법적이다.

12) 인간에게서는 지향성을 지닌 의식은 '○○에 관한 의식'이라는 형식으로 표현되며, 자기 회귀적인 자의식을 지닌 것을 의미한다. 이 때문에 의식의 지향성에는 목표나 목적 개념 이외에 자기 회귀 개념이 들어 있고, 이러한 지

데넷에 따르면, 행위자는 늘 상황에 대한 특수한 이해나 오해에 기초하여 행위하며, 원시적인 지향성 즉 겨눔의 행위 방식에 늘 따라다닌다. 그러나 인간의 표상력에 수반되는 지향성에는 차이와 동일성에 따르는 무한한 정확성과 부정확성이 수반된다. 그래서 가령 “우리가 사랑하는 사람을 본다.”라는 문장에서 사랑하는 사람이라는 의미가 무엇인지 정확히 알려면, 이 말을 한 사람의 마음의 상태나 행위를 참조해야 한다. 이것이 마음의 언어라는 가설이다. 그러나 그 마음은 어디에 있는가? 그 대답의 하나는 관념 그림이론이다. 생각이 대상을 제대로 겨눌 수 있는 것은 생각이 그림처럼 대상을 닮았기 때문이다. 그러나 마찬가지로 이 그림이 어디에 있는가? 이 물음에 대한 답변은 데넷에 따르면, 그것을 만든(구성한) 사람의 활동 안에 있다는 것이다.

따라서 언어의 지향성이나 의미는 생각이나 표상의 지향성에 있고, 생각이나 표상의 지향성은 사람의 활동에 있다. 마찬가지로 로봇의 지향성은 그것을 만든 사람의 지향성에 있다. 그런데 로봇이 어떤 사물을 만들 수 있다. 그러면 로봇의 생산물의 지향성은 어디에 있는가? 그것은 로봇에게 있다. 이런 순환논리를 피하기 위해 우리는 그 한 가지 방식으로 진화론을 끌어들일 수 있다. 데넷에 따르면, 인간과 같이 복잡한 지향성은 물리적인 존재의 아주 단순한 지향성에 기초하고 있게 된다. 이 때문에 데넷은 인간도 물리적 존재의 지향성, 즉 겨눔에 기초한 복잡한 지향성에 불과하다고 한다. 그는 진화론을 말하기 때문에 시간성과 공간성의 차이를 무시하면서 다음과 같이 말한다. “우리는 로봇의 후예이며 로봇으로 이루어졌다. 우리가 누리는 모든 지향성은 수십억에 달하는 투박한 지향계의 기초적 지향성에 유래했다.”[13)]

향성은 사유에는 사유 대상이 노에시스-노에마(noesis-noema)라는 구조를 지닌 것으로 나타나며, 의미이론에서는 시니피앙-시니피에의 구조로 나타난다. 플라톤의 『파르메니데스』 참조.

3. 시간 의식의 존재론적 규명

데넷은 마음의 발생을 생명체의 발현에 대한 설명에서 찾고 있다. 그리고 생명체란 정보원(agent)과 같이 정보를 찾고 이를 실현하는 기본적인 임무를 지닌 것으로 본다. 그에 의하면 이런 생명체는 유전정보로 프로그래밍되어 있는 존재(genom)이다. 이 때문에 마음이 하는 일을 보고 마음을 다음과 같이 정의한다. 즉 마음이란 '미래를 만드는 것'이다. 이는 데넷이 생명체가 행동이나 행위를 수행하는 것으로서 행동이나 행위의 역동성에 기초하여 마음의 발생을 설명하려는 한에서, 그리고 지향성이라는 시공간적 의미를 함축하는 개념을 필요로 한다는 점에서 생물체와 기계를 동일시하는 것이 필연적이다. 그의 생명이나 마음에 관한 원자론적 설명은 모든 원자론자들처럼 현상에 대한 애드 혹(ad hoc) 이론[14]이다. 즉 기본적인 가정인 원자만 구성적이지 이를 통해 모든 생명 현상을 충분하게 설명하지 못한다고 생각되어 부가되는 것이 데넷의 진화론이다. 따라서 이러한 생명에 대한 진화론적 설명은 과학적으로 증명할 수도 증거할 수도 없고, 단지 컴퓨터라는 인공지능을 지닐 수 있는 기계의 구성적 설명에 비유될 뿐이다.[15]

데넷에 따르면, 생명체는 자신에게 필요한 것을 찾아다니고, 자신이 가진 것을 필요로 하는 다른 생명체를 피해 다닌다. 생명체의 원시적

13) 『마음의 진화』, 92쪽. 진화론에 대한 언급 때문에 우리는 데넷의 말의 진실을 평가하는 데 판단 중지를 할 수 있다.

14) 에피쿠로스의 원자론처럼 지성이 존재론의 원리에 따르면서도 생명 현상을 충분하게 설명하지 못하기 때문에 끊임없이 첨가하거나 부가하는 전제나 이론을 말한다.

15) 우리의 마음을 기계론적으로 설명하는 이론의 결함은 베르그송이 말했듯이 존재의 시간성을 이해하지 못하는 데에 있다. 베르그송에 따르면 존재의 시간성은 우리가 살 수 있을 뿐 지성에 의해 존재론적으로 구성될 수 있거나 이해될 수 있는 것은 아니다.

형태인 스스로를 복제하는 거대 분자는 필요물이 있었고, 그것을 얻기 위해 간단한 탐색 도구인 손을 달고 아무런 계획이나 탐색 상도 없이 그저 발길 닿는 대로 거니는 것이다. 이 분자가 '알아야 할 필요성'의 원칙이라는 것은 마치 첩보원에게 그가 수행할 임무 이상이나 이외의 것의 정보를 주어서는 안 된다는 원칙과도 같다.[16] 데넷은 이와 비슷한 원칙이 모든 생명체의 얼개에서 수십억 년 동안 다양한 방식으로 존중되어 왔다는 것이다. 그리고 첩보 세계의 생명이 보안에 있다면 자연계의 생명은 '경제성의 원칙'에 따르는 것이라는 것이다.

그런데 이 경제성의 원칙이라는 것은 유전자 구성에 있어서 쓸데없는 듯한 유전자들이 많이 들어 있고, 이 유전자들이 발현되지 않고 존재하듯이 그렇게 발휘되는 원칙이다. 왜냐하면 한 번 유전체로 어렵게 형성된 것은 제거하는 데 비용이 더 많이 들며, 언젠가 변형되어 쓸모 있는 발현체로 나타날 수 있기 때문이라는 것이다. 이런 현상을 그는 컴퓨터 프로그래밍에서 새로운 버전을 만들어낼 때 낡은 버전을 괄호로 묶는 방식에 비유하고 있다. 거대 분자는 존재 이유는 있었지만 마치 식물처럼 자기가 하는 일이 왜 생존의 원동력이 되는지를 알아야 할 필요도 없었고, 이유를 표상하거나 평가할 필요도 없었다. 진화의 장구한 역사 속에서 이런 식물적 존재의 특성은 경쟁을 통해 조금씩 틀을 갖추어 나가며, 이런 과정을 수학의 게임이론[17]으로 능히 묘사할 수 있다고 한다.

데넷에 따르면, 게임과 경쟁에서 중요한 것이 정보의 감응(sensiti-

---

16) 여기에서 데넷은 생명체의 신진대사에 의한 자신의 존재 유지라는 기본적인 지향성을 생략하고 활동력만을 말하면서, 이 양자를 통틀어서 다음에 말하는 '보안에 따르는 경제성의 원칙'만을 언급한다. 이는 그가 기계와 유기체를 동일시하기 위하여 기계가 지니는 효용성(유용성)의 관점에서 말하는 공리주의적 사고에 기초하고 있기 때문이다.

17) 로저 A. 매케인, 이규억 옮김, 『게임이론』(시그마프레스, 2008) 참조.

vity)이나 감지(sentience)의 시간이나 속도이다. 감응력은 하등동물에게서나 볼 수 있는 것이고 감지력은 고등동물에게서 볼 수 있는 것이다. 말하자면 데넷은 감각과 지각을 구분하고, 감응력은 의식이 아니라고 말한다. 그러면 감응력 너머에 있는 [지각과 같은] 감지력이란 무엇인가? 감지력은 감응력에다 미지의 X라는 요소를 더한 것이다. 그렇다고 이 X가 물질적 요소를 떠난 곳에 있는 것은 아니다. 데넷에 따르면, 감응력과 감지력의 결정적 차이는 정보가 전달되고 이동하는 매질의 차이에 있다.[18]

언어 이론에 의미(signifié)와 의미체(signifiant)[19]의 구분이 있다. 마찬가지로 메시지는 매질을 필요로 한다. 생물에 있어서 초창기의 제어계는 제 몸의 보호자이다. 식물의 생활양식을 살펴보면, 식물은 살아있지만 두뇌를 필요로 하지 않는다. 두뇌는 일종의 자기 제어계나 자기 지배계로서 환경에 대한 자신의 신체의 행동을 통제하는 것이다. 그런데 식물의 자기 감시와 조절의 책임은 중앙화되어 있지 않고 분산되어 있다. 환경 조건의 변화에 대한 국지적 파악은 국지적 반응을 낳았으며, 이 반응들은 서로에게서 독립되어 있었다. 그런데 이러한 국지적 반응들은 서로 협조할 문제가 발생하거나 모순되는 경우들이 나타날 수 있다. 식물이 생존에 필요한 자립을 이루기 위한 극소 지향 전략은 고도로 분산된 의사 결정 과정을 거쳐서 무난한 조화를 이루는데, 이러한 의사 결정의 조화는 비록 느리긴 하나 체액을 통하여 초보적인 수준의 정보를 교환함으로써 이루어진다.

동물은 식물과 다르기는 하지만 식물과 마찬가지로 어느 정도 느린 신체 유지계를 지니고 있다. 그러나 세포막의 차이나 호르몬의 전달 속

18) 『마음의 진화』, 104쪽.

19) 의미체는 의미를 나타내는 수단이나 형식인 의미 담지자를 뜻하는 매질을 지칭한다.

도 차이는 식물계와 동물계를 가르는 기준이 될 수는 있어도 이 양자의 차이에 감지력을 보여줄 정도의 증거가 나타나지는 않는다. 생화학적 정보 단위로 이루어진 감응력의 복잡한 제어계는 동물의 경우, 결국 다른 매질에서 가동되는 더욱 신속한 매질로 대치되었다. 그것이 신경세포 안에서 일어나는 전자기 신호의 흐름이다. 새로운 매질은 더욱 신속한 반응을 위한 가능성의 공간을 열었을 뿐만 아니라 제어나 조절이 다른 방식으로 전달될 수 있는 가능성도 열었다. 새로운 매질과 낡은 매질의 연결고리는 물리적인 것일 뿐만 아니라 전기화학적인 것으로서 진화를 통하여 발전하며, 그 발전의 역사는 상상을 초월하리만큼의 복잡한 우리 신체의 유지계의 흔적을 남겼다.[20]

그런데 마음에 관한 현대의 많은 이론들이 공유하는 근본 가정 하나는 기능주의라는 것이다. 기능주의는 어떤 기관이 필요로 하는 기능만을 잘 발휘하면 그 기능을 구성하는 질료나 수단은 가변적일 수 있으며 여러 가지가 가능하다고 하는 것이다. 이것은 플라톤이나 아리스토텔레스 이래 하나와 여럿의 변증법적 관계나 형상과 질료의 관계만큼이나 오래된 문제로서 복수적 수단(질료)에 의한 하나의 형상의 실현 가능성 문제이다.[21] 일단 마음이 하는 일을 이해할 수 있다면, 우리는 다른 재료를 가지고 그러한 기능을 할 수 있는 마음을 당연히 만들 수 있어야 한다. 그리고 이러한 생각의 전제가 되는 것은 마음이 하는 일은 정보의 처리라는 것이다. 여기에서 우리는 마음을 신경계의 변환(입력) 노

---

20) 식물과 동물의 차이는, 전자는 영양물을 스스로 생산하지만, 동물은 이를 수행하지 못하고 타자를 자신의 것으로 만드는 영양물 획득과 자기 것으로 소화하는 '화학적인 행동 방식'에 있다.

21) 플라톤에 있어서 하나와 여럿의 관계는 이원론적인 실재(존재)와 현상의 관계로 나타난다. 이 점을 아리스토텔레스는 형상-질료설에서 '최후의 질료는 형상'이라는 말로 표현하는데 이는 질료의 아페이론에서 기인하는 것으로서 하나와 여럿의 관계를 모방 기능의 개념으로 나타낸다.

드와 실행(출력) 노드를 지닌 정보망으로 간주하고 있다. 변환기란 정보를 한 매질에서 받아들여 다른 매질로 옮기는 모든 장치를 말한다. 광자를 전파로, 혹은 소리파를 전자파로, 온도를 자기파로 바꾸는 것이다.[22] 실행기(effector)는 어떤 매질을 통하여 들어온 신호에 따라 다른 매질에서 활동을 일어나게 하는 모든 장치를 말한다.

컴퓨터의 경우 외계와 정보회로 사이에는 깔끔한 경계선이 있다. 만일 우리의 신체의 신경계에서 정보회로와 외부 사건을 격리시킬 수 있다면, 그리고 이들 사이의 상호작용이 모두 명백히 실행되는 변환기와 실행기에서 이루어진다면, 조타수가 키를 로프로도, 와이어와 도르래로도, 혹은 기름이나 고압공기로도 연결할 수 있다. 심지어 전기신호를 전달하는 몇 가닥의 도선만으로도 키와 조타륜을 연결시킬 수 있고 이들 사이에 동일한 에너지를 나를 수 있다. 이 경우 조타수는 에너지를 나를 필요 없이 키의 이동 폭에 관한 정보만을 전달해도 된다. 만일 우리가 이처럼 에너지를 거의 옮기지 않고 정보만을 실어 나르는 순수 신호계를 도입한다면, 조타륜의 회전과 키의 회전 사이에 있는 시간 간격으로 인해 정보가 유실되거나 변형이나 왜곡만 되지 않는다면, 이 정보를 나르는 매질로서 전자건 광자건 전파이건 상관이 없다는 것이다.

그러나 이러한 형상과 질료 구분과 이에서 기원하는 정보 전달의 이론적 착상에 심각한 존재론적인 오해나 인식론적인 함정이 있는데, 그것은 이중 변환의 신화로 알려진 것이다. 즉 신경계의 빛, 소리, 온도 등이 신경신호로 바뀌고 이어서 이 신호가 두뇌 중추에 있는 시공간을 초월한 의식의 매질로 변한다는 데카르트의 송과선에 관한 것이다. 송과선은 신체와 마음을 연결하는 것으로서 여기에서 감응력이 감지력으

22) 데닛은 여기에서 다음에서 말하는 신경계의 기초 단위인 시냅스가 생리적인 것의 물리적인 작용과 전자기적인 작용을 연결하고 있는 현상을 말하고 있다.

로 변한다는 것이다.[23] 즉 단순한 신경 자극이 의식의 재료가 될 수 없으며 어떤 방식으로든 인식 내용인 정보만을 인식하는 다른 무엇으로 번역되어야 한다는 서구 존재론의 뿌리 깊은 선입견이 작용한다는 것이다. 왜 신경망 자체가 신체의 우두머리 역할을, 따라서 의식을 품을 수 없다는 말인가? 데넷은 여기에서 맥루한처럼 메시지가 매질과 하나라는 것을, 아리스토텔레스의 '최후의 질료는 형상'이라는 말에 의존하지 않고 수행하고 있는 것이다. 즉 그는 자연주의자나 유물론자로서 정신적인 것이 물질로 환원될 수 있다고 말한다.[24] 우리가 안다는 것이나 이해를 신체에 부여하고자 하는 것이다.

신경계에서 정보를 실어 나르는 매질은 신경세포의 기다란 가지를 따라 움직이는 전기화학적 신호이다. 신경세포와 신경세포가 만나는 곳은 시냅스라 불린다. 그런데 신경세포의 접점에서 극소 변환기와 극소 실행기의 상호작용이 일어난다. 전기 작용은 신경전달물질의 분비를 촉진하며 분비된 신경전달물질은 시냅스의 아주 좁은 틈새를 확산의 방식으로 건넌 다음 다시 전기 자극으로 변환한다. 분자 자물쇠-열쇠의 매질 관계로 변환되며 이런 특이한 변환을 낳는 신경조절분자로 다양하게 존재한다. 즉 신경계를 이루는 모든 접점에서 이미 전기 자극에 의해 운반되는 정보의 흐름에 정보를 덧붙이는 변환기가 있다. 또한 신경조절물질과 신경전달물질을 외부세계로 분비하고 확산시켜 다양한 효과를 일으키는 실행기가 사방에 널려 있는 것이다. 정보 처리계와 외부세계 사이의 분명한 경계선은 생명체에는 없다. 즉 변환기와 실행기

23) 『마음의 진화』, 113쪽. 감응과 감지는 감각과 지각의 차이에 해당한다. 이 양자를 묶는 개념이 현상학에서는 '○○에 관한 의식'으로 표현되는 '지향성을 지닌 의식'이라는 것이다.

24) 환원과 기능론에 대하여서는 패트리샤 처칠랜드, 박제윤 옮김, 『뇌과학과 철학』(철학과현실사, 2006), 7-10장 참조. 데넷은 심신관계의 문제에서 유물론적(원자론적) 환원론과 기능론을 주장한다.

가 존재하는 곳에서는 정보 처리계의 매질 중립성 혹은 복수적 실현 가능성은 없다.25)

이론적으로는 모든 정보 처리계는 양 끝에 변환기와 실행기가 연결되어 있어서 그 사이에 존재하는 모든 것은 매질 중립적 과정에 의해 처리된다고 말할 수 있다. 그러나 동물의 신경계는 가령 빛을 탐지하려면 광자에 예민한 그 무엇이 항원을 확인하여 이를 무력화하기 위해서는 자물쇠-열쇠의 방식으로 확인하기 위해, 그 모양을 이룬 항체 분자를 구성할 수 있기 위해 물질의 선택 폭이 줄어든다. 더 나아가 새로운 제어계는 낡은 제어계 위에 그리고 낡은 제어계와의 긴밀한 협조 속에서 건설되기 때문에 천문학적인 수의 변환점을 만들어낸다. 도파민과 같은 물질은 너무나 많은 정보 처리 내용과 정보 저장 방식을 지니고 있다. 그래서 이들 물질을 바꿔치기하기란 거의 불가능하다. 여기에서 생각되는 것이 바로 아리스토텔레스의 '최후의 질료는 형상(to eidos, eschaton hule)'이라는 말이다.

마음의 재료에 관한 두 가지 전제조건 중 하나는 정보 전달 속도이고 다른 하나는 신경계 전역에 펼쳐 있는 변환기와 실행기의 존재이다. 이렇게 보면 우리에게는 기능주의자들이 주장하는 것처럼 마음은 무엇으로 만드는지가 중요하다. 그런데도 데넷에 따르면 우리의 마음을 다른 재료에 의해 구성할 수 없다는 것은 잘못이라고 한다. 마음이 매질의 화학적 성분이나 그 메커니즘에 의존하는 것은 마음이 자신이 통제하는 물실로 구성되어야 한다는 생물학직인 역사적 사실 때문이다. 기능주의는 다양한 물질의 본래적 속성을 거부한다. 아드레날린 속에는 분노도 공포도 없다. 이 물질들은 이산화탄소처럼 마음과 무관하다. 이들 물질들이 본래성의 의미를 갖는 것은 더 큰 기능계의 성분으로 기능

25) 데넷은 여기에서 생명체가 우리 우주와는 다른 물질로 되어 있는 우주에서 존재할 가능성을 차단하고 있다.

할 수 있는 능력이 자신의 내부적 성분에 의존하는 경우에 한한다. 나는, 내 마음은 내 육체로부터 분명하게 분리할 수 있는 것이 아니다. 신경계뿐만 아니라 나의 신체도 나를 이루는 가치관과 재능과 기억과 기질을 담고 있다. 더 나아가 우리의 상식, 모순율에 따라 존재론적으로 생각하는 플라톤과 같은 이원론적 사고에는 마음을 몸의 주인으로 보려는 생각이 뿌리 깊게 남아 있다.

그러나 뇌는 몸이 부리는 수많은 신체기관 중의 하나일 뿐이다. 마음을 두뇌와 동일시하는 태도를 버리면 마음을 기능적으로 고찰하기는 어렵지만 그러나 몸 자체가 일상적인 의사 결정 과정에서 우리가 활용하는 수많은 지혜를 담을 수 있게 된다고 한다. 마음의 기능은 마음을 우두머리로서가 아니라 부리기 까다로운 또 하나의 하인에 불과한 것으로 이해해야 한다는 것이다. 데넷에 따르면, 몸이 먼저이고 생각은 그 다음의 것이다. 영혼은 몸의 한 양상에 불과하다. 진화론적으로 보면 우리의 몸과 유기체의 모든 부위 안에 정보가 있다. 매질이 곧 메시지, 정보이다.[26] 주도권은 몸이 쥐고 있다.

그런데 만일 우리 몸이 스스로의 마음(매질이 메시지이다, 몸이 마음이다)을 이미 가지고 있다면 우리가 사고라고 말하고 우리 자신이라고 말하는 또 다른 마음을 가질 필요가 무엇인가? 유기체로서의 몸에 바탕을 둔 원시 마음은 수십억 년의 세월을 통해 생명을 유지시키는 과업을 수행해 왔으나 상대적으로 느리고 분별력 또한 상대적으로 무디고 그 지향성 또한 근시안적이고 쉽게 속아 넘어간다. 이 때문에 생존경쟁과 환경에 좀 더 정밀하게 그리고 정확하게 적응하기 위해서 좀 더 빠르고 멀리 바라볼 수 있는 마음이 필요하다. 그런 마음이 바로 지향성을 지닌 인간의 사유라는 것이다. 결국 데넷에게서도 데카르트의 이중

26) 『마음의 진화』, 121쪽. 정보와 지식의 차이는, 정보에는 지식에 부가되어 있는 행위 방식(어떻게)이 부가되어 있지 않다.

변환의 신화처럼 이중의 마음이 존재한다. 하나는 몸의 마음이고 다른 하나는 사유라는 마음이다.

4. 마음의 지향성의 요소들: 감각과 지각 그리고 사유의 발생

행위자에게 미래를 예상하는 것은 공간적으로 멀리 보는 것과 같다. 즉 행위자에게서 시간이란 공간 운동 속으로 해소되거나 공간의 거리의 차이로 환원된다. 우리의 사유 내용은 시간성에서 벗어나 영원히 반복될 수 있으므로 영원한 것에 맞닿아 있는 것처럼 생각된다. 인간이 사유한 것, 그것은 영원한 진리인 것 같다. 이 때문에 시간은 망각되기 일쑤이다. 그러나 우리의 사유는 시간 속에서 이루어진다. 그리고 사유 내용이란 정보이다. 이 정보는 우리의 신체의 환경에 대한 운동과 경험을 반영하고 있다. 특히 인간성이 기초하고 있는 동물이란 정보 포식자이다. 동물이 정보에 굶주려 있는 것은 역시 정보에 굶주려 있는 수백만에 이르는 극소 행위자들이 수만 혹은 수십만 개의 하부 계[세포]들로 이루어진 절묘하게 엮인 복합적[유기적] 구성을 지니고 있기 때문이다. 우리의 인지 체계는 처음에는 [감각과 같이] 내부적이며 가까운 주변적인 감시계로부터 출발하여 멀리 떨어진 대상까지 분별하고[지각하고] 판단하는 계[사유]로 서서히 진화해 왔다. 즉 진화는 접촉 감각에서 지각으로, 그리고 내부 환경에 의한 정서적 감정에서 사유를 생성하기에 이르렀다.

접촉 감각에서 진화한 후각은 아주 멀리 떨어진 열쇠가 현재의 자물쇠의 위치로 전달되어야만 하는 힘을 발휘한다. 이 열쇠, 즉 정보의 전달 궤도는 비교적 느리고 가변적이며 불확실하다. 그리고 그 수도 제한적이다. 청각은 자물쇠, 즉 계의 변환기를 때리는 음파의 경로에 의한다. 음파의 경로는 빠르고 규칙적이며 내외가 없다. 그러나 음파는 휘어지고 확산되어 나가므로 정보원을 모호하게 만든다. 시각은 정보가 광자들에 의존하여 먼 거리의 정보가 순간적으로 전달되고 그 진로가 직선으로 거의 변하지 않는다. 이들은 중층적이면서도 내외가 서로 다른 다양한 성질을 지닌다. 내부 지향성에서 근거리 지향성, 다시 이러한 지향성에서 원거리 지향성이 어떻게 일어나게 되었는가를 설명하려고 한 것이 근대 영국 철학자들의 지각 발생론[표상론]의 공간적 설명에 들어 있다.

후설은 사유가 지향성을 지님을 말하였다. 이 지향성은 우리의 감각이나 감정이 지니는 개별적이고 주관적이며 근시안적인 심리적 지향성이 아닌 의식 일반이라 통칭할 수 있는 정신의 지향성이다. 이 지향성은 주관성의 영향력이 거의 없는 타자에 대한 인식으로만 구성된 지향성이라는 특징을 갖고 있다. 그것은 우리 인간의 의식이 항상 '○○에 관한 의식'의 형식으로 정립될 수 있는 사르트르의 말대로 (무)의식이다.[27] 의식은 존재의 영역에서 벗어나 행위의 영역에서 허무로 해소된다. 어떻게 이렇게 미리부터 주어진 주관성[an sich]에서 자유로운 의식, 복수적인 타자를 통해 저 스스로를 정립하는 통일적인 의식이 탄생할 수 있는가?

데넷은 인간과 같은 생물체의 감지력을 감응력으로부터 창조적으로 생성하는 과정을 진화론적으로 설명하고 있다. 그는 자연선택에 의해 우연적으로 감응력을 지니게 된 다윈(Darwin) 생물의 인지 구조로부터 시행착오(trial and error)로 형성되는 조건반사와 이의 축적에 의한 습성과 연상 능력을 지닌 것처럼 보이는 스키너(Skinner) 생물, 그리고 이를 토대로 마치 반성적인 사유와 같은 귀류법적 추론을 수행하는 것처럼 보이는 인지 능력을 형성하여 지니게 되는 사유하는 두뇌를 가진 동

27) 사르트르에 있어서 반성적 의식은 즉자(an sich) 대 대자(fuer sich)의 변증법이 작동하여, 즉자 차 대자(an und fuer sich)의 형식으로 종합되어 나타난다.

물을 포퍼(Popper) 생물[28]을 이야기하고, 인간은 이러한 (자)의식이나 반성적 사유라는 알파를 더하여 가진 동물로서 이를 중층적으로 쌓아 놓은 생성과 (반성적) 검증의 탑[29]이라고 말하고 있다.

데넷에 따르면, 다윈 생물은 유전자의 임의적 조합과 변이 과정에서 다양한 후보군이 만들어졌고 이 유기체들이 환경에 의한 현실 검증을 거쳤으며 이 중에서 가장 우수한 설계안만이 살아남았다. 이 과정은 수백만 번의 주기를 거치면서 표현형의 유연성을 지닌 존재가 나타난다. 즉 어떤 유기체는 다른 행동보다도 자신에게 유리하게 작용하는 행동을 선호하는 강화 인자를 지닌 것이 나타난 것이다. 이 유기체는 다양한 선택안을 만들어 환경에 맞섰으며 좋은 선택안이 발견될 때까지 그것을 하나하나 실험하여 환경으로부터 긍정적인 신호가 있을 때 효력을 발휘하며 다음 번에 재현될 수 있는 가능성에 변화를 준 것이다. 다윈 생물에서 이렇게 진화한 집단을 스키너 생물이라 부른다. 왜냐하면 다윈 생물의 "선천적 행동은 물러나고 조작적인 조건 형성 과정의 선천적 가변성이 들어서기" 때문이다. 연결주의와 신경 네트워크에 대한 연구에서 "우연히 짜인 간단한 네트워크가 단순한 유형의 강화의 역사적 경험을 거치면서 자신의 연결 구조를 수정할 수 있다"[30]는 놀라운 결과를 보여주었다는 것이다.

19세기 흄은 인상과 관념이 연합(association)되어 마음속에 습관과 같은 경로를 만들 것이라는 생각을 내놓았다. 이는 우리의 마음의 단위들이 전능한 관리자 없이도 자기 조직화에 이를 수 있다는 것을 암시한다. 관념 연합론과 행동주의(behaviorism), 그리고 연결주의의 발전 과정은 학습이론의 ABC를 형성한 것이다. 이런 ABC의 학습 능력이 적

---

28) 네안데르탈인과 같은 호모 사피엔스로 분류되는 원인을 말한다.

29) 『마음의 진화』, 129쪽. 탑은 건축물을 상징한다.

30) 『마음의 진화』, 133쪽.

절한 방향으로 행동을 수정하고 재설계할 수 있는 능력을 지니게 된 것이다. 그러나 데닛은 이런 ABC 학습 능력의 훈련의 결과로서는 도저히 설명할 수 없는 인지 능력, 즉 단번에 배우는 능력[직관]의 사례가 있다고 고백하고 있다. 과학적 사고 즉 경험을 선천적 원리에 의해 구성하지 않고 외연적인 사례들에 대한 유추에서 성립하는 원자론적 사고의 한계를 고백하고 있는 것이다.

다른 한편, 데닛에 따르면, 스키너 생물보다 더 나은 계는 모든 가능한 행동 중에서 '사전 선택'을 해야 하는 것이다. 그래서 정말로 어리석은 행동은 그것이 무모하게 현실로 구체화되기 이전에 솎아내야 한다. 처음에 요행으로 살아남은 스키너 생물보다 요행에만 기대하지 않는 상태에서 첫 행동을 하는 이러한 영리한 생물을 데닛은 포퍼 생물이라 부른다.[31] 이 포퍼 생물은 사전 선택을 수행하는 여과 장치로서 시험을 안전하게 치를 수 있는 내부 환경을 지닌다. 이 생물은 자신의 내부 환경에 어떤 형태를 취하건 외부 환경과 외부 환경의 규칙성에 관한 정보를 다량으로 가지고 있어야 한다. 그리고 이 정보는 사전 선택을 효과적으로 달성할 수 있는 형태로 존재해야 한다.[32] 이 때문에 포퍼 생물은 두뇌를 지녔으며, 이 동물의 행동에 대한 사전 선택은 아무리 근시안적이라 할지라도 몸에 쌓여 있는 지혜 — 구역질, 현기증, 전율, 공포 등 — 를 활용한다. 동물 실험에서 여러 동물들은 머리로 하는 잠재 학습 능력을 지니고 있음을 확인하였다. 그러나 포유류는 물론 조류, 파충류, 양서류, 어류, 심지어는 무척추동물에서도 자신의 환경에서 지각을 통하여 얻은 제반 정보를 활용하여 행동안을 미리(a priori) 추려내는 능력이 있음을 보여준다. 이런 정보를 자신의 몸을 공명판으로 하여 실험하는 것이다.[33]

31) 『마음의 진화』, 135쪽.

32) 두뇌의 이러한 시스템은 기억 장치가 주된 것임을 상징한다.

인간은 포퍼 생물과 동일할까? 포퍼 생물의 후예 중에는 그의 내부 환경이 외부 환경의 설계된 부분으로부터 정보를 받는 생물이 있다. 설계는 많은 비용이 들지만 설계를 모방하는 데는 별다른 비용이 들지 않는다. 이처럼 다른 생물들의 다양한 설계를 받아들이는 능력만 있다면 그는 다른 동물들보다 월등하게 나아질 수 있다. 하나부터 열까지 새로운 설계를 내놓기는 어렵지만 낡은 설계를 보완하는 것은 상대적으로 쉽다는 것이다.[34] 이러한 다윈 생물의 상층(스키너)-상층(포퍼)-상층의 집단을 데넷은 그레고리(Gregorian) 생물이라 부른다.[35] 그레고리에 따르면 훌륭하게 설계된 인공물의 하나라 할 수 있는 가위는 단순한 지능의 소산일 뿐만 아니라 역으로 아주 직접적이고 직관적인 의미에서 지능을 부여하는 역할도 맡는다.

철학자들이나 인류학자들은 도구의 사용이 지능을 비약적으로 발전시켰다는 것을 알고 있다. 어떤 동물은 도구를 사용할 줄 안다. 그러나 같은 종 안에서도 도구를 사용할 줄 모르는 집단이 있다. 이것은 도구의 사용이 본능적인 것이 아니라 학습되었음을 의미하며, 이것이 의미하는 바는 도구의 사용이 쌍방향으로 [제작하는] 지능이다.[36] 즉 도구

---

33) 데넷이 말하는 포퍼 생물은 기억을 기반으로 하여 추측을 하는 생물을 말한다. 데넷은 이를 '사전 선택'이라는 말로 나타내는데, 사실 선택은 환경의 우연성 가운데 이루어지는 일정한 룰에 따르는 게임과 같은 것이 아니라 과거의 체험을 반성하여 미래를 지향하는 모험정신(frontier spirit)을 상징한다. 창조적 정신이라고도 칭할 수 있다.

34) 인간은 타자와 의사소통을 하면서 타자의 행동 방식을 상상력에 의해 모방하는 능력이 뛰어난 동물이다. 인간은 한두 동물만 모방할 수 있는 것이 아니라 모든 동물들의 기능을 모방할 수 있는 동물이다. 그런데 동물이란 데카르트에 따르면 예지자에 의해 설계된 기계이다. 이런 의미에서 인간은 모든 기계들을 모방할 수 있는 한 차원 더 높은 기계들의 기계이다.

35) 영국의 심리학자 그레고리(Gregory)는 현명한 행동을 선택할 때 정보가 차지하는 역할을 훌륭하게 이론화한 주인공이다. 그레고리 형 사유는 현생 인류(호모 사피엔스 사피엔스)의 사유를 의미한다.

를 만드는 데는 말할 필요도 없지만 도구를 인식하고 유지하는 데에는 지능을 필요로 하며, 더 나아가 도구는 도구를 지니게 된 혜택 받은 존재의 지능을 더 높여준다는 사실이다. 탁월하게 설계된 도구일수록 그것을 사용하는 존재에게 더 많은 지능을 선사할 가능성이 높아진다. 이러한 도구 중에서 가장 탁월한 도구라 할 수 있는 것이 그레고리가 마음의 도구라 부른 언어이다.[37] 데넷에 따르면 스키너 생물은 "다음에 무엇을 해야지?"라고 묻는 것 같지만 포퍼 생물은 이 질문 이전에 "다음에 무엇을 생각해야지?"라고 묻는 점에서 진일보하였다. 그러나 그레고리 생물은 다른 존재들이 발명하고 개선하여 전달한 마음의 도구들에 담겨 있는 지혜를 활용하는 방식으로 타자의 경험에서 득을 본다. 이렇게 해서 그들은 다음에 무엇을 생각해야 하는지를 더 잘 생각하는 요령을 배우며, 그 과정이 반복되면서 식별 가능한 고정된 한계선이 없는 내면적 반성의 탑을 쌓아 올린다는 것이다.[38]

그러나 감관-지각에서 어떻게 지능의 차원으로 발전하는가? 감응력과 감지력의 차이는 어디에 있는가? 동물의 생존 활동에서 감각과 지각이 맡는 역할이란 변화하는 환경과 운동하는 존재들에 적응하거나 대응하기 위한 것이다. 환경적인 것 가운데 대표적인 것이 주광성이요

---

36) 다른 동물과 달리 인간만이 지니는 지능의 본질로서, 인간은 이성적 동물이라기보다는 이성이 능동적인 기술적 지능임을 상징하는 것으로 호모 파베르(homo faber)라고 정의되어야 한다는 것이다.

37) 이희재가 번역한 글에는 괄호 안에 "그 도구를 만드는 데 더 많은 정보가 필요할수록"이라 쓰여 있는데 이는 잘못된 이해에 기초한 번역이다. 설계는 제작을 의미하는데, 제작의 요건은 많은 정보를 요구할 때 그 어려움이 가중된다. 그러나 그 제작 원리가 단순하면서도 여러 재료의 조작을 일반화할 수 있는 것이 될 경우가 가장 탁월하고 훌륭한 것이다. 동서양, 특히 중국과 서구의 과학 발달의 차이는 한자와 알파벳이라는 언어의 자료와 제작 원리의 차이와 그 성과에 비교할 수 있다.

38) 현생 인류(호모 사피엔스 사피엔스)에 대한 데넷 식의 설명이다.

운동하는 존재에 관해서는 적과 친구를 구별하는 주모성이다. 접촉 감각에서 발전한 후각이나 청각과 시각 모두는 각각의 공통점과 차이점이 있는데 공통점은 모두가 접촉에 의한 감응력에 기초하는 것이고 차이점은 매질의 차이이다. 그런데 이러한 매질 속에는 정보가 들어 있고 이 정보의 분석력의 차이에 따라 감각의 질적 차이와 발달의 단계나 등급을 예상케 한다.[39] 그리고 분석력이란 반성력의 차이에 기반한 것이다.[40] 다른 한편, 한 동물에게 하나의 감관-지각만이 있는 것이 아니다. 한 개체에 여러 감관-지각이 함께 있음으로 해서 공조 추적에서 경쟁 추적으로 발전할 수 있다. 이 경쟁 추적을 데넷은 여러 개체들의 사회나 공간적으로 환원하여 먹고 먹히는 전쟁 상태로 설명하는 것이 적절함을 보여준다.

감관-지각의 추적 대상은 적과 친구에게 운동체로서 적절한 매질-메시지를 발산하는데 이를 추적하는 동물은 이 매질-메시지에 적절한 분별을 통하여 적절한 반응을 해야 한다. 경쟁 추적에서는 표적이 되는 동물이 특이하지 않은 신호를 보낼 뿐만 아니라 적극적으로 숨으려고 노력하여 추적을 어렵게 만든다. 희생당하는 동물의 이러한 전략에 맞서 맹수는 그가 추적하는 동물이 드러내는 모든 측면을 일종의 발신기로 파악하게끔 설계된 범용 추적 시스템을 만든다. 맹수 안의 여러 특성 감지기들이 각각 혼란스럽게 떠들어대면서 그때그때 만들어내는 이 탐색상은 표적의 신호를 순간순간 확인하는 데 이용된다. 표적이 변하

---

39) 송영진, 「언어와 사유, 그 의식구성과 은유적 기능」, 『서양고전학 연구』(서양고전학회, 2005년 겨울호), 2장 '음성언어와 문자언어에 의한 정신의 현상학' 참조.

40) 인류의 반성력은 모순율에 따른 경우에 최고조로 달하는데, 그것이 그리스에서 최초로 그리고 파르메니데스의 존재론에서 정리되어 나타나고, 이를 토대로 하여 존재론적으로는 원자론적 사고가 성립하고 형식적으로는 수학적 사고가 가능한 것이다.

면 탐색상도 수정되고 보완된다. 이런 과정을 거치면서 목표로 설정된 대상이 맹수의 과녁 안에 지속적으로 들어오게 된다. 이것이 조건반사 실험에서 강화 인자이다. 고도의 지각 단계로 올라서려면 대상과의 접촉의 끈을 놓치지 않는 능력이 있어야 한다. 추적하는 대상과 접촉을 유지하거나 잃어버린 접촉을 복원할 가능성을 가장 높이는 길은 각각이 오류 가능성은 있지만 중복되는(공통적인) 활동 영역을 가진 복수의 독립된 계들에 의존하는 것이다. 이 복수적 계들이 어떻게 연결되는가? 하나의 유기체 안에 그런 회로를 수십, 수백, 수천 개를 설치해 놓으면 특정한 생각을 하는 듯한 기제가 전혀 없이도 복잡한 생명 보전 활동을 안정적으로 수행할 수 있다는 것이 데넷의 생각이다. 이 때문에 그는 이를 논리식이 나타내는 불 대수의 연결 구조로 생각한다. 인간의 사고의 외연적 논리를 사고 발생의 설명에 끌어들이는 것이다.

그러나 이런 외연적 사고에는 통합을 통한 통일이 없다. 이 때문에 데넷은 비(非)불 대수의 논리도 끌어들이고 있다. 즉 우리는 여기에서 갈등의 발생을 탐색하고 그런 갈등을 중재하려고 시도할 수 있는 자기감독계의 발생을 말하지 않을 수 없다. 이 감독계가 감관-지각에 대응하는 지능이다. 이 때문에 우리는 감관-지각의 다양한 발달을 통하여 이와 함께 동물들의 두뇌나 지능도 달라지는 것을 볼 수 있다. 감관-지각과 지능은 사실 하나이다. 인간들은 감각기관에서 지능만을 떼어내고 이어서 이를 토대로 자기복제하는 인공지능을 발명하나, 이런 지능의 전제가 되는 데이터에 대한 감지력(감관-지각)을 상정하지 않으면 우리는 그 지능이 어떠한 의미도 알지 못한다고 말할 수 있다. 데넷은 맹목적으로 집을 짓는 게와 캡그래그 환자를 예를 들어 설명하면서 이들 사이에 수많은 정도 차이가 있음을 인정하는데, 이것은 동물과 인간 사이에 형이상학적 차이를 설정하고 있는 것과 같다.[41] 즉 인간만은 다른 동물과 다르다는 것이다. 그것이 어떻게 가능한가? 오래전부터 인간은 도구를 사용할 줄 아는 동물일 뿐만 아니라 도구를 제작하는 동물(homo faber)이라고 알려져 왔다. 그것은 어떠한 도구이며 그것을 어떻게 만든다는 것인가? 그리고 그 도구를 발명하기 위해서 인간에게는 어떠한 능력이 필요한가? 그 도구는 다른 동물에게는 없어야 하는 것이다. 그리고 그 도구의 성격을 통하여 우리는 인간에게 고유한 의식, 즉 사유를 역추적할 수 있다. 그 도구란 바로 언어이다. 즉 데닛은 언어에 의한 사유의 발생과 함께 (자)의식이 발생하는 인간이 창조되고 있음을 인정하는 것이다.[42)]

많은 동물들은 숨으면서 정작 자신이 숨는다는 사실은 모르고 있다. 많은 동물들은 무리를 지으면서도 자신들이 무리를 짓고 있다는 사실은 모르고 있다. 그들은 모두 지혜롭고 적절한 행위를 제어하면서도 행위자의 머리에 생각이라고 하는 부담을 안기지 않은 신경계에 은혜를 입고 있다. 동물의 마음에서 획기적인 돌파구를 찾을 수 있는 지점을, 데닛은 바로 다른 존재에 대하여 (그리고 자기 자신에 대하여) 지향적 태도를 취할 수 있는 능력을 지닌 지향계라고 말하고 있다. 행동주의자들은 믿음이 없다고 믿고 사고를 가진 존재가 전혀 없다고 사고하고 누구에게도 견해가 없다는 견해를 지니고 있다는 농담이 있다. 남의 마음에 대하여 가설조차도 세우지 못하는 행동주의자처럼 좁은 울타리에 갇힌 동물은 어떤 동물이냐고 데닛은 묻고 있다. 다른 행위자의 생각을 발견하거나 조종하기에 여념이 없는 비사고 행위자라는 논리에는 모순된 구석이 있으므로 이 시점에서 데닛은 "사고가 부득이 발전할 수밖에 없는 복잡성의 단계를 찾아낼 수 있는 듯하다."[43)]라고 말하고 있다.

---

41) 『마음의 진화』, 163-164쪽.

42) 『마음의 진화』, 170쪽.

43) 『마음의 진화』, 174쪽. 언어를 통하여 타자와 의사소통하면서 타자 중심으로 생각할 수 있는 상상력이 인간에게만 있음을 지칭한다.

많은 이론가들은 인간과 같은 고등 지능의 진화를 일종의 군비 확산 경쟁으로 설명하고 있다. 험프리는 자기 의식의 발전은 남의 마음에서 벌어지는 사태에 대한 가설을 개발하고 검증하기 위한 전략이었다고 주장한다. 다른 행위자의 생각(행동)에 민감하게 반응하는 행동 능력은 스스로의 생각(행위)에 민감하게 반응하는 행동 능력을 자동적으로 수반하는 것처럼 보인다. 데넷은 「개성의 조건」(1979)이라는 글에서 1차 지향계는 수많은 대상에 대한 믿음과 욕망은 가지고 있지만 믿음과 욕망에 대한 믿음과 욕망은 지니고 있지 않다고 한다. 2차 지향계는 자신의 것이든 남의 것이든 믿음과 욕망에 대한 믿음과 욕망을 지니고 있다. 3차 지향계는 이 지향계가 무언가 원한다고 상대가 믿기를 원하는 고차적인 능력을 가질 것이다. 4차 지향계는 상대가 무언가를 믿는다는 것을 이 지향계가 믿기를 여러분이 원한다고 믿을 것이라고 말한다.[44] 데넷은 지향성을 대상들에 대한 확산과 자신으로의 한없는 반복과 회귀로 설명하고 있다.

그러나 이러한 반복과 회귀도 그 기초는 비반성적 지혜에 기초하고 있다. 그리고 이 비반성적 지혜는 본능이라 불리는 것이다. 이 때문에 자연의 많은 동물들은 생각을 모르는 자연심리학자이다. 본능이 이루어지는 상황을 설명하다 보면 이 행동이 이루어지는 것이 너무나 길고 복잡해서 새로운 항목을 추가하기 힘들어질 때, 이런 방대한 목록 이상의 수준으로 나아갈 필요성이 대두하는데, 그것을 세계에 대한 좀 더 조직화된 표상으로 통합하는 것이 효율적이고, 이것이 일반화의 혁신이 이루어지는 것이고 그러면서 재건축이 이루어지는 것이다. 이러한 일반화

---

44) 『마음의 진화』, 175쪽. 의식의 변증법인 즉자 대 대자와 즉자 차 대자의 정반합의 변증법을 형성한 네 경우를, 도구를 제작하는 지능이 역으로 도구에 의해 한 단계 더 높아지는 것이 어떻게 작동하는지를 설명하고자 하는 것이다.

에 의한 다양한 문제의 해결이 우연히 이루어지는 것일까? 동물행동학자 맥퍼런드는 의사소통의 기회가 바로 그러한 설계 압력을 낳는다는 것이다.

의사소통은 같은 종 안에서 이루어지며, 이것이 점차 영역을 확대해 나가는 것 같다. 사실 원초적인 의사소통은 다윈 생물의 열쇠-자물쇠 수준에서 이루어지고 있다. 그리고 이를 기초로 하여 조건반사와 습관을 지닌 스키너 생물, 그리고 두뇌를 가진 포퍼 생물에서는 생물체 내부적으로 이루어지며, 이것이 외부적으로는 신체적 수준에서 감관-지각 능력을 지닌 생물에서 이루어지는 것 같다. 그러나 그레고리 생물에게서는 어떤 방식의 의사 전달이 이루어지는 것일까? 어떤 종 안에서 의사소통이 발생할 때 정직 일변도는 결코 현명한 정책이 아니다. 경쟁자들에게 쉽게 이용당할 수 있기 때문이다. 사냥꾼과 사냥감 사이에 이루어지는 의사소통에서 경쟁적 맥락이 존재한다. 여기에서 허세를 부릴 수 있는 좋은 기회의 장이 있다. 미래를 예측해야 하는 치열한 경쟁에서 다른 존재에 대하여 그 존재가 자신에 대해 아는 것보다 더 많은 양질의 예측, 즉 정보를 가질 수 있다면 결정적으로 유리해진다. 그러므로 행위자는 자신의 제어계를 늘 미지로 남겨두어야 할 의무가 있다. 예측 불가능성은 결코 탕진되어서는 안 되며 항상 지혜롭게 사용되어야 하는 훌륭한 방어 수단이다. 이때 중요한 것은 자신의 신뢰도를 유지하기에 충분한 진실성을 담으면서도 자신의 선택 가능성을 유지하기에 충분한 기만성을 담아야 한다는 점이다.

맥퍼런드에 따르면, 자신의 행동에 대한 명시적이며 조작 가능한 표상의 필요성이 대두하는 것은, 공조 가능성은 안고 있으면서도 자기보호의 측면을 갖는 의사소통의 길이 열릴 때이다. 이 자기보호의 측면은 타자에게는 알려질 수 없는 것이어야 한다. 매질 안에 메시지가 다양하게 숨겨져 있어 타자가 분별해 낼 수 없어야 한다. 이러한 조작과 창조의 단계에 이르기 전에 데닛은 엇비슷하게 꾸미기라는 방식을 찾아낸다.[45] 행위자는 자신의 경향성을 마치 그것이 다양한 후보군들의 상호작용으로부터 출현한 추세가 아니라 명시적으로 표상된 목표인 것처럼 분류한다. 즉 동물들에게서는 숨는 방식의 표상이나 인간에게는 개념에 의한 일반화 속에 숨어 있는 다양성과 복잡성이 가능해야 한다. 이처럼 모호한 방식을 거쳐 등장한 의도의 표상은 비밀을 유지하기 위해 특수한 사용자 인터페이스(interface)를 만든다. 그러나 이러한 의사소통 방식을 선용할 수 있는 길은 제한되어 있다. 고도의 비밀 유지는 대단히 특수한 행동 환경, 즉 복잡한 환경에서만 가능하다. 일반적으로 인지의 복잡성은 환경의 복잡성과 함께 발전하므로 복잡한 환경 속에서 살아온 오랜 역사를 가진 종에서 먼저 인지의 복잡성을 찾아내야 한다.

인간에게서 내면적인 생각은 말-언어 이후에 등장했고, 말은 비밀 유지 능력이 나타난 이후에 등장했으며 비밀 유지 능력은 다시 행동 환경이 복잡하게 무르익은 후 등장했다는 것을 암시한다고 한다. 이것은 신체에 붙박인 지식만을 가진 두뇌에서 자신이 신체적으로 표상하고 있는 지식을 재표상함으로써 내부에서 스스로를 살찌우는 뇌로 이행되는 과정이 있어야 한다. 인간에 있는 중층적 두뇌 구조 이외에 두 개로 갈라진 양원 구조는 이를 상징한다.[46] 아니, 상징을 이해하는 것이 바로 이 재표상 능력을 나타낸다. 암시적, 암묵적 지식이 어떤 명시적 표상의 매질 안에서 표현됨으로써 나타나는 상징은 연결된 네트워크 안의 접속점과 달리 이동이 가능하고 조작도 가능하다. 이성의 표상은 구성되고 설계되고 편집되고 수정되며 승인받을 수 있다.

그러면 이러한 이성적 기능인 분별과 종합이나 일반화를 수행하는 재귀적이고 자기인식적인 반성적 능력이 가능하기 위해서 필요로 하는

---

45) 『마음의 진화』, 183쪽.

46) 줄리언 제인스, 『의식의 기원』, 3장 참조.

심적 기능은 무엇인가? 그것은 일차적으로 복잡하고 수많은 정보를 자신의 내부에 기억하는 것이다. 모든 행위자의 환경은 유익한 대상과 해로운 대상 그리고 간접적인 단서를 제공하는 혼란스러운 대상들을 다양하게 포함하고 있다. 이처럼 당혹스러울 만큼 풍요한 자원을 관리하고 세밀하게 구별해야 하는 행위자의 입장에서는 시간이 매우 중요하다. 데넷의 그레고리 생물은 다양하게 설계된 대상을 환경으로부터 받아들인 다음, 그것을 가설 검증이나 의사 결정의 효율성과 정확성을 높이는 데 활용하지만 이러한 인공물을 두뇌 안에 얼마나 받아들여야 하는가? 그레고리 생물의 두뇌는 다른 동물에 비해 엄청나게 큰가?

우리의 뛰어난 지능의 원천이 커다란 뇌에 있다고 보는 것은 오류에 가깝다. 코끼리와 인간을 비교하면 지능이 두뇌의 크기나 신경세포의 수와는 관계없다는 것을 짐작할 수 있다. 데넷이 제안하는 우리 지능의 으뜸가는 원천은 환경 자체에다 우리의 인지 과제를 부려놓는 우리의 습성이다. 즉 우리의 마음을 주변 세계에다 뿌려놓으면 우리가 만든 수많은 주변 장치들이 우리의 의미를 저장하고 처리하고 재표현하여 우리의 사고에 다름 아닌 변형의 과정을 효율화하고 강화하고 보호할 수 있다는 것이다. 이렇게 폭넓게 이루어지고 있는 부려놓기 관행은 인간을 동물의 뇌의 제약으로부터 해방시킨다. 인간은 자연 속의 중요한 마디들이 어디에 있는지 쉽게 감지할 수 있는 정보의 일부를 외부세계에 저장함으로써 다른 활동에 쓸 수 있도록 두뇌의 한정된 자원이나 공간을 아껴두는 것이다. 이것이 환경 안에 있는 대상들에 이름 붙이기라는 일종의 딱지 붙이기이다.[47] 그런 표시는 세계를 우리가 행위하기 쉽게 단순한 것들로 만들어 기억과 지각의 부담을 줄인다. 그리고 이런 딱지들을 신체적으로 재인지하고 재구성하여 존재하지 않은 질서에 관한

47) 『마음의 진화』, 193쪽.

인지를 발달시킨다. 일차적으로 가공된 외부에서 주어진 정보가 우리의 행위자에게 재조직되는 것이다. 이것은 유전의 경로가 아니라 문화라는 경로를 통해 인간이 물려받는 것이다.

노인들은 환경을 바꾸면 적응을 못할 뿐만 아니라 기초적인 생활까지도 자립적으로 할 수 없게 된다. 그러나 원래의 집으로 돌아오면 낯익은 표지, 몸에 밴 행동을 유발하는 자극제, 그리고 환경에 의해 잘 살아간다. 새로운 종류의 학습을 하기에는 두뇌의 기능이 점점 둔화되고 있지만 낯익은 세계에서는 얼마든지 살아갈 수 있다. 이 때문에 세계를 인간의 행동 방식에 맞게 바꾸는 것은 단지 기억의 부담만을 바꾸어주는 것이 아니라 이제는 세계나 환경이 이를 변형하고 재가공하게 하여 이에 적응하도록 인지 능력을 위한 특별한 재료를 세계가 제공하는 것이다. 장애물을 피하는 단순한 행동 원칙과 장애물에 걸렸다가 방향을 바꿀 때 풀리는 고리(제작 기술)를 가진 케페라(cepera)라는 로봇은 혼란스러운 장애물들을 피하면서 한참을 돌아다니다 보면 장애물들도 일정한 질서를 지니게 되고 이 질서에 새로운 방식으로 작동하게 된다. 애당초 우연적인 환경에서 우연적으로 진행되던 케페라의 움직임은 처음에는 그 환경을 미로처럼 구조화하였고 다음에는 그 구조를 이용하여 자신의 행동을 바꾸었다. 이것은 환경과 세계가 새롭게 질서가 지어져서 그 로봇의 행동에 새로운 정보나 질서를 지닌 재료를 제공하는 것이다.

포퍼 생물이나 그레고리 생물은 크게 외부나 내부로 구분할 수 있는 환경 안에서 살아간다. 이때 내외의 구분은 피부의 내외가 아니라, 이동이 가능한가, 두루 나타날 수 있는가, 따라서 비교적 쉽게 제어되고 인지될 수 있는가, 행위자에게 유리한 방식으로 설계될 수 있는가에 따라 결정된다. 데닛은 유리한 방식이라고 했으나 이것은 사실 행위자에게 단순한 것으로 그리고 경제적이고 효율적인 것으로 나타나야 한다.[48] 또한 세계에 대해 포퍼 생물이 지니고 다니는 지식은 자신의 세계에 나타나는 자기라는 부분에 대한 지식을 어느 정도 포함해야 한다. 자기 다리가 어느 것인지를 알아야 하고 먹이를 어느 입에 넣어야 하는지를 알아야 한다. 이것을 어떻게 아는가? 데닛은 이때에도 똑같은 방법이 동원된다고 한다. 그때그때 표지판과 딱지를 요긴한 곳에 세움으로써 안다는 것이다. 생물들은 누구나 내부 자원을 다듬어 생활을 단순하게 이끌어가려고 한다. 그래야 한정된 가용 재능을 가지고 더 많은 작업을 우수하고 신속하게 처리할 수 있기 때문이다. 이 경우에도 자기제어에 활용하기 위한 도구로 내부의 상징을 만들어보았자 만일 그것이 마음의 눈에 포착되었을 때 왜 그것을 만들었는지를 마음이 기억하지 못한다면 헛수고를 한 셈이다. 지시점, 표지판, 딱지, 상징과 같은 환기물들로 이루어진 계를 얼마나 다룰 수 있느냐 하는 것은 추적하고 재인하는 밑바탕에 깔린 선천적 재능이 얼마나 강건하고 도구들에 접근할 수 있는 다양한 경로들이 얼마나 다각적으로 복수적으로 제공될 수 있는가에 달려 있다.

그레고리 생물의 경우 세계에 존재하는 특징과 사물의 표상은 그 자체가 또다시 조작되고, 추적되고, 이동되고, 비축되고, 정렬되고, 압축되고, 탐구되고, 전복되고, 조정되고, 활용되는 사물이 된다. 결국 인간 지능에게는 섬세한 감지력과 이 감지력에 포착된 다양한 것을 조작하고 더 단순하고 사용자에 친숙한 틀 안에 재현하여 이를 새롭게 정리하는 능력이 무한히 재빈복될 수 있다는 말이다. 우리 인간은 원리적인 기준점과 색인만을 두뇌 안에 유지하면서 실제 데이터는 가급적 책이나 컴퓨터, 도서관과 같은 외부세계에 두려고 한다. 그리고 새로운 재현 기술로서 표상 능력 이외에 언어적 능력을 들 수 있는데 이 능력 속

---

48) 영리한 동물인 인간은 그리고 그 가운데 천재란 복잡한 것을 단순한 원리로 정리하는 능력을 지닌 사람을 일컫는다.

에는 시간을 공간화함으로써 새로운 문제를 기존의 문제 해결 수단으로 표현하여 해결하는 인간만이 터득한 방식들이 있다. 이렇듯 인공물의 도움을 얻어 발전한 상상력 덕분에 이렇다 할 구체성이 없고 잘 식별되지 않는 형이상학적 가능성을 명확히 설정할 수 있다. 발신 장치와 표지판이 구조가 단순한 생물의 세계 탐색을 원활하게 해주듯이 언어는 인식을 도와 우리의 지능을 끌어올린다. 추상적이고 다층적인 관념의 세계의 항해는 이동과 기억이 가능한 막대한 분량이 표지판이 없을 경우에는 불가능하다. 그런데 말하기와 글쓰기는 각각 고유한 힘을 가진 확연히 구별되는 혁신이 있었다.[49] 언어의 등장이 인간의 인지력을 어떻게 확장했는지를 잘 파악하기 위해서는 글로 쓰인 언어보다는 말로 행해진 사고언어가 어떻게 유익한 결과를 초래했는지를 살펴보아야 한다.

현대 언어학의 아버지인 노암 촘스키는 새는 스스로의 깃털에 대해서 배울 필요가 없고 아기는 언어를 배울 필요가 없다고 하였다. 깃털의 사용자나 언어 사용자를 설계하는 지난한 작업은 이미 아득한 과거에 완성되어 주어진 상황 안에서의 날기나 어휘와 문법 조건에 쉽게 적응할 수 있는 타고난 성향과 재능의 형태로 새 새끼나 유아에게 제공되기 때문이다. 이러한 본능적인 재능은 날기 학습이나 언어 학습의 조건이 된다. 인간에게 언어 학습은 데넷이 말하는 스키너 생물이나 포퍼 생물의 과정을 거쳐 그레고리 생물에서 완성된다. 특히 데넷은 어린아이가 혼잣말을 하는 과정에서 청각적 모방이 반복적으로 이루어지며, 단어들을 되풀이 말하는 과정에서 청각적 속성과 그와 공존하는 감각적 속성, 그리고 그의 내부 상태를 잇는 고리와 연상 경로를 구축한다고 한다. 이 과정은 어설픈 자기 해설이라고 표현할 수 있는 습관으로

49) 줄리언 제인스, 『의식의 기원』, 3장 참조.

이어진다.

처음 아이는 부모의 훈계가 유발한 일관된 청각적 연상에서 자극을 얻지만 차츰 자신의 활동에 해설을 가함으로써 음성회로를 덧붙인다. 어린아이가 처음으로 하는 말은 감정은 잔뜩 실려 있되 의미 파악은 거의 이루어지지 않은 채 나오는 단어 몇 개와 제대로 이해된 단어 몇 개가 뒤섞인 낙서의 수준을 넘지 못한다. 처음에는 흉내 훈계, 흉내 금지, 흉내 칭찬 등의 흉내 묘사가 주류를 이루지만, 궁극적으로는 진짜 훈계, 진짜 금지 등의 진짜 묘사로 발전한다. 딱지의 의미를 제대로 이해하기 전에 딱지 붙이는 습관이 확고히 자리 잡는다. 요컨대 처음에는 그토록 멍청해 보이는 행동이 조만간 자신의 상태와 활동을 스스로에게 새로운 방식으로 표상하는 습관으로 발전할 수 있다. 딱지가 만들어지고 그 딱지를 경험된 상황에 덧붙이는 습관이 뿌리 내리면 모든 형태의 인식 기제, 연상 구축 기제의 대상이 될 수 있는 새로운 대상군이 탄생한다. 발전을 거듭하면서 우리의 딱지는 점점 더 명료하게 분절화되어 종국에 가서는 마술에 가까운 경지에 접근한다. 표상에 대한 단순한 성찰만으로 그와 관련된 모든 앎을 떠올릴 수 있는 단계에 도달하게 된다. 우리는 우리가 만든 대상의 이해자가 된다. 기억 속에 들어 있는 이 인공의 교점을 우리는 발성된 개념(concept)이라 부를 수 있다. 우리는 표지점, 딱지, 운반로와 사다리 고리와 사슬 같은 정교한 기억 연상 체계를 만들며 끊임없이 반복하고 수선하면서 자원을 가다듬어 두뇌를 체계화된 거대한 네트워크로 바꾼다. 여기에서 재인(recognition)은 쉽게 이루어진다.

존재의 동의어는 활동성이나 운동이어야 한다. 그것은 아리스토텔레스의 말대로 현실태(energeia)이다. 인간의 사고 그리고 그 마음은 긴 진화 과정을 거쳐 형성되었으며 이 마음의 성분은 지정의(知情意)라 불리는 것들로 구성되어 있다. 생명의 최초에 의식이 있었을까? 데넷은 의식이 없었다고 말한다. 그러나 베르그송처럼 지정의가 미분화된 의식은 설정해야 하지 않을까? 그것이 없었다고 한다면 의식도 진화 과정에서 창조되고 발생된 것이다. 데닛에 따르면, 마음은 부분들의 결합으로 나타났고 지금도 그 부분들에 의지하고 있다는 사실을 깨닫는다면 마음은 우리에게 덜 기적적인 것으로 다가온다고 한다.

데닛에 따르면, 우리는 말이나 연필을 쓰지 못하고 의사소통이 없는 벌거벗은 인간의 마음을 한 번도 본 적이 없다고 한다. 특히 내 안에서 바라보는 나 자신의 마음은 모두 그저 자연선택의 소산만이 아니라 어마어마한 규모로 이루어진 문화적 재설계의 결과이기도 하다. 데닛에 따르면, 사고 능력을 가진 생물이 탄생하기 전에도 자기가 무슨 일을 왜 하는지 전혀 깨닫지 못한 상태에서 그저 추적하고 식별하는 장치로서 원시적인 지향성을 지닌 비사고 생물이 있었다. 원시적인 생물은 다윈 생물이었고, 이어서 스키너 생물, 포퍼 생물을 거쳐 인간에게서 그레고리 생물의 단계에 도달한 것이다. 다른 생물은 생각하지 않은 상태에서 지능적인 활동을 할 수 있는 반면, 인간은 그것에 관해서 생각할 수 있다. 기억 체계와 연상 체계, 그리고 이를 토대로 반성 능력이 탁월하게 발달한 것이다. 어떻게 이런 일이 가능할까?

우리가 언어를 배우면 두뇌 안에 개선이 이루어지고 덕분에 우리는 자신의 활동을 평가하고 회상하고 반복하고 재편할 수 있게 된다. 우리의 두뇌는 그레고리 생물의 활동의 잔향실이 되어, 잔향실이 없었더라면 그저 사라져버렸을 과정들이 그 안에 머물러 있으면서 그 자체가 대상이 되어 버린다. 이러한 과정들이 가장 오래 버티면서 그 와중에서 영향력을 획득한 과정이 우리가 말하는 의식적 사고이다. 데닛에 따르면, 마음의 내용물은 두뇌 안에 있는 특수한 방에 들어가거나 어떤 특별하고 신비로운 매질로 변환되어야 의식이 되는 것이 아니다. 행동 제어의 주도권을 잡기 위하여, 달리 말해 장기적인 영향력을 미치기 위하여 기억에 들어가기 위해서 마음의 다른 내용물들과 경쟁을 벌여 승리해야 의식이 된다고 말하고 있다. 마음의 내용물이 영향력을 지닐 수 있는 가장 효과적인 방법의 하나는 바로 언어 사용을 관장하는 두뇌의 위치로 올라서는 것이다. 데넛은 이 책에서 "말하지 못할지언정 분명히 생각을 한다"는 전통적인 생각을 뒤흔들고 있다.[50] 인간이 아닌 동물의 정신적 능력을 투명하게 이해하는 데 가장 큰 걸림돌은 영리한 동물의 활동에는 우리 인간의 의식에 흡사한 반성적 의식의 흐름이 수반되고 있으리라는 거의 맹신에 가까운 우리의 상상이라고 한다. 그러나 이런 맹신의 직관적 근거는 있다. 그것은 사유의 기원에 있는 직관 아니 직감이 있기 때문이 아닐까? 이 때문에 데넛은 부록에서 고통의 문제를 다루고 있다. 그러나 데넛이 다루는 고통은 행위의 차원에서 이루어지는 작동 방식에 있지 감수성의 측면이 아니다.

사실 생명체는 베르그송이 말하듯이 감각-운동기관(sensori-moteur)이다. 운동은 자발적인 것이고 감수성은 수용적인 것으로서 우리가 그 일어남을 설명할 수가 없다. 말하자면 우리가 말하는 마음은 바로 이러한 감각에서 발원하는 희-노-애-락-애-오-구와 같은 감정을 가진다. 이 때문에 우리는 다음과 같이 데넛에게 물을 수 있다. 데넛은 우리의 마음의 작용 방식을 그 행동(기능) 방식에 따라 4단계로 분리하고 사실 각 단계에 인간의 사고방식에서 분석한 것들을 적용하고 있다. 왜냐하면 그러한 행동이나 작용 방식을 나타내는 생명체들을 언급하고 있지 않기 때문이다. 특히 인간의 행동방식에 해당하는 마음, 즉 인간의 마음을 그레고리적 방식이라고 말한다. 그러면서 이 그레고리적 작용 방식이 갖는 감정이 희-노-애-락-애-오-구라고 하면 그 이전 단계인 포퍼적 생명체는 어떠한 감정을 지니는가에 대해서는 한마디도 말하고 있

50) 제인스가 『의식의 기원』에서 말하였듯이 선험적으로 의식이 먼저 있는 것이 아니라 말 즉 언어 없이는 의식은 발생하지 않는다는 의미이다.

지 않다. 인간에 나타나는 감정을 데닛은 어떻게 설명할 수 있는 것일까? 물론 데닛의 말대로 다른 동물들은 기계적으로 움직일 수도 있다. 그 기계는 고통을 모르고 행동할 수 있다. 인간만이 고통을 느끼는데 우리가 그 고통을 동물들에 감정이입할 수 있다. 그러나 다른 동물이나 생명체는 데카르트가 말한 것처럼 단순한 기계에 불과한가? 데닛은 의식의 발생을 설명한다고 하지만, 사실은 지향성이라는 말로써, 즉 심리적인 능력(potency)을 전제하면서 원자론적인 가정을 가지고 인간의 사유와 의식의 작용을 아동의 지능 발달의 단계에 따라 환원론적으로, 따라서 외삽의 방식으로 설명하고 기술하고 있는 것이다. 이 점에서 데닛은 아직도 서구인들이 지니고 있는 이성 중심주의적이고 그것도 인간 중심주의적인 사고를 하고 있다고 말할 수 있다.

5. 결어

서구의 철학이 마음과 사유를 동일시하고 정신에 관해서는 사유 일변도의 길을 걸은 것은, 사유를 행위와의 관계에서 도구적인 것으로 탐구하지 않고 인식 능력 위주로 탐구한 결과이다. 즉 파르메니데스 이후 사유만이 존재나 실재를 파악하는 것이고 감성적인 것은 현상만을 아는 기능이라고 했을 때부터이다. 사유는 실재를 파악하는 기능이요, 이 때문에 마음이라는 실재도 사유에 의해 파악할 수 있다고 했다. 즉 고대 그리스의 파르메니데스에서 기원한 존재론은 마음에 관한 선험적인 전제들을 가지고 출발했다. 그것은 영원불변하는 존재란 사유가 파악한다고 했다. 더 나아가 존재와 사유는 일치한다.

그런데 칸트에서 드러났듯이 사유는 구성적이고 실재를 파악하는 기능이 아니다. 즉 사유의 기능은 베르그송이 말하듯이 도구 제작적인 기능이다. 이 때문에 실재에 대한 파악 기능은 다른 곳에서 찾아야 했다.

사실 물리적 실재에 대해서는 베르그송도 말했듯이 사유 기능이 적합하다. 그러나 마음에 대해서는 사유보다는 직관적인 감성적 기능이 적합하다. 그런데도 현대의 마음에 대한 탐구는 언어학적으로 접근할 수 있다는 생각에서 혹은 데닛과 같이 철저히 마음에 대한 탐구가 이성적 사유의 결정판인 원자론의 환원론적인 사고방식에 의존한다는 것은 진화론이 생물학에서 진리로 인정되고 있기 때문이다.

그러나 진화론은 생명이나 의식 발생의 과정이나 체계에 대한 환원론의 무지나 확증될 수 없는 가설을 시간적으로 발생의 시원으로 미루어놓는 것에 불과하다. 특히 이러한 환원론은 물질에 대한 탐구와 같은 방식으로 마음에 대해 접근하려고 하는데, 이러한 태도는 생명 발생의 체계나 역사의 곳곳에다 미지의 비약을 설정하고 말하는, 은유나 비유로 된 이야기이자, 신화와 다를 것이 없는 수법에 의한 추측이며, 사유 실험일 뿐이다. 단지 이러한 환원적 방법이 인간의 지능이 고안해 낼 수 있는 가장 확실하고 실증적이고, 따라서 경험과학적인 사고법이라고 생각하기 때문에 그들은 이것을 가치중립적으로 가치감이 없이 신봉하고 있는 것이다.

서구에서는 마음을 사유로 이해하고 사유는 언어, 즉 말에 의해 이루어진다고 이해한다. 그런데 말은 인간의 마음을 이해하는 데 중요하기는 하나 말을 하는 것이 곧 마음은 아니다. 더 나아가 말과 같은 것을 하는 것이 곧 인간은 아니다. 가령 컴퓨터는 어떠한가? 컴퓨터에서 성립하는 인공지능은 반도체의 전기적 온 오프로 구성된 이진법에 따르는 논리적, 수학적 지능인 알고리즘을 지닌다. 이러한 논리적 지능이 마음, 즉 심리적 감정을 지니는가? 물론 말은 직관적인 것을 함축하기는 하나 행위 방식이기 때문에 우리가 직관적으로 아는 감정이나 정서와 같은 범주의 것이 아니다. 빛과 소리를 통하여 우리는 의미를 체험하나 빛과 소리가 곧 의미는 아니다. 컴퓨터에서 나오는 빛과 소리는 인간에게서는 의미로 해석된다. 의미의 이해는 감정적인 것이나 지향적인 것을 지닌 시간을 생산하고 산출하는 존재에게서만 나타난다. 이 때문에 기계는 인간의 감정을 가질 수 없다. 자동로봇은 인간의 마음과 행위의 기계화될 수 있고 분석될 수 있는 정도에서의 결과적으로 나타나는 부분적 기능을 수행할 수 있을 뿐이지, 지정의(知情意)를 지닌 인간일 수 없다.[51] 인간은 베르그송이 말하는 직관을 수행하는 자유의 존재이다. 아니 생명체에는 그것이 단순한 것이든 복잡한 것이든, 단순한 경향성만을 가진 마음이든 반성적 의식까지도 지닌 복잡한 마음이든, 모두 동일한 기초적 직관을 수행하며, 그 마음의 성질은 전 지구의 생명체가 하나이듯이 하나이며 동일하다.

마음의 존재에 대한 직관적 이해는 곧바로 행위나 자발성과 관계하여 마음이 두 가지 특징을 지닌다는 것을 의미한다. 하나는 자발성 자체가 의미하듯이 창조성을 지녔다는 것이고, 다른 하나는 이러한 행위와 관계된 감수성과 관계하여 특정한 윤리적 태도로 나타난다는 것이다. 전자는 사실 정의할 수 없는 사태이고 후자는 가치의식이다. 이 사태는 현대에서는 마음이나 의식에 관한 하나의 현상학적 태도에서 종합된다. 왜냐하면 마음에 관한 형이상학적 전제를 제거하기 위해 마음을 의식으로 간주하고 이 의식에는 지향성이 있다는 것을 후설이 천명하였기 때문이다. 지향성은 사유 이전의 것이다.

의식의 지향성 혹은 마음이나 의식의 이러한 능동성이나 자발성 때문에 마음의 진화를 말하는 데넷은 단순계에서 복잡계로 단계마다 가

---

51) 이 점은 펜로즈의 『황제의 새 마음』 서두의 에피소드에 잘 그려져 있다. 사실 자발성을 지닌 유기체로서의 생명체의 자율성은 임의성에 기초한 상대성을 지니기에 다양성을 함축하고 이러한 다양성을 행위로서 현출하지만, 데넷이 말하는 로봇으로서의 기계가 지닌 자동성은 결정론적으로 단일성을 지향하고 따라서 자동기계는 내외로 환경이란 우연성에 노출되어 있다고 말할 수 있다.

치어나 창발성을 표현하는 말을 사용하지 않을 수 없게 하는 것이다. 그리고 이러한 창발성은 공간이라는 결정성에 기반을 둔 시간성에 생물이나 인간의 본질에 있다. 현대 철학은 물론 과학까지도 시간의 본성을 탐구하고 있으나 기억과 함께 작동하는 재인에 따르는 시간 의식의 기원은 아직 알려져 있지 않다. 시간의 기원이나 본성을 인간의 지능은 알 수가 없고 영원히 알 수 없는지도 모른다. 더욱이 현대에서는 공간마저도 결정성이나 확실성을 지닌 것이 아니라 불확실성에 기초하고 있다.

결국, 시간성의 입장에서 우리는 인간이 무엇인지 알기 위해서는 인간이 되어서 인생을 모두 살아보아야 한다. 그러나 인생을 살아본다고 해서 인생을 다 알았다고 할 수 없다. 왜냐하면 우리는 우주적 진화의 산물이기 때문이다. 이 때문에 우리 자신을 알기 위해서는 우리를 탄생시킨 우주의 기원을 알아보아야 한다. 더 나아가서 우주적 과정을 살아보고 이 과정의 시원이 어떻게 발생하였는지를 알았을 때에야 우리는 우리 자신을 안다고 할 수 있을 것이다. 즉 우리 자신이 우주가 되어 우주가 형성되는 역사와 생명체가 발생되는 과정을 역으로 살펴보고 살아보아야 한다. 우리 자신이 그러한 시간적 존재이기 때문이다. 가설적인 것이긴 하지만 빅뱅 이후 우주 자신에 대해 우리는 많은 것을 알고 있는 것 같으나 그 본질이 무엇인지 아직 알지 못하고 있다. 우리 자신에 대해서도 마찬가지다. 데넷이 인간의 마음의 진화를 말하는 단계마다의 사고 유형에 대한 모든 언급은 비유와 추측으로 형성되어 있기에 신화적인 것은 아니라 할지라도 과학적인 탐구의 결과는 아닌 것이다.

참고문헌

Daniel C. Dennett. *Kinds of Minds*. Orion Publishing Group, 1996. 이희재 옮김. 『마음의 진화』. 사이언스북스, 2006.

Daniel C. Dennett. *Freedom Evolves*. Penguin Books, 2003.

Douglas R. Hofstadter and Danial C. Dennett eds. *The Mind's I*. New York: Basic Books Inc., 1981. 김동광 옮김. 『이런 이게 바로 나야』. 1, 2권. 사이언스북스, 2001.

A. 브룩 · D. 로스 엮음. 석봉래 옮김. 『다니엘 데닛』. 몸과 마음, 2002.

줄리언 제인스. 김득룡 · 박주용 옮김. 『의식의 기원』. 한길사, 2005.

마이클 머피 · 루크 오닐 엮음. 이상헌 · 이한음 옮김. 『생명이란 무엇인가? 그후 50년』. 지호, 2003.

로저 A. 매케인. 이규억 옮김. 『게임이론』. 시그마프레스, 2008.

로저 펜로즈. 박승수 옮김. 『황제의 새 마음』. 상, 하권. 이화여대 출판부, 1996.

패트리샤 처칠랜드. 박제윤 옮김. 『뇌과학과 철학』. 철학과현실사, 2006.

첨부논문 2

언어와 사유, 그 의식 구성과 은유적 기능

1. 서론

플라톤 이래 마음에 관한 탐구는 "마음이란 존재하는가?" 그리고 "그것을 어떻게 아는가?" 하는 존재론과 인식론적인 문제가 분리되지 않은 채 이성 중심으로 탐구되어 왔다. 그러나 칸트 이후 이러한 마음의 탐구는 "마음이란 무엇인가?"를 아는 방식에 관한 것으로 변모된다. 즉 마음에 관한 존재론적인 문제 이전에 인식론적인 문제가 선결되어야 하는 것이다. '존재'란 칸트의 진리 구성설에 따르면 우리의 사유 형식인 범주에 의해 '규정' 내지 '구성'되는 것으로 나타났다. 그리고 이러한 사유의 진리 구성에 있어서 중요한 기능을 하는 것이 구상력 즉 물 자체를 사유하는 물적 상상력(생산적 구상력)이다. 결국 칸트에 따르면 존재에 대한 탐구는 존재에 대한 우리의 사고방식이나 규정을 떠

* 송영진, 「언어와 사유, 그 의식 구성과 은유적 기능」, 『서양고전학 연구』 24집(서양고전학회, 2005년 겨울)을 수정 보완함.

나는 것이 아니다.

더 나아가 현대에 들어와 비트겐슈타인에서 존재에 대한 인식론적 문제가 언어의 의미 구성에 있음을 자각하기 시작했고, 존재에 대한 이해가 존재에 관한 언어의 논리적 기능에 따른 구성적 사유 방법에 기초하고 있음을 자각하게 되었다. 그리고 언어의 논리적 기능이란 바로 그리스적 사고에서 나타난 공간에 기초하거나 비유(은유)하는 사고임이 드러났다. 현대 언어철학자들에 의해 밝혀진 바에 의하면, 우리의 사고란 언어를 떠나서는 존재할 수 없다. 아니 양자 역학에서 존재에 대한 규정이 우리의 감관-지각에 의한 관찰-지각적 작용의 영향을 배제할 수 없듯이, 존재나 우리의 마음에 대해 탐구한다는 것은 언어적 사유의 이러한 의미 구성이나 비유적 기능을 떠나는 것이 아니다. 이 때문에 마음과 언어는 하나로 통합되고 마음에 대한 탐구는 이제 언어학적으로 접근할 수 있게 된다.[1)]

그러나 마음에 대해 이렇게 언어학적으로 접근하는 것은 정당한가? 앙리 베르그송(Henri Bergson)에 따르면 언어에 의해서는 우리의 심정이나 정신적 체험이 표현될 수 없다. 사실 베르그송은 음성언어와 문자언어를 구분하지 않고 지능의 산물인 언어가 직관을 변형하거나 잘못 파악하게 한다고 하여, 언어 일반의 역할을 그의 직관철학에서 폄하하면서도, 다른 한편으로는 언어 없이는 우리의 사유나 지능이 불가능하고, 지능 없이는 직관의 개발도 불가능하다는 점을 밝히고 있다. 베르

---

1) 2005년 봄 서양고전학회에서 '서구정신의 기원'을 연구 주제로 하여 심포지엄을 하는 가운데 헬레니즘의 기원이 된 그리스 정신에 대한 탐구가 있었다. 여기에서 발표된 남경희의 논문, 「그리스어와 철학」은 미국의 언어분석철학과 현대에 나타난 언어철학적 통찰을 고대 그리스 철학에 접목하면서, 한국 철학계에 "언어가 사유를 결정한다"는 언어와 사유의 관계에 대한 중요한 입장을 제시하고 있다. 남경희, 「그리스어와 철학」, 『서구정신의 기원』(서양고전학회, 2005년 춘계학술대회 발표논문) 참조.

그송이 말하는 지능적 사유는 그리스적 사유와 철학적 사유의 기원이 되고, 현대에서 보편적인 과학적 사유나 실천철학에서의 합리적 사유가 되었지만, 과연 인류에게 이러한 그리스적 사유가 지니는 합리적이고 과학적인 사유가 인간이 언어를 사용하면서부터 보편적으로 생겨나고 있었는가 하는 것은 의문이다.[2)]

이 문제는 서구 철학이 그리스에서 기원하고 그리스적 사유가 '기적(greek miracle)'과도 같은 것으로서 다른 문명권의 사고와 다르다는 것을 여러 철학자들이나 사상가들이 밝히고 있는 것과 관련되어 있다. 이 때문에 언어를 사용하는 능력과 합리적 사유나 과학적 사유를 하는 능력이 같다고 보기에는 힘든 측면이 있다. 그리스적 사유의 기원을 탐색한 여러 사람들이 자신의 저작에서 밝히고 있는 사실은, 그리스어나 그리스의 정치-사회적 환경이 다른 문화와 다르고, 그리스 사유의 특색은 파르메니데스 존재론의 모순율에 따르면서도 분석을 전제한 배중률을 첨예화하여 현실에 적용한 결과로서 나타나며, 인간성에 대한 규정이 민주주의 사회처럼 개인주의적이면서도 인류에 보편성을 띠고 있다는

---

2) 인류의 언어가 모두 주어+술어의 형식으로 되어 있기에 인류에게 있어서 논리학이나 수학이 발달하는 것을 필연적이라고 생각할 수 있다. 서구에서는 이러한 언어에 기초하여 철학한 파르메니데스와 제논의 존재론적 사고로부터 논리적 사유와 원자론적 사유가 발달할 수 있었고, 이러한 논리적 사유와 원자론적 사유가 피타고라스학파의 수학과 근대에서 뉴턴 역학으로 나타나 과학이라는 학문적 사고가 발달하는 계기를 마련하였다. 그러나 동아시아의 동양철학(중국 철학)에서는 이러한 과학적 사고의 기초가 된 원자론적 사유와 논리적 사유가 발달하지 못하였는데, 그 이유는 무엇인가? 제자백가 시절에 허시나 공손룡으로 대표되는 명가 사상에는 파르메니데스와 제논의 사상 못지않게 언어에 기초한 존재론적 사상이 나타났으나, 진시황이 이러한 명가 사상을 공리공담을 논하는 사람들의 사상이라 하여 땅에 매몰하는 바람에 논리적이고 분석적인 사고가 발달할 수 없게 되었다고 생각한다. 이들의 사상은 노자의 『도덕경』에 "道可道非常道, 名可名非常名"이라는 말에 나타나 있고, 『장자』의 '天地'편에 약간 전해지고 있다.

점에서 다른 문화와 다르다는 것이다.[3]

사실 그리스인들의 사유가 다른 문명권의 사유와 다른 것이 무엇인지와 이들의 기원이 되는 원인에 대한 것에도 논란이 있을 수 있다. 그럼에도 불구하고 그리스적 사유에는 사회의식과 더불어 인간의 자아의식이 모순율에 따라 첨예하게 발달되어 있으며, 이러한 모순율에 따르는 사유나 정신은 그들이 즐겨한 대화가 소크라테스-플라톤에 의해 모순율을 진리의 기준으로 설정한 데에서 기원함을 우리는 알 수 있다. 그리고 모순율을 인류 최초로 진리의 기준으로 설정한 소크라테스-플라톤의 대화록에 나타난 그리스어에 대한 분석은 현대에서 살펴보면 바로 그들이 언어분석철학을 하고 있었다고 말할 수 있으며, 이러한 그들의 언어분석철학의 주제와 태도는 그들 자신의 정신과 이의 기원인 신으로 향하는 논리적이고 이론적인 'theoria'적 태도에 있었다.[4] 그리

---

3) 그리스 정신이나 철학이 동양의 봉건적인 사회와 달리 다수의 지적 대중이나 민중을 지향하는 그들의 정치와 사회에서 기원하고, 현대에서 보면 이러한 개인의식과 민주적인 사회의식이 그들의 종교나 신화, 문학과 철학에서 다른 문화권과 다르게 나타나고 있음을 밝힌 저작으로는 다음과 같은 것들이 있다. 브루노 스넬, 김재홍 옮김, 『정신의 발견』(까치, 1994); 에릭 R. 도즈, 주은영 · 양호영 옮김, 『그리스인들과 비이성적인 것』(까치, 2002); 장 피에르 베르낭, 김재홍 옮김, 『그리스 사유의 기원』(자유사상사, 1994). 김재홍은 베르낭의 번역서 말미에 스넬과 도즈의 책의 내용을 잘 요약하고 있는데, 이러한 요약된 내용의 이면에 있는 논리를 살펴보면, 그리스적 정신이나 사유는 진리의 기준을 모순율에 두는 정신을 창안하였으며, 이러한 정신을 가능케 한 것은 그들의 대화적 정신에 기초한 진리 탐구에 있다고 할 것이다. 즉 그들의 분별 의식이나 분석-종합하는 정신은 배중률과 모순율에 따라 자연적 사태나 정신적 사태를 잘 분석하고 이를 체계와 통일성을 지니는 존재론으로 정립한 데에 특색이 있다고 할 것이다. 리처드 테일러, 엄정식 옮김, 『형이상학』(종로서적, 1988), 11장 '양극성' 참조.

4) 'theoria'와 종교의 관련성에 대해서는 칼 알베르트, 임성철 옮김, 『플라톤의 철학개념』(한양대 출판부, 2002), 4, 5장; 에릭 R. 도즈, 『그리스인들과 비이성적인 것』, 6장 참조.

고 그들의 언어에 관한 분석철학적 태도에 의해서 비로소 인간성의 존재 근거가 자유에 있음을 자각하는 계기가 되었으며, 이러한 자유의 정신은 그들의 종교나 생활과 문화 속에 여러 가지 형태로 들어 있음을 발견할 수 있었다.[5)]

그러나 그리스인들의 사고가 파르메니데스의 존재론 이래 소크라테스에 의해 모순율을 진리의 기준으로 창안한 점에서 독특하다는 것을 생각하면, 히브리인들의 종교도 그들 나름대로의 독특한 여호와 신앙에 기초한 종교와 철학을 창안하고 형성해 왔다는 점을 인정해야 할 것이다. 왜냐하면 히브리인의 사고와 종교에는 모순율에 따르는 사고방식의 이면에서 작용하는, 베르그송이 말하는 '창조적 정서'라는 직관적인 정신의 분별 작용이 내재해 있고,[6)] 지상에서의 일정한 거주지가 없는 그들의 고난에 찬 역사는 이러한 정서적 직관이 주는 신비적 체험(여호와 신의 말씀을 청종하는 신(신비 체험)과의 만남, 카발라 전통)을 지적으로는 창조론으로 정서적으로는 계시적인 것으로 간주하는 신앙을 형성하게 하였으며,[7)] 자신들의 존재의 근거가 되는 자유의 존재 확보와 이

---

5) 에릭 R. 도즈, 『그리스인들과 비이성적인 것』, 8장 참조.

6) 앙리 베르그송, 송영진 옮김, 『도덕과 종교의 두 원천』, 1장 '정서의 창조력' 참조. 의식이나 정서의 나타남과 사라짐의 현상이 지니는 창조적 성격은 베르그송이 말하듯이 직관적으로 혹은 현상학적으로 탐구되어야 한다. 송영진, 『직관과 사유』, 8장 참조.

7) 신앙이란 지정의(희-노-애-락-애-오-구)가 통합된 정신의 존재 양상(信)을 일컫는다. 이 때문에 그리스 철학이 모순율에 따른 이론적이고 관조(theoria)에서 성립하는 지적인 것이지만 선이나 미적인 가치적인 것을 함축하고 있고, 이러한 진-선-미를 통합하는 관조적 태도에도 배중률이 방기해 버린 근원적으로 신에 관한 추구와 자유에 대한 직관이 전제되고 있다. 칼 알베르토, 『플라톤의 철학개념』 참조.
그런데 이러한 정신의 한 양상인 신앙에서 성립한 히브리인의 신의 창조론은, 모순율의 이면에 전제되는 모순적 존재로서의 역동적 하나님의 계시 체험을 기초로 성립하고 있기 때문에 역설적으로 헬레니즘과 반립적이면서도

를 향한 치열한 투쟁으로 점철되어 왔기 때문이다. 즉 그리스인들이 자신의 존재 근거가 자유임을 자각하고 이를 확보하기 위해 공간적으로 확대되는 다양한 전쟁이나 투쟁을 치렀듯이, 히브리인들의 사유 속에도 낙원의 회복과 하나님과의 만남으로 상징되는 것이긴 하지만 여호와 하나님이 인도하는 가나안을 향한 치열한 공간적 이동의 역사가 있어 왔다.

그런데 이러한 그리스인들의 시각에 기초한 모순율에 따르는 사유적 자아와 히브리인의 음성언어에 기초한 즉 청각에 기초한 직관 때문에 나타나고 자각될 수 있는 종교적 자아에 대해 연구한 사람들이 바로 보만(T. Bomann)과 월터 J. 옹(Walter J. Ong) 신부이다.[8] 즉 그들은 호머의 『일리아스』나 『구약성서』의 연구를 통해 인간의 자아의식의 지향성이나 핵을 히브리인들은 음성언어에 기초한 정신 즉 청각을 시간적으로 인식하는 방식을 취했고 이러한 인식 방식에 따라 경험이나 세상을 감각과 감정에 의해서 정서적으로 파악한 반면, 그리스인들은 문자언어에 기초한 정신 즉 시각에 기초한 모순율에 따르는 대화적 정신의 언어를 사용하여 간주관적이거나 추상적인 사유로 즉 공간적으로 인식하는 방식의 길을 걸어 경험이나 세상을 파악하였다고 말하고 있다. 마찬가지로 양 사상 사이의 사고방식의 차이를 그리스어와 성서를 언어학적 측면에서 연구하면서, 역사적으로 혹은 진화론적으로 원시정신인 양원정신의 파괴에 따른 자아의식의 발생을 심리학적으로 밝힌

변증법적으로 상보적인 측면(기독교 창조론은 창조를 긍정하고 헬레니즘은 창조를 부정하지만, 모두다 (창조)신을 요구하는 사태)이 있다. 이 때문에 헬레니즘과 헤브라이즘이 통합된 기독교 신론에는 신비 체험과 함께 신에 관한 삼위일체의 변증법적인 논리가 숨어 있다.

8) 토를라이프 보만, 허혁 옮김, 『히브리적 사유와 그리스적 사유의 비교』(분도출판사, 1975); 월터 J. 옹, 이기우 · 임명진 옮김, 『구술문화와 문자문화』(문예출판사, 1995); 월터 J. 옹, 이영걸 옮김, 『언어의 현존』(탐구당, 1985).

사람이 줄리언 제인스(Julian Jaynes)이다.[9] 특히 제인스는 현대 미국의 행동심리학이나 의학적 탐구와 언어학적 탐구라는 다양한 학제적 방법을 사용하여 그리스어에 나타난 서구적 코기토 의식이나 마음에 관한 사상과 히브리 언어에 나타난 신 의식과 인간 정신에 대한 사상을 현대적 인간의 공간화된 '의식'과 관계하여 심리학적으로 탐색하고 있다.

그런데 음성언어나 문자언어의 구조는 인류에게 공통적인 주어+술어의 형식을 띠고 있다.[10] 이러한 의미에서 두 문화 사이에는 공통점과 차이점이 존재한다. 즉 그리스의 문자언어는 공간상에 기초한 논리 체계를 갖추었고, 히브리어의 언어는 시간상에 기초한 직관의 변증법적 논리에 기초를 두고 있다는 것이다. 결국 두 언어 사이에는 주어+술어의 형식으로 된 모든 인류가 공유할 수 있는 정신적인 차원에서의 공통점과 차이점이 나타나 있고, 그것이 하나는 공간 논리에서 수학-기하학적인 공간적 사유를 발전시켰고, 다른 하나는 이에 기초하여 정신적인 것을 지향하는 시간의 변증법적 사유를 발달시켰다는 것이다. 결국 아인슈타인의 상대성이론이 현실에서 타당한 것처럼 이 양자를 결합하여 성립하는 서구 철학은 인류의 정신과 물질 양면에 관계하는 문화를 비약적으로 발전시켰으며, 이것이 화이트헤드가 말한 것처럼 플라톤 이래 서구 철학이 배태한 현대 과학에 기초한 보편적인 인류의 정신문화에 기여할 수 있었다는 것이다.

---

9) 줄리언 제인스(Julian Jaynes)는 미국에서 발달한 행동심리학이나 의학과 생리학의 성과를 철학이나 언어학에 도입하여 『의식의 기원(*The Origin of Consciousness in the Breakdown of the Bicameral Mind*)』(Boston: Houghton Mifflin Co, 1976)을 발표하였다. 그는 서구적 사유(cogito)와 관계하는 이성 중심의 철학이 언어학과 관계하면서 빠져서는 안 될 중간 다리로서 심리학을 연구하여 언어 분석의 심리철학에 큰 영향을 미쳤다고 할 수 있다.

10) 송영진의 모든 철학적 저작이나 사유는 바로 이 가설에 기초하여 동서양 문명을 종합하고 있다.

우리가 서양철학사를 공부할 때, 그리스 정신이 먼저 나타나 서구에 보편적 사고를 이루었고, 이어 헤브라이즘이 기독교로 변모되어 헬레니즘과 변증법적으로 관계하면서 서구 근대와 현대 사상을 이루고 있는 것으로 알고 있다. 특히 현대에서 헬레니즘은 과학으로, 헤브라이즘은 신 중심의 보편적 사고와 종교인 기독교로 발전하고 있다. 그러나 제인스는 진화하는 인류 정신사에서 문명화된 헬레니즘적 사고가 그 이전에 형성된 원시정신을 대표하는 음성언어를 기초로 한 헤브라이즘적 사고에서 기원하는 것처럼 말하고 있다. 즉 제인스는 두 엽으로 된 인간 두뇌의 해부학적 사실에서 발원하는 주어+술어 형식에 기초한 언어적 인간의 정신이 원초적으로는 신의 음성을 듣는 양원정신(bicameral mind)이었다고 주장한다.[11] 그런데 이 양원정신이 테라 화산 폭발에 따른 인류의 이동과 음성언어를 문자언어를 사용하기 시작한 것을 기화로 하여 파괴되고(사라지고) 인류는 좌뇌에서만 언어적 기능을 담당하는 쪽으로 진화되었다고 본다.[12] 그는 『의식의 기원』에서 그리스의 호메로스의 『일리아스』나 『구약성서』, 특히 아모스서에서 양원정신의 흔적을 발견하고, 이러한 원시적인 양원정신과 개인적인 자아

11) 양원정신이란 인류의 원시적인 언어적 정신으로서 두뇌의 두 엽이 동일한 언어적 기능을 수행하면서, 마치 미국 국회의 상하원이 서로의 의사 결정을 주고받으며 성립하듯이, 두뇌의 양 엽 사이에 마치 신과 인간 사이처럼 말하고 듣는 의사교환이 있었을 때의 정신을 지칭한다. 제인스는 언어 사용에 의해 가능한 양원정신이 있었던 시기의 인류를 신의 음성을 청종하는 종교적 인간으로 본다. 현대적 인간의 자아의식은 이러한 양원정신이 파괴되고 좌뇌에서만 언어적 기능을 담당하는 데에서 기원하는 것으로 보고 있다. 김득룡, 「제인스와 베르그송」, 『동서철학연구』 31호(한국동서철학회, 2004) 참조.

12) 테라 화산 폭발에 따른 이동과 목축 시대의 이동에서, 이동이 불안을 증가시키기 때문에 이를 제어하기 위해 문자를 발달시킨다고 보아야 한다. 목축 시대에는 음성언어에 기초한 문화와 문자를 기록하는 시대가 병존하였다는 것과 농업을 시작한 시대에는 이미 문자를 사용하고 있었다는 것이 이를 방증한다.

의식의 차이를 정리하여 현대 인간이 지니게 된 자아의식의 탄생과 그 특성을 보여주고 있다.[13)]

이 때문에 우리가 이러한 인류의 보편적인 주어+술어 형식으로 된 언어와 관계하는 의식의 기원, 혹은 인류 언어와 관계하는 각 문명권의 사고방식의 차이를 다루는 일련의 저작들의 탐구 성과를 정리하다 보면 다음과 같은 일반화가 이루어진다. 즉 인류의 조상은 주어+술어 형식의 언어를 사용하면서 비로소 현생 인류(호모 사피엔스 사피엔스)가 되었는데,[14)] 이러한 원시 인류의 정신은 히브리적 사유가 표현하는 양원적 정신으로 형성되어 있었으나, 인류가 문자를 사용하게 되면서 이 양원적 정신이 파괴되고, 이어 자기반성적 자아의식을 중심으로 하는 의식, 특히 헬레니즘에 나타나는 타자를 항상 전제하는 개인의식으로 진화해 왔다고 할 수 있다는 것이다.[15)] 특히 제인스는 두뇌의 해부학적

---

13) 제인스의 『의식의 기원』뿐만 아니라 이러한 인간의 원시정신과 자아의식의 기원이나 발전의 특성은 보만이 그리스적인 사유와 히브리적인 사유의 동일성과 차이성을 비교하는 데에서도 나타나고 있고, 옹 신부의 저작들 가운데에서도 나타난다. 더욱이 데넷은 (『마음의 진화』에서) 인간의 의식의 탄생을 언어와 관련시키면서, 진화론적으로 현대 인간의 개인적 의식인 그레고리안(Gregorian) 형의 타자와 교감하고 의사를 전달하는 인간의 타자에 매개된 의식이 진화한 원인을 인간이 기억 작용을 두뇌의 외부에 둔 데에서 찾고 있다.

14) 존 메이나드 스미스 · 에어르스 스자트마리, 「언어와 생명」, 마이클 머피 · 루크 오닐 엮음, 이상헌 · 이한음 옮김, 『생명이란 무엇인가? 그후 50년』(지호, 2003); 윌리엄 H. 쇼어 엮음, 과학세대 옮김, 『생명과 우주의 신비』(예음, 1994) 참조.

15) 물론 이러한 일반화는 언어의 기원이나 의식의 기원을 진화론적으로 다루는 것에서 성립하는 것으로 가설적인 것이다. 일반적으로 철학에서 언어와 같은 어떤 사태의 기원을 다루는 것은 시간의 기원이나 공간적 사고의 발생을 존재론적으로 설명하는 것만큼이나 어려운 일이다. 플라톤 철학은 이러한 기원의 문제를 선험적인 방식으로 혹은 (역사적인) 발생의 방식으로 각각 설명하여 왔고 이 양자는 서로를 배척하는 것이 아니라 변증법적으로 관련성을 지

사실이나 생리학적, 의학적 사실을 증거로 제시함으로써 헤브라이즘과 헬레니즘이 진화하는 인류 정신의 진화론적인 역사적 순서를 나타내는 것으로 말하고 이 두 사상을 인류의 보편적 사고로 정립하고 있다.[16)]

이 논문에서는 우선 이러한 헤브라이즘과 헬레니즘의 양대 사상을 비교 연구한 제인스의 『의식의 기원』에 나타난 고대 그리스어, 특히 호메로스의 『일리아스』에 나타난 마음에 대한 개념들의 형성 과정과 의식의 기원과 기능에 대한 사상을 베르그송을 연구한 필자의 관점에서 정리하여 소개하고자 한다. 진화론이 진리가 된 현대에서 우리가 언어의 기원과 언어적 인간을 탐색하면서 간과해서는 안 되는 것은 인류가 문자를 발명하기 전 오랜 동안 음성언어만을 사용하던 시절이 있었다는 것이다. 그리고 이러한 음성언어도 주어+술어의 형식을 띠고 있다는 사실이다.[17)]

음성언어를 사용하던 시절의 인간의 사유와 문화는 문자를 발명하고 사용하는 문화와 다르다는 것을 우리는 옹 신부의 『구술문화와 문자문화』에 나타난 연구 결과를 통하여서도 알 수 있다. 여기에서 우선 이처럼 공간적 사고와 시간적 사고방식의 차이를 알아보기 위해서 옹 신부의 『구술문화와 문자문화』에 나타난 사상을 그간의 언어사유연구회와 서양고전학회의 연구 성과물들을 참고하고,[18)] 제인스의 의식에 관한

니다.

16) 이러한 주장은 옹 신부의 『구술문화와 문자문화』를 보만과 제인스, 그리고 데넷의 연구에 대입시켜 베르그송을 연구한 필자의 관점에서 종합하는 과정에서 나타날 수 있는 것이다.

17) 이러한 가설을 정당화하는 실증적이거나 역사적인 사실은 수없이 많으나 여기에서는 현생 인류(호모 사피엔스 사피엔스)가 네안데르탈인(호모 사피엔스)과 다른 점이기도 하다. 송영진, 『미와 비평』, 1장 '인간에 관한 진화론적 사실' 참조.

18) 윤석빈, 「희랍문자의 변천과정과 더불어 본 구술언어와 문자언어가 인간실존에 미치는 영향」, 『동서철학연구』 28호(한국동서철학회, 2003); 남경희,

견해와 시각과 청각의 차이와 공통점에 관해서는 김득룡의 연구물과 비교하면서 살펴보자.[19] 그리고 이어서 제인스의 『의식의 기원』에 나타난 자의식적인 인간의식이 어떻게 그리스어와 관계하여 나타나고 발생하는지를 살펴보자.

2. 음성언어와 문자언어에 의한 정신의 현상학[20]

1) 소리의 내면성과 시각의 외면성, 그리고 의식

소리는 전달 과정에서 변하기 쉬운 성질을 가지며 시간성에 관계한다. 그러나 소리의 특징 중 하나는 사물의 내부에 대해서 갖는 것이다. 사실 지진 탐사나 비파괴검사 기구가 알려주듯이 어떤 것의 물리적인 내부를 확인하는 데 있어서 소리만큼 직접적으로 효과가 있는 감각은 없다.[21] 인간의 시각은 사물의 표면에서 난반사하는 빛을 붙잡도록 되어 있다. 따라서 빛에 의해 포착되는 것이 어떠한 깊이를 지닐지라도 그것은 근본적으로 표면으로서 지각된 것이다. 그러나 청각은 내부를

「그리스어와 철학」, 『서구정신의 기원』(서양고전학회, 2005년 춘계학술대회 발표논문) 참조.

19) 이 논문에서 언급되는 줄리언 제인스의 『의식의 기원』(김득룡 · 박주용 옮김, 한길사, 2005)에 관한 사상은 김득룡의 논문 「빛과 소리」(『동서철학연구』 21호, 2001)와 「제인스와 베르그송 비교연구」(『동서철학연구』 31호, 2004)에 기대어 작성된 것이다.

20) 이 절은 월터 J. 옹의 『구술문화와 문자문화』에 대한 김득룡과 윤석빈의 연구 내용을 참조하고 베르그송의 관점에서 약간의 해설을 첨가한 것이다.

21) 레이저 빔을 발명하고 빛의 파동과 입자의 양면적 성질을 이용하여 홀로그래피를 만들 수 있는 현대 양자 역학적 관점에서 이 말은 더 이상 타당하지 않다. 스티븐 호킹, 김동광 옮김, 『호두 껍질 속의 우주』(까치, 2002), 63-65쪽 참조.

접하지 않고도 내부를 감지할 수 있다. 다른 감각이 모두 사물의 표면에 의한 접촉 감각에 관계한다 해도 청각만은 접촉 감각에 근거하고 있지 않다. 사실 시각은 공간성을 구성하고 있으나 사물에 의해 고정되고 정지된 반면, 청각적인 것은 인간의 몸과 공명체를 이루고 있으면서도 몸의 내외로 관통하면서 어디에도 고정되어 있지 않다.

그런데 시각이나 청각은 접촉 감각에서 분화된 감관-지각으로서 우리의 몸과 밀접한 관계를 지닌다.[22] 그리고 이 몸의 의식, 즉 신체에 대한 의식은 두뇌과학이 말하듯이 두뇌의 지리학과 구조학의 현상으로 연구되고 있는데, 이 때문에 우리의 의식은 지각의 공간적인 방향과 내면의 시간적인 방향으로 발전한다. 시각이 신체 외부와 관련되어 있으면서도 사물의 표면이나 한계에 붙들리고 제한되며 분열하는 데 반해, 청각은 우리의 신체의 발화기관과 유기적으로 관련되어 있으면서도 신체나 사물의 한계에 붙들리지 않고 특히 신체 내외부를 관통한다. 청각을 통한 몸의 의식은 사실 신체를 초월하며 이 때문에 비물리적이고 정신적인 것이라 불릴 수 있다.[23] 그런데 몸의 의식은 베르그송에 따르면 정신의 일차적 기능이 습관 기억이기 때문에 본능이라 불릴 수도 있다.[24] 본능은 행위적 수준에서 나타나지만 인간의 의식에서는 감각의

---

22) 프랜시스 크릭, 김동광 옮김, 『놀라운 가설』(궁리, 2015) 참조.

23) 시각이 삼차원적인 것을 인지하는 기능이라면 청각은 사차원의 것을 인지한다고 할 수 있다.

24) 베르그송은 기억을 습관 기억과 정신적 기억으로 분류한다. 베르그송에 따르면 전자는 몸을 사용하는 기억이다. 즉 우리가 노래나 어떤 사실을 암기할 때 사용하는 것으로서 몸이 수반된다. 반면에 정신적 기억은 그가 말하는 순수 지속처럼 저절로 이루어진다고 한다. 여기에 베르그송의 청각적 문화에 익숙한 사고방식과 시각 문화에서 나타나는 과학적 사고의 시간과 공간의 구분에 대한 착오가 있다. 이는 아인슈타인과 상대성이론을 논하는 저서 『지속과 동시성』에서 범하는 오류이다. 베르그송은 아인슈타인과 토론하는 가운데 아인슈타인의 시간관을 비판하였는데, 나중에 자신의 오류를 깨닫고 이

뜨거움이나 차가움 등과 같은 질적 표상으로 나타난다. 베르그송에 따르면 정신이란 바로 이런 질적인 것을 시간적으로 직관하는 지속(durée)에 대한 의식일 뿐이다.

인간에게서 본능적인 의식은 촉각에서 분화되어 발달한 시각보다는 청각 의식에 가깝다. 그리고 인간 조상은 한때 숲속이나 동굴 속에서 살면서 의사 전달을 시각적으로 하기보다는 다른 동물과 마찬가지로 처음에는 음성과 청각을 이용했다. 시각적인 것은 사물화하는 의식이므로 사실 시각적인 것을 전달하는 것은 사물을 전달하는 것이어야 하는데 이는 신체적인 동작이나 행위에 의해서 전달할 수밖에 없다. 시각이 동작을 이용한다면 청각은 동작보다는 음성을 이용한다. 이 때문에 인간에게 최초로 나타난 언어는 시각 언어보다는 음성과 청각을 이용하는 것이었으리라. 인간 조상은 한때 숲속에서 살았다는 것이 진화론을 말하는 현대 과학자들에 의해 밝혀진 사실이다. 숲속에서 의사 전달은 숲에 의해 가려진 시각보다는 숲을 관통하는 청각이 효과적이다. 인류는 숲에서 지상으로 내려와 직립하면서 후강 구조의 변화와 함께 음향보다는 음성을 사용하여 의사 전달을 하면서 문자를 발명하였으며, 역사가 시작되기 이전에 긴 세월 동안 음성언어에 의한 음성문화를 발달시켰다.

시각은 분리시키고 청각은 합체시킨다. 시각에서 보는 사람은 보고 있는 대상의 외면에, 즉 그 대상과 공간적으로 떨어진 곳에 위치하고 있음을 의미한다. 이 때문에 메를로-퐁티(M. Merleau-Ponty)는 텅 빈 공간을 전제하는 시각이 사물을 토막 내어 감지한다고 한다. 시각은 인간으로 하여금 한순간에 한 방향에서 한 사물의 한쪽 측면만을 감지할

저서를 출판하지 말라고 한다. 베르그송의 순수 기억은 사실 언어로 형성된 사유가 구성하는 기억이다. 송영진, 『직관과 사유』, 5.3. '신체적 기억과 순수 기억, 그리고 시간 의식', 특히 주석 44와 45 참조.

수밖에 없게 만든다.[25] 그러나 소리를 들을 때 우리에게는 동시에 그리고 순간에 모든 방향에서 소리가 모여들며, 그것도 우리의 의식은 연속적이기에 사차원적인 역동적 의식으로 변한다. 즉 우리는 청각 세계의 중심에 있고 소리가 우리를 에워싸기 때문에 감각과 함께 동적 우주존재의 중심(배꼽)에 있는 것이다. 그래서 소리를 듣는 사람은 우주와의 관계에서 사물의 내외부 전체로 의식이 쏠린다. 베르그송은 그의 직관을 "일종의 정신적 청진(auscultation spirituelle)을 통해 영혼의 고동소리(움직임)를 들으려 하는 것"[26]으로서 사물의 내외부에서 이루어진다고 말한다.

시각의 전형적인 이상은 불변성과 정확성과 명료성인 데 반해, 청각은 하모니 즉 하나로 통합하는 것에 관심을 갖는다. 청각이 지니는 내면성과 하모니는 인간 의식의 또 다른 하나의 특징이다. 시각이 모든 것을 삼차원적인 것에 환원시키는 데 반해 청각은 음악과도 같은 사차원적인 역동적 의식으로 만든다는 점에서 서로 다르다고 생각되나 이 양자는 상호 환원 가능하며, 이 때문에 시각과 청각은 상호적으로 기초하면서도 반립적이고 변증법적이다. 이 반립적이고 변증법적인 것이 합체할 때 신체에 기초한 우리 인간 의식, 우리가 '정신'이라 부르는 사차원적인 역동적 의식의 희귀에 기초한 지향성이 성립하고, 언어에 의한 코기토적 정신은 각각 시간성과 공간성을 사차원적인 것으로서 환원

25) 모리스 메를로-퐁티, 류의근 옮김, 『지각의 현상학』(문학과지성사, 2004) 참조. 물론 전체와 부분의 관계에 대한 이러한 시각적 설명은 현대 양자 역학을 포함하는 분석(analysis)을 위주로 하는 과학적 관점에서는 문제가 있다. 왜냐하면 홀로그램이 실현하고 있는 삼차원 입체 사진은 부분이 전체의 정보를 지니고 있고(스티븐 호킹, 『호두 껍질 속의 우주』, 63-65쪽 참조), 또 레이저 빔과 빛의 운동에 관한 파인만의 양자 전기역학적 설명에 의해서 전체와 부분의 고전적(삼차원적) 설명은 극복되기 때문이다. 리처드 파인만, 박병철 옮김, 『양자전기역학 강의』(승산, 2001) 참조.

26) H. Bergson, *La pensée et le mouvant*(Paris: P.U.F., 1969), p.196.

불가능한 것과 같이 반립적으로 분화 발전시킨다.

인간의 의식은 내면에서부터 알 수 있으며 그것을 직접 감지하고 아는 것은 본인 이외에 아무도 할 수 없다. '나'라고 말하는 것은 당사자 이외의 타인이 나라고 말할 때 지시하고 있는 것과는 다른 것, 즉 '나' 의식(정신)을 그 말로써 지시한다. 그리고 이 '나' 의식은 신체적 경험의 모든 것을 통합해서 그 자신 속에 합치시킨다. 베르그송이 말하는 직관에 의해 파악되는 지속하는 사건 존재란 바로 이러한 통합적인 '나' 의식의 것이다. 주의해야 할 것은 내부라든가 외부라든가 하는 개념은 수학적인 개념이 아니며 수학적으로 구분할 수도 없다. 그것들은 인간의 정신적, 신체적 존재에 기초를 두는 것으로서 그 기초는 인간 자신의 신체 경험에 있다. 그리고 신체는 나 자신과 그 밖의 모든 것과의 경계이다. 내부라든가 외부라든가 하는 말은 단지 나의 신체 경험에 비추어서만 파악할 수 있다. 이 경험에 근거해서 그 밖의 여러 사태가 분석된다.

우리의 신체란 이를 둘러싸고 있는 세계나 태양계, 우주와 연결되어 있으면서 상호작용하고 있다고 베르그송이 『물질과 기억』에서 한 말은 진실이다. 그런데 우리의 시각은 이러한 우주적 상호작용을 분리하고 단절시킨다. 즉 우리의 공간에 대한 지각적 의식은 우리를 신체 내외부로 구분하고 정신과 물질을 구분하며, 특히 사물을 분석하고 조각내는 데 전제된 감관-지각 작용인 시각에 토대를 두고 있다. 베르그송에 따르면, 우리의 지능이나 지성이 분석하고 추상하는 데 반해 우리의 직관은 이들을 합체시킨다. 우리의 지능은 시각에 기초하고 있는 반면, 베르그송이 말하는 직관은 청각에 기초하고 있는 것이다. 베르그송이 외적 사물에 대한 직관으로서 감관-지각을 말할 때 그 외부 사물은 시각과 관계하고 나의 지속과의 관계에서 내면적으로 즉 마음 안에서 파악한다고 한 말이나 지속을 음악에 비유한 것은 바로 청각적 직관의 이러한 사태를 표현하기 위한 것이다.[27] 우리는 청각을 통하여 정신적, 신체적 사건(event)이나 사태 속에 존재하는 것이다. 아니, 나라는 존재 자체가 과정(process)이거나 사건-존재(event)이다. 더 나아가 지식이란 궁극에 있어서는 분리가 아니라 통합이며 하모니를 구하는 것과 같다. 그런데 하모니가 없으면 내부의 상태, 즉 우리의 역동적인 역학관계에 있는 심리적인 상태는 소외되고 병든다.

2) 힘과 행위로서의 음성언어

소리는 그것이 막 사라져 갈 때만 존재하는 것으로서 인간의 기억에서 현상하는 과거-현재-미래로 구성되는 시간 의식과 특수한 관계를 맺는다. 그리고 발화된 언어란 일반적으로 정신적, 신체적 행동의 양식이지 사고를 표현하는 기호가 아니다. 아니 사고란 언어적 행위(언행)이다. 구술문화 사람들은 말 속에 위대한 힘이 있다고 생각한다. 그것은 유기체 내부에서 발화되는 것이기 때문에 역동적이다. 우선 말은 목소리이며, 사건이며, 힘에 의해서 생기는 것이다. 이 때문에 옹에 따르면, 음성언어를 기초로 하고 있는 구술문화 사람들에게는 첫째로, 말 즉 이름은 사건과 체험을 불러일으키는 것이고, 역으로, 말하고 이름 붙이는 것은 사건과 사물을 생성하고 만드는 것이다. 이 때문에 사람들이 사물에 대해 이름을 붙이고 명명하는 것은 역으로 그 사물을 제어할 수 있는 힘을 지니는 것이다. 둘째로, 이름이 표찰과 같이 인간이 마음대로 상상력에 의해 붙인 것, 눈에 띄는 것이 아니라 우리의 인식과 정서적 힘에 맞서는 사건이다. 이러한 힘과 이름은 기억에 의해 우리가 생각해 낼 수 있어야 한다. 그렇지 않으면 그것은 존재하지 않는 것이다. 반복

---

27) 송영진, 『직관과 사유』, 7장 참조.

해서 일어나는 사건에 대해 우리는 쓰기에 의해서 이러한 사건과 힘을 저장하고 현재화하지만, 쓰기가 없었던 시절에는 어떻게 이런 일을 하였는가? 그것이 암기이자 정형구의 구술된 언어이다. 그것은 기억 가능한 형태로 저장하고 말할 수 있도록 한다. 기억의 필요성이 촘스키가 말하듯이 통사구문까지 결정한 셈이다.

구술문화에서는 정형구나 판에 박힌 말, 혹은 기억하기 쉬운 말에 의지하지 않고서 무엇인가를 생각해 낸다는 것은 불가능에 가깝고, 한다 하더라도 시간 낭비이다. 구술문화에서 경험은 기억하기 쉬운 모습으로 머릿속에 정리된다. 이 때문에 옹에 따르면, 구술문화에서는 사고방식과 표현이 특수하다. 첫째, 분석에 의해 인과적이고 종속적이기보다는 종합에 의해 첨가적이고 서술적이다. 즉 분석적이기보다는 집합적이고 종합적이다. 둘째로 쓰기는 외부에다 고정시킴에 의해 정신의 연속적인 진전을 지지하고 확보해 준다. 그러나 구술문화에서는 정신이 되돌아갈 곳이 없다. 이 때문에 직전에 말한 말을 기억에 의해 되풀이함으로써 화자나 청자 모두를 본 줄거리에서 벗어나지 않도록 한다. 구술문화는 사건을 이야기로 만들지 않으면 반복이나 동일한 것을 유비나 비유적으로 여러 가지로 표현하는 장황함에 의해 특징지어진다. 겉으로 보면 조리 정연하기보다는 장황하다. 장황함 때문에 의미의 동일성을 중심으로 단순하게 정리되어 우아하게 되풀이되어야 한다. 여기에 수사학적 기술이 필요하다. 셋째로 구술문화에서는 지적인 유산들이 경험으로 남겨져야 하기에 반복되고 되풀이하는 데 대단한 에너지를 투입해야 한다. 당연히 기억력의 발달을 고양시키기 때문에 기억한 공간, 즉 생리적으로 두뇌의 확장은 물론 지식은 습득하기 어려운 것이어서 고귀해짐으로 해서 전문적인 지식을 보존하는 박식한 노인들이 이 사회에서 높이 평가된다. 그러나 문자문화에서는 지식을 바깥에 저장함으로써, 즉 쓰거나 인쇄함으로써 플라톤이 『크라튈로스』에서 말하고 있듯이,

기억력이나 기억한 것을 보관할 두뇌의 확장과 관련이 없을뿐더러 과거를 재현하는 사람인 박식한 노인은 가치가 떨어지고 대신 뭔가 새로운 것을 발견한 사람들인 젊은이의 가치가 오르게 된다. 물론 쓰기 역시 보수적이다. 그러나 텍스트는 정신을 보수적인 임무에서, 즉 기억하는 일에서 해방시키고 새로운 사색을 향하는 일을 가능케 했다[28]. 물론 구술문화에도 독창성이 없는 것은 아니다. 그러나 이러한 독창성은 새로운 이야기의 줄거리를 만들어내는 데 있지 않고, 말하고 이야기할 때마다 청중들과 어떤 특별한 교류를 만들어내는 데 있다. 물론 그러한 변화도 선조 전래의 전통에 합치되는 것으로 제시된다.

구술 사회에서는 이미 현재와 관련이 없는 과거의 것을 버림으로써 현재적 항상성이 유지된다(영원한 현재). 그들은 낱말이나 이름의 정의(definition)에 무관심하다. 왜냐하면 과거의 유용한 것과 현재의 유용한 것을 일치하는 것으로 인식하기 때문에 변화에서 벗어난 것만이 현재에 있는 것으로 인식하기 때문이다. 따라서 그들은 항상 같은 것만을 인식하고 있는 것으로 생각한다. 그들에게는 역사에 대한 인식이 없고, 항상 동일한 것을 반복하고 있는 것으로 착각하며, 설령 변화된 것이 있다 하더라도 망각한다. 구술 양식은 과거의 불편한 부분을 망각하는 것을 허용하는데, 그것은 지속되는 현재의 필요 때문이다. 그들은 추상적이기보다는 구체적이며 상황 의존적이다. 이 때문에 정의에 관해서도 추상적인 것이 아니라 능동적이고 작업과 관련하여 조작적인 것으로 생각하며, 소크라테스-플라톤의 철학에서 나타나는 인과율이나 형식적인 추론이나 논리란 있을 수가 없다. 왜냐하면 이러한 이성적인 사고가

28) 인간의 사회적 조직과 쓰기는 신체 외부에 기억을 저장하는 인간만이 지니는 기억 체계이다. 2030년쯤에는 조그마한 컴퓨터 속에 온갖 정보를 저장할 수 있어서 인간은 더 이상 많은 사실을 기억할 필요가 없는 시기가 온다. 레이 커즈와일, 채윤기 옮김, 『21세기 호모 사피엔스』(나노미디어, 1999) 참조.

가능하기 위해서는 분석이 전제되어야 하기 때문이다. 구술문화에서는 문제나 대상과 거리를 두고 분석할 수 있는 여유의 공간(심적인 여유의 공간)이 없다. 모든 것이 단지 상황 의존적인 수수께끼와 같은 것만이 있고, 이를 해결하는 것에 현명함이 요구된다. 그들에게 학습은 암송과 같은 기억술이 요구되는 것이지, 분석하고 평가하는 지능은 개발되어 의식적인 것이 되고 있지는 못하다.[29] 그들의 의식은 미래지향적이다. 반면에 문자문화에서는 인간의 의식에서 성립하는 지향성은 과거에 대한 반성적 의식에 기초를 두고 있다. 문자문화에서는 역사가 반성적으로 일깨워져 미래로 향한다. 이 때문에 인간에게 있어서 미래란 역설적으로 과거의 현전이 될 수 있다.

일차적인 구술문화에서 말은 문자화된 텍스트, 즉 사물에 관계없이 소리 속에만 존재한다. 이와 같은 문화에서는 소리의 현상학이 인간 존재 감각(느낌과 의미) 깊숙이 파고들어 가 있다. 즉 존재는 음성언어인 말(parole)에 따라 처리된다. 소리의 중심화 작용은 구술문화에서 인간이 우주(코스모스) 중심에 있고 우주란 인간과 더불어 병행하는 사건(event)이다. "인간은 세계의 배꼽이다."[30] 소리 지배적인 목소리 체계는 분석적이기보다는 부가적이며, 추상적이기보다는 상황 의존적이고 구체적이며, 개인주의적이기보다는 보수적인 전체주의와 조화를 이룬

---

29) 문자의 기원은 상형문자이다. 상형문자는 피진(pidgin) 어에 가깝다. 상형문자의 전형은 문자가 어려운 한자 문화권의 경우에는 역설적으로 문자에 의해 음성문화적 현상이 일어난다. 상형이 기호화되면서 음성언어를 모방하는 차원에서 형성된 것이 알파벳이나 우리의 한글이다. 결국 주어+술어로 된 언어는 크레올(creol) 어로서 이를 토대로 형성된 정신처럼 주어+술어로 된 인류 언어란 양-질-관계-양상이 사차원적으로 분석되면서도 이들 모두를 형성하는 능력에 관계한다. 스티븐 핑커, 김한영 옮김, 『언어본능』(동녘사이언스, 2008) 참조.

30) 미르치아 엘리아데, 이용주 옮김, 『세계종교사상사』, 1권(이학사, 2005), 231-235쪽.

다. 그러므로 목소리로 된 말은 사람들을 굳게 결속시키고 집단을 형성한다. 구술된 말의 이러한 내면화된 힘은 인간 존재의 궁극적인 관심인 성스러운 것과 특수한 방식으로 결부되어 있다. 구약성서 중에는 양원적 정신 구조를 드러내는 목소리로 된 말이 있으며 진리는 소리에 가깝다.[31] 소크라테스나 예수는 글을 쓸 줄 알았지만 글을 남기지 않았다. 여기에서 "문자는 사람을 죽이고 영(프뉴마, 호흡소리글)은 사람을 살린다."라는 말이 나온다. "쓰이기 전에는 어떠한 기호도 없었다."라고 데리다는 말하지만, 말은 기호가 아니다. 소리는 시간 속의 사건이며, 이러한 "시간은 걸어 나간다." 거기에는 어떠한 정지도 분할도 없다. 쓰기는 목소리로 된 말에 덧붙여진 것에 불과하다는 주장에 대해 반론을 제기한 데리다의 말에도 타당성이 있기는 하나,[32] 쓰기는 구술문화에 뿌리를 두고 있기 때문에 그곳에 언제까지나 빼낼 수 없는 근거를 두고 있다고 옹은 말한다.[33] 그러나 이러한 구술문화는 문자문화의 발달이 없었으면 알려질 수 없고 반성될 수도 없다는 것에 문자문화 즉 사유의 강점이 존재한다는 것을 베르그송처럼 옹 신부도 알고 있다는 데 역설이 성립한다.[34]

3) 문자언어의 사유에 대한 영향

언어는 기본적으로 말하고 듣는 것이다. 즉 구술과 목소리에 의존하는 것이다. 그런데 이 음성언어가 문자언어로 바뀌면서 인간의 정신에

---

31) 줄리언 제인스, 『의식의 기원』, 259쪽.

32) 소리도 역시 공간적인 것을 함축한다. 삼차원의 공간적인 것에 기초하여 사차원이 성립하듯이 소리 의식에도 공간적인 것이 기초적인 것이다.

33) 월터 J. 옹, 『구술문화와 문자문화』, 121쪽

34) 시각이나 청각 모두가 공감을 전제하는 접촉 감각에서 기원하고 이와 연결되어 있기 때문이다. 송영진, 『직관과 사유』, 8장 참조.

심대한 변화가 생겼다. 쓴다는 것은 공간에 멈추는 것이고 고정하는 것이며 쓰는 것은 신체 밖에 인간 정신의 기억 장치(두뇌)를 무한대로 마련하는 것이다. 이렇게 함으로써 구술언어의 잠재적인 가능성이 거의 무한대로 확대되고, 사고는 고쳐 짜이며 변화를 겪는다. 글쓰기에 의해 인간의 사유는 구술이나 이야기라는 말하는 것과 듣는 것의 생생한 대화적 현장성에서 벗어나 보는 것과 읽는 것이라는 한 개인의 외면적 사건으로 변화한 것이다. 이때 중요한 것은 언어를 통하여 말하고 듣는 것이 삶의 사건 속에서 의사 전달이라는 작은 역할만을 담당하는 것에서 벗어나 언어가 현장성까지 담당하는 역할을 짊어지게 된 것이다.[35)]소리에 기초한 음성언어는 인간의 신체에 기초한 전 체험을 전달하는데, 쓰기에 의해 언어는 이제 단순한 의사 전달이 아닌 하나의 객관화된 세계로서 나타나며 사차원적인 세계가 삼차원적인 것으로 환원되고 삼차원적인 것에 대해 개인은 자신의 정서나 역사성을 덧붙이는데도 이를 망각한 투명한 의식을 지니고 이 세계를 접하게 된다. 문자언어의 세계는 우리의 의식과 더불어 이제 정신의 내외로 구분되는 우주이자 세계를 연결하는 암호(기호)가 된다.[36)]

음성언어와 문자언어는 이제 상호작용에 의해 자연과는 다른 인간의 문화적 세계를 구축한다.[37)] 이러한 인간의 언어 세계를 음성언어와 문자언어로 나누는 것은 시간적으로 음성언어가 원시적이라는 것을 보여

---

35) 이러한 사실은 언어철학에서 발견된 수많은 역설과 변증법적 사고를 일으키는 원인이 된다.

36) 인간은 정신 내부세계와 정신 외부의 우주와 세계를 심신관계에서 묘사되는 것처럼 여러 가지 관계로 가지게 되고, 최종적으로는 아리스토텔레스의 목적론적 체계처럼 반비례관계에 있는 뫼비우스 띠처럼 지니게 된다.

37) 물론 음성언어에 의해 이미 인간은 다른 동물과 다른 내부세계를 지니면서, 내부세계 속에 또 다른 자아를 갖게 된다. 문자언어는 외부세계에서는 인간적인 제작의 인위적 세계(culture: 문화)를 더욱 강화한다.

주는 것이며 원시 세계에 대한 탐구가 된다. 문명이라는 말 자체가 그러하듯이 현대의 세계는 글자로 밝아진 세계이다. 이러한 세계의 근원과 기원을 밝히는 것은 우리 인간의 의식의 역사와 근원을 밝히는 것이다. 목소리로서의 말은 그리스의 플라톤이나 아리스토텔레스와 같은 철학자들이 말하였듯이 쓰기에 의해 배척당한 것이 아니라 오히려 쓰기에 의해 그 가치를 높여 왔다. 옹에 따르면 쓰기는 우리로 하여금 "말을 사물과 동일시하도록 한다."[38] 우리는 말을 가시적인 표시(기호)로 간주하기 때문이라는 것이다. 그러나 글로 쓰인 말은 일차적으로는 살아 있는 생생한 말의 물화된 침전물이거나 찌꺼기인 것처럼 보인다. 말은 구술적인 말하기에 기초를 두나 쓰기는 말을 억지로 시각적인 장 안에 영원히 고정시킨다. 그리고 이차적으로 사전과 문법과 논리에 관한 의식을 일깨운다.[39]

쓰기는 생활 경험으로부터 일정한 거리를 두고서 지식을 구조화하게 한다. 그런데 구술문화는 그 모든 지식을 인간 생활에 다소라도 밀접하게 관련시키는 방식으로 개념화하고 언어화하지 않을 수 없다. 가령 이름과 지명은 행위와 관련되어 나타난다. 통계와 같은 것은 거리가 멀다. 또한 숙련된 작업을 위한 안내서 같은 것은 없다. 견습을 통해서 배우는 것이 중요하며 추상적인 기술은 없다. 구술문화에서는 현장성이 강하고 알려지는 대상과 밀접하고도 감정이입적이며 공유적인 일체화를 이룬다. 즉 개인적인 반응은 단지 주관적인 반응으로 그치는 것이 아니

38) 월터 J. 옹, 『구술문화와 문자문화』, 22쪽.

39) 기호화된 문자와 상형에 기초한 문자는 차이가 있다. 한자 문화권에 있는 동양적 전통에서는 한자의 그림문자적인 성격과 의미의 복합성 때문에, 알파벳 기호와 같은 단순한 존재론적 차이성에 기초한 언어와 관련된 반성적 사유의 결핍으로 사전이나 문법, 그리고 논리학이 발달하지 못했다. 한자의 그림문자적 성격과 관련한 문장과 그 의미 해석에 관해서는 이경숙, 「도덕경이 잘못 읽혀져 온 이유」, 『도덕경(德經)』(명상, 2004), 서문 참조.

라 오히려 공유적인 반응 속에 송두리째 감싸진 것으로 표현된다. 즉 학습에 있어서 대상과 공감하고 그 영혼에 반응하기 위해서이다. 이 때문에 설령 구술적인 것이 논쟁적일지라도 이 싸움은 실제 싸움이 아니며 예술이다.

구술문화에서 고도로 예술적이고 인간적인 가치를 지닌 생생한 힘과 아름다운 언어적 연행이 산출된다. 구술성이 지닌 거대하고 복합적이면서도 영원히 접근하기 어려운 그러한 힘은 문자성의 도움 없이는 알아차리기 힘들다. 그럼에도 불구하고 이러한 언어적 연행은 일단 쓰기에 사로잡히면 이미 어느 정도 불가능하게 된다. 시간적인 사고의 공간화는 시간성을 받치고 있는 힘을 망각하게 하기 때문이다. 쓰기는 아는 주체를 알려지는 객체로부터 떼어놓고 추상(abstraction) 능력과 분석 능력을 기르게 하기 때문에 사람들이 논쟁하는 현장성에서 지식을 분리해 낸다. 그러나 공간적인 의식이 자신을 가능케 한 힘을 반성하고 의식하게 되는, 베르그송이 말하는 직관의 시기나 시간성을 탐구하는 현상학이나 역사성을 인식하고 반성한 현대의 과학적 탐구에 의한 재인의 시기에는 원시의 순수한 힘과 역동성이 일깨워진다. 일차적인 구술성에 뿌리를 내리고 있는 사람들이 그렇다고 하더라도 쓰기가 없었다면 인간의 의식은 그 잠재력을 더한층 발휘할 수 없으며 그 여타의 아름답고 힘찬 작품을 낳을 수 없다. 쓰기는 인간으로 하여금 반성의 기초가 되기 때문이다.

반성과 성찰에서 얻는 인간의 능력은 이제 모든 것을 향해 자신의 능력을 무한히 전개한다. 특히 컴퓨터가 발명되고 이진법의 기계가 인간의 지능과 사유를 기술적으로(technical) 흉내 내고 담당하게 된 현대에 와서, 현실과 꿈에 관련된 진위나 선악의 분간이 불가능하게 된 가상현실(virtual reality)이 전개되고 있다.[40]

문자언어의 사유에 대한 영향은 앞에서 보았듯이 경험에서 주어지는 것이 아니라 선험적인(a priori) 것이다. 즉 문자언어는 공간성과 기호에 의지하고 있고 그것의 기표는 데리다의 말처럼 근원적으로 차이성에 기초하고 있다. 그리고 공간에 관한 인식 능력을 우리는 베르그송에 따라 지능(intelligence)이라 부를 수 있다. 그런데 베르그송은 지능마저도 본능적인 인간의 자발성에서 기원하는 것으로 말한다. 시간성 속에서 작동하는 직관을 전제하지 않으면 지능은 의미 없는 기호적 상징체계에 불과하기 때문이다. 이 직관이 우리가 의식이라 부르는 것으로서 후설 현상학이 전제하는 것이다. 이러한 직관적 의식은 마음이나 정신, 특히 서구에서는 이성이라는 말로 바뀐다. 서양철학이 인간을 이성적 동물로서 규정하고 서양철학의 역사가 이성 중심으로 전개되어 왔다는 것은 자명하다. 서구에서 발전한 마음에 관한 이성이라는 개념은 공간성에 기초하여 발전되어 왔다. 그리고 공간성의 특징은 자의적인 분석을 가능케 하는 것으로서 베르그송에 따르면 제작의 원리이다. 말하자면 인간은 도구를 거의 창조적으로 제작하는 동물(호모 파베르)[41]로서 다른 동물의 추종을 불허한다. 제작은 자연성의 원리만을 추종하는 것이 아니라 자연성의 법칙을 이용하며 이를 넘어서 자신의 의도를 실현

---

40) 이러한 가상현실(virtual reality)은 아날로그(의미 관련성)가 아닌 디지털(전기적 온 오프)로 형성된 것이며, 전자가 인식론적 관점에서 형식과 내용, 질료와 형상을 구분한다면, 후자는 이 양자를 존재론적(전기적 온 오프)으로 통합하고 있다. 이 때문에 존재론과 인식론이 혹은 양과 질이 서로 관련되어 있듯이 아날로그와 디지털은 서로 관련성을 맺고 있을 뿐만 아니라 서로의 특성을 전제하거나 가져오는 변증법적 관계에 있다. 즉 아날로그는 디지털에서 인식론적으로 정확성과 엄밀성을 가져오나 존재론적으로는 분리된 형식과 내용을 가져오는 데 반해, 디지털은 아날로그에서 존재론적으로 구분한 형식과 내용 사이의 유사성과 애매성(메를로-퐁티의 용어)을 가져오는 반면 인식론적(기술적)으로는 질적 엄밀성과 정확성을 가져온다.

41) 인간을 모방한 자동기계뿐만 아니라 자동기계가 자동기계를 만드는 것을 넘어서 유기체, 특히 인간을 재현시킬 수 있다는 이상을 지닌다.

하는 문화 창조의 원리이다.[42] 이 때문에 서구인들은 지능이, 즉 모순율에 따르는 이성이 자연적으로 발생하는 것이 아니라 하나님[43]이나 하늘이 부여하는 것으로 알고 있다. 그리고 이러한 이성 기능이 영혼의 본질이며 플라톤 이래 영혼의 불멸성을 나타내는 것으로 간주되어 왔다.[44]

그러나 공간 속에 우리의 지식과 정보를 기록하고 이를 기억의 수단으로 삼는 인간은 원초적으로는 사차원적인 시간적 존재이자 청각문화를 발달시킨 존재이다. 우리는 이러한 청각문화에 대한 통합적인 연구방법(학제적 연구)을 통해 의식의 기원과 특징을 청각언어에 기인하는 것으로 연구한 제인스의 사상을 살펴보고, 이어서 현대에서 자아의식이나 마음 개념에 해당하는 그리스어의 개념들에 대한 제인스의 예시적 연구에서 시각적인 것의 내면화 현상 혹은 청각적인 것의 공간화 현상을 살펴볼 것이다.[45]

---

42) 소리와 문자, 시간과 공간은 사유에서는 변증법으로 인간 의식에서는 직관적으로, 즉 베르그송에 따르면 시간 위주로 통합될 수 있다. 그리고 변증법에서 전제되는 (모순을 반대로 대치한) 반립이나 위계 개념은 상보적이다. 즉 반립성과 위계성은 사차원적 공간 안에서 역동적인 하나(베르그송의 신비의 목적론)로 통합된다. 그런데 김득룡 교수의 논문 「빛과 소리」에서는 반립성(양극성)에 대해서는 상세한 설명이 나와 있으나, 변증법이나 변증법이 지니는 위계성에 대해서는 언급이 없다.

43) 『구약성서』에서는 하나님이 아담을 창조하시고 만물에 이름 붙이는 능력을 주는 것으로 묘사된다. 이름 붙이는 능력이 상징하는 바는 언어학적으로 심대한 의미를 지닌다.

44) 송영진, 『소크라테스의 산파술에 따른 진리와 인식』과 『플라톤의 변증법에 따른 진리와 인식』(충남대 출판문화원, 2019) 참조.

45) 그리스어 thumos, phrenes, kradie, etor, noos, psche에 대한 제인스의 연구는 『의식의 기원』, 261-272쪽에 나타나 있다.

3. 제인스에 있어서 의식의 기원과 기능[46)]

제인스의 『의식의 기원』은 의식이 물질의 속성이라거나, 원형질의 속성이라거나, 경험, 학습, 추론, 판단의 다른 이름이라거나, 그런 것은 아예 존재하지 않는다거나 등등, 의식에 대한 잡다한 기존의 정의들을 거부하는 것으로부터 출발한다. '의식'을 "어떤 것에 정신을 집중하거나 또는 주의를 기울이고 있는 정신 상태"로 보는 그는, 우리가 살아 있는 한 언제나 의식이 있는 것이라고 믿고 있는 우리에게 그것은 '의식'이 아니라고 주장한다. 즉 데카르트가 우리의 정신은 현실태로서 항상 사유(의식)하고 있는 존재라고 한 것에 정면으로 도전하는 것이다. 더 나아가 역사 초기의 옛 인류들은 역사의 장구한 세월 동안 '의식'을 갖지 않은 채 본능적으로 성공적으로 삶을 영위할 수 있었다고 제인스는 주장한다. 인간은 정신의 다른 기능, 즉 본능이나 감관-지각에 의해 살고 있었고, 지금도 부분적으로는 그럴 수 있다는 것이다. 본능이나 감관-지각은 우리의 반성적 의식 없이 수행되며 반면에 우리의 반성적 의식은 언어에 의해 가능한 사유이자 추론 행위이다.

우리는 의식하지 않은 채로도, 마치 몽유병 환자가 그렇게 하듯이, 길 위에 놓여 있는 물건을 피해 돌아간다. 의식과 지각, 반응(reactivity)과 인식 등을 구별하고 있는 제인스는, 한 예로 의식보다는 반응이 우리의 행동을 유발시키는 모든 자극들을 관장하는 정신 기능이며, 이에 비해 의식은 '선택과 주의 집중'(분별과 의식적 집중)에서 나타나는 현상일 뿐이라고 주장한다. 우리는 우리가 반응하고 있는 것들에 대해 단지 이따금씩만 의식하고 있을 뿐이라는 것이다. 이 때문에 "당신을 보고 있는 나는 지금 당신을 의식하고 있지 않는가?"라고 묻는 반대론자

46) 이 절은 김득룡 교수의 논문 「제인스와 베르그송」을 필자의 관점에서 해설하면서 주석을 덧붙여 변형하였다.

에게 그는 “당신이 지금 의식하고 있는 것은 내가 아니라 당신의 사유(논증)일 것이다.”라고 대답해 준다. 이로써, 제인스가 말하는 한 사람의 의식은 일종의 반성적 의식이며 베르그송이 지능에 부여한 ‘사유에 수반하는 의식’이다.

베르그송에 따르면, 우리의 반성은 우리가 지능(l’intelligence)이라고 부르는 기능에 고유한 것인데, 이러한 지능은 사실 언어에 의한 사유이다. 그리고 베르그송에 따르면 이 사유적 의식에 수반되는 의식이 가장 명료하다. 그런데 이러한 의식도 베르그송에 따르면 본능적 지각이나 감각 작용에서 잠재적으로 혹은 무의식적으로 기능하는 것이다. 그러므로 우리의 사유가 언어에 의해 가능하다 할지라도 사유는 본능적인 지각에 비록 미약하나마 연결 끈을 지니고 있고 이에 기초하고 있다는 것을 드러낸다. 이 때문에 베르그송의 관점에서, “당신을 보고 있는 나는 지금 당신을 의식하고 있지 않는가?”라고 묻는 반대론자에게 제인스가 “당신이 지금 의식하고 있는 것은 내가 아니라 당신의 논증일 것이다.”라고 한 말은 다음과 같이 해석된다. “적어도 나에 관한 한, 당신은 의식이 없다고 말할 수 있으며, 이때의 의식은 언어적 수행에 수반되는 의식이지 지각은 아니다. 즉 나에 대한 당신의 정신 기능은 ‘의식’이 아니라 ‘지각’일 것이다.” 제인스에 있어서 의식의 문제는 행동과학적으로나 신경학적으로 설명해 낼 수 있는 이들 정신 기능(생리현상이나 지각, 심리 등)과는 달리 의식에 대해서는 그런 (실증과학적) 접근이 아직까지는 불가능하다는 점이다.47)

그러면 진정 제인스가 말하는 ‘의식’의 본질은 무엇이며 그 기원은

---

47) 베르그송의 『물질과 기억』, 3-4장 참조. 의식이나 정신은 물리적으로나 생리적으로 파악될 수 없고 오히려 언어 즉 대화에 의해 접근할 수 있다. 이 점은 현대 컴퓨터과학자들과 다르고 차이가 난다. 현대 과학은 이 양자의 차이를 창발론으로써 종합한다고 볼 수 있다.

어디에 있는가? 제인스가 문헌적 고증으로 들고 나온『일리아스』나 신경학적 논증을 위해 제시하고 있는 양엽으로 된 '두 벌 뇌(double brain)' 이론도 이에 대한 답을 주려는 것은 아니었다. 이들의 진정한 목적은 우리의 두뇌에 양원적 정신 구조가 있었다는 것이다. 그리고 이 두뇌의 양원 구조가 문자언어에 의해 파괴되었다는 것을 암시하고 있다. 제인스가『일리아스』를 통해서 보여주려는 것은 급박한 행동 결정을 위해 수많은 판단을 내려야 했을 일리아스 전사들에 대한 묘사에서 현대 우리가 사용하는 의식에 상당하는 단어들이 전혀 나타나고 있지 않다는 놀라운 사실이며,『일리아스』 전반부의 관심은 두뇌의 어느 곳에도 데카르트 식의 의식의 처소는 없으며, 두뇌 속에서 의식을 담당할 어느 부위도 찾을 수 없다는 데 있다. 그가 도달한 결론은 두뇌에 관한 지식만을 통해서는 결코 두뇌가 의식을 담고 있는지를 알아낼 도리가 없다는 것이다.[48] 이 점은 베르그송이『물질과 기억』에서 두뇌가 중앙 전화국의 역할을 하는 것일 뿐 의식을 산출하는 기관이 아니라고 한 말과 똑같은 주장을 하는 것이다. 그렇다면 우리는 어디에서 의식의 근거를 찾아야 하는가?

제인스에 의하면 의식은 언어에 근거한다. "의식이 모두 언어는 아니지만 의식은 언어에 의해서 생성되고 언어에 의해서 접근된다."[49] 즉 우리의 의식은 대화에 의해서 접근 가능하다. 그런데 언어는 사물을 정신적으로 모방하면서 인간의 의식에게 사물로서 존재한다. 이 때문에

48) 줄리언 제인스,『의식의 기원』, 18쪽. 여기에서 두뇌과학과 전통 철학을 연결하는 것이 칸트의 인식론이다. 그런데 칸트의 인식론은 이미 플라톤의『테아이테토스』에 나타나 있다. 달리 말하자면 칸트의『순수이성비판』이나 베르그송의『물질과 기억』은 감관-지각의 표상론에 기초해 있는데 이러한 감관-지각의 표상론은 이미 플라톤의『메논』이나『테아이테토스』의 감관-지각의 발생을 원자론적으로 설명하는 데에서 이미 나타나고 있다는 것이다.

49) 같은 책, 449쪽.

관념이나 언어는 정신에 대해서는 일종의 이미지로서 직관된다. 그리고 사물에 대한 이미지라는 것은 사물 쪽에서는 그 자체의 그림자이나 정신 쪽에서는 그 사물에 대한 사고방식이나 태도이다. 언어의 본질적 기능은 지시이자 모방이며, 그림이자 비유이며 상징이다.[50] 그러나 여기에서 지시관계는 의미론적인 것이 아니다. 더 나아가 언어는 우리의 의식 공간에서 창조적 사유(제작적 지능)에 대응하는 감관-지각적 대상을 대신한다. 따라서 언어의 본질적 기능은 은유이자 비유이다.

그런데 이러한 의사 전달의 도구인 언어적 기능 중에 제인스에게 중요한 것이 언어의 은유 기능이다. 즉 그는 의식과 관련하여 언어의 기능이 감관-지각 자료에 대한 은유 기능이라 말하면서 언어의 이러한 은유(비유) 과정에서 네 가지 새로운 용어들을 주조해 내며 다소 복잡한 논증을 펼친다.[51] 그는 '은유체(metaphier)'들의 단순한 연합을 해석학에서 의미하는 '석의체(釋義體: paraphier)'라 하고 석의체의 대상이 된 것을 '피석의체(被釋義體: paraphrand)'라고 부른다.[52] 이때 피석의체는 원래의 '피은유체(metaphrand)'인 감관-자료들의 연합으로서 이 연합 과정에서 새로운 의미를 생성해 낸다. 언어는 이러한 은유(비유)와 역으로 이들을 해석하는 과정들을 통해 스스로 복잡화되고 성장해 가는 것이다.[53] 예를 들어 "그게 무엇이냐?" 또는 "그게 무슨 뜻이냐?"라

50) 송영진, 『직관과 사유』, 264쪽 참조. 지시와 모방은 언어의 디지털(digital)과 아날로그(analog)의 기초가 된다.

51) 언어의 주된 기능을 은유로 본다는 것은 그가 의식의 본질을 베르그송처럼 자발성에 기초한 공감과 분별력에 두기는 하지만 언어와 관계하여 지능보다는 창조적인 상상력에 두고 있다는 것을 의미한다. 이 능력은 이야기하기(narration)와 밀접한 관련성을 지닌다.

52) 해석학에서는 언어가 사물과 인간 사이를 지시와 함축으로 의미하여 매개하는데 여기에서도 사차원적 관계를 함축하는 변증법적 기능과 이 기능 속에 해석학적 순환을 함축한다.

53) 언어적 상상력이 자기복제하고 증식하는 것은 인공지능의 자기복제와 증식

는 질문에 우리는 그 경험이 독특한 것이어서 선뜻 대답하기가 쉽지 않을 때 "그것은 ○○ 같은 거야"라고 대답하게 된다. 새로운 어휘가 생성되는 순간인 것이다. 이때 인간은 모두가 서로 잘 알고 있는 자신의 머리며 손이며 가슴이며… 등등 자신의 신체를 은유체로 사용하며, "그것은 못의 머리이지", "그분은 직장의 머리이다"라고 말하며 이러한 작업을 수행한다.[54)]

그러면 신체감각으로 관찰될 수 없는 '의식'이나 '추상적 대상'이나 '이전에 경험한 적이 없는 것'들을 위한 개념들은 어떻게 창조되었을까? 이를 위해서는 인간은 불가피하게 그것들을 자신의 마음'속'에서 '볼' 수 있지 않으면 안 된다. 마음의 '눈'으로 '보는' 것 또한 은유 작업일 수밖에 없지 않는가? 그런데 눈으로 보려면 '어딘가'에 갖다 '놓지' 않으면 안 될 것이다. 즉 '공간'이 필요한 것이다.[55)] 물론 이 공간은 플라톤이 말한 밀납 기억과 새장 기억이라는 두 가지 기억을 통하여 이루어진 마음속의 시각적 경험 세계의 유사물이다. 제인스는 소위 우리가 자신의 안을 들여다보고 '내성(introspect)'할 공간인 이 정신 안의 공간이야말로 의식의 중요한 특징이자 의식의 필수적 기체(基體)(substrate of consciousness)라고 주장한다.[56)] 즉 의식은 이러한 언어 발달 과정에서, 은유에 의한 내면적인 '정신-공간(mind-space)'의 창조와 함께, 최초로 그 모습을 나타내게 된 것이라는 말이다. 이러한 논증을 위해 그는 실제의 신체를 지닌 '나'의 은유인 '유사 나(analog 'I')'에 대해서 논하고, 그리고 그 '유사 나'가 수행하는 해석이나 '이야기 엮기

에 대응하는 것이다.

54) 어린아이의 개념 형성에 대한 피아제의 이론 가운데 개를 가까이한 어린아이가 처음 소를 보고 "그것은 큰 개다."라고 말하는 것과 같다.

55) 원자론자들이 설정하는 무한한 공허(Kenon)는 베르그송에 따르면 지성이 제작을 위해 형성한 허구이다.

56) 줄리언 제인스, 『의식의 기원』, 261쪽.

(narration)'[57] 등과 같은 중요한 개념들을 소개한다.

무엇보다도 제인스에 의하면, 언어에 의해 발생하고 가능한 의식의 본질적인 속성의 하나는 '시간성을 공간화하는 은유'이다. 왜냐하면 의식은 바로 언어적 의식이기 때문이다. 이 공간화에 의하지 않고서는 인간은 아예 시간을 파악할 수도 없게 되어 있다. 왜냐하면 인간은 신체를 지니고 있고 시간은 이러한 신체에 기초한 밀납 기억과 청각적 체험의 새장 기억의 변증법적 관계에 의한 인식 형식이기 때문이다.[58] 이렇게 함으로써만 우리는 시간 속의 사건들을 그 공간 안에 배치할 수 있게 되며, 이것은 우리가 과거, 현재, 미래라는 시간 의식을 갖게 되고, 그 안에서 '이야기를 엮어낼' 수 있게 된다는 것이다.[59] 이때 의식은 사실 시각적 체험을 자신 안에 언어를 매개로 하여 현상하는 것이고, 이러한 의식은 자신이 한결같이 주의집중하지는 않고 이따금씩 다른 곳에 신경을 쓰다가 되돌아오기도 하는 기반이 되는 것이며, 우리의 감관-지각의 하나인 시각은 매초 20번씩이나 변하면서 대상에 반응하고 있음에도, 의식은 그 대상을 불변하는 대상으로 간주한다는 것이다.[60] 제인스는 이를 손전등의 착각으로 비유한다.

손전등은 자신이 방향을 옮겨 비추는 곳마다 자신의 빛이 있는 까닭

57) 베르그송의 우화적 기능(fonction fablatrice)에 해당하는 사유 능력으로서 현대 신학에서 성서를 '이야기 책'이라고 하는 것과 같다. 하비 콕스, 오강남 옮김, 『예수 하버드에 오다』(문예출판사, 2004), 3장 참조.

58) 시간과 공간은 인간의 기억 작용에 의한 증식하는 (전진하는) 지속으로서의 정신의 동적인 사차원을 이루는 직교 좌표의 반립적인 두 형식이다. 베르그송은 이를 원추꼴과 평면으로 된 세계상(기억상)으로 표현하고(송영진, 『직관과 사유』, 142쪽) 있으며, 호킹은 현실적인 시간을 서양배 모양으로 나타내고 있다. 스티븐 호킹, 『호두 껍질 속의 우주』, 41쪽.

59) 줄리언 제인스, 『의식의 기원』, 250쪽.

60) 인간은 시각의 이러한 고정된 잔재 영상을 역으로 이용하여 활동사진인 영화를 만든다.

에 모든 곳에 빛이 있으며 항상 있다고 여기듯이, 의식 또한 시간 간격을 감지하지 못한 채 '연속성'이라는 환상을 우리에게 안겨준다는 것이다. 그러나 실상은 의식이 이 모든 시각적 체험의 시간 간격들을 꿰매어 연결해 놓은 것이다.[61] 여기에 그치는 것이 아니다. 의식은 이 작업 과정에서 보고 들은 대로 회상하는 것이 아니다. 그럴싸하고 합리적이 되도록 언어를 통하여 상상하며, 객관적인 이야기가 되도록 재구성함으로써 이야기-엮기를 수행한다.[62] 그러니까 실재의 시간 대신 마음속에 들여다볼 공간이라는 은유체를 만들고 이를 통해, 그리고 이 공간들만이 줄 수 있는 느낌과 뉘앙스를 통해 이차적인 해석체인 의미군을 새롭게 조합해 내어 실재를 '구성하고', '대신한다(represent: 표상한다).' 제인스에 따르면, 이것만이 언어를 통해 사고하는 인간이 실재를 파악할 수 있는 유일한 방법이다.[63]

결국 "의식은 기능적 의미로만 존재하는 피석의체를 투사하는 구체적인 은유체들과 이들의 석의체들로부터 직조되어 나온다."[64] 흰 눈을 눈으로만 보는 한, 우리는 그것을 지각할 뿐 결코 의식하는 것은 아니다. 눈이 덮인 대지를 보며 대지가 담요를 덮고 자다가 기지개를 켜는 모습으로 그리고, 담요 아래에서 아늑하고 포근함을 은유하고 석의하는 것과 같은 새로운 세계 구성이 이루어질 때 의식이 만들어진다는 것이다. 실제의 물리적, 행위적 세계를 파악하기 위한 방법으로서 인간이

---

61) 공간 속에는 연속성이 존재하지 않는다. 단지 우연한 계기들의 동시성(의식의 자기동일성에 기초한 순간성이라는 시간성)에 대한 표상이 공간이다.

62) 외적, 공간적 계기에 우리 의식의 지향성(intentionalité)이 들어간다.

63) 이러한 의식의 기능은 독일 철학에서 표상 능력이라고 말하는 것이고, 베르그송이 말하는 "반성적이고 과거 지향적인 의식" 즉 '지능'의 작용을 지칭한다. 이러한 지능은 공간을 주어진 것으로 인식하지만 사실은 스스로가 창조한 것이다. 이 때문에 지능이 파악하는 진화론과 창조론은 사실 한 몸의 부분들이다.

64) 줄리언 제인스, 『의식의 기원』, 58쪽.

주관 안의 심적 공간 안에 고차적인 표상(representation)을 만들어낼 때 의식이 출현한 것이다. 그리고 그것은 언어를 통하여 가능하다고 한다. 그리하여 제인스는 마치 비트겐슈타인의 말을 연상시키며 이렇게 주장한다. “세계의 구조는, 비록 분명한 차이는 있을지라도, 의식의 구조 속에 반영되어 있다.”[65] 그리고 의식의 구조는 언어적 의미 구성의 법칙에 따른다.[66]

의식의 속성에 관한 제인스의 이제까지의 논의를 요약하면, (1) 의식은 시간 속의 통시성을 공간적인 공시성(동시성)으로 바꾸어서만, 다시 말해서 종적으로 발생한 것을 횡적으로 늘어놓음으로써만 파악하는 방식을 택한다.[67] (2) 의식은, 손전등이 그렇듯이, 결단코 대상의 전체를 ‘볼’ 수 없다. 왜냐하면 특정 시간 속에 감관-지각적 현상을 화석화(frozen)시켜 놓고 ‘발췌한(excerption)’ 부분에 대해서만 주의집중하기 때문이다. (이 점은 양원성과 관련하여 작동하는 우뇌의 특징과 정확히 대비되는 대목이다.)[68] (3) ‘유사 나(공간화된 나)’가 ‘행동’해 볼 수 있고 그리하여 자신의 모습(auto scopic image)을 그려 볼 수 있는 곳은

65) 같은 책, 59쪽.

66) 무의식에 관한 프로이트의 사유를 구조주의 언어학과 관련하여 해석하는 라캉은 꿈에 나타나는 이마주나 노이로제 증상이 무의식의 언어이며, 환자의 의식 속에 억압되어 있던 의미(기의: signifié)를 상징하는 기표(signifiant)라고 말한다. 즉 무의식의 질료의 법칙은 언어학이 현존하는 언어들 속에서 발견하는 수사법적 의미화 법칙과 동일하다고 한다. 노이로제 증상과 꿈의 이마주는 상징적인데, 무의식의 상징화 방법은 담론의 수사학이나 문채론적 방법과 그 구조가 동일하다는 것이다. 구조주의 언어학에서 말하는 기의-기표의 관계에서 기표의 기능은 아리스토텔레스의 형상에 대한 질료의 기능적 관계와 유사하다. 아니카 르메르, 이미선 옮김, 『자크 라캉』(문예출판사, 1998) 참조.

67) 줄리언 제인스, 『의식의 기원』, 60쪽. 기능적인 시간성이 신체에 기초하고 있기 때문에 가능한 시간의 공간화이다.

68) 같은 책, 62쪽.

내면적인 (사유) 의식 속뿐이다.[69] (4) 과학자가 자신은 진리 때문에 행동하는 것이고, 도둑이 자신은 빈곤 때문에 행동한 것이라는 식으로, 의식은 언제나 주관의 행동에 대하여 합리화하고 '이야기를 꾸며낼' 준비가 되어 있다.[70] (5) 의식은 비록 모호하게 지각된 것일지라도 이를 기존의 학습된 도식에 영합시키는 방식으로 사물을 구성한다.[71] (6) 마치 인류가 양적, 기하학적 세계에 대응하여 수의 세계를 고안해 내듯이, 실제 세계나 신체적 행위와 같은 객관적으로 관찰될 수 있는 세계에 근거해서 만들어낸 실제 세계를 대신한 공간적 유사물(표상과 언어와 수, 즉 컴퓨터의 사이버 공간을 기술적으로 구현하거나 표현하는 도구들이나 방식들)과 신체적 행위를 대신한 정신적(언어적) 행위(pragmatics)가 '의식'이다. 결론적으로 의식은 언어에 근거하여 고안해 낸 행위 세계의 신체에 대응한 유사체이다.[72]

이처럼 의식의 기원을 찾는 과정에서 제인스는 인간의 원시적인 정신 체계가 양 엽으로 된 두뇌의 구조처럼 양원성(bicamerality)이었음을 발견하고, 이와 함께 근대 이후 데카르트가 생각해 내고 발견한 '(자아) 의식'은 인간의 출현과 함께 생물학적으로 주어져 있었던 게 아니라, 인류 역사의 한 특정 기점일 뿐인 양원적(兩院的) 정신 구조의 소멸 시기(인류가 음성언어에서 문자를 쓰기 시작한 문명적 시기)와 연계되어 출현했을 것이라는 결론에 당도한다. 그는 심리학, 문학, 인류학, 철학 등 다양한 학문 분야로부터 끌어낸 논거들을 유기적으로 연계시키면서 이러한 주장의 근거를 제시하려 하고 있다. 더 나아가 제인스에 따르면, 히브리적인 원초적인 사고란 양원적 사고로서 일종의 신 중심의 사고

69) 같은 책, 63쪽.
70) 같은 책, 64쪽.
71) 같은 책, 64-65쪽.
72) 같은 책, 66쪽.

이며, 이 양원적 사고가 테라 화산 폭발(역사 이전 시기의 유명한 지각 변동)에 따른 이동의 불안과 이러한 불안에 대처하기 위해 문자를 쓰기 시작하면서 파괴되어 인간의 자아의식적인 주체성의 사고가 나타났다는 것이다. 즉 인간은 문자가 발명되지 않았던 음성언어 시절의 단계에서는 청각적 세계 속에서 청종의 삶을 살기 때문에 타자 지향적인 삶을 살면서 개인의 주체적인 의식이 나타나지 않는 삶과 사고를 한다는 것이다.

그러나 문자가 발명되고 기억을 외부세계에 기록하는 행위가 나타나면서 양원적 의식이 파괴되어 우리가 순종하기만 해야 하는 신적인 음성이 사라지고, 감관-지각적인 외적 표상이 이를 대신하게 되었다. 인간이 내적(직접적) 음성과 대화하는 행위로 이제 스스로를 반성하고 이를 토대로 자신의 소리를 듣는 의식적으로 자각하는 사유 존재가 되었고, 이러한 사유 존재는 외부세계와는 구별된 별도의 자아 중심적인 '의식적' 존재가 된다는 것이다. 사실 문자란 데넷의 말대로 인간의 기억 체계를 신체 밖에까지 연장한 것이다.[73] 그리고 기억이란 고정화하고 불변하게 만드는 심적 작용이다. 베르그송에 따르면 공간적 표상은 지각 작용과 기억 작용의 반립적이면서도 변증법적인 두 기능의 생기(élan vital)에 의해 지속하는 존재에서 이루어진 언어적 정신의 협동에서 기원한다. 제인스는 그리스 신화와 기독교 신화가 기록된 호메로스와 구약을 비교 분석하고 히브리적 사고가 양원적 사고이자 역사 이전의 인류에 보편적인 사고라고 이를 정식화한다.[74]

---

73) 데넷의 『마음의 진화』 참조.

74) 어쨌든 진리는 데리다가 말했듯이 소리에 있게 된다. 그리고 문자는 이 소리를 물화(物化)한 것, 즉 타자화(他者化)한 것이 된다. 그러나 언어의 매질인 소리와 빛이 매질이라는 점에서 근본적으로 서로 다른지는 의심이 된다. 소리가 영혼에 직접적이고 지각된 한 정신에 고유한 시간성에 따른다는 점이 우리에게 분명하게 의식되나, 아인슈타인의 시공 연속체라는 관념 이후 현대

4. 결어

마음이란 무엇이며, 이를 안다는 것은 또한 어떻게 이루어지고 있는가? 서구의 철학은 마음을 철저히 그들의 인위적인 기호적 문자인 알파벳에 의해 형성된 원자론적 사고와 동일시하려고 했고, 감정이나 정서와 같은 것은 마음에 본질적인 것이 아니라고 생각해 왔다. 그리고 우리의 마음의 본질이 사유라고 함으로써 사유를 가능케 한 언어를 인지과학적인 측면에서 연구하며 마음을 과학적으로 연구할 수 있다고 생각했다. 이러한 과학이 수학과 기하학을 토대로 한 수리-논리에 따라 기술적으로 실현한 것이 컴퓨터의 인공지능이다. 사실 과학은 지능의 산물이고 우리의 이성적 사유 없이 과학은 불가능하다. 마찬가지로 마음도 이제 과학적으로 탐구되어야 하고 과학적으로 탐구될 수 있는 측면이 있다. 그리고 이를 현대에서 기술적으로 가능하게 한 것이 컴퓨터이고 이 컴퓨터에 의해 실현한 지능이 인공지능이다. 인간이 문자를 만들어 자신의 정신문화와 기술문명을 타 동물과는 다르게 창조하였듯이, 21세기에는 이러한 정신문화와 기술문명을 컴퓨터에 이식할 수 있게 되어 인공지능을 창조함으로써 인류의 모든 정신적이고 기술적인 문명을 또다시 혁명적으로 개척하면서 창조하고 있다.

그런데 과학적 사유는 원래 그리스의 철학자 파르메니데스의 존재론적 사유에서 기원하고, 이러한 존재론적 사유는 고대 원자론자에서 그

물리학적 관점에서 보면 빛도 지각된 한 시간성(빛은 항상 일정한 빠르기로 지각된다)에 따른다. 이 때문에 칸트가 직관이라 부른 감관-지각은 사실 직관이라 부를 수 없다. 직관은 마음을 감관-지각이나 사유로 분할하여 분석하여 보면, 말해질 수 없는 것으로서 종합적으로 마음에서 마음으로 이어지는 염화시중의 미소와 같은 것이다. 직관은 베르그송의 말처럼 같은 공감을 전제하는 종과 종 사이뿐만 아니라 생명체 전체에서 이루어지는 생명체의 기능에서 기원하는 의사소통(communication)의 종합적 능력이다.

특징이 잘 나타난다. 그리고 이 원자론적 사유의 기초는 심리적 주관에서 해방된 감관-지각적 경험, 즉 관찰-지각에 기초하고 있다. 그런데 이러한 관찰-지각의 기초에 놓여 있고 또 중심이 되는 대상은 우리의 신체이다. 이 때문에 우리의 의식이나 마음의 개념은 서구에서는 그리스 고대 이후부터 일찍이 이를 로고스 혹은 언어에 비유하거나 은유하여 형성하여 왔다. 즉 그리스의 모순율에 따르는 공간 지향적인 이성적 사유나 지능은 우리의 마음이나 주관적인 심적 세계를 물질세계에 반립적으로 구성하면서, 역으로 이를 과학적으로 탐구하고 개척한 관념에 대응하여 형성한 것으로서, 우리의 정신마저도 우리의 신체의 공간적인 것에 비유하거나 이를 은유함으로써 형성한 것이다. 이 때문에 영국 경험론자 특히 흄은 '존재란 지각된 것(esse est percipi)'이라는 말을 하며 우리의 자아의식이라는 것도 '지각의 다발(a bundle of perception)'이라고 함으로써 자아에 관한 통일적이고 실체론적인 관념을 파기한다. 우리의 자아 관념이나 심리적인 마음, 사유나 정신, 혹은 감관-지각적(감각-지각) 기능, 본능이나 무의식 등이란 제인스의 그리스어 연구에서 보았듯이 이중적이며 신체적 의식에 대한 이중의 은유(비유와 해석)에 불과한 것이다. 사실 현대에서도 우리의 의식이나 마음을 신경세포의 전기적 작용이나 컴퓨터의 디지털 기호 작용에 비유하거나 인공지능의 알고리즘에 은유하기도 하는 것은 역동적 존재를 물질이나 신체에 비유하는 공간적 사유의 연장에 다름 아니다.[75)]

그러나 우리 인간은 이러한 공간을 지각하고 이를 구성한 지성, 즉 사유 능력 이외에 본능이나 감정을 지니고 있고, 이 본능이나 감정이

75) 운동을 시간성에 비유하건 공간성에 비유하건 간에 현대에서 이러한 비유는 항상 시공 연속체의 사차원적인 것으로 해석된다. 즉 시간성은 공간성을 떠날 수 없고, 시간성은 공간성을 배제할 수 없으며, 이 때문에 비유와 해석은 불가분리의 관계에 있다.

주는 인식적 측면이 서구 철학에서는 무시되어 왔다. 베르그송은 직관의 이론을 통하여 이 점을 드러내려고 한다. 인간의 본질은 사유가 아니라 신체적, 본능적 의식이며 감정적인 것이다. 인간은 자연적으로 신체에서 우러나오는 본능적 인식을 지닌 감정적 동물이다. 아니 전 생명체의 본질은 인간의 감정이 기초하고 있는 감각에 있는지도 모른다. 컴퓨터과학과 더불어 언어학이나 인지심리학, 그리고 생명과학이 발달하고 있는 마당에 이 감각과 사유의 연결은 인식론의 핵이 되고 있다. 어떻게 지성, 즉 사유와 직관이 구분되면서도 서로 연결되고 있는 것일까? 인간의 사유와 의미 체험이 인공지능에 의해 온전히 밝혀질 수 없는 것은 인간의 이러한 감각에 기초한 주체적 인식 능력, 즉 감정적 직관과 이의 기초에 감각이 있기 때문이다. 더 나아가 우리의 마음은 감정과 사유, 의지 등으로 분리될 수 있는 성격의 것이 아니다. 서구의 철학이 사유 일변도의 길을 걸은 것은, 그리고 우리의 마음에 대해 언어학적으로 접근할 수 있다는 생각은, 우리의 마음을 그 발휘되는 구체성과 전문성에 따라 분리하고 분석할 수 있다는 잘못된 생각에서 기원한다.

인간 역시 생물적 존재이자 자연적 존재이다. 그 존재의 기초가 되는 자아의식이 게놈(genom) 수준에 있건 아니면 게놈이 활성화된 수준에서 표현형으로 창발적으로 나타난 현상으로 있건, 그것은 감각과 함께한 의식이며, 이제 역으로 이렇게 탄생한 의식(주체성)은 이러한 생명이라는 시스템 안에서 이 시스템이 기초하고 있는 물질에 대해 영향력을 발휘한다. 감각과 함께하는 의식은 플라톤이 말하듯이 생명체에게 원초적으로 존재하고 있었는지도 모른다. 그리고 그 원초적 정신은 신이라 하든 생명이라 하든, 그것은 행위에 수반되고 있었다. 사실 의식은 동물적 행위를 통하여 깨어난다. 그러나 인간에게서는 의식이 수반되지 않는 행위는 없다. 데카르트는 자동운동을 하는 것은 기계여서 의식이 없다고 하고, 과학자들이나 유물론자들은 자동운동에서 창발적으로 의식 현상이 나타난다고 한다.[76] 그러나 기계나 기계의 자동운동 자체가 지능과 사고의 산물이고 자의식의 한 표현이다. 더 나아가 제인스에 있어서도 의식 이외에 언어적 사유를 하는 주체는 무엇인가? 무기물의 자동운동에서 의식이 진화되고 인공지능의 컴퓨터가 의식을 지닐 수 있다고 말하는 컴퓨터과학자들이나 데넷의 주장 속에 진화론적 관점을 제외하면 바로 마음에 대해서 이성 중심주의적인 사고를 하는 것이다. 주체성의 의식은 이성적 사고 이전에 생물에 내재해 있었다. 이성적 사고만이 주체성의 표현이 아니다. 주체성은 감각 속에 이미 있다.

우리는 마음을 내부로부터 안다고 말한다. 외부로부터 안다고 하는 것은 감관-지각을 통해 아는 것이다. 그리고 감관-지각은 타자의 행위나 행동에 관계한다. 따라서 타자나 타인의 마음을 아는 것은 타자나 타인의 행위를 감관-지각을 통해서 지각하여 아는 것이다. 이때 아는 것은 두 가지 의미를 지닌다. 하나는 동물적인 본능 즉 느낌을 통해서 아는 것이요, 다른 하나는 인간처럼 생각이나 사유를 통해 미루어 짐작하여 아는 것이다. 전자와 후자는 둘 다 오류 가능성에 노출되어 있다. 그러나 그 오류 가능성은 서로 다르다. 전자는 그 자체 인식의 오류는 없으나 이를 매개하는 행위 때문에 오류가 일어난다. 그러나 사유는 그 자체가 항상 오류 가능성에 놓여 있다. 사유는 경우의 수를 전제하는 가능적 행위이기 때문이다. 그런데 사람들이 통상적으로 사용하는 직관의 의미는 사유가 혼합된 개념이기에 오류 가능성이 있다. 그래서 주관적 사유와 객관적 사유가 구분된다. 객관적 사유는 서로 검증할 수 있고 따라서 그런 사유는 과학적이라 불리며 인간에게서는 과학적 사유

76) 인간이 제작한 기계와 유기체의 차이는 전체와 부분의 변증법적 관련성 여부에도 있으나 운동 원인(능동인)이 사물 외부에 있는가, 내부에 있는가의 차이에도 있다.

가 가장 진실에 가깝다고 생각한다.

그런데 인간의 마음은 각자가 직관적으로 알고 있다. 하나의 마음을 두 사람이 알 수 없다. 하나의 사람은 하나의 마음만을 안다. 다른 사람의 마음은 간접적으로 알려진다. 그렇다고 다른 사람의 마음이 없다고 하면 이는 간접적인 지식을 부정하는 것이다. 그런데 간접적인 지식 가운데는 직접적인 것을 매개하는 지식인 과학적 지식과 같은 것이 있다. 과학적 지식을 무시하는 것은 현대인으로서는 취할 태도가 아니다. 마음은 우리의 공감이나 직관을 매개하는 감관-지각을 통하여 알 수 있고 알려진다. 타자나 타인의 마음은 타자나 타인의 행위나 작용을 통하여 알려지며, 그 결과 마음은 데넷이 주장하듯이 여러 가지 종류가 있음을 알 수 있다. 원리상 하나의 마음이 있을 수는 있어도 경험적으로 알려지는 바에 따르면 오직 하나의 마음만이 있을 수는 없다. 이 양자를 매개하면 마음은 단순한 것에서 복잡한 것에 이르기까지 다양하다. 이 다양한 마음에 상응하는 것이 진화론적으로 생물의 종들로 나타난다.

현대 컴퓨터과학은 인공지능(AI)을 만들어 로봇에 넣어 기계인간(cyborg)을 만들려고 하고 있다. 그러나 이러한 로봇은 인간의 부분적 기능들을 수행하는 것일 뿐, 전체적으로 감정과 인격을 지닐 수 없고 이 때문에 인간과 같아질 수도 없다. 만일 인간과 닮게 만든다면, 그것은 데카르트가 말한 것처럼 송과선(松科腺) 위에 영혼이 올라타고 있듯이 로봇 위에 인간(인공지능)이 올라타고 있는 기계의 모습일 것이다. 자동로봇은 인간의 마음과 행위가 기계화될 수 있고 분석될 수 있는 정도에서 현실화하는 기술에 의해 결과적으로 나타나는 부분적 기능을 수행할 수 있을 뿐이지, 지정의(知情意) 모두를 지닌 전면적인 인간일 수 없다. 기계는 느낌이나 감정을 지닐 수 없다.[77] 인간은 베르그

77) 이 사실은 로저 펜로즈의 『황제의 새 마음』(박승수 옮김, 이화여대 출판부, 1996)의 서두와 말미의 에피소드에 잘 나타나 있다. 기계와 유기체의 동일성

송이 말하는 직관을 수행하는 자유의 존재이다. 아니 생명체에는 그것이 단순한 것이든 복잡한 것이든, 단순한 경향성만을 가진 마음이든 반성적 의식까지도 지닌 복잡한 마음이든, 모두 동일한 감각에 기초적 직관을 수행하며, 그 마음의 성질은 전 지구의 생명체가 하나이듯이 하나이며 동일하다고 상상된다.

우리의 마음은 사유 기능을 지닌 생명체에 대한 다른 표현에 지나지 않는다. 이러한 생명체의 본질은 감각과 느낌에 있지, 서구 철학이 말하듯이 사유가 아니다. 물론 인간의 사유는 원초적인 마음에서 분화되었을 뿐만 아니라, 이에서 더 나아가 감각적인 것을 지니지 않고 생명의 본질인 감각과 느낌에서 해방되어 있는 듯하다. 그래서 서구인들은 이성적 사유 능력이 신에게서 내려오거나 부여된 것으로 간주하지만, 이것은 착각이다. 우리의 사유도 감각과 느낌에서 기원한, 행위를 통제하고 방향 지우는 의미 체험과 의미 구성의 한 기능에 불과하다. 우리의 사유나 이 사유에서 발전한 복잡한 의식을 발현한 마음은 생명체의 원초적 기능에서 분리될 수 있는 것이 아니다.

인간은 지각 체험, 특히 시청각 작용이 발달하고 이 지각 체험을 타자나 자손에게 전달하려고 하는 과정에서 언어를 발달시키고, 이어 문자를 발명함으로써 공간을 지향하는 지능을 비약적으로 발전시킨 사유하는 인간이 되었다. 사유하는 인간의 특징은 모순율에 따른 원자론적 사고나 이원론적 사고에서 그 본성이 나타난다. 지각에서 대상과 운동, 언어에서 주어와 술어의 분리 등은 공간을 전제한 원자론적 사고에서

과 차이성은 플라톤의 변증법에서는 원운동으로 상징되는 영혼의 능동적인 동일성 운동(poioun)과 장소(chora)의 타자성으로 묘사되는 우연-필연성과 내외로 관계 맺는 4중의 변증법으로 설명된다. 즉 살아 있는 생명체와 유기체, 그리고 기계와 물질은 전체와 부분의 변증법으로 표현되며, 유기체는 기계의 부분으로 된 전부(panta) 속에 전체(holon)가 가능적으로 들어 있을 수 있는, 기계 속의 기계로 나타난다.

기원한다. 이 때문에 서구적 인간은 경험적 세계와 사유 세계라는 두 세계를 지니고 있다. 인간은 감정과 사유의 주체이자 환경이나 세계와 상호작용하는 독립체이다. 사유 세계는 언어에 의해 가능한데 언어 행위가 가능한 것은, 데닛에 따르면 인간에게 다른 동물과 다른 기억 체계가 즉 두뇌 내부에 기억을 저장하는 것이 아니라 두뇌 외부에 기억을 저장하는 능력이 발달했기 때문이다. 이 기억 작용 덕분에 존재론적인 사고 즉 원자론적 사고가 가능하게 되고, 분석과 종합이 가능하게 되자 인격이 분할되기 시작한다. 감각-지각과 신체적 운동, 무의식, 감정과 사유, 그리고 기억과 재인, 그리고 상상력의 주체가 그것이다.

데닛에 의하면 의식이란 진화상 인간 종에게 발생되고 나타난 진화의 산물이자 의사소통의 사회적 생성물로서, 그 실체성은 의심스럽다고 한다. 의식이란 생물에게서 나타난 것으로서 그 기원은 감각이나 경향성이다.78) 이러한 경향성이 감각이라는 직관적인 기능으로 나타나고 이어서 감각에서 의식이 분화하는 것으로 볼 수 있다. 그리고 이런 의식의 분화 작용에는 기억과 의사 전달이 필요한 요인이다. 데닛도 생명체에 있어서 기본적으로 전제되는 것이 경향성이라고 보고 있다. 그리고 이 경향성이 진화하여 인간에서는 언어에 의해 우리의 의식이 발생한다고 한다.

그러나 과연 무기적인 것에서 유기적인 것이 진화되었으며 없었던 마음이 생겨난 것일까? 물론 진화된 마음이, 그것도 언어에 의해 각성되고 진화된 마음이 있다. 그러나 이 진화된 마음은 무기물에서 창발된 것으로서 마음이 역동적이 되어 이제 역으로 무기물에 자발성을 발휘하게 된다. 그럼에도 불구하고 우리의 마음이나 우리의 의식이 나타나

78) 감각이나 경향성은 주관적인 것으로서 과학적 용어는 아니다. 베르그송에서는 본능으로 불리어 온 것이다. 물리학에서는 생물의 경향성을 엔트로피를 감소시키는 방향으로 작용하는 물체의 기능으로 본다.

고 사라지듯이 그리고 의식이 창출한 문화가 사라질 수 있듯이 생성-소멸 가운데 있다. 의식은 자각일 뿐이고 생리학적으로나 물리학적으로나 접근될 수 없는 시간성의 것으로 공간화되지 않는 무(無)이기 때문이다.[79] 우리는 이러한 인간의 마음, 즉 의식 작용을, 언어와 함께한다는 선험적인 전제 없이는 현상학적으로 탐구할 수 없다는 순환론적 사실의 저편에 생명체의 신비가 있다는 것을 알 수 있다.

참고문헌

Henri Bergson. *Oeuvres*. Textes annotés par André Robinet. Paris: P.U.F., 1970.

Julian Jaynes. *The Origin of Consciousness in the Breakdown of the Bicameral Mind*. New York: Houghton Mifflin Co., 1976. 김득룡 외 옮김. 『의식의 기원』. 한길사, 2005.

브루노 스넬. 김재홍 옮김. 『정신의 발견』. 까치, 1994.

대니얼 데닛. 이희재 옮김. 『마음의 진화』. 두산동아, 1996.

에릭 R. 도즈. 주은영 · 양호영 옮김. 『그리스인과 비이성적인 것』. 까치, 2002.

장 피에르 베르낭. 김재홍 옮김. 『그리스 사유의 기원』. 자유사상사, 1994.

로저 펜로즈. 박승수 옮김. 『황제의 새 마음』. 상, 하권. 이화여대 출판부, 1996.

월터 J. 옹. 이기우 · 임명진 옮김. 『구술문화와 문자문화』. 문예출판사, 1995.

---

79) 이 때문에 레비나스는 『시간과 타자』(강영안 옮김, 문예출판사, 1999, 46쪽)에서 다음과 같이 말한다. "의식이 어떻게 생겨나는가 하는 것은 우리로서는 뚜렷이 설명할 재간이 없다. … 형이상학에는 물리학이 없다."

월터 J. 옹. 이영걸 옮김. 『언어의 현존』. 탐구당, 1985.
토를라이프 보만. 허혁 옮김. 『히브리적 사유와 그리스적 사유의 비교』. 분도출판사, 1975.
김득룡, 「빛과 소리」, 『동서철학연구』 21호, 한국동서철학회, 2001.
김득룡, 「베르그송과 제인스의 비교연구」, 『동서철학연구』 31호, 한국동서철학회, 2004.
남경희, 「그리스어와 철학」, 서양고전학회 2005년 봄 심포지엄 발표논문.
송영진. 『플라톤의 변증법』. 철학과현실사, 2002.
송영진. 『직관과 사유』. 서광사, 2005.
송영진. 『소크라테스의 산파술에 따른 진리와 인식』. 충남대 출판문화원, 2019.
송영진. 『플라톤의 변증법에 따른 진리와 인식』. 충남대 출판문화원, 2019.
아니카 르메르. 이미선 옮김. 『자크 라캉』. 문예출판사, 1998.
윤석빈, 「희랍문자의 변천과정과 더불어 본 구술언어와 문자언어가 인간 실존에 미치는 영향」, 『동서철학연구』 28호, 한국동서철학회, 2003.

제 5 장

사이버 공간과 가상현실에 대한 철학적 성찰

1. 사이버 공간과 인공지능

흔히 인공두뇌학이라 번역되는 사이버네틱스(cybernetics)는 1940년대 MIT의 수학자 위너(Nobert Wiener)가 자동 통제와 정보 소통 간에 밀접한 연계성을 생각하고, 시스템의 행동에 대한 제어와 통신에 관한 학문으로 표명한 것이다. 위너는 인간을 포함한 모든 동물을 정보 처리자로 간주한다. 여기서 정보 처리자는 지각을 통하여 외부세계에 관한 정보(data)를 획득하고, 생리학에 의존한 방법으로 정보를 처리하여, 그 처리된 정보를 환경과 상호작용하기 위하여 사용(이용)하는 것이다. 그런데 중요한 것은 위너가 정보 처리에 있어서 동물이나 기계가 동일한 관점에서 탐구될 수 있다고 본 것에 있다.

위너는 다음과 같이 말하고 있다.

"나는 오랫동안 오늘날의 엄청나게 빠른 컴퓨터 계산 장치가 대체로 자동 통제 장치를 위한 이상적인 중앙신경체계가 될 것이라 확신해 왔다. 그리고 투입과 산출이 반드시 숫자와 도표의 형태로 존재할 필요는 없으며, 제각기 광전자나 온도계 같은 인공 감각기관의 독본이 되어, 또한 전동기나 솔레노이드의 작업 수행이 될 것이라 확신해 왔다. … 우리는 이미 성능에 있어 거의 완벽한 인공 기계를 만들 수 있는 위치에 와 있다. 나가사키 원자폭탄에 대한 대중의 인식이 있기 훨씬 이전에 나는 선과 악에 대해 전례 없이 강조하고 있는 또 다른 사회의 잠재성의 현실 속에 우리가 이미 서 있다는 것을 느끼고 있다."[1)]

사이버 공간(cyberspace)의 사이버(cyber)는 어원상 사이버네틱스(cybernetics)를 생략한 것으로서 원래는 그리스어 'kybernetes(항해사, 키잡이, 선장)'에서 유래한 것이며, 플라톤이 심신 이원론적인 관점에서 신체는 영혼의 감옥(soma, sema)이라고 말한 것에 대하여, 아리스토텔레스가 『자연학』에서 영혼과 신체의 관계를 배와 선장의 관계로 묘사한 데에서 유래한다. 즉 플라톤은 영혼과 신체가 독립될 수 있다는 가능성을 말하는 반면에, 아리스토텔레스가 인간의 영혼과 신체는 한편으로는 서로 긴밀하게 연결되어 통합되어 있다는 것을 말하는 것으로서 고대에서는 원자론과 함께 이야기된 것이 근대에서는 뉴턴 역학과 함께 데카르트에게서 인간의 영혼과 신체의 관계 문제로 나타난 것이다.[2)]

---

1) Nobert Wiener, *Cybernetics, or Control and Communication in the Animal and Machine*(MIT Press, 1948), pp.27-28.

2) 영혼과 신체의 분리와 통합의 변증법은 플라톤에서는 데모크리토스의 원자론을 전제한 능동자로서의 영혼의 능력 우위의 동일자-타자(apeiron)의 문제로 나타나고, 이를 아리스토텔레스는 양자의 통일과 조화의 관점에서 배와 선장과의 관계로 나타낸 것이다. 그러나 근대 뉴턴 역학 이후 데카르트로부터 시작된 심신관계의 문제는, 뉴턴 역학이 고대 데모크리토스의 원자론과 같이 파르메니데스의 존재론의 모순율(ex nihilo nihil fit)에 따르기 때문에 데카르트에게서는 심신관계의 문제로 나타나는 것으로서, 논리적으로는 평

플라톤 이래로 인간은 정신과 몸이라는 이원적 존재로 구성된 유기체적 존재로 일컬어진다. 즉 플라톤은 정신과 신체가 현실에서는 전체와 부분의 동일자-타자(정신적 일자인 유한-물질적 타자인 무한(apeiron))의 변증법적 결합에 의해 형성된 유기체적 관계로 존재한다고 말한다.[3] 이러한 유기적으로 결합된 전체-부분은 아리스토텔레스에 따르면, 형상과 질료의 관계로 말해질 수도 있다. 우선 플라톤에 따르면, 신체는 물질의 우연-필연성의 운동으로 인해 자발성을 지닌 인간의 정신이 증강되지 못하고 상실되거나 소외되는 감옥(soma, sema)이지만, 아리스토텔레스의 인위적 제작에 유비된 4원인(형상-질료, 운동-목적)론에 따르면[4] 질료는 형상에 협조함으로써 정신과 몸은 배와 선장과의 관계(수단-목적의 관계)로 유비되는 증강의 관계에 있을 수 있다. 즉 아리스토텔레스의 형상-질료설에 따르면, 질료가 형상화된 것이 신체로서 나타나며, '최후의 질료는 형상'[5]이라는 말에 함축되어 있듯이, 신체는 정신에 유사한 존재로서 변모되어 유기체로 나타난다.[6]

행론을 기초로 하여 이들이 변증법적으로(역학적으로) 결합될 수 있는 가능성과 함께 여러 가지 경우의 수들로 나타난다. 이 책에서는 뉴턴 역학에 기초한 현대의 창발론을 따르면서 자발성을 지닌 생명체에서 나타나는 유기체의 변증법적인 기능을 과학자들이 기술적인 문제로 환원하는 관점에서 환원론의 한계를 지적하면서도 이 심신관계의 문제를 창발론의 관점에서 해명하려고 하였다.

3) 송영진, 『플라톤의 변증법에 따른 진리와 인식』(충남대 출판문화원, 2019), 172-180쪽 참조.

4) 송영진, 『그리스 자연철학과 현대과학』, II권(충남대 출판문화원, 2014), 1장 참조. 아리스토텔레스의 4원인론과 뉴턴 역학과의 관계는 13-19쪽 참조.

5) 아리스토텔레스의 '최후의 질료는 형상'이라는 말과 맥루한의 '미디어는 메시지'라는 말은 형식과 내용에 있어서 동일하다.

6) 플라톤에서 생물체는 전체-부분의 변증법이 동일성-타자성의 변증법에 의해 표현되는 데 반해, 아리스토텔레스에 있어서는 생물체가 질료로서 형상에 대한 (『시학』에서 표명되어 있듯이) '모방하는 기능'을 지닌 존재라는 유사성

근대 데카르트는 플라톤의 이원론을 받아들여 인간의 사유하는 영혼이 신체 특히 두뇌의 송과선에 올라타고 있다고 묘사함으로써, 정신과 신체의 관계는 현대에서는 자동차에 운전수가 올라탄 모습으로 그려진다. 그런데 자동기계에서는 피드백 작용이 핵심이다. 근대 뉴턴 역학 이후, 이러한 신체라는 유기체가 정신이라는 존재의 도구가 되고 도구가 기계화되어, 자동화가 이상인 자동차가 나타나고, 인간은 운동의 시초가 주어진 자동기계에 불과하다는 라 메트리(La Mettrie)의 인간 기계론이 나타난다. 라 메트리에 따르면, 인간은 운동의 시초만을 신에게서 부여받은 필연적인 법칙에 따라 자동운동하는 자동차나 시계와 같은 존재일 뿐이다.

위너의 사이버네틱스에 나타난 피드백과 통제라는 개념은 그것이 탄생한 공격 예측기에 대한 전쟁 연구라는 국소적 배경을 넘어서, 현대에는 자연과학, 공학, 사회과학 등의 다양한 학문 분야에 쓰이게 되었다. 그 결과 과학적 탐구의 통일성을 믿었던 위너에게 사이버네틱스는 서로 다른 학문들을 연결하는 과학의 통일성을 제공하는 것이었고, 다른 한편, 인간과 기계의 협동을 모두 피드백에 의한 통제라는 단일한 기능에 의해 기술함으로써 생물적 인간과 기계와 같은 무생물의 경계를 흐리게 하였다고 볼 수도 있다.

이러한 상황 속에서 유기체로서의 인간과 기계로서의 비인간의 구별 문제가 마치 생명체와 물질의 관련성 문제와 더불어 존재론적이자 인식론적인 담론[7]은 물론, 인문학의 과제라 할 수 있다. 그런데 인간다움의 추구의 노력은, 도구 사용에서 도구가 뉴턴 역학에 의해 기계로 진

의 변증법으로 표현된다고 말할 수 있다.

7) 하이데거에서는 모든 학문을 통합하는 철학으로서 『존재와 시간』, 1부 서론에서 '인식형이상학'이라는 개념으로 나타난다. 마르틴 하이데거, 소광희 옮김, 『존재와 시간』(경문사, 1995), 59쪽.

화하고 기계가 자동화를 목표로 진화함에 따라 인간의 활동이 여러 노동으로 변모되어 지적 노동과 육체적 노동으로 분화되고 전문화됨으로써, 정신과 신체 양면으로 증강과 소멸의 수많은 역설들이 나타난다. 즉 인간성이 지적, 윤리적으로 상승되거나 프랑켄슈타인처럼 변모되어 나타나고, 아니면 신체적 노동이 기계에 부속되거나, 인간 신체를 기계로 대치하거나 기계화된 것으로 인식하고, 이에 따른 인간성의 소외문제로서 수많은 윤리적 담론을 만들어내고 있다.

오늘날 디지털 매체의 등장 이후 인공지능을 탑재한 매체의 영향력은 아주 막강해졌다. 이러한 현상은 현대 매체론의 시조인 마셜 맥루한(Hubert Marshall Mcluhan)이 『미디어의 이해』에서 예언한 바와 같다. '인간의 확장'이라는 부제를 갖고 있는 『미디어의 이해』에서 맥루한은 매체와 인간의 경험과의 관계를 자세히 묘사한다. 맥루한은 매체를 발명한 기술의 경험 관련성을 베르그송과 같이 감각-운동기관(sensori-moteur)에 불과한 인간의 몸의 확장에서 나아가 감각의 확장이나 인간성의 확장 등으로 다양하게 말한다. 예를 들어 맥루한은 활은 손과 팔의 확장이며 무기는 손과 손톱, 그리고 이빨의 확장이며, 총은 눈과 이의 확장이라고 말한다. 바퀴는 다리의 확장이며 옷은 피부의 확장이고 책은 눈의 확장이며 전자회로는 중추신경계의 확장이라고 말한다. 즉 그에게서 몸의 개념은 감각과 이와 관련된 의식의 기관인 중추신경계까지 포함한다. 물론 여기에서 그는 매체가 의식이라거나 사유나 정신의 확장이라고 말하지 않는다는 점에서 아리스토텔레스와 같이 플라톤이 말한 정신/몸의 이분법을 받아들이지 않는다. 그는 인간이 발명한 의사 전달의 도구인 언어는 물론 모든 미디어가 몸과 이에 부수된 감각의 확장이며 인간 능력의 확장이라고 말한다. 몸과 관련된 감각적 경험은 인간 사유가 발명한 도구나 기계와 관련된 테크놀로지와의 경험의 관련성을 드러내며, 이 경험의 확장으로 나타나는 미디어의 개인적, 사

회적 영향은 새로운 테크놀로지가 도입하는 새로운 척도로서 측정되어야 한다는 것이다.8)

맥루한이 말하는 미디어 중에서 특히 중요한 것이 인간이 만들어낸 언어이다. 언어는 인간 지능이 만들어낸 가장 우수한 도구-테크놀로지로서 인간의 생각(정신)을 외면화하여 연장(확장)시키는 도구라는 것을 암시하고 있다. 맥루한은 다음과 같이 말한다.

> "흔히 발명이나 기술은 우리 몸의 능력을 무한히 확장하거나 자기 단절한 것이다. 이와 같은 확장이나 단절은 몸의 다른 기관이나 확장물들 사이의 결합 비율이나 균형 상태를 필요로 한다. 예를 들어, 텔레비전의 영상이 불러일으키는 새로운 감각 비율에 따르지 않을 수 없다."

매체가 "인간의 몸과 감각 비율을 확장하는 테크놀로지"라고 이해하면, 매체는 매우 포괄적인 의미에서 [정신적] 경험에 관련된 모든 기능을 확장(증강)하는 것이라는 것이다. 이 책에서 맥루한은 미디어(매체)가 단수한 정보 전달의 수단을 넘어서 인간의 인식 패턴과 의사소통의 구조, 나아가 사회구조 전반의 성격을 규정한다고 말하고, "미디어가 메시지"라는 유명한 말을 남겼다. 이러한 통찰은 매체가 단순한 정보 전달 장치가 아니라 인식론적인 것은 물론 존재론적 개념으로서 신체를 정신적 기능을 소멸시키는 것으로 인식하는 이원론적인 플라톤을 넘어서 아리스토텔레스의 '최후의 질료는 형상'이라는 말에서 나타나듯이 정신적 기능을 확장한다는 형상-질료의 철학을 종합하는 것과도 같이, 인간 존재에 대한 철학적 검토가 필요하다는 사실을 나타내고 있다.

사실상 현대 과학에서는 생물체로서 인간이 경험하는 것은 총체적인

---

8) 마샬 맥루한, 이한우 옮김, 『미디어의 이해』(민음사, 2002), 472-476쪽.

의미에서의 몸이 작용한 것으로 해석한다. 또한 인간 경험은 다양한 감각이 함께 유기적으로 작동해서 이루어지는 정신이나 의식이라 불리는 것을 (발현하거나) 형성하는 인간 정체성을 구성하는 자아의 총체적 경험이다. 따라서 테크놀로지가 인간의 확장이라면 그것은 인간 정신이라고 불리는 것이나 신체적인 것이라고 불리는 것의 총체적인 경험의 확장이다. 모든 매체는 그 메시지와 관련하여 우리가 세상을 인식하는 방식에 영향을 준다. 더 나아가 인간의 도구 발명에서 도구의 기계화는 인간의 신체와 결합하여 인간의 능력을 증강하거나 증폭시키는 데 반하여, 기계의 자동화는 인간의 몸과 결합하는 방식에서 새로운 기준이 생겨난다. 즉 소극적으로는 근대 러다이트 운동에 나타나듯이 인간의 노동이 이제는 불필요하게 되는 것, 혹은 육체노동의 많은 부분이 지적 노동으로 변화되는 것이며, 이러한 지적 노동마저 인공지능에 맡김으로써 인간과 기계가 공존하는 가운데 나타나는 현대의 여러 가지 심신관계에 연관된 심신 현상들의 변증법적 상황에 대처해야 할 뿐만 아니라, 여기에 걸맞은 인간 사회에서의 새로운 윤리와 사회적 법제도를 정립해야 할 것이다. 특히 인간과 기계의 결합에 의한 인간 정체성의 새로운 정립과 이에 따른 인간의 기계와는 상보적이거나 아니면 서로 다른 새로운 역할을 정립해야 한다는 것이다.[9]

일례로 모든 도구의 발명이나 이에 관한 기술은 우리의 몸과 단절되는 측면이 존재한다. 그래서 맥루한은 몸의 (내적인) 다른 기관이나 (몸의 외적인) 확장물(도구나 기계) 사이에 새로운 결합 비율이나 균형 상태를 필요로 한다고 말한다. 예를 들면, 인류의 사유의 수단인 (인류 조상이 사용한 초기의) 음성언어가 글자가 발명되어 문자언어로 물화되

9) 홍성욱, 『몸과 기술: 도구에서 사이버네틱스까지』(문학과지성사, 1999)와 「정신, 신체, 기계에 관한 특별좌담」, 『철학과 현실』 제124호(철학문화연구소, 2020년 봄호) 참조.

었을 때 나타난 현상에서 중요한 것으로서 기억력의 감퇴가 있다.[10] 그러나 인간은 문자를 발명함으로써 기억을 두뇌에 저장하기보다는 책이나 도서관에 저장(외주)할 뿐만 아니라 마치 신체가 습관이나 성격을 이루듯이 사회제도에도 기록한다고 한다. 마찬가지로 맥루한에게 의미의 주체는 단순한 감각적 존재만은 아니다. 주체가 기술적으로 생산된 매체를 통해, 즉 현대에서의 컴퓨터에 의한 확장 증강된 가상현실과 맺는 관계, 그러한 가상현실에 대한 주체의 관점, 그 가상현실에서 주체의 위치 등이 새로운 매체문화에서 아리스토텔레스의 형상-질료의 철학에서 '최후의 질료는 형상'이라는 말에 나타나 있듯이, 혹은 아리스토텔레스가 『시학』에서 표명한 이상을 전제한 모방(유사성의 변증법)에 대한 철학적 성찰이 요구된다. 맥루한의 매체에 대한 인간 주체와의 확장과 단절 사이의 언급에서 나타나는 변증법적 관계에서 아리스토텔레스와 같이 주체는 여전히 의미 구성의 담지자로서 기능한다는 사실을 포기하지 않으면서 새로운 매체문화를 창조하는 점에 있어서 주체의 역할을 강조할 수 있다.

그러나 매체를 인간 몸의 확장이라고 보았던 맥루한의 예언과 다르게 우리는 매체 기술을 통하여 오히려 마비되며 우리 자신의 현존재마저 박탈될 것이라는 것을 전망할 수도 있다. 예를 들어 전화의 목소리를 멀리까지 전달시켜 현존을 확장하는 것이 아니라, '지금-여기' 존재

---

10) 플라톤은 『크라틸로스』에서 문자가 발명되면 기억력이 쇠퇴할 것이라고 말하고 있다. 이를 확증하듯이 옹 신부는 음성언어 시절의 문화와 문자언어 시절의 문화가 확연히 다르다는 것으로 묘사하고, 제인스는 『의식의 기원』에서 음성언어 시절에 인간 기억의 저장소인 두뇌의 양(두뇌의 소량화)과 구조가 바뀌며, 이에 따른 문화와 역사가 바뀌어 현대 문명이 이루어진 것으로 말하고 있다. 월터 J. 옹, 이기우 · 임명진 옮김. 『구술문화와 문자문화』(문예출판사, 1995); 줄리언 제인스, 김득룡 · 박주용 옮김, 『의식의 기원』(한길사, 2005) 참조.

하는 우리의 현존재를 서로 마주보는 현존하는 그러한 신체적, 감각적 거리로 벗어나게 만든다. 사이버 공간에서는 나의 몸을 끌고 갈 수가 없다. 사이버 공간에서 중력은 작용하지 않는다.[11] PC 통신과 인터넷, 그리고 PCS(개인 휴대 통신) 등 컴퓨터를 매개로 한 사이버 커뮤니케이션이 이제 일상화되었다. 우리는 디지털 세계가 컴퓨터와 컴퓨터의 인터페이스에 연결되어 언제 어디서나 네트워크에 연결될 수 있는 유비쿼터스 컴퓨팅(Ubiquitous Computing) 시대로 접어들고 있다. 미래에는 가상현실의 인터페이스 덕분에 시뮬레이션 세계로 들어가거나 혹은 로봇 덕분에 지구는 물론 우주 어디에서나 원격 출현할 수 있게 되었다. 뿐만 아니라 내장된 마이크로 칩, 센서 혹은 작동기(effector) 등이 인터넷에 연결되어 인공지능이 작동하는 '지능적으로' 되어 가는 환경에서 우리는 반응하고 감시받으며 활동하게 된다.

결국 인간은 계산하는 도구로서 컴퓨터를 만들고, 인간과 컴퓨터가 결합된 상호작용(interface)을 통해 만들어낸 가상세계(cyberspace)에서 현대에는 영화나 소설에서 묘사되듯이 아바타나 사이보그와 같은 가상실재로 가상현실(virtual reality)에서 활동할 수 있게끔 되어 있다. 그리고 이를 인터넷으로 연결된 인간들이 형성한 사회에서 뿐만 아니라 가상공간이라는 세계를 우주와 더불어 중층적으로 만들어 수많은 세계 속에서 상호적으로 의사소통(communication)하면서 살고 있는 셈이다. 따라서 이 세계에서는 정신과 물질의 이원론적인 플라톤의 변증법과

---

11) 디지털 혁명의 전도사라 불리는 MIT 미디어랩의 니콜라스 네그로폰테에 의하면, 비트는 색깔도 무게도 없다고 한다. 그러나 빛의 속도로 여행한다. 그것은 정보의 DNA를 구성하는 최소의 단위 비트이다. 비트는 켜진 상태이거나 꺼진 상태, 참이거나 거짓, 위 아니면 아래, 안 아니면 밖, 흑 아니면 백, 이 둘 중 한 가지 상태이다. 인간의 몸을 구성하는 아톰의 전자기적 원리가 실제로 만지고 경험하는 아날로그 세계를 창출했다면, 비트의 원리는 실제 이상의 하이퍼리얼한 것으로 다가오는 디지털 세계를 창조한다.

아리스토텔레스의 형상-질료의 변증법이 결합되거나 융합되어 증강시키거나 소멸시키는 현상이 중층적으로[12] 존재하며, 그리고 우주에서부터 자연과 인간이 사이버 공간에서 각각 정보들로 복제되어 중층적으로 존재하는 것처럼 작동할 수도 있다고 상상한다.

마찬가지로 인간의 정신적 기능을 상징하는 인공지능은 운동하기 위해 신체적으로 인지 기능을 수행하는 정신의 도구인 감관-지각의 기능을 통하여 주어진 데이터를 분석하고 추상하는 기능을 기초로 하여 이를 수리-논리적으로 추론하고 그 결과를 튜링이 생각하듯이 '자율적으로(기계적으로)' 판단하여 작동하는 것으로 생각할 수 있다. 다른 한편 인간의 신체는 자동로봇이 되거나 아리스토텔레스의 '최후의 질료는 형상'라는 말에서 기원하듯이 자동기계의 궁극적인 이상인 로봇이 인공지능(AI)과 결합된 사이보그가 되고, 사이보그는 모두 정보로 환원되어 영화 『스타트렉』에서 볼 수 있듯이 우주 안에서 빛과 같은 속도로 순간이동이 가능한 것으로 상상될 수 있다.

결국 인간과 컴퓨터의 결합은 플라톤과 아리스토텔레스가 생각하듯이 형상과 서로 분리되거나 이에 협조하는 질료가 결합되어 상호작용하여 서로 만들고 만들어지는 것으로, 마치 인간이 언어를 만들고 언어가 인간의 의식을 형성하듯이 각각을 증강시키거나 신체나 영혼 어느 한쪽의 기능을 소멸시키거나 상보적으로 결합하는 딜레마적 관계에 있다고 생각할 수 있다. 문학작품은 물론 영화 『매트릭스』나 『아바타』에서 보듯이, 인공지능은 현실세계를 기계적으로 모사한 가상현실에서 자동기계를 모사한 우리 신체에서 분리된 두뇌를 상징하거나, 인공지능인

12) 인간은 영혼이 물질과 결합된 생리, 그리고 생리와 결합된 프로이트의 무의식(id, ego, superego)이나, 무의식과 결합된 플라톤의 정신(soma, psyche, nous)에 각각 3층집이 형성되어 존재하는 것처럼 나타난다. 그리고 이 각각의 층에서도 정신적이나 신체적인 측면에서 증강과 소멸의 역설들이 항상 존재하는 것처럼 묘사될 수 있다.

두뇌가 현실공간에서 실현된 아바타(avatar)나 사이보그가 되어 이원적으로 혹은 이들이 결합되어 어느 한쪽을 증강시키거나 소멸시킨 존재로서 현실을 살아가는 것처럼 상상할 수도 있다.13) 결국 플라톤이나 아리스토텔레스가 말하듯이, 자연이나 하나의 통일적인 우주(cosmos: universe)가 생명체를 만들고 이렇게 만들어진 존재로서 인간이 자연이나 우주라는 환경 속에서 역으로 이러한 자연이나 우주를 모방하고 구상하며 살아가고 있는 것처럼, 인간의 사유 기능의 본질이라 일컬어지는 이성이나 지능은 컴퓨터를 만들고 이 컴퓨터에 의해 가상 세계를 만들어서, 이 가상세계로서의 사이버 공간에서 상상적으로는 자신의 아바타나 자신과 독립적인 사이보그를 만들어 살아가는 사유하는 존재라고 말할 수도 있다.14)

그러나 현실적으로 인간과 컴퓨터가 형성하는 가상공간은 인간이 자신의 기능의 일부를 실현하는 현대의 첨단 테크놀로지(나노(nano) 테크놀로지나 DNA의 생명공학)에 의해 제작된 멀티미디어(multimedia) 시스템에 기반을 두고 있다. 이러한 멀티미디어는 인간과 상호작용하면서 모든 정보를 자유롭게 처리-소통할 수 있게 하는 인터넷(internet)이라는 쌍방향의 커뮤니케이션 시스템으로 연결되어 있으며, 그곳에서 특별하게 열리는 공간이 21세기 초반 현대에서 논의되는 메타버스(metaverse)라는 현실의 사이버 공간이다. 여기에서 현대 물리학에서 논의되는 다중 우주(multi-universe)를 상징하는 멀티버스(multiverse)로서의

---

13) 「정신, 신체, 기계에 관한 특별좌담」 참조.

14) 인간과 컴퓨터의 상호작용(interface)에 의해 형성된 가상세계에서 신체라는 도구에서 발전된 (자동차로 은유되는) 자동기계(현대에서는 로봇)와 자동차에 올라탄 인간의 두뇌처럼 작동하는 인공지능(AI)이 결합되어 아바타나 사이보그처럼 살아가는 증강된 이중적 존재로 생각될 수 있다. 문학작품에서는 인간의 정신적, 신체적 측면에서 사멸하는 부정적인 측면이 나타나는 벌레인간이나 좀비나 강시도 있다.

다양한 메타버스들이 나타난다고 볼 수 있다.

인간문화는 우주에서 그리고 자연환경 속에서 정신과 신체를 지니고 살고 있는 인간[15]이 이러한 정신이나 신체를 탐구하고 이를 기술적으로 형성한 다양한 학문과 기술이 존재하고 있고, 이에 기초한 인간의 상호작용에 의해 다양한 사회나 문화 공간으로 형성되어 있다. 그리고 이 모두는 실수 체계를 상징하는 만델브로트(Mandelbrot)의 프랙탈 문양처럼 인간의 인지 기능이 존재론적으로 혹은 인식론적으로 사유한 결과가 융합되어 존재한다. 이러한 사유의 결과들이 인간 주체의 기능에서 분화되어 독립적으로 발전하면서도 정신과 물질로 구성된 생명체로서의 인간 주체에서 통합되어 이러한 다양성이 조화될 수 있도록 작동되고 자연이나 우주에 어떤 방식으로든 (연결되어) 적응하여 인간이 행복하게 살아갈 수 있어야 한다.

그런데 사이버 공간은 디지털 정보와 인간의 지각(perception)이 만나는 지점이다. 그리고 그곳에서 물리적 공간을 실현한 것이 가상현실(virtual-reality)이다. 인간과 컴퓨터가 형성한 사이버 공간에서 비롯한 다양한 가상현실로서 가상공간의 확대로 인하여, 역으로 인간은 자신의 전시 공간을 물질적 공간에서 비물질적 공간으로 확장한다. 사이버 공간은 이미지들의 생산 공장이자 전시 공간이며 동시에 수용 공간으로서 작동한다. 이러한 새로운 공간에서 드러나는 이미지들의 수용자들인 인간은 오관으로 분화된 복합 감각을 통해 상호작용하면서 이 공간에 몰입한다. 그렇지만 이러한 가상공간을 조정하고 지배하는 것은 다름 아닌 이 모든 운동의 시초인 컴퓨터 키보드의 조작에 의해 일어난다. 키보드의 조작에 의해 모든 시공간을 불러오고 이를 압축-확대하는 임

15) 실존의 동일성의 측면에서는 정신과 신체는 동일자의 정신적 측면과 신체적 측면의 물화된 측면을 상징하는 것으로, 마치 데카르트가 정신과 신체를 공간에 비유하여 연장과 비연장으로 묘사하는 것처럼 묘사될 수 있다.

계점과 소실점[16]을 동시에 지닌 현상이 인간의 감관-지각을 통하여 나타난다. 따라서 사이버 공간은 컴퓨터라는 미디어(물적 수단인 도구)에 의해 형성된 새로운 하나의 가상현실이며, 이 가상현실은 현실세계의 모든 것을 미디어인 컴퓨터의 전산 체계에 의해 변형한 메시지인 것이다.[17]

21세기 현대에 들어와서 컴퓨터(컴퓨터는 핸드폰, 안경칩-이어폰, 두뇌에 삽입되는 칩의 초소형 형태로 변형된다)와 인터넷의 발달로 인한 세계화-정보화의 급속한 진전, 과학기술의 발달로 인한 테크놀로지에 기초한 문화의 만연과 그에 따른 새로운 감수성의 출현,[18] 새로운 종류

---

16) 전자기력에 의해 작동하는 컴퓨터는 전원을 꺼버리면 그 컴퓨터에서 실현된 가상의 모든 존재는 사라진다. 마찬가지로 '나'라는 정체성을 지닌 의식이 사라지면 나의 존재도 사라져버린다. 현대 철학의 모든 문제는 의식이 어떻게 발현하는가에 있고 이 문제는 관찰 지각에 기초한 과학으로는 풀 수 없는 신비이다. 여기에서 아리스토텔레스의 '최후의 질료는 형상'이라는 말에 함축된 임계점처럼, 미디어가 모두 메시지로 환원될 수 있을까? (플라톤의 동일성과 타자성의 변증법적 결합인 정신과 물질의 능동성과 수동성이 역으로 구성되는 변증법이 가능한가?) 여기에서 한편으로 아리스토텔레스의 형상과 질료의 유사성의 논리와 함께 정보의 정보화라는 압축과 위계의 문제가 나타나고, 다른 한편으로는 원자론자들의 공허(kenon)와 위상을 지닌 현실공간의 관계 문제가 나타난다. 사실 공허는 베르그송이 말하듯이 인간의 경험을 분석하고 이를 토대로 도구를 제작하는 지성이 만들어낸 상상 개념으로서, 이러한 공허가 현실적으로 존재하는가의 문제이다.

17) 이 지점에서 현대의 지각심리학은 물론 우리의 우주가 홀로그램 우주라고 말하는 것과 상통할 수도 있다. 스티븐 호킹, 김동광 옮김, 『그림으로 보는 시간의 역사』(까치, 1998) 참조.

18) 가상현실의 아버지라 불리는 크뢰거(Myron W. Krueger)는 1960년대에 가상현실에 대해 다음과 같이 예언한다. "1960년대 위스콘신 대학의 대학생이었을 때, 나는 이 시대의 가장 극적인 드라마는 인간과 기계의 만남이라고 생각하였다. 마치 양자 역학이 기본적인 학문이기에 많은 과학자들이 연구한 것처럼, 인간과 기계의 결합 문제도 앞으로 계속 연구할 가치가 있는 영원한 과제라고 생각했다. … 사람은 자신을 나타내는 전자 영상을 자신의 일부로 여겼으며, 그 영상이 무슨 일이 발생하면 똑같이 반응하였다. 자신의 영상에

의 기계들의 등장과 기계+인간의 등장 가능성은 물론 인간의 컴퓨터 상에서의 아바타나 사이보그(cyborg)화,[19] 인터넷 문화의 증가로 인한

다른 물체가 닿으면 그것을 느끼고, 나의 영상을 그들의 영상에 겹쳐놓으면, 그 간격을 파악해서 장난삼아 접촉을 서로 더 닿도록 하였다." 샌드라 헬셀·주디스 로스 엮음, 노용덕 옮김, 『가상현실과 사이버스페이스』(세종대 출판부, 1994), 44쪽. 이는 두 가지로 해석된다, 하나는 noesis-noema의 동시 발생적(생산적)인 인식론적인 문제로서 해석하는 것이요, 다른 하나는 영화를 보는 사람이 유비추리(analogy)하듯이 감정이입(empathy-sympathy)하여 주인공이 되는 것과도 같은 사유와 직관을 동일시하는 것으로서 아리스토텔레스의 '최후의 질료는 형상'이라는 말로 표현된 형상-질료설에서 기원하고, 근대에서 데카르트의 "모든 존재를 추론하여 알 수 있다"는 합리주의적 관념론(rationalism)의 기초가 된 사상이다.

19) 사이보그(cyber+organism)는 1960년 시뮬레이션(simulation) 과학자인 클라인즈(Manfred Clynes)와 임상병리학자인 클라인(Nathan Kline)이 우주여행에 적합한 인간+기계의 복합체를 상정하면서 고안해 낸 말이다. 이들의 기본철학은 인간과 기계 모두가 독립적으로 존재할 때는 미약하지만, 인간+기계의 복합체인 사이보그는 개별적인 인간이나 기계보다 더 완벽하게 일을 수행할 수 있다는 말로 압축될 수 있을 것이다. 따라서 사이보그는 한편으로 컴퓨터 테크놀로지의 인터페이스에 의해 가상공간으로 진입하는 인간을 일컫는다. 즉 유기체적 인간이 사이버 공간의 자아로 연장된 것, 혹은 개별자의 물리적 실체가 사이버 공간의 가상적 몸(아바타)으로 확장된 것을 가리킨다. 그래서 근대에 나타난 심신관계론이 그러하듯이 여기에서 인간과 기계의 경계가 흐려지는 것은 물론 역으로 물질이 정보화되어 아리스토텔레스의 형상-질료의 관계가 목적론적으로 정신적인 것으로 승화되는 것의 의미를 지닌다. 최근 들어 회자되고 있는 사이보그에 대한 대중적인 담론들은 여기에 기초하고 있다.
현재 사이보그는 인간의 정신적인 측면과 신체적인 측면이 기술적으로 컴퓨터칩과 융복합된 형태로서, 혹은 융복합될 수 있는 가능성의 한계를 넘어서 『로보캅』, 『X맨』, 『스타워즈』, 『아이로봇』과 같은 대중영화에서 나타난다. 또한 『아바타』나 『스페이스 오디세이』에서는 의식이 다른 동물이나 물질에 옮겨 갈 수 있는 것처럼 묘사되거나, 『스타트렉』이나 『터미네이터』에서는 정신이 물화되거나 물질이 정보화되어 정신과 물질이 융복합될 수 있는 것에서부터 상호 호환될 수 있는 가능한 경우들로 다양하게 묘사되고 있다. 그러나 카프카의 소설 『변신』처럼 이것의 역설도 가능하다는 것이 병적 현실에서 나타난다.

일상적 삶의 사이버 공간 접속 기회의 확대는 단지 21세기의 예측이 아니라 현실이 되었다. 인류가 음성문화 시절에서 문자언어를 사용하여 제인스(Julian Jaynes)가 말하듯이 음성문화를 혁명적으로 계승-발전시킨 것처럼,[20] 문자문화를 컴퓨터에 이식하고 이러한 컴퓨터를 통하여 문자문화를 계승-발전시켜 지식과 정보혁명을 이루었으며, 이를 기반으로 하여 21세기에는 4차 산업혁명[21]을 이루고 있다. 이 때문에 21세기 이후의 인공지능과 결합된 인간을 포스트휴먼(post-human)이라 칭할 수 있게 되었고, 이러한 인간이 이룬 사회를 포스트휴먼 사회(post-human society)라 부르는 데에는 아무런 지장이 없는 듯이 보인다.[22]

세계적인 컴퓨터과학자 빌 조이(Bill Joy)는 향후 기술 발전을 다음과 같이 말한다.

> "오늘날 개인용 컴퓨터보다 백만 배 이상 강력한 성능을 가진 기계를 가지게 될 것이다. 컴퓨터 공학에 유전공학과 나노 기술이 결합됨으로써 30년 내로 인간 수준의 지능과 자기복제 능력을 갖춘 로봇이 등장할 가능성이 높다. 뛰어난 능력을 지닌 그 로봇종과 인간의 대결에서 우리가 살아남지 못할지도 모른다."[23]

---

20) 신의 창조와 달리 인간의 창조적 활동인 혁명은 항상 폭력적인 내용을 지니고 있어서 음성문화에서 증강된 어떤 기능들(예를 들면, 기억력의 소멸과 함께 용불용설에 따르는 현생 인류의 두뇌의 축소화)을 함축하고 있다.

21) 4차 산업혁명 이후 5차 산업혁명은 우주산업이라고 말하는 과학기술자들이 있다.

22) N. Katherine Hayles, *How We Became Posthuman*(The University Chicago Press, 1999).

23) 김용석 외, 『인문학의 창으로 본 과학』(한계레출판, 2006), 133쪽에서 재인용. 그런데 2030년대에 이루어질 것 같은 이러한 빌조이의 예언은 아리스토텔레스의 철학적 관점에서 보면 사려가 없는 것으로서 잘못되었다는 것이 증명되고 있다.

현대의 많은 소설이나 영화는 비트가 소용돌이치게 만드는 세계상을 소묘하면서 이러한 우려를 현실적으로 가능한 것처럼 철학적으로 많은 문제가 있는 담화들을 만들어내고 있다.

2. 포스트휴먼과 포스트휴먼 사회

컴퓨터라는 계산하는 기계, 특히 이 기계적 사고가 형성한 인공지능과 결합된 포스트휴먼과 포스트휴먼이 만들어내는 포스트휴먼 사회에서 이들을 매개하는 사이버 공간은 인간에게 특별한 의미를 지닌다. 우리에게 온몸(생명체로서의 영혼)으로써 이 공간에 몰입을 가능하게 해준다. 구체적인 현실을 떠나 사이버 공간을 항해한다는 것은 지금 여기에 있는 몸을 떠나 정신과 감각이 그곳에 있다는 것을 의미한다. 즉 은유적으로 사이버 몸으로써 사이버 공간에 존재함을 의미한다. 무엇보다도 이러한 일이 가능하기 위해서는 지금 여기에 있는 몸이 사이버 공간이 제공하는 복합지각, 또는 다양한 복합지각의 사이버 공간에서의 촉각성을 지닌 감각을 느껴야 한다. 그런데 촉각이라는 오관으로 분화하는 혼합 감각을 지닌 몸은 과거에 이해되었던 유기체의 차원에서 근대에서는 기계의 차원으로 이해할 수 있게 되었으나 컴퓨터에 의한 포스트휴먼 사회의 급속한 등장으로 인해 오히려 로고스와 파토스로 유기적으로 구성된 정신과 몸의 소외화를 가속화시키는 상황에 직면하게 된 것이다. 특히 물질적 측면에서는 나노공학의 발전과 생명공학에서는 DNA의 조작에 따라 이들과 융복합함으로써 학문적으로 체계와 분류를 거부하는, 복잡하고 이 때문에 혼란을 일으키는 사태에 직면하게 되었으며, 이들이 인터넷과 연결되어 하이퍼텍스트의 시대를[24] 연출하게

24) 하이퍼텍스트의 개념은 넬슨이 고안한, 사용자가 자유롭게 돌아다닐 수 있는 비순차적인 글쓰기 방식에서 유래한다. Theodor Nelson, *Literary Machines*

되었다.

현대의 포스트휴먼 사회에서 발생할 수 있는 몸의 소외화 현상은 두 가지 측면에서 접근할 수 있다. 첫째 포스트휴먼 사회에 들어선 정신인 사유 방식과 몸의 변형과 개조이며, 둘째 몸과 두뇌의 디지털화이다. 전자는 몸과 정신의 기계화를 의미하며, 후자는 몸과 정신의 가상화(정보화)를 의미한다. 무엇보다도 21세기 들어 급속한 포스트휴먼 사회의 등장으로 인해 몸을 변형시키고 조작하는 행위는 인간을 기계적이고 기능적인 부품들로 해체시킬 수 있다고 생각되고 있으며, 역으로 후자인 몸의 가상화는 사이보그로 재구성할 수 있는 것으로 이해하게 된다. 또한 사이버 공간은 인간과 기계의 결합에 따른 융합이나 복합이 이루어져 존재의 세계를 탈물질화시킬 뿐만 아니라 역으로 사유나 정신을 가능하게 하는 추상의 세계를 물질적으로 기계와 유사하게 구조화하기에 존재론적으로는 인간 영혼이나 정신이라고 불리는 자아의 정체성과 이에 따른 행위의 측면에서 많은 문제를 일으킨다.

사이버스페이스(cyberspace)는 1984년 윌리엄 깁슨(William Gibson)이 『뉴로맨서(*Neuromancer*)』라는 공상 과학 소설에서 처음 사용했다. 거기서 인간의 몸은 진화해서 인간과 기계가 합성된 사이보그로 등장

(Pa: Self-Published, 1981). 이 때문에 하이퍼텍스트는 문자 텍스트처럼 페이지에서 페이지로, 줄에서 줄로, 책에서 책으로 접근하는 대신, 컴퓨터를 이용하여 데이터를 비선형 방식으로 처리하는 테크닉으로서 직관적이고 연상하는 방식으로 정보를 연결할 수 있다. 이때 독자들은 자유롭게 선택된 관련 경로들을 따라서 텍스트를 여행하는데, 단순하게 마우스를 클릭하면서 어떤 텍스트와 연결된 다른 텍스트를 끌어올릴 수 있다. 이러한 텍스트의 읽기 방식은 역으로 직접 글쓰기나 행위로 전환될 수 있다. 독자가 연상하는 방식으로 텍스트를 열어나갈 수 있기 때문에 책읽기는 작자의 의도를 정확히 파악하는 것이 아니라 글쓰기에서 각주를 다는 방식으로 독자의 창조 행위로 바뀌게 된다. 요컨대 하이퍼텍스트의 특징은 글쓰기와 읽기가 인터넷으로 상호 연결되기에 상호 연결성, 몰입, 상호작용, 변형, 발생 등으로 압축될 수 있다.

한다. 깁슨은 사이버스페이스를 가상현실에 기반을 둔 컴퓨터 네트워크로 정의했다. 사이버스페이스는 컴퓨터 네트워크로 만들어지는 공간이며 인간의 감각과 지각이 디지털 정보와 만나는 지점이다. 그러므로 사이버스페이스는 컴퓨터 네트워크가 형성하는 다차원적 공간으로서, 한편으로는 정보공간으로서 시공간적 척도가 적용되지 않는 가상적 공간이면서, 다른 한편으로는 물리적 공간과 비교될 만한 공간성의 특질을 가지고 있는 점에서 은유적 공간이 아니라 객관적이며 실재하는 공간이다. 이 때문에 사이버스페이스는 이제 현실세계와 더불어 넓은 의미의 실세계를 구성하며, 기존의 세계를 변형하는 새로운 현실세계로 인식되어야 한다. 따라서 우리 시대는 사이버스페이스라는 가상현실에 대한 통찰력 있는 인식과 함께 지금까지 인간이 살아온 현실세계가 과연 무엇인지에 대해서 새롭게 평가할 것이 요구된다. 가상현실은 공상의 현실이라기보다는 가능현실로 이해하는 것이 적합할 것 같다.

한편 사이보그는 사이버네틱스(cybernetics)와 오가니즘(organism)의 합성어이다. 컴퓨터 인터페이스를 통해 가상공간에 진입하는 인간도 아마 사이보그라고 부를 수 있을 것이다. 왜냐하면 가상공간에 진입한 사람은 유기체적인 인간이 사이버스페이스의 자아로 연장되는 것을 의미하며, 개별자가 가지는 물리적 신체가 사이버스페이스에 들어가서 가상의 몸으로 확장되는 존재가 됨을 의미하기 때문이다. 다시 말하면 인간이 사이버스페이스에 들어가서 사이버 자아(self)로 확장된다는 것이다. 이런 인간은 실제 인간과 다르게 되고 가상인간과 합성 또는 융합되는데, 이렇게 되면 인간이 컴퓨터와의 결합으로 기능이 추가된 존재가 되므로 일종의 아바타나 사이보그라고 볼 수 있기 때문이다. 이 때문에 사이버스페이스는 인간과 기계가 만남에 따라 전통적 자아의 정체성에 대한 상실과 역으로 복합자아의 문제가 대두될 가능성이 있다. 즉 가상세계에서는 전통적인 인격과 자아의 개념은 바뀔 수밖에 없고, 사이버 공간 안에서 자연인은 제한되거나 확장되고 오직 다양한 소프트웨어 에이전트들로 사유와 행위의 주체로서 참여하게 되기 때문이다. 결국 사람들은 실제세계와 가상세계 양쪽에서 같은 자아의 인격체로 참여하면서 인간 내면에 잠재된 이질적 자아들을 자유롭게 표출할 수도 있다. 이 때문에 사이버스페이스에서 자아동일성의 문제는 기본적으로는 자유와 선택의 문제이며, 한편 전통적인 의미의 자아의 상실과 같은 부정적 측면도 있지만, 다른 한편으로는 사이버스페이스에서 다중자아의 실현이 자아의 분열보다는 확장으로 해석될 희망적 여지를 가지고 있다.

그러나 다른 한편으로는 사이버스페이스는 이원론적인 플라톤의 이데아 세계를 닮았는데, 이로써 정신은 찬양되고 물질과 육체는 천시될 것으로 예상된다. 따라서 21세기의 경향은 인간이 육체라는 물질의 틀을 벗고 홀가분하게 정신만으로 또는 의식만으로 살려는 것이라고 말할 수도 있을 것이다. 다시 말해, 과학기술문명을 사용하여 의식의 힘으로 물질을 압도하여 인간이 원하는 욕망을 누리려 할 것이다. 이 때문에 사이버스페이스에서 자아정체성 논의는 개인주의를 극대화시킬 수 있는 위험 요소를 가지고 있다고도 하겠다. 즉 사이버스페이스에서의 개인주의의 심각성은 전통적인 자아의 정체성의 '비물질적 현존(de-material presence)'의 문제에 있다. 그리고 이런 미래 전망을 실현시키는 근거가 바로 정보이다.

정보는 행위자에 의해 지식으로 변화한다. 사물은 정보 패턴으로 치환되며 이것이 가상현실의 핵심이다. 물체의 현존이 이제는 더 이상 중요하지 않으며 오직 정보 패턴이 중요하다. 패턴은 현존을 압도하거나, 영성이나 심지어 의식이 아니라 단지 정보에만 의존하는 비물질성을 구성하게 된다. 사이버스페이스에서 물질적 현존은 해체되고 모든 것은 정보 패턴으로 대체될 것이다. 이는 곧 현실적인 인간 주체성(실존)의 해체를 의미할 뿐 아니라, 나아가 결과적으로 옛날 영지주의적 인간관[25]의 부활을 가능하게 한다는 의미를 지닌다. 이 때문에 인간은 물리적, 생물적 주체라기보다는 정보 패턴의 사이버 주체로 파악되어야 한다고 가상현실 옹호자들은 강조한다. 인간 의식의 정보 패턴이 지속적으로 살아 있기만 한다면 사람은 육체가 없어도 분명히 동일성을 가진 사람이라고 볼 수 있고 컴퓨터 매트릭스(matrix) 안에서 일종의 불멸을 획득한다는 사실을 보여주는 것이라는 것이다.

사이버스페이스의 후기 생물학적(post-biological) 삶이 뜻하는 것은 육체를 가지고 있다는 것에 대한 참을 수 없는 거추장스러움의 느낌이다. 깁슨의 『뉴로맨서』는 이 점에서도 사이버스페이스의 진면목을 잘 보여주고 있는 선구자적인 소설이다. 우리 시대에 다시 등장한 '사이버 영지주의자들(cyber-gnostics)'은 육체라는 감옥을 벗어나기 원했던 옛날 영지주의자들의 가르침을 따라서 물질을 벗어나는 탈육신화(dis-embodiment)를 꿈꾸며, 또한 순수한 영적 지식을 찾던 선조들을 본받아 순수한 정보를 열망한다. 이들이 꿈꾸는 것은 육체와 죽음을 벗어난 새로운 인류의 실현이며, 이런 새 인류의 호칭은 포스트휴먼이 가장 무난할 것이다.[26]

---

25) 오르페우스 종교의 물심 이원론에 기초한 고대 영지주의는 후에 플로티노스의 신비주의와 결부되기도 한다. 이러한 영지주의가 현대에서는 과학기술에 맞서는 것이 아니라 역설적으로 과학기술로 실현 가능하다는 사고로 나타나고 있다.

26) 『우리는 어떻게 포스트휴먼이 되었는가』라는 책을 저술한 캐서린 헤일스는 포스트휴먼이란 어떤 존재인지를 잘 요약하여 보여준다. "첫째, 포스트휴먼적 시각은 물질적 구현보다 정보 패턴을 더 중요시하기 때문에 생물학적 실체로 육신화되는 것은 생명의 필수조건이라기보다는 역사적 우연이라고 본다. 둘째, 포스트휴먼적 시각은 데카르트가 인간이란 생각하는 정신이라고 말하기 훨씬 이전부터 서구 전통에서 인간 정체성의 핵심이라고 간주되어 왔던 인간 정신이 실은 부차적 현상일 뿐이며 실제로는 진화상에 부수적인 단막극(sideshow)임에도 불구하고 전체의 중심이라고 주장하려고 하는 뻔뻔한 신출내기와 같다고 생각한다. 셋째, 포스트휴먼적 시각은 육체란 원래 우

결국 포스트휴먼적 시각이란 인간과 기계와 합성이 점점 심화되면서 인간적인 것과 기술적인 것 사이의 구분이 애매해지고 모호해진다는 것을 의미한다. 생물학적 인간은 점점 더 생물학 기술, 컴퓨터 코드, 실리콘칩의 복합체인 사이보그가 되어 가는 것이다. 그래서 외계 문명을 향한 꿈, 또는 인간의 우주 진출과 행성 탐사의 노력은 UFO나 ET에 대한 담론과 함께 포스트휴먼의 꿈의 일환으로 해석되고 있다. 인간은 사이보그와 같은 향상인간으로 점점 위대해져서 자신의 위대성은 본성적으로 표출하며, 표출하는 길은 오직 인간에게 놓였던 이전의 한계를 돌파하고 극복하는 능력을 보여주는 방향으로 발전한다고 생각하기 때문이다. 더 나아가 21세기 들어 새로운 최첨단 과학기술문명과 정보혁명이라 불리는 정보통신의 눈부신 발전으로 인하여 사이버 공간과 가상인물인 사이버 스타의 출현, 인공지능 컴퓨터 등을 이용한 인지과학의 눈부신 발달은 인간과 기계를 모두 정보로 환원하고 이를 물체에 실현한 아바타나 물질마저도 정보화될 수 있다고 생각하게 하였다. 상상으로 형성된 공간을 마음대로 움직이고 조작하는 사이보그의 출현은 정신과 신체의 위상을 변증법적으로 관계하게 하면서도, 다른 한편으로는 이들의 위상을 카오스 상태로 만들어놓았다.[27]

리가 모두 조작하도록 배워나가는 보철물(prosthesis)이라고 생각한다. 그래서 다른 보철물들을 통해 육체를 확장하거나 대체하는 것은 우리가 태어나기 전부터 시작된 과정의 연장일 뿐이다. 넷째, 가장 중요한 것은 이런 방법들을 통해 포스트휴먼적 시각은 인간을 이성적 기계로 말하는 데 아무 어려움이 없다고 본다. 포스트휴먼적 시각에서는 육체적 실존과 컴퓨터 시뮬레이션과 사이버네틱 메커니즘 사이에서, 그리고 생물학적 유기체와 로봇이 진화할 방향과 인간 목표 사이에서 필수적이거나 절대적인 구분은 존재하지 않는 것 같다." N. Katherine Hayles, *How We Became Posthuman*, p.3.

27) 영화 『스타트렉』이나 『아바타』, 혹은 사이보그들이 출현하는 영화는, 몸이 살아 있는 유기체이며 의식은 여기에서 분리될 수 없음에도 의식이나 정신을 몸에서 분리될 수 있는 것처럼, 그래서 지구상의 물질이 아닌 다른 물질

다른 한편, 근대 이후 정치철학에서 부차적으로 이야기된 경제의 문제가 역으로 전쟁을 전제하는 정치적인 것을 상인들의 서비스에 기초해서 전복함으로써 인류의 삶의 전면에 나타나게 되었다. 이러한 경제의 문제는 과학기술의 발전과 함께 자본주의가 등장함으로써 정치의 문제와 경제의 문제가 똑같이 자연이나 인간을 약탈하고 소외시키는 생존경쟁의 장으로 변모해 버렸다. 즉 19-20세기에는 정치적인 문제나 경제적인 문제가 서로 융합되어 증폭되거나 소실되어 나타나는 사회적 현상을 1-2차 세계대전을 통하여 온몸으로 체험하면서 살아왔다. 그런데 21세기는 이에서 더 나아가 우리는 정보사회, 지식사회에서 살 뿐만 아니라, 이러한 정보나 지식을 생산하고 서비스하는 3차 산업의 생산-서비스 사회에서 살고 있다.[28] 이러한 3차 산업의 생산-서비스 사회는 한편으로는 인공지능에 종사하는 전문가들의 일자리를 창출하는 동력이 되고 있으나, 다른 한편 노동을 필요로 하는 생산 영역에서는 아주 오래전부터 자동화가 이루어지고 특히 인공지능이 나타나면서 사람들의 일자리가 많이 없어졌다. 컴퓨터 기술과 가상현실은 서비스에 연결되어 정치-경제-사회-문화적으로 사람들의 일자리를 대체해 왔고 대체할 것이라 예상할 수 있기 때문이다. 이러한 현상을 잘 보여주는 예가 법률 분야에서부터 의학 분야에까지 나타나고 있는데, 경제 분야에서는 은행의 폰뱅킹, PC뱅킹과 같은 서비스이다. 고객들은 은행까지 가지 않

에도 가능한 것처럼 이원론적으로 묘사하거나 몸이 자동기계에서 나아가 정보 체계로 환원될 수 있는 것처럼 묘사한다. 인간의 몸은 진화의 산물이며 지금 이 순간도 변화하고 있으나, 기술이 만들어낸 기계로서의 로봇(robot)은 인간의 발명의 산물로서 도구임에도 불구하고 인간과 독립적으로 활동한다. 사이보그의 AI는 인간 지능보다 우월하며, 몸의 디지털화를 통하여 컴퓨터 속으로 가상화시키고, 결과적으로 현실적으로 존재하는 물리적인 몸을 무력하고 굼뜬 폐기물에 가까운 존재로 바꾸어놓고 있다는 것이다.

28) 1차 산업은 농업-목축업, 2차 산업은 공업, 3차 산업은 서비스업이라는 분류에 따른 언명이다.

고도 집에서 은행 일을 볼 수 있게 되었다. 이렇게 가상현실은 비용을 줄인다. 지금은 가상 에이전시까지 개발되어 사람들의 일자리는 더욱 줄어든다. 이 에이전시는 스스로 네트워크에서 정보를 찾아 다른 에이전시와 교섭하기도 하고, 가상은행, 관청 혹은 백화점의 접촉 장소로 작동하기도 한다. 게다가 로봇들도 점차 생산 공장에서 벗어나 사회복지 분야에까지 서비스를 제공하고 있다. 이에 뢰처(Florian Roetzer)는 인터넷과 연결된 생활세계 사이버 공간에서 형성될 네 가지 미래 사회를 새로운 생활공간, 새로운 공공의 장, 사적인 영역과의 결별, 사이버 공간 시대의 전쟁이라고 명명하고, 인류가 컴퓨터를 통해 형성한 거대 기계 지식으로 지식 격차를 해소하고 사적으로가 아닌 공적으로 공유하기 위해 특히 교육과 상업에서 어떻게 해야 하는가에 대해 말하고 있다.29)

현대에서 인터넷의 매력은 과거의 기술이나 매체와 다른 방식으로 거주할 수 있는 새로운 생활공간을 열어놓았다는 데 있다. 우리는 몸을 혹사시키지 않고도 정보의 세계에 들어갈 수 있는 이른바 후기 PC 시대로 접어들고 있다. 이 새로운 공간은 농업이나 도시의 발전으로 생겨난 인공적 세계(문화)와 비교할 수 있다. 그리고 이러한 인공적 세계에서 과거 식민지 시대의 유럽인들처럼 과거 세계로부터 식민지를 개척하여 새로운 세계로의 탈출을 경험하고 있다. 그런데 이 탈출은 성격이 전혀 다르다. 왜냐하면 사람들은 한 세계에서 완전히 탈출하는 것이 아니라 두 세계 사이에서 끊임없는 긴장 속에서 살게 되며, 동시에 현실 공간과 가상공간이라는 두 세계, 혹은 인터넷으로 연결되어 있어 세 세계에 동시에 출현할 수 있기 때문이다. 특히 기술 쪽에서만 보더라도 크랙커와 바이러스 제작자들로 인하여 네트워크 구성의 무정부적인 구

---

29) 플로리안 뢰처, 박진희 옮김, 『거대 기계 지식』(생각의 나무, 2000) 참조.

조가 여실히 드러나기 때문에 권력이 더 이상 거대한 조직의 손에만 있지 않을 것이라는, 즉 중앙통제가 아닌 수평적 구조로 민주주의의 이상을 실현할 것이라는 초기의 예언과 다르게, 현실적으로 우리가 새로운 생활 세계를 건설하고 지배하기 위한 기술세계에 진입하는 것은 지적 세계에서의 군비 경쟁이라는 인상을 받게 된다. 그 결과 지식과 관련된 인류의 역사는 인터넷으로 연결되어 두뇌를 산출한 생물학적인 한계를 넘어서 인공지능을 통하여 전 지구적인 두뇌를 형성하는 차원으로 발전할 것이다.

3. 인공지능과 제4차 산업혁명

최초의 산업혁명(제1차 산업혁명)은 유럽, 특히 영국을 중심으로 약 1760년에서 1820년 사이에 걸쳐 일어났다. 방적기와 방직기 같은 기계가 고안되었으며 증기기관과 결부되면서 가내수공업 시대를 저물게 하고 공장 시대를 열어 농경사회에서 산업사회로 급격히 전환되었다. 제2차 산업혁명은 1870년에서 1914년 사이에 일어났다. 기존 산업의 성장기였고 철강, 석유 및 전기 분야와 같은 신규 산업의 확장과 대량 생산을 위해 전력을 사용했다. 제3차 산업혁명 또는 디지털 혁명은 아날로그 전자 및 기계 장치에서 현재 이용 가능한 디지털 기술에 이르는 기술의 발전을 가리킨다. 1970년대에 시작된 이 시대는 계속되고 있다. 제3차 산업혁명의 발전에는 개인용 컴퓨터, 인터넷 및 정보통신기술(ICT)과 여러 산업용 로봇 등이 포함된다. 제4차 산업혁명은 기술이 사회와 심지어 인간의 신체에도 내장되는 새로운 방식을 대표하는 디지털 혁명 위에 구축되고 있다. 제4차 산업혁명은 로봇공학, 인공지능, 나노 기술, 양자 프로그래밍, 생명공학, IoT, 3D 프린팅 및 자율 주행 차량을 비롯한 여러 분야에서 새로운 기술 혁신이 나타나고 있다.

그러나 산업사회에서 산업(industry)이라고 하면 제조업을 의미하며 그 기반이 뉴턴 역학에 기반을 두고 있고, 과학적 관점에서 제1차 산업혁명과 제2차 산업혁명은 연속되어 있기 때문에 아톰-인더스트리로 부를 수 있다. 반면에 현대 산업사회는 컴퓨터와 인터넷으로 대표되는 디지털 산업 혹은 비트-인더스트리가 추가된 지식 기반 사회로서 정보와 지식이 주요 자산이 되고, 또 제3차 산업혁명과 제4차 산업혁명이 컴퓨터의 디지털 언어를 기반으로 하여 연속선상에서 이루어지는 관계로 비트-인더스트리로 불린다.[30] 그리고 비트-인더스트리는 아톰-인더스트리를 자동화, 로봇화, 인공지능화를 통하여 생산성을 훨씬 높이는 역할을 한다. 즉 비트-인더스트리는 정보 네트워크 산업처럼 생산함수가 체증하는 새로운 독립된 산업으로 등장한다. 농업혁명에 뒤따른 생산성이 높아진 아톰-인더스트리에 추가된 지식 기반 사회는 산업사회보다 경제성장의 속도가 한층 더 빠른 가속 산업사회로서 나타나니, 그 특징으로는 인간 활동의 분화를 통한 전문화와 이들을 융합하여 아톰-인더스트리의 일반적인 것을 구체화하고 민주화하는 산업을 말할 수 있다. 비유한다면, 원자나 분자 수준에서 이루어지는 보다 더 세밀하고 정밀한 계산을 수행하는 양자 역학이 타당한 세계에서 생물체로서의 인간의 신체가 수행하는 역할이 정신세계나 사회세계에까지 영향을 미치는 결과를 계산할 수 있는 양자 컴퓨터의 작동 원리나 양자 컴퓨터만이 산출하는 특수한 문제에 대한 해답으로서의 결과가 이러한 비트-인더스트리의 생산성을 상징적으로 나타낸다.

근대에서는 자동기계와 자동차가 발명되고, 이에서 더 나아가 인공지능과 관련하여 자동기계가 기계를 생산하는 제4차 산업혁명은 각 분과 과학의 지식을 통섭하고 통합하여 미래 사회를 지식 정보화 사회로

---

30) 김태유, 「4차 산업혁명에 대한 올바른 이해」, 『철학과 현실』 제119호(철학문화연구소, 2018년 겨울호) 참조.

나아가게 하는 것을 촉발-가속화하는 것으로서, 의학에서는 물론 정신, 심리, 문화나 사회과학과 관련한 직업에 혁명적인 변화를 가져오게 될 것이다. 또한 신물질과 관련하는 현재의 산업사회와 더불어, 인공지능과 로봇을 기반으로 한 테크놀로지의 비약적 발전으로 인하여, 육해공에서는 물론 우주로 인류가 진출하는 데 필요한 우주 산업이, 즉 과학기술문화와 문명이 비약적으로 발전할 것이다. 사실 현대 첨단과학의 기술 발전의 추세 가운데에서 2020년대 현재, 양자 컴퓨터[31]는 이미 실현되어 있고, 광컴퓨터나 DNA 컴퓨터는 물론 세부적으로는 물리학에서는 핵융합 발전이 가능하고 인공태양이 말해지고, 생물학에서는 인공세포가 실현되어 논란되고 있다.

컴퓨터의 계산 가능성의 논리(logic of computability)에 따르는 인공지능의 응용 문제는 현대사회에서 커다란 관심사가 되었다. 컴퓨터는 이미 상품을 선전하는 광고에서 많이 사용되고 있으며, 자동차의 운전기술에 접목된 인공지능은 센서나 인터넷 등으로 외부세계와 접목됨으로써 운전자는 자율운전을 하는 자동차 안에서 운전에서 독립되어 다양한 작업을 할 수 있게 되었다. 더 나아가 컴퓨터의 발명과 이에 결부된 첨단 정보통신의 기술의 발전은 인간 생활의 패러다임과 사고방식에 따른 문화를 획기적으로 바꾸어놓고 있다. 대표적인 실례가 유비쿼터스 컴퓨팅(ubiquitous)이다.

본래 신학 용어였던 유비쿼터스는 신이 시공간에 편재하면서도 이를 초월해 있듯이 어느 곳(사람이나 사물)에나 존재한다는 의미를 지닌다. 유비쿼터스 컴퓨팅이란 컴퓨터가 어디에나 존재하는 환경을 의미한다. 다시 말해 유비쿼터스 컴퓨팅이란 생활 속에서 자연스럽고 편리하게

31) 현대에 실현된 양자 컴퓨터는 전자 컴퓨터가 이치논리로 해결할 수 없는 십진법의 소수나 수학적 문제나 암호의 문제를 쉽게 풀 수 있는 형태로 알고리즘화되어 있어서 전자 컴퓨터를 보완하는 특수 목적의 특수 컴퓨터이다.

언제 어디서나 컴퓨터를 사용할 수 있는 환경이나 세계를 의미하며, 이는 반도체칩 형태의 초소형 컴퓨터를 우리가 생활하는 환경과 사물에 내장하는 것(Iot)을 기본으로 한다. 21세기 IT 강국인 대한민국의 화두는 유비쿼터스이다. 개인용 컴퓨터, 휴대전화, 텔레비전, 게임기, 자동차 내비게이션 등 모든 기기들이 서로 연결되어 언제 어디서나 네트워크에 연결할 수 있다는 것이다. 유비쿼터스 환경의 예로 주로 사용되는 것은 대학의 환경이나 병원, 그리고 코로나 사태로 촉발된 미래의 생필품 구입 시스템이다. 이러한 유비쿼터스 환경을 만들기 위해서는 해당 지역 전체를 네트워크화해야 하고, 모든 관련 기기들이 서로 쉽게 연결되어야 함은 물론, 정확한 정보가 필요한 사람에게만 전달되는 안전한 시스템을 개발해야 한다. 이러한 일은 개개의 회사들을 넘어 하나의 도시나 국가(스마트 도시)에서 수행될 수 있어야 한다.

또한 최근 새로운 전략인 NBIC(Nano, Bio, Information, 인지 능력의 Computability)를 비롯하여 GNR(Genetics, Nano-technology, Robotics)의 담론을 형성하고 있는 것은 이러한 여러 가지 분야에서 컴퓨터의 인공지능(AI)을 이용한 컴퓨팅 기술의 발전과 관련된 분야들의 융복합 체계의 전략이라 볼 수 있다. 컴퓨팅 기술은 가상공간을 창출하여 현실에서 이루어지는 각종 작업을 가상공간에 실현해 보고, 이를 통해 인공지능을 이용하여 이상적인 모델을 창출하고, 이러한 이상적인 모델을 현실에서 실현(창출)하는 플랫폼(platform)으로서 메타버스들을 창출해 내고 있다.

4. 메타버스(metaverse)

우주와 상호작용하는 인간의 활동이 사유 세계 속에서 이룩한 현실(reality)에 관한 진리 체계가 상상의 세계와 결합되어 인간의 정치, 경제, 사회와 문화적 활동의 다양한 세계와 우주를 창출하고 있는 것은, 인간의 두뇌 안의 사유 세계에 현실세계와 변증법적으로 결합된 상상현실을 구현한 거울 세계가 존재하고 여기에 생의 모든 데이터가 기록(life-login)되어 있기 때문이다. 그런데 사고 기계인 컴퓨터의 인공지능이 실현한 가상현실과 결합되어 있는 메타버스는 현실적으로 구현한 가상-증강현실을 기반으로 하고 있다. 즉 현실공간+측정공간+가상공간 = 증강현실의 메타버스(유비쿼터스+멀티버스)의 실현은 다음과 같은 3단계로 이루어진다. (1) 1단계 모니터링: 현실공간을 가상공간으로 실축-실감하게끔 디지털 트윈(digital twin)으로 복제하여 현실공간의 센서로부터 모아진 다양한 정보를 기반으로 실시간 모니터링한다. (3) 2단계 정보 해석: 정보를 해석하고 활용하여 새로운 정보와 지식을 생산-관리-축적하거나, 시뮬레이션을 통해 미래를 예측하거나 최적화하여 가시화한다. (3) 3단계 현장화: 인공지능을 통해 문제를 파악하고 대안을 제시한다. 사용자의 요구와 맥락을 반영하여 가상-증강 콘텐츠 형태로 현실공간의 활용을 제안하는(service) 것으로 묘사될 수 있다.[32] 이러한 메타버스를 이용한 산업 현장에서는 컴퓨터칩을 스마트폰에서 안경이나 시계 등에 외장화하는 방식으로 발전하고 있고, 이에서 더 나아가 영화에서 보듯이 칩을 감각기관에서 신체에 내장화하거나 두뇌에 장착하는 방식이 생각될 수 있다.

메타버스를 통해 창출해 낸 거대하고 복잡한 융복합 연구 체계는 현실에서는 생산-유통 수단의 전산화-자동화와 인터넷망과 데이터베이스의 아카이빙 시스템의 전 지구적인 구축을 기반(platform)으로 하여 인간은 물론 사물 자체의 정보화라는 방향으로 치닫고 있다. 이런 추세에 발맞추어 최근 유비쿼터스 웹이 온갖 종류의 데이터와 정보, 지식을 새

32) 우운택이 2022년에 한 '포스트 메타버스, 미래사회'에 관한 강연에서 인용함.

로운 방식으로 교차 연결하고 인공지능으로 정리하여 인터넷과 연결하고 있다. 따라서 최근 새로운 컴퓨팅 기술과 결합된 인터넷의 환경과 문화는 디지털 컨버전스(digital convergence)[33]의 기술로 인해 21세기 유비쿼터스 문화를 새롭게 가져다줄 것이다. 한 예로 현재 주체와 상호작용하는 스마트폰을 현실적으로 확대한 스마트 시티가 구상되고 있고, 이러한 스마트 시티는 인간의 삶의 터전인 자연과 세계 및 우주 인식에 새로운 차원을 열고 있다.

지금까지 우리는, 컴퓨터상에서의 사이버스페이스는 인공지능을 통해서 구현되는 삼차원 가상공간으로서 이 공간에서 인공지능이 인간처럼 몇 가지 조건이나 제약을 전제하는 한에서 사회적, 경제적, 문화적 활동이 가능하다는 것을 밝히고자 하였다. 그것이 현실에서 나타난 메타버스라는 플랫폼(platform)이다. 즉 메타버스는 인간이 아바타(avatar)를 통해 최적의 증강 활동을 하는 사차원 가상공간이다. 사이버스페이스는 인간과 기계가 만나는 공간으로서 인간은 여기서 탈육신화를 경험하며, 이로써 포스트휴먼주의의 등장에 일조할 것으로 보인다. 한편, 인간의 자아는 사이버스페이스에서 분열, 자아상실, 다중자아와 같은 부정적 측면을 경험할 수 있으나, 이를 극복하여 자연과 연결된 상태에서 새롭게 확장된 공간에 적응할 것이라는 희망적 여지를 가지고 있다.

현대 문화는 유비쿼터스 컴퓨터 기술에 기반을 두고 있지만, 유비쿼터스 혁명은 기존의 정보혁명과는 사뭇 다르다. 세상의 모든 사물에 컴퓨터칩이 내장되고(Iot로 명명되는 사물 인터넷의 정보화), 이것이 네트워크로 연결된다면, 온라인-오프라인의 구분은 없어질 것이다.[34] 이 때

33) 'digital convergence'는 인간이 소유하고 있다고 생각되는 사회문화적인 정신적 산물이나 물질에 관한 정보까지도 컴퓨터의 칩에 디지털화시키는 것을 의미한다.

34) 베르그송에 따르면, 공간 개념은 동시성으로서 시간 개념으로 환원된다.

문에 21세기는 포스트휴먼(post-human)의 사회라고 불릴 만한 인간과 컴퓨터가 공존하는 사회이며, 이런 사회는 이미 시청각은 물론 통합 감각인 후각이나 미각, 촉각과도 관계하는 다양한 예술과 결합하여 영화나 문학작품에서 여러 가지로 묘사되고 있는 것이 현실이다. 그러면 인간의 창조성이 요구되는 학문과 예술 활동에서도 인공지능을 이용할 수 있을까? 학문 분야 중 수학과 기초과학 분야에서는 인공지능이 아직은 불가능한 것으로 나타나나 문학을 포함한 예술 분야에서는 인공지능을 이용한 예술작품이 이미 나타나고 있다. 사회문화 현상으로서 이러한 인공지능이 함께하는 사회에서 인간은 인공지능에 자신을 맡길 수 있다. 여기에서 인간의 정체성에 있어서 정치적, 경제적, 사회적, 문화적으로 인간 소외 현상이 나타난다.

5. 현대의 기술문명론과 인간 소외론

지난 100년 동안에 보여준 현대 기술의 급격한 발전과 특히 21세기 전반인 현재 인공지능의 개발은, 문자언어를 창안한 세기에 인간들이 가졌던 것처럼, 우리에게 미래에 대한 희망과 더불어 불안과 두려움을 느끼게 한다. 과연 현대 기술과 인공지능의 개발은 개인적으로나 사회적으로, 심리적으로나 정치적으로 어떤 결과를 초래할지 이제 한번 깊이 생각해 봐야 하는 시대에 섰다. 그러므로 이제 현대 첨단 기술과 기술철학에 깊은 관심을 가지고 연구했던 여러 사상의 견해를 들어보고 인간의 지능과 결부된 행위가 초래할 미래 기술, 특히 인공지능과 결합된 이러한 첨단 기술에 우리는 어떻게 대응할 것인가를 생각해 보는 것이 중요하다고 생각된다. 이 절에서는 이미 20세기에 많은 과학자들과 철학자들이 예고하고 21세기 현대에서도 끊임없이 논란하고 있는 기술낙관론과 비관론의 문제들을 인공지능과 관련하여 일반화해서 말하고

자 한다.

자크 엘륄(Jacques Ellul)은 『기술사회(*The Technological Society*)』[35] 서문에서 이렇게 단언한다. "'기술이란 인간 활동의 모든 분야의 (주어진 발달 단계에서) 합리적으로 도달될 수 있는 방법과 절대적 효율성을 갖는 총체성'이며, 또한 그 특성은 새로운 만큼 오늘날의 기술은 과거의 것과 아무런 공통점도 가지고 있지 않다." 따라서 엘륄에게 기술이란 정신적, 물질적 측면이라는 양면성을 지니는 인간에게서 합리적인 방법으로 개발될 수 있는 것의 문화나 문명의 총체성이며, 이 때문에 인간은 역으로 '기술적 인간'이라고 정의될 수 있다. 즉 인간은 호모 사피엔스(homo sapiens)이지만 현실적으로는 호모 파베르(homo faber)로 정의되어야 한다는 것이다. 인간은 도구를 만들지만 인간의 활동을 자연과 연결하는 이 도구는 역으로 인간을 기술적 인간으로 변모하게 한다. 기술은 정신적, 신체적인 인간의 활동에 영향을 미쳐 인간의 활동을 제약하게 되며, 인간 활동이 이루어지는 사회와 국가를 효율적으로 조직하고 제도화하게 된다. 즉 인간의 문명은 물질적으로는 도구 제작과 함께 정신적으로는 종교와 예술, 문화 등과 같은 여타의 동물과 다른 문화를 일으키는 존재로서, 이러한 기술 발전의 핵은 인간이 주어+술어 형식의 언어를 개발하고 사용하는 데에서 기인하는 것이다. 이러한 언어 사용은 인간을 사유하는 동물로 만들었는데, 이러한 인간적 사유가 일으킨 정신적 문화와 물질적 문명은 언어적 사유의 합리성에 따른 인간과 물질의 물심양면에서의 변증법적인 상호작용의 성과물들이라고 여겨졌다.

그런데 이러한 기술인간과 사회와의 관계는 근대에서 수학적이고 원자론적인 사고에 토대를 둔 뉴턴 역학의 운동 법칙에 따른 기계가 발명

---

35) 자크 엘륄, 박광덕 옮김, 『기술의 역사』(한울, 1996).

됨으로써 인간 사회에 도구가 미치던 영향력과는 차원이 다른 인간기술과 기술사회가 나타난다. 즉 전통적인 도구 수준의 기술과 인간의 정신적 활동으로서의 예술 혹은 종교는 모두 인간 주체성과 유기적으로 관련되어 그 기술적 차이가 질적으로 서로 다른 것처럼 여겨졌지만, 근대 이후의 기술은 전체-부분의 양적 관계로 조직된 기계가 미치는 영향력에 따라 국가나 사회를 기계적으로 조직화하고 역으로 이러한 기계적 사회는 인간에 영향을 미쳐 모든 삶의 문제를 기술적으로만 해결할 수 있는 기술인간을 만든다. 특히 근대에 일어난 산업혁명은 자본주의와 결합하여 분업화된 사회로 경제적 효율성을 극대화하는 것은 물론 인간의 모든 활동을 분업화하고 기계적으로 조직하고 전문화하는데, 이러한 기계적 사회에서 인간은 이에 적응하기 위하여 기술인이 되는 것이다. 또한 혁명이라는 말에 걸맞게 가족과 사회, 그리고 국가마저도 해체하여 기계적으로 새롭게 조직하고, 제도적으로 효율적으로 작동하도록 하는 기술-노동사회로 변모하게 된다.

엘륄이 말하는 기술은 인간의 가장 내면의 곳으로 침투하여 왔는데, 기계는 새로운 환경을 창조할 뿐만 아니라 인간의 본질마저도 변형시키는 경향이 있다. 그가 살고 있는 환경은 더 이상 그 자신의 것이 아니다. 비록 낯설더라도 그를 위해 창조되지는 않은 세계에 적응하여야 한다. 노동은 전통적으로 노동이라 불렀던 작업과는 아무런 공통점이 없는 노동자가 심각하게 느끼고 분노하는 부조리이며, 시간에 묶인 무감각한 업무이다. 인간의 최대한의 능력을 요구하는 기술세계에서 이러한 극한적인 능력은 항상 굳건하고 긴장된 의지를 통해서만 성취될 수 있다.

그러나 인간은 결코 자연적으로 이러한 탁월한 조건이 구비되어 있지 않다. 이 때문에 인간의 자율성은 전혀 발휘될 수 없다. 그 결과 기술은 자신의 이데올로기를 생산하며 모든 기술적 실현은 그 자신의 이데올로기적 합리화를 발생시킨다. 기계는 인간을 바꾼 만큼 인간을 풍요롭게 만들었다는 것도 사실은 엘륄에 따르면, 기계적 감각과 조직이 인간의 감각과 조직의 힘을 배가시켜 주었기 때문에 인간을 늘 새로운 환경에 들어갈 수 있게 되었으나, 이것은 그가 모르는 시야와 자유, 그리고 구속을 드러낸다. 그는 기계에 의해 육체적인 억압으로부터 점차 해방되어 왔으나 추상적인 속박의 노예가 되고 있다. 그는 기술이라는 매개체를 통하여 행동하며 현실과의 접촉을 상실해 버렸다는 것이다.

엘륄에 따르면, 인간은 현대 세계의 기술적 요인에 의해 여러 부분으로 찢겨 있으며 최소한의 개인적 차원에서도 더 이상 그의 통일성을 유지할 수 없게 되었다. 기술은 인간 스스로를 경작하고 경영하는 인간기술로 전환시키는데, 우리 시대에 있어 인간기술은 일반적으로 기계에 의해서가 아닌 인간기술의 매개를 통한 인간의 해방이고 기술의 인간화이기에, 기술의 갑작스럽고 부조화하는 작용에 의해 인간을 조각내기 때문에 이렇게 조각난 인간을 하나의 통일체로 재구축하려고 한다. 즉 인간기술의 중요한 목표는 인간을 모든 기술의 중심으로 만드는 것이다. 그러나 이러한 상실된 통일성은 과학이라는 추상적 차원에서만 가능할 뿐이라고 단언하면서 '슈퍼맨'의 창조 가능성을 말한다.[36)]

그런데 기계의 이상은 유기체를 닮는 것으로서의 자동기계이다. 마찬가지로 국가나 사회의 조직은 물론 제도적으로 모든 분야가 전문화되고 자동화되어 이 때문에 분업화된 인간의 활동의 산물인 이러한 사회나 제도는 각각 자동적으로 전문화되고 특수화되는 진화 과정을 밟게 된다. 엘륄은 여기에서 기술에 관한 한 데모크리토스의 원자론을 본뜬 마르크스의 경제 결정론인 유물변증법을 기술 결정론으로 변화시키는 것에 멈추지 않는다. 그는 기술사회가 자율성을 지니게 되면서부터

---

36) 같은 책, 354쪽. 엘륄이 말하는 '슈퍼맨'은 인공지능을 갖춘 트랜스휴먼과 같은 존재이다.

는 역으로 인간 지능이 이룬 기술사회가 그 자율성을 발휘하면서 발전하기 때문에 인간은 여기에 종속되어 필연적으로 인간을 이러한 기술사회에 적응하게 만들고, 여기에 적응하지 못하는 인간들을 소외시키고 종국적으로는 퇴출할 수 있는 것처럼 기술사회가 진화한다고 말하고 있다. 결국 엘륄이 말하는 현대 기술에 상응하는 공식은 '가장 좋은 유일한 방법'으로서 그 결정되는 방식이 이성적인 관점에서 만족되기 위해 수학적으로 계측되고 산출되며, 현실적 관점에서 가장 효율적인 방법일 경우 그러한 기술 운동은 자기 방향적인 것(self-directing: 자기 제어적인 자율성)이 된다.[37] 이러한 과정을 엘륄은 자동성이라 부르고자 한다.

엘륄은 이러한 현대 기술의 특징으로 여섯 가지를 지적했다. 곧, 기술 선택의 자동성, 자기 확장성, 일원주의(monism),[38] 개별 기술의 필연적 결합, 기술의 보편성, 기술의 자율성이다.[39] 그리고 현대 기술의 이러한 특징들은 모든 기술들이 모여서 하나의 거대한 기술계를 이룬다는 것이다. 이러한 엘륄의 기술 일원주의는 개개의 기술들이 모여서 상호 조정을 통하여 연결되어 하나의 전-체계를 형성한다는 뜻이다. 개개의 기술들은 필요성과 전문화된 작동 양식으로 서로 결합되어 하나의 전-체계를 구성하는데, 각각의 부분은 다른 부분을 보완하고 전문화함으로써 상호 강화한다. 따라서 한 요소를 다른 요소로부터 분리할 수 없게 되어 기술의 나쁜 영향은 버리고 좋은 점만 취하고자 하는 희망은 환상에 불과하게 된다.

더 나아가 이러한 기술들이 현대사회를 기술사회로 만들고 현대 기

37) 같은 책, 95쪽.

38) 박광덕이 말하고 있듯이, 여기에서 일원론(monism)은 양자 역학에서 말하는 전체론(holism)을 의미하는 것이다. 같은 책, 110쪽.

39) 같은 책, 2장 참조.

술사회에서는 기술들이 전-체계를 이루듯이 기술사회가 분업화되어 전문화되고 이들이 결합하여 사회적으로도 하나의 기술계를 이루어 진화한다는 것이다.

> “기술은 점차적으로 문명의 모든 요소들을 정복해 왔다. 우리는 이미 경제활동과 지적인 활동에서 이러한 측면을 살펴본 바 있다. 그러나 인간 그 자신도 기계에 의해 압도당하게 되고 그것의 객체가 된다. 당연한 것으로 보이는 이러한 놀라운 사건은 기술문명이라 부른다. 이 용어는 정확하며 우리는 그 중요성을 충분히 이해해야만 한다. 기술문명이라는 우리의 문명은 기술에 의해(문화의 일부를 기술에 속하게 만든다), 기술을 위해(이러한 문명에 속한 모든 것은 기술적 목표를 위해 봉사해야만 한다) 건설되고, 따라서 전적으로 기술이 되어 버린다. 즉 기술이 아닌 것은 무엇이나 배제되거나 그것을 기술적 형태로 변형한다는 것을 의미한다.”[40]

엘륄이 묘사하는 기술(이성)의 여섯 가지 특징 가운데 중요한 것은 자기 확장성과 기술의 자율성이다. 확장성은 기술이 다른 기술과 연결되어 기술을 자체적으로 확장해 나가는 특징을 의미한다. 인간의 간섭이 점점 감소하고 한 기술이 다른 기술과 연결되어 스스로 변형하고 발전하는 단계에 이르는 것을 의미한다. 기술의 자율성은 기술 발전 속도가 매우 빨라서 인간이 선택할 여지가 없게 되어 결국 인간은 기술에 예속되거나 소외되는 것을 의미한다. 즉 엘륄의 현대 기술이 자율적이라는 주장은 기술이 하나의 거대한 시스템을 이룬다는 주장과 연결되어 있다. 기술의 자기 확장성은 다른 기술과 끊임없이 연결되는 것이다.

현대 기술의 엄청난 규모와 빠른 변화는 인간에게 그러한 현실에 맞

---

40) 같은 책, 143쪽.

게 자율적으로 판단하는 여유를 허락하지 않는다. 현대사회에서 인간의 자율성이 훼손되었다는 이야기는 기술 시스템이 인간의 지적이거나 노동의 측면에서 자율성을 제한하는 방식으로 점점 강화되지만 궁극적으로 인간은 기술사회에서 소외되고 축출될 수도 있다는 뜻이다. 이러한 기술계에서, 마치 도킨스에 의하면 인간 개인이란 이기적인 유전자의 표현형에 불과한 도구가 되는 것처럼, 인간은 다양한 기술을 통해 획득한 효과와 결과를 기록하는 하나의 도구(기술인간)에 불과하다. 즉 엘륄이 말하는 기술인간이란 도구나 기계를 최소의 노력으로 최대의 효율을 발휘하도록 현실세계에서 작동하는 경제적 원리로서의 합리적 이성을 갖추었으며, 역으로 전통적으로 자율성을 지닌 인간 개개인을 기술인간으로 변혁시키는 것으로서 사실은 서로 의사소통이 가능한 '집단 지성'을 전제하는 것이다.[41)]

특히 엘륄의 기술 일원론에 의한 기술 자율론과 이러한 집단 지성을 전제하는 기술에 의해 형성된 기술사회에 대한 묘사는 데모크리토스의 유물주의적 원자론처럼 여러 가지 문제점을 노출하고 있다.[42)] 엘륄은

---

41) 필자가 엘륄의 기술 결정론이 지닌 인간과 기술 발전의 상호 영향 관계의 변증법적 상황을 묘사하기 위해 끌어들인 '집단 지성'이라는 말은 엘륄이 말하는 인간 이성의 한 측면인 기술 이성의 현실을 묘사하기 위한 것이다. 마찬가지로 우리는 한마디로 '인공지능'이라 부르지만, 인공지능을 개발하는 현실에서의 기술 이성도 집단적 지성의 성과물이기에 이들은 분지되어 전문적일 뿐만 아니라 다양하고, 따라서 이들이 융합되어 하나로 통합되고 자율성을 얻을 수 있는가는 심히 의심된다.

42) 플라톤의 관념론은 파르메니데스의 존재론과 결합된 피타고라스학파의 사유를 통하여 인간과 이를 탄생케 한 우주, 즉 자연을 이해하고 이를 초월하려고 하였다. 그러나 이러한 우주나 자연에서의 초월에의 욕망의 전제가 되는 것은 형상(eidos)과 능동자(foioun)인 영혼을 일치시키려는 것이었다는 것은 앞에서 밝혔다. 이러한 사유는 근대에서는 프란시스 베이컨의 자연의 법칙에 복종함으로써 자연을 지배한다고 말한 맥락과 정확히 일치한다. 자연을 지배하려면 자연에서 창발된 자신에 고유한 자발성이 아닌, 우선 자신을 탄생케

다음과 같이 말한다.

"기술은 무엇보다도 과학적이므로 그것은 전문화라는 위대한 법칙에 따른다. 즉 기술은 전문화될 때에만 비로소 효과적이다. 인간의 경우 효율성은 두 가지 의미를 지닌다. 기술은 심각한 반대를 야기함이 없이 적용될 수 있어야 한다는 것이고, 나머지 하나는 이러한 전문화의 과학적 측면이(가장 중요함) 무시되어서는 안 된다는 것이다. 기술은 상대적으로 제한된 경우에 적용되기 위해 고안된다. 따라서 보편적인 적용은 생각할 수 없다. 모든 인간기술은 특정한 작용 분야가 있으며, 그것들 중 어느 것도 인간 전체를 포괄할 수 없다. … 각각의 기술은 단 한 가지의 특별한 필요만을 충족시킨다."[43]

따라서 이러한 과학적 탐구에 의한 기술의 진화는, 과학적 탐구가 없을 경우에는 기술의 진화가 없듯이 이에 부응하는 기술사회의 시스템은 각각의 전문화된 분야의 다양한 목적 때문에 이들을 상호 최적화의 상태로 조정하고 융합하여 프랙탈 패턴처럼 끊임없이 발전하도록 과학적 지식을 지닌 전문가들이 조정하지 않으면 카오스 상태로 존재할 뿐이다. 그리고 이러한 카오스 상태는 집단적이고 복합적이기 때문에 기술적으로 (기계적으로) 하나로 통합된다는 것은 불가능하다. 더욱이 이

한 자연의 법칙을 인식하고 이에 따라 사고하고 행동하여야 한다. 이 과정에서 인간에 고유한 자발성은 잠시 괄호에 넣고(epoche) 자연의 법칙을 자신의 사고에 일치시키는 인식을 지녀야 한다는 것이 합리적이다. 이것이 뉴턴 역학에 기초한 근대 세계에서 나타난 호모 사피엔스의 과학과 이를 현실에서 실현한 호모 파베르의 기술이다. 그런데 이러한 기술이 현대에서는 컴퓨터의 발명과 컴퓨터에 기초한 인공지능의 실현으로 나타난다. 따라서 엘륄의 기술론은 이러한 과학과 기술의 상호 변증법에 기초한 인지과학의 발달이 전제되어 있어야 한다.

43) 자크 엘륄, 『기술의 역사』, 407쪽.

러한 카오스 상태의 기술사회가 집단 지성에 의해 엘륄이 말하듯이, 자율성을 얻고 진화한다는 것은 피아노 위에서 원숭이가 마구잡이로 뛰어놀면서 베토벤 소나타나 교향곡을 연주하는 것과 같은 것처럼 확률이 아주 낮다. 즉 기술사회를 구성하는 인간 사회의 이면에는 과학기술 전문가들의 통합적인 사회적, 국가적인 차원을 넘어서 전 지구적인 차원에서의 노력이 없으면 사회적으로나 국가 간에 기술 격차로 인한 경쟁이 필수적이기에 기술사회에서도 생존경쟁이 일어나고, 죄수의 딜레마가 상징하듯이 항상 최악의 결과에 도달할 수밖에 없기 때문이다. 어떻게 이러한 카오스 상태의 인간의 기술사회가 다양성을 지니게 되고 이러한 기술사회가 하나의 계를 이루어 생물체처럼 자율성을 지닌다고 말할 수 있게 되는 것일까?

이 때문에 닐 포스트먼(Neil Postman)은 『테크노폴리(*Technopoly*)』[44]에서 과학과 기술의 원리와 작동이 인간과 사회의 모든 요소에 영향을 미치는 도시를 테크노폴리라고 정의하고, 여기에서 기술은 더 이상 도구로 간주되지 않고 인간 삶의 조건이자 가장 중요한 요소로 승격된다고 보았다. 테크노폴리 시민들이 현대 기술에 매몰되지 않기 위해서는 새로운 기술을 접할 때 기술이 도구에 불과한 것으로서 인간의 존재 방식에 대한 근원적이고도 구체적인 질문을 던져야 한다고 주장한다. 그리고 포스트먼은 교육을 통해서 기술사회의 문제를 해결할 수 있다고 보았다. 마찬가지로 알버트 보그만(Albert Borgmann)도 인간의 창조성을 해치지 않는 범위에서 기술이 개발되어야 된다고 주장했다. 그래서 보그만은 단순 반복적이고 노동 집약적인 작업들은 기계에 의존하되 창조적인 행위들은 되도록 인간이 직접 할 수 있도록 하는 이원적 시스템을 제안했다.[45]

---

44) 닐 포스트먼, 김균 옮김, 『테크노폴리』(궁리, 2005).

45) 손화철, 『현대 기술의 빛과 그림자』(김영사, 2006), 만남 5 참조.

반면에 앨빈 토플러는 『제3의 물결』46)에서 정보사회는 사회구조와 생산구조, 그리고 국가조직과 기업조직의 변화와 연관되어 도래한다고 하였다. 이에 계급적 구조와 지나친 분업과 대형화는 점점 약화되고, 민주적이고 다원적이며 분권적인 조직 형태가 나타나며, 획일적 대량 생산에서 다품종 소량 생산으로 변화한다. 또한 노동력이었던 개인에게서 창의력을 기대하게 되고, 근무 양태도 집단에서 재택근무로, 그리고 그와 함께 인간의 성향도 집단적 성향에서 점차 개인적 성향으로 바뀌게 된다고 말한다. 제3의 물결은 또한 시대적 현상도 가져온다. 생산과 소비를 합친 프로슈머(prosumer)라는 말이 생기기도 하고, 국경의 중요성은 없어지며, 세계는 다원화로 파편적으로 분열되면서 동시에 하나로 통일되려는 경향으로 나타난다. 산업시대의 특징이었던 대규모 공장과 권위주의적 조직은 사라지고 정보사회 흐름과 기술 및 정보 변화에 유동적이며 유연하게 대처하는 보다 작은 기업 방식이 나타난다. 물건과 돈을 확보하는 것이 성공의 비결이었던 기업의 체질이 달라져서 누가 적절한 정보를 많이 가졌는가가 관건이 된다. 주식투자도 주식을 많이 가져야 한다는 논리에서 사람들이 현재 무엇을 바라고 느끼는가라는 정보의 중요성이 성공을 결정하게 된다. 그러므로 제3의 물결 시대에 있어서 정보는 돈이다. 과학기술 정보시대에는 이제 지식 자체가 돈이

---

46) 앨빈 토플러(Alvin Toffler, 1928-2016)는 미국의 미래학자 겸 저술가로서 디지털혁명, 통신혁명, 사회혁명, 기업혁명, 기술적 특이성 등에 대한 저작으로 알려져 있다. 그는 1950년대 이후를 후기 산업화 사회 또는 정보사회로 변화되는 제3의 물결 시대라고 구분했다. 제1차 물결은 농업혁명이고, 제2차 물결은 산업혁명이며, 제3의 물결이 이루는 정보사회는 1-2차 사회기반 위에서만 발전이 가능하다. 따라서 3개의 물결은 항상 공존하며 물결들은 서로 부딪치면서 상호작용을 일으키므로 1-2차 사회기반에도 기술력과 구성 인구 비율상에 시대적 변화를 겪게 된다. 권력에도 그와 비슷한 양상으로 변화가 나타나서 물리력과 자본 위주의 무게 중심에서 차츰 정보 중심으로의 변모가 나타난다. 앨빈 토플러, 『제3의 물결』(범우사, 1999) 참조.

며, 지식이 힘이다.

그렇다면 이런 정보사회에서 우리는 어떻게 시대에 대응해야 하는가? 토플러의 제안은 제3의 물결에 적극적으로 올라타라는 것이다. 그는 소규모 조직, 맞춤형 생산, 효율적 에너지 사용, 친환경적인 에너지 개발 등을 통해 지난 시대의 경향인 대규모 산업시설의 확충보다는 핵심적 신기술을 육성하고 새로운 정보의 활용에 역점을 두어야 한다고 주장한다. 국가나 개인이 모두 창의력을 길러야만 살아남을 수 있다고 한다. 그러므로 다가오는 미래 기술 시대의 새로운 물결을 바라보면서 우리는 회의적이고 비관적인 입장을 버리고 이에 적극적으로 올라탐으로써 희망의 미래를 창조해 낼 수가 있을 것이다. 그러나 이러한 희망은 첨단 과학의 발전과 함께 첨단 기술의 발전을 인간의 생존 조건에 맞추어 인간이 기술 발전을 적절하게 제어할 수 있어야 한다. 특히 인공지능을 개발하여 인간과 융합하고 있는 21세기 전반에서 100년 후 인간 사회 모습은 과연 어떻게 변화될까? 인간 세계가 남아 있을까? 현재 엄청난 속도로 발전되는 기술은 미래에는 과연 어떤 것이 될까? 우리는 미래 사회의 이상적인 모습을 그리고 꿈꾸며 그것을 이루기를 원한다.

랭던 위너(Langdon Winner)는 『자율적 기술(*Autonomous Technology*)』[47]에서 엘륄의 자율적 기술 개념을 상세히 설명하면서 기술의 자율성을 기정사실로 받아들이기보다는 기술의 민주화를 통해서 해결할 수 있는 문제로 보았다. 그는 직접 민주주의적 시민 참여라는 원칙에 의거해서 민주적 기술과 비민주적 기술을 가려서 발전시켜야 한다고 주장했다. 예를 들어 중앙집권적 방식으로 관리할 수밖에 없는 핵발전소보다는 분권적, 지역적 관리가 가능한 태양열 발전소가 더 민주적

---

47) Langdon Winner, *Autonomous Technology: Technics-Out-Of-Control as a Theme in Political Thought*(MIT Press, 1977).

이라고 주장했다. 위너는 기술의 정치적 특성을 밝힘으로써 민주주의의 원칙이 기술의 영역에도 적용되어야 한다고 강조했다. 에른스트 슈마허(Ernst Schumacher)는 기술사회에 대한 과격한 대안으로 『작은 것이 아름답다』(1973)에서 소규모 공동체와 중간 기술을 기반으로 하는 새로운 경제 체제를 주장했다.[48] 슈마허에 따르면, 거대 기술에 기반을 둔 현대의 경제 체제는 한정되어 있는 자원을 마치 무한한 것처럼 거침없이 사용하고 있는데, 이 체제는 경제적으로 보이지만 결국 파멸에 이를 수밖에 없다고 주장했다. 앤드류 핀버그(Andrew Feenberg)도 같은 맥락에서 기술의 자율성 이론에 반기를 들고, 기술 발전의 틀을 민주주의적으로 바꿀 수 있는 것으로 보았다. 특히 그는 IT 기술을 사용한 기술의 민주화 가능성을 염두에 두었는데, 기술이 사회적으로 구성된다면 사회적 선택을 무의식이나 자연과정에 방임하지 말고 공론의 장으로 이끌어내자는 것으로서 그는 사회구성주의적 접근으로 기술의 민주화가 가능하다고 보았다.[49]

한편, 빌렘 반더버그(Willem Vanderburg)는 기술의 경제학과 기술의 생태학을 구분하면서, 기술의 경제학은 인간의 삶과 사회, 생물권이라는 맥락을 무시한 채 생산성과 수익성과 같은 경제적 가치만 가지고 기술을 평가하는데, 기술의 발전은 본래 건강한 사회와 건강한 생물권을 이루기 위한 것임을 망각한 결과라고 지적했다. 기술 발전에 인간적, 사회적 가치를 고려한 예방적 조건을 시도하는 입장을 기술의 생태학이라고 이름 붙였다. 그는 장기적 안목에서 볼 때 기술의 경제학이 설

48) 에른스트 슈마허, 『작은 것이 아름답다』(문예출판사, 2002).

49) 사회구성주의는 이론적 지식들은 사회적 합의에 의해 구성된다고 주장하는 이론이다. 이는 오늘날 대부분의 분야에 강한 영향을 미쳤다. 그중에서 특히 과학과 기술은 객관적이며 가치중립적이라는 전통적 이해에 반하는 강력한 충격을 던졌다.

코 경제적이지 않다고 주장하면서, 보다 폭넓은 시각에서 기술을 발전시키고 경제를 성장시킨다면 당장은 발전의 속도가 느려 보이더라도 궁극적으로는 훨씬 더 적은 비용으로 효율적이면서도 인간적인 기술 쾌적한 사회 그리고 건강한 생활권을 만들어갈 수 있다고 하였다.[50)]

케빈 켈리(Kebin Kelly)는 『기술의 충격(*What Technology Wants?*)』[51)]에서 엘륄과 같이 과학의 발달과 기술진보론에 기초한 기술낙관론을 견지하면서, 현대 기술은 전체가 엘륄과 같이 하나의 기술계로 존재한다는 점을 큰 특징으로 볼 수 있다고 한다. 실제로 현대 기술은 모든 분야에 확장되고 모든 인간 활동을 둘러싸며 지역적으로 전 세계를 덮고 사회에 끊임없이 문제를 제기하는데, 켈리는 기술계의 이러한 단일 글로벌계로서의 특징을 테크늄(technium)이라 부르며 다음과 같이 표현했다.

> "우리 주변에서 요동치는 더 크고 세계적이며 대규모로 상호 연결된 기술계 이것을 가리키는 단어를 창안해야 했다. 나는 그것을 테크늄(technium)이라고 부르려 한다. 테크늄은 반질거리는 하드웨어를 넘어서 문화, 예술, 사회제도, 모든 유형의 지적 산물들을 포함한다. 그것은 소프트웨어, 법, 철학 개념과 같은 무형의 것들도 포함한다. 그리고 가장 중요한 점은 그것이 더 많은 도구, 더 많은 기술 창안, 더 많은 자기 강화 연결을 부추기는, 우리 발명품들의 생성 충동을 포함한다는 것이다.

---

50) 손화철의 『현대 기술의 빛과 그림자』 이곳저곳에서 인용함.

51) 켈리는 인류의 역사가 기술에 의존하여 수명, 교육, 건강, 부요 등에서 진보하여 도시 생활로 집중되어 왔으며 이러한 도시 생활에서 자유를 추구하고 도덕적인 영역에서 진보한다는 것을 통계적으로 밝히면서, 궁극적으로 인류의 기술계가 생물체가 진화하여 온 것처럼 자율적인 테크늄으로 수렴한다고 주장한다. 케빈 켈리, 이한음 옮김, 『기술의 충격』(민음사, 2011), 1-5장 참조.

… 즉 자기 강화적인 창조 시스템이라는 개념을 가진다. 도구와 기계와 개념으로 이루어진 우리 시스템은 진화의 어느 시점에서 되먹임 고리들과 복잡한 상호작용이 너무나 치밀해지면서 약간의 독립성을 낳게 되었다. 그것은 일종의 자율성(autonomy)을 발휘하기 시작했다. 기술의 독립성이라는 이 개념은 처음에는 이해하기 쉽지 않다. … 하지만 기술적 창안 시스템 전체를 살펴보면 볼수록, 나는 그것이 강력하고 자기 생성적이라는 점을 더욱더 실감하게 되었다."[52]

더 나아가 켈리에 따르면, 기술사회의 자율성도 엘륄의 생각과 같이 이와 비슷한 연속선상에 놓인다.

"어떤 실체가 자기 수선, 자기 방어, 자기 유지(에너지 확보, 노폐물 배출), 목표의 자기 통제, 자기 개선이라는 형질 중 어느 하나를 드러낸다면 자율적이라고 말할 수 있을 것이다. 물론 이 모든 형질들이 지닌 공통점은 어느 수준에 이르면, 자아가 출현한다는 점이다. 테크늄에서 이 모든 형질을 보여주는 시스템은 없지만, 그중 일부를 보여주는 사례는 많다. 자율적인 무인 항공기는 자동항법하면서 몇 시간 동안 공중에 떠 있을 수 있다. 하지만 자가증식할 수 없다. 컴퓨터 바이러스는 자가증식하지만, 스스로 개선하지는 못한다. 우리는 지구 전체를 감싸는 드넓은 통신망의 깊숙한 곳에서도 배아 단계에 있는 기술적 자율성의 증거를 찾아낸다. 테크늄은 단일한 거대 규모 컴퓨팅 플랫폼을 이루는 17경에 달하는 컴퓨터칩들을 포함한다. 현재 이 지구 규모의 망에 든 트랜지스터의 총 개수는 당신의 뇌에 있는 뉴런의 수와 거의 맞먹는다. 그리고 이 망에 있는 파일들 사이의 연결 수(전 세계 웹페이지 사이의 링크 수를 생각해 보라)는 당신 뇌에 있는 시냅스 연결 수와 거의 맞먹는다.

---

52) 같은 책, 21-22쪽.

따라서 점점 커지는 행성 전자막은 이미 인간 뇌의 복잡성에 상응하는 수준이다. … 테크늄 망을 흐르는 정보를 더 깊이 분석하면 정보가 조직되는 방식이 서서히 변하고 있음이 드러난다. 한 세기 전의 전화망에서는 메시지가 수학자들의 무작위성과 관련짓는 패턴을 띠고 망 전체로 분산된다. 하지만 지난 10년 사이에 비트의 흐름은 자기 조직적인 계에서 나타나는 패턴과 통계적으로 더 비슷해졌다. 한 가지 특징은 지구의 망이 프랙탈 패턴이라고도 하는 자기 유사성을 보인다는 것이다. … 이것이 자율성을 보이는 것은 아니다. 하지만 자율성은 그것이 입증되기 훨씬 이전에 자명해질 때가 종종 있다."

이와 같이 말하는 켈리의 논리에는 비약과 기술과 유기체의 유사성에 따르는 변증법적 수사와 자기모순이 엿보인다.

그런데 켈리가 말하는 테크노스페어 곧 기술권(技術圈)은 생물과 유사하게 진화한다.

"사실 생물 중에는 구조물을 만드는 법을 배우는 것들이 많으며, 그 구조물은 생물이 자신의 조직 너머로 확장하게 해주었다. 흰개미 군체가 쌓아 올린 단단한 2미터 높이의 둔덕은 마치 그 곤충들의 외부 기관처럼 작동한다. 둔덕은 온도가 조절되며, 손상되면 수리된다. 메마른 진흙 자체가 살아 있는 듯하다. 우리가 산호라고 생각하는 것(돌처럼 단단한 나무 구조 같은 것)은 거의 보이지 않는 산호 동물의 아파트이다. 산호 구조물과 산호 동물은 하나인 양 행동한다. 그것은 자라고 행동한다. … 주거지는 동물의 기술, 확장된 몸이다. … 그리고 확장된 인간은 테크늄이다. 마셜 맥루한을 비롯한 학자들은 옷이 사람의 확장된 피부이고, 바퀴는 확장된 발, 카메라와 망원경은 확장된 눈이라고 말했다. 우리의 기술적 창작물은 우리 유전자가 지은 몸의 거대한 외연이다. 이런 식으로 우리는 기술을 확장된 몸이라 생각할 수 있다."

그런데 켈리는 여기에서 한 발 더 나아가 다음과 같이 말한다.

> "기술이 인간의 확장이라면, 그것은 우리 유전자의 확장이 아니라 우리 마음의 확장이다. 따라서 기술은 생각을 위한 확장된 몸이다. … 사소한 차이는 있긴 하지만 테크늄(생각의 생물)의 진화는 유전적 생물의 진화를 흉내 내게 된다. 둘은 많은 형질을 공유한다. 두 체계의 진화는 단순한 것에서 복잡한 것으로, 일반적인 것에서 구체적인 것으로, 통일성에서 다양성으로, 개체주의에서 상호주의로, 에너지 낭비에서 효율로, 느린 변화에서 더 큰 진화 가능성으로 나아간다. 한 기술 종이 시간에 따라 변하는 방식은 종진화의 계통수와 비슷한 패턴을 보인다. 하지만 유전자의 작품을 표현하는 대신, 기술을 생각은 표현한다."[53]

인간의 사고가 만들어낸 도구에서 도구가 진화하여 기계가 만들어지고 이 기계가 만들어짐으로 인하여 인간의 활동에 영향을 미치며, 국가나 사회에서의 모든 제도나 인간의 사고방식마저도 이들에 영향을 받아 변화한다는 켈리의 주장은 인정할 만하다. 즉 기계를 제작하는 사고방식이 합리성과 효율성을 지니기에 이러한 사고방식을 통하여 국가나 사회를 경영하고 이를 효율적으로 관리하는 데에서 일어나는 현상들을 역으로 인간 정신에 영향을 미쳐 이러한 사회적 현상들을 모방하는 것이다. 또한 이 사회적 현상의 배후에 있는 기술과 관련된 기계적 사고가 진화하여 자동기계가 되는 현상을 모방하듯이 필연적으로 진화하여 자율성을 지니는 것처럼 묘사하는 데에는 원자론자들이 기계적인 우연-필연성을 필연이라고 강변하듯이 특정한 기술들의 집합으로 이루어진 기술사회의 발전이 마치 하나의 전-체계(테크늄)을 이루고, 생물처럼 진화한다고 하는 말은 은유에 가깝다. 더욱이 기술사회인 테크늄이 자

53) 같은 책, 58-59쪽.

아를 지닌다고 하는 말에서는 더 말할 필요가 없다.

물론 기술이 과학적 진리를 현실에서 구현하여 인간에게 가져다주는 편리함과 유용성에서 그 효율성을 생각한다면, 인간 사회에서도 합리성과 효율성의 측면에서 이러한 기술적 지능의 혜택은 이루 말할 수 없을 것이다. 그러나 인간 지능의 합리성과 합리적 사유의 결과로 나타나는 효율성은 서로 구별되어야 한다. 사실 인간의 합리적 사유가 방법론적으로 논리학에서 말하는 귀납법과 연역법이 모두가 법칙으로서의 필연성을 지향하는 데에서 동일하다고 말할 수 있으나 귀납법에서의 필연성과 연역법에서의 필연성의 개념은 전자가 경험의 구체성에서 일반화를 이루는 상향의 방법이 지니는 집합적인 의미에서의 필연성이고 후자의 필연성은 보편성에서 개별성에 이르는 하향의 외연적인 논리적 필연성이기에 서로 다르다. 또한 효율성이라는 것은 물리학에서 기계의 작동방식이 목적으로 하는 결과가 열역학 법칙에 따라야 하는 것으로서 환경과의 상호작용을 무시할 수 없다. 인간의 사유에서의 이러한 사고 방법의 차이뿐만 아니라 인간의 사고방식이 자연 환경뿐만 아니라 인위적으로 만든 사회적 환경과 상호작용할 수밖에 없는데 이들 사이에는 위계와 계층들이 존재하고 각각의 층들에는 인간 사유의 상반성에서 비롯된 과정 중의 중간 단계에 존재하는 인간의 변증법적 사고에는 모순이 개재하여 인간의 사고는 딜레마에 처할 수밖에 없다.

이 때문에 우리는 켈리가 "인간이 언어를 창조한 것이 우리 종, 더 나아가서 세계에 영향을 미친 기술상에 전이는 없다."라고 말한 부분[54]에는 동조할 수 있다. 그런데 인간에서 이러한 언어에 의한 의식과 사유가 탄생시킨 지능이 창조한 것이 자동기계이며, 이 자동기계가 현실에서 작동하기 위해서는 많은 조건이 필요하다. 그런데 이러한 자동기

54) 같은 책, 62쪽.

계의 이념이 21세기 현대에서는 컴퓨터상에서 창출된 가상세계에서의 인공지능은 만능 튜링 기계로 상징될 수 있다.[55] 여기에서 켈리는 엘륄의 인간과 기술의 상호 변증법을 인간 사회에까지 연장하여 기술사회가 테크늄을 이룰 수 있다고 강변한다. 그러나 인간과 기술의 상호 영향의 변증법은 만능 튜링 기계가 불가능하다는 것에서 한계를 지닌다. 즉 만능 튜링 기계는 이론적으로는 가능할지 모르나 현실적으로는 불가능하다는 것이 인식론적으로는 괴델 불완전성 증명에서 확실하게 증명되었다. 그러나 인간의 사회나 국가에서 이루어지는 행위의 문제에 있어서 불가능하다는 것이 증명될 수 없기에, 엘륄의 인간과 기술의 상호 영향의 변증법적 논리를 이어받은 켈리는 인간 사회에 대한 테크늄의 가능성을 열어놓는다고 볼 수 있다.

그런데 이러한 주장은 앞에서 말했듯이 인식에 있어서는 인간이라는 특수성을 고려하는 인식론적 주관주의에 따라 불가능함은 물론 인간 행위의 환경과의 관계에서의 특수성에 따라 이중적인 난점이 존재한다. 그럼에도 불구하고 생명체의 진화처럼 테크늄은 단순에서 복잡으로, 획일성에서 다양성으로, 진화 가능성이 어려운 곳에서 점점 쉬운 방향으

---

55) 켈리는 엘륄의 인간과 기술의 상호 변증법을 인간 사회에까지 연장하여 기술사회가 테크늄을 이룰 수 있다고 강변한다. 그러나 인간과 기술의 상호 영향의 변증법은 만능 튜링 기계가 불가능하다는 것에서 한계를 지닌다. 즉 만능 튜링 기계는 이론적으로는 가능할지 모르나 현실적으로는 불가능하다는 것이 인식론적으로는 괴델 불완전성 증명에서 확실하게 증명되었다. 그러나 인간의 사회나 국가에서 이루어지는 행위의 문제에 있어서 불가능하다는 것이 증명될 수 없기에, 엘륄의 인간과 기술의 상호 영향의 변증법적 논리를 이어받은 켈리는 인간 사회에 대한 테크늄의 가능성을 열어놓는다고 볼 수 있다. 그런데 이러한 주장은 인식에 있어서는 인간이라는 특수성을 고려하는 인식론적 주관주의에 따라 불가능함은 물론 인간 행위의 환경과의 관계에서의 특수성에 따라 이중적인 난점이 존재한다. 우리는 여기에서 'deus ex machina'의 논리와 역으로 정신은 기술을 통하여 육화되는 것처럼 묘사할 수 있다는 것을 알 수 있다.

로 변화한다. 그래서 테크늄이 창조한 테크노스페어는 마치 살아 있는 생물처럼 점점 더 많은 도구, 더 정교한 도구, 점점 더 새로운 기술로 발전하면서, 더욱 긴밀한 상호 연결성과 자기 창조력과 자기 조직력을 만들어가며 더욱 빨리 진화할 수 있을지 모른다고 말할 수 있다는 것이다. 그러나 기술이 인공지능처럼 자체의 동력에 의해 진화할 수 있을 것인지 우리는 의심할 수밖에 없다.

사실 켈리가 말하는 테크늄은 생물체가 진화하듯이 다음의 두 가지 법칙에 의해 제약되면서 진화한다. (1) 기하학과 물리학의 법칙들이 가하는 부정적 제약들이다. 이는 생명 가능성의 범위를 한정짓는다. (2) 우리 우주에서 물과 탄소를 기반으로 탄생한 생명체와 상호 연관된 유전자와 대사 경로의 자기 조직화하는 복잡성이 빚어내는 긍정적 제약들이다. 이는 몇 가지 반복되는 새로운 가능성을 낳는다. 화학과 물리학이 생명을 창발적으로 빚어내고 더 나아가 [인류가 지능에 의해 개발한 기술 조직인] 테크늄 속에서 우리의 마음을 창안한 방식에서 출발하여 두 원동력은 [인간] 생명체로 하여금 진화를 압박하여 지향성 진화의 방향성을 부여하는 것으로 말하고 있다.

> "교과서에서 진화는 거의 수학적인 단일 메커니즘을 통해 추진되는 장엄한 힘이다. 즉 자연선택이라고 알려진 적응적 생존을 통해 선택된 유전 가능한 무작위 돌연변이다. 지금 등장하고 있는 수정된 견해는 추가되는 힘들을 인정한다. 그것은 진화라는 창조 엔진이 적응적인 것(고전적인 행위자)과 우연적인 것, 그리고 불가피한 것(최적화의 길), 이 세 다리로 선다."[56]

> "이 세 추진력은 서로 균형을 맞추고 상쇄시키고 결합하여 각 생물의

56) 케빈 켈리, 『기술의 충격』, 148쪽.

역사를 빚어내면서, 자연의 여러 수준에서 다양한 비율로 존재한다. 비유를 들어 설명하면, 이 세 힘을 이해하는 데 도움이 될 듯하다. 한 종의 진화는 땅을 깎아내면서 구불구불 흐르는 강과도 같다. 강의 '세부 특성(paticularness)', 즉 연안과 바닥의 상세한 윤곽을 보여주는 단면도는 적응적 돌연변이와 (결코 반복되지 않는) 우연성이라는 벡터들에서 나오지만, 강이 계곡에 물길을 만들면서 생기는 (모든 강에서 반복하여 나타나는) 강의 보편적 형태인 '강다움(riverness)'은 수렴과 창발적 질서라는 내부 중력에서 나온다."[57]

자크 엘륄은 인간을 '호모 사피엔스(homo sapiens)'로 정의하기보다는 현실적으로는 '호모 파베르(homo faber)'로 정의해야 한다고 말한다. 켈리는 엘륄의 말을 이어 받아 역으로 인간을 '호모 파베르'에 기초해 진화하는 '호모 사피엔스'라고 정의하고자 한다. 빅뱅 이후 우주의 역사에서 생명체가 발생하여 진화하는 과정을 기술과학의 입장에서 정리하면서, 생명체가 살아남기 위해 진화하는 것처럼 진정한 과학적 지식에 기초한 기술은 생명체처럼 진화하기를 원한다고 말한다. 진정한 기술은 인류에게 자유도를 증가시키는, 그래서 개개의 인간에게 기회를 보장하는 것이어야 하기 때문이다. 엘륄과 마찬가지로 켈리에게서도, 인간에게 있어서 기술은 지상에 존재하는 인간의 존재 이유이자 생명 그 자체이기 때문이다.[58]

---

57) 같은 책, 152쪽.

58) 같은 책, 13장 '기술의 궤적'에서는 현대의 과학적 성과를 기초로 하여 우주 발생과 더불어 현재의 지구 안에서 발생한 단순한 생명체가 종분화와 다양성을 이루어 복잡계를 이루면서도 지구라는 환경에 최적화한 방식으로 조화롭게 살고 있는, 생명체의 진화의 역사를 생명체가 발현하는 기술의 관점에서 묘사한다. 또한 인간이 개발하는 인공지능을 포함한 모든 기술도 마찬가지로 생존의 불가피성의 관점에서 묘사하고 있다.

원래 기계는 생물체를 모방한 인간 지능의 산물로서 인간의 노동을 수행하는 데 필요한 도구이다. 이러한 도구로서의 기계의 이면에는 과학이라는 진리 탐구가 있었기 때문에 기술 발전이 이루어졌다. 인간이 기계와 함께 작업을 하는 가운데 기계의 효율성 때문에, 그리고 인간의 노동이 이에 종속되는 바람에, 인간 노동이 분화되어 파편화되었고 그 과정에서 인간의 작업과 관계하는 직업이 세분화되어 분업화된 사회에서나 국가에서 노동사회를 형성하게 되었다. 그런데 기계는 자발성을 지닌 생명체(유기체)와 같은 자동기계가 목적이다. 결국 도구인 기계가 자동기계가 됨으로써 인간은 정신적으로든 육체적으로든 노동에서 기계적으로 변모하든가 아니면 소외되고 축출되는 결과를 가져왔으며, 종국적으로는 인간이 자신의 노동에서 자유롭게 되었다고 생각하는 순간 인간의 노동은 물론 이에 기초한 생존 방식은 의심스러워졌다.

다른 한편, 인간의 도구는 지능의 산물이다. 지능은 현실에서는 과학적 진리를 탐구하고 이를 현실화하는 것으로서 현실에 적응하는 합리적인 사유를 하는 것이다. 이러한 사유가 컴퓨터상에서 인공지능을 형성하였다. 그리고 이러한 인공지능이 자율성을 지닌 것처럼 작동하기 시작하였다. 그 결과 기계와 인공지능이 결합하여 사이보그가 될 수 있다는 결과를 낳는다. 기계인간인 사이보그는 지능의 측면에서는 자율적인 인공지능이 담당하고 신체적인 측면에서는 자동로봇으로 표현될 수 있다. 그 결과 미래 문명은 사이보그로 표현되는 기계인간과 자연의 변증법적인 결합으로 표현될 수 있는 여러 가지 경우가 있다. 이러한 변증법적 결합이라는 것도 각각이 독립적으로 공존하는 것들로서 이원론적이거나, 이 양자가 융합된 것의 세 가지 경우의 수로 나타낼 수 있으며, 인공지능은 이를 모방하여 이러한 모방의 변증법이 원래의 변증법과 이중적으로 융합될 경우에는 기계가 우월하거나 인간이 우월하거나 간에 여덟 가지 경우들로 표현되어 이들 또한 이러한 경우들의 전자와의 조합으로 인해 복잡계를 형성할 수 있는 것이다. 그렇다고 이러한 복잡계에서 생물체로서의 인간과 이러한 인간보다 우월하다고 생각될 수 있는 인공지능을 지닌 사이보그가 이원론적으로 분리될 수 있는지는 의문이다.

인간은 하이데거가 말하듯이 세계-내-존재(In-der-Welt-sein)에 불과하다. 즉 인간의 생명이 자연환경에 달려 있듯이 인조인간인 사이보그는 사이버 공간으로서의 환경과 관계해야만 하는데, 이러한 사이버 공간은 실제로는 현실적 공간이나 자연환경과 관계하고 이의 연장선상에서 이 지구라는 행성에서 존재할 수 있다. 이 때문에 앞에서 표현한 인간과 인조인간인 사이보그 사이의 관계는 이원론적으로 표현할 수 있는 것이 아니라, 아리스토텔레스가 말한 형상과 질료의 유기체적인 변증법으로 이야기해야 하고, 기계의 목적은 인간 존재의 생존을 위한 것이라는 것을 생각해야만 한다. 그런데 인간의 행위는 이성과 관계하여 생산적 행위는 정신적 노동이나 신체적 노동으로 분화되고, 이러한 다양한 노동의 결과들은 문명과 문화라는 환경을 이루며, 역으로 이러한 환경과 문화 속에서 이들의 영향을 받으면서 창조적으로 진화하지 않으면 인류는 지구라는 환경 속에서 존립할 수가 없다. 왜냐하면 인간보다는 이를 탄생케 한 자연이 인간의 지능으로서는 흉내 낼 수 없는 신비한 생산력과 동시에 적응력을 지니고 있기 때문이다.

그런데 인간이 창안한 인공지능과 인조인간, 즉 신체적으로 로봇이나 정신적인 정보의 결합물인 사이보그는 이러한 사연의 능산적인 기능을 발휘할 수 없고, 특수한 하나의 목적을 위해 특정한 행위를 수행할 수 있는, 즉 특수한 하나의 목적을 지닌 인조인간으로서 정신적 측면에서나 신체적 측면에서 단편적으로 그리고 특수한 측면에서 개발되기 때문에, 이러한 특화된 목적에서는 인간의 능력을 뛰어넘는 효율성을 발휘할 수 있다. 더 나아가서 이러한 인조인간의 우월성은 외계 행성 문명을 생각할 때 강화된다. 예를 들어 정신적으로 사이보그와 같은 ET가 신체적으로 자동로봇과 같은 UFO을 타고 지구상에 현실로 나타났다고 해보자. 이들이 살고 있는 행성에서 지구까지 날아왔다는 것을 상상하면, 이들은 인간의 기술문명보다 월등한 지능과 능력을 지니고 있음에 틀림없다. 왜냐하면 인간 지능에 따르면, 인간은 현재 이 지구라는 행성이 포함된 태양계를 벗어나는 우주선을 만들 수 없고, 더 나아가서는 다른 행성까지 여행할 수 있는 기술을 아직 가지고 있지 않고 더 나아가 가질 수 없기 때문이다.[59] 인간이 UFO나 ET를 상상하는 것은 현대 과학이 발견한 우주론과 관련되어 있으나 이러한 과학적 지식을 현실화할 수 있는 우주적 기술을 인간이 가지고 있는지는 의심스럽기 때문이다. 즉 UFO나 ET로서의 사이보그는 바로 이러한 인간의 지능을 초월하는 것으로, 그리고 인간의 지능이 인간을 정신적으로나 신체적으로 분리하여 그 기능을 정신적으로나 물리적으로 극대화하여 상상한 것에 불과하기에, 우리 우주 안에서 물리적 법칙에 의해 생성되고 진화한 자연인의 지능까지도 벗어난 존재를 생각하는 데에 기초하고 있기 때문이다.

요약하면, 현대 기술문명사회에서 문제되는 인간 소외는 일차적으로 인간을 부품화하고 제품화하고 변형을 가하는 기술문명이 가져온 것이다. 이것은 마치 세계-내-존재로서 인간 실존의 전면성과 관계하는 진리 탐구가 과학과 관계하고 과학적 사고의 합리성이 발휘된 현실적인 기술의 성과물인 도구가 기계로 진화하고, 자동기계를 이상으로 하는 기술 발전이 목적 전체인 양 착각한, 본말이 전도된 진리 탐구의 역설

59) 마치오 가쿠, 박병철 옮김, 『불가능은 없다(*Physics of Impossible*)』(김영사, 2010) 참조. 한국의 번역서는 원서의 개념을 반대로 번역하여 독자를 혼란스럽게 한다. 이에 대한 또 다른 예로는 모리스 클라인, 심재관 옮김, 『확실성의 수학(*Mathematics of In-certainty*)』(사이언스북스, 2007)이 있다.

적인 현상으로 나타난 것이다.60) 특히 인간이 컴퓨터를 만들고 컴퓨터를 통하여 인공지능과 사이버스페이스를 만들어냄으로써 이에 기초한 제4차 산업혁명을 이야기하는 시대에서는, 외계 행성론에서 나타나는 UFO에 관한 이야기나 ET와 같은 사이보그는 인간 지능의 핵이라 불리는 이성의 분석적인 기능의 산물로서, 이를 보충하는 반성적 이성의 변증법적 기능을 전제하지 않으면, 모든 것은 분석되어 부품화되고 종국적으로는 전체와 부분의 관계가 수량화되고 분리되어, 정신적으로나 신체적으로 자동기계화되어 인간의 활동 또한 정신적, 신체적 측면에서 이 양자가 양극화된다. 그리고 각각이 자동화되어 이들이 융합될 수 있다는 것에서 인간의 능력을 뛰어넘을 수 있으며, 종국적으로 이것은 인간이 소외되는 현상까지 나타나게 된 것에 대한 반작용이거나 무의식적인 상상물이자 구성물이다. 조지 월드는 이 때문에 ET를 연구하고 싶다면 DNA를 연구하라고 말한다.61)

현대 과학에 기초한 기술문명이 만들어낸 인공지능과 이러한 인공지

60) '탈은폐'라는 개념은 플라톤이 오르페우스 종교와 관련하여 마련한 그리스어 '진리(aletheia)' 개념에서 기원하는 것이다. 그런데 오르페우스 종교는 영혼불멸을 말하는 이원론적인 것이다. 따라서 플라톤의 이데아론과 관련된 진리의 문제는 한편으로 현실세계에서 초월하는 것을 이상으로 하면서도 현실적인 삶을 중시하는 이율배반적인 것이다. 현실과 이상의 이율배반적인 것을 어떻게 조화시킬 것인가 하는 문제는 『국가-정체』에서 동굴의 비유에 나타나듯이 철학자의 동굴 속으로의 하강의 정신으로 나타나고, 후기 저작인 『티마이오스』의 우주론과 『법률』의 마그네시아라는 국가를 건설하는 정신으로 나타난다.
하이데거는 이러한 진리 개념을 이용하여 그의 기술론에서 기술이 과학과 최종적으로는 인간 존재와 관련되지 않으면 안 된다는 것을 철학적으로 해명한 것이다. 달리 말하자면 과학적 탐구와 이를 현실에서 실현하려는 기술에는 항상 이율배반이 존재하고 있고, 이러한 진리 탐구의 정신은 자연은 물론 인간 존재에 대한 가치론적 선과 미에 대한 미학적, 윤리적인 배려를 통해서 승화되어야 한다는 것이다.

61) 케빈 켈리, 『기술의 충격』, 144쪽에서 재인용함.

능이 활약하는 컴퓨터의 사이버 공간에서는, 이를 자연과 연결하여 반성하는 이성의 변증법적 기능을 전제하지 않으면 인간의 전면적인 인간성은 소외되고 이러한 소외와 함께 인간의 근원적 불안과 두려움도 노골적으로 드러나게 된다. 역으로 사이버 공간에서 나보다 우월하거나 열등한 내 이웃은 서로 소통이 불가능한, 라이프니츠가 말한 창이 없는 단자로서의 타자로서, 이제 인간과는 다른 외계인이다. 사실 이러한 외계인 각자 모두 자기의 세계에 연결되어 있으며 나와는 다른 행성에 살고 있다. 그러므로 소통에 한계가 발생하고 너와 나의 소외는 깊어진다. 우리는 서로 소외된 각 개인이 되며 내면에서 서로를 향한 공허를 느낀다. 그들은 내가 모르는 다른 세계에 연결된, 소통을 기대할 수 없는, 즉 라이프니츠가 말한 창이 없는 단자와 같은, 소위 자연적인 인간이라고 할 수 없는 존재들이다. 그들은 각자가 기술로 인해 위대하게 되었고 내가 알지 못하는 인간 영역 밖에 어떤 것에 연결된 일종의 외계인들이다. 우리가 가졌던 지난 세계의 전통적 표준들을 허물어지고 있으며, 우리의 신비로운 세계였던 자연은 이제 문명에 눌려 형태도 없이 사라져가고 있다. 모든 부분에 과학기술문명이 침투되어 문명화되었고, 인간은 아무도 모르는 사이에 서서히 변질되어 간다. 그리고 우리 모두는 서로 다른 인간이 되어 간다. 곧 물질과 영혼의 경계가 없는 미래의 호모 사피엔스인 포스트휴먼(post-human)에서 나아가 트랜스휴먼(trans-human) 곧 향상인간(向上人間)이라는 환상이다.

오늘날 과학 발전과 이에 따른 기술 발전에 대한 인간의 믿음에는 문제가 있다. 그러나 누구나 근대 러다이트 운동처럼 기술을 포기하면 더 나은 세상을 이루는 노력을 포기하게 된다는 방식으로 기술을 이해한다. 이것이 과연 옳은 생각일까? 현대 기술이 발전을 하되 인간의 자율성을 억제하지 않는 흐름을 따라 혹은 자연 스스로 정화하고 순환하면서 느리게 발전하면 안 되는 것인가? 이 점에서 있어서 인간은 이미 기술논리에 매여 있어서 자유롭지 않은 상태에 있음을 볼 수 있다. 인간이 현대 기술을 포기하지 못하는 것은 생존경쟁과 더불어 이미 기술 발전의 경쟁이라는 거대한 시스템의 일부가 되어 돌아가기 때문일 것이다. 따라서 무엇보다도 문제가 있는 것은 기술 자율론이다. 기술 자율성은 인간이 스스로 자신의 자율성을 잃기 때문에 성립하는 것이다.[62] 그러므로 인간이 공동체를 위해서 서로 소통하고 화합하는 정신을 일깨워 과학적 탐구와는 다른 기술 발전에 대하여 끊임없이 질문을 던지며, 이를 위한 교육과 기술 발전에서 인터넷의 네트워크를 활용하는 합의와 회의의 대화적 기술을 개발하고 기술의 민주화를 이룬다면 개개 인간의 자율성을 회복할 수 있을 것이다. 이를 위해서 인간의 이성적 사유와 함께하는 감성적인 정신 활동의 귀중함을 일깨울 수 있는 진리 탐구의 교육과 생명에 기초한 인간의 건전한 가치관을 정립하여야 할 것이다.

인간 실존은 정신과 물질로 된(정신적 측면과 신체적 측면을 지닌) 존재이면서 그러면서도 진화하는 존재이다. 그런데 물질과 정신은 모두 생명 현상을 지닌 인간에서 사유된 서로 다른 성격을 가진 존재이다. 하나는 죽어 있는 존재요 다른 하나는 살아 있는 존재에게서나 가능한 존재이다. 결국 정신과 물질이라는 두 존재의 결합물이 생명체로 되어 있고, 생명체로서의 인간의 정신에서 물질을 지배하는 지능이 나타나, 지능적으로 우주를 인식하고 이를 현실에서 실현해 보려는 것이 기술이다. 그리고 이러한 기술에 복종하는 것이 물질이다. 물질이란 존재를 기반으로 하여 생명체가 존재하고 따라서 아리스토텔레스의 말처럼 물질은 생명체를 위하여 존재하는 것이다. 여기에 정신과 물질이 아리스토텔레스의 말마따나 형상과 질료로 분리되어 있으면서도 '최후의 질

62) 인간의 지적 기술로 만들어진 기계가 생물체처럼 진화한다는 것은 어디까지나 인간 주체성을 전제하지 않으면 사회생물학적 관점에서의 유비일 뿐이다.

료는 형상'이라는 말처럼 서로 밀접하게 결합되어 있다. 그런데 인간 지능은 인간 정신이 다른 물질을 기반으로 하여 존재할 수 있는 것처럼 플라톤적인 사고를 한다. 정신이란 이처럼 물질에서 초월적인 기능을 변증법적으로 수행하기 때문이다. 그러나 인간 존재의 이러한 물질적 측면에서의 초월은 불가능하다. 여기에 인간 지능의 한계는 물론 칸트가 말하는 인간 이성의 한계가 존재한다. 이 때문에 과연 현대 과학기술이 컴퓨터를 발명하고 컴퓨터에 기반한 인공지능이 사이버 공간에서 형성한 사이보그와 같은 존재가 가능할 것인가는 문제는 근대에 영구운동기관의 문제와 같이 현재의 과학과 우리 우주론에 따르면 불가능하다. 달리 말하자면, UFO의 존재나 ET가 존재한다면, 그것은 우리 우주가 아닌 다른 우주에서나 가능한 일일 것이다.

결국 인간은 자연으로서의 우리 우주 안에서 형성된 존재이고 우리의 우주를 떠나서는 존재할 수 없다. 여기에서 인간을 탄생시킨 자연이라 불리는 존재는 인식론적으로 인간 지능에게는 정신과 물질로 된 존재이며, 이러한 정신과 물질의 관계는 스피노자의 말처럼 능산적 자연과 소산적 자연으로 나뉘어 생각될 수는 있다. 그런데 능산적 자연과 소산적 자연은 너무나 다르다. 하나는 살아 있고 다른 하나는 죽어 있기 때문이다. 여기에서 우리는 물질에서 독립할 수 있는 정신을 생각해 볼 수 있다. 그러나 귀신이 존재한다는 것은 과학적으로나 경험적으로 불가능하다는 것이 알려져 있다. 이 점에서 인간은 자신의 지능으로서는 알 수 없는 자연의 신비가 존재한다고 보고, 기독교에서 말하는 지능으로서는 알 수없는 창조적인 신을 생각할 수밖에 없는 것처럼 보인다. 그러나 이러한 창조적 신은 칸트가 말하듯이 윤리적 관점에서만 간접적으로 인지할 수 있다. 인간은 자연과 연결된 존재이며 동시에 항상 자신의 주체성의 진상을 탐구하는 사유하는 정신을 지닌 존재이다. 진정한 인간의 행복과 인간의 존엄성은 인간 자신의 전면성을 자각하고 있는 정신적 영혼과 이러한 정신적 영혼이 현실적으로는 물질은 물론 타자와 함께하는 윤리성을 전제하고 성립하는 것이라는 것을 깨닫는 것이 인간의 본래적인 이성을 회복하는 것이다. 이러한 깨달음은 인간 사유의 핵이라 생각된 이성의 한계를 자각하고 자연과 생명의 신비로부터 오는 직관적 사유의 전향을 체험해야 되는데, 이렇게 될 때 비로소 인간이 기계를 다스리고 승리하는 미래를 희망할 수 있을 것이다.

오늘날 인류 사회는 위험사회로 나아가는 흐름 가운데 있으며 인간의 주체와 자아는 모두 과학기술의 유물론적인 물질 논리의 효율성이나 효용성에 따라 변형된다. 이러한 현상에 유의하면서 인간이 테크노스페아 곧 기술권(技術圈)에 종속되어 자율성을 잃어 가는 방식으로 위대해지는 포스트휴먼이나 트랜스휴먼과 같은 향상인간을 착각이라고 생각하고 생명체로서의 인간이 지능으로서는 알 수 없는 자연의 신비를 인정하면서, 이를 탐구하면서도 인간 존재가 기초하고 있는 자연의 자연적 순환과 진화에 따라 기술 개발을 제어해야 한다. 즉 기술문명은 자신의 경쟁 논리에 따라 폭발적으로 발전하는 것을 막을 수는 없지만 이를 인간의 생활 세계에 적용하는 것은 생명을 존중하고 이에 기초한 인간의 존엄성이 존중되고 우선시되는 인간관을 재정립해서 과학기술 문명과 자연의 순환과 진화가 형평을 이루는 인간의 전면적 발전을 도모하는 방법을 도출하여야 한다. 그리고 이를 정신적으로, 즉 플라톤의 『심포지엄』에 나타나 있는 시(poet)라는 말의 그리스적 의미에서 예술적으로 뿐만 아니라 윤리적으로(kalokagathia) 승화해야 할 것이다.

송영진(1950-)은 서울대학교 문리과대학 철학과와 대학원을 졸업하고, 벨기에 루벤(Leuven)대학교 후설 연구소(Husserl Archiv)에서 연구하였다. 1984년 철학 박사학위(전북대)를 받았다. 한국동서철학회 및 서양고대철학회 회장을 역임하였고, 영국 케임브리지 IBC(International Bibliography Center) 선정, 2009 세계주요철학자(One of Leading World Philosophers in Metaphysics)로 선발되기도 했다. 현재 충남대학교 문과대학 철학과 명예교수로 있다.

주요 저서로 『철학과 논리』(충남대 출판문화원, 2002-2010), 『플라톤의 변증법』(철학과현실사, 2000: 2002 학술원 우수학술도서), 『직관과 사유』(서광사, 2005), 『도덕 현상과 윤리의 변증법』(충남대 출판문화원, 2009), 『철학 테마 산책』(충남대 출판문화원, 2010), 『미와 비평』(충남대 출판문화원, 2013: 2014 학술원 우수학술도서), 『그리스 자연철학과 현대과학』 I, II(충남대 출판문화원, 2014: 2015 학술원 우수학술도서), 『박홍규 형이상학의 세계』(공저, 길, 2015: 2015 세종도서 학술부문 우수도서), 『혼합정체와 법의 정신』 I, II(충남대 출판문화원, 2016), 『소크라테스의 산파술에 따른 진리와 인식』, 『플라톤의 변증법에 따른 진리와 인식』(충남대 출판문화원, 2019) 등이 있다.

논문으로는 「베르그송의 지성과 직관에 관한 연구」, 「플라톤의 초중기 변증법 연구」, 「생명과 죽음의 변증법, 그리고 생명과학」, 「성과 사랑의 철학적 의미」 등 60여 편이 있고, 역서로 『철학의 단계적 이해』(M. Gourinat, 서광사, 1986), 『도덕과 종교의 두 원천』(H. Bergson, 서광사, 1998), 『생명과 정신의 형이상학』(H. Bergson, 서광사, 2001)이 있다.

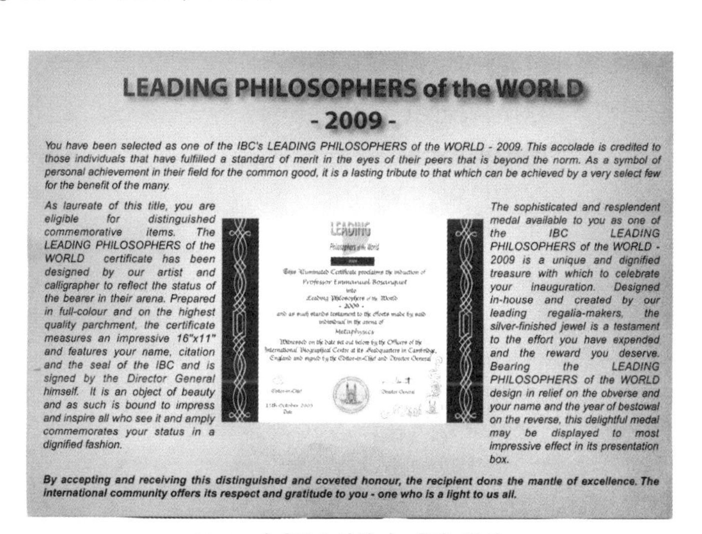

LEADING PHILOSOPHERS of the WORLD
- 2009 -

You have been selected as one of the IBC's LEADING PHILOSOPHERS of the WORLD - 2009. This accolade is credited to those individuals that have fulfilled a standard of merit in the eyes of their peers that is beyond the norm. As a symbol of personal achievement in their field for the common good, it is a lasting tribute to that which can be achieved by a very select few for the benefit of the many.

As laureate of this title, you are eligible for distinguished commemorative items. The LEADING PHILOSOPHERS of the WORLD certificate has been designed by our artist and calligrapher to reflect the status of the bearer in their arena. Prepared in full-colour and on the highest quality parchment, the certificate measures an impressive 16"x11" and features your name, citation and the seal of the IBC and is signed by the Director General himself. It is an object of beauty and as such is bound to impress and inspire all who see it and amply commemorates your status in a dignified fashion.

The sophisticated and resplendent medal available to you as one of the IBC LEADING PHILOSOPHERS of the WORLD - 2009 is a unique and dignified treasure with which to celebrate your inauguration. Designed in-house and created by our leading regalia-makers, the silver-finished jewel is a testament to the effort you have expended and the reward you deserve. Bearing the LEADING PHILOSOPHERS of the WORLD design in relief on the obverse and your name and the year of bestowal on the reverse, this delightful medal may be displayed to most impressive effect in its presentation box.

By accepting and receiving this distinguished and coveted honour, the recipient dons the mantle of excellence. The international community offers its respect and gratitude to you - one who is a light to us all.

2009 세계주요철학자 선발 증서

인공지능에 관한 철학적 성찰

1판 1쇄 인쇄 2022년 8월 25일
1판 1쇄 발행 2022년 8월 30일

지은이 송 영 진
발행인 전 춘 호
발행처 철학과현실사
출판등록 1987년 12월 15일 제300-1987-36호

서울시 종로구 대학로 12길 31
전화번호 579-5908
팩시밀리 572-2830

ISBN 978-89-7775-861-2 93110
값 25,000원